U0033166

Curt R. Bartol
柯特・巴托爾

Anne M. Bartol
安妮・巴托爾

著

黃致豪
譯

導讀

一場法律與心理的對話：從心理到犯罪，路還有多遠？

沈勝昂

假如某個人告訴你他（她）是一位司法心理學家，你的感覺如何？在法庭上司法需要心理學家說什麼？你認為司法心理學家就像是一般臨床心理專家，在法庭上描述著一位殺人魔謎樣般的心理特徵？抑或是他（她）們能夠針對凶殺命案被害者屍體進行心理的解剖？

上述這些說法均是一般人的刻板印象，很多人因為對犯罪人暗黑面的不解與疑惑，而對於司法心理學家（人們可能更喜歡犯罪心理學家的稱號）的光彩有著過多神祕的幻想與迷思（mystery）。有趣的是，實際上確實也真有一大部分的學生都抱持這樣的態度來修這門課，對於成為司法心理師有著殷殷不實的過度期待。如果你也是這樣，那麼可能你誤解了司法心理學的內容與訓練。「如果你沒有完整的科學心理學訓練，就無法讓心理學在司法上有正確應用的可能。」「如果你不理解司法真正的需要，那麼心理學對司法而言就只是個useless的名詞而已。」我常跟修司法心理學、司法心理衡鑑的學生這麼說。

從臨床到犯罪

「我一進去才發現，系上研究雖然有少數和心理學相關的部分，或許是不同學門訓練，嚴格看起來就是沒有真心理學。」回想當年回台灣轉換學術領域的初衷，那時警察大學所開設的「犯罪心理學」課程，「少有近代科學心理學的觀點，特別是對於犯罪成因、發展、乃至於矯治，主要還是從法律和社會學角度切入的犯罪學內容。」摸索了三年後，在犯罪與司法的場域無法找到適合切入的機會，考量行為科學典範轉換的差異，幾番思索，我想為心理學另尋可以在犯罪沃土萌芽的天地。

典範的轉移

儘管犯罪被視為偏差的社會行為，然而犯罪終究是人類社會行為的一種表現形態，心理學是近代人類行為科學研究的典範，實在沒有缺席的道理。帶著年少時對生命現象好奇的啟蒙，二〇〇一年，我決定將犯罪課題帶入正式心理學（系）場域，以兼任老師的身分，在輔仁大學臨床心理學系開了犯罪心理學的課程，從此開展犯罪心理的探索旅程。

不過，用什麼教材成為一個惱人的問題，正邁入二十一世紀，很難想像在台灣以現代心理學典範為架構的犯罪心理教學材料竟然幾乎一書難求，甚至大學的圖書館都少有這類的英文教科書，顯然台灣心理學界對犯罪場域的發展與現況相當的陌生，可以見得這是傳統心理系所的冷門課程，至少當時我未見心理學系有「犯罪心理學」的專門課程。但是從二〇〇一至今將邁入二〇二三年，每一學期「犯罪心理學」都是臨床心理學系熱門的選修課程之一，我也慢慢地看見以「心理學」作為犯罪成因、發展解釋模式、犯罪矯治，在犯罪場域轉換的可能性、重要性與正當性。

那個時候，二十世紀末的台灣，面對社會意識的變動與轉型的渴望，社會運動像是風起雲湧般的專注在婦女與兒童的安全議題，特別是性侵害犯罪，我開始見識到心理學（尤其是臨床心理學）對犯罪行為在司法審判與矯治（犯罪矯治）實務應用的需要，雖然當時主要在回應刑法（妨礙性自主罪章）與性侵害防治法中，對於侵害犯罪成因、風險評估與身心治療的司法判刑與處遇規範的要求。然而，在參與數百位性侵犯罪者的司法裁判、評估與治療後，讓我意識到司法對「犯罪」，包括偵查、審判與矯治，全面理解的需求與必要性，而「犯罪心理」只是整個司法過程中應用的「一部分」，「心理學可以應用在整個司法的架構與程序中」。此時在我「心中」的「司法」與「心理」有了第一次「正式」關係的對話。但那是什麼樣的一個「東西」？已經是個專業「學門」嗎？原來「臨床心理」看「犯罪」在司法的應用，已經有了一個更寬廣的視野——司法臨床心理學（Forensic Clinical Psychology）？

視野與開拓

二〇〇八至二〇〇九年，我於教授休假（sabbtical leave）期間赴美，在美國幾個大學拜訪收集資料，得知除了原本臨床心理Ph.D./Psy.D.學位，美國已有傳統臨床心理學和司法合體的司法臨床心理博士學程（PhD/JD, PsyD/JD），美國心理學會（APA）早在二〇〇一年已將司法心理正式成為其應用學門的專業領域之一。

後知後覺如我，驚覺到實在刻不容緩，返台後決定開設「司法心理學」這門課，除二〇一〇年正式在輔仁大學臨床心理系開課，也在二〇一〇年台灣臨床心理學會年會介紹了這個學門，應該是全台灣首次正式有一門從心理學觀點開設的司法心理學。當時我使用的就是從美國帶回來的這本Forensic Psychology（C. Bartol & A. Bartol, 2008）的第二版，二〇二三年邁入第十三年已到第六版了。一如之前的犯罪心理學，司法心理學這堂課每年都有五十至六十位學生選修，其中已有學生因這個課程的啟蒙，到美國拿了司法臨床心理學的博士學位，我也應美國大學邀請成為其中一名學生博士論文口試委員。

司法心理是個年輕的專業領域，即使在美國亦如此，此時回顧這一段旅程，更確立近代科學心理進入司法作為人類「犯罪行為」判斷參考的必要性，加強心理科學提升司法做為裁判人類行為的正當性，特別是對刑事案件的心理鑑定。我看見「司法」與「心理」必須有更專業的關係與合作，對於司法案件相關的心理鑑定，心理專業人員必須能建立更好的司法心理專業基礎與能力，為此於是我決定在研究所為臨床的學生開一門「司法心理衡鑑」的專門課程，而正巧當時發生震驚社會的八里雙屍命案，爾後的北捷殺人案、台南湯姆熊殺童更審案、內湖小燈泡……一件又一件的殺人事件更讓司法心理學（鑑定），成為司法審判的關鍵參考工具之一。

距上次二十世紀末的司法心理風潮相隔二十年後，一個又一個司法心理、精神、社工的社會或學術性社團相繼如雨後春筍冒出頭來。然而，當年同樣的問題又出現了，台灣的心理健康專業人員（Mental health professionals）準備好了嗎？課程規畫？教材內容？專門訓練？

司法與心理的結合

「犯罪是人做的，心理學則是研究人類行為的科學，那麼在做為審察人類行為的司法體系中，心理學絕對是司法應用的關鍵角色。」我經常這樣鼓勵學生。

什麼司法心理學？本質上，無論美國心理學會、美國法律與心理協會（American Psychology-Law Society）、美國司法心理委員會（American Board of Forensic Psychology）都明白指出，司法心理學是一門為法律與法治應用而生的專門領域，司法心理學是運用各個心理學門，包括臨床心理學、生理心理學、認知心理學、發展心理學、實驗心理學、神經心理學等原理、原則處理涉及法律爭議的心理學議題，並提供法院專業鑑定報告、建議與專家證詞。換言之，只要是心理學涵蓋的所有範圍，都是司法心理學專業應用必須具備的知識與能力。基本上，司法心理學就是一門整合心理學與法學之應用科學，它提供心理學原理、原則與研究方法讓法律社群使用，試圖解決因法律訴訟、犯罪偵查、司法審判所衍生個人（微觀部分）與群體（巨觀部分，屬於人際之間）相關的心理學問題。因此，大多數司法心理學家（forensic psychologist）所提供的服務，同時具備臨床（clinical）取向與司法（forensic）取向性質。

末了？開始？路還有多遠？

「看到任何一個司法動作或操作，一定要先問自己，它（司法作為）的心理學意義為何？」我常舉一個例子，「如果你沒有辦法用心理學去解釋為何你早餐吃漢堡奶茶，而不是蛋餅豆漿，那你大概也無法說明為何他（殺人犯）殺死那個人，而不是另外一個人。」所謂解釋是指「以心理學所建構的解釋模式」，簡單的說，近代以實證科學所建立有關人類的心理學知識體系才是根本，在司法中有關「人」的行為知識，應該才是司法心理學的知識核心，「所以好的心理學訓練，才能有好的司法心理應用。」

這本教科書我用了十三年，從第二版到今年的第六版，主要的原因是這本書完整涵蓋司法心理學應該具備的所有內容，作者其實在作者序與序論中已說明得非常完整與清楚。執筆這個導讀，是希望讀者（或學生）能有機會看見司法心理在台灣的初始、萌芽、發展與未來。It takes a long way to the heaven，記住，這應該就是個起點，期待大家先把自己的心理學訓練裝備好，踏進司法叢林的奶蜜之地，才有機會開拓一片司法心理的沃土，讓心理學這個種子在這裡生根長大茁壯。

本文作者為中央警察大學犯罪防治系教授暨輔仁大學臨床心理學系教授

譯者序

黃致豪

我一直不懂，人是什麼。

如果一艘木船每年更換一根木頭，直到所有木頭都已被換過，那麼它還是原來的那一條船嗎？我在文藻讀書的時候，在「西洋文化與文明」（Western Civilization）的課程以及哲學課裡，第一次接觸到這個被稱為「忒修斯之船」（Ship of Theseus）的問題。

那麼，一個人在成長歷程中，除了細胞不斷死生替換外，心智也不斷更迭蛻變，於是，這個人還是出生時的那個人嗎？

———

一九九五年的秋天，我回絕了明尼蘇達大學雙城分校的全額獎學金，進入紐約大學（New York University）心理系就讀（同時還有政治系），身兼三份打工，就此一頭栽進心理學的世界裡。

據說，對於心理學（或其他助人理論與實作，法律學或許也是吧）有著深刻感觸的人，心裡往往有傷，又或許對「人」帶著疑惑。當時的我並不知道就讀心理系這件事情，可以如何深切地影響我的執業，乃至生命。但就從進入NYU心理系開始，我自此啟動了無窮盡的閱讀、學習與研究體驗：從（我以為）最枯燥的心理統計，到需要大量記憶、略顯艱澀的生理心理學；自佛洛伊德的精神分析與心理治療出發，人格理論，乃至行為學派與認知行為理論，一路到最具窺祕性質的犯罪心理學與精神病理學概論，沒有一段學習體驗令我覺得不值。

除了跳修許多研究所的課，我也跟著指導教授（同時是精神專科醫師）在當時的NYU醫學中心精神部實習，接觸過許多嚴重思覺失調與妄想患者，卻覺得他們當中有些人，意外的可親。隨著學習歷程的積累，我對於「人是什麼」這個問題的疑惑，不減反增。

心理學說穿了，正是從內隱與外顯的各種行為（包含不行為），對於「人是什麼」這個問題進行深入探究的學問——雖然似乎永遠沒有終點，也未必找得到答案。

事實上，法律學也是如此，只是多了一個從各種權力與權利義務關係的張力架構來觀察人的必然限制。

那麼，陷入司法體系之內的人呢？可以很簡單的以「被害者」、「加害者」、「好人」、「壞人」那樣的標籤來加以定性，爾後像是操作公式或定理一般，予以操弄、獎賞，或懲罰嗎？

由於臨床心理學教授的轉介，我又跑到約翰傑刑事司法學院（John Jay College of Criminal Justice）去旁聽了司法心理學（Forensic Psychology）。向來對於心理學與法律學有著異樣熱情的我，自那時起，目睹了一片新天地，從此難以自拔地走上這條人跡罕至的道路，直到開始執行律師業務，直到現在。

———

說研究司法心理學是人跡罕至的道路；翻譯這本作品的過程，對我來說其實更是點滴在心頭。

倒不是文本之間的單純轉譯有什麼太大問題，而是在這漫長過程中，身為司法心理學研究者與譯者的我經歷了許多不可抗力因素，其中包括了疫情侵襲與父親謝世的種種困境，以及必須目睹並經歷台灣社會在這些年間對司法心理學所產生的諸多誤解、扭曲所生的種種壓力。其中最令我不解的，莫過於心理衛生從業人員對於法律學的各色誤解（例如對正當法律程序與科學證據法則的歧見），以及司法實務工作者對於心理科學的種種扭曲（例如對心理衡鑑與心理學工具的刻板印象），形形色色，莫衷一是。

我不確定當初單純想把我在美國所學所見聞的司法心理學帶回台灣，是否終究還是有些異想天開了；但該做的事還是要有人做，還是必須有人以中文在台灣介紹真正的司法心理學。

或許也因此，一度曾想放棄的我，最終還是咬牙完成了翻譯工作。

聊備翻譯經驗的我，當然算不上什麼翻譯名家；也因本書原文以教科書體裁書寫（許多用語行文其實算得上詰屈聱牙），更兼翻譯時必須慮及英文文本源頭的美國法制與中文文本終端的台灣法制之間的橋接問題，故而必須思索如何適當地進行概念的類比與轉換。為此，我著實耗費了不少心力來來回回思索、改寫譯文。

但我學識淺薄、經驗不足；是以，本書從英文轉換為中文，要兼顧科學概念與台、美兩國法制與心理衛生政策實務，實是以一人之力、行眾人之功，自難免誤譯之處。一應錯失，皆因我學養不足所致，自應一人負責。還請各位讀者多多包涵、指正。

在本書的翻譯艱困工程的過程中，有許多人給予我有形與無形的協助，我也希望特別對下列諸位在此致謝：

謝謝彭湘鈞臨床心理師在職期間提供的諸多臨床與實務意見交換與研究協助，致策國際法律事務所的夥伴們的各種行政援助，還有商周出版陳玳妮副總編的諸多幫忙與無盡容忍。

我的家人，尤其一雙兒女相豫與亭穆，對我在困頓時所提供的巨大慰藉，也讓這本譯作有了得以孵育成書的溫床。

身為一個對心理學與法律學痴迷半輩子的人，這本譯作，或許是我能同時給兩個領域的一封漫長情書，也算是我對台灣司法心理學發展的最低限度想望。

更希望，此去台灣可以透過本譯作為基礎，閱讀它、拆解它，接納它，甚至否定它，終至能利用它真正發展出專屬於台灣本土的司法心理學領域。

因為，司法心理學，原本就該是專屬於本土的。

目錄

第二部 警務與偵查心理學

第三章 偵查心理學 155

第三部 法律心理學

作者序

寫作本書，是希望它能成為司法心理學課程中的核心文本，並且對主修刑事司法與社會工作的學生發揮相同的功能。話雖如此，本書也是為了那些希望理解司法心理學梗概的一般讀者與心理衛生專業人員而寫。儘管許多人會把司法心理學與犯罪剖繪、犯罪現場調查、出庭作證劃上等號，但其實司法心理學這個領域的範圍要來得寬廣許多。事實上，它是一門迷人卻不易鑽研的領域，因為其議題的多元性、應用的寬廣性，以及急速發展所致。

從本書第一版推出至今，有關司法心理學該如何加以定義、哪些人可以被稱為司法心理學家，一直是熱議的主題。我們將會在第一章討論上述議題，也會對過去二十五年來司法心理學的發展進行評述，包括《司法心理學專業準則》（*Specialty Guidelines for Forensic Psychology*, APA, 2013c），以及司法心理學家的認證制度。為了本書討論目的，我們以司法心理學一詞泛指：心理學知識與研究成果的產出暨其在民刑事司法體系中的應用[1]。司法心理學家有可能執行臨床業務，從事諮商與研究活動，也可能從事學術工作，因此會在許多不同的狀況下工作。異中有同的是，他們會以某種身分接受來自司法體系的諮商。

本書架構從五個主要的次領域切入，時有重疊交錯之處：一、警務與

1. 譯按：美國的民事法體系也包含行政法體系，與台灣法律體系大分為民事、行政、刑事法三足鼎立的狀況不同。因此，原作之意應係指心理學在一切司法體系的應用，後文再有提到民事法體系者，若未特別強調，也應該理解為包含行政法體系在內。

偵查心理學；二、法律心理學，有時也被稱為心理與法律；三、犯罪心理學；四、被害者學與被害者服務；五、矯治心理學（包括針對成人與少年的機構與社區矯治處遇）。被害者學與被害者服務，可說是司法心理學家們參與漸增的新領域。我們在本書中一再強調，並非只要是接觸上述領域的心理學家，都是司法心理學家；事實上，許多人並不認為他們自己屬於司法心理領域。

本書內容側重在司法心理學領域的**應用**層面，聚焦以研究為基礎的司法實踐，強調心理學知識、概念、原理原則在民事與刑事司法體系的專業應用，包括對被告原告、加害者及被害者的各式服務與協助。本書所涵蓋的主題，大部分是本於司法心理學家與在司法場域服務的心理學者們的日常工作而來。這些工作需要大量倚賴心理學者或他們的專業同儕所致力的持續研究。舉例而言，從事風險評估的司法心理學家必須了解在此領域進行研究所使用的各種方法與程序有何最新進展。專家證人必須熟知在諸如證人指認或青少年腦部發育等領域的最新研究成果。無論是在未成年子女監護權評估、各種不同環境下的風險評估、刑案被告的受審能力與刑事責任能力評估、學校風險評估、犯罪被害者的諮商服務、執法工作申請者的篩除與選用、各式民事能力的評估、創傷後壓力疾患的評估，乃至於少年事件當事人對其法定權利的理解，無一不與心理學研究有關。

本書主要目的之一，是讓讀者們有機會認識與司法心理學相關的諸多職涯機會。在大學授課的那些年，我們清楚理解到，許多選擇以此領域為主修或主要興趣的學生們，有多麼關切日後相關的職涯機會、相應而來的種種挑戰，以及他們可能對此領域做出的貢獻。為求深入探討，我們提供了司法實務的相關範例。此外，我們亦納入第一線實務工作者的個人敘事觀點。書中這些「觀點專欄」應該可以提供讀者攸關職涯選擇的不少資訊與忠告，有助於追尋日後目標。學生們進入大學攻讀相關領域，無論是一開始，甚至畢業之後，都未必能確知自己想要怎樣的職涯。正如許多提供個人看法的專家所說的：這沒什麼好奇怪的。他們常會提到的共同點是：設法獲取多樣化的經驗，為自己找一個好的學術導師，保持開放態度面對新機會，利用時間享受人生，並且堅持下去。

由於學生們常常會被 forensic 這樣的詞彙所吸引，卻未能察覺在這個標籤之下涵蓋了多少不同的實踐方式，因此本書一開始會先概述司法科學（forensic science）的概念。接著則會討論與司法心理學相關的各等級學士後訓練、實習，以及研究機會。對於有志司法心理學的研究者來說，擺在眼前的道路顯然是好幾年的研究所，甚至研究所後的教育訓練。書中有許多敘事觀點，會強調大學與研究所階段實習的重要性（學生們現在有機會就可以開始參與），在身處的社群中進行體驗式學習。成為一個執業司法心理學家的路徑或許道阻且長，但一路上必然會充滿著重要的回饋。

本書另一個主要目標，是強調多元文化觀點，這樣的觀點其實是所有執業與研究心理學家日常工作不可或缺的一部分。訓練有素的司法心理學家都明白，具備對民族或人種的多元敏感度，攸關執業成功與否。他們也知道，必須對於那些可能因為單一文化觀或孤立主義論所造成的不公不義，時刻保持警惕。這一點向來重要，尤其在今日的環境下。這個領域的研究者自然必須留心上述議題。理解各種關係的變遷本質，包含家庭關係在內，亦為基本要務。

本書採用一些設計，希望可以讓非心理學專業背景的讀者們易於理解。關鍵詞彙以**粗體**方式呈現（定義則可以在「重要名詞彙編」中找到），一系列的關鍵概念列表以及問題與回顧，則會放在每章的最末。每一章會以一系列的學習目標為始，有助學習者認識接下來要學什麼。本書也包含了詳盡的參考文獻列表，協助讀者們找到更多相關資訊。在觀點專欄與重點提示的文字框中，提供攸關職涯選擇的資訊，也希望引發當代司法心理學相關議題的討論。例如書中有些與精神衛生法庭、社區導向的警偵學、證人指認、誘拐兒少、仇恨犯罪、死刑、人口販運，以及協助死亡（安樂死）等相關的觀點，部分或許會在課堂上引發激烈辯論。

本版新增

本書為第五版，包括一系列的改變，其中許多都是本於同儕審查後的建議。我們維持原本的章節架構。但無可避免的，有些議題會橫跨一個或數個章節。舉例而言，雖然關於少年刑事司法與犯罪行為在最終章會進行討論，但關於非行少年的資料也能在其他章節找到。同樣的，風險評估（一個與司法心理學高度相關的議題）雖然在本書中很早就做了介紹，後續章節還是會重複出現。

本版包括以下的新增更動：

- 更新相關統計數據、研究內容，以及法令規範。
- 新的重點提示，這些欄位中的資訊持續演進更新。
- 擴充目擊證人指認以及就此議題對執法機關提供諮詢的討論。
- 更深入移民議題，諸如對於無身分證明、行將遭受遣返之移民進行受審能力評估，以及對移民族群提供服務。
- 更多有關人口販運以及線上性掠奪者的討論。
- 有關暴力電玩遊戲與網路霸凌的研究。
- 聚焦各種警察會談技巧，例如資訊蒐集與認知會談。
- 擴大有關偵查心理學暨其對司法心理學諸多貢獻的討論。
- 司法神經心理學家的重要貢獻。
- 新增有關女性犯罪的討論。
- 增加有關各種偏誤（包含警方偏誤在內）的討論篇幅。
- 擴增被害者學重要議題的觀點，尤其自多元文化與種族結構的討論框架出發。
- 對於青少年的腦部發展與相關司法體系進行更多討論。
- 針對少年犯罪提出以社區為本的可行處遇方案。

對於書中各式主題所需的關注，實際上遠超乎我們能力所及；與其他司法實踐相關的議題，尤其在民事部分，本書難以全面論及。所幸書中的觀點專欄通常可以略補不足。此外，對於案例的討論（尤其美國聯邦最高法院的判決），目的並非提供百分百周延的探究，而是為重要的心理學概念與思考重點舉出例證。無論如何，我們希望這樣的入門著作有助讀者探究自己感興趣的議題。但願本書能發揮它作為司法心理學總論的功能，同時讓更多人更深入了解此一迷人而有趣的職涯選項。

第一部
序論

第一章

簡介司法心理學

- 本章目標
- 司法科學
- 司法心理學：綜論
- 司法心理學簡史
- 今日的司法心理學
- 司法心理學，司法精神醫學，司法社會工作
- 倫理議題
- 心理學的職涯發展
- 司法心理學作為一門專業
- 司法心理學的研究與執業
- 摘要與結論
- 關鍵概念
- 問題與回顧

本章目標

- 定義司法心理學並追溯其歷史發展。
- 檢視司法科學的相關職涯領域。
- 區辨司法心理學與其他司法科學的不同。
- 辨識並描述司法心理學的主要次領域。
- 檢視成為司法心理學家必備的教育、訓練與認證。
- 舉例說明司法心理學家的角色與任務。

[03] 二〇一六年十二月二日，剛過午夜時分。加州奧克蘭一棟改建的倉庫建築裡正舉行銳舞派對，火勢猛然爆發，造成約三十多人死亡。司法科學調查員（forensic investigator）受命調查現場遺體的身分及火災的成因。事發現場的倉庫一般被稱為「幽靈船」，是藝術家的聚集處，有許多藝術家在裡面居住與工作。聯邦調查員於十二月下旬宣布排除人為縱火，判斷起火原因可能與電路問題有關。據稱該建築也有許多違反建築法令之處。

二〇一三年末，由於接獲通報塔吉特公司的資料庫遭駭，約有七千萬到一億一千萬筆的信用卡資料受害，司法科學專家（forensic expert）前往協助。他們深入挖掘防火牆的相關紀錄、網路通訊紀錄及電子郵件往來，以找出問題的根源。

當哥倫比亞號太空梭在二〇〇三年回歸地球大氣層時解體，以及二〇一〇年在紐約時報廣場有炸彈引爆時，都是由代表各聯邦或州級機關的科學家進行調查。同樣的，當二〇一三年的波士頓馬拉松因為炸彈攻擊而中止，並因而造成三人死亡、兩百六十多人受傷時，也是科學家調查犯罪現場、詳細檢視引爆物質的殘餘物。

正如上述這些案例所示， forensic 一詞指的是任何與法律相關或可能相關的事物，無論民事或刑事。司法科學家參與調查重大犯罪（未必是暴力犯罪），也經常會出現在許多事件現場。

一旦出現非預期、原因不明的事件，若顯然非自然災難，那麼諸如上述的調查就勢在必行。在這樣的狀況下，科學家可以承擔許多不同的功能。他們有可能可以判斷是否是人為成因（例如蓄意破壞、過失，或者恐怖活動）導致了這樣的悲劇。他們所提供的資訊可以協助判斷責任歸屬。在奧克蘭大火一案中，科學家們試圖找出的不僅是事件成因，也包括是否有證據指向故意縱火。他們也致力從罹難者的殘骸中釐清身分。在網路駭客一案中，專家們搜尋數位足跡以判斷駭客用何種方法入侵，以及未來如何防堵資安漏洞。

[04]

司法科學儼然已成為全方位的專業活動，同時是學生眼中頗受歡迎的職涯選項。幾乎每一個現存的科學專業領域，包括心理學在內，都有與司法相關的次專業領域。許多人對於各種司法科學領域感到混淆，從而以為在這些相異領域中的專業人士所從事的工作相去無幾。我們將會透過本書闡明，事實並非如此。異中存同的是，除了與法律的關聯，這些科學領域皆以科學的原理原則為準繩。雖然本書聚焦**司法心理學**，但是以其他司法科學領域作為比較的例證，應該不無幫助。換句話說，讓讀者們先知道司法心理學「不是什麼」，是相當重要的。

司法科學

若要黎舉數例說明各項司法科學的領域，那麼除了司法心理學，還有司法工程學、司法語言學、司法海洋學、（司）法醫學、司法數位鑑識、司法社工學、司法護理學、司法病理學、司法人類學、司法考古學等等。前述各領域的關注焦點為何，從其名稱應該就能清楚。舉例而言，司法語言學是針對各式文本中的語言特徵進行深入評估分析，例如文法、句法、拼寫、語彙、措辭，用以對犯罪者進行剖繪，或鑑定特定的書寫樣本是否來自於同一作者（H. C. Black, 1990）。司法人類學則是透過骨骸、嚴重腐解的屍身，或其他難以辨識的人體殘骸，進行身分辨識。司法病理學則是醫學的一門分支，處理在司法實務上可能因身體的生理疾病或疾患障礙所產生的各式問題。如同電視劇集《CSI犯罪現場》、《尋骨線索》、《重返犯罪現場》，以及許多犯罪小說所塑造的大眾化形象，司法病理學家負責檢視犯罪被害者的遺體，找出與其死亡相關的線索。司法人類學家與司法病理學家經常必須與凶殺案的偵查員攜手合作，以確認死者身分，發掘他殺線索，並從殘骸中設法建構死者的年齡、性別、身高、族系，以及其他獨特的識別特徵。司法護理師則是受過蒐集犯罪證據（例如性侵事件）相關特殊訓練的護理師，一般任職於醫院急診部門。

司法鑑識實驗室通常由政府機關管理維護或資助，專責檢視在刑事與民事案件中的物理證據。截至二〇一四年，美國境內共有四〇九所公營的犯罪鑑識實驗室（Bureau of Justice Statistics, 2016）。在這些實驗室中工作的科學家必須就負責的物理證據準備鑑識書面報告，若需要亦必須出庭作證。相對於此，民營的鑑識實驗室則是透過契約為政府單位提供服務，或者聘用獨立研究的科學家進行鑑識工作。

無論公營或民營，鑑識實驗室的科學家會被要求檢視下列物理證據：潛藏指紋、毛髮纖維、槍械與彈道、血跡噴濺、爆炸與火災殘骸、毒性物質，以及其他在犯罪現場或事件當場周遭發現的相關證據。有些鑑識實驗室較擅長調查特定類型的證據，偶爾也會出現新聞媒體揭露實驗室缺失，例如誤用DNA證據，或者未能即時處理性侵害採證。當然也有比較正向的案例：由美國食品藥物管理署（FDA）所管理的實驗室，曾在一九八二年於美國境內發生的重大藥品摻毒疑案中，發揮了關鍵作用。當時芝加哥地區有七個人在服用成藥泰諾（Tylenol）膠囊後，出現衰竭死亡的狀況。這些成藥膠囊分別從該地區的六家不同商店售出，受害者包括一名十二歲的小女孩、[05] 一名產後甫自醫院返家的女性，以及另一家庭的三名成員。鑑識化學調查顯示，這些成藥中被摻入了氰化鉀。食藥署的化學家們發展出一種類似比對指紋跡證的技術，可以針對氰化物進行溯源，找出生產者與經銷者（Stehlin, 1995）。可惜的是，儘管能辨識出毒物並成功溯源，本案最終未能找出加害者，不過美國人臨櫃購買及服用成藥的方式，確實因本案而有所改變（Markel, 2014）。司法鑑識結果指出，本案中泰諾的藥瓶是從藥房貨架上被取下，摻入氰化物後，再放回架上供不知情的被害人購買。食藥署以及泰諾的製造商為此引進全新的防摻偽包裝，包含錫封與其他保護措施，以便消費者辨識藥品包裝是否曾被破壞。

二〇〇一年九月十一日，恐怖份子攻擊了美國紐約世貿雙子星大樓，以及維吉尼亞州阿靈頓的五角大廈。其後，隨著大規模暴力事件的威脅漸增，例如後九一一的炭疽病毒威脅事件，前述這類針對化學物質進行偵測的鑑識方法變得更加重要。除了與恐怖攻擊相關的考量，能夠快速應對一般犯罪的鑑識技術也至關緊要，無論是針對走私毒品、電腦犯罪，或者是涉及偽造文書的白領犯罪。

司法鑑識實驗室亦經常聘用專精於**司法昆蟲學**的科學家，也就是透過研究昆蟲及其節肢動物遠親的知識，回答司法實務問題的專家。無論在民事或刑事事件的調查中，此一專業領域的重要性都有與日俱增的趨勢。舉例而言，司法昆蟲學中針對白蟻蝕蛀的研究，可用來作為不動產交易、病蟲害防治責任、租賃爭端等民事訴訟的證據。此外，司法昆蟲學的研究也可以在食物污染事件的調查中派上用場。科學家會試著判斷污染源地點（在倉庫或銷售店面）、污染發生的時點，以及污染成因究竟是意外或人謀不臧所致。（至於事件起因是過失或犯罪意圖所致，則必須交由法院判斷。）

在刑案調查中，司法昆蟲學會被用來判斷被害者的死亡時點（死後經過時間）、死亡地點、屍體放置與移動的狀態，以及死時的樣態。司法昆蟲學也可以應用在毒品販運的相關調查。毒品中有時會出現昆蟲，辨識這些昆蟲可以協助精準判斷毒品的製造或包裝地。在某些案件裡，司法昆蟲學可以透過體蝨或頭蝨的DNA來判斷兩個人是否曾經相互接觸。

另一種可能出現在鑑識實驗室的科學，是司法文書鑑識。此一學科透過手寫筆跡、印刷字型、簽名真偽、文書變造、受水火損的文件、墨跡與紙類的特殊性、複印過程、書寫工具、書寫順序，還有其他與文書相關的要素，以判斷作者與文書真偽。這個程序一般稱為**待鑑文書檢驗或分析**（questioned document examination or analysis）。待鑑文書有可能是支票、稅單或醫療紀錄（R. Morris, 2000）。待鑑文書分析可以應用在許多類型的案件調查工作，包括詐欺、殺人、自殺、性犯罪、勒索、爆炸、縱火等。舉例而言，待鑑筆跡分析可能包含針對特定簽名、手寫書信、文件填寫內容，甚至是牆上塗鴉的鑑識工作。一個司法文書鑑識員可能需要針對建物外牆上的塗寫痕跡是由何人所為，進行檢視並提出意見；從不同類型的表面提取並復原銘刻或已模糊的書寫痕跡；判斷用以繕打文件的打字機或鍵盤、印表機、壓紋機、墨水、列印流程等所屬的設備品牌或型號（R. Morris, 2000）。

還有一種司法科學專業，稱為**數位鑑識分析**（digital investigative analysis, DIA）。有過硬碟壞損或其他數位資料遺失經驗的人，大概都不難理解這種切身之痛。但是現在我們知道大多數「遺失」的資料，實際上可以救得回來。正如同那些陷入尷尬窘境的政治人物、他們的幕僚，以及其[06]他知名的專業與公眾人物所學到的教訓——哪怕你按下刪除鍵，甚至祭出大錘砸爛設備，電腦、平板或智慧手機中的郵件或訊息、網路語音郵件，未必會就此消逝在茫茫網海裡。二○一五年十二月，加州聖伯納迪諾郡發生造成十四人死亡的恐攻事件，事發後不久，透過從兩名嫌犯家裡已被毀損的設備中所找到的資料進行數據分析，得知他們已計畫其他攻擊行動。時至今日，電子郵件與數位資料可以同時儲存於數個不同位置，而熟練的數位資料救援專家通常可以把它們挖掘出來。數位鑑識分析員則是會依據搜索票或扣押命令的執行狀況，本於其訓練針對不同作業系統上的電子媒材進行搜索、扣押與分析。但是在未經特殊訓練下，縱使執法人員拿到了搜索票，最好還是不要任意開啟涉嫌銀行詐欺或散布兒童色情圖片的嫌犯家用或辦公電腦中的檔案。這類專家或調查員的主要目標，是設法在不變動資料或影像的前提下加以回復。這類技術被廣泛應用於各式調查，例如詐欺、侵占、性騷擾、兒童色情犯罪、惡意破壞電腦程式、身分盜竊、偽造文書、非法軟體、毒品販運、洗錢及恐怖活動。

由於新科技大約每兩到三年就呈倍數成長（Friedman, 2016），因此回復數位證據越來越具挑戰性。現代的數位鑑識分析員所檢視的數位電子設備包羅萬象，「從桌機、筆電、行動設備（手機與平板）、GPS導航設備、汽車電腦系統、物聯網設備，到更多其他設備。」（Carroll, 2017）其中行動電話在司法鑑識層面受到的檢視最多。如同丹尼爾．歐登（Daniel Ogden, 2017）所說：「行動裝置讓使用者能夠從事通訊、社交、金融、消費、導航、啟動車輛、追蹤健康資訊，並且監看家中的監視攝影；這些設備中自然裝載著龐大的資訊。」隨著智慧型手機逐年更新強化安全措施，數位鑑識調查員試圖解密、提取資訊的工作也越來越有挑戰性。

上述例子足以說明，司法鑑識往往需要化學、生物、物理，或其他科學領域（包括電子科技）的專業知識。雖然各種影視作品與通俗小說為司法鑑識提供了眾多生動的例子，卻往往忽略了在鑑識實驗室中工作所需的大量科學準備。那些作品所描繪的科學家都有最先進的設備可以任意取用，衣著光鮮亮麗，也有豐富的情感生活，而這些其實可能距離現實甚遠。許多學子對司法鑑識科學表達強烈興趣，也認真考慮日後以此為業，但他們往往未能了解追求此一職涯代表著什麼，以及需要面對哪些挑戰才能達成目標。

司法心理學則涵蓋了取徑極為不同的準備工作，在實質內容上也非常不一樣，不過同樣要求扎實的基本工。後續將會說明，進入司法心理學領域有許多不同的途徑。

司法心理學：綜論

相當時間以來，司法心理學的定義一直無法定於一尊。如同奧圖與歐洛夫（Otto and Ogloff, 2014）所言：「說來或許令人訝異，雖然有著相對悠久的歷史，加上過去四十年來的蓬勃發展，但司法心理學此一專業至今竟然還沒有統一或具共識性的定義存在。」約翰．布里翰（John Brigham, 1999）也寫下類似的看法，如果一群參與司法體系的心理學家同時被問到：「你是司法心理學家嗎？」許多人可能會承認，一些可能會否認，而多數人則可能會承認他們其實也不確定。布里翰以自己在法庭上的證述為例，指出被問到這個問題時，他目前最精準的回答是：「嗯，得視狀況而定。」

[07] 布里翰（1999）以及奧圖與歐洛夫（2014）指出，定義之所以不同，牽涉到界定範圍的寬狹。有些專業文獻對於司法心理學的定義從寬，主張是心理學知識在司法體系中的**研究**與**應用**。相對的，有些文獻採取比較狹義的取徑，將司法心理學局限於與司法體系相關的心理學**應用**與**執業行為**。而我們則曾提出下列定義（Bartol and Bartol, 1987）：

> 我們認為司法心理學的範圍寬廣，涵蓋下列兩者：一、與司法程序相關的人類行為各面向的研究……二、在司法體系（包括民事與刑事）中執行心理業務，或者為司法提供諮詢意見。（P.3）

朗諾．羅許（Ronald Roesch）（引自Brigham, 1999）則提出一個相對狹窄的定義：「大多數心理學家以比較狹義的方式來定義此專業領域，用以指涉在司法體系中從事臨床業務的臨床心理學家。」（P. 279）

這個定義可能過於限縮，因為它似乎指涉的是司法心理學下的一種次專業：司法**臨床**心理學。其次，它把從事矯治相關業務（例如評估收容人或受刑人是否適於假釋）的臨床工作者，或者為警察機關提供諮詢服務者皆予以排除。相對於此，廣義定義除了納入臨床工作者（執行業務者），也涵蓋了社會、發展、諮商、認知、實驗、工商／組織，以及教育心理學家；其中有些人並非第一線臨床工作者。他們之間的相同處，是對於司法體系的貢獻。話雖如此，我們也理解，上述諸多類型心理學家的工作中，可能只有小部分與司法相關，因此這些人有可能根本不認為自己是司法心理學家。就此以言，布里翰說「視狀況而定」，其實沒錯。

迪馬帝歐、馬錫克、克勞斯與布羅（Dematteo, Marczyk, Krauss & Burl, 2009）等人也注意到在定義司法心理學的過程中，除了對領域範圍欠缺共識，對於所包含的活動同樣莫衷一是：「對司法心理學的範圍以及哪些活動（例如研究、衡鑑、處遇）與角色應該被適當考量納入其專屬領域，存在相當的歧見。」（P.185）他們指出，由於對狹義概念日漸不滿，導致美國心理法律學會（American Psychology-Law Society）轉而認同較寬的定義，同時納入研究工作者與臨床工作者的貢獻。基於上述趨勢，最新的《司法心理學專業準則》（*Specialty Guidelines for Forensic Psychology*, APA, 2013c）所倡議的，也是較具包容性的定義。本書敬表贊同，將原文摘錄如下：

> 司法心理學係指任一心理學次專業（例如臨床、發展、社會、認知）的心理學家，透過其專業工作，將心理學當中的科學、技術或特定知識經驗應用於法律領域，以此協助探究司法議題、民事契約關係，或者行政法律相關事務。（P.7）

上述針對司法心理學的包容性定義，主要聚焦於司法實踐，尤其是心理學專業知識在法律層面的應用。這樣的應用必須奠基於堅實的研究基礎。司法心理學的實踐，如本書後續會討論的，包括調查、研究、評估、提供檢辯專業意見、提出諮詢意見，以及為了解決與生命財產相關的紛爭事件而進行的訴訟取證程序，或者到庭作證等活動。它涵蓋了從法院審理前到判決後的一切狀況，也納入下列各式法庭活動：法庭內的證述、子女監護權評估、執法人員的篩除與選用，以及對犯罪者與矯治機構工作人員提供的臨床服務。它也包括在犯罪學中所建構的研究與理論；對青少年犯罪行為早期介入、預防與處遇措施的設計與執行；為犯罪被害人提供的諮商服務。 [08]

為使本書綱舉目張，我們把司法心理學分為五個次專業領域：一、警務與公共安全心理學；二、法律心理學；三、成人與少年犯罪心理學；四、被害者學與被害者服務；五、矯治心理學。要特別強調的是，上述區分純粹是為了架構與行文之便，不必然是司法心理學領域中普遍的組織基模。也有其他學者採用各種不同方法，探究心理學與法律互動的不同方式

（例如Melton, Petrila, Poythress & Slobogin, 2007; Otto and Ogloff, 2014）。再者，我們也能理解有些心理學者寧可在司法心理學與他們自身的專業領域之間維持一道清晰的界線，例如矯治心理學（Magaletta et al., 2013）或者警務與公共安全心理學（Brewster et al., 2016）。稍後就此會有更詳細的討論。

本書所列出的每一個司法心理學次專業領域，同時兼納研究與應用層面；在某一司法心理學次專業領域進行研究的心理學家，也可能在其他領域對實務工作者提供諮詢或進行教育訓練。最後，司法心理學家可能跨上述各個次專業領域進行運作。雖然本書為了架構目的而把這五個次專業領域分開來，但用意並非區隔，或強調它們關聯甚少。接下來，扼要說明司法心理學史後，我們會深入討論每一個次專業領域。

司法心理學簡史

雖說司法心理學的發展是從一九七〇年代開始才特別顯著，其歷史倒是可以回溯到至少十九世紀末，當時麥金．卡泰爾（J. McKeen Cattell）在哥倫比亞大學的心理學課堂上，針對目擊證人的證述進行了一項非常簡易的心理實驗：卡泰爾不過就是扼要問了學生諸如「一週前的天氣如何」之類的問題。他對於學生們差異甚大的答案（而且不管答案錯得多離譜，學生們都說得相當肯定）感到訝異，決定深入探究記憶以及目擊證人指認。許多心理學家後來也進行了類似研究。舉例而言，其中有些會預先設計好一個「入侵者」在課堂中闖入教室，與教授「對峙」後離去。之後讓目擊的學生們描述這位入侵者，以及後續發生的事件。時至今日，無論是記憶研究或是目擊證人的指認，仍是許多司法心理學家具高度興趣的主題，並且產出豐碩的研究成果。

心理學家們也研究其他議題，而且提供了對司法體系有重要價值的知識。針對人類認知、兒童發展、異常行為、測謊、壓力的研究，不過是其中寥寥數例。到了二十世紀，這樣的心理學知識逐漸透過專家證詞的型態被引進司法程序，一開始是在民事法院，隨後也進入刑事法院（Bartol and Bartol, 2014; Otto, Kay & Hess, 2014）。二十世紀初期，心理學家們開始為少年法院提供諮詢，同時為成人與少年矯治機構提供處遇服務。第二次世界大戰伊始，如路易斯．特曼（Lewis Terman）這樣的心理學家把智力與性向測驗引進軍隊與民間執法機構。二十世紀中葉，心理學家為執法機關提供正式諮詢已相當普遍，尤其是協助篩選警務職位申請人。

到了一九六〇與七〇年代，越來越多心理學家開始出庭提供專家意見。他們也加入其他心理衛生從業人員的行列，為上級審法院在諸如「歧視如何影響人類發展歷程」等重要議題上，以**法庭之友狀**（amicus curiae briefs）的型態，提供科學資訊。[1]有時他們也會在訴訟準備以及陪審團選任過程中為律師提供諮詢，以及在特定條件下進行風險評估。上述每一項，都會在本書後續章節詳加討論。下頁的重點提示1.1摘錄了司法心理學史上重要的里程碑。

一九八一年，婁（W. D. Loh）觀察到心理學與法律之間的關係已漸趨成熟。美國司法心理學術委員會（American Board of Forensic Psychology）也從一九七八年開始，針對司法心理學此一專業核發認證（Otto and Heilbrun, 2002）。其後，美國心理學會成立了第四十一分會，亦即美國法律心理學會（AP-LS），此分會對於對於促使美國心理學會在一九九一年正式採行司法心理學準則（二〇一三年修訂）居功厥偉。司法心理學在二〇〇一年由美國心理學會正式接納為心理學項下的次專業領域，並於二〇〇八年再次確認。二〇一〇年，希爾布倫與布魯克斯（Heilbrun and Brooks）指出司法心理學的專業地位已趨成熟。他們表示：「我們距離認

[09]

1. 譯按：英美法系的上級審一般均屬於法律審，只針對個案判斷當中所涉及的法律問題進行審查，例如適用法令有無違誤不當等。在這些程序中若遇到其他專業領域的相關議題時，也常由該專業領域的專業公會、協會或學會等團體，出具專業意見並且說明這些意見在該領域中的具體依據、理論發展、相關證據與判斷標準，以此就該上級審法院所審查的重要議題提供諮詢意見。該等意見對上級審法院並不具備法律上的拘束力，卻在法院判斷的過程中扮演重要的專業角色，意見內容也屢遭到引用採納。此即所謂「法庭之友」意見書。

同司法心理學欲透過研究與執業去探索在各種法律情境中最佳執業方式的那一天，又更接近了。」（P.227）此一專業的進展，也從致力司法心理學研究與執業之專業組織的成長、相關書籍與期刊顯著增加、大學與研究所教育訓練課程的擴展，以及在此領域奉獻的實務工作者所共同建構的專業準則等等，可以看得出來（DeMatteo et al., 2009; Dematteo, Burl, Filone & Heilbrun, 2016; Heibrun and Brooks, 2010; Weiner and otto, 2014）。

重點提示 1.1

司法心理學史重要事件摘錄

1893年：麥金・卡泰爾在哥倫比亞大學進行了第一個有關證言心理學的實驗。

1903年：德國的路易・威廉・史登（Louis William Stern）創立第一本專門討論證言心理學的期刊（*Beiträge zur Psychologie der Aussage* [*Contributions to the Psychology of Testimony*]）。

1906年：喬治・菲德列克・阿諾（George Frederick Arnold）鮮為人知的著作《心理學於法律證據之應用與其他法之詮釋》（*Psychology Applied to Legal Evidence and Other Construction of Law*）問世。

1908年：據稱可能是司法心理學第一本專著，雨果・孟斯特伯格（Hugo Münsterberg）的《證人席上》（*On the Witness Stand*）出版。有些學者認為這位哈佛心理學教授堪稱司法心理學之父。

1908年：在「穆勒訴奧瑞岡州」（*Muller v. Oregon*）一案中，一份以社會科學（心理學）為主題的法庭之友狀被遞入上訴審的奧瑞岡州最高法院。

1909年：心理學家葛蕾絲・佛諾（Grace M. Fernald）與精神醫師威廉・西里（William Healy）創立了第一個為非行少年提供心理服務的診療所。

1911年：心理學家瓦倫東克（J. Varendonck）在比利時一件刑事案件的審理中出庭，是最早在刑事法院提供意見的心理學家之一。

1913年：美國矯治機構（紐約州一所女子感化院）首次由心理學家提供專業服務，提供者是心理師艾拉諾・羅蘭（Eleanor Rowland）。

1917年：律師暨心理學家威廉・馬斯頓（William Marston）發明第一台「多圖譜測謊儀」（polygraph）。不久後，他有關多圖譜測謊儀的專家意見在聯邦法院遭到拒採（*Frye v. United States*, 1923）。理由在於當時所發展出來的多圖譜測謊儀並未受到科學社群的普遍接受。

1917年：路易・特曼（Louis Terman）成為第一位在執法人員篩選流程中使用心理衡鑑測驗的心理學家。

1918年：心理學家發展出第一套收容人分類系統，並且在紐澤西州矯正署實施。紐澤西州也成為美國第一個有全職矯治心理學家常態執行業務的州。

1921年：首次有美國心理學家以專家證人身分出庭作證（*State v. Driver*, 1921）。

1922年：德國烏茲堡大學心理學教授卡爾・馬貝（Karl Marbe）成為首位在民事案件中出庭作證的心理學家。

1922年：威廉・馬斯頓成為第一位以「法律心理學教授」職稱獲大學聘任的司法心理學教授。

1924年：威斯康辛州成為第一個針對所有入監與申請假釋的收容人提供綜合心理狀態評量的州。

1929年：心理學家唐諾・史萊辛格（Donald Slesinger）被耶魯大學法學院聘為助理教授，是第一位受聘於美國法學院的心理學教授。

1931年：豪爾・伯特（Howard Burtt）的《法律心理學》（*Legal Psychology*）問世。第一本由心理學家所出版的司法科學教科書。

1954年：美國聯邦最高法院在其經典判決「布朗訴教育局」（*Brown*

v. Board of Education）案中引用社會科學研究作為判決基礎，包括心理學家肯尼斯與馬咪・克拉克（Kenneth and Mamie Clark）兩人的研究成果。

1961年：漢斯・托克（Hans Toch）編纂有關犯罪心理學的最早文獻之一，《法律與犯罪心理學》（*Legal and Criminal Psychology*）。

1962年：華盛頓特區上訴法院在「簡金斯訴美國」（*Jenkins v. United States*）一案中認定，心理學家屬於精神疾病議題的專家，具備專家證人的基本適格性。

1964年：心理學家漢斯・艾森克（Hans J. Eysenck）在著作《犯罪與人格》（*Crime and Personality*）中，針對犯罪行為發展出一套全面且可檢證的理論。

1968年：洛杉磯警署聘任馬丁・萊瑟（Martin Reiser），美國首位全職警務心理學家。對於日後警務心理學被建構成一門專業而言，萊瑟貢獻良多。

1968年：伊利諾大學設立了第一個心理學專業博士（PsyD）學位課程。

1972年：在美國矯治心理學協會以及史丹利・布洛斯基（Stanley Brodsky）、勞勃・列文森（Robert Levinson）、艾雪・帕赫（Asher Pacht）等人的引領下，矯治心理學成為一門公認的專業領域。

1973年：內布拉斯加大學林肯分校成功設立第一個心理學與法律科際學程。

1978年：美國司法心理學術委員會開始提供司法心理學認證。

1978年：美國心理學會核准了一項在威斯康辛州矯正署展開的矯治心理學臨床實習計畫。

1991年：美國司法心理學院以及美國心理法律學會（美國心理學會第四十一分會）發布《司法心理學從業人員專業準則》（*Specialty Guidelines for Forensic Psychologists*）。

2001年：美國心理學會正式認可司法心理學為一項特殊專業領域。

2006年：《司法心理學從業人員專業準則》監修委員會倡議司法心理學之定義應更趨包容性，應同時涵蓋研究與臨床執業。

2008年：美國心理學會重申司法心理學屬於心理學的一項特殊專業。

2013年：《司法心理學專業準則》發布。此專業準則將司法心理學定義為：「由任何心理學家，在任一心理學次專業領域（如臨床、發展、社會、認知），將心理學的科學、技術或特殊知識經驗應用於法律領域，以協助釐清或探究司法、民事契約或行政相關議題的專業業務執行與實踐。」

2013年：警務與公共安全心理學經美國心理學會認定為一特殊專業領域。

今日的司法心理學

[10]

時至今日，司法心理學的實踐顯然已經橫跨許多不同面向與脈絡。以下針對司法心理學家（依據專長）在學術領域外可能被要求提供協助的事項，寥舉數例。

警務與公共安全心理學

- 協助警察機關決定警務人力的最佳排班輪值方式。
- 建構具備信效度的篩選程序，協助各式執法單位篩選公共安全相關職務的人選，如消防、第一線快速反應部隊、野生漁獵保育、警察、警務首長辦公室。
- 重大事故發生後，例如多人傷亡的人質挾持事件，針對事件中的執法人員進行職務上的適勤能力（fitness-for-duty）評估。
- 訓練警務人員對精神障礙者提供協助。

- 槍擊事件發生後，針對事件中的警務人員提供諮詢與詢問會談服務。
- 對於執法警務人員的家屬提供支持服務。
- [11] 彙整目擊證人指認程序可信度的相關研究證據並提供警方。
- 協助偵查人員處理犯罪，例如協助勘查犯罪現場。

法律心理學

- 進行未成年子女的監護權評估、探視會面之風險評估、兒少受虐評估。
- 透過社群問卷或其他研究方法，協助律師進行陪審員選任程序。
- 針對被告的受審能力進行評估。
- 在被告做出心神喪失無罪答辯時，到庭提供專家意見。
- 評估民事法律行為能力，諸如遺囑能力或同意接受治療的能力。
- 在立法機關的委員會公聽會上針對攻擊行為與暴力電玩之間的關聯性提供專家意見。
- 針對法院判命接受治療者，提供機構外心理治療。
- 對於依照移民法規可能將面臨遣返程序者，就其身處之困境進行評估。

少年與成人犯罪心理學

- 針對防範青少年暴力行為之早期介入策略，評估其有效性。
- 針對心理病質狀態（psychopathy）之發展進行研究。
- 以政策研究顧問身分，針對纏擾跟追行為之對策，為立法者及政府機關提供諮詢意見。
- 針對如何辨識可能對其他同儕造成威脅的困擾青少年，為校方提供諮詢意見。

- 發展心理學層面的程序與方法，以評估精神疾患者的自傷或傷人風險。
- 就青少年決策模式的相關研究，為司法社群提出說明。

被害者學與被害者服務

- 為犯罪被害者或犯罪目擊者提供評估。
- 在與車禍、產品責任、性騷擾與歧視、醫療疏失、勞工報酬、身心障礙相關的人身傷害事件中，進行心理評估。
- 針對犯罪被害的心理層面反應（例如創傷後壓力疾患）等主題，對被害者服務體系的人員提供教育訓練。
- 在移民法相關的法庭程序中，對於受迫害與酷刑的被害者進行司法上的評估與衡鑑。
- 針對負責通知死訊的第一線工作人員提供評估、支持以及諮詢等服務。 [12]
- 針對尋求心理衛生與相關協助的受害者，為第一線助人工作者提供多元文化觀及其相關影響的教育。

矯治心理學

- 評估入監的收容人在心理衛生層面的需求，以及處遇和復歸計畫的適配度。
- 在有關假釋的決策過程中，針對受刑人進行風險評估。
- 針對成人與少年評估其暴力風險。
- 就成人與少年犯罪者的處遇計畫有效性進行評估，例如被害者與加害者關係修復計畫、性犯罪者的處遇、暴力預防、心理衛生教育計畫。
- 針對性暴力犯罪者進行評估。

- 針對矯治機關的矯治業務職缺，建立具信效度的篩選程序。
- 在矯治環境中，提供心理衛生處遇給成人及少年犯罪者。

值得一提的是，若我們就司法心理學的定義採取狹義、以臨床為限的立場，或者把司法心理學的應用限於法院審判體系，那麼上述列表勢必會短很多。除上述之外，司法心理學家也在大專院校授課，或進行與司法體系相關的研究，例如目擊證人的證詞、憲法基本權的周延性，乃至於國民參與審判的決策歷程。

至於司法心理學家可能出現的各種職涯場域，羅列（但不限於）如下：

- 個人執業
- 家事、藥物或精神衛生法庭
- 兒少保護機構
- 被害者服務
- 家庭暴力法庭與相關計畫
- 司法心理衛生相關單位（公立或民營）
- 性犯罪者處遇計畫
- 矯治機構（包括研究計畫）
- 執法機關（聯邦級、州級或地方單位）
- 研究組織（公立或民營）
- 大專院校（教學或研究）
- 少年犯罪處遇計畫
- 法律扶助與服務中心（例如為移民、受刑人、精神障礙或心智缺陷者提供法律援助的單位）

貫串本書，我們會以專欄的方式為大家介紹在上述各領域從事各類活[13]動與工作的專業人士。雖然他們的經歷互異，但相同的是面對意料之外的路徑或機會時，那份足以引導他們走向目前職涯的意志力。

以現今的經濟環境來看，許多大專與研究所學生難免要擔憂「畢業即失業」的問題。事實上，政府補助或者相關職缺經常遭到裁減，因而影響到各領域的科學家。本書第四版出版之際，尤其如此。二〇一七年四月，全球與全國性的「為科學而行」（March for Science）倡議運動熱烈展開，希望能藉此抗拒因為行政命令所致的各項科學研究裁減與縮編。同樣令人憂心的，還有與弱勢族群生計及福祉息息相關的諸多健康與社會計畫，亦將面臨縮減的風險。正如本書將引用的相關研究及書中提供觀點的專業人士所呈現：所幸，司法心理學至今並未因此受到嚴重損害，與此相關各面向的職涯機會依舊前景看好（Griffin, 2011）。但是切記，隨著此領域可競得的補助資源增長，相關服務就必須負起更大責任。舉例而言，在提供處遇服務的競爭市場中，服務提供者會被要求必須記錄並提出足證其處遇服務確屬有效的相關文獻，也就是基於研究而得的證據。以證據為本的處遇（evidence-based treatment）已成為矯治概念與其他助人業務相關領域中的重要詞彙。同樣的，以證據為本的實務操作（evidence-based practice）——心理學家所使用的方法與工具雖無需完美，但必須有可昭公信的信效度為依據——對於常與司法體系互動的專業人士也至關緊要。

司法心理學，司法精神醫學，司法社會工作

上述所列各項任務中，有些是由非心理學家的心理衛生專業工作者進行，其中不少是精神專科醫師或社工。這三類專業人士的協同作業有與日漸增的趨勢，了解三者的區別有其重要性。

社會大眾與媒體常分不清心理學家（包含但不限於具備臨床、諮商或司法心理專業者）跟精神專科醫師的區別。時至今日，分隔這兩種專業之間的界線有時略趨模糊。無論是臨床、諮商、司法心理學家，還是精神專科醫師，他們都是受過專業訓練，為那些有情緒、認知或行為問題的人提供評估及處遇服務；有時也為律師提供諮詢或出庭作證。

精神專科醫師原則上都是醫學博士，少數情形可能會出現所謂的骨療醫學博士。[2] 這些專科醫師是精於精神、物質成癮、情感性疾患的相關預

防、診斷與治療業務的專業工作者。而心理學家一般並沒有醫學執業學位，不過有些心理學家可能取得相關學歷，例如公共衛生碩士（master of public health, MPH）。精神專科醫師與心理學家之間的另一個重大區別，在於是否具備開立治療藥物（包括精神藥物在內）的處方資格。在過去，心理學家並不具備開立任何藥物處方的法律資格，不過近日這種狀況已經開始有所改變。二〇〇二年，新墨西哥州通過立法，許可經過相當訓練的心理學家開立精神藥物，或是以治療精神疾患或行為問題為目的之藥物，因而成為全美首例。二〇〇四年，路易西安納州亦許可心理學家處方特定精神藥物以治療精神疾患。在該州，這類得到處方許可的心理學家被稱為「醫療心理學家」（medical psychologist）。二〇一四年，伊利諾州通過法律賦予受過精神藥物學訓練的心理學家處方權；愛荷華州與愛達荷州也分別在二〇一六與一七年施行類似法律。還有好幾個州也有類似的法案等待通過，似乎成了某種趨勢。在軍事體系中的心理學家同樣享有法律上的處方權。只要是經過美國國防部、公共衛生服務部，以及美國印第安原住民衛生服務署訓練並經認證合格的心理學家，同樣具有處方權（APA, 2016a）。[3]

醫療組織機構對於藥物處方權的放寬趨勢，理所當然會加以抗拒，所持主要理由是，這種趨勢會形成藥物濫用並降低病患照護品質。即便是臨床心理學家，也未必全然支持藥物處方權的放寬；不過多數調查都顯示，多數人還是樂見其成（參見如Baird, 2007; Sammons, Gorny, Zinner & Allen, 2000）。

[14]

2. 譯按：由於美國醫學教育體系發展之獨特歷史沿革，曾出現另外一種與醫學博士 MD 層級相當，但訓練略有異的骨療醫學博士 doctors of osteopathy，或稱 DO。雖然 osteopathy 的文義會給人一種此學位只集中在「骨科病理治療」的印象，實際上它也是接受全科醫學專業訓練。雖 MD 與 DO 兩者名稱不同，訓練也不完全相同，但原則上均受到美國醫療體系承認為執行醫療業務所必須的專業學位。

3. 譯按：書中所稱「心理學家」一詞，同時涵蓋了學術路線（研究、教學、應用、實驗）與心理衛生實務路線（臨床工作）的概念，可能包含兩種以上的不同角色。而在美國稱為心理師，原則上都是具有博士以上學位的心理學家，跟台灣制度不同。

如同心理學家，許多精神專科醫師會在各式不同的司法環境中工作，包括法院、矯治機構、執法機關，尤以法院為甚。這些執行業務內容與法律相關的精神專科醫師常被稱為**司法精神醫師**（forensic psychiatrist）。在某些相關領域，例如由法院判定被告是否因心神喪失而欠缺刑事責任能力的抗辯議題，精神醫師比起心理學家更常被看見，有時也更容易受到鑑定囑託。我們在後續章節會討論到，這樣的現象其實反映出部分法官認為以醫療模式取徑（medical model approach）看待精神疾患更令他們感到安心（Melton et al., 2007）。不過，這類審前評估基本上還是由心理學家進行居多。在少年非行相關的審前評估，心理學家與精神專科醫師的參與程度相去不遠，但心理學家更可能進行監護權評估、接受執法機關的諮詢，以及在矯治機關內從事相關工作。至於司法神經心理學家（forensic neuropsychologist），也就是那些專長在於和法律議題相關的大腦研究與評估的心理學專家，無論在刑事或民事案件中都經常被諮詢。與法律相關的議題研究多半屬於心理學家的專業範圍，不過有些精神專科醫師也會參與這些研究的實務與文獻發表。

司法社會工作者（forensic social worker）[4] 也會在司法心理學家與司法精神醫師工作的場域出現。他們的眾多職務中，包括了對於犯罪被害人、被害人家屬、加害人提供諮詢，以及針對物質濫用與性侵害等犯罪的犯罪者，提供處遇協助。在許多矯治機構中，司法社會工作者也是處遇團隊的一員。他們可能會出現在未成年子女監護權評估、親權終止程序、婚姻暴力與虐待事件、少年事件及成人矯治工作中。

司法社會工作是指社會工作的原理原則在法律與司法體系相關問題與議題中的應用。全國司法社工協會（National Organization of Forensic Social Work, NOFSW）出版了《司法社會工作期刊》（*Journal of Forensic Social Work*），探討當代社會工作研究者與實務工作者在司法社工實踐中所遇到

4. 譯按：social worker 一詞，在台灣可以同時指涉包括了具備國家證照的社會工作師，以及一般的社會工作者。

的問題。雖然這些人當中可能有些具有博士學位，但是一般而言司法社工人員會取得聚焦於司法議題的社工碩士資格（MSW），並在督導下取得實習資歷。在美國多數州，這些社工在刑事案件中並不被認定具備專家資格，在民事事件中出庭作證則多半沒有問題。

在所有與司法實務工作相關的領域中，各種專業人士之間的協作至關緊要。雖然本書焦點在心理學家的工作，但適度強調其他心理衛生專業人士的貢獻，以及在各式工作中協同作業的重要性，自屬必要。

倫理議題

隨著司法心理學家可以做出貢獻的機會與日俱增，越來越多在實踐面與倫理面的議題隨之浮現。前面簡要提及有關精神藥物處方權的爭議，就是其中一例。其他各式倫理議題則常涉及心理學家及其個案之間的關係：利害衝突、偏見、研究參與、保密義務，乃至懲罰與復歸之間的緊張關係，皆是如此（A. Day and Casey, 2009; Murrie and Boccaccini, 2015; Neal and Brodsky, 2016; Ward and Birgden, 2009; Weiner and Hess, 2014）。近年來，諸多爭議則多半圍繞在心理學家如何參與軍事審訊、在未成年子女監護事件裡提出建議、在死刑案件中針對暴力風險進行評估、將非行少年評為心理病質（psychopathic），以及如何在評估與處遇之間建構適當的分際。欠缺身分證明而面臨遣返程序或成為犯罪被害人的移民相關問題，是日趨成長的一個領域，此領域本身就隱含許多倫理議題，包含文化差異所造成的誤解，以及心理學上的種種衡鑑方法可否一視同仁應用於多元族群等問題（Filone and King, 2015）。

司法心理學家一切與執行業務有關的行為，也必須遵守《心理學家倫理基準與行為守則》（*Ethical Principles of Psychologists and Code of Conduct*, APA, 2010a）。前述的倫理守則，包含了五大基本原則及十項基準；這十項基準乃是所有心理學家都有義務遵守的強制性自治規則。此外，本書前文提到的《司法心理學專業準則》，如同其他由美國心理學會所發布的準則，也應該在業務執行時被引以為鑑。本書後文提到相關議題 [15] 時，會再次針對這些基準深入討論。

心理學的職涯發展

從一九七〇年代開始，心理學專業領域普遍而言有相當可觀的擴展（Reed, Levant, Stout, Murphy & Phelps, 2001）；司法心理學亦然（Packer and Borum, 2013）。心理學包含了各式議題，從人因工程設計到動物行為，幾乎所有可想像的場域都有心理學存在的空間。心理學家則可能出現在「人員的選任與訓練、開發更便利使用者的電腦軟體、對於自然或人為災害的受難者提供心理協助、對連續殺人案件的凶手進行剖繪，創作更有效率的廣告以增加產品銷售量等」領域（Ballie, 2001, P.25）。

截至二〇一五年為止，**美國心理學會**大約有77,550位專業成員（APA, 2016b）。如果把大學生、高中生、教師、國際成員、各類關係人士，以及專業工作者都納入計算，總人數則有約134,000人。會員中有76%是女性。位於華盛頓哥倫比亞特區的美國心理學會是全世界最大的心理學家組織。二〇一六年，作為全美第二大的心理學相關機構，**美國心理科學協會**（Association for Psychological Science, APS）（www.psychologicalscience.org）則大概有26,000位來自美國與境外，專長跨越科學、應用、教學等領域的心理學家會員。同樣位於華盛頓特區的美國心理科學協會，是一個致力於促進心理學科學化的非營利組織。

除了上述兩個組織，心理學家也會加入許多國際、國內、州級，以及地方層級的專業組織。舉例而言，加拿大心理學會大概有七千名成員。值得注意的是，加拿大心理學會把從事與刑事體系以及司法心理學相關的心理學家們納入一個稱為「刑事司法心理學」（criminal justice psychology）的專業類別當中。這個類別包含了矯治、執法、法院審判、醫院與社區心理衛生、學術相關工作。至於在英國，截至二〇一二年，英國心理學會共有49,678名會員與訊息訂閱者。

教育與訓練

過去十年來，有越來越多美國學院或大學，提供司法心理學的大學課程，這些課程往往相當受歡迎（Dematteo et al., 2016）。英國與加拿大也有類似趨勢（Helmus, Babchishin, Camilleri & Olver, 2011），不過其中只有少數提供此一領域的大學部主修或焦點學程。

多數大學部的心理學學生很快就會明白，學士學位只能提供心理學的基礎知識，無法為專業心理學家的養成提供充足的基本訓練。心理學家最基本的教育要求是碩士以上，但事實上此學位所能提供的教育也有其限制。因此，心理學乃是一門博士等級的專業。在某些州，持有心理學碩士資格，倘若再加上適切的臨床訓練，或許可以取得心理師助理執照（licensure as a psychological associate, LPA），或者是碩士級的心理師（MacKain, Tedeschi, Durham & Goldman, 2002）。

心理學碩士或許也可以擔任學校內或工商組織（industrial/organizational）心理學的職位，不過大多數州仍然禁止他們使用「心理學家」此一專業稱謂；這個稱謂專屬於持有心理學博士資格者。如果心理學碩士經過多年後取得了相關的工商業實務經驗，或許能夠取得與市場研究或諮詢顧問等相關的職位。在某些州，心理學碩士可能有機會被授予非心理學的專業職稱，例如有執照的心理衛生諮商師、婚姻家庭治療師，或者心理治療師等（MacKain et al., 2002）。 [16]

除了大學部與研究所的課程訓練，有志心理學相關職涯的學生也可以透過各式實習取得深入理解此領域的寶貴機會。隨著本書的閱讀，讀者會看到不少在本書的觀點專欄分享自身經歷的作者，提及他們在大學或研究所時期的實習經歷。隨著他們持續接受博士班的訓練，實習的工作更加複雜，也需要負起更多責任。

此外，雖然許多大學部的心理學課程已經提供某些專門領域的學程（concentration），例如社會心理學、教育心理學、司法心理學、人類發展等，但是心理學的專門領域通常是從研究所或其後才開始區分。研究所的心理學課程通常會提供實驗心理學、生理心理學，以及發展、認知、臨床、諮商、學校、工商組織心理學等領域的學位。前述的最後四類代表了更加傾向於應用或執業層面的心理學。稍後我們將會看到，近期司法心理學已被公認為一個心理學領域的應用分支或專門領域；到了二〇一三年，警務與公共安全心理學也被承認是一個獨立的專門領域。

研究所訓練：博士級

就博士級的教育訓練而言，臨床心理學吸引了最多的申請者。博士學位被認定是獨立執行心理學相關業務的入門級資歷（Michalski, Kohout, Wicherski & Hart, 2011）。有趣的是，在二〇〇八到〇九年間，美加兩地研究所授予的博士級心理學位中，心理專業博士學位（PsyD）比起心理哲學博士學位（PhD）要來得多；前者是1,350位，後者1,222位（Kohout and Wicherski, 2010）。大約有四千位學生在心理學的許多其他領域取得博士學位（N. B. Anderson, 2010）。在前述的調查裡，研究者發現：在二〇〇九年取得博士學位的人當中，有72%回報他們在申請工作時，順利被選入心中的第一志願工作。大多數受訪者都表示他們在取得博士學位後的三個月內，就順利獲得第一志願的工作。

PhD 學位，需要發表博士論文，也被全球公認為進入各領域擔任科學家或學術工作者的適當預備資格（Donn, Routh & Lunt, 2000）。基本上此學位被認定是一個研究本位（research-based）的學位。博士論文則是指本於博士候選人原創性研究所做成的文獻，而且應該要對研究內容做出顯著的貢獻。相對於此，PsyD 主要是為了那些日後期盼成為實務或臨床工作者而非研究人員的學生所設計的研究所學位。第一個心理專業博士班學程於一九六八年在伊利諾大學設立（Peterson, 1968）。雖說許多取得心理哲學博士的心理學家從一開始就質疑心理專業博士學位的訓練不夠周延，尤其是其有限的研究重點，但這個學位近年來仍逐漸受專業界肯認，也吸引許多學生攻讀，尤其是那些對於此學位高度聚焦臨床的訓練方式感到興趣的人。大致上，PsyD 的學位通常高度強調臨床訓練，PhD 學位則是著重深入理解並從事相關科學研究。然而兩者之間的分界線往往不見得如此涇渭分明。許多具備哲學博士學位的心理學家，同樣做過臨床實習；取得心理專業博士學位的人，也不乏研究訓練。換句話說，無論要攻讀 PhD 或 PsyD，都必備強烈的動機與毅力。但正如本書許多貢獻已見的專欄作者所指出，這些辛苦最終都是值得的。博士學位的所有必修課程與條件，通常可以在四到六年之內完成（以大學畢業後的全職學生而言）。若有實習必要，則可能會多花一年或更久一點才能完成學位。對於有志於司法心理學的學生，有可能在提供司法相關經驗的場域中找到實習機會，例如司法程序診療所（court clinics）[5]、司法處遇醫療院所、評估中心。事實上，即便是博士前的司法實習機會也越來越常見（Krauss and Sales, 2014）。

[17] 證照

根據一份研究文獻（Tucillo, Defilippis, Denny & Dsurney, 2002），美國各州在一九七七年針對心理學家執業的證照資格已有相關的法令規範。一九九〇年，加拿大各省也針對心理業務的執行有相關規定。為了促進執業資格標準化，美國心理學會在一九八七年針對心理業務的執行曾擬定一部模範法典，以供各州立法機關在制定相關法令的時候參酌。想取得執行業務的資格，主要標準之一就是必須具備博士學位。二〇一二年，美國大約有106,500位心理學家具備相關資格證照（APA, 2014a）。專業的心理學家在倫理上必須遵守業務執行的各項相關基準，例如列《心理學家倫理基準與行為守則》的相關規範（APA, 2002, 2010a）。

在有關研究與臨床業務執行的領域中，也有其他準則存在。前述的《司法心理學專業準則》就是一個例子。不過我們應該先說明一下**基準**（standards）與**準則**（guidelines）的區別。心理學家被期待必須完全遵守相關基準，萬一違反時也會有相關的強制執行機制可以處理。舉例而言，如果違反了上述倫理基準與行為守則所列的執業規定，可能招致他人向美

5. 譯按：提供與法院審理程序相關的評估與衡鑑的心理執業機構。

國心理學會的專業行為委員會（Professional Conduct Board）或者各州的證照認證委員會提出申訴，最後甚至可能導致失去執行心理業務的資格。相對於此，準則屬於期望性質，心理學家們被積極鼓勵要遵守這些準則，但這些準則並不具強制性。話雖如此，這些提供給心理學家們參酌的準則，對於在各個臨床與研究領域當中工作的人還是有相當助益。

工作機會

針對新近取得博士資格的心理學家們的就業狀況，業界常會定期進行調查。其中一項調查（D. Smith, 2002）發現，這些專業人力中，大概有四分之三會進入高等教育體系或者助人工作的場域就業（例如學校或醫院）。其他則散見於商業機構或政府機關，或者私人執業。這些新科博士中，大約有25%會在四年制的大專院校找到學術職位。摩根、庫瑟與哈本（Morgan, Kuther, and Habben, 2005）編纂的一本有趣書籍中，彙整了一群心理學新科博士回顧其進入職涯伊始所得到的各種回饋與挑戰。庫瑟與摩根在二〇一三年以回顧變動世界中的心理學職涯為主題，發表了一份文獻（Kuther and Morgan, 2013）。另一本頗有助益的參考書，則是由羅伯．史騰堡（Robert J. Sternberg）在二〇一七年所編著的《心理學的職涯之路：學位可以帶你去哪裡？》（*Career Paths in Psychology: Where Your Degree Can Take You*）。

由美國法律心理學會所進行的一項與司法心理學尤其相關的問卷調查（P. Griffin, 2011）發現，在從事與法律心理學相關工作的心理學家中，獨立執業是主要的工作態樣。大概有45%的人回報以獨立執業（例如進行未成年子女監護權評估或者風險評量）為主要工作方式。另外有25%在大學工作，12%在醫院或者其他助人服務機構，還有10%左右在政府機關。值得注意的是，雖然心理學家多半會有一種主要工作態樣，有許多人卻不限於此，可能跟其他工作方式有所重疊。舉例而言，有些心理學家主要工作場域在大專院校，但同時保留私人執業空間。近期一份針對自認是司法心理學家的人士所做的調查顯示，他們的平均薪資是美金88,000元，薪酬範疇在

37,664元到105,907元之間（Payscale.com, 2016）。至於那些已經成功以司法心理學家身分執業多年的人，年收入常態落於200,000到400,000之間，尤其是執業範圍常涉及提供律師諮詢意見及出庭作證者（APA, 2014a）。

具有博士學位的心理學家，在理論、研究方法及分析能力等方面，都具備堅實的基礎，因此能在不同的職業中貢獻己力。「與其按一般刻板印象被定位為教授或心理治療師，越來越多心理學家寧可被視為應用科學家。」（Ballie, 2001, P.25）再次強調，本書觀點專欄所彙整的相關文章，應可為這些心理學家所投入的不同職業面向，略予說明一二。

[18] 應用性的專門領域

取得博士學位後，許多心理學家會尋求在心理學許多專門領域中取得至少一個專業認證。這種認證一般需要有相當年數的經驗，以及充分展現特定領域的專業作為基礎。就目前而言，美國心理學會承認心理學當中的十五個特殊專門領域（參照表1.1）。該表也清楚顯示，不同領域的知識與技術之間存在相當程度的重疊；許多專門領域也和被認定為獨立專門領域的司法心理學息息相關。舉例來說，臨床兒童心理學、家庭心理學、臨床神經心理學等領域的專家，都可能在司法實務工作上做出相當貢獻。雖然這些專門領域都具備明顯的特色、獨立的期刊、協會及利益考量，它們之間也有許多相同之處。

在這些專門領域執業的過程中，許多心理學家會發現其當事人來自與自己截然不同的文化背景、人種及族群。幸而，由於這些執業的專家組成也隨著時間而更趨多元，因此在心理學家與當事人之間的前述差異正逐漸改變中。截至二〇一三年，人種／族裔（racial/ethnic）中的少數群體占心理學相關工作者的整體比例還不到五分之一，但是隨著此一職業日趨多元化，至少到二十一世紀初，前述比例已經從原先的8.9%成長到16.4%（APA Center for Workforce Studies, 2015）。同時值得注意的是，美國心理學會有個少數族裔的研究獎學金計畫，提供少數族群推動其專業目標，也讓社群服務更趨於多元化。因此心理學家不僅是在執業過程中遇到更多拉丁裔、

表1.1　心理學業務專門領域以及被承認的年份

領域	年份
臨床神經心理學 Clinical Neuropsychology	1996
工商／組織心理學 Industrial/Organizational Psychology	1996
臨床健康心理學 Clinical Health Psychology	1997
校園心理學 School Psychology	1998
臨床心理學 Clinical Psychology	1998
臨床兒童心理學 Clinical Child Psychology	1998
諮商心理學 Counseling Psychology	1998
心理學中的心理分析 Psychoanalysis in Psychology	1998
行為與認知心理學 Behavioral and Cognitive Psychology	2000
司法心理學 Forensic Psychology	2001
家庭心理學 Family Psychology	2002
專業老年心理學 Professional Geropsychology	2010
警務與公共安全心理學 Police and Public Safety Psychology	2013
睡眠心理學 Sleep Psychology	2013
復歸心理學 Rehabilitation Psychology	2015

亞裔、美洲原住民與中東裔的當事人，其自身的組成也反映出群體文化日趨多元的現象。正因意識到社會變動與多元化的需求，近年來也有許多相關的指導原則受到採納（如APA, 2003b, 2012）。

同樣的，近年來心理學家及其他心理衛生專業人士更能理解移民族裔所面對的現實處境。有件事頗值一提，在美國，移民族裔的人口同時占據了教育與技術訓練光譜的最高與最低兩端（APA, 2012）。舉例而言，移民族裔在醫師人口中占了25%，在具備博士學位的科學家中占了47%，同樣在農業、服務業及建築營造業等叢集。所有農業相關的雇工中，75%來自移民（APA, 2012）。話說回來，無論移民族裔立於光譜何處，他們可能都要面對或經歷焦慮、憂鬱、自殺意念，或者嚴重的精神疾患。二十一世紀對許多移民族裔的社群來說，他們經常會受到有色眼光懷疑，成為選擇性起訴標的、仇恨犯罪受害者，甚至在某些狀況下面對驅逐出境的威脅。其中更有許多人會因為親友在他國可能遭迫害或暴力對待而感到恐懼。

世紀之交，曾對移民族群進行評估或治療的心理學家們，也回報了這些人（無論是成人或兒少）所面對的各種議題，從創傷後壓力、焦慮疾患、語言障礙，乃至文化適應困難，不一而足。那些欠缺身分證明文件的移民們常常不敢揭露自己受害的事實，諸如家暴、性侵害、性剝削人口販運，因為他們不希望自己引來注意。此外，若想尋求心理衛生服務的協助，還必須跨越社會與文化的藩籬。許多心理衡鑑的工具（例如某些標準化測驗工具）根本沒有建立屬於這些群體的常模，從而欠缺信度（APA, 2012）。最後，心理學家們必須認識到，這些移民有可能受到有關移民的負面觀點所影響，而這樣的觀點乃是由政治人物與媒體建構而成（Bemak and Chi-Ying Chung, 2014）。本書後續章節將會回頭探討其中的部分議題。

[19]

司法心理學作為一門專業

教育與訓練的要求

不論有關司法心理學定義寬狹的辯論有多熱烈，從全球各地研究所相關課程的成長趨勢來看，尤其是美加、英國、澳洲，這個領域的成長是顯而易見的。截至二〇一七年，全球共約八十項研究所等級的司法心理學程，包含了碩士（MA）與博士班（PhD 或 PsyD）課程。這些學程中，有開設在校園的實體課程，也有線上課程。單就美加兩國而言，大約就有四十一所學術機構提供了六十八個司法心理學課程，「其中包含十五門臨床博士班，十門心理專業博士班，十五門非臨床博士班，十二門雙學位課程……以及十六門碩士學程」（Burl, Shah, Filene, Foster & Dematteo, 2012, P.49）。（請參見表1.2所列美國司法心理學學程列表）

有個頗吸引人的職涯取徑，是聯合學位訓練（joint degree training），亦即在同一或有合作關係的機構，取得心理學博士學位以及法律專業博士學位（Juris Doctor, JD）[6]；有些人則會選擇取得博士學位，再加上一個法律研究碩士（master's degree in legal studies, MLS）[7]。類此的聯合學位雖然並非追求司法心理學家職涯所必備，卻不失是對心理與法律同時具有強烈興趣的研究生可考慮的不錯選項。

請別誤以為想從事司法心理學領域的工作，必須以具備司法心理學的學位為前提。許多研究所課程，無論是臨床心理學、諮商心理學、刑事司法學，都有專攻司法心理實務的學程，透過選修特定課程或實習，都足以提供學生們相當的學術與實務訓練機會。再者，許多心理學家鼓勵學習者，可以先具備心理學的廣泛背景知識，諸如臨床或諮商心理學位的訓練，而不是非司法心理學位不可。這方面的選擇可考慮諸如以下因素：有無合適指導者、課程內容、實習機會、資金、地理區域、該課程的聲譽等。實際上，有許多不同的方式可以進入司法心理學領域工作。

在美國，大多數的研究所課程都集中在臨床或諮商心理學，不然就是社會心理學，因為社會心理學往往與法律心理學或心理與法律息息相關。在美國、加拿大境內，就警務心理學（police psychology）而言，基本上並沒有授予任何特定學位的正式課程存在；不過在英國倒是有一些以「偵（調）查心理學」（investigative psychology）為名的課程。再者，由於警務與公共安全心理學已經被正式認可為一門獨立的心理學專業，後續可能在此專業領域下發展出更多研究焦點。為因應此一趨勢，警務心理學組織諮議會（Council of Organizations in Police Psychology, COPP）也提出了教

6. 譯按：美國的法學專業教育原則上如同醫學教育一般，採學士後教育制度，通過後授予名為「博士」（doctor）的第一個專業學位，並且以此作為實際執行法律業務的必備學位。法學院畢業時所授予的第一個專業學位，亦即一般稱為 JD 的法律專業博士學位。與以學術研究為目的的法律哲學博士學位 PhD in law 不同。
7. 譯按：MLS 學位一般稱為法律研究碩士，以非執行法律業務為目的的法學位。其教學重點多半放在讓外國人或非法律本科系人士對於美國法律制度具備理解與基礎訓練，課程內容一般相當於 JD 學位的第一年訓練。

[20] **表1.2　提供司法心理學及／或法律心理學研究所課程的大專院校**

心理學哲學博士 PhD 學位課程	阿拉巴馬大學，雅利桑納大學，加州大學爾凡分校，卓克索大學，法雷迪肯森大學，佛羅里達國際大學，福旦大學，約翰傑刑事司法學院，麻塞諸塞大學羅威爾分校，內華達大學雷諾分校，北德州大學，德州大學艾爾帕索分校，諾瓦東南大學，帕羅奧多大學，山姆休士頓州立大學，賽門費雪大學，德州 A&M 大學，德州理工大學，懷俄明大學，西維吉尼亞大學
心理專業博士 PsyD 學位課程	諾瓦東南大學，大平洋大學專業心理學院，斯伯丁大學，芝加哥專業心理學院，威廉詹姆斯學院，威德納大學
心理與法律（或法律研究）聯合學位課程	亞利桑那州立大學，康乃爾大學，卓克索大學，帕羅奧多大學，加州大學爾凡分校，佛羅里達大學，明尼蘇達大學，內布拉斯加大學林肯分校
碩士學位課程	美國國際學院，艾德勒專業心理學院，加州州立大學，芝加哥專業心理學院，聖伊莉莎白學院，法雷迪肯森大學，聖名大學，約翰傑刑事司法學院，瑪莉蒙特大學，諾瓦東南大學，帕羅奧多大學，羅傑威廉斯大學，聖者學院，加州大學爾凡分校，科羅拉多大學科羅拉多泉分校，丹佛大學，休士頓大學維多利亞分校，雷瑟斯特大學，內華達大學雷諾分校，北達科塔大學，威廉詹姆斯學院

資料來源：依2016-2017《司法與法律心理學研究所課程指南》的資料製表而成。該指南是與美國心理法律學會的教學訓練與職涯委員會共同編纂。資料經丹佛大學的艾波亞歷山大心理專業博士更新。

育訓練指南（Brewster TE al., 2016），相關部分在本書第二章會再詳述。加拿大的學術與研究機構，長久以來都全力支持矯治心理學的研究，因此其司法心理學相關課程也反映出在這方面強大的研究或實證取向。相對於此，美國的課程對於有關矯治心理學與該領域執業所需技巧，則較未能給予相同程度的關注（Magaletta et al., 2013）。

不過，在美加兩地，對於招募研究生進入實務領域的實習工作，則有日趨積極的傾向，尤其是那些可以透過實習讓個人未來職涯與實務機構互蒙其利的工作（Magaletta, Patry, Cermak & McLearen, 2017; Olver, Preston, Camilleri, Helmus & Strazomski, 2011）。此外，要強調的是，具心理學背景的學生有不少也會去攻讀刑事司法、犯罪學、社會學、社會工作等領域的博士班課程，像是紐約州立大學艾爾巴尼分校、辛辛那提大學、馬里蘭大學的課程。雖然這些人並非心理學家，但是具備上述領域博士學位的教授、實務工作者及研究人員，同樣對於司法心理學領域做出相當貢獻。事實上，上述學位的學程設計中，其教職員陣容常常會納入具有心理學博士或心理專業博士學位的心理學家。

除了透過取得博士學位的方式，有些臨床工作者會設法取得司法心理學領域的認證或專業文憑。所謂**專業文憑**（diplomate）指的是一種專業公認地位證書，肯認某人已在特定領域正式通過認證，具備高階的知識、技術與能力。在司法心理學領域取得專業文憑，可以證明一個由同儕所組成的組織已經審查並認可該心理工作者在其領域達到最傑出的標準。心理學家若希望取得此一專業文憑的認證，自然必須先取得執業資格。

美國大概有十七州要求司法心理學家必須取得相關執照或者由州所核發的認證，才能從事司法相關的心理學業務，例如受法院囑託進行就審能力評估，或者對於可能面對強制治療程序的性暴力犯罪者進行衡鑑。幾乎所有與上述認證相關的法律都是在西元兩千年之後才在各州通過立法；此一現象適足證明此領域的蓬勃發展。針對這些相關法令，希爾布倫與布魯克斯（Heilbrun and Brooks, 2010）整理發表過一份頗有幫助的摘要圖表供大家參考。

另外一種等級的認證，是「委員會認證」（board certification）。這樣的認證對於心理學家被傳喚出庭時的專業資歷也會增添分量。以全國等級來說，在司法心理學（以及其他十二種心理學特殊專業）領域提供委員會認證的主要機構是美國專業心理學委員會（American Board of Professional Psychology, ABPP）。其次，美國司法心理學委員會（American Board of Forensic Psychology, ABFP）從一九七八年開始也提供委員會認證，目前也已經與ABPP成為關係機構（Heilbrun and Brooks, 2010）。還有一個核發認

觀點專欄1.1

[21]

雙聯學位的用處

大衛・迪馬提歐 David Dematteo
法律專業博士，心理學博士，美國專業心理學委員會認證（司法心理學）

我較常被有志司法心理學的學生問到的問題之一是：應該追求雙聯學位的訓練？還是專注單一學位就好？雖然我自己有法律學位以及心理博士學位，也主持一項雙聯學位的計畫，不過我對這個重要問題的答案還是「視狀況而定」。這樣的答案大概會讓很多人感到訝異，尤其是那些預期我會支持所有學生都該追求雙聯學位訓練的人。但現實是，雙聯學位的訓練，正如同任何專業訓練，未必適合所有人。究竟雙聯學位訓練是否適合某人，要從幾個面向來考量。在我描述這些面向前，會先解釋為何我當初追求雙聯學位訓練、我用這樣的學位來做什麼，以及這種訓練的好處。

作為大學新鮮人，我一開始就十分確定自己要成為執業律師……直到我開始修心理學課程。縱使我長期以來對於追求法律職涯充滿興趣，但我確實愛上了心理學。我愛它的實用性，以及寬廣的應用範圍。我喜愛透過心理學研究與實務來幫助個人與社會這樣的概念。進入大學幾個月後，我的職涯興趣的鐘擺就已經從一端（法律）擺盪到另一端（心理），於是我下定決心要追求心理學職涯。說我運氣好也不為過，事實上有許多人到確定職涯選擇之前會數度改變主修。

不過，最後我了解到，我真正的興趣不限於心理或法律，而是心理與法律的交會。在大學階段，我的興趣漸趨成熟，最終聚焦在透過嚴謹方法執行研究來協助司法決策者與政策制定者進行更周延的決定，以及評估犯罪加害者與民事訴訟當事人，讓律師與法院能做出更好的判斷。了解自己志在於此，我發現自己更傾向心理學職涯，因為律師一般並不會進行實驗研究，當然也不會進行臨床的心理評估。於是乎，我發現自己面對一個困境：我已不再盼望執業法律，卻仍想學習法律。我也希望可以像個律師一樣思考，並擁有法律人的批判分析能力；我還想用前述這些法律人的特質，讓我在心理學領域的工作更加出色。還好，我找到了當時美國有的少數雙聯學位之一：MCP哈尼曼大學（MCP-Hahnemann University）與維拉諾雅法學院（Villanova Law School），有提供心理學（PhD）與法律（JD）雙方面的進階訓練。

時光快轉到我從這個七年的雙聯學程行將畢業之際。當時我面對的問題是：該如何有意義的利用這兩個符合我職涯興趣的學位？我主要的興趣未曾改變，還是在於從事與政策相關的司法心理研究，以及協助犯罪加害人與訴訟當事人。至於其他的興趣，例如教學與接受諮詢，也逐漸浮現。我希望可以找到一份工作，同時滿足這些多元的興趣。正如許多人一路走來的領悟，要找到適合的工作其實是一個反反覆覆且瑣碎的歷程。意思是，你的第一份工作大概不會是你人生職涯的最終歸宿，因此目標應該放在讓每一份相續的工作盡量符合你的整體職涯規畫與興趣。我自己一開始以研究科學家的身分在處遇研究機構（Treatment Research Institute, TRI）取得了工作機會。它是與賓州大學密切合作的非營利研究單位，也讓我有機會得以進行與各種藥物政策相關的複雜研究。我在TRI的工作重點是涉及毒品的犯罪加害人研究，這些研究會檢視藥物法庭（drug courts）的效能，取得參與藥物濫用研究的受試者的知情同意的倫理議題，還有對於那些物質濫用問題較輕微的加害者進行介入治療的研究發展。不過當時我教學或提供諮詢意見的機會不多，卻一心想運用我的臨床司法心理技巧，也想與學生一起研究。於是，在TRI度過了豐收的四年後，我得到了在卓克索大學（Drexel University）心理系的教職。

過去十年在學術界的歷練，讓我有機會善加利用兩個學位。我把時間投入實驗，而這些實驗都是以在數個不同領域發揮影響政策制定與執行功能為目的。我也對大學生、研究生及法學院學生授課；指導大學

[22] 生與研究生；進行未成年犯罪者與成人的司法心理衛生評估工作；向律師、法院及其他機構提供諮詢意見；在數個委員會與期刊編輯委員會任職；當然也出版並發表我自己的相關研究。此外，身為學校的JD/PhD雙聯學位學程主任，我協助開發出一套法律心理學的訓練課程，並指導下一世代的法律心理學專業工作者。這樣的職涯生活令我感到充實，更不會一成不變。隨著每天的時段不同，我或許會在我的辦公室、教室、監所或法庭內。我可能正在開發一個新的課程、寫一本新書、進行實驗研究、撰寫司法鑑定報告，或者跟學生開會以協助他們的教育訓練。我由衷喜歡這個工作的多元本質。

在回到「雙聯學位訓練究竟是否適合你」這個問題前，容我談談我常被問到的另一個問題：雙聯學位訓練對職涯有助益嗎？這問題的答案是非常肯定的「有」。據我所知，沒有工作要求求職者必須具備這兩個學位（這個雙聯學位學程的主任大概是例外）。但是身懷這兩個學位會形成一組獨一無二的技能，增添自己在就職市場上的競爭力，也讓你在專業職務方面的選項更多元。雖然我一開始以為自己的法律學位對於我從事的司法評估與鑑定業務會最有助益（因為這類工作需要與律師互動，也需具備一定程度法律知識），但是後來我發現其實這對我的研究工作幫助更大。我研究的大多需要跟涉入司法的個體互動，有法律學位會在那些需取得其許可的研究參與者（如法官、律師、法庭管理人）面前，提升我的可信度。其次，具有兩個學位讓我有機會被任命為美國心理學會的司法議題委員會成員。二〇一一年擔任該委員會主席的任內，我協助起草了提出給美國聯邦最高法院的三份法庭之友狀，內容聚焦於與最高法院審理的各案法律議題相關的心理學研究。其中有兩案涉及目擊證人指認的可信度；第三案的焦點則涉及在死刑案件中預測被告未來危險性的議題。

讓我們回到本文一開始的問題：若對心理學與法律都有興趣，接受雙聯學位訓練是個好點子嗎？這要視幾個因素而定，包括有多少這樣的雙聯學位學程存在（目前是六到八個）？可以找到哪些財務支援？要花多少時間在教育與訓練上（大部分雙聯學位都需要五到九年才能完成）？專業目標為何？專業目標這一點，需要進一步討論。有志此道者應該自我探問：希望如何利用專業工作的時間？然後思索，這兩個學位是否能協助取得與自己專業目標一致的職位？

取得雙聯學位的人，後來多是在法律或心理學領域工作，再利用「另一個」學位協助他們的主要工作。舉例而言，有些執業律師（需要有法律學位才能執行業務，至於心理學博士則非必須），其執業領域若擁有心理學訓練會有特別助益的，像是家事法、精神衛生法、訴訟詰辯。有些受過雙聯學位訓練者，則是主要會利用心理學博士學位（如學術、研究、司法評估與鑑定等工作），再透過法學位來提升自己在這些工作領域的效能。扼要來說，假若你志在成為一個科學家執業者，從事在法律上相對複雜的社會科學研究，以協助司法體系做出以實證為基礎的決策；又或者你希望成為一位律師心理學家，參與在實證面與理論面更精細複雜的心理衛生政策與法律研究發展；抑或你想成為臨床心理工作者，冀望有助於司法心理學的推展，在諸如刑事、民事、家事，乃至精神衛生法等相關領域做出貢獻，那麼雙聯學位訓練可能就適合你。雙聯學位的訓練過程雖然漫長，但是回饋可觀。對於那些目標與這類訓練一致的人，這樣的學位訓練極有助益。

大衛．迪馬提奧博士是卓克索大學的心理與法律助理教授，同時擔任該校法律與心理學JD/PhD雙學位學程的主任。他的研究與趣包括心理病質、司法心理衛生評估與鑑定、藥物政策、分流處遇；他也執行私人的司法評估與衡鑑業務。他經過美國專業心理學委員會在司法心理領域的認證，目前是美國心理法律學會理事長。嗜好閱讀、慢跑、旅行，以及和妻子與兩名子女共度時光。

[23] 證機構，是美國心理專業領域委員會（American Board of Psychological Specialties, ABPS），它與美國司法審查員學院（American College of Forensic Examiners, ACFE）有關。各個機構組織據以核發認證或頭銜的標準有相當的差異（Otto and Heilbrun, 2002）。根據希爾布倫與布魯克斯（2010）發表的文獻，在核發委員會認證這方面，美國司法心理學委員會「似乎最為嚴格，要求所有申請者必須通過學經歷的全面審查，提出工作成品樣本供審閱，還必須通過筆試與口試」（P.229）。

司法心理學的研究與執業

接下來會扼要針對在司法心理學中進行研究與執業的五個主要領域，以及兩個相關「次領域」（司法家事心理學與司法校園心理學）進行討論。雖然先前已經針對心理學家在這些領域當中會做些什麼加以舉例，以下則會提供更多細節。

警務與公共安全心理學

警務與公共安全心理學是心理學原理原則與臨床技巧在執法與公共安全層面的研究與應用（Bartol, 1996）。此一專業領域的目標在於協助執法單位與其他公共安全相關人員與組織，以有效而安全的方式順利執行任務，履行其社會功能。在這個專業領域工作的心理學家，可能會涉及以下四個面向：一、評估（例如人員的篩除或選用、適勤能力評估、特殊單位的適任評估）；二、臨床介入（槍擊後狀態、殉職諮商、深度臥底誘發壓力反應）；三、行動支援 （例如人質談判、犯罪活動分析）；四、組織諮詢（例如有關性別與族群／少數族裔議題、使用武力過當的顧慮、警務機關貪腐問題、工作場域壓力源）。

警務心理學家有時會被歸類於司法心理學家之外，或者正如本書先前提到，有些根本不認為自己屬於司法心理學家。此一專業領域的成長相當快速，現在已有數個全國性組織，也獲美國心理學會承認為一個獨立的專業心理學領域。話雖如此，由於司法心理學與警務心理學之間的緊密關聯與重疊關係，在此為了理論架構目的，仍將此領域視為司法心理學的專業分支。

雖然在早期「警務心理學」這個名詞也曾被使用過，不過現在已經有了更廣泛的定義，涵蓋許多與公共安全相關的專業在內，諸如（地方等級）副警長、漁獵與野生動物保護探員、機場安全人員、移民局探員、聯邦法警、（都會地區的）警員，以及各種不同的聯邦或州級探員。此外，也包括軍事人員以及具備類似功能的民間承包商。 [24]

學者通常會把心理學與警務工作產生連結的濫觴追溯到一九一七年，彼時路易．特曼（Lewis Terman）開始對警務職位的申請人進行心理衡鑑（Brewster et al., 2016）。雖然心理學與執法部門之間的關係多年來可說消長互見，不過在司法心理學相當程度的介入（例如職務申請者的篩選程序）後，出現了一段時間的關係停滯期。當時的警務機關被描述為「鐵板一塊，類似軍隊組織，僵化且……抗拒創新」（Scrivner, Corey & Greene, 2014, P. 444）。史科夫納、柯瑞與葛林（Scrivner, Corey & Greene）還提到，「一開始，這些囿於傳統的單位不太確定到底需不需要心理學的各種服務，心理學家在建立可信度以及漸進了解執法機關與其文化上，面臨相當的挑戰。」不過，總的來說，隨著執法機關越趨專業，以及心理學家越能理解執法工作的種種挑戰，兩種專業之間的關係隨之增溫，彼此有更多相互尊重。「時至今日，心理學家對於各地執法機關與其服務所做出的貢獻以及所造成的改變，已是毋庸置疑。」（Scrivner et al., 2014, P. 444）

先前提過，這些心理學家會進行就職前的心理衡鑑、適勤能力的評估、特殊單位所需的評估、人質小組的談判，以及使用致命武力事件的評估。截至二〇一六年，有98.5%的執法機關會延請心理學家在警務人員聘用到職前，針對其所需的各項職務功能進行適應性的評估（Corey, 2017）。心理學家也會被要求進行偵（調）查類型的活動，像是犯罪剖繪、心理解剖、筆跡分析、目擊（或耳聞）證人的催眠。有時候這些心理學家被稱為

「警察心理學家」（Cop docs），也對警務人員與其家屬提供支持性的服務。較大型的警察單位通常會聘任全職的單位內警務心理學家；至於小一點的單位，一般則以外部心理學家擔任諮詢顧問之職。

目前美國並沒有專門的警務心理學的正式研究所課程。不過就如本書先前提到的，在警務心理學取得專業領域地位後，這樣的課程可能不久就會出現。最理想的狀況是由希望攻讀此領域的學生先取得心理學博士學位（尤其以臨床、諮商或工商組織心理學領域為佳），在攻讀博士的過程中，設法找到從事警務心理學研究也曾與執法社群共事的指導教授。在與警務執法相關的業務機關或組織完成博士或博士後實習，也是一種可行之道。無論這條職涯道路如何選擇，有志於警務心理學的人必須對於警務工作的本質、相關政策與程序，以及執法文化等取得深度的熟悉與了解（後續章節會再深入討論）。

法律心理學

法律心理學（legal psychology）是一個概括名稱，泛指對於足以反映心理學與法律（包括但不限於與法院有關）之間緊密關係的系列議題所進行的科學研究。這些議題涵蓋（但不限於）：理解個人法律權利的能力、刑事責任能力（心神喪失抗辯）、強制住院與治療、陪審團選任、人民參與審判與司法決策、未成年子女監護權之決定、家事法相關議題、目擊證人的指認，以及審前的媒體曝光與報導對於法庭程序的影響。就本書目的而言，法律心理學也包括刑事與民事法院中，行為與社會科學的相關研究與應用。

一旦取得了心理學博士或心理專業博士（或是法律專業博士與心理學博士雙聯學位），具有法律心理學背景的人通常會直接進入學術界或是自行開業，或者在各式研究機關或組織取得博士後職位，像是聯邦司法中心、國家州級法院研究中心、聯邦調查局、國家司法學院、國家心理衛生研究院。

[25]

有件事值得注意，在學術與專業文獻當中，常見把法律心理學、心理學與法律、司法心理學等詞彙當成同義詞交互使用。雖然本書把法律心理學當成司法心理學項下的次專業領域，但是我們知道這並非舉世皆然的通用概念。我們也明白，我們所規畫的其他次領域與法律心理學有著相當程度的重疊。舉例而言，目擊證人指認是法律心理學當中研究頗豐的領域，但是對於需要對執法機關在列隊指認與目擊證詞可信度方面提供意見的警務與公共安全心理學家，同樣會是研究重心所在。事實上，本書第三章就會討論到與警方調查程序相關的這些議題。只不過，相較於警務與公共安全心理學家，法律心理學家更可能在這些領域進行**研究**。同樣的，當心理學家進行風險評估以及某些監禁評估時，法律心理學與被害者學也會出現交集。我們希望表達的重點是，司法心理學之下的各個次領域並非一定是互斥的。

法律心理學家所關切的諸多議題之一，包含了虛假自白的心理學（psychology of false confession）（本書第三章也會討論）。絕大多數人都知道犯罪嫌疑人可能基於許多不同的理由，有時會對於他們並沒有實施的犯罪做出自白。犯罪嫌疑人可能出於恐懼、受到外力脅迫、為了保護真凶，或者認為根本沒有人會相信其無辜，甚或可能單純為了獲得犯罪所帶來的指責與惡名，而做出自白。但真正令許多人感到訝異的是，有些實際上無辜的犯罪嫌疑人最後會相信自己是真的有罪。過往研究指出，透過執法單位警官有技巧的操弄，要取得這類型的虛假自白是有可能的（Kassin, 1997, 2008; Kassin, Goldstein & Savitsky, 2003; Kassin and Kiechel, 1996; Loftus, 2004）。羅芙托斯（Elizabeth Loftus）指出：「我們絕對有理由認為，有些人在面對虛假的證據指向他們犯罪的狀況下，可能真的會相信自己犯了罪。」（P. i）法律心理學家向來站在研究此種怪異現象的第一線。

家事司法心理學

許多司法心理學家在家事法領域的涉入越來越深，因此這或許會是個不錯的職涯選項。從表1.1可看到家事心理學已經自成一個專業領域，早在二〇〇二年就受到美國心理學會的認可，哪怕過去二十年，所謂的家庭這個概念其實已有劇烈變動。西元兩千年的普查顯示，無論是單親、以祖父母輩為主的共居家庭，或者是由同性戀雙親與子女組成的家庭，都呈現大幅成長趨勢（Grossman and Okun, 2003）。二〇〇七年，疾病控制預防中心的報告指出，全美有39.7%的新生兒出自未婚女性。二〇一二年，此一數據升高到生產率的二分之一（Adam and Brady, 2013）。二〇一三年，美國聯邦最高法院判決肯認合法結婚的同性配偶有權享受一切聯邦層級的配偶福利（*United States v. Windsor*, 2013）；隨後在他案也以維持加州法院認定禁止同婚州法無效之判決，間接肯認了同性婚姻（*Hollingsworth v. Perry*, 2013）。二〇一五年，美國聯邦最高法院在「奧貝格費爾訴霍奇斯」（*Obergefell v. Hodges*）一案中判決，同性伴侶結婚的權利受到憲法保障；此一經典判決之效力及於全美國。

這些社會與法律層面的改變，影響了家庭的組成樣貌、家庭的維持與解消，以及許多與兒童、醫療、勞動福利，甚至臨終安寧決策相關的各式法律議題。從家事司法心理學家的觀點出發，我們關切的可能會是：收養；家庭的各種面貌；子女的照護；離婚，包括監護權、現狀的重新配置、衝突解決；家內虐待；與年長者相關的法令，包含遺產分配；家族企業；監護人適格；少年非行事件與法律；生父身分；生殖與基因科技；還有其他領域如親權終止。當對於家內權力關係以及家庭體系的理解變成重[26]要爭點時，家事司法心理學就會同時涉及民事與刑事案件。舉例而言，監所探視、釋放處遇計畫，以及量刑對家庭成員可能產生的影響等議題便是如此（Grossman and Okinawa, 2003, P.166）。家事司法心理學中最廣為人知的領域，包括了子女監護權、家庭暴力、非行少年的評估與處遇。這些議題稍後在本書都會詳細討論。

成人與少年犯罪心理學

成人與少年犯罪心理學是探討成年與少年犯罪者行為與心理歷程的一門科學。此一領域主要與反社會行為如何被生成、誘發、維持，以及該如何矯正有關。近年來的心理學研究已聚焦於個人認知的各種版本世界，尤其是個人的思緒、信念、價值、那些與現代法治生活扞格不入的部分，該如何去矯治調整。此一研究領域假設許多犯罪行為乃是依據學習的基本原理，透過日常生活經驗而習得生成，其後再經過個體的認知、編碼、處理後，以個人獨特的方式儲存在記憶中。

犯罪心理學檢視與評估的目標是：降低犯罪，或反社會行為的相關預防、介入，以及處遇策略。例如成人與少年犯罪心理學的相關研究已發現，若兒童在校表現不佳、無法與同儕共處、有施虐父母，或者學校無法有效控管侵擾與暴力行為，慢性的暴力傾向會自此而生（Crawford, 2002）。研究也發現，來自同儕或他人的社交拒斥，有可能導致重大而暴力的加害行為：「有許多心理功能乃是奠基在歸屬團體，以及因為這種歸屬感所生的直接與間接益處。」（Benson, 2002, P.25）當這種歸屬感遭到限制或者被排除，就會產生孤立與社交隔離的感覺，往往也會造成行為上的顯著變化，例如侵略性與暴力，以及其他適應不良行為的增加。在這樣的狀況下，行為便會出現衝動、混亂、自私、欠缺組織，甚至是具有毀滅傾向。舉例而言，校園槍擊事件的凶手經常會有被社交孤立與拒斥的感覺。

不過研究者也發現，設計精良並細心執行的預防計畫，可以預防暴力以及就此踏上犯罪之途的一生。例如由杜克大學（Duke University）、賓州州立大學（Pennsylvania State University）、范德比爾大學（Vanderbilt University）、華盛頓大學（University of Washington）等研究團隊所開發的快速預防計畫（Fast Track Prevention Program），在降低少年犯罪方面已經展現出相當樂觀的成果。我們會在本書有關成人與少年犯罪的章節，持續討論這些計畫。正如先前提到，在學校場域工作的應用心理學家已經發現他們的服務需求有成長的趨勢，從而引起更多人對於新的次專業領域校園心理學的濃厚興趣。

司法校園心理學

司法校園心理學儼然已是現代心理學主要研究興趣與執業領域之一，而其與心理學、教育體系、司法系統三者交會之處息息相關。司法校園心理學家或許並不這麼自稱，他們說不定認為自己就只是一般心理學家或校園心理學家。回顧表1.1，校園心理學在一九九八年受到美國心理學會認可為一個獨立的專業領域。如果校園心理學家需要常態性地處理同樣的法律議題，我們認為或許他們確實需要這樣一個特殊職銜。司法校園心理學家會與該區域各學校就有關停學與退學處分，還有像是青少年安置在學區校園內的住校計畫與隨之而來的影響，進行協作。這些心理學家也會涉入許多的衡鑑與評量作業，包括對有特殊天賦或者有特殊需求（諸如智力、發展或情緒等方面問題）的學生進行評估。

[27] 在美國的矯治機構與精神處遇機構裡，對於少年的教育處遇計畫乃是絕對必要，某些州甚至已經在上述機構內構築特殊校區（Crespi, 1990）。司法校園心理學家在這類環境脈絡下，必須面對的挑戰自然不在話下。社區的公私立學校雖然主要聚焦於教育功能，不過在上述大多數矯治或精神處遇環境中，教育功能的重要性可能仍次於監禁之目的。

非行少年復歸（rehabilitation of the juveniles）這件事極為重要，其中也包括（但不限於）教育。因此衡鑑評估與諮商服務乃是校園心理學家在這些環境中所必須承擔的重要角色。雖然說許多的司法校園心理學家主要還是在矯治機構當中從事與患有精神障礙的犯罪者以及少年們相關的工作，不過他們也會與公私立學校就司法議題進行合作。例如在公立學校環境的心理學家，可能會被請求去評估學生在寄發威脅信給教師而受校方暫時停學處分之後的潛藏暴力風險。

在全美，從一九九〇年代末期開始，隨著一連串校園槍擊事件出現，公私立學校體系迫切需求校園心理學家進行更多諮商。全國各地原本不為人知的低調社區，如肯德基州的西帕杜卡、阿肯色州的瓊斯波若、密西西比州的珍珠鎮、奧瑞岡州的春田鎮等地，一夕之間因當地爆發的校園槍擊事件，變成人盡皆知。自此以後，偶發的學生帶槍到校或者學生殺害校長事件，也就攫取了公眾的注意力。

二〇一二年十二月發生在康乃狄克州新鎮的校園槍擊案，造成二十個小一學童與六名成人被害；該案誠然令人心膽俱裂，但由於是校外人士侵入校園行凶，因此屬較不尋常的事件。其他的校園槍擊案則有校內學生對其他學生或教職員開槍的狀況。在這類事件中，最令人震驚的是一九九九年四月發生在科羅拉多州利托頓的科倫拜高中槍擊案。該案造成十二個學生與一位老師罹難，另有二十名學生分別受輕重傷。兩個應該為此事件負責的青少年也在事件中身亡。對於公眾與新聞媒體來說，槍手不過就是兩個住在丹佛市郊，來自中產家庭的普通男孩。但是隨著更多資訊被公之於眾，槍手被描繪為遭到孤立、對槍械有著濃厚興趣，也常受到同儕嘲諷作弄的青少年。雖說在科倫拜高中槍擊案之前已發生過一些校園槍擊事件（一九九六年到九九年間至少就有十起），但該事件在全美各地的父母心中仍引發了高度的警覺與關切。新鎮校園槍擊案的凶嫌據說對於科倫拜事件非常著迷，其他後續類似事件的槍手似乎也是如此。甚至有一宗案件的槍手特別前往科羅拉多州，只為了見科倫拜高中的校長一面。

有鑑於對校園暴力事件的關注有日漸升高的趨勢，對於具有潛在風險的青少年進行威脅評估也變得越來越尋常。例如若有學生用口頭或書面方式威脅要傷害同學或教職員，那麼上述的評估可能就會啟動。一旦這些學生接受評估後，可能會在校園或社區裡接受諮商，甚至不無可能遭到退學處分。正如我們先前提到，這樣的評估工作通常會落在校園心理學家身上。本書第八章會再詳細討論威脅評估。

雖然媒體關注諸如科倫拜、新鎮及其他的校園悲劇，但是更加清晰具體地了解校園暴力仍是非常重要的。上述校園槍擊案發生的時點，正是全美少年暴力犯罪率總體下降的階段；事實上這樣的犯罪率持續在下降。不過後續的暴力事件仍時有所聞。這些事件通常涉及某個學生攜槍到校，威脅或實際射殺一兩個人。在二〇一四年四月的一起案件中，一名賓州的十六歲學生據報以刺殺或砍劈的方式傷害了十九名高中學生及一名成人，並因此遭起訴四宗殺人未遂以及二十一宗加重傷害的罪名。當新聞媒體以戲劇化手法凸顯某些事件與其意義時，這些事件在外界看來，恐怕就遠比現實狀況更加廣泛且常見。此一現象也就是所謂的可得性捷思（availability heuristic）[8]。[28] 在現實中，雖然這些槍擊與刺殺事件確實令人震駭與悲慟，但恐怕並不能代表整體少年犯罪的圖像。

被害者學與被害者服務

被害者學（victimology）指的是研究那些曾因既未遂犯罪以至在生理、心理、社交或財務等層面經歷實際損害或威脅者。這些損害有可能是直接的、自身的（親身經歷），或者間接的、傳來的（由與被害者親近的家人、親友、倖存者所經歷）（Karen, 2013）。

經歷過暴力加害（例如誘拐、校園槍擊、性侵害）的兒童被害者，有可能因而使原本正常的兒童發展期各基本面向受到干擾，並可能與其後終生的情緒與認知問題有關（Boney-McCoy and Finkelhor, 1995）。在成年人身上，有強烈證據顯示犯罪被害的效應影響既深且廣，例如遭到攻擊、搶劫、竊盜（Norris and Kaniasty, 1994）。直到最近，犯罪受害者中也只有極小部分（2-7%）獲得心理服務（Norris, Kaniasty & Scheer, 1990）。事實上，過去四十年來，犯罪被害者學才被承認是一個科學與專業研究領域（Karen, 2013）。針對不同文化脈絡與年齡群組的犯罪被害人的研究、評估與治療處遇，越來越多心理學家在其中扮演重要角色。本書第十、十一與十二章將會更深入討論這些議題。

目前各大專院校也會常態性提供與被害者學相關的課程、主修及核心學

8. 譯按：指人類傾向於認為自己主觀印象越深刻的事件或狀況，在現實中的客觀發生機率應該也會越高的一種認知偏誤。

程。希望在被害者學方面追求研究職涯機會的學生，或許必須先取得心理學、刑事司法、社會工作、社會學等領域的研究型博士學位。希望從事實務臨床業務的學生，應該先取得臨床或諮商心理學的博士，或者是社會工作的碩士學位。無論如何，還是有其他的訓練機會與職涯選項存在。

舉例而言，過去三十年來，被害人服務的領域已經成為一門快速成長的專業，不過並非所有的相關服務都是以直接的方式提供給被害者。時至今日，由於施行了支持被害者權益的相關法案，被害者服務也募集了更多資金，經被害者權益倡議人士的努力，還有被害者學領域的主動研究，我們已經對於被害者的相關議題有了稍微多一點的理解。性侵害、家庭暴力，還有伴侶、兒少、年長者虐待案件的被害人服務，近年來成長特別顯著。聯邦與州級的立法也開展了對於被害者相關服務與理解的範圍，但由於政治情勢之故，這方面的聯邦預算可能遭刪減的憂慮並未消失。

矯治心理學

矯治心理學（correctional psychology）是司法心理學中活力旺盛的一個分支，同樣有著廣泛的定義以及多樣的職涯機會。正如警務與公共安全心理學家，許多在矯治機構中工作奉獻的心理學家，未必會自稱為司法心理學家，而是矯治心理學家。有些人提到，司法心理學的博士班或相關學程，對於日後需要在機構與社區矯治的不同場合中承擔起各式任務的矯治心理學實務工作者而言，恐怕有不足之處。根據一份近期文獻指出：「在矯治心理學領域的重要學者間⋯⋯矯治實務與心理法律或司法訓練的區別雖然持續被提出討論，也越來越被注意，可惜仍是無疾而終。」（Magaletta et al., 2013, P.293）上開評論並非僅針對司法心理學相關課程，也是通盤針對心理學博士班層級的所有課程。瑪嘎列塔等人（Magaletta et al.）也提到：

> 鮮少有實證研究能讓我們了解到究竟研究所課程是如何以一個研究領 [29]

> 域，或者一個執業管道的觀點，來介紹矯治心理學。因此，想要了解矯治機構的心理服務工作人力狀況與學術課程之間的關聯性，顯得相當困難。（P.292）

瑪嘎列塔等人針對美國心理學會認可之博士班課程的一百七十位訓練主持人進行調查研究，發現只有三分之一的課程計畫回報他們有一個以上的教職員對於矯治工作表示興趣；此外，只有6%的課程計畫提供與矯治相關的課程內容。這一點確實值得所有主持心理學博士班課程的人士認真思考。

二〇一五年末，美國矯治機構收容進行矯治的人口總數是6,741,400人（Kaeble and Glaze, 2016），包括那些在監獄、看守所，或是在社區中受到監管的人，例如受緩刑或假釋宣告者。整體的數據從二〇〇九年以來就持續呈現下降趨勢；從二〇〇九年開始，收容人數下降就相當明顯，只不過近年來的下降幅度不大，二〇一三年是1.7%，二〇一〇年則是2%。放在不同脈絡下觀察，上述官方統計數字反映出，每三十七名成人中，就有一名身處於某種形式的矯治機構或監管下。縱使美國的整體犯罪率呈現下降趨勢，受到矯治機構收容監管的人數也在下降，但是兩者之間仍有相當差距。

幾乎每位收容人、在監服刑人，或者在社區中受到監管的犯罪者，都需要矯治心理學家提供的心理服務。例如衡鑑評估、危機介入、物質濫用處遇或社會復歸計畫，都會讓這些人獲益良多。最近的整合分析研究同樣指出，心理衛生處遇會增益受刑人心理衛生相關功能，也會形成更好的調適與應對技巧（R. D. Morgan et al., 2012）。此外，監所當中收容許多精神障礙者這件事，也讓心理學家與其他心理衛生工作者日趨關切。在矯治機構諸多發展的面向中，應該更緊密觀察的是民營監獄的革新，儘管過去這部分已經受到相當的檢視。民營監獄一直以來因為各種不同理由而充滿爭議，相關研究並不支持這些監獄在降低再犯風險方面的效能。本書第十二章會由多重面向再深入探討。

隨著在矯治機構中工作的心理學家面對越來越多的機會，矯治心理學也成為一項令人感興趣、回饋豐富，且充滿挑戰的專業領域。然而，根據瑪嘎列塔等人的研究（Malagetta et al., 2013），許多相關的職位仍然懸缺，部分是因為研究所並未充分宣傳此職涯選項，或者未能有效協助博士生接受相關課程訓練。

毋需在矯治體系內工作的研究心理學家，經常會研究矯治體系對監所收容人的行為產生的心理影響。相關議題包括對特定類群犯罪者（例如精障者或年長者）施以監禁的一般效應、收容人口壅塞產生的效應、隔離監禁的效應，以及各式復歸處遇計畫的結果評估。

少年矯治機構也是一個需要心理學家扮演重要角色的相關領域；本書最後一章將會討論及此。少年矯治，無論是機構或社區處遇，都應該聚焦在復歸，也因此相關的評估衡鑑及處遇策略至關緊要。不過少年矯治與成人矯治也有某些相同的考量，尤其是在風險評估、人口壅塞與隔離監禁的效應、物質濫用處遇計畫，以及如何與特殊類群犯罪人（例如少年性犯罪者、精神障礙與智力缺陷的少年犯）進行協作等議題。

有意思的是，在成人與少年矯治場域執業的心理學家們，有時會被批評與監所管理者站在同一陣線，更可能因而必須面對各式倫理難題，例如當他們被要求必須執行與監禁相關的功能，像是對收容人進行監管或拘束。在死刑未廢除的各州，心理學家可能會被要求評估某人在面對潛在死刑時所可能出現的未來風險。這些待決死囚的辯護律師同樣可能主張其當事人由於患有嚴重精神疾病或智力障礙之故，欠缺受刑能力（not competent to be executed）。這些決定都需要心理衛生專業人士提出意見。近年來，心理學家也被要求要對性侵加害者在刑期將屆時進行評估，以決定是否應該依據性暴力加害者法案的規定處以強制治療。上述許多爭議問題，本書後續的章節都會有所討論。 [30]

在矯治機構執行業務以及提供顧問諮詢服務的心理學家，常會加入相關協會以保障其共同利益，像是美國矯治協會（American Correctional Association）、國際矯治與司法心理學家協會（International Association for

Correctional and Forensic Psychologists）；後者依據一系列基準（Althouse, 2010）規範提供犯罪者心理服務的最低可接受水準，不管對象是成人或少年，是監禁在地方、州立或聯邦機構，抑或是接受社區處遇。上述基準涵蓋了許多原理原則以及服務類型，包括人事組成的要求、保密議題、心理衛生篩選、專業發展、知情同意、隔離，還有一系列其他與此工作相關的議題。

摘要與結論

僅僅在三十五年前，司法心理學一詞幾乎還很少見諸於心理學或法律相關文獻。但時至今日，正如我們所見，此一名詞已經相當常見，只是在定義上仍有諸多歧異。司法心理學常與「法律心理學」、「心理與法律」等名詞互換使用。雖然有些人偏好較嚴格的定義，因而將司法心理學限制在提供於法律（尤其是法庭）用途的臨床心理業務，不過這種見解可能低估了研究心理學家對此領域的貢獻。最新被採用的《司法心理學專業準則》（APA, 2013c）以及著名的司法心理學家的著作（如 DeMatteo et al., 2009; Heilbrun and Brooks, 2010），雖然強調實際執行業務的重要性，但對於研究心理學家的重要貢獻都充分予以肯認。換句話說，如果心理學研究者沒有與法律社群進行互動，就不能稱為司法心理學家。再者，在一些特定的司法轄區，司法心理學家若希望在某些特定範圍（如法庭）執行業務，就必須經過認證。

此外，考量司法心理學執行業務的場域脈絡也很重要。如果認為司法心理學的工作範圍僅限於單純的民刑事法院，事實上對心理學家所從事的其他法律業務功能，例如與執法、矯治機關或被害者進行協力合作，恐怕就會有以管窺豹的誤解。最後，那些研究有關成人與少年犯罪心理學的學者們所做出的諸多貢獻，只要一日能為司法體系所用，他們也就理當被納入此領域。至於法律本身，當然能夠從這些研究中受益，像是針對青少年發展與決策的研究，或者針對性侵害的預防與控制的研究，都是著例。正如本書一貫強調，同時是書中許多觀點專欄所要強調的：這些重要議題的研究者常常必須到庭以專家證人身分提供意見，並且常態性提供兩造律師與法院相關諮詢服務。

本書主張司法心理學應該採用較具包容性的定義。在此定義下，司法心理學可分為五個專業次領域；不過我們並不排除其他分類的可能。這些次領域中的每一個都充滿了眾多職涯機會。大學與研究所課程都已快速因應司法心理學職涯的需求，無論是提供學位課程，或者在比較通識的課程內提供重點學程，像是在臨床、諮商或發展領域的心理學博士學位。其次，此領域的專業人士也會常態性提供取得執照、認證及各種在職教育的機會，搭配該領域執行相關業務的準則與規範。

總之，本書定義下的司法心理學領域，確實為那些對法律各面向有興趣的心理學家提供了充分的機會。此心理學專業領域正在快速發展，毫無停滯之象。許多在本書中被引用或列為重點的文獻作者，在他們的研究初始之際，司法心理學既不為人知，更不被認為是一種職涯選項。進入二十一世紀，一小群司法心理專業人士全職投入此領域，其他多數心理學者則偶爾提供與司法相關的服務，或者僅在嚴格限定的領域（例如未成年子女監護權評估）執行業務（Otto and Heilbrun, 2002）。奧圖與希爾布倫預期此領域將會成長，也主張司法心理學領域必須發展出一套計畫，以確保整體業務的執行是在具備良好知識水準以及專業能力下進行。此一計畫在司法相關的心理施測與衡鑑評估領域，需求尤為殷切。 [31]

希爾布倫與布魯克斯（Heilbrun and Brooks, 2010）評論司法心理領域的快速勃發，指出整體確有相當進展。為了提出一套因應未來趨勢的綱領，他們強調科際與文化間協力作業的需求；持續提升司法心理評估與衡鑑的品質；科學與業務執行的更佳整合模式；持續向外觸及更多不同場域，而其中有許多都會在本書中討論到。

關鍵概念

美國心理學會 15 American Psychological Association	美國心理科學協會 15 Association for Psychological Science	可得性捷思 28 Availability heuristic
矯治心理學 28 Correctional psychology	數位鑑識分析 5 Digital investigative analysis	專業文憑 20 Diplomate
《心理學家倫理基準與行為守則》17 Ethical Principles of Psychologists and Code of Conduct	家事司法心理學 25 Family forensic psychology	司法昆蟲學 5 Forensic entomology
司法精神醫師 14 Forensic psychiatrists	司法心理學 4 Forensic psychology	司法校園心理學 26 Forensic school psychology
司法社會工作師 14 Forensic social workers	法律心理學 24 Legal psychology	警務與公共安全心理學 23 Police and public safety psychology
成人與少年犯罪心理學 26 Psychology of crime and delinquency	待鑑文書檢驗或分析 5 Questioned document examination or analysis	《司法心理學專業準則》7 Specialty Guidelines for Forensic Psychology
被害者學 28 Victimology		

[32]

問題與回顧

一、比較司法心理學的狹義與廣義定義。

二、比較司法心理學與其他司法科學領域。

三、依據本書內文，指出司法心理學的五個次專業領域，並列舉各領域司法心理學家所能做出的貢獻。

四、解釋心理學博士（PhD）與心理專業博士（PsyD）之間的差異。

五、取得心理學與法律雙聯學位的優缺點是什麼？

六、心理學家執行司法心理學業務可能面臨的倫理議題有哪些？請舉出四個例子。

七、讓心理學家擁有**處方權**的意思是什麼？扼要討論心理學家在處方權上所取得的進展，並討論可能出現的反對聲浪。

第二部

警務與偵查心理學

第二章

警務與公共安全心理學

- 本章目標
- 警務心理學：一門發展中的專業
- 警務與公共安全心理學中的司法心理衡鑑
- 早期心理介入的責任
- 勤務責任
- 諮商與研究活動
- 摘要與結論
- 關鍵概念
- 問題與回顧

[35]

本章目標

- 定義並描述警務心理學的一般活動與任務。
- 討論警務文化，強調此文化的內涵未必具備同質性。
- 概述用於評估警務工作申請者的職務分析及各種效度標準。
- 描述用於評估執法職務候選人的各式心理測驗與量表。
- 檢視警務人員的自殺問題。
- 針對曾經歷如挾持人質、重大傷亡、槍擊等危機事件的警務人員進行心理評估與處遇時，心理學家及心理衛生專業工作者所扮演的角色。
- 檢視有關警察偏見以及警務人員過度使用武力的研究。

二〇一五年，南加州一位警官在對一名男性駕駛進行路邊攔停後，從背後開槍射擊該名身無寸鐵的駕駛。第一審以懸決陪審團（hung jury）[1]未成立有效判決做終。後來該名警官在聯邦法院對於被訴的侵害公民權罪名，做出認罪答辯。

二〇一六年，美國各地警務人員面對公民行使憲法權利，上街和平抗議爭議性公共政策，多能冷靜且專業以對。當某些抗議活動趨於暴力時，多數執法人員猶能鎮定自持，但部分警官則有濫用公權力之情況，並因過度使用武力而遭非議。

二〇一七年，一名警官使用警棍擊破車窗，將一位受害婦女從燃燒的汽車中救了出來。在另一州，一位下勤務的警官從深谷中救起一隻半盲犬。

二〇一七年，在總統簽署行政命令全面打擊非法移民後，一位邊境巡邏探員表示很期待找點「樂子」，對無身分證明的移民進行圈捕。同年，全美各地

1. 編按：指陪審員意見分歧而無法做出一致裁決或達到法定裁決票數。

警局拒絕參與對那些居留身分可能有潛在疑問的特定族群，進行針對性的調查活動。

在美國，執法機關是非常龐大的組織，而且或許像大部分其他職業一樣，吸引許多人格迥異者加入。有些希望日後從事執法工作的學生，迫不及待想要在第一線現場衝鋒陷陣；其他人則希望幫助人民或保護兒童受害者。想要擔任警務與公共安全心理學家的學生們，總是被諄諄告誡要認識警務工作的多樣性，同時要了解那些最終成為警務或執法人員者的背景、動機、偏見及優勢。

全美大概有16,000處州級與地方執法機關，正式受聘的全職執法人員共約705,000位（Reeves, 2012b）。上開數字包含約477,000位經過宣誓，具有進行一般逮捕公權力的警務人員，分布於12,000處各地方警務機關；還有189,000位正式警力任職於3,012處警長辦公室（Burcham, 2016）。此外，有61,000位州警分布在全美各州（Reeves, 2012b）。聯邦層級，大概有120,000位配槍且有逮捕權的全職執法人員（Reeves, 2012a）。上述資料並未計入美國境外屬地及原住民部落轄區的執法人員、林獵場探員、生態保育探員。當然，上述數據會隨著時間，還有各地區、各州及聯邦的預算及事務優先排序，而有所變動。舉例而言，近期聯邦政府就發布公告，徵聘更多邊境巡邏探員。 [36]

此外，也有許多公營或民營的安全機構存在。有些是民營的保安機構，有些則有政府資金挹注，像是公立大專院校的校警單位。幾乎所有大專院校的校園內，無分公私立，皆設有公共安全部門；下轄的校警有些可配備武器並擁有一定程度的警察權，有些則無。公立大專院校中，有三分之二會雇用配備武器的校警或保全人員，這個數字超過私立學校兩倍以上（Reaves, 2015）。其他如醫院、學校、辦公住所、大型零售賣場，也會看見民營安全人員，其中有些配備武器。

過去二十年來，全美各地執法人員的組成變得更為多元，女性在職比例上升，教育程度更高也更專業化（美國司法部統計局，2015）。時至今日，執法單位已相當程度擴編，幅度甚至高過美國人口年增數（Reeves, 2012b）。於此同時，由於不斷出現主動或被迫去職的狀況，執法人員留任率持續成為一個問題（2012b）。此外，在全美各地許多不同社群，警察與公眾的關係也因為槍擊事件，以及大眾持續感受到升高的暴力、恐懼、政治氣氛等因素，而持續緊張化。上述這些議題都為與執法機關合作的心理學家帶來了新的專業挑戰。

警務與公共安全心理學乃是心理學知識與臨床技巧在執法與公共安全領域的研究與應用。正如本書第一章所示，這些年來心理學與執法領域的互動程度各有消長。然而，現階段心理學家在許多警務與公共安全機構中扮演至關緊要且日趨可見的角色，無論是以內部雇員或社群顧問的身分（Scrivner, Corey & Greene, 2014）。

警務心理學：一門發展中的專業

究竟執法領域與心理學何時開始成為夥伴關係，目前已不可考。就二十世紀而言，社區心理學家一般會「基於需求」，為警務人員提供某些類型的諮詢服務。這些人最早的貢獻方式，是對警務職位申請人進行認知與適性測驗，其中以路易．特爾曼（Louis Terman）在一九一七年首先使用這些方法。

要說警務心理學何時開始在美國成為一個實際的專業領域，或許是從一九六八年馬汀．萊瑟（Martin Reiser）被洛杉磯警局聘為全職內部心理學家開始。萊瑟（1982）謙稱他不確定自己是第一位「警察心理學家」（cop doc）。不過，在一九七〇年代的美國，他毫無疑問是警務心理學領域最多產的作者。他也與加州專業心理學校（California School of Professional Psychology）協力，在洛杉磯警局創建了第一個警務心理學的研究生實習計畫。到了一九七七年，全美至少有其他六處執法機構聘任全職的心理學家（Reese, 1986, 1987）。

[37] 二十與二十一世紀之交，有關警務心理學的大量書籍與期刊文獻在學

術領域中出版，主題包括執法職位申請人的篩選工作、警務工作中的壓力處理、警務文化、警察貪腐、警察自殺與親密關係議題、合法使用武力，以及警務工作中的女性角色。布勞（Blau, 1994）、科克與史科夫納（Kure and Scrivner, 1995）、尼德霍夫與尼德霍夫（Niederhoffer and Niederhoffer, 1977）、托克（Toch, 2002）等人，同樣做出重要貢獻。近來，托克（2012）與奇提夫（Kitaeff, 2011）的著作則聚焦於警務工作的心理層面。

過去十年來，越來越多人以各種不同方式認識到警務與公共安全心理學是一個成長中的領域。二〇一三年七月三十一日，警務與公共安全心理學正式被美國心理學會肯認為一門特殊專業領域。此一發展連帶鼓勵那些受美國心理學會承認的臨床心理博士課程開始提供相關專業學程。此外，一些機構也開始為有志此領域者開發研究所、博士後、在職教育的標準與相關機會（Gallo and Halgin, 2011）。

目前全美共有五所國家級警務心理學機構：一、國際高階警務人員協會轄下的警務心理學服務部（IACP-PPSS）；二、美國心理學會第十八分會（警務與公共安全分會）；三、警務與犯罪心理學會（SPCP）；四、美國警務與公共安全心理學院（AAPPSP）；五、美國警務與公共安全心理學協會（ABPP）（Corey, 2013）。至於加拿大則有其警務心理學方面發展的歷史，與警務及司法心理學相關的主要機構則是加拿大心理學會的刑事司法心理學分會；此一分會又分為數個部門，包括警務心理學、法庭心理學。

正如同國際高階警務人員協會此名稱所反映的意義，全球各地的警務機關有著相同目標，也在訓練方面相互協力。特別是在跟心理學相關的部分，IACP-PPSS 建構了警務心理學服務的準則（例如IACP, 2002）。這份準則在過去二十七年間共修訂了四次（Ben-Pirate et al., 2011），最近一次修訂是在二〇一四年（Steiner, 2017）。它涵蓋了職前心理評估、適勤能力心理評估、警務人員涉入槍擊事件的處理，以及在個人或職業出現危機時的同僚情緒支援等面向。值得注意的是，加拿大心理學會同樣在二〇一三年通過了類似準則，為協助警務職位申請人執行職前心理評估的加拿大心理學家們提供指引。

二〇一一年，美國專業心理學協會成立了美國警務與公共安全心理學協會，協助有志此道的心理學家取得相關專業認證（Corey, Cuttler, Cox & Brower, 2011）。史科夫納、柯瑞與葛林等人（Scrivner, Corey & Greene, 2014）讚揚此舉是「本領域史上最重要的事件」（P.447）。美國目前大概有六十名左右的心理學家取得此認證。

警務與公共安全心理學方面的文獻數量龐眾，而且不斷成長中。為了協助本章架構資料，我們採用奧米勒與柯瑞（Aumiller and Corey, 2007）的方法，將警務心理學分為四類業務，但領域之間難免有所重疊：一、評估業務；二、介入業務；三、勤務支援業務；四、組織與管理諮詢業務。（表2.1顯示各領域較常見的活動。）奧米勒與柯瑞標舉出五十種以上警務心理學家可能被期待提供的業務活動與服務項目。這些分類和警務與公共安全心理學相關出版中的分類幾乎相同：評估、臨床介入、勤務支援、組織諮詢（Brewster et al., 2016）。

表2.1　警務心理學家常見的活動與任務

評估	介入	勤務支援	諮詢與研究
職務評估	個人治療與諮商	危機與人質談判	與執法議題相關的研究活動
警務工作申請者的心理評估	團體、伴侶、家庭治療與諮商	警校教育與訓練	管理與組織諮詢
適勤能力評估	重大事件早期介入與說明	威脅評估	監管諮詢
特殊警力單位心理評估	重大事件壓力管理與治療	犯罪活動評估與加害者剖繪	為組織人力發展績效標準
與嚴重精神疾患相關的緊急評估	物質濫用與酒精處遇	與勤務相關的諮詢與研究	中介

警務與公共安全心理學中的司法心理衡鑑

「執行心理評估被認為是警務與公共安全心理學家的核心能力。」[38]（Corey and Boris, 2013, P.246）在警務與公共安全心理學領域當中最常實施的兩類評估是：**職前心理篩選評估**，以及**適勤能力評估**（FFDEs）。職前心理篩選評估是由心理學家針對警務工作申請人的心理適任性所進行。卡克蘭、泰特及范德科里克（Cochrane, Tett & Vandecreek, 2003）針對全美各地的警務機關進行了一項問卷調查，發現這些機關幾乎九成都會使用心理測驗進行職前篩選。全美至少有三十八州立法要求必須對警察職務申請人進行心理篩選（Corey and Boris, 2013 ）。根據估計，在美國每年有四千五百位的心理學家針對執法相關職位的申請者實施十萬次的職前評估（Mitchell, 2017）。在適勤評估方面，則是由心理學家評估在職警務人員是否有能力勝任其職務。這種評估經常在警務人員經歷重大個人壓力事件後進行，無論該事件是發生在職場或私人領域，例如配偶突然去世、被擄為人質，或者涉入槍擊事件。

以下我們會討論有關職務申請人的篩選以及適勤能力評估。如同柯瑞與布洛姆（Corey and Borum, 2013）所提到，這些心理評估或衡鑑應該由對於警務工作具備基本合理的理解，以及具有廣泛知識的心理學家來進行。由此正好進入警務文化及職務分析的重要議題。

警務文化

一個警務心理學家無須曾經擔任警務人員，才能有效為執法單位提供服務。不過，他必須對警務工作與**警務文化**（police culture）具備高度熟悉與充分知識，包括在執法專業社群內廣為接受的相關規範、態度、信念，以及執勤方式。伍迪（Woody, 2005）提出，想成為一位成功的警務心理學家，要件之一就是認識並理解警務文化。他也補充，心理學家應該在不危害公共安全、警務倫理，或警務人員的心理、生理與行為安全範圍內，合

[39] 理配合此一警務文化。

幾乎所有的職業都有其「文化」，進入這些職業的個人也會隨之被社會化（socialized），或者隨著自身在該職業內的成長而學會這些文化。曼寧（Manning, 1995）把職業文化描述為具備「廣被接受且可依狀況予以應用的行為實踐、規範與原理原則，以及可普遍化的思路與信念」（P. 472）。執法這門專業的特殊之處在於，其工作環境不僅具有潛在敵意或風險，執法者更被賦予合法公權力對大眾創造、展示並維護其權威（Pauline, 2003）。因此警務人員共同發展並維護一個特殊的職業文化，高度崇尚控制、威權、團結及隔離（L. B. Johnson, Todd & Subramanian, 2005）。如同史科夫納等人（Scrivner et al., 2014）所提出，此一職業常被定性為高度結構化、準軍事化、緊密結合，以及具有官僚性質。警務文化所提倡的對應機制，往往是處理隨此工作環境而來的眾多壓力的關鍵。相較於其他職業的工作者，警務工作者或許更依賴彼此以取得保護，以及社會與情感的支持。這一點在警察的一舉一動成為大眾檢視焦點之際，或許特別重要。此領域大多數的學者與實務工作者（如 Kirschman, 2007; Kitaeff, 2011; Scrivner et al., 2014; Toch, 2012）都提到，警務心理學家對於這一點有所理解，是極為重要的。

不過，鮑萊（Paoline, 2003）饒富洞見的觀察指出，研究者、學者及實務工作者（包括心理學家在內）常會錯誤假設所謂警務文化是單一且具同質性的。他強調，各種警務文化可能在風格、價值、目的、組織任務等層面，由上而下，存在顯著的差異。舉例來說，聯邦機關的文化可能跟郡級的警長辦公室有所不同。文化也可能因階級而有差異。街頭巡警的文化很可能就跟管理與監督階層有所不同。此外，即便在同一階級內，也可能有各種「次文化」存在，使得某些警務人員在執行勤務時會採取跟其他人不同的風格。某些負責監督職務的警務人員可能嚴格遵照規定而行，其他人可能在詮釋警務機關流程與政策時保持相當彈性。最後，由於聘雇女性與少數族裔所致的執法面貌改變，確實影響了所謂警務文化的概念。鮑萊說明：

> 隨著警務人力日趨異質化（heterogeneous），單一緊密的警務文化會漸漸變得更片段化（fragmented）的職業群組。過去所謂的模範警官，也將隨著警務人力的選拔與招聘更多元化而持續改變。

簡言之，新手或經驗不足的心理學家，若未能理解並且贏得警務機關的尊重與接納，也無法認知到警務文化的諸多面向，可能不容易有成功的表現。有意思的是，雖然執法經驗並非從事這一行的必要條件，不過有些警務與公共安全心理學家是在從事數年的警務工作之後，才選擇此一職涯（如 Fay, 2015）。對於不具警務工作經驗的人（亦即多數人）來說，進入警務心理學的領域通常始於對警務機關提供有限的諮詢服務，例如有關警務人員篩選任用，或者警察與其眷屬的心理治療或諮商。此外，心理學家伴隨警察搭巡邏車出勤的隨行勤務計畫（ride-along programs），通常可以幫助心理學家認識警察勤務的真實經驗（Hatcher, Mohandie, Turner & Gelles, 1998）。隨著經驗累積，警務機關對心理學家的工作更加熟悉後，也可能請求心理學家進行許多其他事情，例如提供適勤能力評估，或者成為人質／危機談判小組一員。

[40]

> 邀請心理學家參與人質／危機談判小組似乎與下列三項因素相關：一、相互接納的程度；二、專業信賴度（適時提供關鍵訊息與行為分析）；三、在第一線環境工作的能力。（Hatcher et al., 1998, P. 462）

本章稍後將討論警務心理學家做為人質／危機談判小組不可或缺的角色。

職務分析

實施評估程序的心理學家應該對於警察勤務所涉及的內容有良好理解。事實上，警察勤務所涵蓋的範圍遠超乎媒體以及大眾文化所呈現的。

雖然有些勤務內容在各執法單位間相去不遠，但是其他勤務可能必須對應特定職務或環境本質而有所歧異。為評估一個人是否適合從事執法工作，自然必須先理解這些職務的內容。**職務分析**（job analysis）就是確認並分析執行特定警察職務的方式、地點，以及理由的一套程序。就本書脈絡而言，職務分析是一套系統性程序，用以確認勝任公共安全工作所必備的技巧、能力、知識、心理特質。針對特定執法機關進行的完整職務分析，應該揭示人員的功能；個別階級與任務對應的工作條件；本於公共安全工作特質而存在的共同與新發壓力源；對於職業壓力與創傷所出現的正常與異常適應狀況；在公共安全領域中與抗壓性和恢復力相關的研究（Trompetter, 2011, P.52）。

首先，應該要了解在特定執法機關中任職者的日常工作狀況。過去許多執法機關篩選職務申請人的程序都是憑感覺或直覺，而非透過完整的職務要件分析。問題是，欠缺職務分析，就難以讓心理衡鑑變成一個合理的選項，因此要讓心理學家進行篩選，以此了解他們所找尋的合適人選，也就極端困難，更別說要以此為目的進行評估（Aumiller and Corey, 2007）。

職務分析能揭示適任的警務人員最好要有的特質，有時甚至是必須擁有的特質。舉例而言，他們必須有好的判斷力與常識、適當的決策技巧、人際關係技巧、堅實的記憶、好的觀察力，以及（口頭與書面）溝通技巧（Spielberger, 1979）。（請見下頁照片，顯示警官安撫證人並獲取相關資訊的方式。）至於正直廉潔、值得信賴，自然也在重要特質之列。整體的情緒穩定性以及在面對壓力下保持穩定的能力，也被認為是成功勝任的關鍵特質（Derrick and Chibnall, 2006, 2013）。雖然個別執法機關所強調的重點或有不同，但這些是執法工作普遍必備的心理特質。

[41] 負責評估職務申請人、適勤能力、升遷、特殊任務的警務心理學家，除了應該熟稔職務分析的一般文獻，也必須知道如何進行職務分析。除了上述的一般條件，執法機關可能會要求心理面的特殊能力，諸如在特殊單位中面對性侵被害人、搜尋失蹤兒童、人質談判。此外，執行職務分析必須謹慎，所使用的衡鑑工具必須能夠確實呼應分析的需求。相關資料有可

照片2.1　一位警官與犯罪現場的一名女性交談。他正在安撫對方，同時從對方身上獲取目擊的事件資訊。
資料來源：Jupiterimages/Thinkstock

照片2.2　警官從犯罪現場目擊證人處取得資訊。與公眾進行冷靜而有效率的互動，是優良警務工作所必備。
資料來源：istock/Jay Lazarin

能必須接受法律檢視或審查，無論是有關性別、種族、薪資、升遷、選任，乃至於更一般性的心理測驗議題。舉例來說，警務職位的申請人若覺得他在評估過程中受到不平等待遇，有可能會以無效或歧視為由，質疑該執法機關所使用的入職評估測驗。

進行一項全面性的職務分析有各式各樣的步驟，不過大多數還是透過會談及問卷的方式進行。具備堅實研究方法基礎的心理學家常常會被要求實施或者更新職務分析。在某些狀況下，對於在職行為的觀察可能是不可或缺的。舉例來說，在警察勤務中，警官與其上司常常被問到要完成的日常勤務項目有哪些、哪些技巧與訓練他們認為是必備的，以及什麼樣的個性、人格、智力最適合承擔特定的勤務與責任。一項完整的職務分析最終可以簡化成一份職務描述，說明這份職務需要做哪些事、用什麼方法，以及為何需要這樣做等等（McCormick, 1979; Siegel and Lane, 1987）。

聘雇前與錄取後的心理評估

幾乎所有執法單位都因為受到法規或者認證基準的拘束，而必須針對前來申請公共安全相關職務的人員進行心理評估（Aumiller and Corey,

2007; Mitchell, 2017）。如上述，全美至少有三十八個州要求警務人員必須接受心理評估。這些心理評估（通常以人格測驗的型態呈現）可以協助確認申請人沒有心理或情緒面的損傷，致使無法以警察的身分從事有效、盡責且合於警務倫理的職務表現。若是申請人已處於重鬱狀態，或有強烈偏執傾向，或者會在最低度的刺激下出現攻擊行為，那麼就不太可能在執法工作上有優良表現。是以，心理評估必須辨識任何與職務相關的風險行為，以及申請人是否具有在職務面可能危及公眾安全的個人與人際特質。

如上所述，國際高階警務人員協會的警務心理學服務部（IACP Police Psychological Services Section, 2010）已經為實施聘雇前心理評估的警務心理學家們發展出一套守則。這套守則清楚揭示施測者的資格基準、有關利害衝突的議題，並針對受測申請人的知情同意問題提出建議。此守則也針對心理報告當中應該包含哪些部分，以及評估程序至少應該包含哪些流程與心理測驗種類給出建議。

在美國，用於評估警務人員心理狀態的衡鑑工具，長久以來未能一致。二十世紀中葉，心理學家常會實施智力測驗，機關則是使用這些測驗分數來協助他們做出聘雇相關決定。不過近年來益趨明顯的是，智力測驗本身並非警務人員第一線實務表現的有效評量工具。雖然有些心理學家繼續在其他狀況下使用這些測驗作為一種標準流程（例如各式基於法院命令進行的評估、基於教育目的之衡鑑，以及人犯收容程序），對於執法職務申請人的篩選而言，智力測驗並不是通常會使用的心理工具。不過，應該強調的是：大多數的警務機關以及警察學校還是會要求書面測驗或者性向測驗。然則，諸多文獻已證明，高智商或大學學位不必然代表一個人會成為一個優秀的警務人員（Henderson, 1979; Spielberger, Ward & Spaulding, 1979）。相對於此，也有證據顯示，比起未受過大學教育者，具有大學學位的警務人員溝通技巧較佳，也有較高比例獲得升遷（Cole and Smith, 2001）。再者，具備大學學位的警務人員，在警務文化當中比較能促成改變（Paoline, 2003）。大多數的聯邦與州級單位，以及許多地方級單位，目前都已要求警務工作的申請人至少要有高中畢業後兩年以上的教育，有些

[42]

甚至明文要求具備四年制大學學位。

在大多數狀況中，只有具備執照或經過認證的心理學家，或者在心理衡鑑工具方面曾受過施測與解讀訓練且有相當經驗的精神專科醫師，才能對這些職務申請人進行心理評估。如前文所述，心理衡鑑工具的施測者對執法工作的需求具備充分知識，同時對公共安全相關文獻高度熟稔，是非常重要的。施測的心理學家也應該對前來應聘執法或公共安全職務的少數族裔申請人其族群與文化之間的差異，具備相當的理解，雖然這樣的族群文化差異資訊未必總是唾手可得，尤其在使用紙筆評估方式時。有些少數族裔的職務申請人可能會就測驗的問題做出與其他文化族群相異的詮釋，因而讓答案落於常模之外，但這不該成為這些申請者喪失資格的理由。最後，施測者必須對於有關聘雇相關法律的發展，時刻有所覺察。舉例而言，一九九〇年的《美國身心障礙者保護法》（Americans with Disabilities Act, ADA）正是此間最相關的法律之一。

一九九〇年《美國身心障礙者保護法》及其後續發展

《美國身心障礙者保護法》是一部影響深遠的人權法案。本法禁止歧視，並要求對於所有個人，無論是否罹患生理或心理障礙，均必須一視同仁給予平等待遇。其中有關工作聘雇的章節，明文禁止公營或員工滿十五人以上之私營企業雇主，對任何能從事該職務核心（相對於次要或偶發）功能的身心障礙之合格求職者或在職者，予以歧視性待遇。所謂身心障礙之合格求職或在職者，係指其符合法定技術、經驗、教育或其他職務上之要求。就此而言，該法對於執法單位的日常警務勤務以及所使用的人事篩選流程，會產生相當程度的影響。為警務單位設計人事職務篩選與升遷流程的警務心理學家，必須對於《身心障礙者保護法》的各面向與細節，乃至於由該法之詮釋與應用所生之相關案例法，具備足夠的熟悉度。

二十與二十一世紀之交，出現了數例美國聯邦最高法院判決，針對《身心障礙者保護法》的適用範圍予以限制。依據評論者估計，前述限制使得該法從立法通過之初所惠及的4,300萬美國人，驟降到僅約1,350萬人

（Rozalski, Katsiyannis, Ryan, Collins & Stewart, 2010）。二〇〇八年，美國國會通過《美國身心障礙者保護法修正案》，試圖讓原本受最高法院限縮的保障範圍再次擴大。此外，國會通過了《基因資訊歧視禁止法》（Genetics Information Nondiscrimination Act, GINA），限制執法機關在篩選職務申請人的時候可使用的資訊類型（Scrivner et al., 2014）。無論是《身心障礙者保護法》（與其修正案）或《基因資訊歧視禁止法》，都與各式聘雇狀況有關，但是對於警務與公共安全心理學家而言，對這些法律的要件與修正保持關注與熟悉極為重要。

為了在個人權益以及機關組織對職務申請人身心狀態相關資訊的知情權之間取得平衡，平等雇傭機會委員會（Equal Employment Opportunity Commission, EEOC）把有關身心障礙的提問分為兩階段：一、聘雇要約前（pre-offer of employment）；二、提出要約後／雇用前（post-offer/pre-hire）。例如在要約前的階段，警務單位不得詢問職務申請人任何足以使其必須回覆有關身心障礙資訊的問題。但可以詢問有關「工作表現」的一般性問題，例如呈現一個情境並詢問申請人在此情境下將會如何處理。到了要約後／雇用前階段，警務單位可以直接詢問有關身心障礙狀況的問題，也可以請申請人自行接受醫療與心理的相關檢查。這類在要約後提出的問題之所以受到許可，是因為雇用人此時已提出附條件的要約，因此如果雇用人可以證明受要約人即便在存在合理調整（reasonable accommodation）的狀況下，仍無法承擔該職務的核心功能，那麼雇用人便可以撤回原要約。

[43]

這類法律對於執法機關的影響層面，已超過在機關內部提供合理調整及平等雇傭機會的範疇。這些法律也影響機關面對公眾的方式。《身心障礙者保護法》尤其與民眾投訴、證人會談、逮捕、登錄資訊、拘禁嫌疑人、911緊急電話中心的運作、提供緊急醫療服務、執法等面向息息相關。在上述這些活動中，機關都必須要在所提供的服務中為障礙者做出合理調整的措施。在一個值得注意的案件裡，警方逮捕一位依賴輪椅行動的嫌犯後，在押解嫌犯到警局的過程中漏未將其輪椅一同運到，警方因此被告。

顯然警方可能認為在此案中嫌犯的輪椅不過是件道具，事實卻非如此。

警務人員的篩除與選入

相較於選入（screening in）警察職務申請人的程序，警務心理學家更富挑戰性的任務是進行篩除（screening out），通常透過使用各式人格量表。**篩除程序**是指把那些顯然相當不適合的職務申請人加以剔除的程序。例如申請人經過評估後，被認為有判斷力與常識低下，或者是抗壓性過低的傾向。篩選程序也可能顯示申請人傾向無視規定，在需要上命下從的指揮鏈環境中難以適應，或者欠缺基本能力或心智敏銳度以安全負責的方式完成職務。篩除程序是警務心理學家針對警務工作申請人進行篩選時最常用的程序（Varela, Boccaccio, Scotia, Stump & Caputo, 2004）。另一方面，選入程序則是希望找出讓特定申請人可以成為一名出眾警官的特質。這個程序中隱而不宣的部分是，將職務申請人予以適切排序，供用人單位從一群通過初篩程序的申請人當中擇用佼佼者。此流程的假設是，確實存在某些特質、習慣、反應與態度，可據以區別適任與優秀的警官。史科夫納等人（Scrivner et al., 2014）表示，選入程序使用的工具與方法在近年來已有相當進展。時至今日，縱使已有一些心理測驗較其他衡鑑工具更有用，尚無足夠證據可證明心理學家已建構出具備效度的工具與流程，用以針對職務申請人的適任程度進行特定類型的排序。

探討常用於篩選警務人員的某些衡鑑工具之前，複習心理測驗的效度概念將會有所助益。效度（validity）這個概念指的是，「此心理測驗或衡鑑工具能否量測出它原先被設計來量測的標的。」雖然心理學家討論各式各樣的效度概念，但其中特別相關者為：同時效度（concurrent validity）、預測效度（predictive validity）、表面或內容效度（face or content validity）。

同時效度：一項工具或量表（測驗）足以辨識一個人當下在指定面向和作業表現的程度。許多人格評估測試（personality measures）常會被稱為量表（inventory），而非測驗（test）。所謂量表，基本上多由受測者自行填寫，被使用於描述或調查各種行為、性向或態度的系列物件（items），且一般以問題型態呈現。測驗則是指一整組標準化的問題或其他物件，設計來評量對於某領域的知識或技巧。

想要開發出一份具備同時效度的量表（或者考慮使用某項已建構完成的量表），心理學家應該先評估已聘任的警務人員在人格、興趣、態度等方面的特質，以建構優良表現的預測指標。典型而言，量表會用於在執法工作上呈現不同成功程度的警務人員。所謂「成功」，一般是透過上司評估、同儕評比，或者兩者兼行而得。舉例來說，如果被上司評為「成功」的警務人員中，有高比例在特定量表上某一問題所做的答覆，與那些被評為「不成功」者相異，那麼此一問題的量尺便可以被認為對於當前在職表現是一項好的評量指標。後續接受量表進行測試的職務申請人則應該取得與在職表現成功者相近的結果，才能被評為適合該職務。[44]

不過，檢在職者表現的相關研究有個重大的限制，在於忽略了那些因為職涯中各種因素而中途去職者的關鍵心理特質。換句話說，研究的標的群體中，其實有相當部分未被納入。然而使用任何篩選工具的主要理由，正是為了儘早發現可能在警務職涯中半途輟職或失職的狀況，並藉此為用人部門節省時間與金錢。

預測效度：一項工具或量表（測驗）足以預測出一個人後續在指定面向和作業表現的程度。換句話說，如果一項工具足以辨識出哪些申請人能夠在執法工作上有傑出表現，那麼它就具有預測效度。作為一種研究方法，預測效度的建立比起同時效度來得更有用，也更強有力；但預測效度實際上很少能建構成功，因為它必須奠基在縱貫研究的設計上，這代表受測的警務人員必須在一段相當的時間（通常是數年）內不斷接受評估。職務申請人會從聘雇前的階段就接受評估測驗，接著是在職期間，以判斷一開始的受測結果是否能成功預測後續出現在職涯中的各式問題及表現。如果某項測驗或量表能區辨表現傑出與不佳的警務人員，就具備高預測效度，因此也會被認定為進行篩選用途的一項有力工具。

表面（或內容）效度：一項心理測驗或量表的問題看起來與執法職務相關。換句話說，如果有人看著一份量表說：「我覺得有關聯性。」那麼不管是否此量表與其被設計來評估的主題有無關聯，都算有表面（內容）效度。表面效度指的並非該測驗實際上量測什麼，而是它**從表面上看來**量測什麼（VandenBos, 2007）。事實上，這些「假設」可能根本沒有實證基礎。不過表面效度仍有其價值，因為受測者相信測驗至少與他們所申請的職務有相關性。再者，奧圖等人（Otto et al., 1998）強調表面效度在法領域應用時的重要性，因為任何量測工具都應該至少在表面上看來與系爭法律問題具相關性。無論是法官、律師或陪審員，對於一項具備表面效度的測驗或量表，應該都會比較有信心。但心理學家心知肚明，除非其他類型的效度同時存在，否則只有高表面效度，對於整個測驗或量表的總體效度與功用並沒有什麼幫助。

簡言之，前述提到的三種效度，預測效度是最被追求，但也是最難成就的。表面效度或許最容易建構，也具有一定的重要性；如果我們的目標只是要說服非心理學家某項測驗或量表有多重要的時候。不過，只有表面效度不足以檢證一項測驗或量表是否能夠量測其被設計來量測的標的。

常用於篩選警務人員的心理衡鑑量表

究竟哪一種人格量表或工具在篩選警務人員的程序中最有用，目前尚未有共識。篩選執法人員的研究（如 Cochran, Tett & Vandecreek, 2003）指出，以下六種人格量測工具最常被使用：

- 明尼蘇達多相人格量表修訂版
  （The Minnesota Multiphasic Personality Inventory-Revised, MMPI-2）
- 英瓦德人格量表（The Inwald Personality Inventory, IPI）
- 加州心理量表（The California Psychological Inventory, CPI）
- 人格評估量表（The Personality Assessment Inventory, PAI） [45]
- NEO人格量表修訂版

（The NEO Person-ality Inventory-Revised, NEO PI-R）

- 十六項人格因子問卷第五版
（The Sixteen Personality Factor Questionnaire-Fifth Edition, 16-PF）

除了上述六種，明尼蘇達多相人格量表修訂重構版（MMPI-2-RF）也越來越常被使用。

當我們說上述工具常被使用，不代表這些工具必然就是最好的工具。如同以下針對每項量表會討論到的，究竟何者最具有持續被使用的價值，尚屬未定之天。其次，許多機構會利用替代性的方法，尤其是專門被設計來對警務職位申請人進行聘雇前篩選的工具（Scrivner et al., 2014）。最近被開發出來的替代性工具之一，是執法工作陣列式預測統一篩選評量表（Matrix-Predictive Uniform Law Enforcement Selection Evaluation, M-PULSE; Davis & Rostov, 2008）。重要的是，這類替代性測驗工具使用在警務人員篩選程序中的效度仍須經過驗證。

明尼蘇達多相人格量表修訂版

超過六十年來，在警務與公共安全領域作為預篩用途，最廣為使用的心理衡鑑工具，非此量表莫屬（Ben-Porath, Corey & Tarescavage, 2017）。在警務職位申請人間，這項量表常以其長度聞名（號稱「無盡的測驗」，共有557個問題）。MMPI-2 是 MMPI 的修訂版，兩者的原始目的都是設計來量測心理病理狀態（psychopathology）或行為疾患（behavioral disorders）。不過近年來，心理學家針對 MMPI-2 的計分系統進行修訂，藉此量測正面人格特質，諸如抗壓性、情緒成熟度、自我控制、判斷力。

卡克蘭等人（Cochrane et al., 2003）發現，在其調查的美國警務機關當中，有七成會在職前篩選程序使用 MMPI-2。這算是個好現象，因為大量研究指出，就警務人員的工作表現而言，MMPI-2 是一項有用的預測指標（Ben-Pirate et al., 2017; Caillouet, Boccaccini, Varela, Davis & Rostov, 2010; Derrick, Chibnall & Rossi, 2001; Sellborn, Fischer & Ben-Porath, 2007; P.A.

Weiss, Vivian, Weiss, Davis & Rostov, 2013）。不過必須強調，個人在MMPI-2 量表的表現，只應被視為整體篩選或評估程序中的單一因素。其他資訊來源，諸如背景查核、口試表現、先前執法經驗，一樣具關聯性。

二〇〇八年， MMPI-2-RF 出版（BenPorath and Tellegen, 2008）。雖然這項量表沿用 MMPI-2 六成的內容，卻不應單純被當成 MMPI-2 的修訂版（Butcher, Hass, Greene & Nelson, 2015）。「毋寧說它是一項衍生自MMPI-2 的新測驗，有待進一步研究與效度驗證才能建立其用途，不應單純以 MMPI-2 新版的面貌被接受。」（Butcher et al., 2015, P.251）

與 MMPI-2 的十項臨床與四項效度量尺相較，MMPI-2-RF 總共有 338項問題，51 項量尺。先期研究認為 MMPI-2-RF 似乎比 MMPI-2 在預測執法人員的表現方面更有力（Sellborn et al., 2007; Tarescavage, Corey & Ben-Porath, 2015, 2016）。班波拉斯等人（Ben-Porath et al., 2017）指出，MMPI-2-RF 建構在 MMPI-2 的效力基礎上，加上「一份綜合的現代文獻記載存在聘雇前分數與廣泛職務相關變因之間的關聯性」（P.69）。時至今日，執業心理學家們偏好使用 MMPI-2 與 MMPI-2-RF 的比例，大約是三比一（Butcher et al., 2015）。

英瓦德人格量表

英瓦德人格量表是一項具有310項是非題、26項量尺的量表。它特別被設計來量測執法與公共安全職務申請人的適配度（suitability），基準則是依據受測者的一系列人格特質與行為模式（Inwald, 1992）。這項量表用於雙向評估正向的人格特質及有問題的行為模式，諸如職務上的困難、物質濫用、駕駛違規、惡性曠職（多日未到勤）、反社會態度。其中包含一個19題的效度量尺，名為「防衛度」（Guardedness）；這個效度量尺的目的是為了正確辨識出那些拒絕透露有關自己負面資訊的受測者（MMPI-2也有類似的「謊言」量尺）。正如此量表開發者英瓦德博士所說：「當職務申請人否認某些事項時，反而想要表現得更加品德高尚。」（P.4）如果防衛度看起來有問題時，那麼其他的量尺分數可能也會因為作答者急於給出社會

[46]

認可的答案而受到影響。

這個量表也被稱為希爾頓人力剖繪／成就商數（Hilton Personnel Profile/Success Quotient; Inwald and Brobst, 1988）。在某些狀況下，它在預測公共安全人員的表現方面會略優於MMPI-2。因此當它與其他篩選工具併用時，或許會是一項有用的工具。這個量表的強項之一是良好的表面效度。一項二〇〇三年的問卷調查（Cochrane et al., 2003）發現，英瓦德人格量表被用於美國境內各地警務機關的聘雇前篩選程序的比例，大約12%。其後就少有針對此量表進行的研究，因此目前難以判斷使用狀況。

加州心理量表

加州心理量表（Gough, 1987）包含了462項是非題，被設計來量測各種不同的正向人格特徵。較早的版本，一般稱為第一版，則有480個問題。此一量表適用於青少年與成人，用於預測個人在各種人際互動的狀況中會出現的表現與反應。題目共分為20道量尺，用以量測有關人際行為與社會互動時的各種人格特質（K. R. Murphy and Daidshofer, 1998）；量表的出版社（Consulting Psychologists Press, Inc.）也提供由執法職務申請人資訊所建構的常模。由卡克蘭等人（Cochrane et al., 2003）所進行的全國性問卷調查顯示，回覆問卷的相關單位當中，大約有25%表示他們會在篩選程序當中使用這個量表。

有關此量表預測在職（包括訓練中與實際執勤）表現的能力，有些回報成功的案例。托普與卡爾達胥（Topp and Kardash, 1986）把那些通過警校訓練者的量表分數與自行中輟或遭辭退者的分數相比。根據本量表的分數模型，研究者將成功通過警校訓練者的特質描述為比較外向、穩定、願意冒險、自信、自制及自在。另外，在一次針對人格特質量測工具作為執法人員在職表現預測指標的總體效度進行評估的全面性整合分析（meta-analysis）[2]中，瓦瑞拉等人（Varela et al., 2004）發現，相較於 MMPI 或者

2. 譯按：或稱後設分析，是一種將多個研究結果整合在一起進行分析的統計方法，經常用於進行大量文獻回顧並自此回顧中萃取出相關性或進行進一步推論的證據。

英瓦德人格量表，此量表的總體效度表現更好。依據瓦瑞拉與共同作者們的推論，加州心理量表之所以在總體效度上優於其他衡鑑工具，有可能是因為它是設計來量測正面與正常的人格特質，這一點跟MMPI-2一開始被設計來量測心理病理狀態有相當的不同。他們指出：

> 被設計來評估正常人格特質的人格衡鑑工具，例如加州心理量表，在這種狀況下可能比較有用，因為這類量表可以提供非初次篩選程序所取得的資訊。舉例而言，加州心理量表被設計用以提供人際關係行為中穩定模式的相關資訊。由於擔任一位成功的警官必須具備有效的人際技巧……因此該量表在預測此一重要在職表現時，可能會是一項有用的工具。（P. 666）

人格評估量表

人格評估量表（Morey, 1991, 2007）是一項由受測者自行填寫的客觀量表，用以針對成人人格中的「重要臨床因子」蒐集相關資訊。此量表包含了344項陳述。作答者必須針對每一項陳述對其個人的真實性，在一到四分的量尺（4-point scale）上做出評估：一分代表非常真實；兩分大概真實；三分少許真實；四分不真實。針對每一項陳述的作答，會被用於決定四項效度量尺，十一項臨床量尺，五項治療量尺，以及兩項人際量尺上的得分。研究指出：人格評估量表可能針對暴力、自殺、攻擊性、物質濫用等面向，具有相當的預測效力，因此用於篩選警務人員是一項合理的衡鑑工具。不過該量表目前大多被用在矯治體系，預測罪犯的再犯傾向、收容人的不當行為及暴力等特質（Gardner, Boccaccini, Bitting & Edens, 2015; Reidy, Sorensen & Davidson, 2016; Ruiz, Cox, Magyar & Edens, 2014）。 [47]

NEO人格量表修訂版

NEO人格量表修訂版（Costa and McCrae, 1992; Detrick and Chibnall, 2013, 2017）是特別被設計於量測人格的五大因子（Big Five，簡稱「大

五」），通常以五個字母形成的縮寫OCEAN來記，分別是：一、體驗開放性（openness to experience）；二、勤勉審慎性（conscientiousness）；三、外向性（extraversion）；四、友善性（agreeableness）；五、神經質（neuroticism，亦即情緒穩定性）。此量表包含六項特質或表面工具，用以界定五大人格因子的每一面。綜合觀之，當中五大因子的量尺以及三十項表面量表，可促進對健康成人人格進行全面且細緻的評估工作。

一開始，透過NEO所量測的人格五因子模型，被認為尋求全面且有效人格量測研究的解答，因此受到從事人員篩選工作者的熱切回應。不過截至目前，NEO可說是毀譽參半。在一項整合研究中，貝瑞克與茂特（Barrick and Mount, 1991）發現，除了體驗開放性，大五的其他四個因子與警務工作的在職表現雖呈現顯著相關，但相關性只有中度。在一項後續研究中，貝瑞克與茂特指出外向性、友善性、體驗開放性因子，雖然都是有效的在職表現預測因子，但僅限於特定職業。舉例來說，外向性看起來似乎與「大部分涉及與他人互動，尤以影響他人並取得地位與權力」的職業表現相關（Barrick and Mount, 2005, P. 360）。強納森・布萊克（Jonathan Black, 2000）在紐西蘭調查了NEO人格量表修訂版在篩選警務人員方面的預測效度。他在訓練一開始對招募進來的人員以該量表進行測試，然後在訓練結束時分析量尺所得的分數能否預測訓練成果。他發現，勤勉謹慎性、外向性與神經質三個因子，與訓練時進行的幾種表現評量工具之間有顯著相關性。相同的，德崔克、齊布諾以及呂伯特（Detrick, Chibnall & Leubbert, 2004）檢視了該量表在美國中西部大都會區的警校訓練表現的預測效度。他們發現，在神經質因子的其中三項表面量尺得到高分，同時在勤勉審慎性因子其中一項表面量尺得到低分，與警校訓練過程中的表現具有相關性。受懲戒以及曠職缺勤，則可以透過複數表面量尺預測。脆弱性的表面量尺對於無法從警校訓練結業，也是一個顯著的預測因子。總體來說，上述作者們得到的結論是：該研究結果支持NEO人格量表修訂版作為警校訓練表現的預測因子效度。

在另一項研究中，德崔克與齊布諾（Detrick and Chibnall, 2006）發現，NEO人格量表修訂版除了可用於一般警校或訓練的表現預測，就預測警務人員在第一線的表現而言，可能也是一項強有力的工具。依據此量表累積的測驗資料顯示，最佳的新進初階警務人員被描述為「情緒自制、不易怒、壓力下依然穩定；社交方面堅定應對刺激；警慎提防他人動機，善於社交互動；高度審慎、目標導向、富有紀律」（P. 282）。依據德崔克與齊布諾，上述特質對於心理學家而言，在評量執法工作的職務申請人時，是非常有用的指標。另外一項近期的發展是，NEO人格量表修訂版的警務工作申請者常模終於建立完成，讓這個量表更適用於量測成功警務人員的正向人格特質（Detrick and Chibnall, 2017）。

十六項人格因子問卷

[48]

十六項人格因子問卷是被設計於量測成人人格特質的工具。本問卷包含了185項問題，每一題都要求作答者在一道李克特三點量尺（3-point Likert scale）上作答。李克特量尺要求作答者針對特定的陳述內容依據程度做出反應；典型的量尺會把回覆分為七個等級，從「強烈同意」（strongly agree）到「強烈不同意」（strongly disagree）。十六項人格因子問卷中的各陳述題幹則被歸納成十六個主要因子量尺（primary-factor scales），用以代表最先由雷蒙．卡泰爾（Raymond Catell，引自K. R. Murphy and Davidshofer, 1998）所辨識出的不同人格面向。針對那些含有足以區辨調適良好者與具顯著行為問題者之人格面向的問題進行研究後，再針對這些問題進行人格面向因子分析，而得出此問卷。針對十六項人格因子問卷進行的研究為數眾多，這些研究也顯示此問卷在正常人格特質方面確實呈現堅實的信效度（Burcher, Bubany & Mason, 2013）。卡克蘭等人在二〇〇三年的研究指出，大約有19%的警務機關會在其聘雇前的篩選程序中使用此問卷。不過，對於此問卷是否能用於職務申請者在執法工作表現成功與否的有效預測指標，相關研究仍非常有限。

適勤能力評估

曾目睹極端令人不安的事件（例如幼童屍體、恐怖攻擊、兒童性侵或人蛇販運的被害者、空難事件、自然災害造成的大規模死傷，或者造成同儕死亡的災難事件）的警務人員、緊急事故處理者、危機小組成員或消防員，可能會出現強烈的情緒或心理反應。此外，這些人員也可能經歷個人危機，諸如親友逝世，或者開槍射擊嫌犯後才發現對方未持有武器。在上述狀況下，這些人員可能選擇休假，或者被要求依行政規章暫時休職。休假或休職結束後，隨之而來的可能是適勤能力評估。在其他狀況，警務人員有可能出現一些令人關切的行為，例如使用武器對公民進行騷擾或侵害、在執勤時出現劇烈情緒變化與高度易怒、提到自殺，或者難以期待能順利完成勤務。當出現上述狀況時，就需要以適勤能力評估來判斷究竟該員是否（至少在可預見的近期內）具備相當的精神與心理層面穩定性，以繼續在第一線有效率執行勤務。為了達成此一目的所需要的心理評估工具，其評估範圍必須比職前的心理篩選評估工具來得廣。

心理學家常被各式執法機關與其他類型組織要求進行適勤能力評估，包括大型民間企業、聯邦機關、大專院校、醫療院所與其他健康照護單位，還有核發證照與認證的機構（Bresler, 2010）。任何類型的適勤能力評估，基本目標都是「確認受雇者能否合乎職務上被期待的表現」（P.1）。不過，本節針對適勤能力評估的討論焦點在執法機關。我們主要探討心理相關議題，而不會討論那些通常需要醫療從業人員（醫師、護理師或其他專業醫療人員）介入的生理損傷。

一般而言，執法機關要求進行適勤能力評估的命令通常來自於部門主管或長官，評估則通常是由警務心理學家或高度熟悉警務心理學議題與研究，且持有合格證照的心理學家進行。上述評估的命令或要求，可能是基於某位警務人員出現足以引發其現況是否適合執行公共安全相關職務之行為的嚴重疑慮。例如依據安東尼・史東（Anthony V. Stone, 1995）估計，被要求進行適勤能力評估的狀況中，19%跟遭投訴過度使用強制力相關。有些適勤能力評估是因為警務人員在執勤時，疑似因個人或勤務誘發的壓力而出現重大行為改變。無論如何，部分機關要求進行這類的適勤能力評估，只是把它當作重大事件（例如可能致命的槍擊）後必須進行的標準程序，跟警務人員是否出現行為方面的問題沒有關係。（更多資訊請參見重點提示2.4，針對致命的槍擊狀況所做討論。）因此，我們不應假設，只要 [49] 出現適勤能力評估的要求，就代表某位警務人員可能在執勤能力上出了狀況。除了進行評估程序，負責評估的心理學家也應該推薦適切的介入處遇手段，或者合理調整的方案，以協助受評估的人員恢復執勤效能。上述手段或方案可能包含諮商、再訓練或治療。史科夫納等人（Scrivner et al., 2014）指出，許多警務單位，包括那些曾出現警察執勤不當行為的單位，都已發展出**早期介入系統**（early intervention system, EIS），「讓高階人員學習如何辨識特定類型行為，並幫助下屬在問題大到必須強制進行適勤能力評估之前，就取得協助。」（P.450）適勤能力評估對於警務心理學家而言，是相當敏感的領域，也常常引發和保密義務與治療相關的倫理議題。對特定警務人員實施適勤能力評估的心理學家，不應對該警務人員進行治療，因為可能構成雙重關係（評估與治療），在倫理準則與行為守則方面會產生疑慮。

實施適勤能力評估的心理學家被建議要在評估程序中使用不同的方法，包括心理測驗或量表，以及一項可以評估心理狀態的標準臨床會談。如果可能的話，他們應該從相關檔案、受測的警務人員，以及其他重要的相關人等，取得背景資訊。評估程序必須取得受測人員的知情同意，不過施測的心理學家無須對受測人員解釋評估結果。適勤能力評估的結果「所有權」，基本上還是歸屬於要求進行評估的機關單位。相對於此，要求進行評估的機關或單位，除了評估可能影響受雇人員出缺勤及核心職務功能表現的人格特質、疾患、傾向或狀況所必要者，無權取得該受雇人員的其他心理相關資訊（IACP Police Psychology Services Section, 2010）。梅爾與柯瑞（Mayer and Corey, 2015）強調，「進行心理方面的適勤能力評估，經常會演變成雙方對立的一場試驗，原因在於受測的受雇人員必須面對失去工作的風險，同時牽涉到公共安全與警務人員的人身安全，以及行政上投訴、仲裁或訴訟的高風險，尤其當受測警務人員最終被認定為『不適合執行勤務』並就此提出異議。」（PP. 110-111）

適勤能力評估報告通常會包括所使用的心理工具、判斷受測者是否適合執行勤務，以及針對受測警務人員在職務功能面種種限制的相關描述。大多數狀況下，適勤能力評估報告會以機密人事紀錄的型態提供給受測人員所屬單位。視情況可能也需要對該人員進行定期評估。國際高階警務人員協會（2010）建議心理學家在實施適勤能力評估的時候，應該涵蓋受測者的職務表現評估、各式勛獎紀錄、其他人提供的陳述、內部風紀單位的調查報告、聘任前的心理篩選資料、民間的正式投訴紀錄、使用強制力事例紀錄、涉入槍擊狀況的案件紀錄、遭民事求償的紀錄、內部懲戒紀錄、有關任何觸發事件的事例報告、醫療／心理治療紀錄，或者其他與該警務人員是否適合執行勤務相關的文獻。國際高階警務人員協會進一步建議，只有那些經過建立並確認效度的人格、精神病理、認知與特殊種類測驗，方可使用於上開評估程序。

特殊單位評估

心理衡鑑是特殊警務單位成員必經的標準程序，用以判斷他們是否在心理層面足以承擔任務所需的壓力，以及在高壓狀況下必備的判斷力。上述的特殊警務單位，包括特殊武器與戰術小組（special weapon and tactics teams, SWATs）與戰術反應小組（tactical response teams, TRTs）、臥底探員，以及緝毒、內部風紀與危機／人質協商小組等單位。這類評估一般被稱為特殊警察勤務專用心理評估（psychological evaluations for police special assignments, PEPSA）（Trompetter, 2017）。舉例來說，成功的SWAT小組成員，在心理層面上往往傾向「自我紀律、自覺、遵從規範、樂於接受規範、調適力強、樂於提供協助」（Super, 1999, P.422）。特殊警務單位通常要面對高風險搜索或逮捕令的執行、設下重重障礙的嫌犯、人質狀況、擁槍自重的犯罪者、恐怖行動，以及有自殺傾向的人。

對於上述成員，定期接受重新評估是常見的狀況，如此才能在小問題 [50] 演變成更嚴重的行為模式並影響勤務執行表現之前加以處理。不過，少有研究聚焦此類用於特殊警務單位篩選衡鑑程序的效度問題。如同蘇帕所歸納：「我們亟需大量有關特殊警務單位成員篩選暨其心理衡鑑的研究。」（P.422）雖然全國戰術警官協會（National Tactical Officers Association）與國際高階警務人員協會（IACP, 2015a, 2015b）曾聯袂提出有關戰術警務單位人員篩選的標準，但蘇帕針對相關研究的見解至今仍然成立。

結論：警務與公共安全相關職務的心理測驗

雖然許多不同的衡鑑技巧與人格量表都會被用於執法人員的篩選與升遷評估程序，但是真正對於執法工作表現具備合理預測效度者，卻是屈指可數。警務工作申請者通常會被要求填寫兩份自陳量表以評估異常與正常行為，這樣的作法在許多執法人員評估過程相當常見。在某些狀況，修訂過的MMPI-2以及相對較新的MMPI-2-RF都能夠針對上述的雙重評估目的發揮功能。

針對篩選及評估的各式測驗進行效度檢證的研究越來越多，其中某些測驗確實在前述兩個目的上會表現的比其他測驗傑出（Corey and Boris, 2013）。如同史科夫納等人（Scrivner et al., 2014）指出：「無論哪些心理測驗如何被選編成合適的測驗組合，此領域的研究範圍已大幅成長。時至今日，有關評估警務職位申請人的心理適配性，已存在豐富的文獻。」（P. 449）評估執法人員職前篩選標準（預測因子）與實際在職表現之間關聯性的相關實證調查，必須持續進行。截至目前，看來最具展望性且已通過效度檢證的心理量表是 MMPI-2 及 MMPI-2-RF。MMPI-2 已經在過去六十年累積了廣泛的研究資料，而 MMPI-2-RF 至今所呈現與執法人員篩選的相關資料，看起來也頗有希望。

使用上述工具的心理學家，同樣必須對於這些工具如何適用在不同族群的研究深入了解，無論是性別差異，或是有關其他族裔的狀況。舉例而言，族裔多元性有時確實對於MMPI-2或其他人格量表的分數只會產生細微的影響，但對於心理學家而言，這樣的因素仍必須被列入考量。例如有些族裔群體作答的方式傾向強調自己所屬群體相對較為傑出。一九六四年與一九九一年的《民權法》（The Civil rights Acts）禁止在職場出現基於種族、膚色、宗教、性別、出生國的歧視（Ben-Porath et al., 2017）。近年來心理學界也不斷致力於依據一九九一年《民權法》的精神調整施測、計分以及測驗詮釋的角度，而非只指針對結果進行修改。

與警務機構合作進行人員篩選的心理學家，必須在心理測驗方面具備豐富的經驗以及充實的知識，包括對於所使用的個別測驗具備施測經驗。被選用的心理測驗或人格量表應該要符合〈心理與教育測驗基準〉（Standards for Psychological and Educational Testing）所建議的相關準則。此一基準的目的在於促進心理測驗能夠以周延且符合倫理的方式被使用，並且為這些測驗的評估提供一定的準則。〈心理與教育測驗基準〉是由美國教育研究協會、美國心理學會，以及國家教育衡鑑工具諮議會所共同組成的心理與教育測驗基準審訂聯合委員會（the Joint Committee for the Revision of the Standards for Educational and Psychological Testing）所訂定。

[51] 若使用單一類型的心理測驗作為有效預測執法人員在職表現的工具，則必須有審慎周延的研究設計；部分是因為執法任務所需的行為相當多樣且複雜，部分則是因為各執法部門間的工作狀況可能有相當差異。警務工作種類繁多，從犯罪偵防到調查意外事件、介入爭端與處理家內紛爭，也必須回應來自公眾的各式各樣要求。單位越小，警務人員肩負的責任種類也越多樣。常見小鎮執法人員早上去小學班級進行安全知識講習，下午轉而處理家庭暴力事件。由於少有小型警務單位能夠負擔得起「專業分工」，因此期盼這些單位建立起客觀的執勤準則，作為支持心理測驗的基礎資訊，也就格外困難。有些警務人員可能在某些勤務如魚得水，但在其他勤務則是舉步維艱。善於處理青少年問題的警官，可能在面對問題成年人的危機狀況時表現不佳。

為因應執法任務的多樣性，篩選工具應該涵蓋不同類型的預測因子，這些預測因子又必須本於各式不同的行為。問題是，很少有心理衡鑑工具能符合這樣的要求。其次，由於每一個轄區的執法工作內涵或有不同，因此單項的心理測驗可能對某一轄區的警務單位已經夠用，但對於其他轄區卻遠遠不足。鄉村或偏遠地區的小型執法機關所需要的執法行為與能力，可能就跟都會或城市地區有所不同。

執法工作的範圍廣泛，加上需要更堅實複雜的研究方法，顯然我們難以期待對於執法工作成敗的預測因子，相關研究短期內會出現強有力的結論。事實上，我們應該會看到研究中充斥未定的結論，或者正反並陳的研究成果。這並不代表在此領域中想找到兼具信效度的心理衡鑑是絕無可能。不過，這代表一項研究計畫若希望成功，必須要能靈活反映特定警務機關的需求。此外，「篩除」那些呈現出重大問題因子（如精神障礙、高攻擊性或者反社會行為）的執法職務申請者，是可以接受的。

早期心理介入的責任

根據奧米勒與柯瑞（Aumiller and Corey, 2007）主張，由警務與公共安全心理學家所進行的第二類主要任務，涵蓋了一系列支援性質的服務；這些服務主要的對象是個別的執法人員、他們的同僚及家人，以及警務機關。而主要例子像是壓力管理、對應槍擊事件的創傷後壓力狀況，以及避免警務人員自戕。

壓力管理

一九七〇年代中到八〇年代早期，壓力管理逐漸成為警務心理學的重點課題，之後就一直受各方重視。最早期的全職警務心理學家，還有社區駐地顧問，會被警局請去協助排除警務人員的壓力；這些壓力如果沒有好好處理，可能會對警務人員造成心理與生理健康的問題，最終甚至導致判斷出問題而影響公眾安全。壓力源（stressor）、身心耗竭（burnout）、創傷後壓力疾患（PTSD）、重大事故創傷（critical incident trauma）等詞彙，幾乎已經成為警務心理學家的標準用語。聚焦於壓力很重要，因為警務心理學家自此從傳統的衡鑑工作轉向更寬廣的領域，面對更多樣的執業類型與機會。從而，心理學家開始提供壓力管理以外的服務，包括危機介入訓練、人質談判訓練、家庭暴力工作坊、物質濫用與酒精處遇。

[52] 許多研究者、警務人員及其家屬都認為執法職務是所有職業中壓力最大的，與此職務相關的離婚率、酒精濫用比例、自殺率，以及其他情緒與健康問題偏高的報導屢見不鮮（Finn and Tomz, 1997）。其他職業的人可能會面臨更多實質的風險，諸如建築業、採礦業、特技飛行員、消防員、建築爆破員，皆暴露在潛在的死亡與身體傷害風險下。不過，可能少有職業必須持續面對並回應如此多樣的壓力因子，包括組織的要求（例如輪班執勤）、警務工作本質所需的任務（例如時常面對各種程度的暴力、痛苦與悲傷）。在當今的政治環境中，另一項壓力源則來自警務人員與他們所服務的社區之間的緊張關係；持續發生在社區內的警察開槍事件，已經造成公民對於警察的不信任，某些狀況甚至引發聯邦層級的調查。本章稍後提及警察偏見以及使用警力過當的情況，也會再次討論此議題。

重點提示2.1

佛格森事件前後：「佛格森效應」是真的嗎？

佛格森（Ferguson）是密蘇里州的一個小城，二〇一四年這裡發生了白人警察達倫．威爾森（Darren Wilson）在執勤時開槍射殺一名手無寸鐵的十八歲黑人男性麥可．布朗（Michael Brown）。依據威爾森的說法，布朗當時探身進他人的巡邏車內，試圖奪取他的槍枝。現場目擊證人的供述各異，有些人說布朗在靠近車子時已經舉高雙手，另一些人則說布朗當時的態度看起來頗具敵意。本案進入大陪審團程序前後，來自社區的聲浪始終不斷。最終大陪審團並未起訴威爾森，這樣的結果除了引發全國各地的和平示威與抗議，也出現零星暴力事件，如放火燒車與丟擲磚塊。

針對警方在執勤時對於種族或族裔少數採取的爭議舉措，其實佛格森案既不是第一次，也不是最特殊的一次。在一九九一年一宗惡名昭彰的事件中，羅德尼．金（Rodney King）遭到洛杉磯警察毆打，施暴過程全被旁觀者用攝影機錄下。四位施暴的警官被控加重傷害罪，最終均獲判無罪；不過其中兩位後來在聯邦法庭中被認定侵害了羅德尼．金的公民權利，因此遭到判刑。一九九九年，阿瑪竇．帝雅洛（Amadou Diallo）從口袋中掏出錢包展示身分證明時，遭警方開槍射殺。在佛格森案發生前後不久，如史坦登島、巴爾的摩、北查爾斯頓、克里夫蘭等地也出現了種族事件。這些事件都在社交媒體上廣為流布，傳統新聞平台也廣泛報導。

有意見認為，對警方使用武力的負面公眾反應造就了「佛格森效應」（Ferguson Effect）。具體而言，此效應指的是，執法警務人員因為過於擔心公眾對他們的批評與檢視，憂慮執勤時被錄影，或者遭控具有種族偏見，以致造成他們士氣低落、欠缺執行職務的動機，並因此在有需要使用較具侵略性的戰術作為時裹足不前。換句話說，這些執法人員出現了「反執法」（de-policing）的狀況，並導致犯罪增加。這類的臆測也因為某些城市的暴力犯罪看似上升而獲得支持，完全無視於二十一世紀總體犯罪率呈現下降的趨勢。目前並沒有實證證據可以支持確有所謂「佛格森效應」存在，而犯罪學家們認為，就算真能證明警察士氣確實下降，也無法以此解釋犯罪率的零星上揚（Wolfe and Nix, 2016）。

不過，伍爾夫與尼克斯（Wolfe and Nix）針對所謂的佛格森效應提出了另一個問題：如果警方覺得公眾對他們的職務表現過於嚴苛，是否會比較不願意與公眾或社區攜手合作？「在各大新聞平台與社交媒體對於佛格森之類的事件持續給予負面報導，呈現出一種執法正當性……受到挑戰的社會氛圍。這樣的狀況有可能讓某些警務人員更難在工作上受到激勵，最終或許也更不願意參與社區合作。」（P.1）伍爾夫與尼克斯針對東南部某執法單位內的567位副警長進行了問卷調查，結果發現，幾無證據顯示這些警務人員出現「反執法」的狀況。作答者對於公眾對警察形象的觀感確實知悉也在意，也有某些證據指出負面形象會影響這些警務人員的動機。不過，他們並不會因此在職務上出現懈怠。此外，那些對自己的權威有自信，也認為上司會公平並支持他們的副警長們，更加願意對於社區合作的參與採取接納的態度。總而言之，所謂的佛格森效應，單就影響警務人員士氣而言，**或許**可能是實情，但是要說它對於犯罪率有影響，截至目前是毫無證據可稽。再者，就算此一效應真的存在，也可以透過執法機關內部的上司與同儕持續倡導公平與合法的價值來予以中和。

問題與討論：

一、定義佛格森效應，並討論此一概念在直覺上是否合乎邏輯。

二、麥可．布朗案以及其他類似事件（例如Trayvon Martin、Eric Garner、Freddie Walter Scott、Tamir rice）引發了「黑人的命也是命」（Black Lives Matter）此運動的發展。這項社會運動意在喚起大眾注意刑事司法體系如何對待黑人。相對於此，則有「警察的命也是命」（Blue Lives Matter）運動支持警方。若有人同時支持這兩項社會運動，你認為合理嗎？思考你同意或不同意下列陳述：那些發動「警察的命也是命」運動的人，根本沒搞清楚重點。

三、描述一名執法人員對於其權威感到自信，這是什麼意思？是好還是壞？

在研究警務工作壓力的文獻中，常見用來區分職業壓力源的一種策略，是把這些壓力分為四大類：組織型、任務型、外部型、個人型。 [53]

組織型壓力

所謂組織型壓力，是指來自於警務單位的政策與實務操作，對於個別警務人員所產生的情緒與壓力效應。這類壓力因子可能包括了低薪酬、過量文書工作、訓練不夠、裝備不足、週末執勤、輪班、內部規範不一、規章政策的執行欠缺彈性、升遷機會有限、監督管理與行政支援體系失靈，以及與上司和同僚間的關係欠佳等等。郊鄉地區的警務人員往往必須面對訓練不足、設備老舊、資源欠缺、科技落後的問題（Page and Jacobs, 2011）。至於來自大型警察機關內的組織壓力因子，還可能包括機關內的敵意次文化，例如特殊單位、警區，甚至勤務班別間的高度競爭。此外，遭受內部風紀調查也是另一項令人困擾的壓力源。

一項兩千年早期的研究指出，過量的輪班工作與判斷力出錯及壓力劇增的相關性，比起警務工作環境內的任何其他因素都要來得高（Vila and Kennedy, 2002）。有些警務人員必須經常性在單日內連續工作超過十四小時，有些還必須「兼差」掙取額外收入。工作時間過長不僅會影響睡眠與飲食習慣，也會對家庭生活與責任造成危害。再者，不固定的工時經常會干擾社交機會與家庭活動，造成警務人員進一步被孤立於社會支援體系之外。大型警務機關的組織結構也經常會強化辦公室政治、欠缺有效諮詢、一般人員不易參與決策，以及造成行為上的種種限制。事實上，組織型的壓力源往往被執法人員認為是最普遍也最令人感到挫折的（Bakker and Heaven 2006; Finn and Tomz, 1997）。

任務型壓力

任務型壓力源自警務工作的本質。這類壓力源包括欠缺活動與感到枯燥；必須使用武力的狀況；必須保護他人的責任；針對處境進行裁量判斷；伴隨自己與同僚所可能面對的危險所產生的恐懼；常常必須面對暴 [54]

力、不尊重人或不文明的個人；承擔關鍵決定；經常面對死亡；持續面對處於痛苦或情緒低落的人；必須持續控制自己的情緒等等。在許多偏鄉的警務單位，警察必須獨自處理狀況，未必能期待有支援即時出現。

執法職務經常需要面對人際的暴力狀況、敵對性的互動、犯罪或意外受害者情緒爆發的場景（Bakker and Heuven, 2006）。警察被期待要時刻控制情緒，這種狀況被稱為「情緒勞動」（emotional labor; G. A. Adams and Buck, 2010; Grandey, 2000）。此外，警務人員必須克制自己的情緒表達，以符合社會常規與普遍的期待。雖然許多其他職業也會有相似的期待（如律師、醫師、健康照護工作者），但在警務工作中這樣的期待是每天日常。警務人員被期待要能善加管理自己的情緒，表現出中立、堅定、一切在控制中的表情與肢體語言。他們同時被期待要能在「充滿人性」與「控制情緒表現」兩種模式之間隨意切換（Bakker and Heuven, 2006），因為有時候大家會期待他們要更富有「人性」的反應，例如當他們必須通知受害者家屬噩耗時。葛蘭迪將這樣的情緒規制行為稱之為「表淺演出」（surface acting），也就是透過將個體真實感受到的情緒（如憤怒或悲傷）壓抑下來，偽裝出符合社會要求的適切情緒而達成的情緒規制。有些研究者把這樣的反應稱之為情緒失調（emotional dissonance; G. A. Adams & Buck, 2010）。本質上，「情緒失調就是把真實的情緒與表現的情緒之間所呈現的歧異，當作是工作的一部分」（Bakker and Heuven, 2006, P. 426）。情緒失調對於人類的健康與整體福祉會造成嚴重影響，這一點有越來越多的證據支持（Heuven and Bakker, 2003）。

充滿壓力的任務，例如臥底或搜扣毒品的行動，在上述壓力方程式中也占有一席之地。警務人員當然也會害怕透過空氣或血液傳播（無論是蓄意或意外）的疾病，擔憂自己暴露在毒物或核生化物質下（Dowling, Moynihan, Genet & Lewis, 2006）。以近期而言，因為經濟因素所致的預算刪減與各種財政不確定性，也引發有關工作穩定與升遷發展機會的憂慮。

當警務人員經歷角色衝突時，像是同時必須扮演執法者、社工、諮商師，以及公僕等角色，造成與任務相關的壓力（Finn and Tomz, 1997）。本書後續會討論到，越來越多警察需要在職務上與精神障礙者互動，而這樣的互動其實需要具備專業技能才能進行。所謂社區導向型執法（community-oriented policing, COP），是一種讓警務人員與公民能透過近距離協作，共同為目標進行正向努力的策略，也為警察勤務增添新的壓力；但是支持者仍認為這樣的方式比起傳統的「法律與秩序」（Law and Order）型執法要來得好（參見重點提示2.2）。這種新的執法方式，要求警務人員對於傳統執法思維下的控制這件事，透過「街頭巡邏」以及多與公民聚會等手法而適度「放手」，採取一種比較服務導向而非犯罪對抗導向的策略。社區導向型執法並非要警察忽視犯罪或公共安全，而是鼓勵警務人員與公民建構夥伴關係，避免犯罪並增進公共安全。雖說這種策略的優點頗明顯，不過還是有些警務人員覺得難以適應隨之而來的執法策略與種種政策面的改變。

或許在警務工作中最令人困擾的任務型壓力來源是來自處理**危機事件**（critical incident）。這類事件是尋常程序中難以預期的急難狀況，例如槍擊犯逃脫後進入大學校園，或者家庭內以幼童作為人質的狀況。這些事件往往伴隨著非常大的壓力，主要是因為它們對警務人員習於的控制感造成威脅（Paton, 2006），同時可能造成重大傷亡。這類危機事件有可能對於處理的警務人員造成一系列的心理、神經、生理面的症狀，包含混亂感、失序、胸痛、出汗、心率劇增及失憶。這些症狀可能在重大危急事件的當下或之後出現。不過，壓力症狀也可能直到事件結束後數週乃至數月才出現。這類遲發症狀包括躁動不安、慢性疲勞、睡眠問題、夢魘、易怒、憂鬱、無法專注、酒精或其他非法物質的濫用。此外，警務人員經常為了面對危機事件該如何反應感到擔憂，他們也希望了解究竟自己的心理反應是否正常且適當（Trompetter, Corey, Schmidt & Tracy, 2011）。當警務人員面對致命武力時，常是快速變化、狀況不明且高度危險的狀況；事件結束後，經歷事件的警察通常不確定自己是否表現適當（Trompetter et al., 2011）。

重點提示2.2

[55] **社區導向型執法與法律秩序型執法：是否可能併存？**

社區導向型執法是指公民與警務人員以夥伴合作的方式促使社區進步。這種新型態的執法思維，近年來受到公眾、政治人物、研究學者以及許多執法人員的正面評價。正如前述提到，其實社區導向型執法未必容易實施，特別是因為這樣的執法方式會要求警方釋出部分公權力。不過，最好的狀況下，社區導向型執法可以讓警務人員一方面保有其公權力並打擊犯罪，同時可以從他們誓言服務並保護的大眾身上得到更多的尊重。

二十一世紀早期，在經歷幾次社會矚目的警察槍殺黑人青年的事件後，美國司法部針對歧視性的執法啟動調查。之後，司法部與諸多城市達成共識，設法修正這些地區的執法手段。二〇一七年春，在新任部長傑夫・塞申斯（Jeff Sessions）領導下的司法部宣布，將修正上述共識以強化政府當局對保障法律秩序的重視。

所謂法律秩序型的執法理念，可以從諸如「攔檢與搜身」（stop and frisk）等手段，以及警察軍隊化（police militarization）等思維略知一二。所謂「攔檢與搜身」指的是在路上臨時攔停市民並予以詢問，甚至加以拍觸搜身（pat-down）。至於軍隊化則是把重點放在警察功能中的指揮與控管命令，淡化因應公民需求所提供的服務，或者降低公民在警務審查機構中的比重。

美國心理學會於二〇一四年為美國眾議院委員會提供了證詞；該委員會專責監督那些供給州級與地方執法單位多餘軍事裝備的聯邦計畫（Keira, 2014）。基本上，上述證詞針對警力可能日趨軍事化的狀況表示憂慮，因為此一趨勢可能對於社區執法策略造成重大負面影響。

在該證詞中，心理學家關多琳・愷達（Gwendolyn P. Keita）引用了重要的心理學研究，包括：一、降低族裔與種族偏見的有效方法；二、增進社群關係；三、使對峙態勢緩降以及減低暴力衝突可能的方針。她指出警力軍事化的狀況，尤其在少數族裔大量居住的社區，已經造成了社區對於執法人員的恐懼及雙方信賴降低。

她提出了幾項建議：

- 在全國實施以社區為本的執法措施，針對可能影響知覺與決策的隱性偏見，強化執法人員的訓練。
- 要求取得多餘軍事裝備的警察單位進行社區導向的執法教育，以及不帶偏見的訓練課程。
- 為社區導向的執法計畫挹注更多資金。
- 鼓勵發展社區為本的回應方式，達成資源有限社區的培力。
- 針對警察槍擊事件以及如攔停搜索中受害的公民種族／族裔結構，蒐集相關資料。

問題與討論：

一、上述的證詞出現在二〇一四年末，其中提到的相關建議是否都已經落實？為什麼？

二、社區導向型的執法與法律秩序型的執法，有可能併存嗎？你認為孰優孰劣？

三、透過社區為本的方式達成資源有限社區的培力，有哪些例子？

[56] 有相當多研究強烈支持在創傷事件後即時介入的效果（Trompetter et al., 2011; A. T. Young, Fuller & riley, 2008）。甚且，如果是在危機事件現場或者附近，即時介入似乎特別有效（Everly, Flannery, Eyler & Mitchell, 2001; A. T. Young et al., 2008）。有些心理學家在危機事件壓力處理小組或危機事件壓力任務小組中擔任成員、指導者或顧問。這些小組有時也被稱為危機介入小組，其重點在於設法把因為異常危機或緊急狀況所生的職務壓力與負面效應予以最小化。不過，如接下來會討論到，這類即時任務的價值，以及它對於預防後續症狀（如創傷後壓力疾患）的效果，文獻上仍

有不同見解（Scrivner et al., 2014）。

許多單位並不會被動等到警務人員被迫面對這類危機事件才進行訓練。事實上，作為訓練流程的一部分，警務人員一開始就有勤前教育訓練，協助他們展望並理解創傷事件可能造成的影響，藉此在心理層面盡量把影響降到最低。其次，隨著在職經驗增長，警務人員經常會經歷一套減敏程序，也就是他們對於許多在日常勤務中可預期的勞心費力事件會逐漸變得習慣。不過，有些創傷性事件還是會被視為相當不尋常且無從準備的。可能造成高度壓力的危機事件，包括同僚自戕或被槍殺、警方誤殺或傷害平民、兒童被殺或被傷害、媒體高度矚目事件、出現重大傷亡的事件，諸如大火、恐怖炸彈攻擊，或者重大天災如颱風、地震或龍捲風。

外在壓力

所謂外在壓力是指警務人員持續對法院、檢察機關、刑事司法程序、矯治體系、媒體、公眾態度感到挫敗。資料指出，每百件基於重罪所為的逮捕，就有四十三件會被駁回，或者根本未被檢方起訴（Finn and TOMS, 1997）。雖說這樣的狀況其實未必是壞事，不過對警方而言，確實經常為此感到困擾。此外，許多執法的警務人員覺得出庭過於耗費時間，也往往對他們覺得既欠缺效率又「不公平」的法庭裁判感到失望。

另一個外部壓力則是警民關係，尤其是各種不同的衝突。自從一九九一年惡名昭彰的羅德尼．金逮捕事件被攝影機錄下之後，許多警民或警嫌衝突就不斷被手機、街頭攝影機及警察的勤務記錄器錄下。民眾攝錄的影像經常會在網路上流傳，在南卡羅萊納州北查爾斯敦，警官麥可．斯拉格（Michael Slager）在一次例行交通臨檢時，從背後射擊企圖脫逃的華特．史考特（Walter J. Scott）的影像內容正是一例。斯拉格在事件後不久遭到起訴，該案陪審團經四天評議，仍然無法得出判決結果，最後該案在二〇一六年十二月以無效審判作結。後續針對同一宗事件的重新起訴又再開一個訴訟審理程序，最後斯拉格在二〇一七年五月就自己遭公訴的「侵害史考特公民權」罪名做出認罪答辯，就此結案。[3]

強制力以外的警察作為，近年來益發遭到大眾檢視，無疑也為各階執法警務人員帶來相當壓力。二〇〇一年九一一事件發生後的數年間，紐約市警針對與民眾在街頭對峙等狀況，採取更具侵略性的強勢手段。這樣的手段以「攔停搜檢」專案計畫（stop-and-frisk program）的方式呈現，被廣泛批評為是針對特定人種的歧視性族裔／種族剖繪執法行為（racial/ethnic profiling）。資料指出，警方攔停與盤問的對象（排除搜身檢查的狀況），幾乎一面倒的都是有色人種，尤其是非裔及拉丁裔美國人；同時警方更可能對這些族裔的攔停或盤問對象施用武力。後續當然引發了相關訴訟，甚至也有聯邦司法部主動提出的訴訟，最後上述專案無疾而終。紐約新任市長白思豪（William de Blasio）宣稱，他希望能讓紐約的執法模式回歸到更社區導向型的執法，重建市民與警方間的信賴關係。我們希望這樣的模式最終可以讓個別警務人員的壓力降低，也讓警察與社區之間的關係更良好。不過，攔停搜檢政策受到總統川普的讚揚，司法部在不同的領導下是否仍會持續鼓勵社區執法策略，恐怕仍屬未定之天。 [57]

個人壓力

個人壓力指的是涉及婚姻關係、健康問題、成癮問題、同儕團體壓力、無助感與憂鬱感、歧視問題、性騷擾、欠缺成就感等壓力源。有些警務人員擔心自己是否適任，或者是執勤過程中是否會違反法規。許多警務人員則覺得他們的工作性質對於家庭與社交生活會產生負面作用。較年長的警務人員會因為長期處於壓力下而特別容易出現嚴重的生理與心理健康問題（Gershon, Lin. and Li, 2002）。此外，相較於男性，女性警務人員似乎更容易因為前述壓力因子而出現憂鬱症狀與自殺風險（Violanti et al., 2009）。上述研究發現並非意在彰顯警務人員的弱點，而是要點出當女性警務人員在一個傳統上以男性為主的環境中從事高壓工作時，可能出現的

3. 評按：在美國刑事司法體系的運作下，若承審案件的陪審團最終無法針對判決結果達成法定的評議結論，以致無法形成一致決或多數決，案件最後可能由法院裁定以無效審判（mistrial）收場。此時，檢方可依裁量重行就本案另行起訴，也可決定不再起訴。

問題。後續會再針對這個議題進行更深入的討論。

雖說刑事司法相關文獻經常提到警務人員看似頗高的離婚率，以及普遍難稱快樂的婚姻狀態，不過實證紀錄其實難以取得。布洛姆與菲爾波特（Borum and Philpot, 1993）研究發現，相較於一般人，警務人員家庭的離婚率其實沒有更高。阿莫特（Aamodt, 2008）的研究也呈現了相似的結論。不過，執法工作存在的種種壓力多少會影響整個家庭是可以確定的。在一項針對479名警務人員配偶進行的研究中，77%作答者自陳曾經歷來自配偶警務工作的異常高度壓力（Finn and Tomz, 1997）。前述研究指出，警務人員配偶最常見的壓力源包括：

- 輪班勤務與超時工作
- 配偶憤世嫉俗，即使在家也要掌控感，無法或不願意表達感受
- 對於配偶會被殺害或受傷的恐懼
- 配偶及其他人對子女的過高期待
- 由於父母的職業而導致子女遭到孤立、嘲弄或騷擾
- 家中出現槍枝

因此越來越多警務單位會聘用全職警務心理學家，或者心理、諮商或心理衛生顧問，針對個案提供專業意見，並對於個別警務人員及其家人提供諮詢服務。戴爾普里諾與巴恩（Delprino and Bahn, 1988）指出，在其研究樣本中，53%的警務機關會在警務工作相關的壓力問題上，利用上述的諮詢服務。從而，警務心理學家已從原本只針對壓力提供諮詢服務的有限角色，轉而為更寬廣多樣的執法活動提供專業意見（Dietz, 2000）。上述警務單位中，約三分之一聘用心理學家提供相關的工作坊與研討會。此外，許多以警務人員家庭為對象的支持小組，在全美各地如雨後春筍般出現。這類小組經常一開始是由警務人員的配偶相互凝聚以討論並解決共同的問題，之後漸漸組織形成。在某些狀況下，警務心理學家會對警務人員的配偶或其他家庭成員，在警務人員本人未參與的狀況下，提供治療或團體諮商（Trompetter, 2017）。

有些警務單位也提供同儕諮商，不過許多警務人員還是偏好與熟悉警務工作卻**非**警察的心理衛生專業人士合作。通常警務人員不太會願意與其他同事討論在一般警務文化中不易被接納的議題，例如性功能障礙、擔心受傷、執勤時遇到必須使用武力的狀況卻無法動武等問題。當然，前述狀況未必能一概而論，因為有些警務人員難以信賴那些他們認為是幫當局做事的臨床工作者。無論如何，心理學家都該避免試著以仿效警務人員言行的方式去取得對方信賴，否則一不小心就會被貼上「自以為警察」（cop wannabes）的標籤。 [58]

我們可以合理推測執法人員都曾經歷過高壓狀況，儘管他們不見得在面對或處理這些問題時會去尋求專業協助。從來不擔心自己受傷，或經歷婚姻或親密關係問題，或因為目睹死亡兒少而受創，或出現任何睡眠問題的警務人員。上述狀況警務人員總會略感一二。以下將討論兩種比較不常見的狀況，對於經歷的警務人員而言可能更難處理。

槍擊後創傷反應

槍擊後創傷反應是指執法人員在勤務中開槍射擊他人後，可能出現的一系列情緒與心理反應模式。而這樣的槍擊事件經常被認為是一種危機。這種創傷反應在受害者死亡的時候，尤其可能出現。幸而，事實與許多媒體描繪的警務工作正好相反，大多數執法人員直到退休都無需在執勤中開槍。每年大概有350到400人遭到執法人員槍擊致死，致傷者大約200人（Federal Bureau of Investigation, 2008）。根據勞倫斯．米勒（Laurence Miller, 1995）估計，在美國，三分之二涉入槍擊事件的執法人員會在開槍後出現中度到重度的心理問題，約七成的人在事件發生後七年內會離開警務工作。在這類嚴重危機事件發生後，最常見的心理問題正是創傷後壓力疾患（PTSD）。根據布魯西亞、科多瓦及魯奇克（Brucia, Cordova & Ruzek, 2017）的研究：「勤務相關的危機事件當中，與創傷後壓力疾患的關聯性最為強烈者，是執勤時致人於死、同僚喪生，以及肢體衝突。」

（P.121）。二〇一五年，86名執法工作者因勤務相關事件殉職（FBI, 2016c）。其中有41名是因為重大犯罪行為而遇害，45位則是意外身亡。另外約五萬名警務人員曾遭受肢體攻擊。就曾經遭遇危機事件的警務人員而言，創傷後壓力疾患的盛行率在7%到19%（Brucia, Cordova & Ruzek, 2017）。

如前所述，每年遭警務人員槍擊致死的人數，相較於因執勤遇害的警務人員，約呈四比一的比例。假設我們排除意外事件，比例近八比一。值得深思的是，那些遭到警察槍擊致死的人，並非全是暴力型慣犯。相反的，遇害者常常是輕罪罪犯、精神疾患者、在家庭紛爭情境下遭遇警察，以及非行少年（L. Miller, 2015）。例如在一宗最近發生的意外中，一位少年只因為在公園裡把玩一把玩具手槍就遭警方槍擊。另一宗事件裡，一位有憂鬱症病史的患者僅因手中持刀往警察方向奔跑就遭射殺。

大型警務單位在危機事件（如槍擊事件）後的標準處理程序，是即刻與執勤中的槍擊後同僚支持小組成員及警務心理學家聯繫。此時心理學家會與單位主管會商，決定是否該與涉入事件的警察即時會談，或者稍後再進行。警務心理學家一般可以理解，不少警務人員都盡可能想要規避心理健康相關服務。米勒（Miller, 1995）的研究提到，有些警務人員會誤以為心理治療跟洗腦或其他令人感到羞辱或幼稚的體驗類似。比較常見的誤解則是，需要「心理協助」這個概念本身就代表著懦弱，以及欠缺做好警務工作所需的能力。

[59] 不過，這樣的態度可能正在改變。米勒後來也認為（Miller, 2015），大多數涉及合理使用致命武力狀況的警務人員，可以很快就回到工作崗位。哪怕在面對心理健康專業工作者時，他們可能還是略帶幾分憤世嫉俗，許多警務機關仍會要求涉案的警務人員無論如何都必須立刻尋求同僚支持團體與警務心理學家的協助。有些單位會儘速提供「伴隨警官」（companion officer）的協助；當然，如果是一位備受信賴的同僚，且自身也曾經歷類似的警察槍擊事件會更適合（Trompetter et al., 2011）。有些研究者（如Kamena, Gentz, Hays, Bohl-Penrod & Greene, 2011）指出，心理學

家在訓練同僚支持小組方面，可以扮演有價值的角色。崇彼得、柯瑞、史密特與崔西等人（Trompetter, Corey, Schmidt & Tracy, 2011）主張，如果涉案警務人員在事件發生後接受心理健康專業工作者的協助，在可行的狀況下，要讓當事人與心理健康專業工作者合作時擁有充分的隱密溝通空間，才是最有效的介入手法。無論如何，實務上有些警務人員寧可尋求心理工作者的協助，也不願參加同僚支持小組。因此，以上兩種選項應該同時存在，以供需要者選擇。

對於大部分單位而言，指定涉入槍擊事件的警務人員在事發後立刻啟動三天或更長的行政休假（administrative leave）[4]，屬於標準作業流程的一部分。在行政休假期間，一般會建議當事人尋求警務心理學家協助，以進行危機事件壓力諮詢（critical incident stress debriefings, CISDs）。通常CISD會在危機事件發生後24到72小時內進行，並以持續約兩到三小時的小組聚會型態實施（L. Miller, 1995）。之後，受到事件影響者可能以個人或小組方式接受協助。有意思的是，有些研究指出這類會談可能有害無益，難以預防創傷後壓力疾患，並且不應該列為強制程序（Choe, 2005; McNally, Bryant & Ehlers, 2003）。史科夫納等人（Scrivner et al., 2014）針對上述研究進行評論時，認為還需就此議題進行更深入的研究。

重點提示2.3

消防員、緊急救護技術員，以及其他無名英雄

公共安全人員一詞，包含了從事執法職務以外的其他各式專業工作者，包括消防員、緊急救護技術員（emergency medical technicians, EMTs）、醫護輔助員（paramedics）、搜救人員、急難派遣人員，以及其他保護公眾安全的最速反應人員（first responders），都可能會與司法心理學家接觸。這些專業工作者經常性暴露於各式的危機、

4. 譯註：性質上屬於一般由公立部門行政長官指定下屬帶職帶薪的暫行休職措施。

災難、險境，以及足以危害生命的情境。這些人經常需要設法救回受重傷者或死者，也常常被期待要在各式事發現場設法安撫受害者的家人與親友。

由於這些專業工作者跟執法人員一樣，經常遭遇創傷、震驚、悲慟的情境，因此與創傷相關的創傷後壓力疾患、憂鬱症狀，以及藥物與酒精問題，也常會在這些人身上出現（Kleim and Westphal, 2011）。舉例來說，研究顯示8%到32%的最速反應人員會出現創傷後壓力疾患，而且經常是中度症狀（Haugen, Evces & Weiss, 2012）。

創傷後壓力疾患與憂鬱等症狀，若未能被加以辨識或治療，會對這些公共安全人員造成顯著損傷與失能，以致於他們難以有效執行職務。越來越多臨床司法心理學家與警務心理學家被延請進入各級公共安全人員的篩除、選用、訓練、治療程序。就此而言，雖然有關執法職務申請人的研究與日俱增，不過與前述最速反應人員相關的各項議題，研究還相當不足。其次，協助公共安全專業工作者面對常態性創傷與悲痛的有效處遇方式，傾向配合執法人員的需求；基本上，除了強調社會與同僚支持的重要性，也不太會針對這些公共安全人員量身打造（Haugen et al., 2012; Kirby, Shakespeare-Finch & Palk, 2011; Kleim and Westphal, 2011）。「這部分文獻少得令人訝異，因此也不足以為最速反應人員做出本於實證的建議。」（Haugen et al., 2012, P. 370）

問題與討論：

一、全美各地許多消防員、緊急救護技術員及最速反應人員屬兼職，或者由社區志願者擔任。這類兼職或志願擔任的狀況，是否會影響他們出現勤務適應的相關問題？

二、消防員與執法人員的工作有何異同？本章所討論的議題，有哪些與這兩種工作相關？

警務人員的自殺問題

[60]

有關警務人員自殺盛行率或自殺頻率的資料極難取得。執法單位通常不願讓研究者取得警務人員自殺的資料（O'Hara, Violanti, Levenson & Clark, 2013）。常見的假設是，警務人員的自殺率是美國所有職業群體中最高之一（Violanti, 1996）。根據估計，命喪己手的警務人員數量是值勤殉職者的兩倍之多（Violanti et al., 2009）。其次，大多數死者都是無行為不檢紀錄的年輕巡務警官，而且大多數都是在非勤務的時段舉槍自戕（L. Miller, 1995）。不過，一項由阿莫特與史塔爾納可（Aamodt and Stalnaker, 2001）針對警察自殺所進行的研究卻顯示，相較於相同年齡、性別、族裔／少數族群、種族群體者所呈現的自殺率，警察的自殺率顯著較低。較新的研究也顯示出相似結果（Aamodt, Stalnaker & Smith, 2015; O'Hara and Violanti, 2009; O'Hara et al., 2013）。

依據歐海拉、維奧蘭提、列文森與克拉克等人（O'Hara, Violanti, Levenson & Clark, 2013）的研究，在二〇一二年有126名警務人員自殺，與二〇〇八及〇九年的人數相比下降不少。二〇一二年的研究指出，自殺行為集中在四十到四十四歲，任職滿十五到十九年的警務人員群體。歐海拉等人同時發現，警察單位顯然未能注意到那些自殺事件的警訊。自殺的警務人員中，96%生前似乎都透過隱藏痛苦徵象的方式避開偵測。上述研究表示：「執法人員確實自有一套行為準則及次文化，許多人仍覺得，為了不被外界視為『軟弱』或脆弱，必須遮掩心理苦痛的徵象。」（P. 35）

縱使警務人員自殺率不見得比一般群體來得高，自殺仍是相當嚴重且傷害性極大的問題。每一位自殺的公共安全執法者，除了遺留下家人、夥伴、主管、親友，還有單位內難以填補的空虛（D. W. Clark, White & Violanti, 2012）。警務人員自殺有各種不同原因，包括對危急事件的心理反應、親密關係出現障礙、內部風紀調查、財務困難、挫折感與心灰意冷，以及武器易於取得（Clark and White, 2017; Herndon, 2001）。警務人員自殺的主要理由在於婚姻或親密關係中的問題，其次是法律問題與內部風紀調查（Aamodt and Stalnaker, 2001）。

倘若執法人員的自殺率真的比原本認為的低，此現象可能有幾個因素可以解釋，包括：複雜的人員篩選流程，以及聘雇前的各式嚴密評估程序；越來越多的壓力覺察訓練；更好的警察訓練；漸增的諮詢資源；警務與其他領域的心理學家及警務單位密切合作下所提供的各式服務。康恩與巴特菲爾（Conn and Butterfield, 2013）的研究顯示，新世代的警務人員大部分（80%）都希望有足夠的心理健康資源可供利用，包括諮商與心理治療。此一研究的結論指出，傳統警務文化對於心理健康相關議題的抗拒，或許正在逐步改變中。

勤務責任

近年來警務心理學在角色上最重大的轉變，在於勤務支援的層面（Dietz, 2000）。隨著警務分工日趨精細與專業化，投入心理層面的支持在許多領域中變得更加重要。如史科夫納等人（Scrivner et al., 2014）所羅列，包括：減免責任（也就是降低被告風險）、計畫評估、與單位之間的利害衝突管理、減少種族偏見效應的訓練，以及增進特殊警務能力表現與技巧的訓練。勤務支援同時可能包括在挾持人質事件中提供協助、危機事件談判、刑案調查、威脅評估。有關刑事調查部分，本書第三章會加以討論。至於威脅評估，則在第八章探討。以下則針對人質挾持與危機談判兩個主題說明。

[61]

人質挾持事件

無論是挾持人質事件的訓練，或在實際人質事件發生時提供協助，我們都能見到警務與公共安全心理學家經常在這些狀況中擔任顧問角色。所謂的**人質狀況**（hostage situation），指的是一或多人違反被害人意願，限制其人身自由，並藉此取得實質利益，提出社會政治主張，或達成個人目的。挾持者往往會以被害人生命相脅，藉此在特定時間內達成其特定要求。至於**設障狀況**（barricaded situation），指加害者在公眾建物中或處所內，透過設立障礙或構築工事，阻擋外人進入，並以自己或他人的生命安全相脅。設障狀況有可能（但未必）與挾持人質狀況重合。和誘（abductions）與略誘（kidnappings）、載具誘騙（包括航空器或其他形式的公共運輸工具）、校園人質挾持，以及某些恐怖攻擊行為，都可以被理解為廣義的人質挾持。在所有人質狀況中，近八成是因為在情感關係中感受到障礙所引發（relationship driven），其中又以憎恨（resentment）為最普遍的情感因素（Van Hasselt et al., 2005）。

警務專家將人質挾持者區分為四大類：政治活動者或恐怖份子、有犯罪前科者、監所收容人、精神障礙者（Fuselier, 1988; Fuselier and Noesner, 1990）。政治型的恐怖份子之所以挾持人質，主要是為了替倡議的議題取得曝光度；這類型的事件一般認為最難處理。他們的要求經常是地方警察單位所無權回應的，因此需要聯邦人力的介入。根據上述研究者的說法，政治型恐怖份子可能因下列四種理由而挾持人質：

> 一、讓大眾知道政府無力保護人民；二、為了確保其倡議的議題能立刻取得公眾關注與媒體曝光；三、希望透過重複特定事件讓政府過度反應並因此過度限制民權；四、要求釋放遭到監禁的團體成員。（P. 176）

有犯罪前科的人質挾持者通常是在犯罪過程中（如搶劫或家暴）陷入難以脫身的狀況，於是透過這種方式嘗試談出一條退路。相對的，監所收容人挾持人質（主要是矯治人員）往往是針對機構中的收容處遇進行抗爭。精神障礙者若出現挾持人質的狀況，可能有各式不同原因，但多半與其試圖建構對人生的控制感有關。某些研究指出，人質挾持事件中，有超過一半以上的加害者罹患精神障礙（Borum and Strentz, 1993; Grubb, 2010）。因此，將受過良好訓練的心理學家納入危機談判小組，在警務單位已是越來越普遍的現況。

人質談判本質上屬於戰術小組的行動，有時未必會有心理學家協助（Palarea, Gelles & Rowe, 2012）。挾持者（們）會控制支配人質，限制人身自由與脅迫，此時談判小組可能必須在沒有其他奧援的情況下試圖解除危機。又或者，無論如何努力談判，人質挾持的狀況可能在難以和平落幕的狀況下，需要進行戰術層面的對應，例如SWAT小組或其他特殊單位的介入（Vecchi, Van Hasselt & Romano, 2005）。

[62] 巴特勒、萊騰堡及傅瑟利爾（W. M. Butler, Leitenberg, and Fuselier, 1993）研究發現，延請心理學家到場或以其他方式（如透過電話）針對嫌犯進行評估的警務單位，回報挾持者致人質於死或重傷的事件數比較低。更精確來說，延請心理學家的警務單位所回報的人質事件，有更多會以挾持者投降作收，也更少出現以人質死亡或重傷作結的狀況。

危機談判

危機談判與人質談判相當類似，差別在於危機談判的定義更廣，涵蓋了更多樣的狀況與策略。所有的人質挾持狀況都屬於危機事件，但並非所有危機必然有人質出現。舉例而言，企圖跳樓自殺的事件，是一種涵蓋了憂鬱或情緒極度不穩者與其自殺意圖的特殊危機事件，需要同理心、理解能力及相當的心理學技巧才能適當處理。就此而言，警務心理學家涉入危機處理的機會比起人質事件更高。

執法與公共安全人員通常會在不涉及人質的危機狀況發生時到場。「危機談判與行為科學，更特定的說是與心理學，密切相關。」（Palarea et al., 2012, P.281）上述作者提到心理學家所擁有的知識、技巧及訓練適於危機談判的處理。舉例來說，談判任務可能包含在戰術反應小隊無用武之地的狀況下，必須設法勸阻有自殺意圖者從橋上或高樓邊緣一躍而下。事實上，在這類以防免自殺為目標的狀況，通常不太可能會派出戰術小隊（並非全無例外）。無論如何，執法人員可以透過心理學家所提供的訓練，習得有效在危機狀態下進行談判的能力；危機談判小組不妨同時納入執法人員以及心理學家。正如安德魯・楊格（Andrew T. Young, 2016）所示：「主要談判員應致力了解並同理涉入事件的個人，讓他／她有情緒表達的機會，建構信賴基礎與發展互信關係，最終找出當下狀況的解決方案。」（P. 310）而行為人有可能高度情緒化、受到藥物或酒精影響、具有自殺或暴力傾向、受到壓力，或者正與精神疾患搏鬥。（A. T. Young, 2016）

吉利斯與帕拉利雅（M. G. Gelles and Palarea, 2011）以及帕拉利雅、吉利斯與洛伊（Palarea, Gelles & Rowe, 2012）等人的研究指出，警務心理學家在危機談判三階段中的每一階段都扮演重要角色。前述的三階段分別是：事發前，事發時，事發後。在事發前階段，心理學家可以從心理學角度協助篩選適合的談判人員；從與危機談判相關的心理面向切入，訓練談判人員，例如主動聆聽與說服技巧；在有必要進行快速的威脅與暴力風險評估時，提出策略建議。（不同於心理學家在其他狀況下所進行的威脅與暴力風險評估，它們更加複雜，本書後續章節會深入討論。）

在事發時的階段，人在現場的心理學家觀察整個談判歷程，適時針對危機事件人員的情緒狀態與行為提出必要忠告，協助談判員影響對方的行為與意圖。進入事發後階段，心理學家可能需要對危機處理小組提供壓力管理的策略、進行會報，以及提供諮商服務。上述的服務，在最壞結果得免但仍未能全然中和危機影響時尤其需要。

帕拉利雅等人（Palarea et al., 2012）認為，事發時涉入事件的心理學家，不應該同時為危機處理小組提供事發後的會談或諮商服務。此一心理學家已是危機處理小組一員，可能難以在事發後的勤務期維持必要的中立性。 [63]

希望以心理學家身分加入危機談判小組的人也應該了解，為期數年的訓練（正如每位危機談判小組的成員一樣）是絕對必要的，否則將難以成為有效率的成員。這裡所說的訓練不僅指危機談判訓練，也涵蓋了適當的相關勤務經驗與訓練（M. G. Gelled & Palarea, 2011）。部分訓練可能需要一定程度的「現場體驗」（street experience），諸如與資深警務人員隨車出勤，以及觀察資深警官如何應對人質危機狀況。「現場的混亂或街頭的各種狀況、警察文化中的類軍事命令鏈，以及不管專業訓練多精實還是隨時可能無預警遇上的真實危險。」（Hatcher et al., 1998, P. 463）談判員應具備會談與聆聽技巧、應對處理高壓狀況的能力，以及隨和、非對立性的人格特質（Terestre, 2005）。談判員必須全天候隨時準備出勤。

再者，希望加入危機談判任務的心理學家，應該留心來自各種不同文化與族裔的個人之間可能出現的差異（M. G. Gelled and Palarea, 2011）。近年來，挾持人質與其他危機狀況的行為人，其文化多元性漸趨明顯（Giebels and Noelanders, 2004）。此一趨勢也驅策心理學家必須透過社會互動的方式，在研究與識別文化差異方面下更多工夫，理解來自各種不同文化的暴力傾向者可能會對於試圖說服他們放棄暴力或自傷傷人行為的作法做出哪些反應（Giebels and Taylor, 2009）。「對於跨文化溝通有更深入的了解，將能協助警方形成具備文化敏感度的談判策略，進而提升他們對於行為人為何會出現特定反應的理解能力。」（P. 5）除此之外，司法心理學家與其他心理衛生專業工作者也能在訓練談判員與警務人員過程中，透過舉辦文化差異工作坊與訓練課程等方式，提升警務人員危機談判的說服力。

根據數據顯示，設有危機／人質談判團隊的執法機關，約有30%到58%的單位會與心理衛生專業工作者進行某種程度的合作，其中88%是心理學家，而非精神專科醫師、社工，或其他專業人士（W. M. Butler et al., 1993; Hatcher et al., 1998）。近來危機／人質談判團隊與心理學家配合的比例有日漸增加的趨勢（Call, 2008; Van Hasselt et al., 2005; Scrivner et al., 2014）。

諮商與研究活動

在描述提供諮商服務的警務心理學家的角色時，奧米勒與柯瑞（Aumiller and Corey, 2007）提到績效評估系統（performance appraisal systems）的開發。這些系統「涵蓋了組織政策、程序，以及個人職務表現量測與回饋工具的設計與發展」（P.75）。這些作法意在提升職務表現，同時幫助個別警務人員的職涯發展。在某些狀況下，它們可能被用於與升遷有關的考量因素。諮商心理學家可能會被期待要協助組織內或警務機關與外部社群之間解決人際紛爭。

諮商心理學家經常會從事教育訓練，協助警務機構內的人員將其領導、管理及監督的效能最佳化（Aumiller and Corey, 2007）。近年來，英國、美國及加拿大的許多警務單位都會要求心理學家針對如何詢問證人與嫌疑人等重要的警務訓練議題提供協助（Brewster et al., 2016; Eastwood, Snook & Luther, 2014）。（更多討論，可參照觀點專欄2.1與3.2。）總而言之，諮商心理學家與機關內部的心理學家經常必須調整他們的角色，以對應持續出現的各式危機與問題。 [64]

觀點專欄2.1

邁向學術的曲折幽徑

寇克．路德 Kirk Luther, PhD

高中畢業的時候，我不確定未來想做什麼。既然我的嗜好是電腦，最後決定就讀科技大學，專攻資訊科技。不過畢業之後，我覺得資訊科技的職涯似乎也不全然適合我。其實我還挺喜歡這個科目，至今依然樂於接觸電腦，但這樣的職涯選擇就是無法吸引我。為了重新評估個人與職涯目標，我選擇休息一段時間，思考自己的人生方向。

對我來說，休假必須有意義，因此我決定參與一個名為「加拿大世界青年」的國際志工計畫組織擔任志工，除了可以去國外旅遊，也可以習得領導體驗。這個志工計畫會把來自加拿大及其他夥伴國的志工青年配對，讓他們分別在加拿大與另一個國家各度過三個月。我參與的那一年，年度夥伴國是肯亞。我這一組與寄宿家庭共居，並且在當地的各式組織從事與社會正義或環境議題相關的工作。參與這樣的志工計畫是我生平最佳的決定，因為我可以利用這段時間弄清楚自己究竟想要怎樣的職涯，還可以學到領導經驗以及關於這個世界的許多事（由於我出身加拿大小鎮且在這之前沒出過國，這一點其實對我挺有幫助的）。除了獲得新技巧與觀點，這次的經驗中最能改變我生命的，正是讓我與妻子相遇！就像我說的，這是我做過最好的決定。

志工計畫結束之後，我還在掙扎著要追求什麼樣的職涯。我知道我想要做一些與助人及促成良性改變相關的事。我一直以來都對人類行為研究感興趣，我認為把這樣的興趣與職涯相配的最佳方法，就是攻讀臨床心理學。因此我進入了紐芬蘭紀念大學（Memorial University of Newfoundland）並取得心理科學的理學士（獲殊榮畢業）。我也必須承認，在比班上多數同學年紀大的狀況下念大學，確實有點令人裹足不前。不過我最終仍決定勇往直前，完成這件事。

攻讀大學學位期間，我想要獲得研究經驗。很幸運的，我進入了布蘭特．史努克博士（Dr. Brent Snook）的實驗室。他研究刑事司法體系內的人類行為，同時是偵查會談（investigative interview）領域的專家。在實驗室與史努克博士共事的經驗，開啟了我另一項職涯選項：實驗心理學。在此之前，我其實並未認真考慮過要當一位實驗心理學家。事實上，當時我對實驗心理學家的工作內容所知有限。很快我就了解此一職涯相當獨特，幾乎每天都要面對不同的問題，設法找出答案。雖說這樣的工作沒有固定的流程，典型的任務內容包括了設計研究計畫以回答理論及／或應用類型的問題、講課、指導與輔導學生、把研究成果發表在期刊或書籍上，以及在世界各地的研討會議上將研究成果向實務與學術工作者發表。這一切都令我覺得興味盎然。幸運的是，史努克博士同意擔任我碩士與博士班的指導教授。

[65] 在博士班期間，我的研究圍繞兩個主題。一是保護成人與兒少的法定權利。當某人遭到逮捕時，依法享有某些特定權利（如緘默權）。問題是，大家通常不見得理解自己有這些權利；在許多狀況下，只有不到百分之五十的人知道。同僚與我不斷透過心理科學與數位科技的各

式理論，研究哪些方法可以增進人們對自己法定權利的理解，而這也讓我先前所學的資訊科技有了用武之地。

我的第二個研究興趣則是偵查會談。警方或公共安全人員要能夠與證人、被害人、犯罪嫌疑人進行有效率的會談是非常重要的。作為一名研究者，我們的目標是提供這些實務工作者合於倫理規範且本於最佳實證的工具，協助他們完成任務。我有幸直接與警察及其他的實務工作者共事，而親眼見到我們的研究成果可以被應用在實務上，是一件令人非常滿足的事。

博士班畢業後，我開始找工作，並且在英國的蘭卡斯特大學找到很棒的工作機會，一個正職的講師職位，約當北美制度的助理教授。這個職位讓我有機會可以與保羅．泰勒教授（Paul Taylor，人類合作行為與溝通研究的專家）並肩工作。我計畫在英國繼續法定權利理解與偵查會談的研究。

我目前還在職涯早期，我給各位的忠告是：利用每一個可能的機會。這件事非常非常重要，不論是在發表研究的競賽（如研究主題三分鐘短講）、申請研究資金、發表客座演講，或者把你的研究在研討會議中發表出來……這些活動都會提供你無價的學習體驗，幫助你練習重要的技巧，為你累積出一紙具備強大競爭力的履歷。此外，務必確保你找到跟你處得來的指導教授；以我自己而言，要不是史努克博士的指導照料，我不會有今天的發展。最重要的是，就算你的職涯路線還不是太清楚，也別擔憂，蜿蜒的小徑有可能有趣得多。

路德博士目前是蘭卡斯特大學講師。熱愛與妻子伊莉莎白還有兒子諾亞一同旅行，也喜愛在有陽光的日子外出健行或打高爾夫（雖然他自謙打得不好）。

性別與少數族裔議題

一九七〇年代前，許多警察單位並不聘任非高加索裔白人以外的對象（Cole and Smith, 2001）；至於女性警務人員，除了人數稀少，通常也受限於特定職務，如處理女性被逮捕者或兒少證人。直到七〇年代，警務人員組成以及女性從事限定職務的狀況才漸漸改變。

一項針對全美五十大城市進行的調查結果指出，一九八三到九二年間，約29%的警務單位回報非裔警察增幅達到五成以上；20%則是回報拉丁裔警察的增幅也出現類似狀況（Cole and Smith, 2001）。不過，如果把原始數據有多低也列入考慮，這些增加其實不算顯著。無論如何，在種族與族裔組成的多元性方面，過去二十年來全國的進展可說是有目共睹。比起一九八七年有15%（Bureau of Justice Statistics, 2015）的警務人員來自少數族群，二〇一三年增加到27%。近年來最大增幅出現在拉丁裔或西班牙裔。二〇〇八年，聯邦體系內的各執法機關，種族與族裔少數占總體逮捕與持械警員的三分之一（Reaves, 2012a）。同年，美國各地區與州警體系的執法單位，大約每四名就有一名來自少數種族或族裔（Reaves, 2012b）。不過，警務單位中的種族與族裔組成，仍鮮少能反映其所服務的社群組成。

整體而言，種族與族裔少數在執法機關中的代表性，比起女性來得好。進入二十一世紀，即便以全美的角度來看，女性在執法機關中還是屬於相對弱勢的少數，在現役的警務人員裡僅占11.5%（Federal Bureau of Investigation, 2016a）。這樣的數字比起一九九〇年，不過就多了3%。在大型警務機關內，女性占正式服勤警務人員的12.7%。在小型與偏鄉的警務單位（少於一百位警務人員），女性的比率更低，只占8.1%。雖然從一九七二至九九年間，女性的比例逐年成長0.5%，之後也就沒了動靜。進入二十一世紀已超過十年，在美國聯邦、州級、地方執法機關的正式警務人員當中，女性占比不到15%（Bergman, Walker & Jean, 2016; Langton, 2010）。在主要的大都會區與城市中，偶爾可見女性警務主管，正式的女性警務人

[66]

員比例也略高些。二〇〇八年，在聯邦系統中約有六分之一武裝執法的警務人員是女性（Reaves, 2012a）。

女性在警務執法工作的任職比例之所以長期無法提升，主要問題在於一個常見觀點：「警務工作乃是男性導向的職業」，其中許多相關勤務都對體力與體能有相當程度要求。哪怕女性在各層面的表現已證明不比男性遜色，上述觀點仍然屹立不搖。此外，相較於男性，女性執法人員更不會過度使用武力，同時又能維持執法勤務的效能（Bergman et al., 2016）。只可惜，受到執法工作吸引的女性，實際上可能因為警務機關對女性申請者採取敵意態度，或者有著過高的女性離職率，而裹足不前。

研究也發現，縱然傳統上女性往往必須面對來自警務行政與高階主管的抗拒，但在取得職務升遷與更高階行政管理職上，女性確實有所斬獲（S. E. Martin, 1989, 1992）。在世紀之交，平均只有不到4%的警務高階主管職是由女性擔任；雖然在較大型的警務單位，這樣的比例會稍高一些（National Center for Women & Policing, 2012）。依據美國國家女性與警務工作中心（National Center for Women & Policing）網址的資料，二〇一〇年全美約有232名女性警務主管。大概同一時期，蘭登（Langton, 2010）的研究則揭示全美14,000個警務單位中，約有219位女性警務主管。樂觀來看，二〇一三年，女性在華盛頓特區主要執法機關中就有七個主管，分別是：哥倫比亞特區警察局、美國公園警察隊、美國法警局、特別勤務局、聯邦調查局華盛頓辦公室、美國鐵路警察局、緝毒署。卡拉·普沃斯特（Carla Provost）在二〇一七年被提名為美國邊境巡防署（U.S. Border Patrol）九十三年來第一任女性首長。不過，同一時間，女性僅占該單位執法探員總數的5%。針對這一點，普沃斯特署長在演說提到，邊巡署會在招募女性成員方面更加努力。

沃登（Worden, 1993）的研究發現，男性與女性執法者就執法**態度**而言，有些許區別。她指出：

> 整體而言，女性與男性警務人員對於執法自主性的限制及其角色定位，不

出所料皆展現出模擬兩可的態度；女性僅針對所服務的公眾、同僚的讚賞、對工作條件與上司不抱樂觀，表現略微正向。（P. 229）

她認為在執法態度層面，兩性執法人員所展現出的類似反應有可能是因為職業的社會化現象（occupational socialization），這種現象會消磨性別角色的許多差異。所謂職業社會化是指從同一職業群體中習得趨於一致或近似的態度、價值觀與信念的現象（Van Maanen, 1975）。本章稍早討論過與警務工作相關的職業文化，總而言之，女性跟男性同樣能夠透過社會化歷程而融入警務文化。

安・莫里斯（Anne Morris, 1996）的研究指出，在紐約警局的警務人員間，女性與少數族裔同樣都會從同僚那裡得到相當的社會與心理支持；女性警務人員針對在職期間的體驗，無論是職業面或社交面的互動，多數描述為正向。莫里斯在研究中指出的一項重大性別差異是，相較於男性同僚，女性警務人員更不傾向在下勤務後與其他同僚互動。她們最親近的朋友也多為警務圈外的對象。如果考量到女性警務人員更可能擁有家庭與依賴她們的子[67] 女，她們相對的也更願意付出心力於此，那麼此現象並不令人意外。在以男性為主導的警務工作環境中，女性警務人員也可能感受到更多的孤立疏離，於是家庭生活成為她們社會支持的強力來源（Violanti et al., 2009）。

綜觀美國與國際的研究可發現，相較於男性群體，女性群體的執法風格可能效能更佳（Bergman et al., 2016; Bureau of Justice Assistance, 2001）。舉例而言，很多執法管理者、警官同僚與公眾成員都認為，在排除可能危害、困難或暴力情況時，女性警官更富技巧（Balkin, 1988; Seklecki and Paynich, 2007; Weisheit and Mahan, 1988）。她們也較不會涉及過度使用武力（Bureau of Justice Assistance, 2001）。沃登（Worden, 1993）主張，女性執法人員更常抱持利他與社會動機，而男性執法人員更易受職業的財務報酬所吸引。

女性警務人員作為一個群體，較男性同僚擁有更好的溝通與社交技巧，更能夠在推展社區執法模式時促進合作與信賴。但在此要強調，這是指「群體」差異，而非個體差異，因為許多男性警務人員同樣擁有足以良好適應社區執法模式的溝通與社交技巧。在涉及對女性施暴（如家暴或性侵）的狀況，女性更可能做出有效的對應處理，儘管此領域還有賴更多研究。雖然有些研究（如Rabe-Hemp and Schuck, 2007）認為女性警務人員在面對家暴案例，尤其是加害者因藥物或酒精而判斷力減損的狀況下，將會面臨較高的被攻擊風險。不過聘用更多女性警務人員，總體上確實可有效因應警（武）力濫用與公民投訴，並且促進社區執法模式。此外，藉著改變執法單位內部的環境氛圍，也可以減少性別歧視與性騷擾的狀況。

執法偏見與過度使用武力

如先前提及，今日的執法人員必須面對相當的公眾監督與檢視。無論是娛樂和新聞媒體，乃至於社交媒體，都不諱於描繪「黑警」形象，尤其是對那些在執勤時過度使用武力的人。這類例子隨處可見。此外，如前述所言，透過諸如智慧手機之類的可攜式錄影設備，執法者與市民之間的遭遇更常被錄下來，放到網路上流通。二〇一四年夏天，據報在街角非法兜售香菸的一名黑人男子艾瑞克．嘉納（Eric Garner），遭到一名白人警察以手肘鎖喉而死。後續本案的大陪審團卻拒絕對造成嘉納死亡的白人警察起訴[5]。於是，嘉納瀕死的遺言「我無法呼吸」（I can't breathe）遂演變為公民對執法暴力發動全國性抗議的集會口號。

警務人員針對少數族裔的執法偏見，向來都是社會的關注焦點。在最糟的狀況下，執法偏見會導致過度使用武力，甚至是致命武力。至於對群體的偏見（bias against groups），一般會以刻板印象的方式呈現，往往根深柢固於文化中，而執法人員恐怕跟眾人相去不遠（Kahn and McMahon,

5. 譯按：美國法制下的陪審團組成，依據人數與任務不同，原則上可大分為兩類：小陪審團（the petit jury）及大陪審團（the grand jury）。前者原則上職司案件遭起訴後進入審判程序的民刑事事實認定，例如有罪無罪或原告主張是否成立等；後者則在重大刑事案件負責決定檢察官代表國家的起訴請求是否合理，相當於一種人民起訴審查機制。

2015）。重要的是，我們必須明白，哪怕是立意良善者，也可能潛藏著隱性偏見而不自覺。這些偏見自身未必就會導向「壞的」行動，意即如果我們理解到人人都有偏見，設法採取行動來減少偏見，就有機會可以調整自身的行為。只可惜一系列的研究都指出，就一個群體而言，警察確實會透過對待少數族裔的方式而呈現種族偏見，尤其是對黑人族群。他們常遭遇攔停、盤問、在街頭被拍查搜身、在國道上被攔停開罰的比例偏高。相較於白人犯罪嫌疑人，警務人員顯然在面對黑人時會使用更強烈的武力（Hyland, Langton & Davis, 2015），而黑人嫌犯死於警察執勤過程的可能性也更高（Correll et al., 2007）。部分研究結果也指出，相較於其他族裔，年輕黑人更可能被認定比年輕白人更年長，看起來比較「不無辜」（Goff, Jackson, Dileone, Culotta & DiTomasso, 2014）。二〇一四年，在克里夫蘭市，年僅十二歲的塔米爾·萊斯（Tamir Rice）獨自在公園中把玩BB槍而遭到警察射殺。大陪審團拒絕對該警察起訴（雖然後來該警仍在二〇一七年被辭退，不過不是因為槍擊案，而是因為在職務申請書上填具不實）。如果塔米爾·萊斯不是黑人的話，那麼他會面臨被槍殺的命運嗎？充分的訓練應該可以促進警務人員認識到內在的偏見，並且在執勤時設法減少這些偏見的影響。（參見重點提示2.4，進一步回顧有關執法偏見的研究。）

[68]

當施用的武力逾越在當下情境被認為是正當合理的程度時，就會構成過度使用武力。過度使用武力是不可接受且違法的，無論是以個人或群體身分來看，甚或是整個執法單位的實務模式。在許多情況下，過度使用武力在某種程度上可能反映出上述兩種狀況兼具。

一九七〇年代以前，警務人員對於使用武力（包括致命武力）具有廣泛的裁量權（Blumberg, 1997）。有關施用武力，警務機關經常只有定義不清的指導原則，有時甚至付之闕如。依據布蘭伯格（Blumberg）的研究，在一九七〇年以前：

> 與警務人員開槍相關的調查程序，有時是以一種可有可無的方式進行；而出事的警務單位通常不會保存所有警務人員使用槍械的紀錄。再者，

有關此議題的社會科學研究幾乎完全欠缺，也沒有人認真嘗試在全國性的基礎下研究警察槍擊民眾事件。（P. 507）

有關警務人員在勤務中施用武力（包括致命武力）的非正式證據已經相當多。實證證據則較難取得。現行警務人員施用武力的狀況究竟有多普遍？在怎樣的情境或脈絡下才會出現施用武力的行為？由司法部在二○○六年所提出的報告顯示：合併大型州級與地方警務單位的統計數據，官方總共接獲至少26,556件有關警務人員施暴的公民投訴（Hickman, 2006）。其中大概有8%的投訴引發官方調查，並因為有足夠證據，最終導致施暴的警務人員受到正式懲處。至於其他投訴則欠缺足夠證據支持，或查無實據。美國國家司法研究處（National Institute of Justice; K. Adams et al., 1999）[6]在先前提出一份報告，針對有關警務人員在勤務中使用武力的狀況加以描述，並提出下列主張：

- 警察不常施用武力。
- 警察施用武力的手段多半落在光譜的輕微那端，類似擒拿或推擠等低度強制力。
- 施用武力一般發生在警務人員試圖實施逮捕而遭遇犯罪嫌疑人抵抗時。

最近一項與警察施用武力相關的資訊，則是來自司法統計局（Bureau of Justice Statistics; Hyland et al., 2015）[7]。這份報告是以警務人員與公眾的接觸遭遇為主要範圍，資料蒐集方法則是採住民訪談，而非依據警方內部紀錄的方式。根據這份報告，十六歲以上者，在二○○二到一二的十年間，年均約有4,400萬人曾與警務人員正面遭遇。上述與警方接觸過的公民

6. 譯按：NIJ是一個隸屬於美國司法部的研究單位，專責促進司法正義相關議題的研究，發展與評估相關業務。近年因預算與立場一直難以獨立，屢遭外界質疑，面臨改革壓力。
7. 譯註：BJS與NIJ相同，組織上也是一個隸屬於美國司法部的單位，職務上則屬於美國聯邦統計業務的一部分，專責蒐集、分析與發表與美國犯罪及司法議題相關的統計報告。

表2.2　二〇〇二至一一年間曾與警方接觸並遭武力對待或威脅的公民（按種族）

	面對面接觸	曾遭武力對待或威脅	過度使用武力
所有種族	43.9 百萬人	715,500（1.6%）	35,300（1.2%）
白人	32.9 百萬人	445,500（1.4%）	329,500（1.0%）
黑人	4.6 百萬人	159,100（3.5%）	128,400（2.8%）
西班牙裔	4.4 百萬人	90,100（2.1%）	59,600（1.4%）

資料來源：Hyland et al., 2015

中，1.6%曾在最近一次接觸中經歷警務人員實際或威脅使用非致命性武力。「這些遭遇警方施用武力的民眾，大概有75%（與警察有過接觸者總數的1.2%）認為曾出現過度使用武力的狀況。」（Hyland et al., 2015, P.1）相較於其他族裔群體，黑人曾經歷警察過度施用武力的比例又高出許多（參見表2.2）。

[69] 重點提示2.4

種族偏見與開槍決定

許多紀錄顯示，警務人員在執勤時很少擊發槍械。「執勤時擊發個人槍械是鮮少出現且影響深遠的事件，這類事件幾乎總是會在開槍的警務人員心理留下相當痕跡。」（L. Miller, 2015; P.107；轉引自多項註解）。開槍雖然未必會造成死亡結果，但萬一發生，這類「涉及警察開槍的事件」必定會伴隨相關後續調查。大多數這類致死事件都被認定為施用致命武力有其正當性，部分則會導致開槍的警察被起訴犯罪。不過，警察因這類事件遭到起訴或被定罪的狀況都屬罕見。

近年來這類事件的公眾矚目焦點都在少數族裔被射殺身亡的案件，特別是黑人成年男性與少年。諸如麥可．布朗（Michael Brown）、華特．史考特（Walter Scott）、塔米爾．萊斯（Tamir Rice）這些被害人，已被公認是執法圈種族偏見的象徵符碼。種族偏見普遍存於社會中，有時顯明，但多數時刻還是隱而未顯，這是事實。司法心理學家也難免於隱性偏見的影響，這一點我們已在第一章討論過。當偏見產生歧視行為時，問題於焉浮現。究竟警務人員決定在勤務中使用武力（包括射殺少數族裔公民）這類行為的決策基礎，是否源自偏見？一些心理學家與犯罪學家為此進行實驗，以找出警務人員開槍的決策脈絡。

以下整理一些重點。你可能會注意到，其中有些主張看似自相矛盾。

- 無論屬於哪種種族或族裔，警務人員使用致命性武力的機率沒有差別（McElvain and Kposwa, 2008）。
- 警務單位主管與其他高階警官的個人哲學，才是警方槍擊平民事件的決定性因素，而非社區的犯罪狀況（Fyfe, 1988; H. Lee & Vaughn, 2010）。
- 訓練與經驗確實能有效降低隱性偏見（Correll et al., 2007; Sim, Correll & Sadler, 2013）。
- 相較於社區樣本（包含大學生在內），警務人員在模擬實驗中進行的射擊會展現出較少偏見（Correll et al., 2007）。
- 相較於最終是否開槍的決策，種族偏見在反應時間（警務人員花多久時間決定）中更明顯可見（Cox, Devine, Plant & Schwartz, 2014）。
- 警務人員對黑人（相較於白人）使用更多致命武力（Goff and Kahn, 2012）。
- 脈絡性因素，諸如鄰近社群的種族，而非犯罪嫌疑人的種族，更能解釋警務人員的開槍決定（Terrill and Reisig, 2003）。
- 相較於白人，黑人與拉丁裔的犯罪嫌疑人在與警方互動過程中，更早需要面對警方施加的武力（Kahn, Steele, McMahon & Stewart, 2017）。

總體而言，有關警務人員偏見與開槍行為的研究，結論紛歧。雖然有些研究認為在控制其他因素的狀態下，總體偏見程度並不高；但其他研究則指出警方可能存有強烈的種族刻板印象。那麼我們該如何看待這些時而分歧的各式研究結論？雖然有關歧視性待遇的程度與範圍的研究必須持續進行，但是有一點很明顯：對警務人員進行有效的訓練，使其具備辨識自己隱性偏見的能力，進而據此從認知面控制自己的相關決策，是相當重要的（Kahn and McMahon, 2015）。

問題與討論：

一、雖然在此聚焦於致命的警察槍擊平民事件，不過研究顯示，相較於其他族裔的嫌疑犯，對黑人過度施用武力是普遍現象。請討論何以出現這樣的狀況。

二、上述不過是有關執法偏見的部分研究結論。請找出一份與此議題相關的新近研究，討論研究結論。你找到的這份研究跟上述摘錄的研究是否一致？

三、勞倫斯·米勒（Laurence Miller, 2015, P.104）在研究中指出：大多數實際發生的警察槍擊平民事件，都包含了「輕罪罪犯、精神障礙個案、家暴升級，或者年幼無知的非行少年裝腔作勢」這些因素。這樣的研究與媒體所描繪有關警方使用致命性武力的敘述，是否吻合？假定米勒的研究是正確的，上述因素如何影響開槍的警務人員？

四、承上，你對於「年幼無知的非行少年裝腔作勢」這樣的說法，有什麼看法？

[70] 上述司法統計局報告把與警務人員的接觸經驗區分為兩類：交通攔停及街頭攔停。相較於白人或西班牙裔，黑人無論在街頭攔停、非交通攔停，乃至交通攔停，都更容易遭到警方的武力對待（黑人是14%，白人與西裔則分別是6.9%）。與接觸警務人員的其他場合相比（例如在犯罪偵查

中進行資訊蒐集），各類攔停中若警方懷疑被攔停人涉及不法，使用武力的狀況會變得更加頻繁。男性與年輕人（十六到二十五歲之間）這兩個族群，比起女性以及二十六歲以上者，更常被迫與警方接觸以及受到武力對待。

警務心理學家史科夫納（Scrivner, 1994）在一份由國家司法研究處所贊助的報告中，調查了某些涉及過度使用武力事件的警務人員心理特質。被指派實施適勤能力評估的警務心理學家，應該會對此報告所提到的相關行為知之甚詳。史科夫納在報告中點出了五種經常被投訴濫用武力的警務人員類型：

一、人格特質顯示為對欠缺同理心，以及具有反社會、自戀與虐待傾向；
二、先前職務經驗曾涉入警務人員槍擊平民事件，經認定為正當用槍；
三、職涯早期曾出現下列個人狀況者：過度敏感、衝動、挫折忍受度過低、需要在強勢監督下才能正常執勤；
四、執勤風格屬於支配性、強硬，對外界挑戰或挑釁特別敏感；
五、正經歷個人問題，如分居、離婚，或某種自認受害的狀態，導致極度焦慮並因此造成職務功能不穩定。

上開史科夫納的研究報告主要聚焦於個別警務人員的心理剖繪。該研究目的並非針對警務組織內可能以隱性（或顯性）方式提倡或容認警察使用過度武力的各項特質進行研究。舉例來說，某警務單位可能有較激進的執法策略，鼓勵對峙性質的戰術作為，因而增加警務人員（以及相對的公民群眾）施用暴力的可能性。正如亞當斯等人（K. Adams et al., 1999）在研究中提到：「就我們對警務人員過度使用武力此一議題所知，當中有一大部分與警務單位對這類行為採取鼓勵與否的態度息息相關。」（P. 11）亞當斯與他的同僚進一步主張：

許多警務組織內的正式層面，諸如聘任標準、招募訓練、在職計畫、第 [71]

一線勤務人員的監督、懲戒機制、內部政風單位的運作、專責處理警務倫理與正潔的單位、勞動工會、公民監督機制，可能都與警務人員執勤不當行為的程度有關。

正如上述，知識豐富的警務心理學家應該理解，在某些狀況下，執法機關本身有可能是鼓勵警察過度使用武力的主因。尤其在那些向來被認為高犯罪率的地區，執法機關可能致力在社區中鼓吹激進式執法。面對嫌犯時，光譜的另一端是盡量採取最少且必要武的力，另一端則是鼓勵使用武力，甚至在必要時使用過度的武力來對付嫌犯。

總之，研究資料一致顯示，面對公眾時，使用過度武力者僅限於少數警務人員。幸而，現在有越來越多警務單位採取「早期預警系統」，協助負責監督的主管早期發現問題，並透過諮詢或訓練，修正那些有疑慮的行為（S. Walker, Alpert & Kenney, 2001），這些行為不限於使用武力。上述所謂「早期預警系統」，是指以資料為基礎的管理工具，通常包含三個基本面向：選擇、介入、介入後監管（Bartol and Bartol, 2004）。選擇警務人員的基準，各警務單位間容或不同，但通常包含了由公民投訴、民事訴訟、開槍或武力使用報告、高速追緝，以及拒捕事件等因素綜合而成的某種閾值（S. Walker et al., 2001）。全美各地越來越多的警務單位引進各式的早期預警系統。有關早期預警系統的先期研究指出，這些系統確實有效，尤其如果警務機關確有意願全面提升績效標準與服務品質。

警察貪瀆

警察貪瀆涵蓋一系列違背公眾信賴的違法行為。從收受賄賂、侵吞查獲的毒品或相關金錢、栽贓證據、違法不執行職務、「放嫌犯一馬」以換取性利益等，都是相關例子。警務心理學家能否協助警務單位篩選出哪些人有可能涉入貪瀆行為？

執法人員安全研究中心（PERSEREC）針對人格測驗能否預測警察貪

瀆與其他不當行為此一議題，進行了有史以來最大規模的研究。該中心從一九九二年起就展開警務人員正潔研究計畫（Police Integrity Study），其中使用了在執法情境下四種常見的人格量表：修訂版明尼蘇達多相人格測驗、英瓦德人格測驗、十六項人格因子問卷、加州人格測驗。本章稍早已討論過這四種人格測驗。共有69個警務單位符合參與此研究計畫的條件，並且提出了共計878位警務人員的人格測驗資料作為研究基礎；其中有439位曾經出現行為不當的狀況，另外439位則無。（這是因為提供資料的警務部門一開始被要求就每一組提供等量的資料。）在警務人員應聘時，最常被採用的職前人格測驗分別是：修訂版明尼蘇達多相人格測驗（92.7%）、英瓦德人格測驗（41.0%）、十六項人格因子問卷（11.2%）、加州人格測驗（11.0%）。（加總後超過百分之百，是因為許多警務部門實際上在進行職前篩選時，會使用超過一種以上的量表。）

總而言之，上述研究的結論是：測驗中所得到的人格相關資料與後來出現的不當或貪瀆行為之間的關聯性，相當有限。比較成功的幾種人格測驗則指出，後來在職涯中出現不當或貪瀆行為的警務人員，往往具有較多種以下特徵：

[72]

- 與他人難以相處
- 在警務職涯中有非法或不當行為，或相關問題的歷史
- 適應不良、不成熟度、不負責任，或者不值得信賴

基本上，上述研究發現，針對警務人員貪瀆行為的**單一**最佳預測因子，並非職前所做的人格測驗，而是到職後，甚至往往是在職涯的相當早期，就開始出現的不當行為。

換言之，上述那些執法單位常用的職前心理測驗，似乎無一能夠提供具備信效度的區辨量尺或面向，足堪辨識誰日後較可能會在職涯中違背公眾信賴（Boes, Chandler & Timm, 2001）。相對於此，最強有力的預測因子反而是到職後的不當行為。那些在到職後不久就開始因為行為不當而闖禍的警務人員，日後也有很高的可能性會因為貪瀆行為而遭受懲處。再者，

上述研究也發現，是否參與貪瀆行為的決定，大多是由環境因素形塑而成，像是可供從事貪瀆行為的機會、特定執法單位次文化的價值觀，以及這類行為是否受到執法部門的容忍等因素的綜合作用。

摘要與結論

在二十世紀的美國，個別的心理學家可能都有過為執法單位提供諮詢的經驗，不過警務心理學作為應用心理學的一個次領域，一直要到一九六〇年代末期，或七〇年代初期，才受到正式承認。自此以後，這個次領域就快速擴展，並且常被稱為警務與公共安全心理學。到了二〇一三年，此一領域終於受到美國心理學會正式承認為一門專業領域。許多專業組織開始致力於此領域的相關研究，也出版了越來越多著作，在在見證了警務與公共安全心理學發展昌盛的事實。

現代的警務心理學家參與執法職務申請人的篩除與選入程序、操作升職測驗及提供適勤評估、提供諮詢服務給警務人員及其家屬、組織壓力管理工作坊，並在人質危機的談判訓練中提供協助，這些不過是他們相關工作的一部分。這些警務心理學家也越來越常為警務行政主管提供諮詢，舉凡勤務排班最適化調整、特殊任務訓練、特殊計畫評估、機構內衝突管理皆不例外。此外，針對執法工作議題，也出現由學者或司法心理學家所進行的豐富心理學研究。這些研究主題包括警務人員該如何面對精神障礙者、過度武力的使用、職務壓力的調適、性別所造成的執法手段差異、危機狀態的對應策略、種族偏見、偵查策略、人員篩選流程中使用各式心理測驗的信效度問題。警務與公共安全心理學家適足以將上述議題帶入各執法機關，讓這些議題受到必要的關注。

有關警務職務申請人的篩除與選任，一直以來可說是警務與公共安全心理學家的基本任務。絕大多數的執法單位會對相關職務的申請人實施心理評估測驗；就法律面言，有三十八個州立法強制施行上述評估程序。警務心理學家往往也會對執法單位職務申請人實施職前心理測驗並進行評估，以針對申請人心理特質與該職務之間的適配程度，進行適合（選任）或者排除（篩除）的判斷程序。在決定該如何進行此一作業之前，負責的心理學家必須對執法人員的各種文化，以及對於特定職務的在職要求，具備全面的理解。有些特質在所有表現優異的警務人員之間很普遍，如富同情心、面對危機仍能保持冷靜。至於其他狀況，例如針對特殊勤務小組相關職務的評估，則必須實施專門的能力測試與評估。

我們檢視了在執法人員篩選程序中常見的心理測驗，也強調還有其他的測驗或評估可以施用。無論如何，施用的測驗或評估必須要具備實證效度，同時符合如《身心障礙者保護法》這類聯邦法令。有關執法職務申請人的篩除，傳統上多半把焦點放在偵測申請者潛在的問題或病理狀態，而非設法找出足以預測日後在執法職務上獲得成功的正面特質。近年來，越來越多心理測驗在設計時，轉向設法找出正向特質。當然，這些測驗或評量必須持續進行，最終通過相關的效度檢證。

[73] 在各類高壓職業類型中，警務工作可謂名列前茅。本章探討了警務人員會遇到的壓力源，包含組織性、外部性、任務性、個人性的壓力源。警務心理學家不僅研究壓力所造成的影響，同時必須直接協助警務人員及其家屬。危機事件，諸如挾持人質、大規模傷亡、執法人員槍擊平民等狀況，正是任務性壓力的例子。心理學家經常必須在警務人員經歷危機事件後到達現場，給予對應的必要協助。當未經處理的壓力累積到一定程度，可能在個人的人際關係上造成重大功能失調，甚至是出現自殺風險。縱然研究結果未得出警務人員自殺率高於一般人的結論，但是每次出現執法人員自殺事件，對於社群總會造成重大影響。

警務人員存在種族偏見的問題近年來益發成為矚目焦點，尤其事涉無武器的黑人嫌犯時。隱性偏見並非只存在於執法人員，對於大多數人（如果不是絕大多數）而言，它是一種文化規訓之後被內化的特質。話雖如此，在肩負公共安全的執法者身上，因為偏見而導致的歧視舉動是絕對無法被接受的。關於此議題，已經有相當多研究。研究顯示，警務人員作為一個群體，對待少數族裔（特別是黑人）確實比其他族群來得嚴苛。這種現象可以透過執行勤務所進行的攔停、逮捕、使用強制力，甚至致命武力等狀況得到證明。不過研究同時發現，訓練可以降低隱性偏見的影響。

研究指出，曾因過度使用武力遭到投訴的警務人員，更可能展現出欠缺同理心或自戀人格特質、在職涯早期出現行為問題、執勤時態度強硬，或者經歷婚姻或其他個人問題。目前已經有許多警務部門採行早期預警系統，藉此為疑似出現問題行為徵兆的人，提供來自同儕與專業的支持。

如同過度使用武力，警務人員的貪瀆行為也不太可能在任用前就能預測得出來。與貪瀆行為相關的研究指出，這類行為經常與警務部門的環境有關，而非僅是單一人員的問題。由心理學家所使用的衡鑑方法，僅能有限地預測日後的貪瀆或行為不當模式。

關鍵概念

《美國身心障礙者保護法》42 Americans with Disabilities Act, ADA	加州人格測驗 46 California Psychological Inventory	同時效度 43 Concurrent validity
危機事件 54 Critical incidents	早期介入系統 49 Early intervention system	早期預警系統 71 Early warning systems
過度武力 68 Excessive force	外部壓力 56 External stress	表面（或內容）效度 44 Face (or content) validity
適勤能力評量 38 Fitness-for-duty evaluations	英瓦德人格測驗 45 Inwald Personality Inventory	職務分析 40 Job analysis
修訂版明尼蘇達多相人格測驗 45 MMPI-2	明尼蘇達多相人格量表修訂重構版 45 MMPI-2-RF	修訂版 NEO 人格測驗 47 NEO PI-R
組織壓力 53 Organizational stress	個人壓力 57 Personal stress	人格評估量表 46 Personality Assessment Inventory

警務文化 38 Police culture	槍擊後創傷反應 58 Post-Shooting Traumatic Reactions	預測效度 44 Predictive validity
職前心理篩選 38 Preemployment psychological screening	選入程序 43 Screening-in procedures	篩除程序 43 Screening-out procedures
十六項人格因子問卷 48 Sixteen Personality Factor Questionnaire	任務相關性壓力 53 Task-related stress	

問題與回顧

一、職務分析揭露了關於警務工作的哪些問題？

二、羅列並扼要描述最常用在警務人員篩選程序的六種心理測驗。

三、針對執法職務中常見的四種壓力源（因子），請個別舉出對應的例子說明。

四、針對與執法工作相關的少數族裔或性別議題，請舉出五個對應的例子。

[74]

五、除了警務申請人的聘任篩選，請扼要描述警務心理學家有可能進行的三種特殊的評量或評估程序。

六、針對執法中的種族偏見，列出至少五項研究發現。

七、討論警務人員對於槍擊平民事件可能會有的共通心理反應。

八、在史科夫納的研究中，哪五種類型的警務人員更可能被投訴過度使用武力？

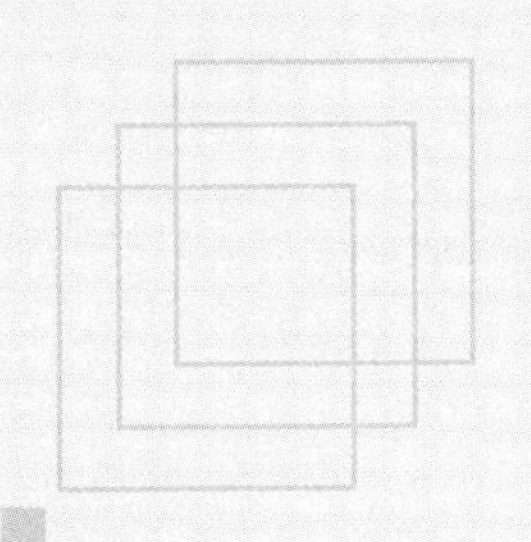

第三章

偵查心理學

- 本章目標
- 偵查心理學
- 剖繪
- 剖繪的問題
- 警詢與偵訊
- 偵測欺騙
- 司法催眠
- 目擊證人作為證據
- 審前指認方法
- 摘要與結論
- 關鍵概念
- 問題與回顧

[75]

本章目標

- 探索心理學有助於犯罪偵查的各種面向。
- 定義並區辨五種不同類型的犯罪剖繪。
- 檢視犯罪剖繪的歷史、方法、限制及問題。
- 審視警方進行調查偵訊的手法。
- 討論虛假自白的各種類型與相關案例。
- 檢討心理學中透過多圖譜測謊儀與其他手法的測謊操作。
- 評估司法催眠的可行性。
- 檢視目擊證人與指認的相關研究。
- 檢視審前指認方式如列隊指認與個別指認的心理學研究。

在一部頗受歡迎的電視影集中，警方從外部召來一位自稱犯罪剖繪師的人，協助調查數月以來偵查進度始終停滯的一系列性侵案件。剖繪師迅速查看犯罪現場報告後，檢視了現場蒐集的證據，並閱讀與受害者面談的報告。在幾個小時內，他就能精確指出加害人可能住在何處、年齡若干，以及他何時可能再次發動襲擊。警方根據這些線索，找到並逮捕了犯罪嫌疑人，之後該嫌犯遭公訴四宗強制性交罪名且被定罪。

上述這樣的故事或許很有娛樂效果，但不切實際。不論我們使用的是**剖繪**（profiling）、**行為分析**（behavioral analysis）、**心理輔助偵查**（psychological assistance to police）這些名稱，或是這些名詞的其他變體，司法心理學家參與刑案偵查的程序都是相當複雜，而且經常充滿爭議。

刑案偵查為司法心理學家提供了大量的研究和實務活動的機會。其中一些活動與如何辨識犯罪者直接相關（如上述影集內容）；另一些則是協助警方了解與犯罪相關的行為，例如受害者是如何被盯上的；其他活動則與警方逮捕犯罪嫌疑人後所使用的手法有關。前一章重點介紹了心理學家和其他心理健康專業人員為警務單位提供的各類型服務，像是培訓、職務申請人篩選或壓力管理。本章我們著重於探討執法者運用於解決犯罪的各種手法，而其中心理學的重要貢獻斑斑可考。這個本於心理學研究而對執法工作提供越來越多助益的科學領域，被稱為**偵查心理學**（investigative psychology）。偵查心理學是一個總括性的術語，可適用於本章所定義與涵蓋的所有相關活動。

偵查心理學

偵查心理學一詞，是由英國利物浦大學的國際偵查心理學中心主任大衛．坎特教授（David Canter）所創。坎特與他的同僚相信，「有相當的心理學文獻可用於輔助偵查心理學的貢獻。」（Alison and Canter, 1999, P.9）所謂偵查心理學，指的是用於增進我們理解犯罪行為與偵查程序的一套嶄新科學方法（Taylor, Snook,. Bennell & Porter, 2015）。 [76]

時至今日，大多數偵查心理學的研究可略分為三：一、加害者犯罪行為的本質；二、群體犯罪和恐怖主義的社會心理狀態；三、執法人員偵查決策過程中的認知心理學（Taylor et al., 2015）。本章將重點介紹上述三大方向中的加害者犯罪行為的本質（特別是透過剖繪的方法），以及執法者所使用的偵查程序與手法。首先要強調的是，偵查心理學絕非僅止於針對連續殺人犯和性侵加害人進行剖繪。相對於此，偵查心理學「提供了一個整合性框架，把心理學各面向的研究應用到警務和其他執法調查的領域，其中涵蓋了警務人員可能需要進行偵查的所有犯罪形式與活動，而這些領域未必會在執法者思慮所及的範圍內，如保險詐欺、惡意縱火、逃稅、違反關稅和消費稅法，甚至恐怖主義活動」（Canter and Youngs, 2009）。

從心理學角度來看，假定犯罪者並未當場被捕，這時所有刑案偵查都有三個共通的基本定性問題（Canter and Alison, 2000）：一、與犯罪相關的重要行為特徵有哪些，有助於辨識和成功起訴犯罪者；二、我們可以對罪犯的特徵做出哪些推論，而這些特徵可能有助於確定其身分；三、是否有可能由同一人犯下的其他罪行。在犯罪者身分仍不明的偵查前期階段，這些問題是偵查心理學的關鍵。回答上述問題未必會涉及犯罪剖繪，不管大眾、媒體或諸多司法心理學的學生有多麼為之著迷。自一九七一年聯邦調查局首次使用犯罪剖繪以來，剖繪或其各種變形在執法界越來越受歡迎（Pinizzotto and Finkel, 1990）。然而，坎特本人拒絕承認犯罪剖繪一詞，原因有二：一、此一詞彙似乎表示心理學家擁有某種超現實的能力，而這與事實完全不符；二，它不夠廣泛，不足以涵蓋偵查心理學的範圍。（參見觀點專欄3.1，坎特教授討論了他畢生投注的工作。）

如今，與犯罪剖繪相關的節目在各種媒體上以各種面貌出現，而剖繪人員則是經常出現在新聞中，特別是當重大犯罪發生時。儘管媒體關注焦點及流行影視作品的描繪手法集中在鍥而不捨的剖繪人員如何透過複雜技巧成功揪出犯罪者，不過現實與這些描繪遠遠不同。如果我們將犯罪剖繪的成功案例數與未命中或失敗的總數相比，得出的比例實際上可能更接近於偶然。話雖如此，過去十年間，部分與剖繪相關的技術確實已蛻變得更加科學，本章稍後會針對這部分進行討論。此外，儘管對於誰可以自稱剖繪師（profiler）幾乎沒有限制，但行為分析（behavioral analysis；比剖繪更廣為接受的概念）的訓練已變得更加廣泛和嚴謹。就此而言，儘管許多心理學家和學者對剖繪工作仍持懷疑態度，但不應就此全盤否定其價值。

本章首先介紹並綜覽關於犯罪剖繪效度所進行的一些研究。剖繪有用嗎？會成功嗎？具體來說該如何進行？某些剖繪技術是否比其他技術來得更容易被接受？如何區別「傑出剖繪人員」跟那些可能只是為了尋求媒體曝光的剖繪者？本章後半將討論其他與偵查心理學相關（或許更加有關）的主題，如證人和犯罪嫌疑人的詢問和審訊、偵測欺騙與謊言，以及評估目擊者證詞的準確性。這些領域的心理學研究，將心理學概念運用到刑事偵查的原理原則中。如我們所見，只要應用得當，這些研究結果確實可以協助警方破案，同時避免警方鎖定無辜的人。

觀點專欄3.1

[77]

偵查心理學的崛起

大衛．坎特David Canter, PhD

有時候在你的職涯中會發生一些事件，這些事件在當時看起來未必重要，後來卻徹底改變了你和你做的事。一九八六年，我親身經歷了這樣一段過程。由於當時我對警方偵查工作沒有相關經驗，因此當他們請我對一件發生在倫敦的連續性侵殺人案調查提供協助時，我感到非常意外。結果警方表示我所提出的報告極有助益。此一事件為後來許多其他偵查工作開了大門，最重要的是，使我能夠取得後續賴以進行系統性研究的基礎資料。正是從這項研究，我才意識到，一個涵蓋範圍寬廣的新領域，也就是我後來稱之為偵查心理學的領域，已然浮現。

回首我對於解決一系列重大犯罪以及促成心理學新領域的貢獻，我想我很幸運，無論就自己的專業發展或者英國境內有關警察偵查的演進而言，我都可以說是生逢其時。雖然我高中專攻科學，後來在利物浦大學接受的也是傳統的實驗室培訓，但我對人文學科的興趣促使我想在實驗室以外研究心理學。於是，我的博士研究就變成在建築科學系研究開放式辦公室設計對勞動者工作績效的影響。

一九六八年取得博士學位後，研究重點引領我進入格拉斯哥的斯特拉斯克萊德大學（Strathclyde University）建築學院的研究與教學工作。我協助發展一開始被稱為建築心理學（Architectural Psychology），後來普遍被稱為環境心理學（Environmental Psychology）的領域。我在該領域發表了大量文章，成立了該領域第一本學術期刊《環境心理學》（*Journal of environmental Psychology*），通過這些活動理解一個新學科領域開展的歷程。

另一個幸運的成功是，由於參與建築相關研究，我被授予在東京建築研究所（Tokyo Building Research Station）的一年研究員職位。地震的威脅使日本人對於建築物的疏散問題非常重視。我意識到建築設計不單要為地震做準備，同時要對應可能發生的火災和其他緊急狀況。在這些脈絡下去理解人類的行為是至關緊要的。因此，從一九七〇年代中期開始，我進行了為期十年的研究，關注人們在建築物發生火災時會有什麼行為。這對我的專業層面產生重要影響，我必須與政策制定者和高階管理者互動。我被傳召到政府針對災難事故調查的公聽會上作證，就如何於具潛在高風險的工廠內減少工安事故等議題，向主要產業提供諮詢意見。

由於這些經歷，一九八六年當一名警官詢問我能否「在殺人犯再次行凶前協助逮捕他」時，我有足夠的專業和學術經歷說明我可以如何與警方合作並協助他們。後來我也在《犯罪陰影》（*Criminal Shadows*; Canter, 2000）一書中描述了這件事。我將此任務當作一項諮詢工作，而非學術研究專案。於此同時，我引入查察事實及人們在日常生活中做些什麼的一套方法，它取自我在建築學院的經驗與研究。

這套方法與心理學家在四分之一世紀前對罪犯的通常作法大相逕庭。其次，大多數與罪犯接觸的心理學家，往往透過臨床執業的方式達成此一目標。就此而言，他們的作法經常是把罪犯當作以某種怪異方式面對這個世界的病人。以我的觀點來看，儘管犯罪的心理原因可能有些不易尋思，但犯罪者的行為過程確實可以如同實驗室外的任何活動一樣加以研究。

在上述的倫敦連續性侵殺人案件中，警方只提供我相關罪行的細節。但隨著我對案件的貢獻被認定為成功，他們讓我從警方紀錄中取得更多資訊。對這些資料的分析顯示，確實有某種反覆出現的模式。這也讓我理解，心理學可以從許多面向對偵查做出貢獻。顯然這些面向包括了如何改善員警收集資訊的方式。畢竟，如果蒐集到的資訊充滿錯誤，後續本於這些資訊或文件所進行的分析也是徒勞。有關警方蒐集資訊的改善，從蒐集資料的組織，乃至於諸如偵測謊言、虛假自白及虛假指控等問題，都包含在內。

[78]

就此觀之，我的工作可說顛覆了大眾長久以來的觀點，以為心理學家就像天才一樣會在犯罪偵查中提出傑出見解。這種概念源自犯罪小說，更可能是來自名偵探福爾摩斯給人的印象，而非現實生活。我意識到有一個衍生自心理科學的系統性領域，需要投注更多努力。這跟所謂的「加害者剖繪」（offender profiling）相去甚遠，這種剖繪因虛構創作的效應而被賦予近乎神話般的地位。這樣的狀況其實也深受某些聯邦調查局探員的影響，他們宣稱自己具有特殊技巧，只要根據犯罪現場的細節就足以辨識罪犯特質。他們往往在不知道如何檢證理論之下，就提出各種主張，像是常被提及的「組織型」（organized）與「混亂型」（disorganized）連續殺人犯的區別。而當這些主張被外界檢證時，會發現根本欠缺根據也就不令人意外了。

聯邦探員認為透過觀察犯罪手法可以讓我們對罪犯多些了解，這樣的主張確有其價值。問題在於，他們不了解犯罪手法與罪犯特質之間的關係，其實是許多心理學領域的研究核心，因此導致他們提出一些不適當的主張。舉例而言，主張說他們的見解只與特定怪異犯罪或具有某些顯著「心理」特質者相關，實際上欠缺科學依據。只要稍加思考就可以知道，哪怕以單一類型犯罪而言，一個人何以犯下竊盜罪這件事也可以揭露一些關於犯罪者的訊息。建立一個人的行為與其特質之間的關係，實際上是關於如何從經驗法則發展出周延的推論。

上述這些思維脈絡使我意識到，我們應該先明確界定一門新學科，才能將心理學對刑事偵查各面向的貢獻結合起來。藉由我與建築師和決策者合作的背景，我理解上述領域應該與偵查中實際發生的狀況直接連結。因此，除了納入偵查資訊和進行推論的歷程，考量心理分析能夠如何支持偵查決策是絕對必要的。下列三個彼此相關的要素於焉成為偵查心理學的正式定義：一、資訊提取與評估；二、以「剖繪公式」概念為核心的推論歷程；三、決策的依據。無論是碩博士課程，從教科書到期刊，都協助將偵查心理學建構成一個饒富成果與展望的新領域。

回首過往，其實我一直都是一個廣義的偵查心理學家，把偵查這個概念作為一種解決問題的心理學態樣，而非僅止於犯罪偵查。研究人們在大型開放式辦公室工作時會如何對應、在著火的建築中會採取什麼行動，以及提升危險產業的安全性，這些都是在現實脈絡中解決問題，需要針對「人如何行動」以及「該如何解讀這些行為」這類持續性的議題進行深入探討。因此，在某些對自己特別有自信的時刻，我傾向相信從這些研究中冉冉升起的，乃是一種實踐心理學的新方式，讓我們直面在學術領域之外的相關挑戰。

坎特博士是英國利物浦大學的名譽教授，領導英國哈德斯菲爾德大學國際偵查心理學研究中心。英國心理學會授予他榮譽院士；他也是美國心理學會和社會科學院的研究員，並彙編社科院期刊《當代社會科學》（*Contemporary Social Science*）。除了持續在各個心理學應用領域發表相關研究，他也利用當代經典用語進行音樂創作，目前已取得音樂創作碩士學位，正攻讀音樂作曲博士學位。

剖繪

剖繪是一種針對特定人的行為、認知、情感，乃至人口統計等特質加以辨識的技術，這樣的技術所依據的是從各種來源所蒐集的資訊。在大多數情況下，我們透過剖繪試圖描繪出一個仍屬**未知**的人；但在某些情況下，它被用來記錄**已知**特定人士的行為模式、思想特徵和情感特質。今日許多從事剖繪的專業人士稱自己是行為分析師（behavioral analyst）。行為分析代表著更具有科學性的活動，而在某些機構中，行為分析師比起剖繪師更具可信度。在現實生活中，無論是行為分析人員或剖繪人員，未必會以相同的方式培訓。為了本書行文目的，以下我們使用較常見的術語（剖

[79]

繪）；不過必須強調，要讓剖繪成為一門科學領域，仍須投注更多努力。

廣義而論，可以把剖繪區分為五類：一、犯罪現場剖繪（crime scene profiling），通常稱為犯罪剖繪（criminal profiling）、加害人剖繪（offender profiling）或犯罪偵查分析（criminal investigative analysis）；二、地緣剖繪（geographic profiling）；三、以犯嫌為基礎的剖繪（suspect-based profiling）；四、心理剖繪（psychological profiling）；五、不明死因分析（equivocal death analysis），又稱心理剖驗（psychological autopsy）。儘管各類型之間略有重疊之處（例如犯罪現場剖繪和地理剖繪），但這樣的區分有助於理解不同方式之間的複雜區別（Bartol and Bartol, 2013）。

犯罪現場剖繪

犯罪現場剖繪據稱是由聯邦調查局在一九七〇年代初所開發，目的是為了給承辦連續殺人或連續性侵案的執法單位提供偵查上的協助（Homant and Kennedy, 1998）。當時聯邦調查局在維吉尼亞州的匡提科（Quantico）開設了訓練學院，並成立行為科學小組（Behavioral Science Unit, BSU），現在則改稱行為分析小組（Behavioral Analysis Unit, BAU）。在此之前，警方偵查人員偶爾會諮詢行為科學家，為難解的懸案提供協助，例如一九五〇年代的紐約瘋狂炸彈客和一九六〇年代的波士頓勒殺犯（Bartol and Bartol, 2013; Greenburg, 2011）。聯邦調查局的作法則是美國首次出現系統性的努力，讓剖繪成為執法調查的常態。同一時期，英國的剖繪技術發展迅速，主要歸功於社會心理學家大衛．坎特的工作成果。另外，如先前所提，坎特避免使用剖繪一詞，與當時聯邦調查局強調以現場為本的臨床方法（clinically-based approach）涇渭分明。相反的，坎特側重於以資料為本的方法（data-based method）對犯罪活動進行偵查。時至今日，犯罪現場剖繪已擴展到許多國家（Goodwill, Lehmann, Beauregard & Andrei, 2016）。

無論是本於現場證據或統計資料，犯罪現場剖繪要描繪的是一個可能要對系列犯罪事件負責的身分不明的嫌犯，其行為、認知、情感、生活方式，以及在人口統計學方面的特徵。換言之，在最佳狀況下，犯罪現場的各種特徵應該要能夠大致上與犯罪者的身分形成連結。至少，這些特徵應該要能協助警方對犯罪了解更多。在大多數情況下，剖繪的結果會是基於犯罪現場所蒐集到的特徵和證據，以及被害人或證人的陳述（如果有的話）。根據這些資訊，剖繪人員試圖預測犯罪者的特質與慣習，乃至於其下一宗犯罪將會在何地以何種方式出現。

在最理想的狀態下，犯罪現場剖繪並不是要進入「連續殺人犯的邪惡心靈」，而是設法找出犯罪者挑選與對待被害人的模式，以及在現場或被害者身上遺留下哪些鑑識證據，這些資訊將有助於逮捕犯罪者。有關犯罪現場剖繪最常見的誤解是：剖繪者會針對犯罪者人格做出某種預測或假設（Rainbow and Gregory, 2011）。問題在於，與未知嫌犯的人格特質相關的結論或敘述，除了欠缺信效度，往往也無益警方找出潛在嫌疑人。舉例來說，告訴警務人員犯罪者可能有受虐癖根本無濟於事，倒不如設法告訴警方哪些行為是與受虐有關的行為。另一個常見的誤解是，犯罪現場剖繪是一門公認的科學領域，這類誤解或許源自娛樂媒體所提供的資訊，尤其是《CSI犯罪現場》等熱門電視節目。雖然剖繪人員被期待要能提出在方法論上周延，且本於實證研究與心理學原理的建議，但是現階段的剖繪發展確實尚未能取得公認的科學地位（Kocsis, 2009; Rainbow and Gregory, 2011; Snook, Cullen, Bennel, Taylor & Gendreau, 2008）。

[80]

當偵查人員手上沒有破案線索，在識別潛在嫌疑人方面也陷入泥淖時，通常就是進行犯罪現場剖繪的時機。剖繪的過程很大程度是透過蒐集資料的品質來決定，而這些資料則是針對有類似前科的犯罪者所蒐集而來。舉例而言，若剖繪者認為研究結果顯示大多數竊賊是男性、三十歲以下、實施竊盜行為的犯罪半徑大約是以犯罪者居住地為中心的二十英里，這些條件對於尋找犯罪嫌疑人都會是有用的線索。根據先前的資料，剖繪人員也可能針對嫌犯身分提出建議，認為嫌犯有可能是年輕未婚男性、具高度攻擊傾向、經常光顧酒吧的藍領工人；或者是一名女性、半熟練的技工，且有物質濫用行為。或許，犯罪者更有可能是一個獨來獨往的中年人、具穩定收入、看起來平淡無奇不引人注目。在此務必注意，上述剖繪的推測句中，「有可能」一詞非常重要。無論發展得多成熟，犯罪現場剖繪很少能直接指出犯罪者。相對來說，剖繪的過程有助於發展出一套合理的假設，藉以找出可能需要對特定犯罪或系列犯罪負責之人。在偵查過程中，剖繪可能對案情的釐清頗有助益，但最終還是要透過警方的偵查才能確定主要嫌疑人。

其次，不同於一般想像，犯罪現場剖繪並非也不應侷限於連續殺人案或連續攻擊事件。若能成功將之應用在縱火、恐怖攻擊、侵入住居竊盜、商店竊盜和搶劫、網路犯罪、電腦駭客犯罪，以及諸如銀行詐欺或侵占公款等白領犯罪，那麼剖繪就具有相當的潛在價值。

在大多數情況，被認為是由同一（群）人所犯下的系列犯罪，最可能進行剖繪，特別是當偵查者因潛在嫌犯不明而毫無頭緒之際。如果進行剖繪的方法正確，其結果應該至少可以大幅縮小嫌犯的範圍。反之，若操作不當，剖繪可能導致偵查者誤入歧途，冤枉無辜。剖繪對偵查確有助益往往是因為其結果指出一系列罪行是由同一犯罪者所為；此一過程被稱為連結分析（linkage analysis）。所謂連結分析，指的是針對複數犯罪之間的相似性，進一步辨識是否由同一犯罪者所為（Woodhams, Bull & Hollin, 2010）。不過，正如一般的犯罪現場剖繪，連結分析有支持者和批評者（Risinger and Loop, 2002）。

雖然犯罪現場剖繪引發公眾與媒體的極大關注（包括各種娛樂媒體對於剖繪人員的描述），不過剖繪並不在本書第二章討論有關警務與公共安全心理學者的**常態性**調查活動之列。事實上，許多警務心理學家對於這種技術的運用存有相當的質疑。例如，在巴托爾（Bartol, 1996）對警務心理學家進行的全國性調查中，有七成的受訪者表示他們對於從事剖繪感到不安，且嚴重質疑其效度與用處。十年後，托雷斯、博卡奇尼和米勒（Torres, Boccaccini & Miller, 2006）發現，只有不到25%受過訓練的心理學家和精神醫師認為剖繪具科學的信效度。

有趣的是，如果使用不同名稱，例如行為分析、偵查心理學、犯罪偵查分析，大家似乎就會比較接納犯罪現場剖繪。上述托雷斯等人的研究就發現，當要求司法科學專業人士針對「犯罪偵查分析」與「剖繪」進行評估時，前者被認為更具科學上的信效度。這些研究支持了以下論證：當我們換一個聽起來更科學的名稱後，剖繪的接受度會隨之提高。法院似乎也[81]抱持類似的見解（Cooley, 2012; Risinger and Loop, 2002）。根據托雷斯等人的研究，「許多從事剖繪工作的專業者認為，只要換個名字，剖繪證據被法院認為有證據能力的可能性也會隨之上升。」

表3.1　各種剖繪及其缺點

型態	簡要定義	主要缺點
犯罪現場剖繪	檢視犯罪現場的各項特徵，推論或歸納犯罪者的動機或其他特質。	經常依據未經證實的假設，諸如組織型與混亂型的犯罪現場；會受到偵查者偏見的影響，特別是承諾偏誤；難以偵測出犯罪者的刻意操弄與其行為改變。
地緣剖繪與犯罪地理圖譜	分析與未知的連續犯罪者相關的地緣關係；分析犯罪熱點。	若犯罪者遷離特定區域，此方法就失去用處；除了犯罪者的地理舒適圈，難以估量其心理特質。
犯嫌剖繪	系統性蒐集前科犯罪者相關資料，用以辨識其他犯罪者。	僅依據如種族、宗教、族裔等特徵進行判斷，可能自陷於不合法或者充滿預設偏見的剖繪結論。
心理剖繪	針對已知身分者（不必然是犯罪者）進行詳細的心理特質描繪；通常用於威脅或風險評估的情境。	此方法充滿描述性（甚至可能是臆測性）特質，且大量依賴不可靠的資訊來源；在進行威脅與風險評估時，使用的各式手法未必有效。
心理剖驗	針對死者進行心理與背景特徵的詳細描繪，以找出死亡原因。	該如何操作與進行沒有公認可被接受的指導原則。一旦在審理程序中提出於法院，極有可能被認為無證據能力，或者遭到駁斥。

此外，多數負責偵查的警務人員似乎都認為犯罪剖繪（廣義而言）確實有用（Snook et al., 2008）。傑克遜、范科彭和赫布林克（J. L. Jackson, van Koppen, and Herbrink, 1993）對荷蘭警務人員進行調查，發現六分之五的受訪者認為犯罪剖繪有其用處。在英國，卡普森（Copson, 1995）發現，約83%的警察認為犯罪剖繪有助於職務，且有92%表示將再次尋求犯罪剖繪的建議。自從多年前皮尼佐托（Pinizzotto, 1984）研究發現，只有17%的警察認為剖繪有用之後，無論是否透過科學術語加以裝飾，剖繪的有效性持續引發廣泛辯論。是以，當前亟需司法心理學家關注的領域，正是有關剖繪的分析研究。換句話說，我們必須了解目前使用的各種剖繪程序和方法的信效度，以及如何改進這些程序與方法（如果辦得到的話），以便有意義地將之應用於執法和其他司法領域。

地緣剖繪與犯罪地理圖譜

犯罪行為模式通常發生或集中在特定的地理區域內，例如某個城市的特定地區。分析這些犯罪模式的方法，主要分為兩類：地緣剖繪，以及犯罪地理圖譜。所謂地緣剖繪，是指對於單一連續犯罪者的空間移動相關的地理位置進行分析。而犯罪地理圖譜（geographical mapping）則涉及在一段時間內對於複數犯罪人的犯罪行為所展現的空間模式（spatial pattern）進行分析。要強調的是，上述兩種方式可先後使用，也可同時使用。某種程度上，地緣剖繪的重點在於確定某些犯罪類型的地理「熱點」。這種方法自十九世紀前半葉就已經在歐洲使用，到了二十世紀初則開始在美國使用。時至今日，地緣剖繪已經發展得更為成熟，且經常出現在流行文化中的執法類節目，像是《重返犯罪現場》及其衍生劇。都會地區的警務單位將一些警務人員培訓為犯罪地理圖譜的剖繪員，或者雇用專門從事這項工作的人員（無論是全職或擔任顧問），目前都不是罕見作法。相對於犯罪地理圖譜的繪製，地緣剖繪更加側重於罪犯，而非僅僅是犯罪的空間模式。這是一種根據相異犯罪地點之間的位置和空間關係，進而確認未知犯

[82]

罪者可能的居住地或下一個犯罪所在地的方法（Guerette, 2002）。相對於犯罪現場剖繪人員聚焦於推測犯罪者的人口統計、動機和心理層面等特質，地緣剖繪人員則專注於推斷犯罪者住所的大致位置、行動基地，以及下一次發生犯罪的可能地點。這種方法通常用於發生諸如入室竊盜、偷車、縱火、性侵、爆炸、銀行搶劫、綁架兒童、謀殺等系列犯罪，且主要嫌疑人可能是一個人或一群人。

雖然乍看之下地緣剖繪與心理學沒有多大關係，但此領域確實可以跟心理學原理相互連結，例如人類有在舒適區內活動的需求，或者傾向盡可能在離家越遠越好的地方犯罪。由羅斯莫（Rossmo, 1997）所提出的「狩獵模式」（hunting patterns）理論，是地緣剖繪與心理學原理連結的一個好例子。依據一個大型犯罪者資料庫所揭示的資料，羅斯莫認為，犯罪者一般會有既定的移動模式，或者實施犯行的舒適區。據此，他開發了一個名為「犯罪地理定位」（Criminal Geographic Targeting, CGT）的程式，創建了一個地形圖，將不同的統計機率分配至犯罪者所屬的區域。根據這些資訊就可以推估出犯罪者的住居地或犯罪行動基地。羅斯莫的理論與連續犯罪最為相關，尤其像搶劫或性侵這樣的暴力犯罪。本書第九章將再詳細檢視羅斯莫的方法。

羅斯莫（Rossmo, 1997）建議，地緣剖繪應該與加害者剖繪或犯罪現場剖繪結合，以求盡可能提升辨識罪犯身分的機率。此外，他也提出告誡，地緣剖繪基本上只是一種偵查工具，雖有助於對犯罪地點進行監控或監測，但未必能解決犯罪。

犯嫌剖繪（以犯罪嫌疑人為基礎的剖繪）

犯罪現場剖繪與地緣剖繪所檢視的是未解案件的相關特徵；相對於此，犯嫌剖繪則是根據犯罪者在行為、人格、認知、人口統計等方面的特質，進行系統化的蒐集。在大多數情況下，犯嫌剖繪會根據過去曾犯下類似罪行（如販毒、爆炸案或劫機）的犯罪者的特徵，推斷當前案件的犯罪者**可能的**心理特質。犯嫌剖繪的最終結論，應足以描述來自不同犯罪群體的人。「舉例而言，當某人在一天的特定時段、特定類型的汽車上，以特定速度行駛，而且具有特定類型的外觀時，那麼他／她可能就符合毒品運送者的剖繪形象，因此得加以攔查。」（Homant and Kennedy, 1998, P.325）引述內容中所謂的「外觀」，可能也可以指某種可疑行為、年齡或衣著方式。問題是，這樣的用詞也可能被用於指涉種族或族裔。

[83] 最廣為人知也最具爭議性的犯嫌剖繪類型，或許就是種族剖繪（racial profiling）。它指的是：

> 一種由警方發動的執法行動，單純依據種族、族裔或原生國籍，而非個人的行為或相關資訊，就導致警方做出特定人現在或過去曾經參與犯罪活動的結論。（Ramirez, McDevitt & Farrell, 2000, P. 53）

這類剖繪是不合法的，舉例來說，法院早已認定警方不得僅因為對象是黑人或拉丁裔就採取執法行動。正如本書第二章所指出，早在二〇一三年就已有聯邦法院的法官做出裁判，認定紐約警局的攔停搜索政策違憲。其理由在於，此政策鼓勵員警單純依據種族或族裔攔停和盤問公民，而不是基於可疑的個人行為。自那時起，美國各地警方的攔停盤查執法行為就因為違憲之高風險，而持續受到公民自由組織、公民、政府官員和法院的嚴格審查。

移民議題在二十一世紀儼然已成為一個政治的燙手山芋，尤其在與墨西哥接鄰的美國各州。高失業率加上對販毒的憂慮，致使有人希望「打擊」（crackdown）非法入境美國或在臨時簽證到期後非法滯留美國的人。請注意，這裡其實有兩個不同的議題：一、非法毒品的跨境運輸；二、未記錄在案的移民身分問題。雖然毒品販運確實是個問題，但顯然多數試圖入境美國的人通常不是毒販，而只是為了尋求更好的生活。其中也有許多人是難民，他們不過是想要逃離天災或專制政權，尋求安全或庇護。（有關心理學家對移民進行評估及與其合作的方式，請參閱第十章重點提示

10.1。）

族裔和種族剖繪的運用已逾越了原本只為偵測運毒者或非法移民的目的，實際上，前述剖繪已經被堂而皇之擴張到宗教團體，尤其是針對穆斯林。自二〇〇一年九月十一日的恐怖攻擊以及隨後的犯罪（如二〇一三年波士頓馬拉松爆炸案、二〇一五年聖貝納迪諾攻擊事件）以來，只要是符合恐怖分子「形象」的種族、族裔或宗教團體，無論在各機場或移民檢查站，都必須面對執法機關更嚴苛的盤查，以及範圍更廣的安檢。由於曾在旅客鞋子、內衣和貨物中發現爆炸裝置，導致美國運輸安全管理局自二〇一〇年起開始在美國各地的機場針對所有旅客全面進行全身掃描或拍觸搜身。大眾對全身掃描的憤怒，以及因此爆發的實際法律訴訟與訴訟威脅，導致美國運輸安全管理局在近幾年修改一些流程。侵入性全身掃描已經不再廣泛被使用，至於那些被要求接受掃描但不願配合的旅者，可能會被要求進行拍觸搜身。上述安檢措施的批評者認為，即使所有旅客的行李和隨身物品都接受搜查，中東裔的人仍更可能被帶到旁邊進行更侵入性的身體掃描或拍觸搜身。此外，一些曾遭定罪者，包括所謂的鞋子炸彈客理查·里夫（Shoe Bomber, Richard Reeve），以及被稱為「聖戰女兵」的科琳·拉羅斯（Coleen R. LaRose）等人，壓根兒就跟這類剖繪不符。但這兩人都因恐怖活動遭判有罪確定並入聯邦監獄服刑。

二〇〇一年之後，美國運輸安全管理局培訓了兩千多名機場安保人員，讓他們能夠透過各種方法辨識疑似與恐怖主義或破壞性意圖相關的可疑行為和面部表情（Bradshaw, 2008）。旅客剖繪（passenger profiling）的相關訓練，有部分是基於心理學家保羅·埃克曼（Paul Ekman）在二〇〇九年的研究，以及二〇〇二年在波士頓洛根國際機場前導試點計畫的成功（Bradshaw, 2008）。問題是，埃克曼開發的技術遠非萬無一失，他自己也承認：每十個被判斷為具有可疑行為的人當中，就有九個人可以提出合理的理由來證明清白。這種失誤率過高的狀況也引發許多公民團體的關切。「許多旅客可能只是因為恐懼飛行，擔心受到制服安檢人員搜查，或因為攜帶讓他們自覺羞愧的物品（如合法情色文學）而感到害怕，就受到無必

要的關注。」（Bradshaw, 2008, P.10）。本章的後段會更充分討論關於偵測欺騙（測謊）的研究。 [84]

心理剖繪

在偵查心理學中，心理剖繪主要指的是蒐集資訊，一般是針對一名（或一群）已知身分，且已構成威脅或被認為有危險的特定人士進行。在某些狀況下，心理剖繪的對象有可能身分不明，卻已對某些特定目標展現出造成傷害的明確威脅舉動（如發送匿名信）；所謂的目標，可以是人員、團體、組織或機構。在這種脈絡下的心理剖繪，也可用於評估一個人日後是否有暴力風險，儘管他／她目前可能尚未做出明確威脅。

心理剖繪主要利用兩套互有交集的程序：威脅評估（threat assessment）和風險評估（risk assessment）。威脅評估用於確認實際且具體的威脅是否可能被執行；風險評估則是確認某特定人是否對自己或他人構成危險。這兩項評估程序都是透過各種評估方法、背景調查、觀察和訪談而完成。在此必須強調，司法心理學家也會為了刑事偵查以外的目的進行風險和威脅評估，事實上，實務上針對前述兩個領域的研究十分豐富。後續章節將會針對這些程序進行更深入的討論。有關風險評估，我們將在下一章討論司法心理學家最常見的任務時一併論及。至於威脅評估，本於其相關卻又獨立的本質，將會在第八章進行討論。

雖然心理剖繪對犯罪偵查者可能有用，但它在偵查心理學範疇之外同樣有其用武之地。例如研究者針對特定犯罪群體（像是對配偶家暴者、兒童性侵犯、縱火犯、跟追纏擾狂）進行剖繪檔案的資料蒐集與製作。某些心理學家，尤其是更貼近臨床工作者，往往會高度參與這些剖繪檔案的製作過程，結果是否成功則不一而足。偵查人員可以利用這些剖繪檔案來決定某個嫌疑人是否「符合」某類跟追纏擾者或特定類型性犯罪者的剖繪特質。雖然這類檔案可能有所助益，不過它們同樣可能誤導偵查者，因此必須謹慎看待。我們將在本書探討特定犯罪類型的章節（例如跟追騷擾、性犯罪和家暴）進一步討論這些剖繪檔案。

最後，我們必須論及一個更具臨床屬性的領域。精神衛生實務工作者，例如心理學家或精神專科醫師，有時會編寫一份有關某個案心理特徵的廣泛評估報告。這是一個推測的歷程，其依據則可能來自既存文獻或會談，包括與個案的會談（雖然這類會談並不常見）。這類型心理剖繪，長久以來深受軍事和情報組織使用（Ault and Reese, 1980; Omestad, 1994）。至於這類心理剖繪的目標對象，則涵蓋了阿道夫・希特勒、奧薩瑪・賓拉登、各國領導人、美國總統，乃至較非主流的政治人物。雖然這些剖繪檔案或許讀起來有趣，不過它們幾乎沒有科學上的效度，也不是本書關注的剖繪類型。

心理剖驗

所謂心理剖驗指的是，為了確定某人在死前的心理狀態而進行的一系列程序。舉例來說，確定死亡究竟是因為對自體的性刺激行為（autoerotic stimulation）[1]或自殺所致，是非常重要的，尤其是對死者父母和其他家人朋友。同樣的，遺族往往會想知道親人的死亡究竟是肇因於意外吸毒過量還是自殺。在某些情況下，外觀上看似自殺者，事實上卻可能是殺人事件。

[85] 心理剖驗一開始的目的是為了協助負責判斷死因的官員釐清那些乍看死因模糊、不確定或模稜兩可的死亡事件（Shneidman,1994）。這個方法首次使用於一九五八年，當時洛杉磯的法醫兼驗屍官希歐多爾・墨菲（Theodore J. Murphy）諮詢洛杉磯自殺預防中心的主任愛德溫・施奈德曼（Edwin S. Shneidman），請他協助確定數量多到異常，但死因難以釐清或無法解釋的死亡事件。一般認為施奈德曼是首先使用心理剖驗此一術語的人。

1. 譯按：例如窒息式自慰（autoerotic asphyxia），一種透過自我窒息手段達到性高潮的自慰手法，就是一種具有致命風險的自體性刺激行為。

在死後進行的心理分析，也被稱為重構式心理評估（reconstructive psychological evaluation, RPE），或不明死因分析（equivocal death analysis, EDA）（Poythress, Otto, Darnes & Starr, 1993）。但心理剖驗還是較為常見的術語（Brent, 1989; Ebert, 1987; Selkin, 1987）。不明死因分析，也稱為不明死因心理剖驗，通常是專由執法人員，特別是聯邦調查局所進行的調查。他們主要審查犯罪現場的材料和其他直接提供給警方的資訊（Canter, 1999; Poythress et al., 1993）。心理剖驗在確定保險金給付以及國安相關議題時，可能有其重要性（Ebert, 1987）。例如驗屍結果可能表明死者是在違反禁止向他人洩漏機密資訊的法規後自殺（Ritchie and Gelles, 2002）。

所謂不明死因，是指死因仍屬未知或不確定的狀況。據信大約有5%至20%的死亡，死因並不明確（Shneidman,1981; T. J. Young,1992）。在所有的死亡調查中，死亡方式（manner of death，亦即死狀）此術語具有特殊含義。基本上，「死亡方式是指造成死亡的特定情狀」（La Fon, 2008, P. 420）。一般而言，公認的死亡方式可以區分為五類：自然（natural）、意外（accident）、自殺（suicide）、他殺（homicide），以及死因未定（undetermined）（La Fon, 2008）。[2]

進行心理剖驗的目的主要是為了合理確定死者在死亡前和死亡時可能在想什麼，特別是在外觀上看似自殺的事件。拉豐（La Fon, 2008）確立了兩種基本的心理剖驗類型：自殺心理剖驗（suicide psychological autopsy, SPA）和不明死因心理剖驗（equivocal death psychological autopsy, EDPA）；前者的目標是識別和理解何種心理社會因素導致了自殺結果。在這種狀況下，死因往往已可以確認是自殺，例如目擊證人可能看到此人開槍自殺，但進行剖驗者必須設法查明死者這樣做的原因。另一方面，不明

2. 譯按：本文提到有關死因與死亡方式的區別，在法醫學理上死因可以分為直接死因、間接死因與肇致死因；至於死亡方式則是指死亡原因（包括直接與間接）所產生的方法。例如：某甲持抹有神經性毒素之刀刃刺殺某乙心臟一刀後，導致乙經歷呼吸困難與身體機能麻痺的狀況下，加速大量出血而死亡；此時某甲用刀刺殺乙的殺傷手段為肇致死因，出血性休克可能為直接死因，神經毒素所造成的呼吸困難與出血加速可能為間接死因，某乙的死亡方式則是他殺。

死因心理剖驗的目標則是澄清死因（或死亡狀態），確立死亡背後的緣由。這類死亡未必是自殺。雖然致死的物理原因一般是明確的，但實際的緣由往往不明（T. J. Young, 1992）。楊格曾舉一個跳傘運動員的例子，他從五千英尺高度墜落地面後，由於多重傷害而死亡。但是在此事件中，調查者無法立即判定此一墜落是因為降落傘故障（意外），抑或跳傘者故意使用已損壞的降落傘（自殺）。又或者，降落傘是否可能被其他人動過手腳（他殺），還是跳傘員是否可能在跳傘過程中因為心臟病發而墜落（自然）。

在大多數情況下，心理剖驗可能會為了與保險有關的目的而實施。在死亡被認定為自殺的狀態下，雖然有些保單仍會對死者的遺族給付保險金，但大多數保單並不會。因此，在死因不明的狀況，保險公司為了保障自身經濟利益，會聘用司法心理學家進行全面心理剖驗，以確認死亡較可能是基於自殺或其他成因。絕大多數針對死者生前的思維與情感狀態所進行的心理評估，都發生在美國的民刑事訴訟中（Canter, 1999）。近年來，有許多產品責任訴訟的核心問題，皆圍繞著某些藥物是否能因為成人和青少年的自殺而被課責。根據美國食品藥物管理局的資料，至少有130種處方藥物有可能導致自殺的意念或行動（Lavigne, McCarthy, Chapman, Petrilla & Knox, 2012）。不過，這並不代表法院就必然會認定特定藥物必須為某人[86] 的自殺負起直接責任。但由於心理剖驗的結果，有些原告已成功在訴訟中獲勝或達成和解。[3]

根據拉豐（La Fon, 2008）的研究，美國軍方是心理剖驗的主要使用者之一：「美國武裝部隊含海陸空三軍，對於在軍事基地內或軍事人員身上所發生的每一起死因不明事件，都會進行死因不明心理剖驗。」（P.422）無論是死因不明或疑似自殺事件，民間與軍事司法心理學家都可能被指派就該事件的死者進行心理剖驗。在大多數狀況中，無論死因為何，死者的遺族受益人都能得到補償。耐人尋味的是，證據顯示，在美國出兵伊拉克

3. 譯按：在美國，如果在有關藥物的訴訟當中達成和解，經常代表著起訴的原告方也會在經濟層面受到相當的補償，因此在這類案件與被告藥廠達成和解，實質意義上常被認定為是某程度的勝利。

與阿富汗期間和之後，軍事人員的自殺率高於任何戰爭時期，也高於從事其他職業者。由於軍事人員在上開戰爭期間與其後自殺的人數不斷增加，促使心理健康倡議者及某些軍事將領和政治人物齊聲呼籲，為要軍事人員和退伍軍人提供更多支援和治療方案。

就司法實務而言，心理剖驗經常被利用於重建自殺的可能原因，並透過這樣的方式確立是否有他人或組織應為此事件負責。舉例而言，假設一名警官在州議會大廈前的臺階上舉槍自戕，此一行為企圖向相關人傳達的資訊可能並不明確。若遺族認定死者生前服務的單位在壓力管理方面做得很差，或者欠缺早期檢測情緒問題的相關流程，那麼遺族便可能對該警務單位提起訴訟，請求慰撫金或經濟方面的損害賠償。在這種狀況下，可能需要聘任心理健康專業人員重建死者在事發前和事發當時的心理狀態。就民間企業而言，心理剖驗也可能在民事訴訟中占有一席之地。有些民事案件必須要確認某些職場事件是否對特定人產生影響（例如來自同僚或上司的各類性騷擾），甚或某些職場意外是否最終造成勞動者自殺的結果。公司或組織若未能制定適當的政策與流程來處理這類問題，便可能被認定需要為此負起責任。心理剖驗的另一個目的，則是用來作為一種蒐集自殺相關資料的研究工具，以預測並預防自殺（T. J. Young, 1992）。例如，研究指出，大多數自殺者在採取自殺行為前，至少會向一個人以上表達其自殺意圖。許多死者甚至也留下自殺遺言（書）。研究進一步指出，心理剖驗對自殺倖存者具有一定的治療價值（Ebert, 1987; Henry and Greenfield, 2009）。

雖然心理剖驗在證立其信效度方面取得了些許進展，不過要做的其實還有很多，甚至從事心理剖驗的專家們對此都相當關切（Snider, Hane & Berman, 2006）。研究指出，心理剖驗在確認死者自殺的意圖方面似乎頗值得期待（Portzky, Audenaert & van Heeringen, 2009）。當然，心理剖驗的品質仍有相當程度取決於研究者與調查者的訓練、知識、經驗，以及臨床敏銳度（J.L. Knoll, 2008）。波伊特雷斯等人（Poythress et al., 1993）進一步提出下列警示：

> 進行重建心理評估的人，不應對自殺行為人的具體心理狀態或其行為，斷然做出類型化結論。這些在心理重建中所得到的結論或推斷，充其量只是合理的推測，或者形成理論而已。既然如此，對外自然就只應如此標明。（P.12）

剖繪的問題

當代一些學者（Alison, Bennell, Ormerod & Mokros, 2002; Alison and Canter, 1999; Goodwilletal, 2016; Snooketal, 2008; Tayloretal, 2015）皆指出 [87] 犯罪剖繪的許多缺陷，尤其是犯罪現場分析。主要缺陷之一，是假設人類行為在各種狀況下都會保持一致；另一個主要的問題，則是假設一個人的犯罪風格或犯罪現場證據，會與其特定心理特徵相關。上述第二個缺陷，指偵查人員認為在犯罪現場所蒐集的特定線索，會指向某類型罪犯的某些一般性心理特徵及思維模式的傾向。讀者可以回顧表 3.1針對各種剖繪的主要問題所做的整理。以下重點在介紹各種剖繪的具體限制，同時我們應該意識到，某些缺陷或限制可能與不只一種剖繪相關。

犯罪現場剖繪的限制

在總結與剖繪相關的種種限制時，愛麗森、本內爾、奧梅羅德和莫克羅斯（Alison, Bennell, Ormerod & Mokros, 2002）強調，許多專業偵查者，尤其是那些依賴犯罪現場資訊的人員，往往對於人格理論（人格或其特質足以在幾乎各種狀況下影響行為的研究）以及剖繪程序的信效度，有著毫無根據的信賴。偵查人員往往過於依賴「直覺」，認為自己有特殊的知識和經驗可以透過案情的片段拼湊出全貌，同時卻對科學知之甚少。

從司法體系的觀點出發，如果剖繪者在形成意見的過程中具有大量或全面倚賴靈感、直覺、直觀想法、主觀經驗或任何非科學方法的傾向，將會使得嫌疑犯的剖繪出現重大風險。因此，美國、加拿大、澳洲和英國的法院都要求犯罪剖繪必須符合嚴格的標準，其作為有效科學證據的證據能力才能被認許（參照 Bosco, Zappalà & Santtila, 2010，就此議題的檢視與討論）。舉例而言，由於犯罪剖繪欠缺既存的信效度，因此在英國法律制度中，法院極少將之認定為具有證據能力的鑑定（專家）證據（Gregory, 2005）。在美國則是視情況而定，是否有證據能力往往取決於剖繪人員的資歷，或是看他能否說服法院其意見有多大程度是本於具信效度的科學原則（Bartol and Bartol, 2013; J. A. George, 2008; Risinger and Loop, 2002）。

某些剖繪人員會犯下一個常見的錯誤：未曾考慮到情境對行為的影響。這些情境的一部分，可能涉及被害人（無論是一人或一群人）自身帶入案件的特質。正如詹金斯（Jenkins, 1993）指出：「漏未考慮到被害人導向（victim-oriented）的相關因素，往往可能導致研究者誤解這種（犯罪）活動的本質。」（P.462）考量被害人導向的因素，不等於將犯罪歸咎於被害人，重點在於罪犯可能選擇哪一類被害人，或者被害人可能居住在哪些地點。缺乏**被害者學**（victimodogy）的觀點會造成混淆，往往會導致在發展加害者剖繪的過程中出現更多缺陷。詹金斯主張，經常受到剖繪人員忽略的一項可用工具，正是針對被害人特徵加以檢視，理由在於：「犯罪者與被害人會共構一個相通互依的生態系。」（P.463）克倫威爾、歐森和愛弗利（Cromwell, Olson & Avary, 1991）也討論了被害者學的觀點在研究侵入住居竊盜案的重要性。克倫威爾等人主張，被害者的活動，對於竊賊如何挑選下手的房屋、如何侵入、停留多久等方面，扮演極為重要的角色。這群研究者認為，「轄區內大部分被當作研究對象的侵入住居竊盜案，似乎正是在目標、犯罪人及情境等因素的有利排列下的結果。」（P. 47）

犯罪剖繪終究還是奠基在「人類行為具有**跨時間一致性**（trans-temporal consistency）與**跨情境一致性**（trans-situational consistency）」的假設上。犯罪剖繪的過程，本質上就預先假定犯罪現場的線索能提供熟練的偵查者有關加害者人格特質、習性，甚至思維歷程等線索。此外，還有一種假設認為，透過犯罪現場所拼湊出的關鍵人格因子，應該將之擴張應用於其他情境，包括未來犯罪風險的評估。

有沒有一種能力足以讓人預測出某個人在不同情境下仍會出現同樣的特定行為和傾向（跨情境一致性）？這個問題向來是論戰的焦點。例如早期有些研究者（Mischel, 1968; Mischel and Pepe, 1982）就認為，人類在不[88]同情況下的行為是不一致的。所謂「穩定的行為傾向或人格特徵」這種概念，很大程度欠缺依據。瑪瑞和哈森特（Merry and Harse, 2000）的研究指出，大多數犯罪行為（例如侵入住居竊盜）會隨著形勢變化而改變。因此，在犯罪現場的活動有可能會因犯罪而異。雖然跨情境一致性的概念仍然高度令人存疑，不過跨時間一致性則是受到公認。只要情境相似，人們很可能在一生中都會以同樣方式做出反應。當情境變化時，行為亦容易改變。是以，在特定環境中遭到強化的犯罪行為，相較於其他不同環境而言，更容易在類似環境中再次出現。舉例而言，對一個侵入住居竊盜的慣犯來說，如果周圍出現了相似的社會心理條件，讓他感受到顯著的酬償價值，他再犯的可能性就會提高。因此，若行為人主觀感知的情境條件相同，那麼其行為也會出現跨時間一致性。另一方面，如果行為人的環境發生重大變化（如長期的犯罪夥伴死亡，或行為人已老到身心狀況嚴重惡化），那麼他持續犯案的可能性就會降低。

除此之外，如果犯罪者認知到某些行為模式不太有用，很可能會修正手法。無論是性侵犯、竊賊、縱火犯、殺人犯還是兒童性犯罪者，隨著對犯罪越來越嫻熟，往往也會改變犯罪手法（modus operandi, MO）。如同特維（Turvey, 2002）所指出，犯罪手法可能會因為犯罪者的精神狀態惡化、吸毒或酗酒增加、生活方式和習慣改變而產生變化。犯罪者也可能隨著腦部的發展與成熟所伴隨的改變，而出現犯罪手法的改變。

所謂的犯罪手法，是指罪犯成功實施犯罪時所使用的行為和流程。這是一種犯罪者透過犯罪行為以獲得經驗並進行學習的行為模式。犯罪手法未必會一成不變。舉例而言，竊賊可能會不斷改變其犯罪流程和技術，以求更有效率實現犯罪目標，連續殺人犯則可能會在選擇受害者時漸漸變得更加大膽和甘冒風險。由於犯罪者在習得最具效率的犯罪方式前，通常會持續改變其犯罪手法，因此如果調查者在連結犯罪之間的意義時，過度把注意力放在犯罪手法，則不無可能犯下嚴重錯誤。

犯罪調查者可能犯下另一個的錯誤，則是假設犯罪者欠缺智識技能。依據特維（Turvey, 2002）的研究，某些犯罪者可能會透過攝取教育和技術的資訊來提升犯罪手法：「專業期刊、大學課程、教科書和其他教育性質的資訊，在公共圖書館隨手可得，或者在網路加持下，犯罪者更易取得有助其改良特定犯罪手法的相關知識。」（P.232）特維進一步指出：「縱火犯可能會閱讀《柯克的火災調查》（*Kirk's Fire Investigation*）一書……性侵犯可能會讀《性侵案件調查的實踐面向》（*Practical Aspects of Rape Investigation*）之類著作……殺人犯可能研究實際的凶殺案調查……銀行劫匪可能訂閱與保全議題相關的雜誌。」（P.232）此外，許多犯罪者會閱讀報紙、雜誌和電視對其罪行的相關報導，而這些報導有時會洩漏警方調查犯罪手法的線索。這些資訊可能促使犯罪者改變其犯罪手法。在某些情況下，犯罪者甚至可能透過從事某項與犯罪手段有關的職業，從而改進其犯罪手法。例如縱火犯可能加入義勇消防隊，甚至成為正式的消防調查員。

上述相關討論旨在強調，準確的衡量和預測不僅需要對人進行評估，也需要就我們試圖預測的行為所處的心理社會環境進行評估。若對於行為的脈絡疏於考慮，結果恐怕就注定令人失望。

犯嫌剖繪的種種限制

上述種種限制特別針對犯罪現場的剖繪。而犯嫌剖繪亦有其自身的缺陷。由於犯嫌剖繪僅依據從前科犯蒐集所得的特定資料，就針對犯罪者進行普遍性的預測，因此本質上是（或應該是）通則取向（nomothetic）。所 [89] 謂通則取向方法，是指把來自許多個體的資料進行檢視和合併後，用以找出足以進行普遍性應用的原則、關係和模式。研究心理學的方法基本上偏向通則取向，而非個體特性（idiographic）取向。個體特性取向的方法強調針對特定個體進行深入研究，一般也稱為案例研究，例如針對某個人面對外界刺激的因應行為（coping behaviors），或對名人生平傳記進行深入研究。

可惜的是，有些剖繪人員依舊使用個體特性取向的方法，而非通則取向，因此可能出現判斷失準的風險；尤其在原本應採用強調情境變因（situational variables）的通則取向法的情況下，這樣的風險會更高。舉例而言，針對許多犯罪者收集的資料可能顯示，傍晚時分是特定地理區域發生侵入竊盜案件的高峰時段，但某位偵查人員可能在數年間處理過四宗竊盜案犯罪，而前述犯罪者都是在清晨時段犯案，因此他可能得出「清晨才是大多數侵入竊盜案的高峰時段」的結論。儘管眾多研究持續指出，基於各種不同情境下的犯罪者叢聚資料進行統計機率分析所得的結論，其正確性要比個體特性取向法高出許多，但仍有太多剖繪員和偵查實務工作者偏好使用這種方法進行剖繪預測。相對於本於主觀經驗所做成的**實務預測**（clinical prediction），基於統計學機率和資料所進行的預測分析，稱為**精算預測**（actuarial prediction）。

心理剖驗的種種限制

如上所述，由心理剖繪所得出的結論和推斷，很大的機率不過是有依據的臆測，但是這樣的臆測根本上欠缺本於系統性研究所得出的標準化操作方法。此外，仍需進行大量的系統性研究，以建構心理剖驗方法的信效度。不過，正如我們先前提到的，隨著研究人員提出標準化的操作流程，此領域的發展正逐步向前。

心理剖繪的種種限制

心理剖繪與其他類型的剖繪有共通的侷限性與問題。過去二十五年來，此領域已取得長足進展（Hanson, 2005, 2009）。一如稍後章節將指出，許多研究探討有關風險與威脅的衡鑑工具之預測準確性。這些衡鑑工具中的絕大多數，皆呈現出優於專業意見的預測準確性（Hanson, 2009）。

這是因為這些工具主要都是本於精算預測所做成，而非來自主觀經驗的實務預測。儘管如此，如果可以把精算預測模型與結構化之後的實務預測模型加以結合，將會是一種好的方法。所謂結構化的實務判斷（也稱為結構化專業判斷），是指將受過訓練的實務工作者所做成的判斷，與本於實證基礎的指導原則加以結合之後，所得出的結果。我們將會在下一章討論這個主題。

剖繪的整體限制

除了上述提到的各類問題，剖繪還有其他一般性的限制或疑慮存在。近來的一些研究顯示，剖繪報告中的大部分結論和預測，基本上都是模稜兩可且無法檢證的（Alison, Smith Eastman & Rainbow, 2003; Alison, Smith & Morgan, 2003）。換言之，這些剖繪報告的陳述往往含糊不清，以至於可以做出各種詮釋。舉例而言，說某人是「一匹孤狼」或者「定期上教堂」，究竟是什麼意思？

此外，有些警方調查員似乎傾向就剖繪報告中模稜兩可的資訊進行「創意的詮釋」，以符合他們自己對於案件或犯罪嫌疑人的偏見。這些執法人員會挑選與他們心中犯罪嫌疑人相符的剖繪內容，同時忽略同一份剖繪中其他許多與犯罪嫌疑人不符的結論和預測。 [90]

> 假設犯罪嫌疑人真的在調查中出現，執法者可能希望主動忽略或無視那些與嫌犯不符的資訊，甚或可能無意中誇大了與嫌犯相符資訊的強度，因而未能正視實際上可能符合剖繪特徵的對象相當多。（Alison, Smith & Morgan, 2003）

當一個人強烈傾向肯定並確證自己的既存觀點時，我們稱之為肯證偏誤（confirmation bias，亦稱確認偏誤）。「當肯證偏誤發揮作用時，它會把我們置於一種封閉的認知系統中，只有那些能證實我們觀點和信念的證據才能進入此系統。至於其他資訊雖然有時會被注意，但很快就會因為被判定為假而遭拒於系統外。」（Baron and Byrne, 2000, P.8）。簡言之，肯證偏誤是一種認知傾向，促使我們注意並記取支持我們既存觀點（如嫌犯是誰）的相關資訊。這樣的傾向有可能普遍出現在對於剖繪進行主觀詮釋的場合，也會出現在最初進行或製作剖繪的階段。

儘管目前各種剖繪方法仍存有許多缺陷，但若進行得當，未來仍有所展望與運用。雖然有許多評論者表達憂慮，但一些從事剖繪的心理學家積極為其辯護（例Dern, Dern, Horn & Horn, 2009）。如果剖繪者能將人與情境之間的互動（以及對受害者的影響）納入考量，那麼剖繪的科學是有可能導出更精確也更有助益的犯罪者描繪。此外，剖繪者若要倚賴人物特質或人格理論進行剖繪，應該謹慎而行，把重心放在當代心理學的理論和人類行為的研究。剖繪者應該要探求特定行為在特定情境下發生的條件機率，而非假設人類行為在各種情境下都會保持一致。以上這些需要依賴執行良好的科學研究才有可能做到。

警詢與偵訊

對證人或者其他可能掌握犯罪資訊的相關人進行詢訊問[4]，是執法工作的基礎。在質問涉嫌犯罪者以及在押者時，由於這類程序具有單向指控（accusatory）的特質，因此將之稱為**偵訊**（interrogation）並無不當。不過在這些人最終被認定為犯罪嫌疑人之前，還是要先經歷性質較為單純的一般會談，但這些會談往往還是會質變為偵訊。然而，當前述的質變發生時，受詢訊問人仍必須先被告知其法定權利。

4. 譯按：台灣的刑事司法制度，偵查中原則上以檢察官為偵查主體，其他的司法警察則為輔助偵查者。是以，同樣對證人或其他可能懷有相關資訊者進行的會談或問話，在檢方稱之為訊問，在警方則是稱之為詢問；兩者的進行方式、形式要件以及法律效力，都可能視情況有所不同。這樣的分野原則上與以司法警察作為偵查主體，檢方作為公訴主體的美國法狀況並不相同。因此同樣 interview 一詞，在台灣司法脈絡下，翻譯為詢訊問較為適切。藉此與檢警為了偵查目的所進行的詢訊問，簡稱偵訊，做出區分。

警方進行偵訊的主要目的，是從嫌犯處獲取自白或者相關資訊（通常是對嫌犯不利的入罪證據），藉以最終獲致定罪。大約有八成的刑事案件，在未曾取得完整自白的狀況下，就已經解決（O'Connor and Maher, 2009）。至於偵訊，則多半是當用於指控嫌犯的證據不足時才會發動。一旦使用審訊的詢訊問手法，依據統計大致上至少會有64%的機率可以藉此取得某些對嫌犯不利的證據（Blair, 2005; Leo, 1996）。

經驗豐富的警方偵訊員會使用各種適配其個性與風格的方法和技術。近期的研究已經指出執法部門所使用的七十一種獨特偵訊技術，大致上可以歸納成六大類型（Kelly, Miller, Redlich & Kleinman, 2013）（參見表3.2）。然而，大多數執法人員在全美各地警校都接受同一種主要偵訊方法的訓練：里德偵訊法（Reid method）（Inbau, Reid, Buckley & Jayne, 2004, 2013）。研究顯示，全美大約有半數警方調查員接受過里德偵訊法的訓練（Cleary and Warner, 2016; Kostelnik and Reppucci, 2009）。熟練且合法有效的偵訊方法包含心理學原則和概念的應用，本章後續將進一步討論，但在此要強調的是，與身處學術機構從事司法心理學研究的心理學家相比，[91] 警務心理學家較不會對偵訊相關議題進行研究（Crozier, Strange & Loftus, 2017; Kassin et al., 2010; Rogers et al., 2009; Rogers et al., 2010）。然而，警

表3.2　主要偵訊手法與範例

方法	方法範例
建構信賴與關係	展現寬容與尊重
操弄情境脈絡	在狹小室內進行審訊
挑發情緒	在嫌犯承受巨大壓力下進行偵訊
對峙與競爭	威脅嫌犯若不合作須承擔負面後果
協力	對嫌犯提出交易
提出證據	利用涉案證據對嫌犯進行誇大、欺騙或引誘的偵訊手法

資料來源：圖表改編自Kelly, Miller, Redlich & Kleinman, 2013

務與公共安全心理學家卻可以針對會談與偵訊方法對警察進行訓練。除此以外，他們應該非常了解環繞著偵訊過程的陷阱和各類迷思。

控訴模式與資訊蒐集模式

有關警方偵訊的研究，一般側重於兩種不同方法的有效性：控訴性方法（accusatorial approach，主要在美國使用）與資訊收集性方法（information-gathering approach，由英國開發）（J. R. Evans et al., 2013; Meissner, Redlich, Bhatt & Brandon, 2012）。里德偵訊法堪稱控訴性方法的最佳代表。但眾多研究者對里德偵訊法提出批評，尤其是它苛酷的控訴語調（Kassin et al., 2010; L. King and Snook, 2009）。正如卡辛等人所言：「現代美國警方的偵訊作業，本質上就是一套以有罪推定以及相互對峙為基礎的程序，其中許多面向讓無辜者承擔蒙冤的風險。」（P.27）

實務而言，里德偵訊法基本上是一種高度對峙性的方法，讓偵訊人員與通常已處在緊張狀態下的嫌犯對立，儘管偵訊有可能一開始是以會談的方式開啟（例如邀請某人來警局，或者以非對峙性的態度詢問某人）。這種偵訊手法的直接目的，是盡可能從嫌疑人處取得自白而非資訊。根據這種方式的操作指示，偵訊者必須保持心理控制的優勢，盡可能進行心理操弄（psychological manipulation），並不斷使用「是」或「否」的問題質問對方。操作這種偵訊手法需要幾個步驟，包括拘禁與隔離、製造對峙態勢、最小化（minimization）。在拘禁與隔離的步驟中，犯罪嫌疑人會被關押在一個小偵訊室，先讓他經歷足夠長時間的等待，以深化其不確定感、壓力，以及隨警方拘禁偵訊而來的不安。我們都看過這種手法如何操作：讓嫌犯獨自坐在一個小房間裡，透過單面鏡被觀察，緊張地等待偵查員進入並開始問話。至於製造對峙態勢的重點，在於偵訊者對嫌犯提出指控，同時透過援引各種或真或假的證據去強化這些指控的不可動搖，藉此防止嫌犯否認。最小化的方法（可能在偵訊的任何時點操作）則由一個「對嫌犯表示同情」的第二偵訊者，在道德上為嫌犯被控的犯罪行為提供正當化理由（justifying the crime），並主張若是他人身處嫌犯的處境，也會做出同樣的行為，藉此表達理解與同情。上述偵訊操弄手法的假設前提在於，嫌犯可能會相信只要自白就可以獲得從寬對待。 [92]

英褒等人（Inbau et al., 2013）在其廣獲使用的警務人員會談與偵訊手冊當中，大力提倡里德偵訊法。（「會談」這個主題也包含在該手冊內。）「概念上，這種偵訊流程旨在透過提高因否認犯罪所生的焦慮，讓嫌犯陷入絕望狀態，再搭配將自白認罪的嚴重後果予以最小化，最終達成讓嫌犯自證己罪的目的。」（Kassin and Gudjonsson, 2004, P.43）問題在於，雖然透過這種偵訊法經常可以取得自白，但也可能導致虛假自白。此外，警方在偵訊涉嫌犯罪的兒童和青少年時，經常使用類似里德偵訊法的對峙性手段，但這種手法因這個年齡層的脆弱本質而遭受相當批評（Cleary, 2017; Cleary and Warner, 2016; Reppucci, Meyer & Kostelnik, 2010）。

相較之下，加拿大和西歐國家較少使用對峙性的偵訊手段，許多人更願意稱之為調查性會談（investigative interviewing）。偵訊者雖有可能認為他們會談詢問的對象有罪，但仍會避免對峙行為。偵訊者或調查會談者的基調在於蒐集與犯罪相關的資訊（Beune, Giebels & Taylor, 2010; Bull and Milne, 2004）。這種方法旨在透過開放式問題（不同於「是／否」的問題）與更加非正式的談話風格，探究嫌疑人對犯罪的相關知識，從而讓調查者扮演更中立的角色。與控訴手法不同之處在於，資訊蒐集的方式會盡可能避免詐術手段和欺騙。例如明令禁止警方透過「誘餌式問題」（bait question）告知嫌疑人警方持有實際上不存在的證據這種手段；類此的詢問手段已經被發現會導出錯誤資訊（Luke, Crozier & Strange, 2017）。非對峙性的資訊蒐集法強調理性論證和寬待，藉此說服被詢問人提供資訊。里德偵訊法也稍具這種特色，例如從「會談」開始，在得到足夠資訊後，才將會談對象視為嫌疑人，進入「偵訊」階段。伊凡斯等人（J. R. Evans et al., 2013）依據針對上述兩種方法進行研究的結果，主張資訊蒐集法比起指控性方法更能取得相關且有用的資訊。此外，部分研究者（如Meissner et al., 2012）認為，採用資訊蒐集法能大幅減少虛假自白。

資訊蒐集法的一個例子是PEACE模式。這個模式於一九九〇年代初在英國開發出來，之後在歐洲、加拿大、澳洲、紐西蘭和美國部分地區廣泛被使用（Starr, 2013）。綜合首字母縮寫而成的PEACE分別代表：規畫和準備（Planning and Preparation）；參與和解釋（Engage and Explanation）；敘事（Account）；收尾（Closure）；評估（Evaluation）。「截至二〇〇一年，英格蘭和威爾斯地區的每一名警官都已接受過該法的基本指導。」（Starr, 2013, P.48）柯利瑞和華納（Cleary and Warner, 2016）指出：「PEACE模式被認為是指控性會談方式的成功替代方案，並且已經……擴及其他國家和組織。」（P.271）

在這類方法中，警方利用會談蒐集證據和資訊，而非取得自白。偵訊人員被告知不要關注會談對象的非語言行為，例如焦慮跡象。有意思的是，偵訊人員也不被允許虛張聲勢或暗示有不存在的證據，與里德偵訊法所允許的手段有相當差異。

PEACE模式鼓勵會談者建立融洽的關係，使用開放式問題，「透過策略性方法呈現證據，指出會談中出現的矛盾之處。」（Swanner, Meissner, Atkinson & Dianiska, 2016, P.296）研究也顯示，PEACE模式和其他相類似[93]的資訊蒐集法，無論對於採取合作或抗拒態度的會談對象，都是能夠獲得更多有用資訊的有效方法（Swanner et al., 2016）。

HUMINT審訊法

過去二十年來，大量的心理學研究聚焦在司法場域的偵訊手法。直到最近，人們則是越來越關注軍事情報會談和審訊的心理層面，或稱為HUMINT（HUManINTelligence，人工情報）審訊法。這種轉變部分是源於古巴關塔那摩灣、伊拉克和阿富汗的審訊手段（Evans, Meissner, Brandon, Russano & Kleinman, 2010），以及全球所面對的恐怖威脅（Granhag, Vrij, & Meissner, 2014）。在此必須強調，我們所討論的絕非是指美國心理學會在二〇〇九和二〇一五年再三譴責的爭議性審訊手段。

HUMINT審訊法基本上從人道目的出發，但它們與非軍事執法機關所使用的偵訊手法有所不同。一般司法偵訊的目的，是獲得與犯罪行為相關的自白與證據，藉此在審判程序中導出定罪的結果。「HUMINT審訊法的目的，則是從審訊對象獲得關於過去、現在或未來的可靠資訊；這些資訊可用於改善國家安全和／或促進其他國家利益。」（Evans et al., 2014, P.867）換言之，司法偵訊尋求查明誰應對犯罪負責，而HUMINT審訊法則出於公共或國家安全目的，預防包括恐怖活動在內的犯罪。

第二個主要區別在於司法偵訊主要是由一或兩個偵訊者進行，而HUMINT審訊法則通常是一種團隊合作方法，包括審訊員、口譯員和分析員（Russano, Narchet & Kleinman, 2014）。口譯員負責在偵訊期間促進溝通和建立關係。在跨文化偵訊的狀況，口譯員不僅要講對方的語言，而且經常要搭起文化橋樑，幫助審訊者與被審訊人建立連結。分析員協助審訊者準備有關接受會談或審訊者的資訊，理解從審訊中所得到的資訊。在某種意義上，分析員是「事實查核者」（fact checker）。有經驗的審訊員會理解，合格的口譯員和分析員乃是HUMINT審訊程序中不可或缺的一員。

第三個區別則是HUMINT審訊法受到國際政策的約制。例如在二〇〇九年，美國總統歐巴馬便指出，所有HUMINT審訊法都必須符合《日內瓦公約》（Evans et al., 2014），從而禁止使用任何被視為凌虐或酷刑手段的審訊技巧，如水刑。

大多數有經驗的HUMINT審訊者堅信，融洽關係和建立信賴是獲得可靠資訊的最有效方法；相對於此，倚賴對峙手段的偵訊法則明顯缺乏效力（Brandon, 2014; Russano et al., 2014）。來自世界各地的研究也呼應了越來越多人的主張：無論司法偵訊或HUMINT會談，尊重被偵訊者，承認共同的人性基礎，都是獲取可靠資訊的最佳手法（Brandon, 2014; Russano et al., 2014）。至於指控、對峙型的偵訊手段，以及提出虛假證據或虛張聲勢的證據等伎倆，都可能造成極大問題（Evans et al., 2014）。

經證實，無論是採合作態度的回應者，乃至於犯罪嫌疑人，透過**認知會談**（cognitive interview）的方式都能有效獲取可靠資訊（Fisher and

Geiselman, 1992; Rivard, Fisher, Robertson & Mueller, 2014）。它是一種利用記憶提取（memory retrieval）和溝通技巧的會談方法，旨在增加來自證人、線民、受害者或嫌疑人的準確資訊量。本章稍後會詳細介紹認知會談並討論目擊者證詞。無論如何，認知會談在司法偵訊與情報資訊收集上具有重要價值（Swanner et al., 2016）。

[94] 然而，對峙型的里德偵訊法及類似的其他審訊模式，已經根深柢固於警方的辦案流程，不太可能在近期消失或大幅修改。事實上，許多警察拒絕放棄這種受到警方珍視的偵訊手法。此外，只要不涉及重大明顯的違法，法院（包括美國聯邦最高法院在內）大都對於這些警方偵訊法採取支持的立場。然則，隨著更多人接觸到其他類型的替代性資訊蒐集法，以及越來越多證據顯示指控性偵訊策略會導致虛假自白，往後這種現狀可能會有所轉變。

如上所述，聯邦最高法院對於警方試圖獲得犯罪嫌疑人的自白，給予執法部門相當的自由操作空間（Leo, 1996）。儘管曾在「米蘭達訴亞利桑那」（*Miranda v. Arizona*, 1966）一案做出具有里程碑意義的判決，確立了在押嫌疑人在受到偵訊之前必須被告知其緘默權與受律師協助權等基本規則，但實際上許多犯罪嫌疑人並不理解這些權利，也經常放棄這些權利。法院允許警方撒謊或欺騙嫌疑人，例如假裝警方取得目擊證人的證詞或根本不存在的證據。這種作法有時被稱為「誘餌詢問」，而這種詢問方法在PEACE模式中根本不被允許。有關「誘餌詢問」的研究指出，這種作法就是心理上的脅迫手段（Kassin et al., 2010），甚至會在後續審判中影響陪審團對證據的心證反應（Luke, Crozier & Strange, 2017）。這種欺騙手法的界限，亦即警方究竟能做到何種程度，持續在法庭上受到質疑與挑戰。例如紐約的上訴法院（該州最高上訴法院）審理一起涉及員警在偵訊中欺騙嫌犯的案件，最終認定警方已經越界（見重點提示3.1）。該案的情況是：警方在偵訊時告訴嫌疑人，他被控傷害的兒童仍活著，但事實上該童已經死亡。後來嫌疑人承認毆打該童，但律師答辯主張其自白乃是出自心理脅迫手段所致。辯護律師雖曾試圖聲請傳喚心理學家，針對脅迫所生的自白提供專業意見，但在事實審卻遭法院駁回。

自白作為證據，必須在不受外力干擾且自願的狀況下提供，不能是由不正方法取得。當一個人主張放棄權利時，他必須是自願的，且充分理解其主張的性質與後果，並具備適切的智力程度。實務上，許多警察機關若要針對人身自由受到限制的嫌犯，在律師不在場狀況下進行詢問，都會要求被詢問人先簽署自願棄權同意書（waiver）。即便如此，許多司法心理學家仍然憂慮心理脅迫的可能性，因而探討嫌疑人是否能真正理解，抑或全然低估了「米蘭達權利」（Miranda rights）的重要性。在發展心理學和司法心理學方面所進行的長期研究（如 Grisso, 1981, 1998; Rogers, Harrison, Shuman, Sewell & Hazelwood, 2007; Rogers et al., 2009, 2010）指出，許多人，包括但不限於青少年以及有精神障礙或心智缺陷者，很難理解一般例行的米蘭達警語有多重要。加拿大的研究者就警方的權利告知警語，也得出類似結論（Eastwood and Snook, 2010; Eastwood, Snook, Luther & Freedman, 2016）。這些權利警語中常用的詞彙，諸如諮詢、有權、偵訊，對許多嫌疑人來說也屬陌生，而律師的角色也經常不被理解。（參見觀點專欄3.2；伊斯伍德博士討論了理解權利及培訓警方偵訊技術。）

對兒少進行偵訊

近期的研究顯示，偵訊人員使用與成人相同的策略對青少年實施詢訊問（Cleary and Warner, 2016; Feld, 2013; Meyer and Reppucci, 2007; Reppucci, Meyer & Kostelnik, 2010）。然而，發展與司法心理學家已知青少年在生理、認知和心理上與成年人有著根本的差異（Cleary, 2017）。柯利瑞寫道：「青春期的這些發展變化，可能對這些青少年在偵訊室裡的感知、行為和決定產生強烈影響，無論他們涉入法律的狀況如何。」（P.119）柯利瑞表示，青少年基本上沒有能力承受偵訊的壓力。此外，他們往往無法充分理解自身的憲法權利，包括受米蘭達警語保護的相關權利[5]。 [95]

5. 譯按：包括緘默權、受律師協助權等被認為在刑事司法程序中「不自證己罪」的核心基本人權。

重點提示3.1

心理強制：一個真實案例

二○○九年，艾德里安．湯瑪斯（Adrian Thomas）被判謀殺四個月大的兒子，並被求刑二十五年至無期徒刑。身材高大的湯瑪斯自白他將早產嬰兒用力拋在低處的床墊上，但紐約州上訴法院（該州最高法院）在二○一四年以一致決判定其自白無證據能力。理由是，該自白係因被告遭受心理脅迫所生，已侵害其憲法權利（*Thomas v. New York*, 2014）。

湯瑪斯接受警方偵訊時，他知道兒子受到腦傷，但不知道已被宣告腦死。偵訊全程九點五小時，分為兩段，因為在接受偵訊兩小時後，他表現出自殺傾向。住院十五小時後，他再度返回接受另一輪的警方詢問。

偵查員運用了各種心理手段取得自白。他們威脅被告說，如果他不承認傷害孩子，就會逮捕他的妻子。警方也告訴他，嬰兒還活著，還說如果他承認把孩子拋在床墊上，就不會被指控犯罪，因為那是個意外。他們也告訴他，如果具體告知警方他究竟做了什麼導致嬰兒腦傷，那麼他兒子可能還有救。警方逼問被告：「你想挽救寶寶的生命，還是希望他今晚就死掉？」經過長時間偵訊後，被告承認在嬰兒死亡前，一週至少三次將嬰兒摔下，並且用警方提供的板夾示範他的力道。上訴法院後來裁定，依據綜合情狀判斷，警方使用的這些伎倆已經構成心理層面的脅迫與強制，是以被告之自白應予認定為是在非自願狀態下提出。

首席法官喬納森．利普曼（Jonathan Lippman）代表該庭七位法官主筆了判決理由，指出案卷紀錄充滿對嫌疑人的虛假擔保，造成嫌犯的自由意志在壓力下被扭曲。換句話說，即使事實上湯瑪斯真的做出將嬰兒摔下的行為，此處的自白依然是虛假自白。

正如本書所示，美國警方雖然不得用武力取供，但是他們被允許對嫌疑人以誤導與撒謊等方式獲取自白。問題是，在涉及施用心理詭計的狀況下，所謂可被接受的欺騙和脅迫，其界限已經模糊難分。正如之前許多法院，紐約州上訴法院並未針對此議題劃出一道明確的界線。法官檢視了本案的具體事證，認定警方使用心理詭計的手段已達極限，侵害了被告不自證其罪的權利。該法院據此判決湯瑪斯必須在自白證據不存在的前提下，由事實審法院進行更審。

在第二次的事實審（更審），陪審員不再能接觸到先前的自白。儘管檢方提出了醫學方面的專家意見，但辯方延請一位全國知名的小兒神經放射學家提出專家意見，主張嬰兒大腦的腫脹和出血狀況，有可能早在出生時就已經發生。根據這位專家的判斷，嬰兒的死亡是因細菌侵入感染所致。最終湯瑪斯獲判無罪。

問題與討論：

一、應允許警方對嫌疑犯使用欺騙的手段以取得自白嗎？如果是，警方怎麼知道界線在哪裡？如果否，理由又是什麼？

二、本案還有許多其他相關事證存在，但若僅憑上述資訊，你認為警方使用的偵訊手段，有哪些是無法接受的（如果有的話）？

神經發展相關研究指出，青少年的大腦要到二十歲階段前期乃至中期，才會發育完全。這些研究對偵訊者在面對青少年時應該如何運用偵訊策略，產生重大影響。研究者一方面提出讓青少年更易理解切身相關權利的方法（Eastwood et al., 2016）；另一方面則是開發用於衡鑑成人和青少年對自身權利理解程度的工具（Rogers et al., 2007, 2009, 2010）。

[96] 觀點專欄3.2

司法心理學：透過研究解答現實世界的問題

喬瑟夫．伊斯伍德 Joseph Eastwood, PhD

在新布朗斯威克大學（University of New Brunswick）念大三那年，我碰巧看到心理學系的布告欄上貼著一張手寫傳單。上面寫著，請對於加入司法心理學研究小組有興趣的學生，與布蘭特．史努克博士聯繫。儘管當時我對於司法心理學領域涵蓋什麼，或者研究小組要做什麼都毫無概念，但我還是決定發信給史努克博士表達興趣。之後就是歷歷在目的往事了。

完成大學學位後，妻子喬安娜和我把所有家當搬上老爺車，直奔史努克博士任職的紐芬蘭紀念大學。

接下來六年間，我在史努克博士的指導下完成實驗社會心理學的理學碩士和哲學博士學位。接著在魁北克的主教大學任教兩年後，前往安大略大學技術學院擔任司法心理學學程的助理教授，服務迄今。

作為本書讀者，你可能對司法心理學感興趣，或者正在開發這樣的興趣。我常問自己，在所有可能的學科領域中，我為什麼選擇它？對我來說，投注此領域的吸引力在於，它讓我們有機會提出有關人類行為中引人入勝的問題，同時提供系統性回答這些問題的方法。例如在博士論文中，我以一個簡單的問題開始系列主題：人們在接受員警詢問時，是否了解他們的合法權利？經過一系列以成人和青少年為樣本所進行的研究，我們得到的答案是「否」（Eastwood and Snook, 2010; Freedman, Eastwood, Snook & Luther, 2014）。這也引發後續研究，透過如修改權利警語的結構和措辭，還有偵訊者傳遞這些警語的方式，增加被偵訊者對於自身權利的理解與保障（Eastwood and Snook, 2012; Eastwood, Snook, Luther & Freedman, 2016）。

除了就偵訊權利的理解進行評估，另外兩個研究主題則側重在：一、在刑事偵查中的不在場證明，是如何被提出與評估；二、找出實用的心理學工具以促進受偵訊者的回憶。舉例而言，在有關不在場證明的研究中，我試圖回答下列問題：「當人們試圖判斷不在場證明的真實性時，會考慮哪些因素？」迄今所得的結果指出，不在場證明應該包含可供相互勾稽補強的多方證詞，且提供證詞的證人必須跟被告無關，較易被評定為可信。問題是，多數無辜的嫌疑人不太可能有辦法提出如此高強度的補強證據（Eastwood, Snook & Au, 2016）。

至於最後一個研究主題，近期我和同僚完成了一系列研究，衡量速寫的能力（把發生的事件以紙筆快速描繪下來），藉此提高受偵訊者回憶的資訊量，而非僅要求這些被詢問人以口頭方式回憶發生的事（Eastwood, Snook & Luther, 2015）。這些研究結果顯示，相較於標準的偵訊流程，使用速寫輔佐偵訊程序可以引導受詢問者產出更多實質資訊；就此而言，速寫可能是辦案人員在對犯罪被害者與證人進行會談時的有效工具。

在實驗室之外，我也與加拿大各地的執法機構合作，為其成員提供本於科學的調查偵訊與會談訓練。這樣的合作包括設計和提供關於被害人、證人和嫌疑人與德罕地區警察局警官會談的課程。這些訓練經驗引導出許多實際的議題，供我持續研究下去，然後我再根據研究結果不斷更新課程內容。有這樣的機會進行系統性的心理學研究，將這些發現加以運用和實踐，改善刑事司法系統，是這份工作最令人滿足的一環。而與許多優秀警官互動，同樣令我感到滿足。

我想給對這個領域感興趣者的忠告是：永遠不要失去對人類行為的好奇心，以及相信心理科學能幫助我們更加理解人類行為的熱情。這本教科書的內容充滿有關人們在司法體系內如何思考和工作的嶄新見解。這些見解來自於司法心理學的研究者努力提出與回答問題。我期盼許多讀者有朝一日也會為這些知識做出貢獻！

在此，我想強調布蘭特．史諾克博士對我學術生涯的重要影響。他對心理學研究的熱情，期望看到研究結果被實踐應用，以及他將學生的成功置於自己之上，在在啟發且激勵著我。我的任何成功都是源於他的指導。無論你剛展開司法心理學的旅程，或者已經快要抵達終點，我相信你會充分享受這個迷人的領域，因為我正是如此。

伊斯伍德博士在安大略技術學院任教與研究。他與妻子和三個年幼的孩子住在奧沙瓦（Oshawa）。閒暇時喜歡觀賞體育競賽，有機會就和七個兄弟姊妹進行激烈的神學討論。

[97] 有越來越多的證據指出，由於青少年在神經與心理層面的發展均未臻成熟，因此更容易做出虛假自白（Steinberg, 2014a），這也是接下來要討論的議題。青少年似乎特別容易陷入「最小化」的偵訊策略；在這種策略中，偵訊人員會淡化涉案犯罪行為的嚴重性。（「如果我是你的話，我可能也會做出同樣的行為。」）青少年被引導相信，如果跟偵訊者合作並承認遭到指控的行為，那麼偵訊者會更加寬大，並且會儘快釋放他（她）。一個發人深省的例子是現實世界中被稱為「中央公園五人組」（Central Park 5）的案例。五名青少年在一九八九年因被控對一名慢跑者施加攻擊及強制性交而被定罪。這五人雖然最終因冤罪平反而獲釋，但在平反之前，一人被關了十一年，另外四人各服七年徒刑。辯護團隊主張，這些青少年的自白是虛假的，是由脅迫性偵訊手所致，但法院未予採納。案發十三年後，另一名因三次強制性交和一宗謀殺罪而在監服刑的受刑人承認犯下本案，最後經由該受刑人對犯罪細節的理解，以及從被害人身上採得樣本進行的DNA比對結果，最終對這群青少年的定罪判決被撤銷。

接續勞倫斯．斯坦伯格（Laurence Steinberg）所做的研究，柯瑞利（2017）列出三個相互關聯因子，用以理解青少年和成人接受偵訊時的差異：一、酬償敏感性（reward sensitivity）；二、自我調節能力（self-regulation）；三、未來取向（future orientation）。在酬償敏感性方面，青少年對即時酬償遠比成年人要敏感，他們對於好的報酬關注程度更高，也更願意冒險立即得到這些東西。在漫長而高壓的偵訊過程中，回家對青少年而言是一種很有力的即時性酬償。研究發現（Drizin and Leo, 2004），「可以回家」是青少年在未曾犯罪的狀況下做出虛假自白的最常見原因之一。缺乏自我調節（自我控制）的能力，可能會讓青少年在面對偵訊中令人不快的對峙場面時，為了獲取可以回家的即時酬償，選擇做出虛假自白，而非堅持無辜。缺乏未來取向感，也會讓青少年寧可選擇立即回家，而不考慮認罪的未來後果。青少年「傾向將目光集中在其行為的近期損益上，而非長期後果」（Kassin, Perillo, Appleby & Kukucka, 2015, P. 253）。大致來說，青少年的酬償敏感度，會勝過抑制即時的不當行為而選擇長期的適當行為的能力（Casey and Caudle, 2013）。

虛假自白

[98]

日舞頻道（Sundance channel）上有部影集《沉冤昭雪》（*Rectify*），劇情講述一名男性在十八歲時就一名年輕女子的命案做出自白後，遭到定罪並被判處死刑。他在死囚牢房度過了十九年，直到後來因DNA證據而洗清冤情。這部影集描繪了主人翁在重獲自由後如何調適、面對過去的經驗、重建新關係，以及修復與家人的情感。影集也以回憶的方式描繪了主角身為死囚在獄中的經歷。不過觀眾或許不免尋思，為什麼主角會對於他未曾犯下的罪行做出自白？

影集雖屬虛構，卻並未脫離現實。經由近來透過DNA科技平反的冤案，研究者發現一個明顯的趨勢：為數令人不安的定罪案件，竟然是奠基於透過有問題的程序或根本違法的手段所取得的虛假自白（Kassin et al., 2007; Kassin et al., 2015）。虛假自白「是針對犯罪行為所做的自白，通常伴隨著犯罪如何發生以及動機的敘事，問題是自白者實際上並未犯下這樣的罪行」（Kassin et al., 2010, P.5）。這些因DNA而獲平反的冤案和其他導致無辜者被定罪的重大案件，促使警方對會談和偵訊方法的審查更趨嚴格（DeClue and Rogers, 2012）。但必須強調，只有一定比例的DNA平反冤案涉及虛假自白。研究指出，大約16%至25%的DNA平反案件涉及虛假自白

（Garrett, 2011; Kassin et al., 2015; O'Connor and Maher, 2009），其他大多數案件則是牽涉到不準確的證人供述（這也是虛假自白的一個重要成因，因為嫌疑人會在被告知有目擊者指認他們後做出自白）。本章稍後將討論目擊證人的指認問題。

許多經由DNA證據得以平反的人從未承認自己的罪行；相反的，他們從被捕的那一刻起就不斷主張自己的清白。（重點提示3.2 提到無辜計畫，一個為據信遭誤判的無辜者進行倡議的組織。）然而，隨著DNA平反案件不斷出現，許多案件確實涉及虛假自白及取得這類自白的手段。「許多這類案件描述了心理層面的可怕故事，甚至包括對兒少和成人進行生理施虐的審訊手段，也包括許多認知功能障礙者。」（Kassin et al., 2007, P.382）這些故事和其他受矚目案件指出，心理學家在研究、調查和預防冤案方面可以發揮巨大作用（Kassin et al., 2010）。凱辛（Kassin, 2008）認為，綜觀整個刑事司法體系，自白被輕信且全盤接受。這種天真輕信的心態下潛藏著五個迷思：一、真正無辜的人是不可能會因為使用合法和非脅迫的審訊手段，就誘使其做出自白；二、警方偵查人員往往確信他們可以在會談時區辨說謊與說實話的人，因此他們認為自己能夠判斷應該對誰進行壓力審訊；三、依靠直覺與補強供述，警方與其他刑事司法實務人員可以分辨自白是真是假；四、接受審訊者受到憲法上緘默權及律師協助權的保障；五、萬一自白確實出於扭曲自由意志等不正方法，也在後續事實審中被錯認有證據能力，上訴審法院仍可以合理判斷究竟前述的錯誤是否屬於訴訟法上的無害瑕疵（harmless error）。凱辛博士再三強調，上述五點是迷思，並非事實。

就目前而言，沒有人能夠準確估計美國各地警方所引發的虛假自白比率，或因為虛假自白所造成的冤案數量（Kassin et al., 2010; Leo and Ofshe, 1998）。但研究清楚指出，自白確實可以透過種種方式誘導取得。不過，我們首先應該理解的是，多數案件的定罪都是透過犯罪現場或經由證詞所取得的證據所致，而不是僅依靠偵訊和嫌疑人自白。

然而，當嫌疑人確實自白犯行時，其自白普遍會被視為令人信服的入罪證據，而這樣的證據很可能支配所有其他的案件證據，從而導致被告被定罪（Leo and Ofshe, 1998）。因此，作為社會整體，我們應該對於虛假自白及因為脅迫等不正方法所生的供述，採取特別謹慎的立場。依據前述研究，美國警務人員對偵（審）訊和虛假自白的危險性，嚴重缺乏訓練。「很少有員警會被教育要如何避免誘取自白、如何理解造成虛假自白的因素，或者該如何識別虛假自白的各種型態及顯著特徵。」（P.437）這是警務心理學家應該要能提供的一項重要教育訓練，事實上，有相當證據顯示，他們已經開始做了（DeClue and Rogers, 2012; Lassiter and Meissner, 2010; Malloy, Shulman & Cauffman, 2014）。此外，心理學家積極研究影響虛假自白的成因（Meissner et al., 2012; Redlich, 2010）。 [99]

大多數美國警務人員在警察學校接受有關會談和偵訊技巧的教育時，頂多只有一些走馬看花的訓練，一直到他們成為偵查員或偵訊專家時，才會進一步接受更廣泛的訓練。然而，偵查人員往往確信自己有能力在會談與偵訊中區辨誰在說謊。這樣的確信源自在職經驗和某些保證能提高偵查準確性的警察訓練計畫（Kassin et al., 2007)）。有些訓練計畫甚至宣稱，經過訓練後的偵查準確率可達85%。不過，研究指出，這些訓練並沒有辦法帶來可靠的進步。根據大多數研究結果，警方偵查員和其他專業人員的準確率，經過訓練後也不過比丟銅板的偶然機率略高一些（Kassin et al., 2010）。

對嫌疑人的偵訊通常是在警方偵查員會談或調查之後，基於這些面談或調查所得到的「確認」或「感覺」而進行。因此，在許多情況下，偵訊過程始於有罪推定，而偵訊當中所使用的策略，則是以擊破預期嫌疑人會建構的心防為主。

我們必須強調，虛假自白的比例不高；換言之，大多數認罪的人有可能是有罪的。在歐洲，有12%的受刑人回報自己曾經對未犯下的罪行做出自白（Gudjonsson, 2003）。在北美，依據警方偵查人員的估計，在偵訊期間自白認罪的人當中，大約有5%是無辜的（Kassin, 2008）。一些專家則認為，無辜比例可能更高（O'Connor and Maher, 2009）。但為什麼這些相對少數的人要自白呢？人們會對自己沒有犯下的罪行做出自白，可能是因為他們被承諾可以坦白從寬，可能是因為要保護他人，也可能是因為患有精神障礙或心智缺陷，或者因為他們想要「成名」，要不就是他們經歷整個偵（審）訊過程後已然精疲力竭，他們難以相信有人會相信他們，或者還有其他原因。此外，還有一些無辜者會承認犯下自己從未犯下的罪行，是因為他們自己也相信（通常是經由外界施壓說服所致）自己確實犯罪了。

總括研究文獻，可以區分三類虛假自白（Kassin and Wrightsman, 1985）：自願型（voluntary）；外力強制順從型（coerced-compliant）；外力強制內化型（coerced-internalized）。第一類自願型的虛假自白，是指在沒有來自執法部門壓力的情況下，做出自證己罪的陳述。凱辛（1997）指出，這種自願型虛假自白有個眾所周知的例子，就是美國史上最著名的綁架案，超過兩百多人站出來承認自己綁架了查爾斯・林白（Charles Lindbergh）的孩子。查爾斯・林白是第一個獨自駕機飛越大西洋的人，也是一位美國英雄。一九三二年三月一日，林白和妻子安娜的長子遭到綁架勒贖，後來被發現死亡，時僅二十個月大。儘管布魯諾・理查德・豪普曼（Bruno Richard Hauptmann）因本案遭定罪並被執行死刑，但多年來人們對其罪行持續存疑。正如凱辛所指出，有不少人之所以對犯罪自白不諱，顯然是為了獲得他人認可或名聲。

受到外力強制的順從型與內化型虛假自白，涉及警方施加的壓力，有時還涉及來自其他第三人的壓力。相關研究顯示，在高壓之下，巧妙的操弄、欺騙或暗示性的手法，都可能導致虛假自白的產生（Gudjonsson, 1992；Kassin,1997）。在偵訊過程中，罹患精神障礙或心智缺陷的人經常會遭到詢訊問更多問題，當然這些人也更難以理解這類經歷的意義（Redlich, Kulich & Steadman, 2011）。他們做出虛假自白的可能性更高（Redlich, Summers & Hoover, 2010）。在與偵（審）訊相關的高壓狀況下，即便是無辜者，最後也可能相信自己罪證確鑿。凱辛將許多受到外力強制的虛假自白現象，歸因為順從與內化這類的心理概念；這種心理過程首先由凱爾曼（Kelman, 1958）提出。所謂順從，指的是改變公開的行為（而

[100]

非私密的信念或態度），藉以取悅他人或降低社交壓力，抑或是來自他人的威脅。而內化則是指個人思想或信念的改變，源於我們真的相信特定議題或觀點。

凱辛（1997）總結道，在長時間、高壓的偵（審）訊經歷後，最可能發生外力強制順服型的虛假自白，特別是在過程中若包含睡眠剝奪（sleep deprivation）。嫌疑人為了避免身受進一步的不適，即便在明知自己無辜的狀況下，也會承認犯罪。「中央公園五人組」一案中的部分嫌疑人，顯然是受到家長催促，或在警局遭押多時後，誤以為供認不諱就可以自由返家。其他嫌疑人在被告知警方掌握了他們的犯罪證據（例如有目擊證人指認或在犯罪現場發現指紋）後，針對犯罪做出自白。以上所述都是不涉及內化的順服過程。

另一方面，當無辜者已疲憊又困惑，在心理層面極為脆弱之下，會開始相信自己確實犯下了被控的罪行，於是產生外力強制的內化型虛假自白（Kassin, 1997; Kassin and Kiechel, 1996）。心理順服最終演變為信念內化。此外，自白認罪的壓力未必來自警方，也可能來自家庭成員、朋友、宗教人士或同事，例如當這些人向嫌疑人表示只要他做對的事並自白犯罪，或者為自己犯下的罪行懺悔贖過，就會感覺好過一些（McCann, 1998）。

重點提示3.2

無辜計畫Innocence Project

毫無疑問，有部分在監獄中服刑的人，是遭冤罪誤判的無辜者。無辜計畫（一個獨立的非營利組織）的使命是為這些無辜者平反，並對造成冤獄的制度進行改革。在某些個案中，定罪的結局可部分歸因於「虛假自白」或其他對警方提出的入罪供述，不過就多數個案而言，涉案的個人都不斷堅稱自己無辜。

「無辜計畫」由葉席瓦大學班傑明．卡多佐法學院（Benjamin N.

Cardozo School of Law at Yeshiva University）的貝里・薛克（Barry Scheck）與彼得・內費爾德（Peter Neufeld）在一九九二年創立。DNA檢測是該組織採用的主要平冤手段；二〇一七年，全美共有三百五十人因而無罪獲釋。而這些人當中，至少有十八名是等待執行的死囚。

根據無辜計畫的官方網站（www.innocenceproject.org），在最終遭平反的定罪案件中，有七成以上的冤案涉及目擊證人的錯誤指認。法官和陪審團在審判中往往對於目擊證人的證詞賦予高度的證明力。在這些最終透過DNA證據獲得平反的冤案形成過程中，根本上欠缺效度或者不當的鑑識科學、缺乏實質有效的辯護、檢方的不當行為、虛假自白、不可靠的線民證詞等因素，也占了一席之地。丹尼爾・格林斯特伍德（Daniel Gristwood）是五個孩子的父親，在接受連續十五小時的偵訊，總計已三十四個小時欠缺睡眠的狀況下，最後向警方做出虛假自白，導致他因殺妻罪名而被定罪；在本案獲得平反之前，他已在監獄裡待了十年（R. J. Norris and Redlich, 2010）。真正的犯罪者最終供認不諱。同樣的，在「中央公園五人組」案中，直到真凶最終承認犯案前，被告們已在監多年。在另一個案例裡，一個罹患精神障礙的男子在誘導下相信自己其實是透過提供虛假自白的方式，協助警方「逼出」一宗十六歲女孩被殺案件的真凶。正如前文所提，研究發現精神障礙或心智缺陷者，比起一般人更容易做出虛假自白。

冤案獲得平反而無罪釋放的人，又面臨什麼情況？答案並不清楚，這些獲得平反者的重建生活之路可能天差地遠。此外，並非所有國家都為冤獄在監提供經濟補償。根據研究（R.J.Norris and Redlich, 2010），美國只有二十七個州、哥倫比亞特區及聯邦政府有冤獄補償規定，而且在250名平冤後無罪開釋者中，只有六成得到補償。

問題與討論：

一、請造訪無辜計畫組織的官網，針對近期較受矚目的任兩宗案件進行討論。

二、遭到錯誤定罪的人，是否應該因所蒙受的冤獄時間而得到補償？若是，最佳的補償形式又是什麼？

三、司法心理學家在防範虛假自白方面扮演什麼樣的角色？

摘要

[101]

近年來由於DNA證據而獲得冤獄平反的無辜者數量大增，表示刑事司法體系在處理這些案件時出現了錯誤。雖然在這個過程中可能有很多因素會出問題，諸如律師無法提供實質有效辯護、目擊證人錯誤指認，但迄今討論多半聚焦於偵（審）訊過程，而這類程序確實可能導出虛假自白。話說回來，即便是「與事實相符」的自白，如果是透過不正方法取得，還是可能因為侵害了被告的基本權利而遭到推翻。是以，執法人員必須學會「正確執法」。自白絕對不得透過生理或心理強制的方式取得。不過，要判斷究竟如何才構成心理強制，實際上可能非常困難。

麥斯納、哈特維希和羅莎諾（Meissner, Hartwig & Russano, 2010）建議，有鑑於採用有疑慮的偵訊手法的訓練手冊與計畫數量頗眾，我們必須能夠提出更有效和周延的替代方案。他們呼籲採取本於研究基礎的系統性方法，辨識哪些偵訊技術可用於建構「事實真相」（Meissner, Russano & Narchet, 2010）。他們敦促警務心理學家和其他研究者與偵查人員合作開發偵訊技術。正如本書在討論PEACE模式時指出，在英國與加拿大，這種整合性方法經證明非常成功（另見Bull and Soukara, 2010）。

麥斯納和拉薩特（Meissner and Lassiter, 2010）針對警方偵訊方法的改革，提出了五項建議：

一、所有偵（審）訊全程錄製保存，最好是錄影。

二、禁止使用經證明可能導致虛假自白的心理操弄偵（審）訊手段。

三、在偵訊場合保障弱勢者，如兒少、精神障礙或心智缺陷者。

四、在與嫌疑人會談前，確保事前適當告知米蘭達權利，包括放棄相關權利必須本於知情且明智的基礎。

五、訓練執法人員了解哪些因素會導致虛假自白。

採取上述預防措施，不僅會增加公眾對警方的信心，也會使透過偵訊或會談程序取得的供述證據，例如自白，在最終事實審程序中被排除的機率大幅降低。

[102] 偵測欺騙

媒體經常將詢問證人或嫌犯的警察，描繪成具備能判斷被詢問人是否吐實（通常透過非言語行為）的能力。然而，正如他們對剖繪的描繪存在諸多偏差，媒體對偵測欺騙所呈現的面貌與現實並不相符。大多數司法心理學家極力主張，在利用非言語行為作為判斷依據時要非常謹慎，雖然有些行為有可能暗示一個人未全然吐實，但是實際上並沒有確切的方法可以確定這一點。舔嘴脣可能只是表示緊張或口渴，而如果一個人正在接受執法人員會談或詢問，感到緊張並不奇怪。

在這一節，我們將討論欺騙行為的偵測（detection of deception）。欺騙是一種旨在隱瞞、誤傳或扭曲真相與資訊，藉以誤導他人的行為。顯然，就調查工具而言，足以偵測欺騙的能力或程序很重要。此外，全球恐怖主義的威脅，「導致對於在公共場所，包括國界、安全檢查哨、機場、公車總站、火車站、購物中心或體育場館的欺騙行為之偵測，更形重要。」（Vrij and Granhag, 2014, P.936）

欺騙或說謊行為的偵測，乃是特定的心理研究領域，可能對情報蒐集、刑事偵訊，乃至於保險欺詐等調查工作，都有重要貢獻。但是就此領域迄今為止的研究成果來看，卻不特別值得期待。根據針對能有效辨識欺騙技術的研究，這類技術的準確率僅略高於隨機（54%至57%）（Logue, Book, Frosina, Huizinga & Amos, 2015）。此外，專業人士如警官和心理學家，往往沒有比行外人更準確（Gongola, Scurich & Quas, 2017）。更令人驚訝的是，成年人在偵測兒童的欺騙行為方面（無論兒童多大年紀），似乎也沒有比偵測成人的欺騙行為來得高明（Gongola et al., 2017）。

研究心理學家指出欺騙行為的三個基本歷程：情緒、行為控制、認知負荷（cognitive load）（Vrij, 2008; Vrij, Granhag & Mann, 2010; Zhang, Frumkin, Stedmon & Lawson, 2013）。多年來，人們一直以為情緒是辨識欺騙行為的最好指標。傳統上，謊言與兩種不同類型的情緒有關：罪疚感，以及被抓包的恐懼（Vrij et al., 2010）。普遍認為，如果一個人出現緊張和焦慮的徵兆，特別是在接受偵（審）訊時，就代表有欺騙行為。例如避免眼神接觸、過度眨眼、大量出汗、不尋常的面部碰觸和摩擦、搖手或抖腿、咬指甲，通常會被認為是生理與情緒層面出現恐懼或罪疚的跡象。然而，近年來的研究發現，上述這些行為模式並不是偵測欺騙的可靠線索。例如研究人員發現，說謊者往往更刻意進行眼神交流，而非避免眼神接觸（Mann et al., 2013）。此外，過去十年最重要的研究發現，無論專業人士還是普通人，僅有極少數人能夠靠著本於情緒的線索準確地偵測欺騙（或事實）（van Koppen, 2012）。

儘管如此，大多數人（包括警方偵查人員在內）仍確信自己能分辨出誰在說謊（Vrij, Akehurst & Knight, 2006），他們相信就算不是靠著情緒線索，非言語行為也足以作為判斷依據。不過結果顯示亦不樂觀。

根據弗瑞等人（Vrij et al., 2010）的理論，人們在偵測欺騙時出錯的原因之一，是沒有考慮到欺騙行為的複雜性。對行為控制線索的研究通常聚焦於一個高明的欺騙者會有什麼樣的特質。弗瑞及其同僚指出，高明的欺騙者至少擁有十八種使欺騙難以被識破的特質，包括缺乏罪疚或恐懼感、自信、良好的行動力。此外，研究認為，高明的欺騙者不僅持續監控自己的行為，同時不斷觀察會談者對其答覆提問的反應。（Burgoon, Blair & Strom, 2008; Vrij et al., 2010; Zhang et al., 2013）。是以，這類欺騙者完全明白一般人假定「非言語行為線索可能表示欺瞞」，從而致力控制這類行為，例如調控會被認為表現出罪疚感或緊張的行為。綜上所述，研究強烈 [103]

顯示，無論是情緒還是非言語的行為線索，都不足以成為辨識欺騙行為的有效準則。

弗瑞和葛蘭翰（Vrij and Granhag, 2007, 2012）主張，語言線索有可能是更好的指引。他們認為，注意嫌疑人的語言模式（verbal patterns），分析會談者處理問題的模態（manner），將可增進偵測欺騙的效率。弗瑞和葛蘭翰進一步主張，會談者應該對被會談者造成認知負擔。換句話說，會談者與偵（審）訊人員應該設法增加嫌疑人在回答問題時的工作負荷，因為欺騙者必須積極壓制真實資訊，編造和記住虛假資訊，所以說謊行為有賴大量的認知施力（cognitive effort）（Carrión, Keenan and Sebanz, 2010; Vrij et al., 2008; Vrij, Granhag, Mann & Leal, 2011）。此外，欺騙者通常會發現很難為其故事提供更多細節，但說真話的人往往沒有這類問題。就本質而言，欺騙者經常努力地保持故事單純（Granhag and Strömwall, 2002）。增加認知負擔的有效方法，是提出嫌疑人沒有預料到的問題，或要求對故事提供更多細節（Lancaster, Vrij, Hope & Waller, 2013）。另一種方法是要求嫌疑人以相反時序講述故事（Vrij and Granhag, 2012），這種方法會增加認知負擔，因為它與通常的故事講述順序相反，對嫌疑人來說更困難。這種透過言語偵測的方式，稱為認知測謊（cognitive lie detection）（Vrij、Fisher & Blank, 2017）。

近期研究指出，相較於一般採用的實話偵測（57%）、謊言偵測（47%）及整體偵測（56%）的成功率，認知測謊法在精確度偵測（accuracy detection，67%）、謊言偵測（67%）及整體偵測（同時偵測實話跟謊言，共占71%）等方面的成效卓著（Vrij et al., 2017）。根據研究結果，使用認知測謊法可以增加辨識說謊的正確率。

多圖譜測謊儀

或許偵測謊言更科學性的方法，是使用多圖譜測謊儀（polygraph）[6]，一般又稱測謊機。然而，在此必須強調，多圖譜測謊儀並不能真正偵測出謊言或欺騙行為，而是偵測伴隨如內疚、羞恥和焦慮等情緒反應所出現的神經生理反應。這種儀器通常會記錄心跳率、血壓、呼吸速率和膚電傳導。**膚電傳導**（skin conductance）是指皮膚傳導一股難以察覺的微小電流（受出汗的變化影響）的狀況。一般假定的說謊指標，正是出汗量增加。據此推測，當某人試圖欺騙他人時，就會出現顯著的肢體或生理性反應，而這些反應可以透過精密設備搭配受訓過的檢測者（polygrapher）測得。除了觀察生理面的量測指標，熟練的測謊員也會進行行為觀測與註記，用以推斷受測者是否說謊。毫無疑問多圖譜測謊儀可正確量測並記錄周圍神經系統（peripheral nervous system）的生理性反應，但是它能否偵測出真正的說謊與欺騙行為又是另一回事。這個領域最重要的研究者威廉．雅克諾（William Iacono, 2008）指出：「學界咸認並沒有生理性反應會與說謊行為產生獨特連結。」（P.1295）

第一台比較簡陋的測謊儀，是由心理學家威廉．馬斯頓（William Marston）發明的，令人驚訝的是，創造神力女超人（Wonder Woman）這個角色的人正是他。馬斯頓的測謊儀與其他類似產品早期在美國幾乎只用於刑事偵查。正如雅克諾和派崔克（Iacono and Patrick, 2014）指出，當偵查人員的問題無法透過可得的證據解決時，通常就是測謊出場的時機。然而，隨著犯罪嫌疑人越來越意識到自己享有不自證己罪的權利，同時民權人士不斷對測謊的有效性提出質疑，多圖譜測謊儀的使用漸漸不再那麼普遍。此外，美國在一九八八年頒布施行《雇員測謊保護法》（Employee Polygraph Protection Act, EPPA），國會對於民間雇主對員工使用測謊儀予以嚴格限制。該法實際上終止了民間雇主對受雇人的雇傭前與在職期間素行是否良好的定期測謊篩查（Iacono and Patrick, 1999）。不過，我們仍然看得到一些嫌疑人自願接受測謊來證明自己清白，或者在反情報調查當中使用測謊儀。 [104]

多圖譜測謊儀的問題之一，在於陪審團可能賦予測謊證據過度的證明

6. 譯按：以下內文若未強調時均簡稱為測謊儀；測謊證據原則上也均指使用多圖譜測謊儀所得的證據。

力（Iacono and Patrick, 2014），儘管這個假設曾遭到某些研究者的質疑（Myers, Latter & Abdollahi-Arena, 2006）。換句話說，如果測謊證據顯示被告可能說謊，那麼陪審團就傾向於認定被告有罪。「不同於陪審團可能聽到的其他類型證據，測謊證據有可能篡奪陪審團依憲法認定犯罪事實的任務。」（Iacono and Patrick, 2014, P.649）因此，刑事法院一般會排除測謊相關證據，理由是這類證據可能對陪審團的認事用法產生不當影響。例如一九七五年的「美國訴亞歷山大」（*United States v. Alexander*）一案，法院在判斷是否應容許測謊證據進入審判時寫道：

> 基於科學證據的這種特殊呈現方式，現今的陪審員們縱使具備相當的成熟度，以及日趨提升的教育水準和心智能力，仍然可能會在被告究竟吐實或說謊此一刑事案件的核心爭點上，賦予測謊者的意見過高，甚至是決定性的證明力。（P.168）

然而在某些情況下，測謊證據可以通過下列兩種方式在刑事程序中被認可有證據能力。基本上，由於不得迫使被告接受測謊（*United States. v. Piccinonna*, 1989），因此若要提出測謊相關證據，必定只能由辯方為之。可提出測謊證據且被法院認定有證據能力的情況之一，是檢辯雙方事先有過協議約定（Myers et al., 2006）。通常在這種情況下，「被告可基於下列雙方合意的條件接受測謊儀測謊：若通過測謊，檢察官將撤回起訴；若未通過，雙方可以無異議地將測謊結果容認為證據。」（Myers et al., 2006）[7]目前美國約有半數州允許當事人雙方做成前述的證據協議。在審判中引入測謊證據的第二種方式則是由辯方（在檢方異議的狀態下）主動向法院聲請將測謊結果納入審理程序。在這種狀況下，通常法院會就此一爭點另定審

7. 譯按：由於美國的刑事訴訟與我國民事訴訟一樣，採取當事人進行原則，因此刑事訴訟當中的當事人，亦即檢辯雙方，對於審判當中的某些證據在法律許可範圍之內是可以自由處分的；因此雙方可以在法院許可的前提下合意針對特定刑事證據的證據能力做成協議，這在本質上也是一種具拘束力的證據契約。

前程序庭期，以確定法官是否允許將測謊結果作為證據。在這類案件中，辯方會主張證明被告未說謊的測謊證據提高了做成無罪判決的理由論據。有趣的是，雖然法院向來的立場是除非有特殊情況，否則拒絕容許測謊結果作為證據，不過上述提到的研究顯示，符合陪審員資格的成人自認在他們做成判決的歷程中，並不認為測謊證據具備足以影響判決的說服力。

總體而言，利用測謊儀的最主要用途，還是在政府機構和某些戰略產業（如核能）的人員選用或篩除。由於近年來對恐怖主義和國家安全的憂慮，美國政府將《雇員測謊保護法》的限制範圍予以限縮，擴張測謊儀施測的使用範圍（Iacono and Patrick, 2014）。目前有二十多個聯邦機構經常使用測謊儀進行篩檢，包括國防部、能源部、國土安全部和財政部（Iacono and Patrick, 2014）。而美國政府將測謊儀用於反情報目的次數，遠遠超過其他組織機構的測謊數總和（Krapohl, 2002）。再者，近年來針對警務、執法和政府安全部門職位申請者所進行的測謊儀篩檢，若非維持原數量，就是持續增加。二十多年前，就有研究報告指出（Meesig and Horvath, 1995），美國大約有99%的大型警務單位和95%的小型警務部門，將測謊篩檢視為聘雇前審查程序不可或缺的一環。時至今日，前述觀察恐怕只是更貼近現實。

[105]

應該一提的是，目前美國典型的測謊儀施測者既沒有心理學碩士等級以上的學位或研究訓練，也並非全部出自官方認證的學校或持有相關證照。正如雅克諾和派崔克（Iacono and Patrick, 2014）所示，「司法心理學家不太可能會使用測謊儀實施測謊。」（P.613）他們進一步強調：「這些透過測謊儀進行施測的測謊，施測人員所身處的領域幾乎與心理學毫無關聯，且其中心理科學的含量也微乎其微。」（P. 613）

測謊儀的相關研究

許多研究人員仍然對測謊儀及其整體準確性抱持審慎態度。歷史上，專業的第一線測謊人員聲稱測謊的精確度優異，從92%到100%不等（Bartol and Bartol, 2004）。大多數生物心理學家和研究心理學家卻發現，上述這些統計數據其實值得懷疑。除了偶爾出現計算錯誤，發表的報告均未提供所使用的方法和流程，也欠缺用於確定精確率標準的任何細節。就目前而言，在實驗室或受控條件下所進行的研究指出，正確區分吐實與說謊的比率約在70%至80%之間（Krapohl, 2002; Vrij and Fisher, 2016）。而通過對於施測者進行謹慎的高強度訓練，有可能稍微提高準確性。此外，在實驗室研究中，就電腦化的測謊系統與人工評估相比，前者在檢測受測者是否說實話的精確度稍微勝出（Kircher and Raskin, 2002）。雖然有許多與測謊相關的研究，不過若是由施測者而非獨立研究人員所進行，則研究本身是否有問題恐怕還須探究（National Research Council, 2003）。

測謊儀的精確性是一個高度複雜的問題：

> 其中有許多因素，諸如使用的具體技術、受測者的本質、待測的議題、施測的環境、測謊目的、施測人員的訓練、除了測謊資料外施測人員還考慮哪些線索，甚或受測對象究竟是被害人或者嫌疑人，通通必須要在提出任何暫時性的推論之前，謹慎加以思慮。（Bartol and Bartol, 2004, P. 285）

測謊技術一直以來受到廣泛的研究審查。目前所使用的幾種主流方法中，最普遍被採用的是控制問題法（Control Question Technique, CQT），又稱為比較問題測試法（Comparison Question Test）。雅克諾（Iacono, 2009, P.229）指出：「幾乎所有第一線施測的測謊人員都主張控制問題法萬無一失。」有趣的是，與測謊此一職業無利害關係的研究者，普遍不支持使用控制問題法（Iacono and Patrick, 2014）。控制問題法將與犯罪相關的問題與所謂的「控制」問題（也就是那些施測者知道正確答案的問題）並列。受測者只要出現與控制問題回答時不同的生理反應，就會被懷疑說謊。雖然實際上控制問題法實施的方式要更為複雜，但這種方法的核心是比較生理反應，且只有經過訓練的施測者才能針對前述的比較進行詮釋。不過評論者認為，這種方法的信效度根本未經獨立研究加以確立，何況這些獨立研究還必須與測謊人員所做的研究區隔。

研究者對犯罪知識測試法（Guilty Knowledge Test, GKT）則抱持相對友善的態度。這種方法是由測謊儀專家大衛・李肯（David Lykken, 1959）所開發。雖然此法在美國並未受到廣泛使用，但其他國家則不無使用的實例，也得到研究者的肯定（Ben-Shakhar, 2002; Iacono and Patrick, 2014）。使用犯罪知識測試法的前提是，施測者必須要取得除真凶外無人可得知且從未對外公布的資訊。這種方法乃是「排除」無辜嫌疑人的最佳手段，因為無辜者不太可能對揭示犯罪細節的問題表現出有害的生理反應（Iacono, 2009）。然而這種方法有其不實用之處，因為施測者經常難以取得未經公開流傳的案件細節。因此，儘管研究結果對此測試法給予肯定，但施測人員一般不會接受犯罪知識測試法的訓練，還是傾向使用控制問題法進行測謊。

[106]

近年來，人們益發關注測謊儀在性犯罪者的監督和治療程序中的使用（Grubin, 2002, 2008; Iacono and Patrick, 2014）。一般相信，與案件紀錄或犯罪者的自我陳述相比，測謊儀能提供更完整、更準確的犯罪者過往經歷、性方面的興趣，以及犯罪行為資訊，從而能夠據此進行更有效和精準的處遇策略（Grubin, 2008）。一些心理健康和刑事司法專業的實務工作者，認為測謊儀有助於監測行為及促成預防目標的遵守。依據一項調查估計，二〇〇二年美國有七成的社區性犯罪者都曾做過測謊儀測謊（R. J. McGrath, Cumming & Burchard, 2003）。英國則是於二〇〇七年通過立法，規定觀護服務署要試辦對於性犯罪者的強制測謊（Ben-Shakhar, 2008; Grubin, 2008）。

然而，對性犯罪者使用測謊儀也招致批評。正如格魯賓（Grubin, 2008）指出，這些批評集中在三個主要議題：一、對於如何進行測謊儀施測的關切；二、測謊程序根本上欠缺科學效度；三、倫理問題。班・夏卡爾（Ben-Shakhar, 2008）強力主張，對於性犯罪者實施測謊儀測謊的信度存在許多重大缺失，還有其他種種科學缺陷。不過，有些司法領域的實務工作者仍然認為，測謊儀在管理和處遇被定罪的性犯罪者方面，非常有用。

司法催眠

與前述有關偵測欺騙的種種努力相比，透過**催眠**（hypnosis）手段獲取資訊的作法相當罕見。不過這種手段確實存在，只是通常是對犯罪受害人實施，而非嫌疑人。舉例而言，一位加重傷害罪的被害人有可能自動「封印」了與攻擊者外貌相關的記憶，這種狀況下就有可能透過催眠的手段，協助被害人回憶足以辨識犯罪者的特徵。這類手段只可以由經過嚴格訓練且具備適當資格的專業人員施用。

在催眠程序中，心理健康、一般健康或司法心理的專業人員會對參與者進行暗示，讓他／她去嘗試體驗感覺、知覺、思想和行為的特定變化。催眠程序通常會以一般稱之為「導入」（induction）的程序作為基礎。此一導入步驟雖然有許多不同的操作方式，但大多數聚焦於令人感到放鬆、寧靜和幸福的暗示上。導入程序的指導語經常包含要求參與者去想像或思考愉快的經歷或事件。在導入期間，參與者可能舒適地或坐或躺，同時專注於特定「目標」（如點燃的蠟燭）並聆聽催眠師的聲音。參與者會被鼓勵讓自己進入類睡眠狀態，催眠師的聲音則伴隨在側。總體而言，大多數被催眠的人覺得這種體驗非常愉快且放鬆。

每個人對於催眠所產生的反應以及可暗示性，差別很大。「有些人無法被催眠，有些人極易被催眠，而大多數人對於催眠體驗則是具有中度能力。」（Scheflin, 2014, P.661）受催眠的能力被認為是一種持久而穩定的屬性，它會在童年晚期達到頂峰，此後在生命週期中逐漸下降（Spiegel and Spiegel, 1987）。在導入催眠狀態的過程中，重要因素包括：一、參與者對 [107] 催眠師的信任程度；二、參與者的動機和願意合作的態度；三、參與者對催眠先入為主的觀念；四、催眠的背景和原因（例如是娛樂或收集關鍵資訊）。信任、動機、對催眠力量的強烈信念，以及嚴肅的背景脈絡（如刑事偵調查），可能會誘發大多數人受到催眠，但這不表示他們就能夠準確回憶事件經過。顯然足以區辨真正被催眠與單純行為遵從的重點在於，被催眠者能夠體驗受暗示的知覺、記憶和情緒變化（Orne, Whitehouse, Dinges

& Orne, 1988）。

一個人體驗催眠暗示的能力，常常會因為一些常見誤解所引發的恐懼和擔憂而受到抑制。不同於書籍、電影或其他媒體中對催眠的描述，被催眠的人不會對自己的行為失去控制。催眠者仍然知道他們是誰、身在何處，除非特別遭到暗示誘發某種形式的暫時遺忘，被催眠者通常也記得在催眠過程中發生了什麼事。在催眠過程中產生的所有經驗和反應，也可能在正常狀態下產生，無需催眠導入（Braffman and Kirsch, 1999）。但催眠確實會增加可暗示性。正如布拉夫曼與基爾希指出：「唯一足以將催眠如是定性，同時又賦予它屬於一種『狀態』的正當理由，就是其普遍存在的超高可暗示性。」（P.578）。只不過對於司法科學偵查人員以及研究者而言，前述的超高可暗示性，正是在處理犯罪事件目擊證人或受害者的回憶時，最感困擾的一點。事實上，「在催眠體驗中，被催眠者願意接受幻想作為現實，加上催眠中回憶的生動性，因而可以激發人們極大的信心，相信催眠所得的回憶內容是真確的事實。」（Orne et al., 1988, P.25）。舉例來說，這種被誘發而生的自信，可能足夠讓目擊證人相信其對加害者的驚鴻一瞥遠比實際狀況來得清晰許多。

催眠早已透過各種方式被利用：它可以作為一種娛樂（讓部分觀眾在未覺察的狀態下去做有趣的事情）；它可以作為一種鼓勵人們戒菸或減肥的手法；它可以在數種醫學專科中被用作減少疼痛的程序；它也可以在刑事司法體系當中被用作一種強化目擊證人與受害人記憶的手段。有些實務執業者認為，催眠可以挖掘出長期遭到遺忘或埋藏的記憶，例如被壓抑的性虐待記憶。這種信念又常因街議巷談，或某些第一線實務工作者的說法（多半是描述一開始難以提取的記憶是如何在進入了神祕的催眠恍惚態後得以重見天日），而不斷受到膨脹誇飾。我們將在第十一章詳細討論此主題。透過催眠手法對記憶予以強化或回復，稱之為**催眠性記憶增強狀態**（hypnotic hypermnesia）；若是透過非催眠手法如自由聯想、幻想或回憶技巧等強化或回復記憶，則稱為非催眠性記憶增強狀態。

儘管催眠的歷史悠久，至今我們無法精確得知究竟催眠是如何運作，也難以了解為何某些人處於隨時易受催眠暗示的狀態，而有些人卻可以不受影響。我們知道的是，催眠似乎會觸發某些超乎一般身體尋常放鬆狀態的顯著機能變化。我們也知道，催眠與睡眠或夢遊有所不同。

催眠恍惚態理論

就目前而言，對於催眠效應背後的機制解釋，有兩種理論觀點。其一稱之為**催眠恍惚態理論**（hypnotic trance theory），它假設催眠代表一種特殊的意識狀態，會造成高度的可暗示性，以及生理體驗的改變。此理論認為，在這種特殊狀態下，被催眠者或許能夠做出他／她在正常意識狀態下無法做到的事。例如這個人可能會倒退到童年時期，栩栩如生地記憶或表現出遭到壓抑或長期被排除於意識之外的事件。在恍惚狀態時，參與催眠者可能會被指示要降低，甚至排除疼痛感受，或是做出那些他們在未經催眠時無法達成的行為。催眠恍惚態理論主張，可透過指引或訓練的方式，使個人感知、感覺、嗅聞、看到或聽到在正常意識狀態下不可能發生的事物。對於某些人而言，催眠可以大大提高他們記憶事物的能力。一般而言，該理論認為，「催眠恍惚狀態」越深沉，一個事件場景對被催眠者就會越強烈、詳細和生動。回顧研究，有關催眠恍惚態理論最具影響力的觀點來自歐內斯特．希爾加德（Ernest Hilgard, 1986）。不過支持上述立論的研究證據渺茫，總體來說並不令人信服。

[108]

認知行為觀點

第二個主要理論是**認知行為觀點**（cognitive-behavioral viewpoint）。此一觀點主張，催眠回應者（responders，即接受催眠者）在看似被催眠時，其實並非處於一種特殊的意識狀態。相反的，催眠是對於「催眠狀態」的態度、動機和期望的綜合產物，並非是意識狀態的「實際」改變。根據認知行為觀點，對催眠抱持積極態度，且對於被催眠有強烈動機的人，實際上是透過遵循催眠師所提出的許多暗示，針對「恍惚態」進行角色扮演。舉例而言，當催眠者暗示他們感到放鬆時，他們會如此嘗試，而且可能還會真的感到放鬆。或者，當催眠者暗示他們眼睛會因長時間盯著目標而眼淚盈眶時，他們就會開始流眼淚。

西奧多・巴柏（Theodore X. Barber）是認知行為觀點的主要主張者之一（T. X. Barber, Spanos, & Chaves, 1974），他提出假說主張，好的被催眠者不僅要擁有態度、動機和期待的適當混合，同時要有能力與催眠者一同進行思考與想像。根據巴柏的說法，好的被催眠者類似在觀看扣人心弦的影片或電影。他會經歷（有時甚至是很強烈的程度）如同演員在螢幕上所演出的情感和舉動。就此有言，被催眠者是被自己腦海中所創造的意象給迷住了。

馬丁・俄爾恩（Martin Orne, 1970；Orne, Dinges & Orne, 1984）身為二十世紀研究催眠最重要的權威，提出類似上述認知行為理論的觀點，認為角色扮演在所謂的催眠現象中占很重的比例。也就是說，參與者會依照自身對於真正被催眠者會如何行動的想像做反應。俄爾恩認為：「催眠的先決條件是採認『催眠個案』角色的意願；此一『催眠個案』的角色地位隱含了對催眠者所提出的適當暗示不加批判全面接受的隱性社會合意。」（Orne et al., 1988, P.23）催眠個案會願意暫時放棄現實感，暫時停止任何批判性思維，專注於催眠者所說的話。他將這種狀態稱之為「恍惚態邏輯」（trance logic），以描述被催眠者外觀表現出「在幻想與現實間和平共存」（Kihlstrom, 2001, P.754）的狀態。俄爾恩研究發現，在催眠恍惚態下所描述的事件內容，往往並不準確，還夾雜著在被回憶的事件與催眠之間所發生的許多事件。似乎一些催眠參與者高度容易受到催眠師所提出的扭曲、暗示和誘導問題的影響，尤其如果偵訊人員是相信催眠的警官，便很容易無意間針對在實際犯罪當中並不存在的事件、細節或行為做出暗示。急切希望配合會談者的被催眠證人或受害者，因此很容易去想像一個充斥著主觀幻想與念頭的場景，以配合提問者的暗示。在這些具有可暗示性的狀態下，被催眠者可能與催眠者相同，開始相信起催眠的準確性和力量。此外，與原本（催眠前）的說詞相比，被催眠者可能越來越確信其經過催眠修正後的想像畫面更準確。

[109] 司法場域中的催眠

俄爾恩因為對肯尼斯．比安奇（Kenneth Bianchi）所進行的高超心理評估而聲名大噪，而比安奇正是被控在上世紀七〇年代末的大洛杉磯地區殺害婦女和女童的「山邊勒殺手」（Hillside Strangler）。比安奇在催眠下堅稱，是他的另一個人格犯下了殺人罪。比安奇的律師隨後辯稱，由於比安奇患有多重人格障礙（multiple personality disorder），因此他不應該為連環殺人案負責。說穿了，律師希望在辯護中成功主張心神喪失抗辯。然而，俄爾恩說服法院，比安奇只是在假裝受到催眠的時候扮演不同的人格。由於俄爾恩的證詞，比安奇放棄多重人格的偽裝，同意作證指控共犯安傑洛．伯諾（Angelo Buono），並接受無期徒刑終身不得假釋的判決。俄爾恩對司法催眠的批判性觀點，影響了超過三十個州最高法院以及美國聯邦最高法院的裁判。他還制定了受到聯邦調查局採用的司法催眠指南（Kihlstrom, 2001）。

當司法催眠被用以回憶可能是數小時到數年前發生的事件時，其基本假設是人類的記憶功能就像錄影帶一樣，所有事件和細節都完整而準確地被儲存起來，只要透過適當的流程，就可以將之完好無缺叫出來或帶回意識層面。然而，此假設實則沒有研究支持（Bartol and Bartol, 2004）。事實上，人類的知覺和記憶是有缺陷的，充滿了各種不準確及扭曲。知覺和記憶的先天弱勢，再加上催眠所賴以實施的高暗示性環境，會造成重大失準機率偏高的風險。催眠下的記憶是極度可形塑且可操弄的，尤其對於高度易受暗示的參與者而言（Haber and Haber, 2000）。因此，誘導或暗示性問題便可能對參與調查者在被催眠狀態下對事件的回憶產生重大影響（Kebbell and Wagstaff, 1998）。當在司法場域中進行會談或詢問的人未經過適當訓練，或者對高度容易接受暗示者進行詢訊問所可能出現的後果一無所知，危險性更高。此外，在催眠狀態下，虛構或編造事件以填補記憶空白的傾向也更大（Orne et al., 1988）。

儘管有上述針對催眠風險的研究，最近一些研究傾向支持催眠技術的使用，尤其是在案件偵查階段。舍夫林（Scheflin, 2014）認為，依據警方的案件紀錄，催眠對釐清刑事案件相當關鍵。瓦格斯塔夫（Wagstaff , 2008）則認為，在某些狀況下，催眠可以增強一個人的記憶。韋伯斯特和哈門（Webster and Hammon, 2011）也認為，記憶回復的強化特別可能出現在對個人有特殊意義的資料。另一方面，催眠同時可能導致虛假回憶和錯誤陳述增加。

因此，司法心理學家在理解利用某些催眠元素（如使用放鬆技巧，或讓證人或被害人可自由針對事件陳述不加以打斷）進行會談的好處時，必須同時理解此領域的相關研究，以及在催眠狀態下進行不當偵（審）訊、會談或詢訊問的諸多重大危險。舍夫林等人強調：「當催眠用於司法目的時，必須切實遵守嚴格的準則。」（Scheflin, Spiegel & Spiegel, 1999, P.491）正如領域的一些專家指出，「很少有人能反駁催眠會造成精確記憶遭到混淆的說法，而且提取記憶在量方面的增加，通常內含了等於或大於精準記憶量的不正確記憶。」（Lynn, Boycheva, Deming, Lilienfeld & Hallquist, 2009, P.94）此外，催眠會同時增強一個人對於不正確記憶和精準記憶的信心（Lynn et al., 2009）。這些狀況在司法場域中的危險在於，當證人對於自己不精確的記憶太有自信，便可能導致冤罪。

總之，如果使用得當，同時理解它並非標準偵查程序的捷徑或替代品，那麼催眠可能是一項有用的工具（Scheflin, 2014; Scheflin et al., 1999）。在廣泛回顧有關催眠的文獻後，瓦格斯塔夫（Wagstaff, 2008）認為，儘管對催眠存在著諸多誤解，但不宜在偵查程序中全面加以禁止。事實上，一些與催眠相關的流程，例如冥想、放鬆、閉眼，可能有助於產出有用資訊。舉例而言，若一個人曾經遭受創傷，催眠或許就可以提供協助；受創者若未能進入催眠的放鬆與專注狀態，便難以在生理或心理上重訪受創地。

[110]

目擊證人作為證據

警務人員經常會與犯罪事件的目擊者進行會談。一般而言，這類任務除了需要進行加害人指認（特別是面部和其他身體特徵），也會要求對犯罪事件發生前中後所經歷的細部事物進行辨識。他們會要求目擊證人對於往往是初次看到的人事物進行精確的回憶與辨識，還必須在相當的壓力下進行。

犯罪事件發生後，證人會儘快開始指認嫌疑犯。警方偵查人員通常會從證人處取得有關加害者的口頭描述，或透過向證人出示照片的方式取得初步指認結果。在某些情況下，警察會讓證人觀看犯罪前科者的個人照片，以便確定具體罪犯的身分，或者得到罪犯外表的大概特徵。警察機關通常會要求證人檢閱一整組照片（照片牆、散列照片、陣列照片、犯罪大頭照），從中挑出與證人所敘述的生理特徵較符合者，如果此時警方心中已經有嫌犯人選，或者甚至有嫌犯在押，那麼上述供指認的照片中會包含嫌犯照片。

目擊證人的證詞

在繼續討論前，我們必須理解，目擊證人的證詞是在被准許進入法庭的所有證據類型中，最具影響力者，尤其如果目擊證人宣稱曾親見加害者犯下罪行。陪審員似乎強烈傾向全盤接受目擊證人的證詞，儘管這些證詞與其他類型的證據（如指紋、血型、DNA）相互矛盾。「對陪審團成員來說，很少有證據像目擊證人證據一樣令人信服，這是法官們老早就已經認知到的事實。」（Semmler, Brewer & Douglass, 2012, P.185）

重要的是，目擊證人的知覺與記憶，是實驗心理學中研究最多的心理歷程之一，也與司法心理學的實踐相關。一百多年來的心理學研究不斷強調，對過去事件的記憶和回憶，至少有部分是不可靠的，而且極易受到各種影響。關於司法場域中的目擊者證詞， 法蘭達、尼柯拉斯和羅芙托斯

（Frenda，Nichols & Loftus, 2011）寫道：「歷經三十多年的研究後，數量日趨龐大的文獻不斷指出，誤導性的事件後資訊（misleading post-event information）對於目擊事件中所提取與回憶有關的言詞、面孔和各種事件細節，都會造成扭曲效應。」今日的研究者則是持續尋找新的典範來研究記憶的種種侷限性，以及改善的方法（參照如Luke, Crozier & Strange, 2017; Strange and Takarangi, 2012）。（也請參見第四章觀點專欄4.1。）

在西蒙斯和查布里斯（Simons and Chabris, 2011）所進行的兩項調查中，將近四成的問卷填答者認為，一個自信的目擊證人所做出的證詞，應該足以將一個有罪的被告定罪。西蒙斯和查布里斯據此做出總結：「科學和大眾信念之間的這種差異，證實了在評價有關心理學和人類心智狀況的主張時，依賴直覺或常識有多麼危險。」（P.6）其他研究則發現，無論是美國法學院學生或是大學部學生[8]，對影響目擊證人記憶可靠性的因素都了解有限（Wise and Safer, 2010）。上述這些研究結果顯示，陪審員和許多法庭人員也存有同樣的誤解。羅芙托斯（Loftus, 2013）的研究發現，潛在的陪審員存有許多與心理學矛盾的信念。有趣的是，美國的刑事辯護律師似乎比檢察官或其他司法人員更加了解目擊證人的記憶，他們的知識與記憶專家的知識殊無二致（Magnussen and Melinder, 2012; Wise, Pawlenko, Meyer & Safer, 2007; Wise, Pawlenko, Safer & Meyer, 2009）。 [111]

羅芙托斯發現，有關目擊證人記憶的研究趨勢出現轉變。她表示，當代的相關研究與其說是針對影響目擊證人證詞準確性的因素，倒不如說是偏重「一般大眾，尤其是陪審員，是否理解這些因素」（P.557）。

目擊證人的相關研究也指出，誘導性的詢問與列隊指認程序，可能對目擊證人的證詞產生巨大影響（Wells and Loftus, 2013）。在許多情況下，目擊證人的所見所聞往往極不準確。「從未發生過的事件，其記憶很容易與實際事件的記憶相混淆；而錯誤的目擊證人指認結果，則是很容易與準確的目擊證人指認相互混淆。」（Wells and Loftus, 2013, P.627）可惜的

8. 譯按：美國採學士後法律制度，因此所有法律系學生都是研究生，而非大學部學生。

是，執法部門、檢察官和法院卻一直不願意採用司法與研究心理學家完成的目擊證人研究。例如執法人員往往不知道要如何才能在不使用誘導性與高度暗示性問題的狀況下，避免污染目擊證人所見所聞，卻又能正確進行詢訊問。

羅芙托斯也指出，狀況開始有了變化，正如本章先前所述，DNA的鑑識結果推動了公眾對目擊證人研究的理解。法院越來越願意允許目擊證人的研究專家在刑案審判中提出意見證詞，儘管通常只有在被告能負擔專家費用的情況下（參見重點提示3.3的相關案例）。

認知會談

本章先前討論過認知會談，這種技術的出現代表從證人或受害人處獲取資訊的方法已有長足改善。在一般典型的（非認知）會談中，警方的會談者主導談話，被會談者則是扮演被支配的角色。警方會問一系列具體的簡答型是非題，直到把問題清單全部問完一遍（Fisher and Geiselman, 2010）。此外，會談者通常會為了追問誘導或暗示性的問題而打斷被會談者。在許多情況下，會談者僅聚焦於完成警務單位所要求的預先核定清單。

為了盡可能獲得更多有關事件的資訊，認知會談採取非常不同的方法。例如鼓勵會談者允許證人盡可能主導敘述。在認知會談中，負責偵查工作的會談者熟練而溫和地引導證人（或受害者）完成一些特定步驟（Fisher and Geiselman, 2010）。在會談的前期階段，會談者試圖與證人建立融洽的關係，允許並鼓勵證人描述他們在事件發生當下的情緒反應。其後，會談者會使用四項設計用於回復個人經歷原始狀態的記憶提取提示（retrieval prompt）進行會談。第一個提示是針對發生了什麼事提出一個開放式問題，而且避免去打斷敘事者。第二個提示則是要求證人或受害人閉上眼睛，嘗試再次敘述同一事件。認知會談的相關研究揭示，閉眼會讓注意力更集中以及有更高的準確度（Vrij, Mann, Jundi, Hillman & Hope, 2014）。弗瑞等人寫道：「閉眼可使原本用於監測周遭環境的認知資源獲

[112]

重點提示3.3

目擊證人與指認：維州法院的見解（*Payne v. Commonwealth*, 2016）

丹堤・沛恩（Deante Payne）被判處犯下兩宗搶劫罪，以及在重罪期間使用槍枝罪。他的定罪完全基於被害者證詞：被害者購買筆電後，在公寓洗衣間遭到兩名男子攔截。其中一人持槍，另一人則持刀抵住被害者身側。沛恩遭檢察官認定為持槍男子而遭起訴，但他本人否認涉入本件犯罪，並提出涉案的可能是某第三人。（事實上警方曾經對該第三人進行會談，而且有一名偵查員在電郵中提到此人看起來像沛恩，不過該郵件並未被法院許可列為證據。）

由於沛恩很窮，因此他的辯護人聲請法院撥款聘請一位專家針對目擊證人證詞欠缺可信度提出意見。承審法官駁回了辯護人的聲請。在案件進行到陪審團審判階段前，沛恩的律師聲請法官對陪審員做出下列指示：陪審員可以考慮諸如事發時照明的影響，或對受害者的壓力等因素，以及這些因素可能如何影響目擊者對行為人的辨識。不過承審法官再次駁回此一聲請，理由是這類的資訊只會使陪審團感到困惑。

如本章所述，目擊證人的證詞可能容易出錯，這並不是說目擊證人一定是錯誤的。目擊證人，包括犯罪的直接受害人在內，有可能是可信的；他們也可能認為他們本於所見所聞的陳述是準確的。問題是他們的證詞不一定可靠，一系列的心理學研究已清楚證實這一點。

沛恩遭判有罪並被判處九年有期徒刑。他的律師後續向中級的上訴法院提出上訴，再次敗訴後，遂上訴到維吉尼亞州最高法院。美國心理學會代表沛恩提出一份法庭之友狀，敦促維州最高法院應該就原事實審未給予應予陪審團的指示，做出撤銷發回的裁判。該法庭之友狀書也指出，有關目擊證人證詞的心理學研究非常可靠。維州最高法院在二〇一六年十二月做出裁判，維持了下級法院的判決，認為該判決並無違誤。

問題與討論：

一、「沛恩訴維吉尼亞州」（*Payne v. Commonwealth of Virginia*）一案已上訴至聯邦最高法院。截至本文完稿之際，最高法院是否受理本案仍未可知。請討論最高法院為何應該或不該受理本案。

二、事實審法官可否以可能讓陪審團感到困惑為理由，拒絕對陪審團針對特定事項做出指示？

三、沛恩負擔不起專家證人費用，根據上述事實以及本章前面提過的內容，專家證人在本案中有機會改變結果嗎？

得釋放，進而改善記憶力。」（P.861）。第三個提示則是要求目擊證人以相反的順序將敘事重述一次，這麼做有助於增進對事件的記憶以及糾正遺漏的錯誤。第四個提示則是要求證人從他人的視角來描述事件（Memon, Meissner & Fraser, 2010）。

根據研究（Fisher and Geiselman, 2010），認知會談在美、英、德、澳等國的許多研究中，已經證明在改善證人記憶方面具有效性。認知會談能夠有效跨越文化、證人類型（無論是年輕、老年或認知障礙），以及需要回憶的事件類型（包括犯罪、事故、日常活動）。

面容辨識

如前所述，法院，尤其是刑事法院，強烈依賴目擊證人的指認作為對被告有利或不利的關鍵證據。然而，科學研究累積的成果顯示，想要準確辨識一張相對陌生的臉孔，是一項極其複雜且極易出錯的任務（Bartol and Bartol, 2004, 2013）。這些研究也指出，面部辨識的準確性絕大部分取決於可回憶的面部類型。不知為何，有些人的面容比其他臉孔來得容易辨識。舉例來說，高度獨特的人臉比起一般無特色或普通的面孔，更容易被辨認（Chiroro and Valentine, 1995; M. E. Cohen and Carr, 1975; MacLin and

Malpass, 2001）。相較於中等吸引力的臉，吸引力較高與較低的面孔也比較容易識別（Shepherd and Ellis, 1973）。由於吸引力是主觀的，因此前述研究結果未必有太大用處。此外，一個人看一張特定臉孔的時間越長，日後的認知度也就越好（MacLin, MacLin & Malpass, 2001），這樣的研究結論基本上也不令人意外。 [113]

在某些情況下，由電腦或畫家基於目擊者或受害者的描述進行合成或繪製的人臉圖像，會被用於協助指認，這類手法稱為**面容合成**（facial composites）。但相關研究指出，就算只是建構和觀看面容合成圖，也可能會妨礙指認辨識的準確性，以及原本對於嫌疑人長相的記憶（Topp-Manriquez, McQuiston & Malpass, 2016）。

無意識轉移

有時候證人會將他們在其他時地所見過的人指認為最近犯罪的加害者，這種被稱之為**無意識轉移**（unconscious transference）的現象，指的正是我們在一種情境下看到的特定人，可能在回憶時誤以為此人是出現在另一個情境中。之所以稱為「無意識」，是因為人們沒有意識到自己的回憶出現錯誤或混淆。目擊證人很可能看到某張臉孔的時間極為有限（例如在雜貨店匆匆一瞥），卻在日後看到同一張臉孔時，把它斷定為罪犯的臉。羅芙托斯（1979）認為，無意識轉移是人類記憶易於出錯與流失本質的一項表徵，當前期輸入的記憶與後來輸入的記憶發生「相互干擾」時，就會出現這種現象。相關研究不斷指出人類儲存資訊的方式並不像錄影帶或手機；相反的，記憶會不斷變化或修改，以符合個人的認知信念和觀點。時至今日，絕大多數的心理學家都會同意，「就釐清過去的事實而言，記憶其實是一條充滿危險的道路。」（Turtle and Want, 2008, P.1245）

無意識轉移的現象也證明，目擊速食餐廳搶劫案的工作人員，很可能錯誤地把與真正犯罪者有某些共同特徵的顧客誤認為犯嫌。不過，無意識轉移的狀況若要發生，指認人先前觀看無辜者臉孔的機會必然相對短暫。

若是目擊證人先前有頻繁接觸，就不太可能引發與這些頻繁接觸者相關的無意識轉移。

族內偏誤

已有相當證據證明，與其他種族或族裔群體的面孔相比，人們更善於區辨屬於自己種族或族裔群體的面孔（Bartol and Bartol, 2015）。研究者把這種現象稱為**族內偏誤**（own-race bias），有時也被稱為「族內效應」（own-race effect）或「跨種族效應」（cross-race effect）。跨文化和跨國科學研究都記錄了族內偏誤的現象，它存在於各種不同的族裔群體（Hugenberg, Young, Bernstein & Sacco, 2010; Meissner and Brigham, 2001; Sporer, 2001）。遺憾的是，族內偏誤效應會造成許多指認錯誤或誤報。誤報是指證人將錯誤的人指認為罪犯的狀況，雖然在我們的社會中，誤報的頻率似乎在增加，不過多數這類案例無法歸因為種族態度或偏見所致（Meissner and Brigham, 2001）。然而，至今因為DNA證據而冤罪昭雪的案例中，有高比例是黑人，確實令人感到相當不安（Innocence Project, 2014）。

對族內偏誤效應存在幾種可能的解釋，最廣為接受的是**差異體驗假說**（differential experience hypothesis）。該假說指出，每個人對於自己種族的成員會有更高的熟悉度或更多的互動機會，從而也更能有效的辨別其間的差異。此外，與其他種族進行有意義且積極互動的頻率，可以培養出區分種族或族裔面孔的技能（MacLin and Malpass, 2001; Yarmey, 1979）。例如擁有其他種族或族裔的親近好友，比起只是經常但隨性與這些人互動，[114] 更可能促進面容辨識的正確性。此外，相關研究的結果也支持差異體驗假說，認為面容辨識訓練可以顯著降低跨種族效應（Hancock and Rhodes, 2008; Sangrigoli, Pallier, Argenti, Ventureyra & de Schonen, 2005; Tanaka and Pierce, 2009）。然而，犯罪事件的證人往往不曾接受過這類訓練。

總而言之，研究得出的一致結論是，人類難以識別其他種族的陌生者。再者，這種現象可能經常造成許多嫌疑人的身分遭到錯誤指認，並因而遭到定罪，直到最終因DNA證據而平反。

審前指認方法

司法心理學家很早就知道，審判程序之前的種種指認方法特別容易產生偏見和錯誤，同時有許多司法科學研究者強調，受害者或證人所犯的指認錯誤常是無心之過，並無構陷他人之意。這些人真心相信他們所指認的人是加害者，或者他們對於事件的回憶是準確的。然而，研究者發現，警方所使用的各種指認方法，從明目張膽的誤導手段，乃至於比較微妙的暗示，都會影響證人的指認。在這類議題中，最受到研究的主題正是犯罪嫌疑人的列隊指認（suspect lineup）。

列隊指認與照片指認

當警方拘留了一名嫌疑人，常見的作法是把嫌疑人與二到五個人置於同一列，希望受害者或其他證人能夠從中指認出嫌疑人就是加害者。（參

照片3.1
一位女性指著她認為自己親眼目擊犯罪的對象。她必須以說出號碼的方式指認對方。
資料來源：©iStock.com/ RichLegg

見照片 3.1）。這種作法稱為**同時列隊指認**。這些被指認人也可以逐一出現讓證人指認，這個程序稱為**依序列隊指認**。哪種列隊指認流程得到的結果更準確？正如莫蘭德和克拉克（Moreland and Clark, 2016）指出，早期研究顯示，依序指認比同時指認有更大的準確度。然而，從二〇一二年起的研究顯示，同時指認可能更準確（如 Dobolyi and Dodson, 2013; Mickes, Flowe & Wixted, 2012）。時至今日，「同時或依序列隊指認孰優之爭，懸而未決。」（Moreland and Clark, 2016, P.280）不過，比起前述的指認手法，更常見的作法是，無論是否有人被拘留，警方都會同時或依序顯示每個人的照片或影像短片。而法律心理學家傳統上比較建議使用依序指認，這種方法也越來越普遍，特別是在照片陣列的狀況（Police Executive Research Forum, 2013）。依據執法機構自陳，最常用的目擊證人指認手法包括：照片列隊或照片陣列（94.1%）、真人指認（61.8%，詳下文討論）、合成素描（35.5%）、頭像照清冊（28.8%）、現場列隊指認（21.4%）（PERF, 2013）。無論使用哪種方法，必須牢記前面提到的種種目擊證人指認相關問題（如面容辨識、記憶出錯、族內偏誤）。

[115] 司法心理學家對現場列隊指認的相關研究特別感興趣，因為在這種指認程序中，似乎更可能出現指認錯誤。在現場列隊指認中，證人或受害人可能受到警務人員的評論或行為，或是列隊本身構造等因素的影響。但即便列隊指認程序具有暗示性，法院未必會做出對被告有利的裁判。其他考慮因素如證人自信心是否充足、從犯罪發生到指認之間過了多久時間，還有證人對於加害者的描述是否前後一貫等等。然而，美國最高法院在一些案件中仍做出裁判認定，列隊指認縱使具有暗示性，未必就理所當然不得於審判中用作證據。

現場列隊指認的被指認成員，應該都要符合目擊證人提供給警方的描述。換句話說，這些被指認的成員必須有類似的特徵，諸如年齡、身高、身材、種族、髮型和面部毛髮，這些特徵都必須出現在證人的原始描述中。在現身指認行列之前，如果有機會的話，許多嫌疑人會試圖改變外表以誤導證人（Cutler, Penrod & Martens, 1987）。如果證人記憶中的犯罪者是六呎六吋高、黑色捲髮、蓄鬍，但是現場列隊的五位被指認人當中只有一位符合上述描述，那麼這個列隊指認顯然帶有偏見。這是組成偏誤（composition bias）的適例。

審判前階段的指認程序當中，另一個必須關注的重點是承諾偏誤（commitment bias）的現象，也就是一旦目擊證人在一開始指認某張臉孔之後，就算是錯誤的，他後續還是會傾向指認同一張臉孔。當證人亟欲取悅警方調查人員，或者當他們認為員警在審判前的嫌犯指認過程中，已經握有針對某人的充分證據時，最可能出現承諾偏見。基於這種偏見，一開始指認嫌疑人但仍存有疑問的目擊證人，有可能在之後更加確信自己的指認。換言之，每次證人指認嫌疑人為犯罪者時，證人就會更加確信此人是犯罪者。

警方在列隊指認的過程中所採取的策略，也可能影響證人或受害人。例如警務人員可能會透過巧妙點頭或者問「你確定嗎？」等行為，表示出對證人指認對象的贊同或反對。為了避免這種可能，司法心理學家（如Steblay, Dysart & Wells, 2011; Wells, 1993）主張，負責安排列隊指認的人，不應該知道嫌疑人的身分。這種方法稱為雙盲列隊指認（double-blind lineup）。如果列隊指揮的實施者不知道嫌疑人身分，就無法給證人或受害者提供線索。

有一種備受爭議的審判前指認流程，稱為**單人指認**（show-up）。「在這種指認程序中，警方將單一嫌疑人帶給證人（們）指認，看看證人（們）是否能確認這位被指認人就是犯罪者。」（Wells, 2001, P.795）。與列隊指認不同的是，在單人指認的程序中，不會出現干擾選項或妨礙者。所謂干擾選項或妨礙者是指同在指認行列中但並非嫌疑犯的人。在美國，只要在犯罪事件發生後不久（幾小時內）進行，或者當時狀況使得現場列隊指認窒礙難行，那麼單人指認就沒有違法。例如如果犯罪受害者已經住院且存活率不高，那麼警方就可以帶單一嫌疑人到場供受害者進行指認（*Stovall v. Denno*, 1967）。不過，前述受害者瀕死的狀況其實並不常發生。實際上，單人指認更可能發生在警方搭載受害人，駛經街上某人，然後詢問對方剛剛經過的人是否就是犯罪者。二〇一二年美國最高法院審理了一宗案件（*Perry v. New Hampshire*）：一名目擊證人從她公寓窗戶指認了一名嫌疑人，當時嫌疑人已被警方上銬。在最高法院八票對一票的判決中，法院認定前述狀況（遠距指認被上銬的嫌疑犯）並非由警方不當設定所致。本書第四章會再次討論本案。如上所述，高階警務人員研究論壇（PERF, 2013）的相關調查顯示，單人指認是美國各地用來確保目擊證人可以做出指認的一種極常見手法。相關研究指出，相較於列隊指認，單人指認更可能導致錯誤指認的結果（Wells, 2001），因為在列隊指認的程序中，錯誤指認的風險透過干擾選項或妨礙者而降低。即使是在依序列隊指認的狀況，證人也意識到會有除了嫌疑犯以外的選項存在。相對於此，在[116]單一指認的狀況，只有「對」或「錯」選項。為了進一步確認，同時讓指認程序更正式化，一旦嫌疑人遭到拘留，通常警方會在單人指認之後接著進行現場列隊指認。雖然這樣的作法是合理的預防措施，然而此時確認偏誤可能已經發生。畢竟被害人或證人已經指認出某特定人為犯罪者，之後不大可能改變其指認結果。而在上述新罕布夏州的最高法院案件中，從公寓窗戶指認出嫌疑人的證人，後來卻無法在警局從照片陣列中認出嫌疑人。儘管如此，該案最初的指認還是遭到最高法院認定可以作為證據。

二〇〇一年，美國心理學法律學會為了確保司法心理學家和刑事司法系統人員知道如何改進指認程序，發表了一份名為「警方指認程序」（Police Lineups）的完整白皮書（Wells, 2001）。為了保護被控犯罪者的基本權利，白皮書就真人列隊或照片指認的有效程序應如何進行，特別提出了四項建議（Wells et al., 1998）。第一，建議組成指認行列或照片陣列的人可以知道誰是嫌疑犯，但是實際實施或主持指認程序的人則否。應告知進行指認的目擊證人，在場主持指認程序者也不知道誰才是嫌犯。此建議旨在防止證人從實施或主持列隊指認的警務人員身上尋找細微的線索或指認的資訊。上述這種安排方式被稱為雙盲指認，目擊證人或負責指認程序進行的警務人員都無法得知嫌疑人的真實身分。第二，應清楚告知目擊證人，嫌疑人可能不在現場列隊或照片陣列當中。在這種情況下，如果證人不認為嫌疑人在列隊陣容中，就不會覺得必須指認出一個特定人。第三，根據目擊證人先前的描述，無論是在現場列隊指認或者照片陣列中，嫌疑人都不應該跟干擾選項（其他人）有明顯差異。第四，在進行指認時，應該在警方以任何方式讓證人得知其指認結果是否指向「正確」的嫌疑人之前，就取得證人指認具體對象的陳述。最後的這項建議奠基於實際觀察而得，也就是在進行指認或指認結束後，證人經常很容易受到有關嫌疑人身分相關陳述（無論無心或者有意）的影響。前述白皮書研究的成果，已經整合進一份四十四頁的官方指認指南中，以供從事證人指認程序的執法人員遵守（Reno, 1999）。

自提出上述建議以來，許多司法心理學家、法律學者及受刑人權利倡議團體，皆致力推動列隊指認程序的改革。依序列隊指認程序是許多人的首選，但有些研究者則擔憂這種程序可能會因為證人自認為後續還會出現更吻合的指認選項，最終導致有罪的人無法被指認出來（S. E. Clark, 2012）。因此，許多機構允許證人瀏覽照片陣列或查看依序列隊指認的陣容超過一次以上。不過，有些研究則指出這類允許證人多次觀看照片或被指認人序列的作法，必須謹慎為之，因為這類複數（超過兩次）瀏覽會導致猜測，因而將無辜者置於危險中（Horry, Memon, Wright & Milne, 2012; Steblay, Dietrich, Ryan, Raczynski & James, 2011）。

依序列隊指認的支持者也主張，無論指認程序採取依序或同時列隊的方式，前述的雙盲程序最有可能避免錯誤指認，同時保護無辜的嫌疑人。如前所述，如果主持指認程序的人不知道嫌疑人身分，就無法向證人提供任何細微的線索。美國至少有兩個州（紐澤西州和北卡羅來納州）和幾個司法管轄區（如威斯康辛州麥迪森、麻州波士頓、維州的維吉尼亞海灘）已經使用雙盲程序作為指認的標準流程（Innocence Project, 2010）。大約有三分之一使用照片或現場列隊指認的司法管轄區使用依序列隊指認程序（PERF, 2013），不過大多數地區未使用雙盲程序，顯然是因為很難找到一個不知道嫌疑犯身分的警察。然而，大多數警務機構針對目擊證人指認程序該如何進行，根本沒有任何書面指引存在，只有在大型（五百位以上警察服勤）的機關比較可能有這類指南（PERF, 2013）。

[117]

摘要與結論

偵查心理學是研究和實踐的沃土。它發源於美國，以聯邦調查局行為科學小組的工作為始；在英國，則是由心理學家大衛・肯特提出偵查心理學之說。它側重於查明犯罪的特徵及犯罪者的可能特徵。本章所使用的通用術語「剖繪」雖被歸類在偵查心理學相關主題下，但許多在處理犯罪過程中為警方提供諮詢的心理學家，寧願不被稱為「剖繪師」。本章討論了定義範圍互有重疊的五種剖繪類型：犯罪現場剖繪（通常又稱為犯罪或犯罪者剖繪）、犯嫌剖繪、地緣剖繪、心理剖繪、心理剖驗。前述這些術語在文獻中經常會被互換使用。此外，剖繪也可能使用在不涉及刑事偵查的領域，特別是心理剖繪與心理剖驗。

犯罪現場剖繪雖然並非大多數司法心理學家的主要業務，卻受到相當的媒體關注。如果操作正確，它可以提供特定個人（包括犯罪者在內）特質的統計概率，但剖繪遠非萬無一失的方法。同樣的，許多從事這項工作的司法心理學家，寧願稱自己是行為分析者，倡導更科學化的剖繪方法也是他們的關注焦點。「偵查心理學」此一廣泛使用的詞彙，經常被用來強調這一點。

犯嫌剖繪（蒐集特定類型犯罪者最可能的共通特徵）極具爭議性，因其所使用的特徵包括種族、族裔和宗教傾向。當這些特徵被當作是剖繪的重要成分時，這樣的作法是違法的。

地緣剖繪則是分析空間特徵以產生犯罪人在特定地點住居或犯罪的機率。這種方法主要用於處理連續犯罪；這類犯罪的加害模式與時間相關。地緣剖繪若結合犯罪剖繪，更能產出正面效果，當然我們必須謹慎理解犯罪剖繪的科學地位仍存在諸多質疑。

心理剖繪側重描述已知的一人或數人的特徵，這種方法可能與犯罪有關，也可能無關。心理剖繪可基於大量的檔案、報告、心理衡鑑，以及對剖繪對象或認識此人的人進行的訪談所做成，因此範圍相當廣泛。這樣的剖繪也可能僅基於幾項心理衡鑑結果，因此相對單純。精神衛生專業工作者以往曾經針對上至美國總統，下至惡名昭彰的連續殺人犯，提出心理剖繪。這些剖繪報告讀來或許有趣，不過從實證面來看，很少經過審慎檢視。

心理剖驗，或者更正式的說法是心理重建評估，是在一個人死後，因其死亡原因難以確定或模稜兩可而進行。進行心理剖驗的心理學家試圖重建被害者的行為，以及他一直到死亡之前的思維過程。這個程序常用在明顯但可疑的自殺案件。截至目前為止，心理剖驗仍然沒有確切的標準方法，效度也有待證明。

我們在本章討論了剖繪之所以困難的部分原因，其中最主要是人類的許多行為，在不同的情況下並不會保持一致。個人的動態風險因素，尤其是急性因素如情緒波動和藥物所引起的影響，都會導致行為的不一致性。此外，犯罪現場的證據也不一定與犯罪者的具體心理特徵有關。儘管有些專業剖繪人員對於預測有效度抱持謹慎態度，但其他人過於願意採用未經證實的假設，而其中部分是基於對人格理論的過時解釋而做成。總而言之，儘管剖繪對大眾頗具吸引力，但它是一個必須謹慎從事的領域，至少在充分的研究證明它具有更高的預測有效性之前必須如此。

偵查心理學的範疇包括在更廣泛的領域所進行的研究和實踐，如詢訊問和審訊、欺騙行為的偵測、多圖譜儀測謊、司法催眠、面部辨識、目擊證人指認與現場列隊。基本上，實踐和研究心理學家在犯罪偵查方面能為執法單位做出相當貢獻的領域，我們都列在本章中。

檢警在約詢和偵訊證人及嫌疑人時所採用的方法，在司法心理學上受到相當關注。目前我們可以指出三個主要問題：一、包括青少年在內的許多人並不了解自身的憲法基本權；二、許多人之所以自白犯罪，是因為遭到脅迫；三、有些人會就他們實際上未曾犯下的罪行做出自白。司法心理學家持續批判美國境內廣泛使用的支配式審訊法，也有許多司法心理學家建議改採較不具對峙性的提問方式，以減少脅迫等不正方法取供和虛假自白的可能性。加拿大、英國、澳洲等國的研究人員和從業者，致力於開發以互動代替對峙，鼓勵被會談人連續始末敘事，而非僅對於夾帶巨大壓力的質問做出回應的會談法。PEACE模型、HUMINT會談法、認知會談等方法，就是這些替代方法的例證。 [118]

研究者仔細研究人類（包括警務人員）偵測他人欺騙行為的能力。過去認為非言語行為是有效偵測欺騙的指標，但這樣的想法近來已漸漸為更有效的其他方法取代。舉例而言，與其聚焦於嫌疑人的各種煩躁行為，會談者可以增加被會談人的認知負擔，像是要求他逆順序回顧自己在某一天的行為。有些司法心理學家也指出，以開放式的對話鼓勵某人講述所經歷的事件，可以提供更多的資訊，也可以接續就這些資訊的準確性進行審查。

就現況而言，許多刑事或民事事件仍然會將測謊儀當作一種偵查欺騙或謊言的方法。在執法方面，它主要用於執法職務申請人的篩選程序，而極少用於刑事偵查，因為法院普遍認為使用測謊儀得到的結果沒有證據能力。然而，一般而言，如果嫌疑人自願接受測謊，警方仍然可以進行。目前使用測謊儀的主流方法，顯然還是控制問題法（比較問題法），不過其效度受到相當的質疑。相對於此，許多研究者較能接受犯罪知識測試法，但這種方法是一種不切實際的工具，因為它要求測謊者必須預先知道一般大眾無從得知的犯罪細節以作為操作的前提。測謊的結果若未經被告的同意，不得在法院審判中當作證據使用，但如果測謊結果可以支持被告主張清白的答辯，則受到部分法院許可作為審判證據。目前看來，測謊儀在反情報和聯邦機構中的使用，比過去更加廣泛。測謊儀也被用於監測社區中處於緩刑或假釋的罪犯，尤其是性犯罪者。不過，正如同本章所討論的其他技術或方法，測謊儀在信效度上並未取得重要的成果。即便如此，部分研究者仍支持在有限的狀況下，由受過嚴格訓練的施測者使用測謊儀。

本章之末，我們討論司法催眠、目擊證人指認，以及警方如何安排指認列隊。催眠是一個頗有爭議的話題，尤其當它被用來誘發犯罪受害者創傷性事件的壓抑記憶。它還可用於受害者以外之證人的回憶強化。儘管現存有關催眠的科學證據仍不利於其使用，不過過去十年來的研究已對早期的一些假設做出挑戰。

在實驗心理學的領域，一致性最高的發現正是記憶的易錯性，以及這樣的易錯性對目擊證人回憶的影響。一百多年來，研究者不斷證明目擊證人（尤其是目睹創傷性事件）的證詞或許可信，卻往往相當不可靠。單一事件的複數目擊者經常會提出各種不同版本的說詞，儘管每個證人都堅信自己的版本才最準確。在刑事司法領域，目擊證人的回憶錯誤會導致虛假自白和冤罪。這方面的研究已逐漸引起法院的注意，警務人員有時也有機會接受更有效的會談技能訓練，以減少證人指認的瑕疵。

近年來，心理學家在警方進行列隊指認作業的安排與執行層面，已經做出重大的研究貢獻，不過有些研究結果仍屬模稜兩可。舉例而言，雖然有眾多研究原本支持依序列隊更勝於同時列隊指認，但較近期的研究則就此提出挑戰與質疑，因此兩種方式究竟何者為優仍未定。然則各方意見都強烈建議，指認應該採取雙盲列隊，亦即進行指認的目擊證人與在場主持指認程序的警官都不能知道嫌疑人的身分。與此相關的研究建議已被納入全國執法人員所使用的官方準則，不過至今仍有許多單位並未制定列隊指認的政策。

關鍵概念

[119]

控訴型方法 91 Accusatorial approach	精算預測 89 Actuarial predictions	臨床預測 89 Clinical predictions
強制內化型虛假自白 101 Coerced-internalized false confessions	強制順從型虛假自白 100 Coerced-compliant false confessions	認知會談 93 Cognitive interview
認知測謊 103 Cognitive lie detection	認知負荷 103 Cognitive load	認知行為觀點 108 Cognitive-behavioral viewpoint
承諾偏誤 115 Commitment bias	組成偏誤 115 Composition bias	肯認偏誤 90 Confirmation bias
控制問題法 105 Control question technique	犯罪現場剖繪 79 Crime scene profiling	犯罪偵查分析 80 Criminal investigative analysis
差異經驗假說 113 Differential experience hypothesis	雙盲列隊指認 116 Double-blind lineup	不明死因分析 85 Equivocal death analysis

合成面孔畫像 113 Facial composites	虛假自白 99 False confessions	犯罪地理圖譜 82 Geographical mapping
地緣剖繪 81 Geographical profiling	犯罪知識測試法 105 Guilty knowledge test	催眠性記憶增強狀態 107 Hypnotic hypermnesia
催眠恍惚理論 107 Hypnotic trance theory	HUMINT 偵訊法 93	個殊性取向 89 Idiographic approach
資訊蒐集法 91 Information-gathering approach	偵查心理學 75 Investigative psychology	連結分析 80 Linkage analysis
犯罪手法 88 Modus operandi	通則式取向 89 Nomothetic approach	非催眠性記憶增強狀態 107 Non-hypnotic hypermnesia
族內偏誤 113 Own-race bias	心理剖驗 84 Psychological autopsy	心理剖繪 84 Psychological profiling
種族剖繪 83 Racial profiling	重構式心理評估 85 Reconstructive Psychological evaluation	里德偵訊法 90 Reid method
依序指認 114 Sequential lineup	同時指認 114 Simultaneous lineup	單人指認 115 Show-up
犯嫌剖繪 82 Suspect-based profiling	跨情境一致性 87 Trans-situational consistency	跨時序一致性 87 Trans-temporal consistency
無意識轉移 113 Unconscious transference	自願性虛假自白 99 Voluntary false confession	

問題與回顧

一、在偵查心理學的程序中，哪三個問題處於核心地位？

二、請區分並描述本章所提到的五種剖繪。

三、請區分地緣剖繪與犯罪地理圖譜。

四、虛假自白有哪三種不同類型？

五、心理學家對於增進偵查會談與審訊流程做出哪些建議？

六、有鑑於欺騙與謊言的相關研究，偵查人員該如何最有效地偵測謊言？

七、針對測謊儀與催眠，請各列出五個研究結論。

八、針對目擊證人指認，請列出五個研究發現。

九、研究者針對列隊與照片指認，在警方指認程序白皮書中曾做了哪些建議以增進其效度？

第三部

法律心理學

第四章

諮詢與作證

- 本章目標
- 法庭結構與管轄權
- 司法程序
- 風險評估
- 審判與訴訟顧問
- 專家的意見證詞
- 面對證人席的挑戰
- 摘要與結論
- 關鍵概念
- 問題與回顧

[123]

本章目標

- 介紹法院體系。
- 描述司法程序。
- 定義並描述專家證詞的意涵。
- 討論法庭採納科學證據的法律標準。
- 對司法風險評估提供簡略的概述。
- 描述並討論警告責任與保護責任。
- 討論與專家證人相關的保密性與終極議題證詞。

進行交互詰問的律師問證人席上的心理學家可以獲得多少報酬。在心理學家回答後，律師稍微往證人席靠近一些，抿了抿嘴唇，以宏亮的聲音問道：

「那是很大一筆錢。不是嗎？博士？」

心理學家頓了頓，向前湊近一些，以溫柔又堅定的語調回答：

「一點也不。如果以我花在這份評估上的時間以及所受的訓練來看，這不過算是剛好而已。」（Brodsky, 2012, P.138）

時至今日，心理學家出現在法庭上已算是常見的景象，無論是證人席，或者作為陪審員或庭審顧問坐在辯方或檢方席（頻率較低）。即使心理學家沒有真的出庭，也可以從他們為卷證所提供的報告或結文中感受到他們的存在。舉例而言，在犯罪案件中，科刑程序的法官可能會取得心理衡鑑報告，其中包含關於加害者的心智狀態，或加害者能否受益於社區的物質濫用治療之詳細評估。

在辦案的早期階段，當律師蒐集資訊與準備訴訟策略之際，心理學家可以協助取證。**取證**（deposition）程序，是指由對造律師傳喚日後有作證可能的潛在證人到場，一般都是在法庭外，使其具結後在法庭速記員面前接受詰問並予全程記錄。例如一個就業歧視訴訟案的原告代理人，可能會請執行評估測驗的心理學家到庭作證。

心理學進入法庭的過程其實相當不容易。一直到一九六〇年代，精神專科醫師還是法庭中唯一被承認的心理衛生專家。就算有些法院真的請心理學家到場，通常是將任務限縮於特定範疇，例如針對智力或人格測驗結果進行報告。當被告的刑事責任能力或神智狀態有疑慮時，刑事法庭尤其抗拒接受來自非醫療專業所提供的專家證詞。由於精神障礙症被認為是一 [124] 種疾病，因此他們相信有醫學學位的人，也就是精神專科醫師，才是適格的專家。雖然偶有例外，但基本上這類案件以往大多屬於精神科醫師的範疇，而非心理學家。

然而，一九六二年的「詹金斯訴美國」（*Jenkins v. United States*）一案，聯邦法院認為，心理學家雖然沒有醫學學位，不代表就不能在精神障礙症的議題上提供專家意見。在該性侵案件中，詹金斯以心神喪失為由主張無罪答辯。審理該案的法官先是請心理學家出庭證述被告不具責任能力所需的心智狀態，隨後又指示陪審團忽視該證詞。「心理學家不具有針對精神疾病或心智缺陷提供醫學意見的能力，」法官說。詹金斯一開始被判有罪，但隨後提起上訴，主張法官對陪審團做出的指示侵害了他在司法程序中的權利。聯邦法院同意其主張，認為心理學家確實有能力提供有關精神障礙症的專家意見。漸漸的，在詹金斯一案之後，除了精神障礙相關議題，心理學家開始為許多其他心理學議題提供專家意見。雖然過去情況就是如此，但是某種程度上詹金斯案又把門推得更開。自此以後，心理學家得以為許多議題提供專家意見與資料，包含如審判前輿論對陪審團的影響、記憶、目擊者指認的可靠度、刻板印象，以及廣告對消費者的影響。

本章會提供許多例子說明心理學家如何於法庭環境中工作、作證，或為司法程序的相關任務提供律師諮詢。雖然多數人可能因為個人經驗或在媒體印象而對於法院的樣貌感到熟悉，但對於法庭的設置，以及一個案件會經過的階段可能就少有接觸。在此會先概略描述刑事與民事法庭的結構與程序，說明在每個程序階段中，心理學家如何與法律體系互動。

法庭結構與管轄權

在美國，聯邦法院與州法院並存，但彼此獨立運作，雖然有時候兩者可能位在同一地點。在大部分稍具規模的城市，市政法院和聯邦法院的位置距離其實不遠。這樣的**雙軌法院體系**（dual court system），一方面承認國家作為一個整體，一方面代表五十個州各自的獨立性。功能上，聯邦法院負責解釋與適用美國憲法與國會通過的聯邦法案、處理有關州與州之間或不同州的人民之間的紛爭；聯邦法院也處理一些性質較特殊的事務，如破產、著作權及專利。被控違反聯邦刑法的案件也會在聯邦法院處理。州法院則負責解釋與適用州憲法與州議會所制定的法律，以及該州內人民之間或人民與州政府間的爭端。

無論是聯邦或州級法院，都是本於美國憲法或各州憲法所建構，又或者是基於國會或州議會的需要而創立。在聯邦體系，依據憲法第三條被任命的法官，在保持品位素行良好的前提下，受到終身職保障，因此是許多人渴望的職位。相對的，本於憲法第一條受到任命的法官則有任期限制；目前在美國各地的五十八個移民法庭服務的約三百位法官，就是最佳例子。在各種移民事務中，這些法官對於被國土安全部控告違反移民法、尋求庇護的人是否被遣返或得以留在美國等問題，扮演重要的角色。

[125]

歷史上不乏基於政治因素而延遲同意總統本於憲法第三條所提名的法官，造成聯邦法官出缺的例子（Bartol and Bartol, 2015）。這些空缺導致聯邦法院工作量超載的問題。舉例來說，二〇一七年四月初，聯邦法院就有 126 個空缺。美國最高法院因大法官安東寧．史卡利亞（Antonin Scalia）於二〇一六年逝世而出現的空缺，成為一個重大的政治議題。由共和黨控制的美國參議院拒絕歐巴馬總統提名的人選，於是最高法院就一直只有八位大法官，直到二〇一七年四月，被多個政黨分裂的參議院才同意了大法官尼爾．戈蘇奇（Neil Gorsuch）的提名。為了通過大法官戈蘇奇的提名，參議院把美國最高法院大法官同意權的規則改為簡單多數決。該次投票的結果是五十四比四十五票。

憲法或法律也具體規範法院的管轄權。根據法律，所有的法院都有兩類管轄權：**事物管轄**（subject matter jurisdiction）與**土地管轄**（geographical jurisdiction）。舉例來說，家事法庭擁有在州內的特定縣市（土地管轄）處理離婚、監護權、領養、少年非行事件等相關事務的管轄權（事物管轄）。而許多法庭只擁有**有限管轄**（limited jurisdiction）的權限，只能處理較小的爭端，或者較大案件的一些前期爭點。相對於此，擁有**一般管轄**（general jurisdiction）的法院則具有廣泛的權限以處理種類繁多的民刑事案件。至於**上訴管轄**（appellate jurisdiction），指的是法院得以受理對下級法院裁判聲明不服予以上訴的權限。

法庭代表了一連串常讓人搞不清楚的實質結構、法律術語，以及一堆同樣讓人搞不清楚的職務與角色。有些法院程序可能在晚上十點於市政府地下樓的一張桌子前召開，有些程序可能會在威嚴華麗的環境下進行。時至今日，越來越多的法庭程序，尤其是案件前期，會透過閉路電視以視訊方式進行。舉例而言，當某人被羈押在看守所時，可透過視訊方式在聲請酌減保釋金的法庭程序中「出庭」，縱然他身處看守所，而承審法官則是遠在五英里外的法庭。透過視訊，法官可以與羈押中的被告溝通酌減保釋金並商討保釋條件。

法院體系的結構很單純，尤其在上訴法院層級：一個最高法院（最終

照片4.1 藥物法庭的承審法官對被告講話
資料來源：Daniel Acker/Bloomberg via Getty Images

審法院），以及十三個巡迴上訴法院。（見表4.1）。至於事實審等級，則包含了一般管轄權的法院（美國聯邦地方法院），以及有限管轄的法院（如治安法官法院、破產法院）。

州法院的結構相對複雜許多。沒有任何州法院體系是完全相同的，以致於經常有人評論美國有五十一種不同的法院體系：聯邦之外，還有五十個州各自的體系。即便如此，還是有些共通處存在。例如聯邦體系與所有的州級法院都有事實審與上訴審法院，而事實審法院又可以分為不同層

表4.1　聯邦法院體系的結構

•最高上訴法院
美國最高法院
•中級上訴法院
美國高等法院
十二個巡迴上訴法院
一個美國聯邦巡迴上訴法院
•事實審法院
美國地方法院
九十四個一般法院
美國破產法院
美國國際貿易法院
美國聯邦索賠法院
•聯邦法院與司法權以外的其他主體（如移民法庭）
軍事法院（事實審與上訴審）
退伍軍人上訴法院
美國税務法院
聯邦行政法院
部落法院

級，包括擁有普通審判權限的州法院，以及審判權有限的最低階法院，其由太平紳士（justice of the peace）或治安法官（magistrate）承審輕微的民刑案件。此一層級的法院可能包含市政法院（municipal court），有時候又稱交通裁決法院、夜間法院或市法院。這些較低層級的法院管轄權相當有限，原則上不能處理較重大的民事案件或重罪刑案。 [126]

再下一個層級則是縣法院（county court），又被稱為「日常司法的駝獸」（workhorse of the average judiciary）（Abraham, 1998, P.155）。縣法院擁有一般管轄權，廣泛處理各種民事與刑事的案件。此外，每個州也會有終審法院，也就是該州的最高上訴法院；有些州甚至會有兩個，一個處理刑事案件、一個處理民事案件。不過，並非所有州都有中級上訴法院（intermediate appeals courts）。另外，各州往往會設各種專庭（specialized courts）以處理特定事務，例如家事、藥物、精神衛生、退伍軍人、家庭暴力法庭。近來有些大型都會區也出現女子法庭，這類法庭原本是希望為那些因性交易被捕或可能在性交易人口販運中受害的年輕女性提供諮詢與支持服務（Brown, 2014）。上述這些專庭經常是心理學家興趣所在，一個主要例子是精神衛生法庭（見重點提示4.1）。

重點提示4.1

精神衛生法庭與其他問題解決法庭

精神衛生法庭的存在，對於令人苦惱的精障犯罪問題（通常都是輕微犯罪），是一個可能的解方。雖說疑似由精障者所犯下的重大犯罪會吸引媒體注意，但事實上這絕非常態。常見的精障者犯罪包含侵入住居、竊盜、公共場合酒醉、輕竊盜罪（如順手牽羊）或輕傷害（如推人打人），幾乎都是輕罪。

雖然精神衛生法庭可能以不同的方式運作，但是大部分都有臨床心理衛生工作者或團隊所進行的即時篩檢；完成之後，臨床工作者會將處遇建議提供給審判長。雖然案件在進入此法庭前，必須先取得被告或其監護人的同意，但是對被告而言，往往會為了避免被安置於傳統監獄環境而同意。有些精神衛生法庭則是在被告認罪後才受理案件。在這種狀況，法官會裁定命被告接受精神衛生處遇措施作為本案獲取緩刑判決的條件，也會持續監督處遇措施的進展。就理想狀態而言，心理學家或其他心理衛生專業人士會與法官聯手協作，以促使涉案的被告得以全程完成處遇。

在精神衛生法庭剛出現的時候，曾有學者表達各式的憂慮（Hasselbrack, 2001; Goldkamp and Irons-Guynn, 2000; Steadman, Davidson & Brown, 2001），他們擔心法官會有過多權力去干預那些本應由臨床工作者進行的決策，或者精神衛生專業人士沒有足夠時間進行完整的衡鑑，或者缺乏足夠資源進行處遇建議等。不過近年來，精神衛生法庭其實頗受好評，可以說稍稍撫平了早期的憂慮（Heilbrun et al., 2012; Luskin, 2013）。

有意思的是，媒體報導有時也會促成精神衛生法庭運作所需的變革。舉例來說，進行調查報導的記者發現佛州布勞沃德郡的精神衛生法庭積案竟超過一千兩百件，而該法庭的案件平均要等上三年才能被審理；相較於此，一般法院的平均待審時間不過約六個月。該調查報導促成了法庭迅速改善程序，除了為被告提供更快速的篩檢衡鑑，針對嚴重的精障患者也提供轉向治療的處遇（Mental Health Court, 2017）。

精神衛生法庭與其他問題解決法庭（如藥物法庭與家暴法庭等）持續面臨許多挑戰，包含是否有足夠的預算，以及需要更多的研究關注。藥物法庭也成為許多評估研究與後設分析的主要議題，並且取得正面評價（Hiller et al., 2010）。不過，研究得出毀譽參半的結論並非不常見（Morgan et al., 2016; Shannon, Jones, Perkins, Newell & Neal, 2016）。持續研究以評估這類問題解決法庭（如女子法庭、退伍軍人法庭）的效能，確實有其必要。

問題討論：
一、針對特殊族群所設立的法庭，如精障者、藥物濫用者或退休軍人的犯罪，有哪些優缺點？
二、你認為是否某些族群更值得或更需要設立專責的特殊法庭？請闡述你的論點並引用研究支持你的想法。

當案件從州法院被移轉（或試圖移轉）到聯邦法院時，聯邦與州司法體系就會產生交會。雖然前述狀況的發生原因很多，最常見者或許是某個人已在州法院體系窮盡所有上訴途徑。假如涉及實質性聯邦問題，該案就可以進入聯邦法院。舉例來說，當有人認為州法違反美國憲法，或違背了其他聯邦法律時，聯邦法院會就此做出終局裁判。二〇一五年「奧貝格費爾訴霍奇斯」（*Obergefell v. Hodges*）案就是一例，本案中聯邦最高法院判決州內禁止同性婚的法律違反美國憲法第十四條修正案的正當法律程序與平等權保障。值得注意的是，最高法院就其是否受理案件，可說享有不受限制的裁量權限。在每年聲請最高法院審理的七千件案子中，大概只有八十件左右會被受理。一般來說，大法官們會就另外約五十個案件做出裁判，但並不會開言詞辯論程序，也就是這類案件只會審查過去的案卷。最高法院大法官選擇進行言詞辯論的案件，通常與憲法爭點或聯邦法律有關，特別是當聯邦上訴法院之間出現見解歧異的狀況。

民事與刑事法院

刑事與民事法院之別，本質在於審理案件類型的不同。較大型的法院會分設刑事與民事訴訟程序專用的法庭空間；在小規模的社區，可能同一個法庭由刑事案件與民事案件輪流使用一週。此外，同一個法官可能會承審所有類型的案件。

區分民事與刑事案件，原則上可以從何人起訴，以及訴訟程序屬於爭 [127]

端解決或刑事懲罰來判斷。在民事案件中，雙方或更多方（訴訟當事人）進入司法系統尋求解決爭端。民事訴訟中最常見的莫過於原告為其個人所受侵害，向被告（又稱相對人）請求救濟或賠償。前述救濟或賠償的形式可能是法院禁制令（停止某些業務的命令）、保護令（命令相對人必須與某人維持特定距離），或為原告所受損害予以賠償（判命被告支付一定金額）。雖然一般來說民事案件多發生在自然人或法人組織之間，有時政府也會涉入其中。舉例來說，州政府可能以涉及歧視性的雇傭行為對某雇主加以起訴。另一方面，刑事案件則涉及了疑似嚴重違反法規範的行為，以致可能招來由刑事法院代表社會施以正式懲罰。在刑事案件中，由檢察官代表政府對前述疑似違法者提起公訴，此人便稱為被告。

[128]

有時候民事和刑事案件之間的界線模糊。舉例而言，在大多數州，如果一個青少年被控犯罪，案件很可能會進入少年法庭或家事法庭審理；這類法庭的基本屬性更傾向民事而非刑事法院。少年法庭比較不那麼形式化，程序通常不公開。但少年法庭的程序也會包含刑事訴訟程序的面向，例如少年有權委任律師，也有對告訴人（提出指控者）或其他證人進行對質詰問的權利。

私人或法人組織間的爭端，諸如違約、誹謗或離婚訴訟，明顯就是民事案件。但這些訴訟可能同時會招致民事與刑事的處罰。這種情況通常發生在企業的違法事件。舉例來說，墨西哥灣的漏油事故造成了十一位石油工人死亡，至今被認為是美國史上最嚴重的環境災難。為此，主要的大銀行與信用卡公司屢遭提起民事與刑事訴訟。此外，被控犯罪者即便在刑事案件中獲判無罪，有時候也會遭被害人或其家屬提起民事訴訟。一個常被提起的案件正是惡名昭彰的辛普森案（O. J. Simpson case）：辛普森於一九九五年在妮可．布朗（Nicole Brown Simpson）與羅納德．高曼（Ronald Goldman）的謀殺案中獲判無罪確定，隨後又在民事訴訟中被判應就該二人之死亡負責。[1]辛普後來因為其他的犯罪行為（持械搶劫）獲罪，在獄中度過了九年的時間。他在二〇一七年七月獲得假釋，並在同年十月獲釋。

雖然新聞對於刑事案件的報導多於民事案件，但事實上進入法院的絕大多數都是民事案件，而且民事案件大多更為複雜。民事爭端積案量非常龐大，而且達成和解的過程往往極為瑣碎乏味。另外，民事法院所處理的案件往往帶有痛苦情緒的爭執，包含發生在家庭成員間的爭端及一些非常私人的事務，例如涉及臨終與其他的醫療決策。

司法程序

司法程序包含由訴訟當事人所進行的一系列步驟或階段。在重大矚目或複雜的案件中，過程可能會拉得很長，有時候甚至要好幾年才能結案，尤其民事案件更是如此。一九九〇年代的菸草與石棉的訴訟案件，就差點癱瘓了法院。不過，即使是相對單純的案件，也可能在法庭中陷入停滯。對於所有當事人而言，無論民案或刑案都可能基於各種原因發生這樣的延遲問題。例如在刑案中，證據毀損會讓被害人及被告都陷入程序遲延的無底深淵。被告可能被羈押在看守所，無法具保釋放。在民事案件，原告和被告的生活直到案件終結前都會受到影響。另一方面，程序延遲也可能具有一定程度的功能性，比如透過暫停訴訟程序鼓勵兩造和解，或者容許擴張偵查作為，或是找出有可能協助無辜者平反的新證人。

就本書目的而言，將刑事與民事案件的司法或法庭程序分為下列四個階段，對於讀者將有所助益：審前（pretrial）、審理（trial）、判決（disposition）、上訴（appeals）。上述各階段都會有各種出庭與開庭期日，心理學家可以做出哪些貢獻也有許多適例。在下列的討論中，我們會強調每個階段最可能需要司法心理學家協助的相關程序。如果沒有特別說明，以下討論同時適用於民事與刑事案件。此外，在此描繪的程序屬美國法院典型，但是各程序的具體名稱可能隨管轄區域而有所不同。 [129]

1. 譯按：辛普森案之所以在民事與刑事針對同一事實的判斷出現歧異，實則因美國與許多國家相同，針對民刑事案件採取不同的舉證責任；前者僅要求原告證明超過證據優勢門檻，亦即約略過半，但刑事案件則要求公訴方必須要證明到超越無合理懷疑的極高門檻。就此證據法的制度設計，我國與許多民主國家均同，屬於人權保障的基礎法制。

審前程序

法院可能很早就介入刑事案件，例如當警方聯繫法官或治安法官，希望取得令狀以進行搜索或逮捕嫌犯。然而，事實上絕大多數的逮捕以及許多的搜索並不需要令狀。例如警察無須取得令狀才能逮捕現行犯，而法院也許可各式「無令狀」對人、對處所，乃至於對物的搜索（像是在合法逮捕的前提下、在緊急狀況下，或者為了避免滅證）。但是警方不得無令狀搜索個人行動電話（*Riley v. California*, 2014），也不得在未取得令狀的狀態下，在他人車上放置定位追蹤設備（*U.S. v. Jones*, 2012）。在二〇一七到一八年當屆大法官審理的「卡本特訴美國」（*Carpenter v. U.S.*）一案中，最高法院針對偵查員可否在無令狀下，自第三人處（如行動通訊服務提供商）取得電話紀錄此爭點做出裁判。[2]基本上，法院第一次接觸刑事案件，如果不是在初次聆訊（initial appearance），就是在提審庭。然而，在聯邦體系以及某些州法體系，檢察官必須在訴訟程序很前期就預先取得大陪審團的起訴許可。所謂**大陪審團**（grand jury）是指一群公民在審查檢方所提出的證據之後，決定證據是否足以對特定人提起公訴（亦即國家提出正式指控）。雖然大陪審團鮮少受到大眾矚目，不過一旦大陪審團決定在某個具爭議性的案件（如警方槍擊平民）中不予許可起訴，狀況也會有所改變。

當某人遭逮捕後，若其被拘留或羈押在看守所而非獲釋，或者經依法通知必須在指定期日前往法院，那麼依法（一般是在二十四小時內）就必須予其初次到庭聆訊。在這個法庭程序中，一位法官或治安法官必須審查拘留或羈押該被捕者的法律理由是否充分，例如有無相當理由（probable cause）相信其人犯下被控之罪名。由於拘留或羈押程序會造成巨大壓力，因此遭到拘留或羈押者可能需要立即接受篩檢，以判斷是否經歷精神障礙或心理危機。雖然說看守所官員或者個案的社工人員可進行初步篩檢，一

2. 譯按：本案涉及偵查機關可否在無令狀狀態下逕行從第三人處調取被告個人行動電話的定位紀錄。美國聯邦最高法院在二〇一八年以五比四的多數決針對本案做出判決，認定偵查機關無令狀調取被告的行動電話定位紀錄已經違背憲法第四修正案的隱私權保障。

般如果發現被拘留或羈押者疑似出現重大心理危機的徵象，還是會延請諮商心理師或精神專科醫師到場。有些較具規模的看守所甚至配有心理師、精神專科醫師，或者其他心理健康專業工作者，但典型的看守所環境多半還是以約聘或依個案需求的基礎來聘任。如前所述，全美各地正嘗試設立精神衛生法庭與其他問題解決法庭，讓某些合於資格的被告可以經由轉向處遇而從傳統刑事法院分流出來。

下一個與心理實務相關的審前程序是提審（arraignment），正式告知公訴罪名的公開程序。提審可能在逮捕後不久就發生，也可能在數個月之後才進行。在提審庭，審判長會訊問被告是否理解其遭到公訴的罪名，並告知得以委任辯護律師之權利，然後訊問被告對公訴罪名進行答辯。在這個階段，常見遭到起訴輕罪，甚或是遭起訴重罪的被告，提出有罪答辯，嗣後立刻遭判罰金刑或自由刑。其他被告也有可能做出不爭執答辯（*nolo contendere*），意思是他們將不會對公訴罪名進行爭執，但是也不認罪。就刑事法的目的，不爭執答辯實際上的法效果跟有罪答辯相同；亦即紀錄上會反映出此名被告曾遭定罪。

自一九九〇年代起，司法心理學家與精神專科醫師就致力於研究**認罪能力**（competency to plead guilty）（Grisso, 2003; Melton, Petrila, Poythress & Slobogin, 2007）。此議題之所以重要，是因為大約有90%至95%的刑事被告會在提審階段就認罪，或在審理期日前將無罪答辯變更為有罪答辯（Neubauer, 2002; Redlich, Bibas, Edkins & Madon, 2017）。另一種與司法心理學相關的可能答辯，則是心神喪失抗辯，這實際上屬於一種無罪答辯，等同通知法院被告將以心神喪失作為抗辯主張。當審理中出現心神喪失無罪答辯而需要進行評估時，該案的司法心理學家或精神科醫師一般會受囑託對被告進行檢查，判定究竟有無實際的證據足以支持該主張。此評估程序被稱為**刑事責任能力**（criminal responsibility）或犯行時心智狀態（mental state at the time of the offense）評估，一般是由辯護律師所聲請或安排。在辯護律師、公訴檢察官的聲請，或是審判長職權裁定下，也可能進行另一項獨立的評估程序以調查被告是否具備就審能力。有關刑事責任 [130]

能力與就審能力的評估，第五章會有更詳細介紹。[3]

一旦被告做成無罪答辯，審判程序就開始啟動。下一步則是一次或多次的審前準備程序，在這些程序期日當中，包括證人、進行逮捕的警察，以及各方當事人都可以到庭作證。在上述審前程序中，法院有可能做成許多裁定，包括某項證據（如目擊證人指認或被告自白）是否具備證據能力、本案審理是否應該因為審前過度受到媒體曝光而移轉管轄到其他法院、涉案青少年是否應該被移轉到少年法庭或刑事法庭進行審理、被告是否具備就審能力，以及被告具保之聲請是否應以其危險性為由而予以駁回。

無論是成人或少年的刑事案件，司法心理學家在審前程序階段涉入的範圍都很廣。在法官必須決定少年非行事件應該進入少年法庭或普通刑事法院加以審判的案件中，司法心理學家經常必須評估涉案少年並提出報告（或者到庭作證），針對該涉案少年的身心發展程度，還有日後的社會復歸可能性詳加說明。如前所述，當被告的精神健康受到質疑時，司法心理學家就會再次受囑託就此進行評估鑑定。如果被告最終被判定不具備就審能力，心理學家可能會參與該被告回覆就審能力的處遇治療程序，只不過參與治療程序的心理學家，不能夠是當初評估就審能力的司法心理學家。被告也可能要就其聲請具保一旦獲准直到下次到庭前，是否具有潛在危險性，或者會對社會造成危害等問題接受評估。

民事案件的審前程序與刑事案件有若干相同處，不過也存在諸多差異。原告的律師提出起訴狀，大概說明受到損害的狀況以及希望法院判命被告的救濟措施或賠償。至於被告（或者相對人）在訴狀收受送達後，必須在一定的時限內提出答辯。如同刑事案件，兩造當事人之間可能出現各式協商或談判。此外，在民事訴訟中還有**庭外取證程序**（deposition），以及跟法官一起開的審前會議，以促進兩造爭端解決之可能。在民事案件中，司法心理學家更有可能從幕後的角度參與訴訟，在案件準備的過程中為任一方的律師提供專業意見。舉例來說，律師可能會請神經心理學家對

3. 譯按：上述所謂的「評估」，在台灣刑事訴訟法中則以「鑑定」作為一種法定證據方法來進行證據調查程序。兩者名稱雖不同，但在刑事訴訟程序上的本質則同。

以工作條件危殆導致腦損職災事件而起訴雇主的原告進行一系列的檢測。

無論在民事或刑事案件中，**證據開示程序**（discovery process）都是審前程序的重要單元。此程序要求雙方當事人必須就己方所持有或可得取用的資訊，讓對造在準備案件過程中同樣能夠取得。至於應該讓對造當事人可得取得的資訊態樣，則由法律加以明文規範。美國最高法院在一九六三年的「布雷迪訴馬里蘭州」（*Brady v. Maryland*）一案，針對證據開示程序的重要性，建構出憲法層次的要求，讓檢方必須把可能使被告獲判無罪（或平反定罪）的相關資訊提供給辯護人。然而，根據一些評論以及來自各管轄區的法院判決來看，該案判決在實務上出現許多不同版本的詮釋，因此最終多半未能落實良法美意。舉例來說，公訴檢察官或主張這些可能使被告獲判無罪的證據來源欠缺可信度，因此毋須交予辯護人。有些檢察官則是會拖延到最後一刻，才願意將前述證據提出給辯護律師，因此置辯方於不利處境。相對於此，辯護律師則是沒有義務要將可能入被告於罪或者有害於被告辯護的相關資訊提交檢察官。不過，如果被告打算提出本於心智狀態的抗辯（例如心神喪失或者意志受外力壓迫），那麼辯護律師就必須將**法院囑託**的心理衡鑑或評估鑑定結果提供給檢察官。

作為證據開示程序的一環，庭外取證（本章稍早曾予以定義）可能會是必須的。取證所得也是法庭紀錄的一部分，其中包含的資訊很可能會再出現於後續審理過程。日後可能到庭作證的證人，在取證程序中同樣必須在法院書記官面前具結後接受提問。在取證程序中接受提問的司法心理學家，最好將取證程序所製作的筆錄予以詳讀，以免繕打或其他文書錯誤出現而未能發覺（Otto, Kay & Hess, 2014）。 [131]

（事實審）審理程序階段

無論在刑事或民事案件當中，審理階段大致相同。如果是陪審團審判（相對於僅由一名法官審理的法官審判），第一步就是從足以反映社群代表性的候選陪審員中選任陪審員。此一程序與身為律師諮詢顧問的司法心理學家有著密切關係。在所有陪審團審判中，候選的陪審員都必須由兩造的律師進行詢問，有時甚至審判長也會提問。此一程序的正式名稱是**選任審查**（*voir dire*），目的是發覺偏見並建構一個客觀的陪審團。然而，絕大多數的州都不允許對候選陪審員就其背景資訊與態度進行過度廣泛的審查提問（Lieberman, 2011）。因此，雖然預先審查程序准許律師就其認為較能同情該方立場之陪審員進行選任，不過透過此程序所能揭示其實有限。當陪審團顧問（jury consultant）參與此一程序時，他們通常會從公開資訊或訪談其親友的過程，蒐集候選陪審員的相關資訊。接著，律師可利用蒐集到的資訊設計問題，對候選陪審員進行審查提問；只不過，主持審查程序的法官未必會全面許可這些問題。陪審團顧問也可能會坐在檢方或辯方席，依據候選陪審員的非言語行為或對特定問題的反應做出推斷，提出意見給律師或檢察官，再由律師或檢察官決定是否將特定候選陪審員從陪審團中「剔除」（strike）。

檢辯雙方的律師有兩種管道可以將一名候選陪審員予以剔除或刪去。其一，是主張**無因拒卻**（peremptory challenge），指無須提出理由便聲請將特定候選陪審員剔除。無論是基於「直覺」或者出於顧問的建議，一方的律師有可能決定某位候選陪審員對於其當事人而言無法接受。最高法院曾經就這類無因拒卻的聲請設下若干限制，認定不得以種族或性別作為基礎（*Batson v. Kentucky,* 1986; *F. E. B. v. Alabama,* 1994）。舉例而言，任一方的律師不得僅因認為女性難以同情其當事人，便將所有女性從陪審團當中剔除。如果審判長認為疑似出現前述狀況，就必須針對該律師的理由加以詢問調查，確保無因拒卻權之行使並非本於歧視性目的。近來與此議題相關的美國最高法院裁判是「佛斯特訴查特門」（*Foster v. Chatman,* 2016）一案，該院以六票對兩票的多數意見肯認了在陪審團選任程序中避免歧視的重要性。本案中佛斯特因殺人罪而遭判處死刑，但在進行陪審員選任之前，公訴檢察官針對候選陪審員製作了一張清單，標記出所有黑人陪審員；其後，檢方成功將預先標定的四名黑人候選陪審員以無因拒卻的方式加以剔除。依據審判程序紀錄，顯示檢方已經預先準備好其他說詞以合理化前述無因拒卻行為；但承審法院認為這些說法並不合理。雖然下級的上訴審法院駁回了佛斯特的上訴，不過本案遭到美國聯邦最高法院撤銷發回，以供原事實審法院進行更審。

第二種可以將候選陪審員從陪審團中予以移除的方法，則是**有因拒卻**（challenge for cause）。提出有因拒卻時，主張的一方必須提出希望剔除特定候選陪審員的具體理由。舉例來說，候選陪審員可能過去曾與當事人一方有段情，又或者是可能針對本案的重要爭點向來是積極倡議者。此外，若是候選陪審員已經對於本案形成強烈的看法，也可透過此方式加以剔除。

在開審陳述（opening argument）、出證（presentation of evidence）、證人的交互詰問（cross-examination）、言詞辯論（closing arguments）等階段，擔任審判顧問的司法心理學家可能要繼續坐在辯方或檢方席，進行與選任陪審團階段類似的任務。此外，他們可能會以幕後作業的方式，在案件準備的過程中（包括協助證人進行準備）協助律師。無論在審前或審理程序，心理學家最引人注目的角色莫過於擔任專家證人[4]。上述相關議題在後續章節將再進行探討。

判決階段

[132]

在刑事案件中，當法官或陪審團做成無罪判決時，案件即告終結，被告也可自由離去；唯一的例外狀況，是被告遭判「因心神喪失而無罪」時，此狀況下一章會加以討論。然而，萬一被告被判有罪確定，此時就需要決定是否監禁被告，以及要監禁多久。在死刑案件，則涉及必須由陪審團決定的另一個程序：考慮對被告量處死刑或無期徒刑。

在量刑階段，法官可以判命遭到定罪的被告接受處遇治療，例如物質濫

4. 譯按：在台灣則稱為鑑定人；但近來台灣漸漸流用專家證人之說法。鑑定人與專家證人作為證據方法的本質，在法律上有著相當差異：前者是以其特別知識經驗作為法庭針對特定專業待證事實，以陳述意見的方式加以輔佐的中立輔佐人；後者則是依據當事人各方之委任，本於其專業知識經驗到庭陳述有關待證事項的意見並提出報告的各方證人。兩者分別是大陸法系與英美法系的產物，目的或操作方式不全然相同。

用的相關處遇，或者性犯罪者的心理治療。在這個階段，司法心理學家的角色相當關鍵，他可能會被囑託針對判命處遇治療的內容是否對被告有效進行評估。此外，司法心理學家也可能被囑託評估被告暴力行為的風險。

在民事案件中，當陪審團評議結果（verdict）對原告有利時，法院會據此做成判決（judgment），具體說明被告或相對人應該負擔的損害救濟措施或賠償內容。在決定損害救濟或賠償內容時，法官與陪審團經常會把心理學家針對原告遭受何等精神心理層面損害的意見證詞納入考量。這類評估在涉及職災傷害、性騷擾或產品瑕疵所致損害等案件並不少見。在此必須說明，少年事件程序（本質上屬於民事程序）同樣可能涉及**量刑**（sentence），而這在少年法庭則稱為**處置**（disposition）。在這類案件中，心理學家也可能被囑託針對特定非行少年應該施以何種復歸策略，進行評估並提供專業意見。

在許多重罪案件中，量刑法官會先拿到一份**量刑前調查**（presentence investigation）報告。這是一份由刑事司法系統官員（通常就是假釋官）所準備的文件，有時也可能由民間的法律事務所提出。量刑前調查報告包含了加害者家庭背景、工作史、教育程度、物質濫用狀況、犯罪前科、醫療需求，以及心理精神健康史等相關資訊。報告中通常會包含被害人影響評估，是一份概述被害人因為犯罪所受身心層面傷害的摘要文獻。被害人自身及其親近者也有權在量刑時陳述意見。曾經與加害人或被害人進行會談或衡鑑的心理學家也可以提出報告，做為量刑前調查報告的附件。此外，心理學家取得的資訊也可能會被直接納入量刑前調查報告中。

上訴階段

無論是民事或刑事案件，未必會以審理和判決作為終點。被告若敗訴，有一系列選項可以就其有罪判決、量刑或者不利判決提起上訴。被定罪者可就其有罪判決，依據特定的法律理由提起上訴，包括警方出錯、法官或兩造律師在審前或者審理階段所犯的錯誤、法院給予陪審團有違誤的指示，或者未受律師實質有效協助等。對於量刑若難以甘服，同樣可以罪刑比例失衡或量刑程序期日有違背法令為由，提起上訴。大多數的刑案上訴都以被駁回告終，刑案上訴人在上訴後獲勝的比例僅約八分之一（Neubauer, 2002）。前述所謂「獲勝」並非指遭到定罪的上訴人得還自由之身。上訴法院判決對被定罪的被告有利時，幾乎總是撤銷原判後發回更審，或發回重新量刑，或要求下級審必須依照上級審判決中所指摘之點另為判決。

值得一提的是，公訴檢察官對於事實審的無罪判決不得上訴（因為允許上訴會違背憲法上禁止雙重危險（〔prohibition against double jeopardy〕[5]）。但是檢察官若單純就量刑認為過輕，則可就此部分上訴，不過實務上極少見此種狀況。死刑判決則是依法必須上訴至少一次。倘若首次上訴未能成功，公設辯護律師以及反對死刑的倡議團體往往會持續尋找法律上的理由不斷上訴，直到死刑執行為止。不過，前述所謂的「理由」未必包含量刑方面的問題。這些理由有可能涉及新證據、死刑犯在看守所的心理精神狀態，或者執行死刑的手法等。 [133]

目前針對未廢除死刑各州境內的死刑案件所提起的上訴，幾乎都會有一個共同的上訴理由：以致命藥物注射方式對受刑人執行死刑的標準程序問題。有意思的是，有些生產前述死刑注射程序藥物的公司，頗不願就這類藥物以死刑注射為名做行銷，實際銷售時也未必經常供貨。二〇一七年，阿肯色州試圖在執行死刑的注射藥物用完前，接續執行八名死刑犯，最後在兩週內執行了四個受刑人。反對死刑者主張執行死刑藥物中的米達諾（midazolam，又稱「速眠安」），也就是在死刑執行時三劑接續注射標準程序的第一劑，根本無法降低受刑人的感官敏銳度，是以透過此種方式執行死刑，顯然違背憲法第八修正案的殘酷不人道刑罰禁止原則。廣受批評的一件案例發生在二〇一四年，奧克拉荷馬州的行刑嚴重失誤。此事件加上發生在佛羅里達、俄亥俄、亞利桑那等州的事件，都與米達諾藥物有

5. 譯按：所謂「雙重危險禁止」是美國憲法第五修正案明文的憲法原則，保障任何人不得因為基本上相同之罪名而遭受第二次的追訴。

關，因此導致某些法官裁定停止執行死刑，以及俄亥俄州州長約翰·凱西克（John Kasich）無限期推遲死刑執行，直到找出可代替的死刑執行藥物標準程序。不過，二〇一五年美國聯邦最高法院以五票對四票的多數意見，判決奧克拉荷馬州的死刑執行藥物注射標準程序並未違憲（*Glossip v. Gross*, 2015）。

民事案件的上訴通常圍繞在被告針對不利判決上訴，或者陪審團判賠的金額。陪審團判賠金額有可能是補償性（compensatory）或者懲罰性（punitive）。所謂補償性的損害賠償金是基於原告所受實際損害來判斷；懲罰性賠償金則是對應負責之人科處額外的金額，以作為一種民事懲罰手段。被告經常會針對過高的損害賠償金額（尤其是懲罰性賠償金）提起上訴，有些法官則會對這類的上訴予以酌減賠償金。針對陪審員如何判斷損害賠償金額，以及哪些因素會引發上訴審酌減過高賠償金，司法心理學家向來相當積極進行研究。然而，研究結果顯示，「總體而言，陪審員們在決定責任歸屬與賠償金額判斷等方面的表現相對良好。」（Robbennolt, Groscup & Penrod, 2014, P.468）。羅賓諾等人引用與此議題相關的系列研究，指出懲罰性賠償金其實「並不常被請求，也不常在判決中出現，通常金額亦非極高，在執行面更少按照判賠金額實際收取」（P.471）。民事判決往往也是有名的難以執行，事實上當被告拒不依照判決支付損害賠償時，原告還必須另外提起訴訟以強制執行。「勞心勞力的訴訟程序，到頭來有可能不過是通往同樣耗時費力的強制執行程序的前期步驟。」（Neubauer, 1997, P.331）

雖然研究者對此領域饒富興趣，不過上訴階段並非司法心理學家經常得以發揮其諮詢或運作功能的場域。無論如何，個別司法心理學家對於此階段的結果可能有著相當的利害關係。在某些案件中，心理學家在案件早期階段所扮演的角色，正是被質疑的標的。例如一九八〇年代，許多被控對未成年人性虐待而遭定罪的被告後來紛紛提起上訴，主張其案件中曾對被害人進行會談的心理學家，在會談過程中不當影響被害者證詞。在其他案例中，也有因為在原審中作證的心理精神衛生專家的資歷或意見被發現有問題，因此造成原審的定罪判決遭到撤銷，被告獲得更審的機會。或許司法心理學家與上訴階段最直接的關聯，是**法庭之友狀**。所謂法庭之友狀，是由未直接參與訴訟，但就該訴訟之結果有利害關係，或因其專業知識經驗與研究結果得以提供承審上訴法院參考的利害關係人或團體所擬具的文獻（Saks, 1993）。法庭之友狀一般多由組織或法人代表的全體成員提出。例如美國心理學會就曾對州級與聯邦的上訴審法院提出許多法庭之友狀，相關議題涵蓋強制監護、婚姻平權、性傾向、平權行動（也稱為優惠性差別待遇）、虛假自白、專業證照、性侵害案中的兒童證詞、強制受刑人服藥，以及雇傭歧視的相關效應。（尤其先前章節提過的涉及目擊證人證詞案件，提出法庭之友狀尤其常見。重點提示4.2會納入一份相關的法庭之友狀內容。）

上訴法院不一定會依據社會科學證據的實際重要性而給予相對的權重並將之納入判決基礎。即便有時上訴審法院看似相當重視這些證據，實際上可能還是需要進一步釐清說明。「阿特金斯訴維吉尼亞州」（*Atkins v. Virginia*, 2002）一案是很好的例證。該案涉及對於罹患心智缺陷的智能障礙人士執行死刑的議題。該案的法庭之友狀主張：考量到智能障礙人士的智力發展程度顯著低於一般範圍，因而影響到其決策能力的狀況，對這些人執行死刑顯然違反了人類的道德通念基準（common standards of decency）。[6]最高法院最終以六票對三票的多數意見採認了上述法庭之友狀的論述，判認已經無法自理日常生活的智能障礙者，不得執行死刑。只不過最高法院並沒有具體說明究竟此一智力失能的狀態又應該如何評估，而是將此一問題留給各州處理。後續在二〇一四年的「霍爾訴佛羅里達州」（*Hall v. Florida*）及二〇一七年的「摩爾訴德州」（*Moore v. Texas*）案，最高法院回頭進一步釐清上述的議題。

[134]

6. 譯按： standards of decency 源自 evolving standards of decency，乃是美國聯邦最高法院首席大法官厄爾．華倫（Earl Warren）在 *Trop v. Dulles*, 356 U.S. 86, 1958 案中所建構，用以評斷憲法第八修正案有關殘酷不人道刑罰禁止原則之標準。由於阿特金斯案中，上訴的辯方主張對智能障礙者處以死刑乃是違反殘酷不人道刑罰禁止原則，因而在最高法院乃有論述與該修正案相關的「演進中的道德基準」何在之必要性。

在阿特金斯案之前與之後，有些尚存死刑的州採取以特定智商分數為界（例如七十分）的死刑執行標準，只要一個死刑犯智商超過前述標準，就可以對其執行死刑。舉例而言，佛羅里達也將智力失能的門檻定在智商七十分。根據該州法律，一個人必須智商在七十或以下，才足證其智力失能而不能被執行死刑。被告霍爾在一九七八年被控謀殺罪並被判死刑，他的智力測驗成績低則六十，高則八十，被法院和測驗的心理學家稱為「智能遲滯」。（雖然現在多稱智能障礙，但還是有很多法令和專業文獻沿用此舊稱。）佛羅里達法院將霍爾列為死囚，因為他的智力分數高於規定的標準。

重點提示4.2

「派瑞訴新罕布夏州」（*Perry v. New Hampshire*）：以目擊證人指認為核心的案例

目擊證人指認這個主題吸引心理學家的研究已經至少一世紀了。自一九七〇年代開始，許多研究強力且一致地證明，必須審慎看待目擊證人指認的相關問題。即使目擊證人可能主觀上非常相信其陳述的正確性，問題在於證人所觀察與回憶的內容還是很容易受到諸多因素影響。

布萊恩．派瑞（Brian Perry）被控侵入竊盜一輛停放的車輛，後來遭定罪判刑入獄。在該案中，一位目擊證人表示她從公寓窗戶看到一個男人從車裡拿了某樣東西出來。當警察抵達並詢問包含這位女性證人在內的附近公寓居民時，該女子看向窗外，指認當時正站在警車旁已經被戴上手銬的派瑞。然而，之後這名目擊者卻無法在眾多照片中指認出派瑞。派瑞的辯護人雖然主張本案第一次指認涉及過度不必要的暗示，且違反被告的正當法律程序保障，因此應該從證據中予以排除，但法院並未加以採納。檢察官主張警方並未創造一個過度不必要暗示的指認程序，實際上目擊證人不過是望向窗外，看到被告站在警察身旁，指出他就是竊賊。後續法院准許將該指認納入證據，被告於焉遭到定罪。

本案上訴到美國聯邦最高法院時（被告在州級法院上訴失敗），辯護人主張，縱使警方沒有特別去創設一個不正當的暗示性指認程序，但是目擊證人的證述極端欠缺可信度這一點，法院在事實審的審前程序卻完全未予酌量。辯方主張，事實上此一證詞根本應該予以排除，不得於審判中使用。

美國心理學會綜合了許多目擊證人證詞的研究後，對法院提出了篇幅頗長的法庭之友狀。在暫時排除警方指認程序相關問題的前提下，該法庭之友狀首先針對可能影響這類目擊證詞正確性的因素逐一加以摘述。換言之，就算警察根本未影響指認程序，也已經有許多其他因素可能影響目擊證人的陳述正確性，包括從觀察到指認經過了多久時間、當時目擊證人所承受的壓力程度、實際觀察到事件的時間久暫與狀況、證人與加害者之間的物理距離、事發現場是否出現武器，以及目擊證人與加害者的種族等等。

最高法院在本案最終以八比一的多數意見判決，由於警方並未創設不正當的暗示性指認程序，因此下級法院將指認結果採為證據並未違背法令。不過大法官們也指出，事實審的法官應該要對陪審員提出警示，請他們避免就信效度有問題的目擊證人證詞，給予不當的證明力比重。

問題討論：

一、本案可以作為提出法庭之友狀的範例。你認為這是否代表美國最高法院並不總是將社會科學研究證據納入考量？仔細想想並解釋你的想法。

二、該法庭之友狀中列出了一些可能影響目擊證人證詞準確度的因素。根據本案的上述事實，你認為是否存有影響目擊證人指認的因素？有沒有什麼其他你想進一步弄清楚的事實？

[135] 當霍爾的案件進入最高法院，法庭之友狀強調智力分數必須審慎評估，嚴格的七十分標準並不適當。此外，也應把智力分數之外的其他因素列入考量。採納各方意見後，最高法院以五票對四票的多數意見判決推翻原判決。主筆多數意見的甘迺迪大法官寫道，佛羅里達的法律違反憲法第八和第十四修正案。然而，由艾里托（Samuel Alito）執筆的不同意見書，指責多數意見太過在乎專業組織如美國精神醫學學會、美國心理學會及其他支持智力失能團體。

從上述兩個案例可見，可被法院接受的智力失能判斷之標準依然不明朗。在「摩爾訴德州」案中，法院做了某種程度的釐清，以五票對三票主張該州使用的判斷系統仍然有所不足。

接下來兩章我們會再討論心理學家在民刑事法庭的任務。現在我們要論及心理學家做為審判顧問、審前與審理程序的準備工作及專家證人，如何進行風險評估的重要工作。

風險評估

司法心理學家經常被要求預測某個人對自己或他人的危險性有多高。在當代的心理學中，此任務被稱為**風險評估**（risk assessment），或者更常被稱為暴力風險評估（Douglas Hart, Groscup & Litwack, 2014）。它常被用來評估「曾經違反社會常規或呈現怪異行為的人，尤其是那些看起來帶有威脅性或難以預測的人」（Hanson, 2009, P.172）。本章所介紹的風險評估，可能發生在司法程序的幾個不同時點，包含訴訟程序前期，法院決定要羈押或釋放某嫌疑人時；也可能在量刑階段，當法官要做出監禁或緩刑的判決時。風險評估在量刑程序中至為關鍵，至少對目前尚存死刑的兩個州而言，因法律明文要求量刑者必須考量被告的「危險性」。

暴力風險評估在本書後續的許多章節都會提到，也就是說它在法律應用的各種脈絡情境下都可能出現（Douglas et al., 2014; Hanson, 2005, 2009; Skeem and Monahan, 2011）。舉例來說，在刑法與少年司法系統中，當法院考慮交保與量刑時，暴力風險評估的結果經常扮演關鍵角色。決定是否應該違背一個人的自由意志，將之強制住院於精神專科醫院或者其他監禁環境，這時該個人對自己與他人的危險性就是一個非常重要的考慮因素。斯肯和莫納漢（Skeem and Monahan）提到：「針對職場暴力與暴力恐怖主義的風險評估越來越常見。」最後，在矯治機構中，風險評估已經成為一種常規性的基本程序，用以評估某人是否會對自身或機構中的他人造成危險。假釋審查委員會也經常想了解犯人在復歸社會後再犯的機率有多高；緩刑觀護官會透過風險評估來判定個人的再犯可能性（Ricks, Louden & Kennealy, 2016）。 [136]

暴力可以預測嗎？

心理學家，或是任何其他臨床工作者，是否能夠在特定信心水準下預測暴力行為的發生？二十世紀末，有些被通知到刑事庭或少年法院作證的臨床工作者，可能很快做出肯定的答覆。一位在許多死刑案件中出庭作證的精神科醫師喜歡這麼說：「如果以一到十的量尺來比喻，十分代表最危險的程度的話，這個人的危險性是十一。」其他人可能也會說：「為了他好，這位少年應該被關起來。如果他沒有進到機構裡的話，一定會犯下更多的罪。」上述這些「預測」都曾在不同被告對其聲請具保被駁、量刑判決或監禁處分提出異議的案件，經法院引用於裁判中（如*Barefoot v. Estelle*, 1983）。基本上，法院一般會許可臨床實務工作者進行這類的預測，不過法院也認知到這些預測的易錯誤率。舉例來說，在「薛爾訴馬丁」（*Shall v. Martin*, 1984）這個少年案件中，美國最高法院就承認有關行為的預測並不完美，也充斥各種錯誤，卻還是准許這些預測在法律殿堂中占有一席之地。該案涉及非行少年就其行為接受審理之前，即便並未被控犯下暴力行為，仍然被拘留在戒護看守所內，部分原因在於若將這些被控輕微非行而面臨審理的少年予以釋放，有可能他們會犯下更多違法行為。

時至今日，司法心理學家已慎而重之地指出行為預測的易錯性。雖然司法心理學家承認這類預測是他們可以對法院或其他機構提供的重要服務，但他們仍願小心翼翼謹守有關預測的警告。討論到預測暴力，目前幾乎都偏好使用風險評估或者潛在危險性評估這樣的詞彙，而非預測危險性。「風險」與「潛在」這些詞彙表達了一個重要的觀念，亦即在這類的評估程序中，心理學家其實是在提供法院或其他機構一項有關或然率的描述（probability statement），指向特定人日後可能做出偏差行為的可能性。這樣評估可以本於臨床的判斷，或者來自於個人背景脈絡資訊的特定預測變因。例如過去的暴力行為、年齡、欠缺充足的社會支持系統、酒精或者其他類型的物質濫用，以及嚴重的精神病史等等因素加總，可以針對特定人日後可能做出暴力行為的機率提供良好的指標（Monahan, 1996）。

此外，研究指出（Borum, Fein, Vossekuil & Berglund, 1999），危險性並非一種無法改變的人格特質。越是複雜的風險評估模型，越傾向認為所謂的危險性與情境或環境因素高度相關，總是會隨著這些因素改變而變化，而且會在一個可能性的連續向度上持續變動。一個在某個時點被認為具有潛在危險性的人，還是有可能在經歷許多人生變化後，變得對自己或對他人都不再有危險性。

臨床評估與精算式預測

就風險評估而言，有一個由來已久的辯論是關於臨床評估與統計（精算式）評估，究竟孰優孰劣的問題（Douglas and Ogloff, 2003; McEwan, Pathé & Ogloff, 2011; McGowan, Horn & Mellott, 2011; Melton et al., 2007）。基於臨床評估所進行的預測（大多倚賴臨床經驗與專業判斷），[137] 至今的表現並不像精算式評估那麼好。過去五十年來，倚賴測量工具與有效風險因子的統計模型，在大部分案件中，都較臨床判斷或專業意見來得好（Hanson, 2005, 2009; Meehl, 1954）。針對精算式預測優於臨床判斷此一主張，早期的研究提供了穩定的支持證據。不過，精算式評估工具也有其短處，是許多希望保有臨床判斷空間的精神心理衛生實務工作者常點出的。海爾布倫等人（Heilbrun, Marczyk & DeMatteo, 2002）總結他們擔憂之處，認為精算式評估工具：

- 聚焦於少部分因子，因此可能忽略了對該評估對象具特殊性的重要因子，例如近期的法律或醫療問題。
- 屬於比較被動的預測因子，主要聚焦於相對穩定的因素，如人口變項與犯罪史。
- 可能包含法律領域中無法接受的危險因子，比如種族或性別，並且可能忽略了邏輯上應該要考量但效度仍屬未知的危險因子，如暴力威脅。
- 針對特定母群在特定時間範圍是否會產生特定結果的預測，相對而言較難概化到其他的情境脈絡。
- 對暴力風險的定義相對限縮，較難處理到暴力的本質、持續時間、嚴重性或頻率、多快會發生。

他們也提到，除非受過足夠的心理計量理論與研究訓練，否則臨床工作者很可能會濫用或無法充分利用精算式的評估工具。雖然這些作者承認風險評估工具的價值，但他們還是建議司法心理學家不要削弱臨床判斷在風險評估的角色。話雖如此，他們結論說道：「以臨床判斷為基礎取向的問題，在於這類判斷本質上仍然屬於一種推論性的評估。」（P.478）

即便如此，現今許多臨床工作者都認為，統計測量的結果仍需要與多年累積的經驗與訓練下所做出的臨床判斷取得平衡。此外，回顧近年許多有關風險評估的研究（包含許多後設分析研究），道格拉斯等人（K. S. Douglas et al., 2014）對長久以來認為精算式資料較具優勢的假設提出了質疑。他們認為，在某些情境下，結構式的臨床判斷，也就是常說的**結構式專業判斷**（structured professional judgment），可能會是更好的選擇。一般而言，當採取結構式專業判斷取向的臨床工作者在某情境下對某人進行一個全面性的臨床暴力風險評估時，會有許多需要遵循的準則（Douglas et al., 2014），包含蒐集關鍵資訊、辨識危險因子、評估關聯性、找出受評估個體可能會或不會出現暴力行為的情境。如同道格拉斯等人所言：「評估者必須要考量被評估者可能做出何種暴力行為、出於什麼動機、誰會受害、可能造成什麼後果，以及在怎樣的時間點。」（P.415）上述這些準則要求評估者考量的種種因素，恰恰為主張臨床評估本質上具有推測性的論述提供了支持。結構式專業判斷導向的臨床工作者也會發展並提出防止潛在暴力的可能處遇計畫，並與提出評估要求的人進行溝通。不過這並不代表較常使用精算式取向的臨床工作者就不會提出這些建議。

動態與靜態危險因子

在風險評估中，區分動態與靜態的危險因子是很重要的概念（Andrews and Bonta, 1998; Andrews, Bonta & Hoge, 1990; Beech and Craig, 2012; McGrath and Thompson, 2012）。所謂的危險因子，指的是那些被認為與反 [138] 社會行為有關，甚至可藉以預測這類反社會行為的個人特質。**動態危險因子**（dynamic risk factors），指的是會隨著時間與情境改變的因素，比如物質濫用、對女性的負向態度，都有改變的可能。與動態相對的是**靜態危險因子**（static risk factors），比如反社會行為的初發年齡。簡單來說，動態因子可能改變，而靜態因子則難以改變。支持結構式專業判斷的研究指出，精算式風險評估工具大多聚焦於靜態因子，較少納入動態因子。結構式專業判斷則鼓勵在評估中納入這些動態因子。「結構式專業判斷模式幫助臨床工作者決定每隔多久需要重新評估危險因子，以及如何連結風險評估與風險處遇。」（Douglas et al., 2014, P. 397）

動態因子又可細分為穩定與急性因素（Hanson and Harris, 2000）（相關例子見表4.2）。**穩定動態因子**（stable dynamic factors）雖然也屬可變，但通常改變得較慢，有可能需要長達數個月，甚至數年的時間。不妨以一個人對於暴力色情作品的態度，或長期接觸偏差同儕為例子來思考。另一方面，**急性動態因子**（acute dynamic factors）改變得就比較快速，可能在幾天、幾小時，甚至幾分鐘內，隨著心情擺盪、情緒激發，以及酒精或其他物質引發的效果，出現不同的變化。韓森與哈瑞斯（Hanson and Harris）發現，那些急性動態因子（如憤怒與受苦的主觀感受），比起那些更加穩定的動態因子（如性侵犯對女性的態度），對於性侵害犯罪的再犯預測力更佳。儘管如此，在預測個體未來是否會犯下罪行，或者在規畫性侵犯的未來處遇時，這兩種危險因子都必須同時納入考量。

表4.2　靜態與動態危險因子的例子

動態危險因子 （隨時間與情境改變）	穩定動態（緩慢改變）： 態度 偏差同儕	急性動態： 心情擺盪 憤怒 酒精或藥物效應
靜態危險因子 （鑲嵌在背景中，不會改變的）	早發的犯罪行為 家庭背景中的犯罪史 兒童時期的診斷（如行為規範障礙） 神經性議題（如創傷性腦傷） 暴力史	

風險評估工具

風險評估只能由心理學家，或者其他受過完整行為、情緒與認知測量與評估訓練的精神心理衛生專業工作者進行。以目前而言，心理學家在進行風險評估時已經可以取得許多評估工具，也有很多研究文獻可以用來評估這些工具（如Churcher, Mills & Forth, 2016; K. S. Douglas et al., 2014; Quinsey, Harris, Rice & Cormier, 2006; Viljoen, Shaffer, Gray & Douglas, 2017）。雖然有些實務工作者在進行風險評估時並不會使用這些工具，但這麼做會使他們在評估結果受到挑戰時惹來批評。因此，評估者在選擇評估工具時，還是必須確認所選的工具在過往研究中已經得到實徵資料所支持。

典型的風險評估工具是透過在目標群體中（如暴力加害者、假釋犯、人身自由受限的青少年、精神機構的病患）蒐集資訊後，據此進行設計而得。研究者會以前述的資訊為基礎，找出與所關注行為相關的關鍵變項（如反社會行為的初發年齡、暴力史）。接下來，研究者會根據受評估者現時的生活或背景資訊，針對這些變項給予評分列等；其中的某些因子會 [139] 比其他因子擁有更高權重。若受評估的個體分數低於某風險評估工具的切截點，就可能被判定為此人從事特定犯行的風險較高。

如前所述，就人類行為的預測而言，實徵資料所得結果持續支持精算（或統計）式資料表現優於臨床資料的主張，尤其在臨床資料屬於非結構性的狀況。這裡所提到的「非結構性」，表示臨床工作者在評估過程中並未依循本於研究的準則，而是大量依賴個人經驗做評估判斷。特定研究指出，依賴非結構性判斷進行評估的心理學家，在預測個體日後的暴力行為方面，可能有高達三分之二的錯誤率（Vitacco, Erickson, Kurus & Apple, 2012）。不過，精算式評估工具也不全然完美。有些司法心理學家對於使用大量奠基於靜態因子且未與專業判斷進行充分整合的風險評估工具，不表認同。是以，後續乃發展出納入臨床判斷的評估工具。依照目前的觀點，風險評估應該是一種連續向度（continuum）的概念，其中一端是完全非結構性臨床判斷，另一端則是完全結構式的評估，介於其間則是部分結構式的評估工具（Skeem and Monahan, 2011）。（有關精算式與結構式專業判斷的代表性評估工具列表，見表4.3）。

時至今日，有鑑於跟追騷擾事件、禁制令（如保護令）、仇恨犯罪，乃至於對職場與校園暴力事件等受到越來越多關注，精神心理衛生專業會在各種不同情境中被要求針對潛在的暴力進行司法鑑定。專業工作者被要求評估的不僅是整體暴力行為風險，更重要的是評估特定類型的暴力風險，例如家庭暴力或性暴力。其中兩種常被使用且有許多研究支持的家暴風險評估工具，分別是安大略家庭暴力風險評估（Ontario Domestic Assault Risk Assessment, ODARA）與家庭暴力風險評估指引（Domestic Violence Risk Appraisal Guide, DVRAG）（Hilton, Harris & Rice, 2010a, 2010b）。本書第八章會再針對ODARA進行更多討論。有關性侵加害者的風險評估工具，則包含Static-99與SORAG，兩者都屬於精算式評估工具。另外還有針對有性暴力史青少年的結構式評估工具ERASOR。

總結來說，司法心理學家必須注意上述這些爭議，以及各種評估工具的優劣勢。理論上，所有研究都不支持非結構式臨床判斷，結構式專業判斷得到較多的支持。與先前的見解有所差異的是，道格拉斯等人（K. S. Douglas et al., 2014）主張：「針對風險的臨床判斷，只要是在結構式脈絡（如結構式專業判斷）下所得出，都會比精算式的暴力風險預測來得精準。」（P.426）這些研究者將此結論稱為「解放性的發現」（liberating finding），主張這可以讓風險評估研究更開闊地發展，例如臨床工作者可以決定就某個案而言，哪個危險因子最相關、動態因子如何隨著時間變動、保護因子的角色（如個體韌性、家庭支持），以及危險因子是否可以應用到不同的性別、種族及族裔背景上。

風險評估，尤其是暴力風險評估，在司法心理學領域中是一個大量被研究，且高度受到實務應用的議題。有關風險評估的形式，也持續在專業文獻中日趨熱烈地被提出討論。本章介紹此主題，因為它是法院在諮詢司法心理學家時很常見的議題。由於此議題在民事與刑事的各種脈絡下都會出現，後續章節也會再度討論。

表4.3　暴力風險的代表性評估工具與其目標群體 [140]

評估工具	目標群體	工具發展者
精算式		
暴力風險分級 Classification of Violence Risk	出院回歸社區的精神科病人	Monahan et al., 2005
少年性侵再犯風險評估工具 Juvenile Sexual Offense Recidivism Risk Assessment Tool–II	少年性侵加害人	Epperson, Ralston, Fowers, DeWitt & Gore, 2006
矯治服務／個案處遇量表 Level of Service/Case Management Inventory	成年加害人	Andrews, Bonta & Wormith, 2004a

矯治服務量表修訂版 Level of Service Inventory–Revised	成年加害人	Andrews and Bonta, 1995
安大略家庭暴力風險評估 Ontario Domestic Assault Risk Assessment	有前科或家庭暴力史的成年男性	Hilton et al., 2004
性侵加害人風險評估指引 Sex Offender Risk Appraisal Guide	性侵加害人	Quinsey et al., 2006
靜態 99 Static-99	成年男性性加害者	Hanson and Thornton, 1999
暴力風險評估指引 Violence Risk Appraisal Guide	成年男性加害人	Harris, Rice & Quinsey, 1993
結構式專業判斷		
青少年性侵害再犯風險評估 2.0 版 Estimate of Risk of Adolescent Sexual Offense Recidivism, Version 2.0	有性暴力史的青少年	Worling and Curwen, 2001
歷史臨床風險處遇 Historical-Clinical-Risk Management-20	成年男性與女性	Webster, Douglas, Eaves & Hart, 1997
配偶攻擊風險評估指引 Spousal Assault Risk Assessment Guide	現在或過去曾有親密伴侶的男性或女性	Kropp, Hart, Webster & Eaves, 1998
青年暴力風險之結構式評估 Structured Assessment of Violence Risk Among Youth	青少年	Borum, Bartel & Forth, 2006
性暴力風險 20 Sexual Violence Risk-20	有性暴力史的成年男性	Boer, Hart, Kropp & Webster, 1997

審判與訴訟顧問

心理學家經常接受司法程序中的關鍵角色諮詢，尤其是律師。無論在審理前或審理過程中，心理學家的任務很多元，而且可能帶來豐富的報酬。雖然其他專業也可能擔任**審判顧問**（trial consultants，如社會學家、經濟學家、政治科學家），不過還是以心理學家居多（Strier, 1999）。然而，這些心理學家可能未必認為自己是「司法心理學家」，即使他們確實效力於司法領域。此外，審判顧問經常與全國性顧問公司交流互動，許多審判顧問本身也是律師。

審判顧問或陪審團顧問通常擁有工商心理學或社會心理學的背景，不過這些背景非必要條件。他們主要的工作包含了陪審員選任，以及在審判過程提供律師協助。這些顧問們在審理準備上提供越來越多的協助，比如準備證人、特定訴訟策略的決策（Boccaccini, 2002; Myers and Arena, 2001）。舉例來說，律師們可能不明白若要證明創傷後壓力疾患所造成的影響，應該與哪種精神衛生專業聯繫，這時心理學家就可以提供建議。心理學家也可能協助準備審理過程中需要的專家證人，或者協助律師解讀精神心理衛生實務工作者所提供的臨床報告。此外，在選定陪審員之後，顧問也會提供律師與陪審員相關的研究訊息。一間著名的審判顧問事務所就以「幫助律師成功進入陪審團內心世界」作為廣告手法。 [141]

再次強調，真正進入審理程序的案件其實算是例外。大部分的民刑事案件（可能多達九成）其實都靠著協商或調解解決。真正進到審理程序的，常常是那些備受矚目的案件（無論民事或刑事），也就是當判決不利於被告時，被告會需要付出頗高代價的案子。以刑事案件而言，確實存在被告實則無辜，但看起來有相當理由認為他犯罪的狀況。這些案件可能是死刑案件，或其他涉及長期自由刑的案件。在民事案件中，會進入審理程序的案件則可能涉及一方或兩造都不願妥協這類高度情緒化的狀況，例如子女監護權訴訟、爭奪遺產等案件。也有可能是涉及公司法人被告一旦被判可歸責，則必須面臨數百萬元賠償，甚至因此解散的風險。在墨西哥灣漏油事件後，針對英國石油公司（BP）與哈利伯頓公司（Haliburton）提起的訴訟就是很好的例子。其他例子還有像是產品責任訴訟，而原告可能最後獲判高額賠償金（如前所述，研究顯示過高的賠償金判決並非常態）（Robbennolt et al., 2014）。儘管如此，當訴訟標的金額很高的時候，具有經濟實力的辯方（有時是檢方）會很樂意出資請專家來協助他們進行陪審員的選任，以及其他審理程序的準備工作。

陪審團科學選任方法

二〇一六年，電視劇《律政狂牛》（*Bull*）的主角正是一位審判顧問。他的公司陣容包括了各式助手，有律師、心理學家、神經學家、前警探等，共同為訴訟當事人效力，而且多數案件獲得勝訴。不過，許多現實世界的審判顧問就該劇提出批評，指其無法代表審判顧問的實際工作狀況，也無視於真實生活中不可能保證獲勝的事實。該劇虛構審判顧問布爾博士的任務，經常涉及協助律師挑出最可能對案件做出有利判斷的陪審員。

雖然該劇主角布爾博士的工作大部分是基於「直覺」，其中仍有運用到陪審員選任的科學方法（scientific jury selection）。這裡的科學方法，指的正是透過社會科學技巧，選出對於己方案件有利的陪審團。這樣的程序包含為了理解大眾對即將進行審判案件的主要觀點所做的態度調查。舉例來說，在被控違法排放廢棄物的案件中，代表公司法人被告的辯方律師可能會想知道社會大眾整體上對企業犯罪的觀感。更重要的是，對公司法人較友善的人，在人口統計學上的特徵又是如何？那些反企業的人又如何？什麼樣類型的人比較傾向站在原告那方？使用科學選任方法的實務工作者會透過回顧研究，了解陪審員來自的社群結構、觀察潛在陪審員人選及其他技巧，回答上述問題。科學的選任方法是一種昂貴又費時的程序。執行該方法的審判顧問常需要進行問卷調查、舉辦焦點團體、訪談社區成員、應用其他研究策略，以預測哪些人對當事人來說可能會是好的陪審員。

在審前階段，律師也很關心媒體曝光效應可能對其當事人造成的偏見傷害。所以審判顧問可能會被要求在社區中進行問卷調查，蒐集負向輿論的證據，這樣的證據可以用來支持聲請管轄變更（審理地點的改變）。在審理過程中，顧問有時候也會使用影子陪審團（shadow juries），也就是在人口統計學特徵與潛在態度等方面，都與本案陪審團相近的一群人。在審理過程中，影子陪審團的成員可能會經常性被徵詢意見，以判斷他們對於審判程序中各個不同面向的反應。一旦審判結束，顧問們則可能被要求對本案陪審團中同意接受訪談的成員們進行審後會談。這種作法不僅可一窺陪審員決策歷程（decision making），也可以讓研究者對訴訟中律師使用的策略有效性進行研析。 [142]

許多人都認為，只要是重大案件的審判，就會諮詢擁有科學選任技巧的顧問（Lieberman, 2011）。所謂重大案件的審判，例如那些會吸引廣泛注意的案子（像是重大矚目刑事案件），或者那些小蝦米對抗企業大鯨魚的案件，都屬此類。大部分的刑事審判，哪怕涉及無期徒刑，也未必會看到審判顧問的參與，除非被告是公眾人物，又或者犯罪的性質本身特別令人髮指。二〇一三年四月發生的波士頓馬拉松爆炸案，就是一例。

就算是牽涉到科學選任方法的案件，也無法精準知道究竟使用了哪些技巧。意思是，相對於影子陪審團或會談，研究者反而難以逐一審查案件中使用的問卷內容，或者在其他的狀況下，可能在一個案件中會混合使用多種不同技巧。在波士頓馬拉松爆炸案中，辯方委託專家進行地緣關係研究，希望藉此證明本案陪審員其實並非從案發都會區中及其周邊的社區被隨機選出。根據這些研究，辯方主張本案審判原本應該要移轉管轄到其他地點，卻沒有移轉。最終該案被告遭判有罪確定，量處極刑。

在任何案件中，科學選任方法的複雜程度顯然端視涉案當事人所能動用的資源。運用科學選任方法，也無法釐清究竟如何才算「成功」。由於每個案子的案件事實、律師表現、陪審團組成、事實審法官的裁判、證據的品質都不一樣，因此難以斷論科學選任方法就是決定性因素。我們也應該理解，有關陪審團的研究指出，提出給陪審團的證據與其證明力，才是足以影響陪審團成員的最主要變因。

準備證人

審判顧問協助律師準備證人，以及判斷提出證據與說服陪審員的有效策略（Myers and Arena, 2001）。為了準備即將到來的審判期日，兩造律師通常會與他們將在審判中傳喚到庭作證的潛在證人會面。這種準備證人的方法，是為了「針對證人預計提出的證詞內容及其呈現方式，進行審查、討論，或者有時候略予調整」（Boccaccini, 2002, P.161）。對不習慣法庭情境的證人來說，事先與律師會面（或者有時候與審判顧問會面）是一個重要的步驟，可避免「意料之外」的證詞，同時緩解證人所感受的壓力。雖說律師會關切證人證詞的內容，不過他們同樣關切證詞的呈現方式。準備證人的任務，實際操作上可能與審判顧問一起進行；審判顧問負責指導證人如何表現得具有說服力且自信。芬克爾曼（Finkelman, 2010）就此強調：「有鑑於專業倫理的要求，證人的準備工作必須限制在呈現技巧，而不可試圖更動與事實相關的敘述內容。」（P.14）事實上，縱使是擔任專家證人（或鑑定人）的心理學家，也可能受益於這樣的證人準備程序。

有些證人準備工作可能會強化證人原本趨於模糊的記憶，因而飽受爭議。回顧本書第三章有關承諾偏誤的討論：某位一開始不太肯定的目擊證人，有可能因為警方對其列隊指認的結果做出肯定的暗示，因而態度變成非常肯定。與此相類似，對證詞反覆練習可能會增加證人對自己證詞的信心。目擊證人證詞的相關研究指出，陪審團更可能傾向相信說話清楚且看起來高度自信的證人（Penrod and Cutler, 1995）。

[143] 由律師或審判顧問提出的暗示性提問，也可能導致證人回憶起他們原本不記得的細節。「當一名證人對特定事件的記憶已經在證人準備過程中出現扭曲時，就有可能創造出主觀上真實但客觀上不實的證詞，因而導致這些證人在不知情的狀態下做出虛假或誤導性的證詞。」（Boccaccini, 2002, P.166）事實上，正如本書第三章強調，就算沒有證人準備的影響，目擊證人的記憶本身也是極度容易出錯的。這類資訊，無論在民事或刑事案件中，已經成為證據的主要來源之一。然而，廣泛研究指出，司法體系應

該更審慎檢視歷來有關目擊證人證詞可信度的某些假設。如上所述，心理學研究強烈建議，透過詢訊問目擊證人所取得的的證據與證詞，經常充滿諸多不準確與誤解，無論證人宣稱自己有多麼確定。（Loftus, 2013; Strange and Takarangi, 2012, 2015）（參見觀點專欄4.1）

觀點專欄4.1

記憶：難以捉模，容易出錯，但非常迷人

德倫．史崔吉 Deryn Strange, PhD

我其實不記得當時決定要攻讀博士的狀況了。我只記得我不斷讀書、設計實驗、收案、寫作……很多很多的寫作。但對於當初何以做出這個決定，並沒有什麼記憶。這件事本身還挺有趣的，正是我研究記憶失敗的一個好例子。

我記得大三課堂上，討論的主題很有趣：目擊者記憶錯誤、虛假自白、錯誤記憶。那是第一次我有了想要學習更多的動機。當時我會完成所有的課程閱讀，但不會另外尋找相關文獻，因為課程資料已經夠我讀了。我會去老師要求的實驗室，但從來不會再尋找其他研究機會，因為我只學習已經知道的。要主動問教授他們實驗室有沒有需要幫忙，是一件多令人緊張的事！我能貢獻什麼？但我確實踏出那一步，也讓我得以加入瑪麗安妮．加里（Maryanne Garry）博士位於紐西蘭威靈頓維多利亞大學的實驗室。六年後，我拿到了博士學位，離開實驗室。在奧塔哥大學做完博士後研究之後，我飛到世界另一端的紐約，接下了約翰．傑刑事司法學院（John Jay College of Criminal Justice）助理教授職位。系上有許多人的研究都非常吸引我。目前我仍在同校任職，但已經升為副教授。

廣義來說，我研究的是記憶的錯誤，以及所造成的後果，從相對無害的（如去買牛奶卻忘記拿牛奶），到具有災難性影響的（記錯凶手的臉而導致無辜者冤獄）。從我在約翰・傑刑事司法學院授課開始，研究重點就是創傷性記憶扭曲（traumatic memory distortion），以及刑事司法體系中的記憶扭曲所造成的後果及其成因。

[144] 記憶在創傷後壓力疾患的診斷中，扮演了不可或缺的角色。人們可能會經歷到記憶閃回、侵入性記憶，也經常抱怨對於事件僅有「不完整」的記憶。不過，人們究竟可以多精準地記得創傷事件，以及（不）精準度在後續心理調適歷程中所扮演的角色等問題，其實只是相關實徵研究的開端。舉例來說，對於軍事武器攻擊造成好友死亡的細節，一位軍人可以記憶到多精準的程度？這個議題在文獻中的缺口，無論就理論或實務而言都相當有意義。在現存的創傷後壓力疾患診斷準則之下，個人在創傷時點後的症狀性反應，一般會被認為與該創傷（及其任何病理傾向）直接相關。因此，該診斷非常倚賴個體對事件的自陳，也就是記憶。問題是，個體對創傷事件的記憶，正如對其他更平凡事件的記憶，很容易被扭曲。無論田野或實驗室的研究，都揭示了創傷記憶扭曲的狀況：與客觀上親身經歷的創傷事件相較，個人主觀上記憶的創傷往往更加嚴重；而這樣的狀況常會造成更多創傷後壓力疾患症狀。

瑪蓮妮・塔克拉吉（Melanie Takarangi）博士（服務於澳洲福林德斯大學）與我（還有我們的學生）試著透過回答兩個核心問題，致力填補上述的文獻缺口：我們是如何錯誤地記憶創傷？又為什麼會錯誤地記憶創傷？我們開發出一個具有信度的實驗派典，可以表現出一個類似創傷的記憶扭曲。參與者首先觀看一段死亡車禍的情緒影片；該影片由一系列片段組成，各片段之間有短暫的黑幕緩衝；操作的重點則是影片中某些關鍵部分已經佚失。而這些關鍵部分可能是創傷情境（一個孩子看著父母尖叫），或非創傷性的（醫療直升機抵達）。看完隔天，我們會請這些參與者做一個測驗，讓他們看一系列場景，並請他們選出哪些是他們前一天看過或沒看過的。事實上，這個實驗比我現在敘述的還要複雜，但可以說的是，人們錯誤記得佚失場景的最低比例是26%，而他們所記得的，比實際看到的還要多出十三點五秒（7%）。相較於較不具創傷性的場景，人們更容易錯誤記得更具創傷性的場景。我們也發現，報告出記憶「重現」（彷彿看到影片場景在心中「重新播放」）的參與者，出現更多的錯誤記憶。因此我們有了初步證據可以說明，記憶扭曲可能在人們對創傷的反應中扮演了關鍵的角色（Strange and Takarangi, 2012）。近來我們透過各種不同的取徑，為前述研究添加了其他證據（Strange and Takarangi, 2015; Takarangi, Strange & Lindsay, 2014）。

瑪蓮妮和我已經合作了十七篇實徵論文，目前也有更多研究正在進行中。這些經驗讓我對研究生們提出下列建議：去找一個優秀的合作夥伴，一個你真的可以跟他好好共事的人。如此一來，雖然工作仍是工作，但樂趣會增加許多。瑪蓮妮和我彼此在能力技巧上互補，但我們工作的方式又很相似，這是我們長期成功合作的關鍵。最重要的是，我們享受彼此的陪伴。我們會一起設計實驗，也會一起買鞋子、繞著曼哈頓散步、品嚐美酒。我們會一起在夏威夷海灘和超棒的餐廳中審核申請者的計畫。我們可以自信地對各種資料提出最不一樣的解釋，並當彼此最好的審查委員。這真的很有用。所以我的建議就是，找到你生命裡的瑪蓮妮。

我研究的第二個主軸，是法律體系中的記憶扭曲現象。在這個過程中有太多機會產生記憶的錯誤，並可能真的導致很嚴重的後果。過去幾十年來，在法律心理學領域中已有非常傑出的研究者對這些議題進行研究。舉例來說，我們已經了解為什麼人們可能會將無辜者錯認為犯罪加害人，以及什麼因素可能會導致虛假自白。我的學生和我則聚焦在法律心理學領域中還比較少被了解，仍在起步階段的領域：不在場證明、在法庭中出現的記憶源失誤現象（source monitoring failure）[7]、誘餌問題的潛在影響，還有人們針對隨身攝影影片[8]如何予以記憶與詮釋。

舉例來說，造成我們遺忘鑰匙放哪裡，或去超市付完錢卻忘記帶走東西的認知歷程，同樣可能導致無辜者遭檢警還有陪審團判斷為有罪。哪怕只是一個單純的記憶錯誤，例如把兩個不同的週末經歷記混，或把星期二當成其他天，都可能造成災難性後果。事實上，一個剛開始看似尋常的記憶錯誤，也可能誘發雪崩效應，影響到整個司法程序：調查程序與方向變更、增加被告認罪答辯機率，甚至使陪審團對被告的印象產生負面影響，以至於無辜者被定罪的機率上升。為了預防這些錯誤，我們努力尋找不同方法，讓偵查人員在探詢有關不在場證明的過程中可以利用（Crozier, Strange & Loftus, 2017）。

[145] 我們也檢視了誘餌問題的影響，所謂的誘餌問題，就是使用假設性問句讓嫌疑人去解釋未必存在（或不存在）的入罪證據。警方很常使用這種手法。舉例來說，他們可能會問：「你說你沒有涉入這場犯罪……那有什麼理由能解釋我們為何在凶器上找到你的指紋？」事實上警方可能根本就沒有找到凶器，遑論嫌疑人的指紋。但這個問題是一個「誘餌」，目的是讓嫌疑人改變說法，使其為指紋出現在槍上做出解釋。萬一嫌疑人真的吞下這個誘餌，就可能得出嫌疑人或許有罪的結論。我們的研究在於使用這類誘餌問題對記憶所造成的副作用：這類誘餌問題會不會造成陪審員、偵審訊者、嫌疑人相信這些假設性質的證據實際上真的存在，因此改變案件的偵查方針，並使無辜者置身於冤罪風險中？結果發現，模擬陪審員們確實會因此感到困惑，並且認為這類假設性的證據事實上真的存在，哪怕一開始我們已經講解過所謂的「誘餌問題」是什麼及其用途為何（Luke, Crozier & Strange, 2017）。這類的錯誤是否會延伸到提問人（偵訊者）身上，則是我們

7. 譯按：指個體將特定事件的記憶錯誤歸因於其他事件或來源，例如某甲可能在電視上看到某乙訪談，日後卻將之錯誤記憶為在某事件現場目擊某乙，並就此做出指認。
8. 譯按：body camera footage，一般指執法人員在執行勤務時配戴的小型隨身攝影機所錄下的影片。

現階段研究的焦點。

總而言之，我的工作相當多元化，不過我研究的每一個主題都落入「記憶扭曲」效應的大主題之下。我也了解，同一時段有數個不同的計畫在進行很重要，如果其中之一卡關了，還有其他計畫可以移轉你的焦點，研究也能持續下去。我的最後一個忠告是：廣泛閱讀，參與學術會議的時候別忘了勇敢參與那些在你狹小研究領域外的座談活動，跟你有興趣的研究工作者攀談。你會發現，研究靈感俯拾皆是。

史崔吉博士目前在曼哈頓約翰．傑刑事司法學院心理系任職副教授，也是記憶與認知應用研究學會（the Society for Applied Research in Memory and Cognition）的理事長，並經常出庭擔任專家證人。

選任審查

在審判進行中，審判顧問會進行一系列不同的任務。審理程序的第一個階段就是陪審團選任程序，技術上稱為**選任審查**（*voir dire*）。此一程序是對可能的陪審員進行提問，確保選出一個中立無偏的陪審團。在這個階段，由審判顧問所進行的審前研究（如果有做的話）會被律師實際應用，透過主張己方的拒卻權，將難以理解己方立場的可能陪審員從陪審團中剔除，並且將較可能理解己方立場者選入。顧問可以建議負責選任程序的律師如何提問，從而依據候選陪審員的答覆，甚至是非言語行為來進行推斷（Strier, 1999）。

選任審查程序的關鍵在於一個問題：可能被選任的陪審員是否會因為被告所屬的種族、族裔、宗教或性別群體，而對其產生偏見？這樣的偏見有多大的可能性，會在選任審查程序中被偵測出來？再者，陪審員是否可能摒棄前述的偏見，單純就案件證據進行判斷？如果在陪審團室裡有偏見被提出，那麼被告在憲法上由公正陪審團進行公平審判的基本權保障，將會受到侵害。美國聯邦最高法院在二〇一七年曾做出一個重要判決，指明選任一個公正陪審團的重要性（*Pena-Rodriguez v. Colorado*, 2017）。該案中，佩納．羅德里格斯（Pena-Rodriguez）被控性騷擾，以及企圖觸摸兩名青少女。在陪審團審議期間，一名據稱曾任執法人員的陪審員評論表示，被告顯然有犯罪，因為他是墨西哥人，而墨西哥人總是予取予求。同一位陪審員還說，羅德里格斯方所提出的一名證人是「非法的」，儘管該證人事實上是旅居墨西哥的美國公民。被告遭定罪後，兩名陪審員提出了上述狀況，羅德里格斯據此聲請再審，但是遭到拒絕。上訴法院駁回其再審聲請，指出：本於陪審團審議密行（jury deliberations were secretive）原則，對陪審團評議結論進行調查，原則上是不可接受的。就過去案例[9]，亦曾讓陪審團成員在出現某些不當行為（如午餐時喝啤酒、使用非法藥物、在法庭上睡著）後所做成的評議決定維持有效。

然而，聯邦最高法院並不同意前述的下級法院見解。該院嗣以五票對三票的多數意見做成裁判：在陪審團室中倘若出現種族或族裔偏見，嚴重性非同小可，與前述的其他陪審團差錯無法比擬。在該案當中，由於出現的偏見頗極端，是以權衡上，憲法的公平審判保障理當優位於陪審團評議密行的傳統原則。假設該案事實審法官在陪審團宣判之前，曾有機會知悉陪審員的偏見言論，必然需要針對陪審團的評議過程進行全面的調查。換句話說，縱使已經遭到定罪，但羅德里格斯的再審聲請本應被法院准許並據此開啟再審。就此以言，哪怕偏見可能不容易從選任陪審員的程序中偵測出來，但各方仍應本此目的戮力以赴才是。

[146] 審判顧問與諮詢的主要議題

研究心理學家對於審判顧問抱持懷疑的態度，尤其是試圖在案件中選

9. 譯按：美國法採行判決先例遵循原則，亦即上級法院所做成的裁判，在日後事實與法律情境相類似的案件中，會產生法律上的拘束力，因此該上級法院自己以及其直轄的下級法院，原則上必須遵守其裁判見解。這是為何過去的案例會有其重要性。

出同情某方立場的陪審員。如前述，準備證人的部分問題同樣引發憂慮。有關陪審團科學選任方法的評論中，艾斯沃斯和雷福曼（Ellsworth and Reifman, 2000）的評論堪稱代表：「陪審團的研究者持續尋找足供其可信地預測特定陪審員評議結論的個體差異因子，不論種族、性別、階級、態度或人格，不過總是徒勞無功。」（P.795）跟此脈絡相似，還有法學教授約翰・康利（John Conley）訝異於「律師及其當事人，在那些號稱可提供『理想』陪審員的陪審團選任『專家』身上耗費大量金錢」。（P.823）

審判顧問的工作欠缺監督機制已經受到注意。正如斯崔爾（Strier, 1999）所觀察，無論是營利或非營利的審判顧問服務，目前在網路上都不乏其人，不過不管是否在網路上可以找到，這類服務都欠缺規範：「既不存在州級的證照檢覈基本要求，也沒有任何具有拘束力或有意義的專業倫理規章。」（P.96）其他人也觀察到，審判顧問的服務沒有資格及教育等學經歷的基本要求；換句話說，這類工作相當不受管制（Griffith, Hart, Kessler & Goodling, 2007）。不過，梅爾斯和亞倫納（Myers and Arena, 2001）雖然也認知到前述疑慮存在，仍然對於審判顧問與諮詢的工作抱持著支持的立場。他們認為，心理學家可以協助目前已呈現傾圮的司法正義天秤重歸平衡。但他們也承認，如果希望此一領域可以持續進化的話，那麼更佳的訓練標準以及方法論絕對有其需要。

也有跡象顯示，陪審員們可能對審判顧問或諮詢抱持猜疑的態度，雖然與此相關的研究目前還很少。葛林菲斯（Griffith et al., 2007）曾在兩個州針對堪任陪審員的個人進行問卷調查，研究他們對於審判顧問的觀感。雖然個體相當程度受到收入、族裔、年齡、性別、個人對司法體系公正度的信念等因素影響，不過整體而言，還是有18%的研究參與者直陳他們可能會對使用審判顧問的那一方產生不利偏見，儘管會因此對於未使用顧問的另一方產生有利偏見的比例不到0.25%。研究者主張，聘用審判顧問的一方或許會希望就此盡量保持低調，例如限縮與陪審團成員「打照面」的時間；至於未聘用審判顧問的他方，或許會希望確保陪審團得知對造使用審判顧問的訊息。依據葛林菲斯等人的研究，如果有辦法說服大眾理解審判顧問並不會動搖司法體系的公正性，他們的觀感可能會比較正面。想要達成此一目的，或許可以考慮讓審判顧問提供更多公益服務，以及針對這些顧問所提供的服務，對大眾進行更多教育。

專家的意見證詞

除了從事審判幕後或法庭中的顧問角色，心理學家也可能出現在證人席上，以專家證人的身分在許多類型的案件中提供意見證詞。此一明顯可見的角色，除了帶來許多廣泛的研究及評論，也是三件美國聯邦最高法院的重要判決（以及許多下級聯邦法院與州級法院判決）所觸及的核心爭點。這三件最高法院判決被合稱為「道伯三部曲」（the *Daubert* trilogy）（*Daubert v. Merrill Dow Pharmaceuticals, Inc*., 1993; *General Electric Co. v. Joiner*, 1997; *Kumho Tire Co. Ltd. v. Carmichael*, 1999）。這些判決詳細討論了聯邦法院在審理專家證人的意見證詞時若遭對造律師挑戰，就其證據能力該如何認定的法律適用標準。美國許多州（至少過半）都已採用與上述道伯案相同或近似的基準（Fournier, 2016; Parry and Drogan, 2000）。本書稍後也會針對道伯案與相關標準進行討論。

照片4.2
二〇〇五年，一位心理學家在審前聽證程序中，透過條狀圖講解研究的發現。
資料來源：Douglas C. Pizac-Pool/Getty Images

專家意見可能會在各種不同的審前聽證程序中出現，無論是民刑事審判或少年事件程序、量刑或宣判期日。在上述不同情境中，專家證人的角色在於協助法官或陪審團針對案件中超出一般行外人士知識範圍，需具備特別知識經驗的爭點做成判斷。舉例來說，絕大多數的陪審員與法官都對 [147] 神經學或大腦細緻的運作方式並不熟悉，因此需要傳喚神經心理學家到庭，針對物理性損傷（如嚴重頭部傷）對於大腦功能的影響，提供其專業意見。同樣的，大多數的陪審員與法官也不熟悉長期持續性的肢體凌虐，或經歷諸如性侵害或綁票等重度創傷性事件所造成的心理效應，所以在這類案件中就可能會傳喚對於兒虐或創傷後壓力學有專精的專家到庭作證。此外，心理學家可能在與目擊證人指認、人類知覺與記憶、兒童證人的可信度，乃至於離婚對未成年子女的影響等方面，提供法院各種有價值的相關資訊。

目擊證人的證詞以及記憶的角色已經出現不少有力的研究。正如我們在本章及前章所強調的幾個重點，目擊證人陳述的易錯誤性已是廣受認識的事實（Cutler, 2015; Loftus, 2013; Strange and Takarangi, 2015; Zajac, Dickson, Munn & O’Neill, 2016）。回顧第三章警察賴以指控嫌犯的審前指認程序的相關討論，一旦目擊證人或被害人指認某個犯罪嫌疑人，即使心裡對於被指認人是否確實是自己親眼所見的對象有所存疑，通常還是會堅持原先指認的結果。許多社會與實驗心理學家都研究過記憶如何運作，以及如何增進記憶精確度的方法。這些知識不僅可用來訓練執法人員，還可供檢辯雙方的律師諮詢參照，同時可在法庭中以專家意見的方式呈現。只是法院向來不太願意接納這類社會科學證據。無論如何，靠著致力目擊證人研究的專家們堅持不懈的努力，以及冤案中與目擊證人指認錯誤有關的諸多證據，我們可以看到，長久以來對社會科學證據之證據能力設限的諸多法律障礙，已逐漸消融（Newirth, 2016）。

臨床心理學家也經常被法院傳喚作證，針對他們所實施的鑑定評估結果提出專業意見。例如在刑案中，心理學家經常依照法院囑託，對被告的就審能力或犯罪時的心神狀態進行鑑定評估。在這些情況下，心理學家必須對法院與檢辯雙方提出書面的鑑定評估報告。如果當事人雙方不同意心理學家所得出的鑑定結論，或者法官希望取得更多資訊與說明，就可能會傳喚心理學家到庭作證。在當事人雙方高度對峙的案件中（如重大暴力犯罪或監護權紛爭），也有可能另外再傳喚專業的實務工作者到庭。這種狀況有時會演變成所謂的「專家之戰」，亦即各方的專家會提出不同的發現，甚至是全然相反的鑑定評估結論。

模擬陪審團的研究指出，陪審團對於專家意見證詞的反應，與其說是全心全意的支持採納，倒不如說是不太熱切，甚至是有所防備（Nietzel, McCarthy & Kerr, 1999）。此外，相較於學術研究者本於研究所提出的意見，實務工作者的意見證詞往往更受歡迎（Krauss and Sales, 2001）。一份針對488位居住於某州的成人所進行的調查（Boccaccini and Brodsky, 2002）發現，相較於主要從事學術活動的專家，大眾更願意信賴那些實際接觸個案的專家證人。再者，參與研究的作答者也更傾向相信那些無償出庭作證的專家。不妨回顧本章開頭所引的故事，律師在交互詰問中強調心理學家的收費。前述的研究結果也發現，相較於遠來的專家而言，陪審團似乎更偏好來自同一社區的人。後續章節將繼續針對專家意見證詞的特定主題加以討論。目前重點還是檢視這類意見證詞的普遍問題。

[148] 專家認證

要想成為專家證人，心理學家必須先建立其可信的資歷，包括必備的相關高階學位、證照、認證，以及其意欲提出專業意見領域的研究或實務經驗。在個別案件中，則是由事實審法官判斷是否接受或拒卻某人作為該案的專家證人；上級審對於此一判斷則可以加以審查。不過，某些州的法律則要求專家證人在進行某些鑑定或評估，以及後續到庭提出專家意見之前，必須具備特定資格或認證（Heilbrun and Brooks, 2010）。

採認科學證據的法律標準

就算某位專業人士有相當背景可據以認定為具備專家證人適格性，承審法官仍然可能不允許他所欲提出的證據。以美國聯邦法以及各州法律而言，基本上都採取相似的基準：只要對造律師對於證據是否得以提出於審判提出爭執，法院就必須對於此證據是否可靠、具法律上充分依據，且與本案的關聯性做出判斷。這個原則來自於聯邦最高法院在一九九三年的「道伯訴莫瑞爾道爾製藥公司」（*Daubert v. Merrill Dow Pharmaceuticals, Inc.*）一案判決所建構的基準。**道伯基準**（Daubert standard），取代了先前的基準（在*Frye v. United States*, 1923中被提出），也就是一般通稱**普遍接受的法則**（general acceptance rule）。依據較早的基準，專家所提出的意見證詞，必須本於已受到特定科學領域專家所普遍接受的方法或技術所蒐集的資訊。一旦具備這樣的標準，相關的意見證詞就會被判斷為具證據能力。

多年來，前述的**佛萊法則**（*Frye* rule）已經不受歡迎，主要是因為（當然還有其他原因）此基準被認為過於嚴苛，在考量證據得否在審判中使用時，只要該證據未達「普遍接受」狀態就會出現障礙。另一方面，有些人則對於佛萊法則不具備相當的科學性這件事有意見。在一九七五年生效的《聯邦證據規則》中，國會提出了一組不同的標準。其中相關的法規範是第七〇二條，雖然沒有採用普遍接受的標準，但是確實規定證據必須同時具備關聯性與可信度。不過，如果特定證據會形成陪審團的偏見，那麼就算該證據具備關聯性，還是會遭到排除。在道伯案中，最高法院肯認由聯邦證據規則所設定的證據標準；該院判決指出，專家證人所提出的意見與證據，必須要具備關聯性、可信度、法律上的充分性，且該證據的證明價值必須高於可能誘發偏見的風險。實質上可以說，最高法院要求聯邦法官們必須擔任證據把關者的角色，在認定證據能力之前，必須審慎審查專家意見與被提出的證據。然則該判決並未完全推翻「普遍接受」基準，而是認為科學社群的普遍接受可在決定證據是否具備可信度時被納入考量，但絕非**必要**條件。評論者認為，相較之下道伯法則更簡潔，聚焦於可驗證性、同儕審查、錯誤率及普遍接受（Fournier, 2016）。

聯邦法院必須適用道伯案與《聯邦證據規則》。相對於此，州級法院雖可依照各自的法律規範適用證據法則，不過在實踐上大多數的州法院還是援用聯邦規則作為模範。美國大約有三十州在裁定科學證據的證據能力時，適用類道伯基準（*Daubert*-like criteria）；仍採用普遍接受基準的州則有十四個（Hunt, 2010）。研究也指出，縱使在道伯案判決之後，還是有不少法官在裁定科學證據是否具備證據能力時，重度倚賴普遍接受法則，同時針對其他科學標準酌予注意。不過，多數法院皆已經脫離普遍接受基準，針對證據所本的科學基礎進行細緻的審查（Ogloff and Douglas, 2013）。前述採用普遍接受法則的第一種情形，如果專家具備專業的適格性，則其所提出的方法或資訊（如某種特定的風險評估工具）是否已被該領域社群普遍接受，將會影響法官的判斷。相對於此，在前述第二種不採用普遍接受基準的狀況，假設專家通過專業適格性的審查，那麼法官會期待其能夠證明所使用的風險評估工具同時具關聯性與可信度。

[149] 不過，即使有上述討論，我們還是必須強調，法官並不會對所有案件當中的專家證人證詞進行關聯性與可信度的審查。法官原則上只會在任一方當事人的律師對審判中的專家證據提出異議時，才會適用道伯基準。薛曼與夏爾斯（Shuman and Sales, 2001）寫道：

> 正如大多數證據法則，與道伯法則有關的爭執，重度倚賴訴訟律師辨識證據能力爭點（即該專家證詞的可信度）的實力，以及律師最終的選擇：究竟是要在事實審法官面前爭執此一事項？或者要對陪審團提出證據可信度（證明力）的爭執？或者，根本上忽略這些爭點？（P.71）

薛曼與夏爾斯表示，律師有可能不會發現某個專家的證詞其實是源自欠缺可信度的方法；反過來說，律師所聘請的專家所用的方法也可能有瑕疵。在上述這兩種狀況下，律師都不會去挑戰對造的專家。另一種狀況是，律師可能會等到對造專家站上證人席，進入陪審團的視線後，才挑戰其資訊的可信度。最後，在審前進行有關道伯法則的證據爭執，所費不貲且頗為耗時，審辯檢三方也需要熟稔案件相關的科學。基於以上理由，薛曼與夏爾斯判斷，在美國各地的法庭中，律師們可能不會對於提出排除科學證據的聲請過於熱切。

雖然有上述預測存在，整體而言，法官所排除的證據確實比道伯案之前來得多。不過，麥考奧里福和格魯斯卡帕（McAuliff and Groscup, 2009）強調，雖然法官現在更願意排除證據，但不代表法官容許進入審判的就是有效的證據，或者就能把一些「垃圾科學」（junk science）排除在外。「過去十五年來的社會科學研究與法律評論指出，無論是法律專業人士或素人，對於在法庭內辨識出有瑕疵的心理科學證據，能力都有限制。」（P.48）

自從道伯案之後，許多研究論述都在探討法院體系的一個預設立場：法官們（通常極少會有科學背景）具有評估與判斷科學證據的能力。研究者認為（Kovera, Russano & McAuliff, 2002），就辨識有瑕疵的專家意見而言，其實大部分法官與陪審員的能力是相近的，因為他們都未接受過科學方法的正式訓練。他們也主張，前述兩種人根本無法區辨有效的研究與有問題的研究。正如該研究指出，實際上陪審員極不可能具有足以區辨瑕疵研究的能力，就算對造專家已經針對瑕疵逐一針砭也不例外（Cutler and Penrod, 1995; Cutler, Penrod & Dexter, 1989）。一般來說，無論陪審員、法官或律師，都無法理解控制組的重要性，或者大樣本與小樣本兩種研究的相對優勢（Kovera, Russano & McAuliff, 2002）。

卡維拉及其同僚（Kovera and McAuliff, 2000; Kovera et al., 2002）請法官與律師針對一些研究進行評估，它們分別代表四種不同特性的研究方法：一個有效的研究，一個欠缺控制組的研究，一個有混淆變項的研究，還有一個研究參雜了非盲同夥（non-blind confederate）[10]。接著詢問參與研

10. 譯按：指參與研究者已事先知道研究分組與研究目的，卻仍進入研究當中作答或做出反應。

究的法官，是否會將這四類研究裁定為有證據能力；對於律師，則是詢問是否會聲請就這四類研究以無證據能力為由予以排除。結果顯示，法官容許進入審判程序的瑕疵研究跟有效研究證據為數相同；至於律師部分，是否聲請排除研究證據（幾乎總是傾向排除），似乎與其所認知的證據是否具備科學信度不相關。因此，卡維拉等人的結論認為，有可能某些「垃圾科學」還是會進入法庭審判，而某些實際上有效的證據則會被排除。

其他研究則有較多正向的發現。例如有研究指出，聯邦法官比州法官更能理解道伯法則中一些較易令人困惑的面向，如錯誤率。整體而言，不論是聯邦或州法院，在適用道伯法則時，還是有著相當大的歧異，而且在兩種法院體系內，即便是已經被要求必須適用此證據法則，還是有某些法官會全然加以忽視（Fournier, 2016）。

[150] 雖然道伯案的判決是否會帶來負面影響還待研究，不過專家證人在法庭內會面臨更多挑戰。正如許多評論家指出，心臟不夠強的話，最好不要出庭作證。如同一般證人，專家證人可能必須面對嚴酷的詰問。哪怕是不受矚目的案件，或者審前的準備程序，還是會因為尖銳的交互詰問而造成專家的焦慮。有些專家也往往會擔憂保密義務和涉及最終議題的證詞。

保密義務的問題

在醫病關係（包含心理師或其他精神心理衛生工作者）中，保密是一項基本的義務。不過，在法庭的情境內，保密義務並非絕對。當第一線的精神或心理衛生臨床工作者受法院囑託，必須對被告進行鑑定評估時，所得的結果必須提出給法官以及檢辯雙方的律師。在這類狀況下，臨床工作者的當事人乃是法院，而非被鑑定評估的個人。一旦臨床工作者被傳喚出庭提供意見，前述的鑑定評估可能也需要在公開法庭內被拿出來討論。在這類案件中，受鑑定評估者在鑑定開始之前就會被告知相關保密義務在該案件中的界線。即便是鑑定過程涉及的衡鑑或測驗原始資料，一旦被鑑定人簽署了保密免責知情同意書，或者法院要求必須公開，其祕密性同樣無法受到擔保。不過，書面的心理鑑定報告遭到遮蔽（塗黑文件特定部分使其無法閱讀）或封緘，以免完整報告出現在最終法庭紀錄內的狀況並不少見。

在《心理學家倫理原則與行為守則》與《司法心理學專業準則》中（APA, 2013c），臨床工作者都被要求應該要告知個案與閱讀鑑定評估報告者，有關此報告的本質與目的；也必須確保個案確實被告知其法律上權利。然而，在許多案例中，個案其實是遵照法院命令才去接受鑑定評估。誠如歐克羅夫（Ogloff, 1999）所說：

> 如果（被鑑定評估）個案並非案主，那麼心理學家對此個案其實沒有保密義務；但若本於知情同意的要求，還是必須確保被評估者知道在鑑定評估過程所取得的資訊，並不受保密義務保障。（P.411）

無論如何，就算明白保密義務的界限，被鑑定個案實際上對法院所囑託進行的鑑定評估，除非是個案向法院聲請進行，否則只有遵循一途。此外，個案也有可能因為心理學家參與鑑定評估程序，最終受到傷害（Perlin, 1991）。不管如何，縱使個案拒絕接受鑑定評估，精神心理衛生執業人士還是可以在毋須取得同意的狀況下強制進行。

當心理治療或處遇成為關鍵議題時，所有法院都會承認**醫病保密特權**（patient-therapist privilege）的存在，雖然此特權並非絕對。舉例來說，美國聯邦最高法院對於業務祕密特權的重要性，已經予以強力肯認（*Jaffe v. Redmond*, 1996）。該案當事人雷蒙曾任警察，在某次面對嫌犯時，因為主觀認為嫌犯即將殺害他人，因此開槍擊殺據稱持有武裝的嫌犯。嫌犯的家人起訴主張嫌犯當時並未有任何武裝，雷蒙警官執勤使用武力過當，因此對嫌犯人權造成侵害。當原告得知雷蒙曾經接受一位精神科社工師提供的心理諮商，他們決定傳喚該社工師；社工師也承認警官是他諮商的個案，但是社工師拒絕回答任何有關諮商的具體問題。承審法官拒絕承認此案狀況符合醫病保密特權，並對陪審團做出指示：陪審員有權認定社工師的證詞內容將會對雷蒙警官產生不利的效果。陪審團因而判決原告勝訴，但第七巡迴上訴法院嗣後推翻此判決。

[151] 聯邦最高法院最終以七票對三票，維持上訴法院的判決。大法官們不僅承認心理治療師與患者個案之間的通訊特權具重要性，同時將持有合法執照的社會工作師納入保護傘下。當然，最高法院並非認定前述的通訊特權是一種絕對性（無論何種狀況都必須受保障）的權利，但也未指出究竟哪些狀況不能適用。有可能前述心理治療師與個案之間的醫病通訊特權，在聯邦法院跟在州級法院適用的限制差不多。舉例來說，此特權不適用於個案自願將其精神心理健康狀況引入審判證據當中。此外，當個案控告其治療者的時候，身為被告的治療師當然有權使用在其他狀況下屬於業務祕密的資訊以自我防衛，此時祕密特權自然無所適用（Ogloff, 1999）。

警告或保護義務

還有一個與前述保密義務關係密切的議題：某些州的精神心理衛生實務工作者必須在個案患者對第三人生命造成威脅時，承擔起**警告或保護**第三人的義務。此義務被稱為**塔拉索夫義務**（*Tarasoff* requirement），源於一個案件判決（見重點提示4.3）。對於此義務的細部要求，各州略有不同，因此又稱警告與保護義務。例如在某些州，心理治療師被期待必須直接通知受個案威脅的個人（警告義務）；在另外一些州，治療師則是要聯繫執法機關或採取主動步驟使個案進入機構（保護義務）。在這些已經將警告與保護義務成文法化的州，倘若心理學家未能盡到前述義務，就可能因此被受害人提出民事訴訟求償。所有州的法律也都要求執行精神心理衛生業務者，在執業過程發現有虐待兒童（某些狀況下也包含老人與其他虐待類型）的證據時，必須向適切的單位（包括執法單位或社福機構）通報。雖然許多臨床實務工作者認為他們可以接受塔拉索夫義務以及其他通報規定，但也有些人對於這類規定可能違反信賴關係提出批評。

重點提示4.3

塔拉索夫的保護義務，及其他

在某些轄區內，若精神心理衛生專業人士未對可能遭其個案病患傷害的潛在受害者提出警告，將會被追究法律責任。一九六九年末，有位年輕的加州女性遭一男子殺害；該男性曾在兩個月前向其心理師透露想要殺害該名女子的意圖。雖然這位受聘於加州大學的心理師曾向校警通報，但除了他的督導，他並沒有告訴其他人。凶殺案發生後，被害人的父母對大學、心理師及警察提告，主張他們並未警告被害者家人並採取行動阻止加害者。本案也做出廣為人知的塔拉索夫案判決（*Tarasoff v. Regents of the University of California*, 1974, 1976）。 [152]

在塔拉索夫案中，加州最高法院首先認定：在特定情狀下，當精神心理衛生專業工作者判斷某個病患或個案對於他人會造成嚴重的危險威脅，他就有義務警告潛在被害人相關危險。兩年之後，該院重新定義了臨床工作者的職業責任，將之認定為一種保護義務。此處出現的差異很重要，因為保護義務不需要以通知潛在被害人為前提，卻需要由該臨床工作者採取**主動**的步驟，包含聯絡執法單位的警官，或啟動讓個案入院治療的步驟。該院認為，保護第三人不受傷害的需求優先於醫病（治療師與病患）關係的保密義務。

此後，多數州都透過成文法或普通法的方式，採用了保護義務法則。（DeMatteo, 2005a; Reisner, Slobogin & Rai, 2004）。有些州則明文拒用此一法則（DeMatteo, 2005a）。自從上述案例以及新近發生的相關悲劇事件後，許多州也對該法則進行修訂。以加州為例，上訴法院擴張了塔拉索夫義務的範圍，主張來自第三人（例如病患的家庭成員）的通訊也可能啟動治療師的保護義務（*Ewing v. Goldstein*, 2004）。例如假設某人告訴治療師他的兄弟（同時是治療師的病患）曾經威脅傷害他們的母親，這時就算病患本人從來沒有提過要傷害母親，治療師的保護義務仍可能因此觸發，而必須透過通報執法警察或採取主動步驟，以讓病患入院的方式來保護那位母親。類似塔拉索夫義務的要求已經受到新聞媒體關注，主要因為發生在維州理工學院（2007）、康乃狄克州紐城（2012）、科羅拉多州奧羅拉（2012）等地的大型槍擊事件，以及一些比較沒那麼受到高度矚目的事件所致。在這些案件中，治療師顯然都曾經與槍擊案凶手有過聯繫。這類案件導致更多立法，要求精神心理衛生執業人員在依其專業判斷認為特定病患具有傷人的即時風險時，就必須進行通報。

在某些地區，前述的立即性要件則不在要求之列，也因此使得構成這類義務的要件模糊而難以詮釋。再者，較新的法律並不要求必須對特定人構成潛在威脅。以對塔拉索夫義務再次予以擴充適用的案子為例，華盛頓州最高法院認定，就算病患並未明確指名加害的對象，精神心理衛生專業工作者對於潛在的暴力受害者仍然具有保護與警告義務。換句話說，他們基本上必須負擔起保護整個社會的責任（*Volk v. DeMeerleer*, 2016）。

問題討論：

一、有關心理師與其他精神衛生專業工作者應向當地主管機關通報對其個案的疑慮，你認為應該要求到什麼程度？你認為他們應該直接對潛在的被害者提出警告嗎？

二、曾有評論認為即使沒有這些法律，或即使塔拉索夫義務已經遭拒絕適用，精神衛生專業工作者仍必須秉持塔拉索夫義務的精神而行。請討論可以透過哪些作法達成這樣的目標。

三、假設精神衛生專業工作者有義務要向執法單位通報特定威脅的風險，這樣的威脅範圍有多大？是否應針對特定人士、特定群體，或者整個社會？

四、在華盛頓州，一名男子開槍射殺一名女性與她九歲的兒子，並在自殺前企圖殺害被害者的另一個兒子。凶手過去曾進行九年的治療，也曾向其精神科醫師表達過自殺與殺人的意念，但沒有指明特定被害者。你是否同意華盛頓州最高法院的見解，認為精神科醫師應該有保護社會大眾的義務？即使病人並未指名特定的潛在被害者？如果你不確定，在下判斷前還需要知道哪些事實？

終極議題或終極意見證詞

專家證人證詞和一般證人證詞不同。專家證人的主要角色在於對事實審理者（法官或陪審團）不具備知識的待證事項提供協助。在大部分的司法轄區中，一般證人只可以針對其確實親身見聞的事件提出證述，這類證人的意見及臆測推論，一般來說不具備證據能力。另一方面，專家證人則是可以就其所觀察的事實、曾經進行的相關實驗或檢驗，以及其專業知識領域的研究證據，提出證述。此外，由專家所提出的意見與推論，原則上不僅具有證據能力，事實上也經常是法院主動詢問的內容。

[153] 不過，在精神心理衛生專業人士之間，有一個相當大的爭議論辯聚焦於就「終極議題」提供意見。**終極議題**（ultimate issue）指的是最終必須由法院做出判斷的問題，例如專家是否應該就被告在犯罪時是否確有心神喪失（因此無責任能力）此一問題提供意見？專家是否應該推薦雙親某一方獲判監護權？專家是否應宣告某位被告具有受刑能力，可以對其行刑？專家是否應該就特定少年事件應裁定移轉於刑事法院提出建議？顯然法院經常會要求並且希望專家可以提供上述這類意見（Melton, Petrila, Poythress & Slobogin, 1997, 2007; Redding, Floyd & Hawk, 2001; Slobogin, 1999）。一項研究顯示，即使法律已明文禁止在涉及心神喪失抗辯的案件中做出任何終極意見證詞，但法官與檢察官們仍然強烈希望專家們可以提供臨床意見（Redding et al., 2001）。相對於此，辯護律師往往較不傾向支持此一立場。

除了其他諸多理由，反對終極議題證詞的學者們（如Melton et al.,

1997, 2007）認為，這種作法具有高度出錯的可能性。專家可能會誤解法律、可能引進潛藏的個人價值判斷，或者可能強烈認為就算無法符合法律基準，特定結果才是對某人最好的下場。舉例來說，臨床心理師可能真心相信某人必須被安置在戒護的精神衛生機構，以治療其嚴重的精神障礙，儘管這個人事實上並不符合機構安置的條件。因此，心理學家可能因為理解到若特定患者被認定無就審能力，就很可能被送入精神醫院接受治療，因而提出「此人欠缺就審能力」的意見。意思並不是說心理學家試圖規避法律規定，事實上他們可能真的認為，從臨床角度來看，該患者欠缺就審能力，同時又對於就審能力的法律基準欠缺完整了解。

另一相關的爭點在於專家可能存在偏誤，這些偏誤雖然可能是下意識的，但會對專家的意見結論造成影響。莫瑞爾等人（Murrie and Boccaccini, 2015; Murrie, Boccaccini, Guarnera & Rufino, 2013）就曾做過研究，提出一種「對抗制的忠誠」（adversarial allegiance）現象，意思是專家可能會出現偏見，傾向於雇用自己的一方而未必自知（參見第五章觀點專欄5.1）。與此相類，尼爾和布洛德斯基（Neal & Brodsky, 2016）也指出所有精神心理衛生專業工作者都可能受影響的「偏誤盲點」（bias blind-spot）。上述這些偏誤與忠誠，都可能不單影響與終極議題有關的意見證詞，還會波及風險評估的結果。

反對終極議題證詞的學者，也怕專家意見可能對於事實認定者造成不當影響。反對論者強調，諸如某人是否在犯罪時心神喪失，或者雙親哪一方應該獲判未成年子女的監護權等問題，根本上就是法律問題。要求專家就這類問題提出意見，就代表其意見將會自動取得更高的證明力，但是這類議題根本上必須由法官或陪審團依據法定要件來判斷。

上述有關專家意見會對審判造成不當影響的說法，受到部分研究的支持。研究確實指出，專家意見在審前階段會對法官造成極大影響，但到了審判階段則不會對法官或陪審團產生類似的影響。在諸如就審能力或被告危險性（拒絕保釋的理由）等議題，專家具有極大影響力（Melton et al., 1997, 2007）。這就是為何法庭上出現專家對抗很重要，目的在於平衡一方所取得的優勢。不過，在許多案件的審前程序，基本上依照法院囑託都只會傳喚一位專家證人。換句話說，在審前程序，對造律師有可能會同意由法院囑託的臨床工作者對被告進行評估。不過，事實審的陪審員們似乎較不會過度被專家意見左右（Nietzel et al., 1999），原因可能是審理階段比較會出現專家對抗的狀況與激烈的交互詰問。再者，陪審員們往往會認為專家是「外聘槍手」，意即如果專家意見無法支持聘雇方的主張，那這些專家就根本不會被傳上證人席。陪審員們確實會聽取專家的意見，不過「效果普通，而且會讓支持與反對終極意見證詞的雙方都有機會找到足以支持自己立場的論點」（Nietzel et al., 1999, P.41）。

相對的，那些傾向支持就終極議題提供意見證詞的人（如Rogers and Ewing, 1989）則主張，法官常依賴這些意見證詞，而這類證詞可能可以謹慎加以控制，尤其是透過有效的交互詰問。他們也指出，法官與律師們對 [154] 於專家意見中可能出現的錯誤漸趨熟稔；認為這些法律人無法偵測專家意見的錯誤，無非侮辱他們的智力。再者，在民刑事案件的審前程序，法官通常會訊問的專家，都是由法院囑託也經過兩造同意接受的人。這些法庭成員本於先前其他案件的經歷，已經能夠信賴專家的意見也給予正面評價。最後，司法心理學的發展快速，許多研究所與博士後的學程現在都提供實習機會、專業訓練及其他機會，讓心理學家以及其他的臨床實務工作者學習法律。因此，鑑定評估的品質在過去十年來已有長足進步。

針對心理學家是否應對終極議題提出證詞（即便是應法院要求），美國心理學會至今未表達立場，這樣的狀況也反映出針對終極議題證詞欠缺共識的現狀。舉例來說，二〇一〇年《家事程序子女監護權評估準則》（APA, 2010b）就特別指出上述缺乏共識一事。該準則第十三條指出，心理學家要「盡力對此議題的雙方論述保持覺察……並且能夠對於他們自己在此議題上的邏輯詳加說明」。該準則也提到，如果心理學家要針對子女監護權提出建議，這些建議必須是源自周延的心理學資料，並且是針對未成年人在心理層面的最佳利益進行討論。此外，他們必須「盡力避免倚賴個人偏見或無依據的信念」。有趣的是，《司法心理學專業準則》（APA,

2013c）既不鼓勵也不阻止心理學家提供終極議題證詞。相較於同一準則的先前版本指出所有心理專業觀察、推論與結論都必須與法律的事實、意見與結論區分開來，二〇一三年版的準則則強調，心理學家必須盡全力提供其意見所由生的基礎與論理，以及在形成這些專業意見的過程中曾經考量過的資料或其他資訊（準則11.04）。前述的改變可能代表心理學界體認到一個司法趨勢：法院要求臨床工作者在提出結論與意見時，必須同時指明事實依據（Zapf, Roesch & Pirelli, 2014）。

面對證人席的挑戰

在此要強調，許多司法心理學家從未在審理程序中出庭作證。至於那些出庭作證過的，不管是偶爾或常態，最終學會泰然自若地面對，同時維持自己心理健康的良好狀態。不過，如前所述，出庭提供證詞可以是一種高壓的體驗，接受對造律師的詰問尤其令人感到不安。例如在某案的審判程序中，辯護人詢問檢方專家證人是否可以直呼其名，當專家同意後，辯護律師透過不斷直呼其名、略去「博士」稱謂的手法，降低專家在陪審團眼中的地位。諸如此類的詰辯術乍看之下或許無關宏旨，卻可能影響陪審團對於專家的觀感。正如其他種類的專家證人，司法心理學家也可能帶著一身專業知識，以及預備好在庭呈現的相關證據，自信滿滿的步入法庭。不過，當這些專家們面對來自對造當事人的尖銳問題，同時因為自己的意見受到證據法則的限制而感挫折時，可能就會希望如此痛苦的體驗可以盡快結束。

縱使有前述缺點，許多司法心理學家已經學習到該如何悠遊於法庭場域，甚至發展出一面提供必要的專業知識，一面冷靜而專業地應對詰問技巧。這一點極為重要，因為交互詰問當中的檢辯雙方對專家、專家所屬的研究領域，或者其研究所使用的方法論等予以責難，甚至侮辱的狀況，並非前所未見。專業文獻也提供心理學家們許多有關如何以專家證人身分準備到庭作證的建議。時至今日，絕大部分設有司法心理學專業或焦點學程

表4.4　本章所引用的主要案例　[155]

案件名稱	年份	主題
Jenkins v. U.S.	1962	心理學家就心理衛生議題以專家身分出庭作證的證人適格問題
Batson v. Kentucky *J.E.B. v. Alabama* *Foster v. Chatman*	1986 1994 2016	種族、性別、無因拒卻
Perry v. New Hampshire	2012	目擊者證詞
Glossip v. Gross	2015	死刑執行的藥物注射標準程序問題
Atkins v.Virginia *Hall v. Florida* *Moore v.Texas*	2002 2014 2017	智能障礙與死刑
Pena-Rodriguez v. Colorado	2017	陪審團評議祕密原則
Frye v. United States *Daubert v. Merrill Dow Pharmaceuticals*	1923 1993	聯邦法院中的專家證詞
Jaffe v. Redmond	1996	心理治療師與患者特權
Tarasoff v. Regents of the University of California	1974, 1976	警告與保護義務

的研究所課程，也會開設有關出庭作證的課程或工作坊，以供學員參與學習。

還有學者不僅針對作證，也針對事實審準備程序中各式各樣的會議與程序提供建議（Heilbrun, 2001; Heilbrun et al., 2002; A. K. Hess, 2006）。專家證人被強烈期待必須與審理前階段就傳喚他們的律師溝通順暢，雙方才能得知對彼此有哪些較實際的期待。專家證人也被建議，只要針對被問的問題直接進行答覆就好，同時應該將專家視為教育者。「專家證人的目標應該是針對其所操作、發現，以及所做出的結論，進行充分溝通說明；當然這一切都必須使用司法決策者能夠理解的語言與概念來進行。」（Otto et al., 2014, P.739）。

審前程序的準備極為關鍵，心理學家不應該在欠缺事前通知或充足準備的狀況下進到法庭作證（Otto et al., 2014; Singer and Nievod, 1987）。身為專家證人要謹慎蒐集相關資訊，關注案件所涉及的法律爭點與事實，保持客觀中立，並且持續記錄清晰而有組織的筆記（Chappelle and Rosengren, 2001）。現代有許多專家證人主張，使用預先準備完善的簡報檔很有助益，不過這類視覺輔助有可能讓不特別喜愛視覺呈現手法的事實認定者（尤其是陪審團）注意力變得遲鈍。專家也應該充分了解，他們的筆記、往來通訊（信）、錄音（影）等，在證據開示的法律規範下，可能都必須對兩造律師提出。當審理程序進行到一定程度，有鑑於道伯案與其他相關案例法的規範，無論是法官或對造律師都有權對專家證人所依賴的技術或理論是否已通過科學的檢驗評估，進行詳細的訊（詰）問。雖然法官似乎尤其關注專家們的學經歷，以及他們所提供的資訊對於專責事實認定的陪審團有無幫助，不過許多法官與律師還是會謹慎針對諸如錯誤率與科學信度，以及是否獲得該領域普遍接受之類的重點，訊問專家證人。所以在準備意見證詞的過程中，專家證人必須特別留意答覆這類問題。

[156] 專家證人也需要注意自己在法庭內的非言語行為。避免任何可能會傳達出傲慢、困惑、敵意或焦慮的行為。錢伯勒與羅森格蘭（Chappelle & Rosengren, 2001）針對專家作證這件事進行文獻回顧後，總結評論道：這些文獻的共通主題，不外指向專家作證時必須要冷靜自持。如果專家能夠表現出專業自信，以及受人尊敬的形象，其所提供的知識也會比較容易被法官與陪審團接受。如同奧圖等人（Otto et al., 2014）所提到，專家絕對不該在法庭上表現出挫折或憤怒的情緒。

摘要與結論

本章主要目的在介紹刑事與民事法院的結構與程序，以及司法心理學家在這些場域中所從事的特定任務。我們檢視了各級法院的結構，討論民刑事案件的基本概念，並針對心理學家在法院程序各個主要階段所做的工作提供例述。在後續的章節當中，這些與法院相關的任務會有更詳細的說明。

司法心理學家的主要任務正是操作風險評估（更精準的說法是暴力風險評估），並將相關結果提供給司法體系的代表人物：審檢辯三方。雖然從較不嚴謹的角度而言，也有人將這些評估稱為危險預測，不過絕大多數心理學家仍然強調他們無法預測人類的行為。心理學家可以做的，是針對特定行為未來可能發生的機率提出解釋。過去三十年以來，評估風險的方法論進展快速。相對於過往心理學界針對風險評估慣於使用的非結構式臨床判斷，現代則是以精算式（或本於統計學）的風險評估工具取而代之。精算式評估工具會針對風險因子（如反社會行為的早發年齡）加以辨識，這些風險因子則是臨床工作者在決定特定人未來可能從事暴力行為的概率時，會予以納入考量。

幾乎所有研究文獻普遍認為精算式評估工具比非結構式臨床判斷更優越，不過這類精算式工具當然有其缺陷。許多心理學家會選擇合併使用精算式與臨床式的風險評估的優點，藉以避免兩者的缺陷。過去十年以來，依據結構式專業判斷的評估工具已經開發出來。這類評估工具一方面可以針對臨床工作者在考量納入風險因子時提供判準，另一方面容許其對於個案基於案件特殊情狀做出臨床專業判斷。今日，司法心理學家已經有一系列的風險評估工具可以選用。對於所使用的風險評估方法，必須了解其相關研究文獻；這不僅是在專業層面負責的行為，對於司法心理學家而言，如果日後需要在審判程序中到庭作證，這也是極為重要之事。在風險評估過程中所使用的工具，本於道伯案所建構的證據法則與標準，可以由法院加以詳細審查。許多心理學家也指出，在可能的情況下，所有的風險評估都應該要伴隨提出如何管理風險的專業建議。

有些心理學家會主動積極參與審判或訴訟的諮詢。就此而言，他們可以在各式任務中協助律師，包括為事實審進行證人準備、提出交互詰問的有效策略，或者選任最可能對己方展現同理心的陪審員。最後這項任務一般稱為陪審團科學選任方式，在較大的案件，尤其是那些重大矚目案件，常會以各種面貌出現在審判中。截至目前，透過科學方法選任陪審團究竟是成功或失敗，尚在未定之天，主要是因為這些方法所取得的效果極難（如果不是不可能）加以量測。絕大多數研究都傾向認為陪審員的行為無法預測。

雖然許多心理學家不會被傳喚到審判程序中作證，不過也有許多其他司法心理學家會在民刑事案件當中擔任專家證人，他們不僅參與審理程序，也會出現在各式審前與審後程序，如決定是否具保的強制處分庭程序、判斷被告心神狀態的責任能力程序，或者量刑程序。目前看來，所有類型的專家，無論是物理、行為、社會科學、醫學與法律領域，都會落入道伯案所指的科學領域範圍，至少在聯邦法院是如此。絕大多數的州法院也採取道伯基準，或者與此相似的基準。自道伯案以來，雖然某些法官還是會把焦點放在這類專家意見的科學證據能否對事實認定者提供協助，以及其所屬的科學社群是否已對此類證據普遍接受，但相較於過往而言，多數法官會針對專家意見證詞進行詳細審查，甚至拒絕採用。

本章也針對造成某些心理學家對參與法庭程序望之卻步的議題進行討論。[157] 有些心理學家對於資訊揭露感到不安（這些資訊在其他情況下應受保密），就算這樣的資訊揭露可能受到法律許可，有時甚至是法定義務。與此相關的是第三人有可能因為心理學家的個案受到傷害時，所產生的警告或保護義務。不過，當心理學家被要求進行鑑定評估時，其當事人通常並非接受鑑定評估的個案，而是法院。在這樣的狀況下，心理學家所完成的書面報告就必須提供給法院及兩造的律師。此時，一般的心理治療師與患者之間的關係，就與鑑定人和被鑑定人之間的關係不同。一直以來法院對於心理治療師與患者之間的醫病保密關係都予以保障；即便如此，在某些需要與其他利益權衡的狀況下，前述的醫病保密義務可能必須退讓。舉例而言，在許多司法轄區內，當其患者已經對特定第三人形成嚴重威脅時，治療師就必須履行警告保護義務。

有些司法心理學家對於被迫對法律議題提出意見，或者遭到對造律師不留情面的詰問感到抗拒。上述這些環節在法庭中乃是常見的例行公事。法官往往想要知道心理學家針對一些特定議題的主張，如特定人是否具備就審能力、是否有刑事責任能力，或者雙親當中哪一位比較適合在監護權的爭執中勝出。原則上，上述這些議題都是法律問題，也是終極議題，必須由法院來判定，而非心理學家所得置喙。雖然有些司法心理學家願意針對這類議題表達意見，不過多數人認為此已超出專業範圍。目前的趨勢是，如果法院要求心理學家就此類議提供意見，只要鑑定人可謹慎解釋其意見所依憑的事實基礎即可。

關鍵概念

急性動態因子 138 Acute dynamic factor	法庭之友狀 133 Amicus curiae briefs	上訴管轄 125 Appellate
提審 129 Arraignment	（職業）法官（院）審判 131 Bench trial/court trial	有因拒卻 131 Challenge for cause
道伯法則（基準）148 Daubert standard	取證 123 Deposition	證據開示程序 130 Discovery process
判決 132 Disposition	雙重法院體系 124 Dual-court system	警告或保護義務 151 Duty to warn or protect
動態危險因子 138 Dynamic risk factors	普遍接受原則 148 General acceptance rule	一般管轄權 125 General jurisdiction
地域管轄權 125 Geographical jurisdiction	大陪審團 129 Grand jury	初次到庭 129 Initial appearance

有限管轄 125 Limited jurisdiction	無因拒卻 131 Peremptory challenge	量刑前調查程序 132 Presentence investigation
風險評估 135 Risk assessment	陪審團科學選任 141 Scientific jury selection	影子陪審團 142 Shadow juries
專業法庭 126 Specialized courts	穩定動態因子 138 Stable dynamic factors	靜態風險因子 138 Static risk factors
結構式專業判斷 137 Structured professional judgment	事物管轄 125 Subject matter jurisdiction	塔拉索夫義務（警告或保護義務）151 Tarasoff requirement (duty to warn or protect)
審判顧問 140 Trial consultants	終極議題 153 Ultimate issue	選任審查 131 *Voir dire*

問題與回顧

一、「詹金斯訴美國」案對司法心理學的重要性？

二、回顧司法程序的主要步驟或階段，描繪司法心理學家的任務。

三、解釋精算式預測、臨床預測、結構式專業判斷的不同，以及它們與風險評估的關係。

四、什麼是法庭之友狀？為什麼心理學會或組織會提出這類文件？

五、為什麼在一些重大案件中會使用陪審員選任的科學方法，但在一般民刑事案件中則不常見，說明至少三個理由。

六、討論心理學家在證人準備中的任務。讓心理學家參與這些任務（尤其是對一般證人）的優缺點？

七、在評估專家證詞時，佛萊案的普遍接受原則與道伯法則有什麼不同？

八、關於專家是否可針對終極議題提供意見，請概述正反論述。

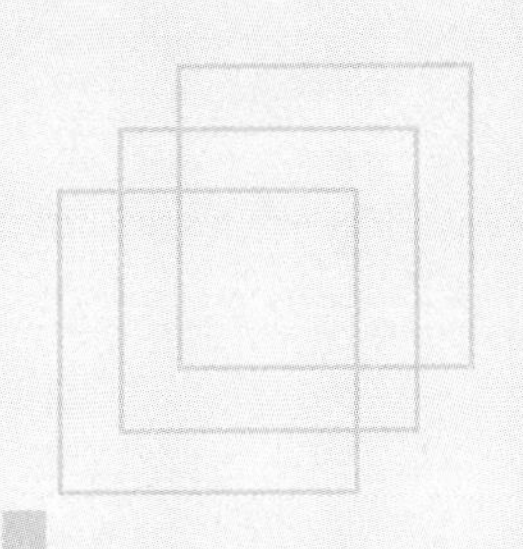

第五章

對刑事法院提供諮詢

· 本章目標
· 就審能力
· 心神喪失責任抗辯
· 刑事責任能力之鑑定評估
· 與犯罪行為相關的其他心理抗辯
· 量刑鑑定評估
· 高危險連續性罪犯的強制住院治療
· 摘要與結論
· 關鍵概念
· 問題與回顧

[159]

本章目標

- 描述為刑事法院提供諮詢之心理學家的典型角色。
- 描述就審能力以及刑事責任能力的法律標準。
- 檢視可用於評估個案刑事就審能力及責任能力的心理量表與測驗工具。
- 回顧有關心神喪失抗辯的研究暨其結果。
- 檢視司法心理學家在刑案量刑階段的角色。
- 說明心理學家面對死刑量刑程序所扮演的角色及難題。
- 說明心理學家在評估性犯罪加害人的程序中所扮演的角色。

二〇一一年一月，賈里德．勞納（Jared Loughner）在亞利桑那州的一起案件中，對共十九項殺人和殺人未遂的指控提出認罪答辯；本案中，美國眾議員嘉貝麗．吉福茲（Gabrielle Giffords）在舉辦選民見面會時遭到槍擊，共有六人在意外中喪生。勞納最初被認定欠缺就審能力，在違背其自主意願的狀況下被強制住院治療，並施用抗精神病藥物。之後，他被帶回法庭，認定有就審能力。在他做出認罪答辯後，最後被判處無期徒刑且終身不得假釋。

二〇一二年，詹姆斯．荷姆斯（James Holmes）在一個放映蝙蝠俠《黑暗騎士》午夜場的擁擠電影院裡開槍，造成十二人死亡，數十人受傷。荷姆斯在犯罪前以及在法庭上都表現出怪異的行為。他的日記中記錄了各種失序脫節的書寫，以及令人不安的繪畫，出庭時則面無表情。他以心神喪失為由提出無罪答辯，但陪審團最終做出有罪判決。他被判處十二個無期徒刑，終身不得假釋。

一名無前科但有神經疾患的五十四歲婦女露西兒（Lucille L.），把車開上市區人行道，直接衝向人群，造成一名男子死亡，數人受傷。她因此事件受到嚴重打擊，對於魯莽過失的危險駕駛致人於死指控，提出認罪答辯。量刑前，一位神經心理學家對她進行了鑑定評估，鑑定結果證實她在四十歲早期曾受過嚴重腦部創傷，可能對她的協調功能產生影響。法官最終認定這是一項減刑因子，因此在法律許可範圍內給予最輕的量刑。

前面這些實際案例的情景，說明了心理學家和精神專科醫師在對刑事法庭提供諮詢的過程中最常扮演的角色：就審能力鑑定、針對犯罪時的心智精神狀態進行鑑定（心神喪失鑑定），以及量刑前評估。在執行這些角色任務時，臨床工作者會實施**司法精神心理鑑定**（forensic mental health assessments, FMHAs）。

截至目前為止，最常見的司法精神心理鑑定類型是針對被告是否具接受刑事審判的就審能力，也稱為就審適性（fitness to stand trial）鑑定。二十世紀末，估計每年約有六萬名刑事被告就此命題進行鑑定評估（Bonnie and Grisso, 2000），而此數據呈穩步增長（Zapf and Roesch, 2006; Zapf, Roesch & Pirelli, 2014）。察普夫、羅斯和派瑞利（Zapf, Roesch and Pirelli）指出，若同時將社區和機構鑑定納入考量，對一個被告進行就審能力評估的一般成本為五千美元。如果判斷被告欠缺就審能力，必須盡力使被告此能力恢復。以單一機構花三個月期間恢復被告就審能力的相關費用，保守估計為36,250美元，再計入全國進行就審能力鑑定的被告估計人數，察普夫等人（2014）估算美國每年用於鑑定和恢復就審能力的費用高達七億美元（P. 286）。就審能力只是司法心理學家受託進行鑑定的法律能力之一；這些法律上的能力門檻，常被統稱為「司法訴訟能力」（adjudicative competencies），其中包括棄權能力、自辯能力[1]，以及認罪協商能力等。 [160]

心神喪失抗辯鑑定則與前述各種能力的鑑定不同，雖然確切的數字難以確定，不過一般認為這種鑑定發生的頻率要低得多。這類鑑定評估也被

1. 譯按：此處字面所稱「擔任自己律師的能力」，並非單純指被告具備出庭講話的功能，而是必須依照美國憲法上的受律師協助權水準，如同律師一般為自己進行有效的法律與事實辯護。歷來美國法院對於被告主張自我辯護的水準，都傾向較為嚴格的要求；一來是為了保護司法程序的公平與司法資源不受浪費，二來則是為了保障被告本人的憲法上權益。

稱為**刑事責任能力**或**犯罪行為時心智狀態**的鑑定。許多被告一開始表示他們會提出心神喪失抗辯，但若最終沒有提出，多半是因為鑑定結果不支持。不過，即使鑑定結果確實支持心神喪失抗辯，被告仍可能出於許多原因而決定不加以主張，本章稍後會加以討論。刑事責任能力鑑定經常會結合就審能力鑑定。也就是說，有些司法管轄區域允許鑑定人針對就審能力與刑事責任能力進行鑑定，其他法域則未必允許，甚或明文禁止。專家通常會警告臨床工作者不要進行上述這種雙重目的的鑑定評估，因為這兩個概念在法律上截然不同（Melton et al., 2007; Zapf et al., 2014）。

在量刑時聽取心理學與精神醫學的專家意見或鑑定結果，基本上是例外，而非原則，但是這樣的例外正變得越來越普遍，尤其是如果負責量刑的法官想要知道被告對藥物濫用治療或性犯罪處遇的接受度。心理學家和精神醫師也可能被要求評估心理神經因素，這類因素可以減輕被告的責任，如本章開頭提到露西兒一例。在死刑案件中，法院也可以尋求臨床意見，特別是當法規要求陪審團考慮被判刑人的未來危險性。目前至少有兩個以上的死刑州採取此一見解。

本章將進行下列三個領域的討論：就審能力、心神喪失與刑事責任能力，以及量刑。貫穿整個章節，我們都會提到司法心理學家，但要提醒讀者，這類司法鑑定的鑑定人多半都是精神專科醫師，或司法心理社工師。心理衛生專業人員在刑事法庭中的作用至關重要，美國聯邦最高法院已明確表示：刑事被告除了有權獲得法律辯護，在無資力可負擔費用的狀況下，讓被告獲取精神或心理衛生方面的協助同樣是其憲法上的權利（*Ake v. Oklahoma*, 1985）。最高法院針對此議題進一步做出釐清：前述精神或心理衛生方面的受協助權，必須獨立於檢方之外，亦即法院不得與檢方共用相同的精神或心理衛生專業人員（*McWilliams v. Dunn*, 2017）。此外，本章也將介紹有關某些性犯罪者在服刑期滿後接受強制治療的爭議；這類問題再次提醒我們，在類似案件中，刑事與民事法庭間的相互關係[2]。有關性犯罪者在監獄以及社區內的處遇治療，則會在第十二章進行討論。

就審能力

在眾多為了判斷就審能力而送鑑定評估的被告中，大約有20%是一開始遭審判長認定欠缺就審能力。然而，正如前述賈里德．勞納一案，絕大多數欠缺就審能力的被告，其就審能力最後會透過醫療手段被回復到一定程度。值得注意的是，雖然法院與法律持續使用「就審能力」一詞，但是司法心理學文獻日漸傾向以**訴訟能力**（adjudicative competence）一詞替代（參見如Mumley, Tillbrook & Grisso, 2003; Nicholson and Norwood, 2000）。這是對里查德．邦尼（Richard Bonnie, 1992）提出的理論所作的 [161] 回應，他主張：被告接受審判的能力必須同時包括「進行訴訟程序的能力」和「決策能力」。正如里查德．邦尼表示，臨到審判之際，法院幾乎只關注被告是否有進行訴訟程序的能力，而未充分考慮到被告在面對訴訟的各種情況下所需的複雜決策能力，例如做出認罪答辯的能力、自我代理與辯護的能力，以及進行認罪協商的能力。自此之後，聯邦最高法院已在其他幾個領域對就審能力提出一些見解，我們稍後也會提及。此外，訴訟能力一詞的定義範圍也夠廣泛，足以涵蓋被告被法律所期待應具備的各式廣泛能力。舉例而言，如果被告想放棄其受律師協助的權利，依照法律，被告必須要具備此一行為能力才可以。如果被告打算提出認罪答辯，從而放棄在審判的法定正當程序保護下受審的權利，那麼他們必須要有能力才可以這樣做。事實上，如前章所提到，估計有90%至95%的刑事被告會提出認罪答辯，而非選擇進行審判。

刑事被告面對刑事起訴時，同時面臨失去一切的巨大風險（如人身自由，甚至生命權）。因此法律必須擔保這些被告無論在實體面或程序面的

2. 譯按：有關強制住院與治療，目前台灣原則上規範在精神衛生法底下，屬性上是行政法；由於美國採取民事行政合一的法制，因此這類爭議由民事法院審理。是以，一旦被控性犯罪的被告遭定罪服刑期滿後，因為其性犯罪行為而必須接受強制治療時，若產生相關爭議就會變成民事庭來審理。至於性犯罪者在台灣的刑後強制治療，雖然刑法當中有略作規範，但是並沒有與精神衛生法或其他法令連動，因此不會出現如上述民事與刑事法院相互關係；事實上甚至可能有欠缺救濟空間的疑慮。

正當法律程序都獲得相當的保障，包括在人身自由受到限制而接受詢訊問時受律師協助的權利、在刑事訴訟的每個關鍵階段受律師協助的權利，以及在絕大多數的重罪與某些輕罪的案件中接受陪審團審判的權利。同樣的，如果被告放棄上述這些權利，那麼法律要求他們必須要有「能力」做出這類對自己可能不利益的決定。正如我們在第三章討論檢警偵（審）訊時所提到，只要自白（也就是被告放棄緘默權）非出於自願，那麼它就是無效的。最高法院不斷重申，有關放棄個人憲法上權利的主張，必須要本於其知情、明智且有效的基礎，才能加以審酌（例如*Fare v. Michael C.*, 1979）。

就審能力的法律基準

聯邦最高法院在一九六〇年的「達斯奇訴美國」（*Dusky v. United States*, 1960）一案，提出了就審能力的基準，此後這個基準就受到全美絕大多數州採用。而加拿大和英國的法院體系，根據其國內案例資料顯示，也採取與達斯奇案類似的基準（Ramos- Gonzalez, Weiss, Schweizer & Rosinski, 2016）。最高法院在該案中認為，如果被告具備了「充足而明顯的能力與其律師進行諮詢，伴隨合理程度的理性了解……且對訴訟程序的論理與事實面都能理解」，那麼可以判斷被告具備就審能力（P.402）。這裡所謂的能力，不僅要求被告必須能理解審判時發生的狀況，同時要求被告必須能夠協助其律師進行案件辯護的準備。是以，此基準以「達斯奇雙重條件基準」（two-pronged *Dusky standard*）的名稱廣為人知[3]。不過，許多學者指出，聯邦最高法院在該案所建構的標準並未充分重視在特定案件中所需的能力水準（參見如Brakel, 2003; Roesch, Zapf, Golding & Skeem, 1999）。舉例來說，以同一被告而言，如果是被控在商店內竊盜這類相對直接的案件，可能被認定具備就審能力，但如果今天他是被控過失致死並

3. 譯按：傳統上或譯雙叉標準，也就是需要被滿足才能通過標準檢驗的條件數。

預期會經歷漫長審判，就未必符合就審能力基準。因此，臨床心理與精神衛生工作者針對被告的就審能力進行鑑定評估時，不僅要審慎考量該被告整體理解被控罪名及協助辯護律師進行案件的能力，也必須把案件的複雜程度納入考慮。（有關達斯奇案和其他與就審能力相關的案例清單，參閱表 5.1）。

聯邦最高法院也透過判決（*Godinez v Moran*, 1993）進一步確立，達斯奇基準在判斷其他與審判訴訟能力相關的能力門檻時，同樣有其適用，諸如被告是否具備放棄其米蘭達權利、提出認罪答辯，或者自行與檢方進行認罪協商等能力。同樣的，對於最高法院此一見解，有些心理精神衛生專業從業人員認為這種「不分狀況」的一刀切判斷基準，顯然有頗多不足與需要改進之處。這些學者強烈主張，單以提出認罪答辯而言，就應該因為所涉及的嚴重後果而採取審慎的檢視標準。被告因為提出認罪答辯，因而同時放棄的一系列憲法上基本權保障，事實上是需要相當程度的決策能力才能做到的，但許多被告並沒有這樣的能力。

表5.1　美國聯邦最高法院攸關就審能力的代表性判決　[162]

Dusky v. U.S., 1960	建構出就審能力的雙條件基準。
Jackson v. Indiana , 1972	對於無就審能力的被告，若無回復其就審能力之嘗試，不得將其無限期監禁或收容。
Godinez v. Moran , 1993	達斯奇基準在其他類型的審前程序相關能力門檻亦應適用。
Cooper v. Oklahoma , 1996	證明被告無就審能力的實質舉證責任，不得高於優勢證據基準（preponderance of evidence）。
Sell v. U.S. , 2003	為回復被告受審能力的強制用藥措施，必須接受司法的嚴格審查；若是非暴力／非危險性的被告，不得違反其意願予以強制施用藥劑。
Indiana v. Edwards , 2008	對於罹患精神障礙但仍有就審能力的被告所提出的自我辯護權利之主張，州政府得予以拒絕。

移民法事件審理程序

論是移民法律師、法律學者或是行為科學學者與研究者，不約而同針對有關移民法遣返或驅逐出境程序當中所涉及的審判訴訟能力問題，提出疑慮（參見如American Bar Association, 2009; Filone and King, 2015; Ochoa, Pleasants, Penn & Stone, 2010; Ramos-Gonzalez et al., 2016; Wilson, Prokop & Robins, 2015）。在此必須先強調，這類訴訟屬於民事訴訟[4]而非刑事，因此與前文所提到的就審能力問題，本質有所不同。然而，這些移民法程序與本章討論高度相關。放眼望去，幾乎所有關於此主題的文章都會涵蓋四大主題：一、移民所面臨的心理健康問題的範圍（如憂鬱症、創傷後壓力疾患）；二、移民法的複雜性與其不斷變化的本質；三、心理精神衛生從業人員所面對的特殊挑戰（如語言障礙、理解文化差異的重要性）；四、心理精神衛生從業人員可能越來越常需要對移民進行鑑定評估。回顧本書第四章，我們提到近年來為了處理與日俱增的遣返案件，移民法官不得不相應增員的狀況。

移民面對遣返的審判程序可能會失去很多，包括與家人分離兩地，甚至必須面對被迫返回造成其極端生存困境的風險地。對於尋求庇護者，則必須擔心因為申請庇護失敗而遭到欲逃離的原屬國迫害，包括酷刑。現實中，移民通常不會到庭聽審，主要是因為他們不知如何聯繫律師，或害怕遭到立即遣返（Preston, 2017）。就此觀之，承認那些到庭的移民確實有理解相關法律程序，以及協助律師辦理其案件的需求，會是比較合乎人道精神的作法。（參見照片 5.1）

如前所述，驅逐出境的法律程序被視為民事屬性，而非刑事案件，因此移民在這類事件中無法享有與刑事被告相同的憲法權利保障（Filone and King, 2015）。然而，為了公平起見，法院已承認在驅逐出境的相關程序中，當事人必須要有就審能力。舉例而言，一項與此能力相關的三重條件

4. 譯按：在台灣則屬於行政法上的訴訟爭端事件。

照片5.1
聚集在移民法院外的人們表達對於移民家族的支持
資料來源：©iStockphoto.com/AAraujo

基準（three-pronged test）在*In Re M-A-M*（2011）（Ramos-Gonzales et al., 2016）一案中由法院提出，並且在後來的「法蘭斯科訴霍爾德」（*Franco-Gonzalez v. Holder*, 2013）中由法院接續闡明如下：

> 確認外籍人士是否具備相當能力以參與移民法審理程序的檢驗標準在於：他或她是否對審理程序的標的及性質，在論理與事實層面都能加以理解；能夠與其律師或代理人（若有）進行諮詢；且被授與合理機會檢視與提出證據，以及對證人進行交互詰問。（P.479）

正如拉莫斯．岡薩爾斯等人（Ramos-Gonzales et al., 2016, P.286）指出，「美國移民事件審理程序的法律標準，必須處理原告申請人在程序中所面對的諸多責任，因此其所建構的法律基準，相較於美國或加拿大在刑案中的法定就審能力基準而言，也就來得更高。」 [163]

請注意，前述的標準並未規定必須委任律師參與。約莫在法院做成前揭裁判的同一時間，美國司法部和國土安全部也發布相關準則，要求移民法官對可能面臨遭遣返者所出現的心理健康問題提高警覺，尤其是此族群中未受律師代理的人。前述的準則還要求必須對這些人提供保護，包括心理健康篩檢、由經過認證且訓練有素的精神醫師和心理學家進行的獨立司法心理健康評估，以及為欠缺就審能力者提供合格的代理人（Filone and King, 2015）。

目前對上述這些準則的實施成果所進行的探討還不多。相關研究顯示，除非有嚴重智力障礙或精神障礙的跡象，否則移民律師或合格代理人不太可能質疑其當事人的程序能力（Becker, 2014）。此外，相關機構的官員和移民法官都面臨過量的案件負荷，自然難以辨識心理問題存在的跡象。做為一個群體，或許可以說刑事庭的法官們對於就審能力相關議題越來越熟悉。最後，有關移民議題的法律和政策正經歷快速變化。由於上述原因，實際轉介給司法精神與心理衛生專業人員進行鑑定評估的個案數，可能遠比真正有需求的個案少很多。

在刑事訴訟程序中自我辯護

只要遭到提起公訴的案件可能涉及自由刑，哪怕只有一天，所有刑事被告就有權在訴訟中請律師代理並提出辯護（*Gideon v. Wainwright*, 1963; *Argersinger v. Hamlin*, 1972）。前述法則的真意在於，如若刑事被告無法負擔聘請律師的費用，那麼國家必須指派一位辯護律師給他。請注意，上述法則所保障的，是充足的代理與辯護，而非完美的代理與辯護。

在一些刑事案件中，被告可能會選擇放棄受律師協助權，決定為自己提出辯護。這雖然也是美國憲法（*Faretta v. California*, 1975）所保障的權利，但事實上極少有刑事被告會這樣做。套用一句聽來老套卻可能有些諷刺的講法：「選擇自己辯護的人不啻聘用了個傻瓜擔任律師。」也可能有些刑案被告決定忽略律師提出的專業建議，堅持進行在律師眼中對被告案情與最佳利益毫無助益的辯護策略。

一直以來，有許多重大刑案讓學者們質疑，究竟容許疑似患有精神障礙或心智缺陷的刑事被告們，可以主張自我辯護的意義何在。舉例來說，泰德・卡辛斯基（Theodore Kaczynski，被稱為大學炸彈客）顯然就是一位罹患妄想症的刑事被告，他拒絕律師主張以心神喪失為由提出無罪抗辯。後來他認罪，也未被判死刑，但如果他一開始聽從律師的建議，便有可能不會被定罪（雖然說以他的狀況，幾乎肯定需要接受強制的機構處遇）。科林・弗格森（Colin Ferguson）則是在長島的通勤列車上開槍造成六死多傷，同樣經法院許可免去接受律師協助之權利，在審判中為自己辯護。弗格森的問題在於，他深受嚴重的被害妄想人格疾患所苦，卻被法院判斷為具備就審能力。弗格森拒絕律師的專業建議（心神喪失無罪答辯），堅持為自己辯護，法院竟然也給予許可。最終他遭到定罪，直到今日還在獄中服無期徒刑，並且經常因為違反獄中管理規則而被單獨囚禁。許多學者與觀察者指出，弗格森的審判根本上對於現存的刑事司法體系乃是一件極不光彩的事（Perlin, 1996）。「弗格森自我辯護的方式讓在場觀察的人都覺得非常怪誕。」（Slobogin and Mashburn, 2000, P.1608）在審判中，他不斷發出無意義的喃喃自語，提出許多陰謀論，並且試圖傳喚時任總統的柯林頓到場作證。在弗格森案審結十年後，聯邦最高法院終於做成判決確認，縱使刑案被告被判斷為具備就審能力，也不代表其必然具備擔任自己律師的能力（*Indiana v. Edwards*, 2008；詳參重點提示5.1）。換言之，如果刑案被告主張要擔任自己的律師，雖然其看似有就審能力，但顯然患有精神障礙或心智缺陷時，法官有權不予許可。如果弗格森案是發生在最高法院「印第安納訴愛德華」（*Indiana v. Edwards*）案的判決之後，法官是否會傾向駁回弗格森主張自我辯護的聲請？ [164]

在後來的「第二十名九一一劫機者」（the 20th 9/11 hijacker）案中，的扎卡里亞・穆薩維（Zacarias Moussaoui）直到最終針對一系列共謀罪名認罪前，已經在看守所度過了四年多。在審前羈押的那些年，他始終拒絕認罪，也解聘了律師，經過法院裁定他接受心理鑑定評估後，被認定有就審能力，也獲准為自己辯護（法官後來撤銷此許可）。穆薩維最終決定認罪。認罪後他違背了律師的專業建議，在量刑程序上提供了有損自身利益的證詞。

二○一五年，在伊曼紐爾聖母教堂（Mother Emanuel）殺人案中被定罪的狄倫·盧福（Dylann Roof）則是在經歷幾次就審能力庭期，最終被認定有就審能力後，一開始想在審判中為自己辯護。不過後來他改變主意，同意讓律師辯護，但到了死刑判決量刑階段又自我辯護。他也拒絕備位辯護人（stand-by lawyer，由法院指定，自我辯護的刑事被告在程序中有需求時，為其提供專業法律意見）的建議，不願提出有關自己心智精神狀態的證據。盧福甚至反其道而行，告知陪審團不要理會律師在審判期間提出有關他心智狀態的資訊，主張自己沒有心理問題，並且反覆頌揚保持白人種族純潔的必要性。盧福在一審遭判死刑。二○一七年四月，他對九起謀殺案的公訴罪名均予認罪，被判處應接續服刑的數個無期徒刑。盧福的死刑有可能最終不會執行，事實上自從奧克拉荷馬市爆炸案的提摩西·麥克維（Timothy McVeigh）以來，沒有任何聯邦囚犯被遭執行死刑，但幾乎可以肯定盧福將在監獄裡度過餘生。

最後，我們必須指出，上述與移民有關的訴訟程序中，出庭的移民除了自我代理或由可能不熟移民法的律師代理，別無選擇。事實上，專精於移民法的律師確實不足（Filone and King, 2015）。由於移民訴訟程序本質上屬於民事性質，因此這類程序並不屬於強制律師代理案件，而法官迄今也沒有駁回被告自我代理的動機；事實上，自我代理可能是常態。至關重要的是，在針對被告有無能力參與移民法遣返程序時，鑑定人應仔細評估個人對法院程序的理解程度，以及被告會如何對承審法官主張其案情（Filone and King, 2015）。

[165] 重點提示5.1

「印第安納訴愛德華」（*Indiana v. Edwards*）：就審能力與自我辯護能力

艾哈邁德·愛德華（Ahmad Edwards）患有思覺失調，而且他的精神病史相當長。就本案而言，愛德華試圖偷竊百貨公司的一雙鞋，過程中，他向一名保全開了槍，造成一名旁觀者受傷。他被控犯下殺人未遂、使用致命武器傷害罪、刑事魯莽行為，以及竊盜罪。

愛德華案說明了刑事案件進入實際審判程序前，有可能必須經歷多曲折的路徑。就本案而言，被告必須面對三次不同的就審能力庭：第一次，法院認定被告欠缺就審能力，並命其入院治療以回復能力。第二次庭期，被告被認定為有就審能力，但其辯護人很快就聲請再次進行就審能力鑑定；在第三次庭期中，他再次被認定為無就審能力，重新入院；最終被判斷為有就審能力。其後，被告要求為自己辯護，但遭到法院拒絕並由法院指派律師，最終被告仍然被判有罪。愛德華嗣後向印第安納州上訴法院提起上訴，主張他自辯的權利遭到侵害。上訴法院同意愛德華的主張，撤銷原審發回重新審理。該州隨後向印第安納州最高法院提起上訴，結果該最高法院也同意愛德華的主張。作為最後手段，印第安納州遂針對該州最高法院的判決向美國聯邦最高法院提起上訴，要求重新審查該判決；美國最高法院接受了此一上訴聲請。

最高法院後續做出判決認定，縱使罹患嚴重精神障礙或心智缺陷的被告經鑑定有完整的就審能力，法官仍有權要求該被告由律師代理進行辯護。換句話說，單純因為被告經鑑定被判斷有就審能力，並不代表他必然就有自我辯護的能力。而印第安納州在上訴時，一併提出聲請，希望最高法院能提出一個具有通案效力的準則，讓法院可以對那些無法流暢與法院或陪審團進行溝通的精障被告，予以裁定強制律師代理。最高法院否決了此聲請，而將個案判斷的權限交給負責審理的法官，本於法官所取得的資訊以及對個案的觀察，自行裁量。

正如大多數最終進入美國聯邦最高法院的案件，愛德華案比起我們在此所做的摘述複雜得多。不過，至少我們已清楚理解，雖然刑事被告的自我辯護與代理權依據「費瑞塔訴加州」（*Faretta v. California*, 1975）一案受憲法保障，不過各州仍可容許法官在必要時剝奪嚴重精神障礙被告的自我辯護與代理權，而以指定律師辯護取代之。

問題與討論：

一、法官是否被容許否決非嚴重精障者在刑事司法程序中的自我辯護權？

二、為何有人會想在刑事案件中擔任自己的律師？

就審能力的鑑定評估何以如此常見？原因如下：第一，有關被告的訴訟能力問題，有可能會在刑事審判程序的許多不同階段浮現，因此被告必須依照審判的需求進行鑑定以及再鑑定等評估。在本書後文會再次討論的「庫柏訴奧克拉荷馬」（*Cooper v. Oklahoma*, 1996）一案中，就審能力的問題共被提出五次，最後一次是在庫柏的量刑程序庭。前文提及的愛德華案，有三次就審能力程序庭，另外又針對被告是否有能力自我辯護開了兩次程序庭。此外，在案件進入實質審理之前，勞納與盧福兩人也經歷了數次就審能力鑑定評估與相關的程序庭。

第二，為數不詳的刑事被告會在第一宗所犯案件結案後一段年限內，因為再次涉犯其他案件，而再次被送鑑定評估。雖然截至目前為止我們所得知的案例幾乎都是重案，但是實際上進行就審能力鑑定評估的案件中，也例行性的會包含輕案的被告（Pirelli, Gottdiener & Zapf, 2011）。幾乎在每一州，遭提起公訴涉犯輕罪案件或者較輕本刑的重罪案件的刑事被告，對於偵辦的警方、司法體系，以及精神心理衛生體系來說，都算得上是「常客」。這些人來來去去持續出現在法院，不斷被送去進行就審能力鑑定，被判定為無（或有）就審能力，住院接受治療以回復其就審能力（或否），起訴罪名經撤回（也可能被告直接認罪），耗時接受緩刑（或者直接入獄），然後回到社會中，直到下一次再被送進法院；如此循環，[166] 反覆不止。我們在本書第四章所提到的精神衛生法庭，正是設法透過程序處遇分流的方式，將那些低暴力傾向的精神障礙或心智缺陷被告，從刑事司法程序中拉出來，避免他們輪迴於無盡的旋轉門中，並冀盼藉此提供他們社區照管（community supervision）以及有助益的處遇。

最後，司法心理學本身的發展，也可以為就審能力鑑定評估的頻率提供一定的解釋。隨著就審能力衡鑑工具的發展，以及研究所等級以上的司法心理學研究者接受使用這些衡鑑工具的訓練，就審能力的鑑定評估流程已經變得單純許多。話雖如此，至今仍然有相當的證據顯示，律師縱使懷疑有就審能力問題存在，仍未必會為其當事人聲請就審能力鑑定（Hoge, Bonnie, Poythress & Monahan, 1992; Murrie and Zelle, 2015）。這種狀況在比較不是屬於重罪的案件中尤其可能發生，可能的原因有好幾個，包括律師抗拒讓當事人進入醫療機構、所牽涉到的時間與成本，或者是真心認為只有快速進行認罪協商才能維護當事人的最佳利益。律師們也可能未能識別當事人在精神或心理方面的不足（如智能障礙）有可能導致被告欠缺參與法庭審判程序的基本能力（Murrie and Zelle, 2015）。（參閱觀點專欄5.1，穆里博士討論了他的職業生涯和廣泛的研究興趣。）

評估訴訟程序能力

司法心理學家會在幾種不同的狀況下，對被告的審判訴訟能力進行鑑定或評估。例如當被告仍被羈押在看守所的刑事審判程序前階段，就可能需要進行簡短的就審能力篩檢。被告也有可能在審前人身自由未受拘束的狀態下，在社區內以非住院患者的身分透過門診進行鑑定評估。此外，如上所述，對於面臨被遣返風險的個案，其面對移民法程序的能力問題也經常有人提出討論。雖說這類程序並非刑事訴訟程序，但是訴訟能力的標準依然適用。不過，移民程序所涉及的鑑定評估程序，幾乎都會在拘留機構中進行，而不是醫療機構或者社區環境。

雖然以非住院的門診方式進行鑑定評估的案例日趨增加，部分是因為成本因素（Zapf, Roesch, et al., 2014），但許多被告仍然是以送到公立精神醫療院所住院的方式進行。不管如何，相較於門診治療，非住院的門診鑑定普遍許多。換句話說，最終被判斷為欠缺就審能力的被告中，一般大概有20%是住院接受治療，無論他們是否在社區環境中接受鑑定評估。隨著可以在社區內進行的治療選項漸增，這樣的情況漸漸出現變化，我們稍後會再討論。

儘管針對就審能力已有大量研究，不過高汀（Golding, 2016）認為，時至今日，關於為何被告會被鑑定或評估或判斷為欠缺就審能力的研究，為數還是很少。然而，我們確實可以知道的是，那些被轉介進行就審能力鑑定的個案，通常都有精神病史，或者現在呈現精神病徵狀的人。當刑案被告被認為罹患精神障礙，諸如思覺失調或者精神病，通常就會進行就審能力鑑定（Mumley et al., 2003）。另一方面，無論是智能障礙、情緒困擾，甚或是年齡老化的狀況，同樣可能會導致就審能力的問題。舉例來說，被控駕車致人於死罪的被告，可能因為對事件感到極度焦慮不安，因而無法符合就審能力的標準。在這類狀況中，個案較不可能會被要求進入精神醫療院所住院接受鑑定。

進行鑑定的相關要求可能直接來自辯護人，或者法庭成員中的任何一方，包括公訴檢察官或法官。對於心理學家來說，能夠區別其間差異是非常重要的。當辯方聲請鑑定並且為鑑定支付相關費用時，鑑定人的當事人是接受評估檢查者（也就是被告），製作的鑑定報告則是會寄發給其法定代理人，也就是辯護人。而辯護人可能隨著鑑定的結果而決定是否將報告[167] 與檢方分享。不過，如果鑑定是由法院依職權囑託，就算是基於辯護人的聲請所做的囑託，此時鑑定人的當事人是法院。聲請法院裁定囑託鑑定，可以由辯護律師（若其當事人無力負擔私人鑑定評估）或公訴檢察官為之，也可以由法院依職權進行。此時，鑑定人應該預期這份由法院囑託進行的鑑定報告，將會由審檢辯共享。

研究顯示，絕大多數的就審能力鑑定都是由法院囑託，而且每個案件通常不超過一次（Melton et al., 2007）。「相互對抗」的鑑定（competing evaluations）並非常態。至於在重大矚目案件，例如可能涉及無期徒刑或死刑的案件，比較可能出現相互對抗的鑑定。不過，在欠缺相互對立的鑑定專家的狀況下，法院幾乎總是會接納鑑定人所做出的建議（Cochrane, Herbel, Reardon & Lloyd, 2013; Cruise and Rogers, 1998; Melton et al.,

2007）。就此所進行的研究甚至發現，法院採用鑑定人建議與結論的比率可能超過90%（Cruise and Rogers, 1998; Zapf, Hubbard, Galloway, Cox & Ronan, 2002）。因此，至少就審前程序而言，身為鑑定人的心理或精神臨床工作者，看起來對於法院就此議題的決策有相當大的影響。當複數鑑定人之間針對被告有無就審能力出現歧見時，法院傾向判斷被告欠缺就審能力（Gowensmith, Murrie & Boccaccini, 2012）。原因可能是法官們在有疑慮時會傾向採取謹慎的立場。

如同所有的司法精神心理鑑定，訴訟能力的相關鑑定應該始於對被鑑定人發出正式通知，告知保密義務的限制及鑑定目的（參見重點提示5.2以了解所有鑑定的共通因素；另參見 Heilbrun, Grisso & Goldstein, 2009）。如前所述，除非辯護律師直接委任心理學家針對其當事人的就審能力和一般心智精神狀態進行評估鑑定，否則這份鑑定報告將由審檢辯三方共享。同樣基於此理由，鑑定人經常一再被提醒，鑑定報告只能限於被告目前的狀態，並且不可包含可能與犯罪事件相關的資訊（Grisso, 1988; Roesch et al., 1999; Zapf et al., 2014）。

鑑定的流程有可能會因為鑑定人的訓練與理論取向，出現各種不同的變化。如同克魯茲與羅傑斯（Cruise and Rogers, 1998）提到：「實施就審能力鑑定評估的標準程序，至今並沒有清晰的共識。」（P.44）同樣的，高汀也指出（Golding, 2016），如果鑑定主題是就審能力的話，目前並沒有單一的評估程序被認為可以全面滿足此需求；「所以，從宏觀角度來看，我鼓勵此領域的專業工作者，透過打造足以反映專業實務操作基準及個人觀點的方法論，建立屬於自己的專業身分認同。」（P.75）有些鑑定專家只進行臨床會談，有些專家則是除了會談之外還會實施一系列的客觀（量化）或投射式測驗，例如有關智力或人格的標準心理測驗或量表，還有其他專家提出概括的鑑定報告，當中包含有關被告的行為觀察以及詳盡的背景資訊。不過，傳統上來說，早期有關就審能力的鑑定一般都會包含不少與被告就審能力存否無關的資訊（Grisso, 1988）。後來，在許多實務工作者所提供的經驗與指引下，有關就審能力鑑定的錯誤觀念日漸減少，而鑑定報告的品質則是有所提升（Roesch et al., 1999）。再者，越來越多法院開始要求實施鑑定的心理精神實務工作者不要提供無關資訊或迴避主題，而且必須針對他們所做出的每一個結論提供扎實的根據。不過，就算鑑定報告的品質有提升的跡象，一項針對提出於某一州法院的鑑定報告品質的研究發現，只有25%的報告可堪歸類為高品質。

針對就審能力進行鑑定評估的準則及建議可謂汗牛充棟（例如APA, 2012；Golding, 2016; Grisso, 2003; Murrie and Zelle, 2015; Zapf, Roesch, et al., 2014）。舉例而言，鑑定人在進行評估之前，應該要先檢視案件卷宗的紀錄，仔細考量他們針對被告進行鑑定的整體脈絡。心智狀態並非唯一考量，因為罹患精神疾患或障礙之人有可能完全可以理解法律程序，並且為其律師提供協助。正如察普夫等人（Zapf, Roeschet al.）觀察所得：「事實上，很可能有太多鑑定人不當倚賴傳統心智精神狀態的相關爭點，而未把特定被告在案件中的功能性面向（functional aspects）納入考量。」（P.291）

[168] 重點提示5.2

司法精神心理衡鑑的共通因子

雖然司法精神心理鑑定會因為各式不同的原因實施，不過它們應該至少包含下列共同特徵：

在與被鑑定人會面之前，鑑定人應該：

- 了解鑑定轉介的目的。
- 如果有任何利害衝突，或參與鑑定會有專業倫理或道德衝突事由，必須拒絕進行鑑定。
- 若有機會，蒐集背景資訊與相關紀錄。
- 試著了解與鑑定評估相關的法令。
- 釐清鑑定費用的支付方式與時程並達成合意。
- 釐清提出鑑定報告的期限以及對象。

在開始實施鑑定前，鑑定人應該：

- 對被鑑定人解釋鑑定目的。
- 強調鑑定並非治療關係。
- 解釋（因鑑定所生）保密義務的限制。
- 針對鑑定報告可能的用途，預先對被鑑定人提出警告。
- 告知被鑑定人有哪些人會取得鑑定報告。
- 若需要告知同意的話，取得被鑑定人的書面同意。
-

鑑定人的書面報告應該：

- 以清晰明確的方式撰寫，避免俚俗語或過度使用專業術語。
- 在鑑定評估完成後的合理期間內提出書面報告。
- 敘明鑑定報告的目的，指明受囑（委）託鑑定的命題，註記哪些人要求取得書面報告。
- 逐一說明審閱參考過哪些文獻，以及所使用的測驗與量表。
- 針對鑑定報告所做成的結論，逐一清晰提出相關論據。
- 提出報告時要做好心理準備，鑑定內容將會被案件相關人等加以檢視。

問題與討論：

一、上述所有因素都很重要，但有些因素是否比其他因素來得更重要？如果是，是哪些因素？為什麼？

二、討論「實施鑑定前」的因子有可能出現的任何問題。

就審能力衡鑑工具

過去四十年來，研究者開發出各式針對就審能力進行衡鑑的工具，並試圖檢證它們的效度。派瑞利等人（Pirelli et al., 2011）就指出至少十二項這類衡鑑工具。可惜的是，「以審判訴訟能力的衡鑑工具而言，足堪支持其信效度的科學證據不多。」（Poythres and Zapf, 2009, P.320）與風險評估工具一樣，實務工作者應該要了解所使用之衡鑑工具的研究證據。此外，也必須理解「所有現行的司法鑑定衡鑑工具，都僅只是『工具』，而我們不該依賴任何單一工具。」（Golding, 2016, P.75）

有些衡鑑工具大致上要花三十分鐘施測，另一些比較複雜的工具則必須根據會談與測驗。快篩工具（screening instruments）主要是作為快速評估之用，以決定個案是否可能欠缺就審能力；若有可能，再加以轉介進行更加詳細的檢測。此外，也有一種電腦輔助工具CADCOMP（Computer-Assisted Determination of Competency to Proceed），其大量倚賴被告針對個人背景、法律常識及行為的自陳內容（Barnard et al., 1991）。針對上述這些工具，也有些評估可供參考（參見如Pirelli et al., 2011; Zapf, Roesch, et al., 2014; Zapf and Viljoen, 2003）。雖然在此無法對所有衡鑑工具提供全面性的檢視，為了舉例說明，以下將針對幾種加以討論。

[169]

就審能力篩檢測驗

就審能力篩檢測驗（The Competency Screening Test, CST）（Lipsitt, Lelos & McGarry, 1971）是一項語句完成測驗（sentence-completion test），目的在針對被告的就審能力提供快速評估與篩檢。這項測驗目的在檢視被告對於辯護人以及法庭程序的基本概念。舉例而言，被告會被要求完成下列語句：「當陪審團聽到我的案件時，他們會……」。如果被告得分低於一定門檻，就必須進一步接受更完整的評估。此測驗的主要優勢在於快速篩選出顯然具備就審能力的被告。根據研究（Roesch, Zapf, Golding & Skeem,1999），此測驗有高度偽陽性比率（53.3%），亦即會將許多實際上有能力的被告誤認為欠缺就審能力。由於無法通過此快篩測驗的人有可能要住院進行進一步的評估，因此也會造成對於原有機會交保的被告，其自由權益的顯著剝奪。也因為它的潛在高錯誤率，學者們對於就審能力篩檢測驗作為單一的快篩測驗，抱持極度謹慎的態度（Zapf, Roesch, et al.,

2014）。

麥克阿瑟就審能力評估工具刑事程序版

麥克阿瑟基金會心理健康與法律研究網路最初開發出麥克阿瑟刑事被告就審能力結構化評估（the MacArthur Structured Assessment of the Competencies of Criminal Defendants, MacSAC-CD）（Hoge et al., 1997）。然而，作為研究工具，這項評估工具實在太過繁瑣，導致後續開發出較為精簡的研究工具：麥克阿瑟就審能力評估工具刑事程序版（MacArthur Competency Assessment tool-Criminal Adjudication, MacCAT-CA），其中包含二十二個題件（items）。此評估工具會提供被告一段情境短文，描述某人遭到起訴後的狀況，並且就此情境提出問題。此外，被告也會針對自己所處的狀況被提問。這項工具推出後不久，由於普遍優於其他評估工具而獲得好評（Cruise and Rogers, 1998; Nicholson, 1999; Zapf and Viljoen, 2003）。

就審能力評估修訂版

就審能力評估修訂版（Evaluation of competency to Stand Trial Revised, ECST-R）是由羅傑斯、蒂爾布魯克和史威爾（Rogers, Tillbrook & Sewel, 2004）所開發。這是一種側重於達斯奇基準，並以會談為基礎的評估工具，例如它會詢問被告是否了解他們的辯護人在司法中所扮演的角色。這項工具的主要特色之一，是偵測被告為了希望被判定為欠缺就審能力而詐（偽）病的能力。這項工具是「第一個正式的就審能力評估工具，有部分被用於假裝欠缺就審能力的快篩工具目的」（Zapf, Roesch, et al., 2014, P.299）。它具有高度的評分者間信度（interrater reliability），很可能持續成為就審能力評估衡鑑工具庫中的一個重要工具。

其他的就審能力評估方法

有幾項同時受到研究成果肯定的方法，實際上是早期心理測驗的修訂版。其中，跨領域適性會談量表修訂版（Interdisciplinary Fitness Interview-Revised, IFI-R）（Golding, 1993）同時反映出與就審能力評估工具相關的研究成果，以及一系列與就審能力相關的法院判決基準。無論是對於施測者或法律人而言，這個方法都展現出高水準的信度（Zapf, Roesch, et al., 2014）。若以快篩的目的而言，另一項工具，適性會談測驗修訂版（the Fitness Interview test-Revised, FIT-R）（Roesch, Zapf & Eaves, 2006）的評價也很高。上述的 IFI-R 以及 FIT-R 基本上都是屬於半結構式的會談工具，目的在協助施測的鑑定者理解與就審能力相關的心智能力（Golding, [170] 2016）。雖然上述這些方法的早期版本並未取得好的成果，修訂後的版本則是展現了更高的可期待性。

儘管司法心理衡鑑工具持續發展中，且事實上有些工具確實獲得良好的研究支持，不過它們似乎並未在實務中受到充分利用，尤其是那些未經常受委任的專家（Skeem, Golding, Berge & Cohn, 1998）。此現象有可能部分是因為，許多這類衡鑑工具其實還未建立起充分的科學信效度（Poythress and Zapf, 2009）。由布洛姆和格林索（Borum and Grisso, 1995）所進行的一項研究顯示，樣本中有36%的心理學家根本從未使用過上述司法心理衡鑑工具，至於總是或經常利用上述工具的心理學家，則是占了40%。根據察普夫與羅斯（Zapf and Roesch, 2006）的論點，前揭結果顯示這類工具的使用出現緩步增加的趨勢。「很可惜的，針對各式就審能力的司法心理衡鑑工具與方法，很少人會針對它們的比較效度進行研究；因此鑑定人在進行司法心理衡鑑而需要選用衡鑑工具時，往往容易無所適從。」（Golding, 2016, P.77）

詐病的評估

幾乎所有司法心理衡鑑都必須評估是否有**詐病**（malin-gering）的可能性。針對與就審能力鑑定相關的評估來說，刑事被告不無可能會想偽裝自己具有某種嚴重精神疾患的症狀，可能原因很多，例如延遲審判程序、設法讓起訴被法院駁回，或者規避訴訟審理）。羅傑斯（Rogers, 1997）曾將詐病描述為：一種由個案有意識編造或嚴重誇飾其症狀的反應方式。據他觀察，以個案所面臨的情境而言，這種反應行為是可以理解的。舉個明顯的例子，被告可能以為如果自己偽裝罹患精神疾患，法官就比較不會把他送進監獄。以就審能力而言，被告有可能會為了讓審理程序延遲，或者為避免出庭，而偽裝罹患精神疾患，殊不知縱使真的具有精神症狀，也不代表必然欠缺就審能力。雖然我們在本章討論到詐病，但並不能因此以為詐病問題僅止於刑事案件。正如在第六章將會談到，在民事案件中，接受鑑定評估的個案可能會具有同樣的動機而偽裝出現精神症狀。

司法心理學家能夠取得一系列具備相當效度的心理測驗，藉以檢測個案是否有詐病狀況。針對自陳症狀的結構式會談（the Structured Interview of Reported Symptoms, SIRS; Rogers, 1992, 2012）就是其中一項評價良好的衡鑑工具，用於偵測精神病症狀的詐病行為。如上所述，羅傑斯與其同儕（Rogers, Tillbrook & Sewell, 2004）開發出一項就審能力評估工具，包含了對詐病進行快篩的檢測。另外一個例子，則是詐病記憶測驗（Test of memory Malingering; Tombaugh, 1997）。此外，有些常用的心理測驗，例如明尼蘇達多相人格測驗以及米隆臨床多軸量表第三版（Millon Clinical Multiaxial Inventory-III; Millon, 1994），還有一些司法臨床衡鑑工具（如the Rogers Criminal Responsibility Assessment Scales），也能夠檢測詐病。關於檢測詐病，並不存在萬無一失的方法（Butcher and Miller, 1999）。正如海爾布倫等人（Heilbrun, Marczyk & Dematteo, 2002）所主張，臨床工作者在評估有無詐病的狀況時，與其單純使用一、兩種測驗，倒不如使用多重的檢測方式要來得重要。

就審能力之回復

相關研究顯示，在全美經轉介進行就審能力評估鑑定的案件中，大概有20%的被告一開始就會被判定為欠缺就審能力。不過，前述的百分比隨著轄區不同，還有鑑定評估的背景不同，也會出現相當程度的差異。派瑞利等人（Pirelli et al., 2011）透過後設分析研究發現，欠缺就審能力的鑑定評估結果最低僅有7%，最高卻可達到60%。此間差異有可能可以歸因於若干相異的因素，包括鑑定評估者所受訓練的差異、法官針對鑑定聲請的把關審查狀況，以及審前精神與心理健康相關服務的可得性（Zapf, Roesch, et al., 2014）。

之所以在不同司法轄區會出現如此巨大的差異，另一個原因在於舉證責任；在某些司法轄區，被告必須負擔證明其欠缺就審能力之舉證責任，而在另一些轄區，則是由檢察官舉證證明被告具備就審能力（參見重點提示5.3）。此一微妙的區別意味著，如果被告希望被認定為欠缺就審能力，卻必須負起舉證責任時，那麼最終如願的難度也就越高。幸而（對被告而言），最高法院已經透過判決表示，若被告依法必須負擔舉證責任，其門檻也不得高於**證據優勢標準**（preponderance of evidence）（*Cooper v. Oklahoma*, 1996）。本案案情如下：遭公訴對一名老人犯下謀殺罪的庫柏，一開始被判定無就審能力。隨後他在精神病院接受了三個月治療，之後再經認定為具備就審能力。他在就審能力程序庭以及審理庭期間的行為，用比較客氣的說法叫做怪異。審理期間他拒絕換上囚服以外的衣著，理由是那些衣物會燒灼他的身體。他持續保持如同胎兒在子宮的蹲姿，全程不斷喃喃自語。然而，當時奧克拉荷馬州法要求被告必須舉證超越明確有力門檻（clear and convincing evidence）以證明自己無就審能力，而州法院認定他並未達成此一舉證責任。就此，最高法院強調，雖然各州依其州法規定，非不得要求被告自證其欠缺就審能力，但奧克拉荷馬州所採用的明確有力門檻對於被告顯然負擔過重，標準過高。換言之，庫柏的行為有可能依據明確有力標準尚不能被認定為欠缺就審能力，但如果將舉證標準調整為證據優勢原則的話，就無法認定被告的舉證失敗。所謂超越證據優勢原則，正是指可能性過半的證明門檻；而本案庫柏已經證明了其欠缺就審能力的可能性過半。舉輕以明重，在這樣的標準下當然各州就不能要求被告以超越合理懷疑的標準（最嚴苛的舉證標準）去證明自己欠缺就審能力。

[171]

重點提示5.3

法律上的舉證責任

在對抗制的訴訟程序中，司法決策的做成有賴於該訴訟爭點能否被證明到超越特定的程度。

超越合理懷疑

這是所有刑事訴訟和少年非行事件程序（少年被控犯罪）所要求的最低證據標準。此一基準其實就是僅略低於絕對確信。「在證據法當中，它意味著證據與待證事項之間的關係完全滿足，完全被說服，已經滿足道德上確信（moral certainty）之程度。[5]」（H.C. Black, 1990）。

明確有力的證據

此一證據門檻是某些民事訴訟所要求的最低證據標準，例如當國家希望在違背個人意願的狀況下使其強制入住精神病院接受治療時。此證據基準屬中度，會導致「爭端事件當中的最終爭點事實，其真實性可以被證明到合理的確信程度（reasonable certainty）。當所主張系爭事實的真實性被證明為具備高度可能（highly probable）時，就能超越明確有力證據的證明門檻。」（H.C. Black, 1990）。

證據優勢原則

此一標準就是一方所能提出對其有利的證據，勝過他方的意思。這個基準是「相較於對造所提出的反對證據，一方所提出的證據具有更高的證明力，或者更有說服力；亦即，一方所提出的證據以整體進行衡

5. 譯按：所謂道德上確信之程度，在法理學上係指決策者主觀已無懷疑，達到極高度確信，其標準僅次於數學上的百分百確定。

量後，顯示待證事實如同該方所主張為真的或然率，高過為偽的或然率。」（H. C. Black, 1990）。此證據標準是大多數民事訴訟所要求，在某些狀況下也可能與刑事訴訟相關。舉例而言，若某州要求刑事被告必須證明自己欠缺就審能力，此時就不得以高於證據優勢原則的證據標準相繩。

問題與討論：

一、由陪審團透過評決進行審理的刑事案件，檢方必須證明被告有罪達到超越合理懷疑的標準。為什麼此標準如此難以達成？為什麼必須把標準設定的這麼高？

二、提出心神喪失精神抗辯的被告，是否必須證明其自身（依據法律定義，在犯罪行為當時）確實處於心神喪失的狀態？還是依法應該由檢方來證明被告犯罪時並非處於心神喪失狀態？上述的區別為何重要？

三、如果是刑案被告主張自己欠缺就審能力的狀況呢？應該由被告證明自己欠缺就審能力，還是由檢方承擔證明被告有就審能力的舉證責任？

[172] 被判定為欠缺就審能力的人通常是具有機構處遇史，或者經診斷為嚴重精神疾病的患者。他們當中的大多數人都是因為罹患思覺失調及其他精神症狀而飽受痛苦的人（Morse, 2003）。雖然精神障礙似乎是判定欠缺就審能力的一項必要條件，不過精神障礙本身，哪怕是嚴重的精神障礙，亦並非充分條件。研究同時指出，一旦有關被告就審能力的鑑定報告中包含了臨床診斷，它就會成為判定被告是否欠缺就審能力的強力預測因子（Cochrane, Grisso & Frederick, 2001）。

司法心理學家經常被建議不要在鑑定報告中納入診斷（APA, 2012; Golding, 2016; Golding and Roesch, 1987; Grisso, 1986），因為診斷往往是

主觀的，而且可能會對於精神心理衛生專業工作者以外的人，形成一種具有不當影響力的標籤。對於就審能力的鑑定，法院必須要被教育去理解被告的基本能力，以及如前述提及，這些鑑定報告必須具備的撰寫要件。就算有經過證立且有臨床效度的診斷存在，被告仍然有可能可以理解法律程序，並且可以協助辯護律師；相對於此，被告同樣可能根本沒有取得任何有效的診斷，也未必罹患精神障礙，但是無法理解法律程序或協助其辯護人。換句話說，這些被告有可能欠缺身為被告所必須具備的能力，舉例而言，可能有顯著的智能缺損，或者因為過失駕車撞死兒童引發憂鬱症而出現暫時性的認知功能損傷。不過，有些法院持續受到單一精神障礙診斷的影響；相對於此，有些法院縱使在被告有嚴重精神障礙的狀況下，仍判定被告有就審能力。

一旦某人被判定沒有能力接受審判，就必須設法回復其就審能力，以儘速回歸審判。一般是透過開立精神疾病藥物的處方為之，下文會就此進行討論。臨床精神醫師常會被要求針對某人就審能力回復可能性有多高，甚至整個程序要花多久時間進行評估。正如穆里和察勒（Murrie and Zelle, 2015）所言，上述這些要求有點太過了。「從歷史來看……大多數的權威觀點都會做出同樣的結論，認為臨床醫師在預測個案的可回復性方面，技術並不特別突出……。」（P.147）如果回復可能性很低，政府就必須決定是否要撤回刑事追訴，並且若有必要的話，啟動強制住院程序，將個案送入精神專科病院或強制社區治療。

值得注意的是，絕大多數一開始被判定為欠缺就審能力的個案，在相對短的期間內，通常大概三到六個月，就能夠回復就審能力（Colwell and Gianesini, 2011）。

然而，也有許多案例是被告被認定為欠缺就審能力後，遭留置在機構內相當長一段時間。在某些州，美國公民自由聯盟等組織會因為無就審能力被告的治療被列入州立精神病院等候清單，導致治療時程受到推遲，因而代理他們提出訴訟。舉例來說，二〇一六年初，賓夕法尼亞州便與美國公民自由聯盟達成和解，創建新的治療地點，並為進行就審能力回復門診的病患暫居所提撥預算（National Psychologist, 2017）。

在一九七二年的「傑克遜訴印第安納州」（*Jackson v. Indiana*）一案，美國最高法院針對無就審能力被告的留置監禁做出限制，判決指出這些無就審能力的被告如果回復能力的可能性不高時，就不得予以不定期留置監禁。不過，這些被告還是可以接受住院治療，如同前文所述。美國絕大多數州都會定期召開聽證庭，評估無就審能力被告的狀態，只要他們的狀況有所進展，就會繼續被留置在機構內。有些州則是不允許無就審能力的被告被留置的時間，超過一旦被定罪所可能服刑的刑期上限。另一方面，一些州對於把欠缺就審能力但有回復可能的被告放出來這件事，有著相當的抗拒，儘管被告事實上並不全然符合持續強制住院治療的要件（Hoge, 2010）。

就審能力的回復不必然在機構中進行，雖然有些州的法律確實如此要求。[173] 此外，有些州則是對住院期間設有時間限制（Miller, 2003）。如同就審能力鑑定，治療無就審能力的被告也可以在社區環境進行，事實上這種狀況近來有持續增加的趨勢。研究指出，在社區環境中進行就審能力的回復治療不但有效、節省成本，並且相較於住院治療而言，比較不會失敗（Gowensmith, Frost, Speelman & Thersen, 2016）。

目前也已經開始針對預測成功回復就審能力的具體因子進行研究（Gay, Vitacco & Ragatz, 2017）。例如前述研究就發現，特定精神病性與神經心理性的症狀，能夠有力的預測回復失敗的結果。若有智力失能的診斷，再加上一系列的精神病性及躁性症狀的話，要回復就審能力就不太可能（Mossman, 2007）。然而，最令人不安的是，關於欠缺就審能力的被告如何回復能力（無論是在機構內或社區內），資訊嚴重不足。

羅斯等人（Roesch et al., 1999）認為，「對無就審能力被告的處置方式，或許是當前在就審能力法定程序中最有問題的部分。」（P.333）二十世紀後期，著名的研究者觀察到，無就審能力的被告所接受的治療，跟其他住院患者差異不大（Roesch et al., 1999; Siegel and Elwork, 1990）。事實上，主流的方法似乎仍然是依據被告可能存在的精神障礙來施用藥物

（Murrie and Zelle, 2015; Zapf and Roesch, 2011）。不過，穆里和察勒指出，依據非正式的調查結果，比較有規模的精神機構在服務那些欠缺就審能力的被告時，會同時施以法律概念及審判程序的相關教育。不過，他們也補充，「我們所處的領域對於恢復就審能力的相關處遇服務應該在何處以如何的方式進行，而這樣的方式成效又如何等問題，所知意外地有限。」（P.148）（請參見觀點專欄5.1）

近年來，遭到逮捕並因而進入刑事司法程序的智能障礙者，其相關困境廣受矚目。智能障礙不代表就會被認定無需為其犯罪負起刑事責任。事實上，被關在美國各地監獄與看守所裡的被定罪者中，有相當人數罹患智力失能，甚至有些是等待接受死刑執行的人。其次，正如察普夫與羅斯等人（Zapf, Roesch, et al.）指出，罹患輕微或邊緣智力障礙的人，有可能會試著「隱藏」這類障礙，甚至也不願讓律師知道。就此而言，一旦被告遭到定罪，有關被告智能障礙的議題，無論是在審前的鑑定評估程序或者在犯罪行為的量刑減輕考量程序中，往往都不會被提出。

然而，當智力障礙者被認定欠缺就審能力時，往往因為他們的障礙屬於長期慢性，因此就審能力的回復本質上不太可能。安德森以及海威特（S. D. Anderson and Hewitt, 2002）在密蘇里州的一個教育計畫中，特別針對這類被告進行就審能力回復的需求提出報告。上述的教育計畫包含了一系列課程，讓被告可以學習有關法律體系的基本常識並參與角色扮演。不過，此訓練計畫後來不太成功，僅有三分之一參與計畫的被告能夠回復就審能力。被告的智商與結果固然有所關聯，不過此關聯性並未達統計上顯著的程度。研究者指出：

> 罹患特定程度心智缺陷（一般指智能障礙）的人，有可能天生就缺乏足以參與審判程序所需的相關技能。諸如抽象推理與決策等能力，不只難以傳授，也極難學習。（P.349）

此研究結論再次證明了精神衛生法庭暨其針對某些精障被告施予轉向

處遇，使其離開刑事司法體系的重要性。

毒品和無就審能力的被告

如上所述，回復被告就審能力所使用的主要方法是施用藥物。雖然抗精神病性藥物（antipsychotic）或者比較廣義的精神藥物（psychoactive）之藥效已經顯著提升，問題是這些藥物還是可能造成令人不適的副作用，包括暈眩、頭痛、喪失創意、無法表達情感，以及某些人可能會感到嗜睡倦怠。也因為這些令人害怕的副作用，有些個案在被判定為無就審能力後，可能會轉而挑戰政府何以有權要求他們服用這類藥物。在其他的狀況，這也可能是辯方用以爭取時間準備抗辯，或者讓開庭審理程序延後的防禦策略。

[174] 觀點專欄5.1

追尋司法精神心理鑑定職涯，及更多可能

丹尼．穆里 Daniel Murrie, PhD

我在大學時代對於司法心理學幾乎一無所知，比起今日我所遇到的早慧大學生們少得多。然而，由於我生長在一個接納過許多寄養兒童，也積極投入各類志工服務的家庭，我始終樂於跟社會邊緣人共事。因此我在大學就主修心理學及社會工作，課程讀來自然開心，但真正令我享受的是一些暑期實習機會，包括在收容非行青少年的中途之家工作、專為初犯的非行少年開設的野外計畫，甚至還去了華盛頓哥倫比亞特區的聯邦調查局總部。

上述這些體驗讓我確信，我想利用心理學做點什麼，或許可以跟司法體系有關。但我當時對於心理研究所實則一無所知。我大學念的是一所小型學院，學校並未提供心理研究所入學必備課程相關的研究經驗或指引。因此，大學畢業之後的第一年，我在休士頓市區的居住計

畫，以及一間心理學研究室裡擔任志工；為了支付房租，我擔任餐館服務生，晚上去酒吧做酒保。當時的我還不太確定自己究竟想要追求何種職涯，因此申請了幾個臨床心理博士班，只設定「希望可以進行與偏差行為少年相關的研究」這樣模糊的目標。

我很高興能進入維吉尼亞大學的臨床心理學博士課程，接受杜威．康奈爾（Dewey Cornell）博士的指導。他是一位優秀的司法心理學家，也是研究校園暴力事件的國家級權威。在維吉尼亞大學期間，我獲得機會在法律、精神病學和公共政策研究所（ILPPP）工作；該研究所正是司法相關研究與訓練的跨學科中心。雖然我進入研究所前對心理衡鑑一無所知，但慷慨的導師們說服我在這方面可以有所貢獻。

在此同時，妻子與我也迎來我們的第一個孩子，此刻我理解到：為他人進行治療對我來說可能造成過度的情感耗竭，而這將會影響到我扮演自己理想中的丈夫與父親的角色。（攻讀博士的歲月，超乎意料適合我擔任奶爸的角色，而且我正好可以利用小孩睡覺的時間寫論文。）於是乎，司法精神與心理衡鑑成為我的研究重點，完成博士班學業後，我回到 ILPPP 擔任司法心理學的博士後研究員。

越是專注於司法精神心理衡鑑，我就越常從其他學科領域的友人處聽到一些令人不悅的問題：「辯護人不是就隨便找個專家出庭為他們講話就好了嗎？」要不然就是，「這些專家不是都會依照別人的意思提出意見嗎？」作為這個領域的新進人員，面對這類誤解時，我總是毅然決然加以反駁。我會解釋這一行的倫理守則向來嚴禁個人偏見，要求嚴守中立。據我對行內司法心理學前輩的觀察，他們絕大多數都是極度自覺、細心謹慎且嚴守客觀立場。我個人在這個領域很少看到有證據足以證明偏見存在，不過這些年來有關偏見的問題，仍時有所聞。但當我希望透過文獻釐清這個議題時，卻發現相關研究付之闕如。經常被引來證明司法精神心理衡鑑與評估程序可信且客觀的幾篇文獻，在細心審視之下其實並沒有辦法證明這件事。其次，認知心理學的基礎研究，也使得潛藏在我心裡有關專家偏見的憂慮日益膨脹。這些研究基本上指出，人類通常就是會見其所欲見，尋其所欲尋。

當我取得山姆休士頓州立大學（Same Houston State University）博班課程（聚焦於臨床心理學的司法應用層面）的教職時，還是不斷思考那些有關偏見的問題。這份工作對我而言相當理想，我既能夠一面教授有關司法精神心理衡鑑的知識，研究相關司法議題，又能繼續我的私人業務。我也與朋友馬可・巴卡契尼（Marc Boccaccini），一位統計與研究方法的專家，建立長久的研究合作關係。（找一個能補強你弱點的合作對象有益無害。）我們一起討論了各式各樣的問題，重點是我們終於找出一個方法，系統性地探索我向來對於偏見的一些想法。舉例來說，在德州有關「高危險連續性罪犯」（sexually violent predator）的司法程序中，我們發現針對同一被告使用同一份風險評估工具，兩造的司法心理專家常會得出不同的分數與結論，藉以支持囑託他們進行評估的當事人……這種狀況強烈暗示有偏見存在。

在德州工作大約五年之後，我受邀回到維吉尼亞大學的ILPPP研究所，擔任我在維大博士生與博士後研究時期夢寐以求的職位。過去十年來，我絕大多數的時間都奉獻給司法精神與心理衡鑑（像是就審能力、心神喪失與責任能力、死刑案件、威脅評估）。於此同時，我還有其他事情在進行，包括監督一個涵蓋全州的司法精神與心理鑑定人的訓練計畫、指導博士後研究員、在法學院教書，並且持續研究。

[175] 我的研究漸趨集中於有關專家偏見的議題。在為期幾年的田野研究之後，馬可與我得到了國家科學基金會的支持，得以進行一項真正的實驗。我們請來超過一百位司法心理學家與司法精神醫師，檢視案件的卷宗資料，並且使用風險衡鑑工具進行評估，取得風險分數；不過，我們刻意讓半數的被研究對象相信他們是辯方的專家，另外半數則以為是替檢方工作（Murrie, Boccaccini, Guarnera & Rufino, 2013）。結果很明確，那些為辯方工作的專家們傾向把風險分數打低，而那些受

檢方囑託的專家則是給出偏高的風險分數。這樣的結果恰恰為偏見的存在提供強有力的證據——我們後來稱之為對抗同盟（adversarial alliance; Murrie and Boccaccini, 2015）。可想而知，研究結果一出，大概不會廣受歡迎，甚至有位資深的同僚警告我，繼續研究這類議題，將會使我的職涯毀於一旦。（並不是每個人提出的忠告你都要照單全收！）不過，有更多同僚對於我做的研究感到興趣，並且表示支持之意，因為他們知道，找出一個學術領域的弱點，乃是克服這些弱點的第一步。我們這個領域的大多數人都很清楚司法精神與心理衡鑑事關重大，因此會希望我們的工作盡其所能的客觀和精確。

近期我們的偏見研究從原本的司法心理學領域，擴張到更寬廣的司法科學社群。為了回應有關「硬性」司法鑑識科學（如指紋、彈道學）也可能遭偏見影響的關切聲浪，我參與了一個由聯邦經費資助運作的中心；該中心致力於增進司法鑑識科學。因此，目前我的專業責任包括將有關專家偏見效應的心理學研究，應用到其他的司法科學領域，並且如同我們在司法心理學領域所做的，找出司法科學領域中的弱點。這樣的轉變，是我在幾年前根本無法想像的。在同一領域工作十五年後，竟然又參與一系列嶄新研究，甚至進入全新領域，也算是為我所學下了個註解：跟隨你的興趣與好奇心（伴隨著來自同僚跟導師們的協助），你就有可能為自己打造出一個充滿挑戰且令你心滿意足的職涯。

穆里博士擔任維吉尼亞大學法律、精神醫學和公共政策研究所的心理部主任。他既是維吉尼亞大學醫學院的精神醫學與神經行為科學教授，也是法學院的講師。他的職責包括司法精神與心理衡鑑的實施、教學與相關研究。公餘他與妻子還有三個孩子都喜愛在維州的夏洛茲維爾享受運動和美食。

近年來，被強制施用上述藥物的狀況廣受矚目。無論是一九九八年的國會山莊駐警槍擊案（Weston case）、美國聯邦最高法院的「謝爾訴美國」（*Sell v. United States*, 2003）案，以及許多下級法院的案件，都與此重要議題有關。本章開頭所提到的賈里德・勞納（涉嫌於二〇一一年一月在亞利桑那州槍擊眾議員與其他人的被告），意圖拒絕以服用藥物方式回復就審能力但也未能成功。

「謝爾訴美國」則事涉被告被判定為欠缺就審能力，但在住院回復就審能力期間拒絕服用抗精神病藥物。謝爾曾是一位牙醫師，被控詐欺罪，他本人有精神病史及怪異行為，例如有一次他曾經報警宣稱有隻豹在公車上。在他住院的前期，曾在服用抗精神病藥物後宣稱受到藥物副作用干擾。謝爾的案件後來經歷了幾次的行政聽證與法院庭期。無論是聯邦醫療設施的職員或者是聯邦初審法官（federal magistrate）[6]，一致認為他對其他人可能造成危險，因此需要強制服藥。他迷上了某位護理師，並以不恰當的方式搭訕（但並未以肢體行動傷害對方）。地方法院的法官以及第八[176]巡迴上訴法院，分別以不同的理由判命被告應該接受強制服藥。這些法院並未認定被告具有危險性，而是認為他需要透過強制服藥的方式以回復就審能力。

二〇〇三年，最高法院將本案撤銷發回續查（*Sell v. United States*, 2003）。根據最高法院大法官的意見，本案並無證據可充分證立謝爾的危險性，而這一點也是聯邦地方法院及上訴法院都肯認的。再者，這些下級法院並未充分審酌強制施用這些藥物所可能造成與審判相關的風險，以及藥物本身的副作用。最高法院指出：

> 特定藥物究竟是否會讓被告鎮定下來，干擾其與辯護人的溝通能力，使被告無法對於審判進展做出即時反應，甚或降低其情緒表達能力，就判斷是否應以藥物手段回復被告就審能力而言，均屬重要事項。

6. 譯按：初審法官原則上是指輔助法官處理案件的初級司法人員；初審法官一般處理刑事案件被告初次到庭的程序、強制處分與保釋程序，以及其他性質上屬於司法行政事務的程序。

因此，最高法院其實並非不允許在違背被告意願的狀況下強制施用藥物以回復其就審能力，但必須以這樣的需求已透過法定程序予以調查證立為前提。不過，最高法院並未釐清前述所謂法定程序，是否必須是以法院開庭的方式進行，這成為賈里德·勞納一案的關鍵問題。

被判定欠缺就審能力後，勞納即被送入醫療機構以回復就審能力。他的辯護人主張，有關是否可以違背被告意願強制施用藥物的決定，必須以法院開庭審理的方式為之，不得僅以在精神醫療機構召開行政聽證會的方式進行。辯方的主張未被採納，因此勞納仍遭到強制服藥（推定違背了被告的意願），也回復了就審能力。二〇一二年八月，在被判定為具備就審能力之後，被告在庭提出認罪，遭判無期徒刑不得假釋。另一個與本案類似的例子，則是查爾斯敦教堂槍擊案的被告狄倫·盧福，他提出拒絕強制服藥的抗辯，同樣未能成功。

謝爾遭控的罪名（醫療補助欺詐、郵件欺詐、洗錢）都不是暴力犯罪。然而，勞納以及盧福兩人所犯之罪都是屬於暴力犯罪。同樣的，羅塞爾·尤金·威斯頓（Eugene Russell Weston）在一九九八年夏天所犯下的罪名（槍擊殺害兩名國會山莊駐警，同時槍傷另外兩人）也是暴力犯罪。正如謝爾一案，威斯頓同樣有嚴重妄想症狀在內的精神病史，也被判定為欠缺就審能力；此外，他跟謝爾一樣拒絕服用回復就審能力的藥物。他的辯護人在各級法院力主他本人拒絕服藥的意願不應遭受侵犯，而這段期間威斯頓在聯邦看守所內度過了三年的時光，日漸衰弱。二〇〇一年七月，聯邦上訴法院仔細審理威斯頓與他辯護人的主張，最後判決，政府在讓刑事被告受審方面的重大利益，超越了被告本人拒絕接受施用抗精神病藥物的權利利益，因此許可對被告強制施用藥物。最高法院繼則不受理本案上訴，於是本案就這樣確定在下級審。

威斯頓一案的狀況與勞納和盧福等案不同之處在於，威斯頓根本從未進入審理程序。主要理由在於，強制施用藥物仍然無法回復他的就審能力。在犯下被控的罪行後六年，二〇〇四年，法院裁定停止審理其刑事案件，理由是威斯頓在回復就審能力方面並無任何進展；雖然如此，法院並未駁回起訴，因此被告仍然必須強制住院治療。在犯行發生後十年，二〇〇八年，威斯頓要求針對他的心智狀態開庭進行審查，他透過遠距會議的方式與法官視訊對話，但他希望被釋放的聲請仍然被駁回。犯後至今已經將近二十年了，威斯頓的案件從未能進入實際審判，他至今仍然被留置在聯邦醫療機構中強制住院治療。

有關透過強制施用藥物方式回復就審能力的爭議，延燒到審判程序本身。雖然一般而言，被告對於施用藥物回復就審能力的反應還不錯，問題是在審判進行中（如果得以進入審判程序的話）就有可能需要持續對被告施用藥物。在此同時，這類藥物很可能影響被告參與訴訟程序的能力，正如聯邦最高法院在謝爾一案中指出的。就此以言，接受施用藥物同樣對已經主張心神喪失責任抗辯的被告形成兩難困境。介紹過心神喪失的概念及其鑑定方式後，我們會再討論這個議題。

[177] 心神喪失責任抗辯

如果某個人在犯罪時並不具備刑法所要求的「主觀（心理）犯意」（guilty mind）[7]，那麼就不能讓其承擔犯罪責任。法律對於在一些特定狀態下確實可能出現主觀犯意不存在的狀況，加以認可並規範。舉例而言，如果某人因為認為自己正面臨重大傷害的即時危險，因此採取正當防衛的舉動，那麼只要法官或陪審團可以接受其認知，防衛者就無需負擔刑事責任。假設另一個人在脅迫下犯罪，例如在親人被扣為人質時被迫搶劫便利商店，法律會認定此人欠缺主觀犯意。同樣的，如果某個人是因為受到精神疾患剝奪其以自由意志為基礎的主觀犯意，那麼法律會將這種欠缺主觀

7. 譯按：所謂主觀犯意，屬於刑法上判斷是否為犯罪行為所必備的主觀心理要素；在台灣也稱為主觀構成要件，美國刑法理論則稱之為 *mens rea*。舉個相對單純的例子：要犯下殺人既遂的罪行，除了被害人死亡的結果，以及致人於死的手段這些客觀事實，加害者還必須在自由意志的基礎下，要有殺害被害人的主觀故意，無論明知且有意的直接，或發生不違背其本意的間接，否則無法構成殺人罪行。

犯意的狀況，稱之為**心神喪失**（insanity）。

理解心神喪失與就審能力的不同很重要。就審能力是指一個人在刑事審判程序進行時的心智狀態（如審前階段放棄律師協助權、認罪、到場受審）。至於是否心神喪失，也就是刑事責任能力有無，則指向犯罪當時的心智狀態。事實上，一個人有可能因為心神喪失而欠缺刑事責任能力，卻具有相當的就審能力；或者未心神喪失（有刑事責任能力）但不具備就審能力。當然，人也可能既因為心神喪失而欠缺責任能力，又欠缺就審能力。再者，與判斷就審能力相對比，認定心神喪失則沒有通用統一的基準（如達斯奇基準）可以援引適用。

判斷心神喪失之標準

為判斷一個人究竟是否心神喪失，聯邦與州級法院會使用各式各樣的「判斷基準」，其中一個經常被使用的基準，是被告有無區辨對錯的能力。前述這些基準，原則上都會按照其所由生的案件加以命名，例如「杜漢訴美國」（*Durham v. United States*, 1954）和「芮金納訴邁克納頓」（*Regina v. M'Naughten*, 1843）。不過，由於這些基準多年來不斷經歷調整，最好是根據基準的主要要件來描述較為適當。在聯邦法體系中，《心神喪失抗辯改革法》（Insanity Defense Reform Act, IDRA）是為那些少數有機會進入聯邦法院中審判的心神喪失案件設定了基準（相關案例參見表5.2與5.3）。無論是哪種基準，首先一定會要求必須提出被告罹患精神障礙的書面文件紀錄。

在某些州，即便一個人知曉對錯的區別，若有證據證明此人沒有能力控制其行為，一樣可以符合心神喪失的基準。此基準有時也被稱為**意志控制力基準**（volitional prong）：因為嚴重精神障礙的影響，個人無法使其行為遵循法律的規範。舉例而言，在採行意志控制力基準的州，個人如果因為精神疾患的影響，致使其受到「腦中的聲音」驅使而殺人時，可以不罰。以現況而言，採行此基準的州仍屬少數，只有十六個州。（A. M.

Goldstein, Morse & Packer, 2013）。透過維持州法相對嚴苛的判斷基準，聯邦最高法院向來給予各州廣泛的裁量空間，決定如何判斷心神喪失（*Clark v. Arizona*, 2006）。最高法院直到目前也仍未承認心神喪失抗辯之主張，乃屬於美國憲法上基本權保障的一部分（*Delling v. Idaho*，聲請上訴最高法院遭駁，2012）。在美國，目前有愛達荷、蒙大拿、猶他和堪薩斯四州不允許被告提出心神喪失的刑事責任能力抗辯，但這些州容許被告提出嚴重精神疾患的相關證據，以主張被告在犯罪時欠缺構成犯罪所必備的主觀犯意[8]。

過去三十年，聯邦及許多州的法律不斷修訂，使被告依心神喪失抗辯主張無罪的路途越趨難行。聯邦法律中有關心神喪失的抗辯基準也在備受矚目的約翰·辛克利（John Hinckley）一案（詳後討論）後做了修改。辛克利最後因為被認定為心神喪失而獲判無罪，也因此促成美國國會通過《心神喪失抗辯改革法》。下列是刑案被告在今時今日更難以心神喪失抗辯而獲判無罪的幾個原因：

- 聯邦政府和大多數州已不再允許被告以自己無法控制行為為由，主張心神喪失；如果這些被告可以清楚知道對錯的區別，還是必須為自己的犯行負責。
- 聯邦政府與大多數州要求被告必須承擔主張心神喪失抗辯的舉證責任；至於舉證責任的證明力門檻，有些採明顯有力原則，有些則採證據優勢原則。（回顧前述被告主張不具備就審能力，不得被要求以「明顯有力原則」此一高標準負舉證責任。）[9]
- 少數州（愛達荷、蒙大拿、猶他和堪薩斯）已經透過立法廢除了

8. 譯按：美國的刑法體系原則跟台灣一樣，要求犯罪的構成必須同時存在行為人主觀的犯罪構成要件，也就是犯意，以及客觀的構成要件，也就是犯行；兩者同時存在，才滿足刑法犯罪理論中的第一階段關於行為是否構成犯罪的檢視（該當性）。第一階段滿足後，才針對行為人是否有不構成違法的理由（違法性），以及有無不處罰的理由等（有責性），分別加以審核。

9. 譯按：以美國法而言，在審判程序中想要透過證據的累積堆疊證明一個待證事項或爭點的真偽，除了證據能否進入審判程序的「證據能力」審查，最重要的莫過於如何舉證超越各類型的法定「證明力」門檻：證據優勢原則、明顯有力原則，以及超越合理懷疑原則。粗略來說，上述三類證明力門檻大概分別代表百分之五十、七十，與至少九十五以上的心證程度。

表 5.2　美國各州法律與聯邦法律中具代表性的心神喪失抗辯基準 [178]

基準	核心問題
對錯基準 Right/Wrong Test	行為人是否知道對錯的分別？
對錯基準加意志控制力 Right/Wrong Test with Volitional Prong	如果行為人能夠了解對錯之分，是否無法理解其行為的犯罪本質，或者控制自己的行為使其遵循法律的要求？
產物法則 Product Rule	行為人的犯罪行為，是否屬於精神疾患的產物（結果）？
模範刑法典基準 Model Penal Code	行為人是否欠缺理解其行為違法性的能力，或者欠缺使其行為遵循法律要求的能力？
《心神喪失抗辯改革法》 IDRA（federal）	行為人是否欠缺理解其行為違法性的能力？

表5.3　具代表性的心神喪失抗辯案件

Regina v. M'Naughten , 1843	建構「對錯基準」
Durham v. U.S., 1972	建構出適用於聯邦法院的「產物法則」
U.S. v. Brawner, 1972	以美國法律學會的心神喪失基準取代產物法則
Riggins v. Nevada, 1992	主張心神喪失抗辯的行為人有權在未曾接受醫藥影響的發病狀態下接受觀察
Foucha v. Louisana, 1992	因心神喪失而獲判無罪且已進入機構處遇之人，一旦不再受到精神疾患影響同時也無危險性，就不得加以拘禁
Shannon v. U.S. (1994)	因心神喪失而獲判無罪者，並無權利要求法院指示陪審團一旦做出心神喪失判決將會有何等結果
Shannon v. U.S. (cert. denied) , 2012	針對心神喪失抗辯之主張是否屬於憲法所保障的基本權，最高法院拒絕表示意見
Clark v. Arizona, 2006	各州有寬泛的裁量權去形成各自的心神喪失判定標準

心神喪失抗辯。在內華達州，心神喪失免責抗辯一開始被廢除，隨後該州最高法院則是判決認為州憲法保障被告主張心神喪失的基本權（*Finger v. State*, 2001）。

- 在聯邦法院與某些州，司法鑑定人不得針對被告究竟是否心神喪失、有無責任能力之議題提出最終意見。
- 針對公眾的民意調查顯示，社會大眾對於辯方的立場往往極度難以同理，常態性的認為被告太容易脫罪。這種誤解在被告被控重大的暴力犯罪時，尤其嚴重。

[179] 研究指出，審理涉及心神喪失的刑事責任能力抗辯的案件，承審陪審團幾乎很少會援用各種用來判定心神喪失的基準；換句話說，這些基準不論怎麼調整改變，或許並不像我們所想像的那樣重要。如同察普夫、高汀、羅斯和派瑞利（Zapf, Golding, Roesch & Pirelli, 2014）等人所觀察，「研究者發現，基本上無論拿什麼樣的判斷基準給陪審團都無關緊要。」（P.339）毋寧說，有關心神喪失責任抗辯的案件，決策時會有比較多的成分偏向道德面的理由，或者陪審員認為什麼才是「正確」的判斷，而不只是正確的法律原理。換句話說，「（陪審員）他們自有一套關於心神喪失刑事責任的內隱理論，引導他們對於這些看來顯然模糊又不確定的責任能力基準的詞彙，做出一番詮釋。」（Zapf, Golding, et al., P.339）。有個例子是二〇一二年的科羅拉多州戲院槍擊案，犯嫌在該事件中被控槍擊殺害十二人，並且傷害了許多人。眾多證據足堪顯示該案被告詹姆斯・荷姆斯確實罹患嚴重的精神疾病。他會把怪異的妄想記錄在筆記本上，且經確診有分裂型人格疾患、憂鬱、社交焦慮障礙，跟其他許多症狀；在開庭審理時，他基本上都面露空洞的表情。他提出以心神喪失為由的無罪答辯，最終仍遭定罪。安德魯・葉茨（Andrea Yates）則是另外一個例子，她在二〇〇一年被控將自己五名親生子女淹殺於浴缸中。雖然她確實有一系列長期的精神病史，陪審團仍然將她定罪。直到幾年後，在法官面前進行再審時，她才獲判無罪，並且被送往精神醫療機構就醫，直到今日。

至於陪審團是否不擅處理心神喪失責任的抗辯？正反論述都舉出未經實證檢驗的報告支持各自立場。近期有個案件涉及一位心理學家在她自己辦公室中遇害，該案的陪審團顯然就針對被告的心神喪失責任抗辯一節辯論了約十天之久，最終也未能做成判決。同案的第二次事實審，一個全新的陪審團最終判被告有罪。另外一件重大矚目案件則是發生在一九七九年的六歲男童伊坦・帕茲（Etan Patz）遭綁票謀殺案，嫌犯直到事發三十三年後才被逮捕。該案被告長期有智能障礙與精神疾病史，也針對本案向警方做出自白。辯護人主張該自白係以強制手段的不正方法取得的同時，也為被告利益提出心神喪失的責任能力抗辯。該案的陪審團評議了十八天（我們無從判斷有多少時間聚焦於被告心神喪失的評議），最後仍無法達成一致決。法官因此裁定審判無效。在第二次的審判中，被告遭到新的陪審團定罪。（參照重點提示5.4，有關本案的更多訊息。）在另一個全然不同的案例中，則是一位十九歲女性因為殘酷刺殺一名計程車駕駛受審，審判中因為一位心理學家當庭證稱被告遭到妄想及幻聽折磨多年，且稱呼被告為「精神疾病的代表性案例」。最後陪審團在稍作評議之後，便做成判決認定被告因為心神喪失而無罪。

提出心神喪失抗辯的案件比例

實際上，被告真正以心神喪失為由抗辯無罪的案件很少，大概是所有重罪刑案的1%到3%左右（Golding, Skeem, Roesch & Zapf, 1999）。在重大矚目案件中，被告可能宣稱他們將提出心神喪失責任抗辯，但後來決定不這樣做。再者，無論媒體與公眾輿論對於心神喪失責任抗辯多麼注目，有位評論員曾將此抗辯稱為「媒體心頭好」（Perlin, 2003），這樣的抗辯通常不會成功。絕大多數主張自己無法負擔刑事責任的被告，到最後都遭判有罪，這也可能是為何那些一開始宣稱要主張心神喪失抗辯的被告到頭來改變心意的理由之一。另外一個可能的原因是，即便抗辯主張被採信並因而獲判無罪，但事實上被告不可能因此得還自由身。我們稍後會再針對這個問題加以討論。

不過，獲判無罪的比例其實隨著司法轄區的不同而有相當差異。有些跨州研究曾發現，有高達20%到25%的無罪率（Cirincione, Steadman & McGreevy, 1995）。雖然說每四個被告就有一人無罪獲釋的「成功」率或許會令觀察者感到驚訝，但事實上對於這些主張心神喪失無罪抗辯的被告來說，無罪判決並不會為他們帶來自由的人生。心神喪失責任抗辯無論在輕罪或重罪案件都適用，有時候這種抗辯也會被用來讓那些原本無法符合強制住院資格的人獲得治療的機會。不妨看看以下這個實際案例。

[180] 重點提示5.4

懸而未解的兒童誘拐案

一九七九年五月二十四日，六歲男童伊坦・帕茲離開他位於紐約市蘇活區的住家，提著一個有大象裝飾的小包包，走向校車。但後來他既未到校，也未能回家。此案立刻吸引了全美的關注，印有他照片的傳單被貼在柱子上，伊坦成為首批照片被印在牛奶盒上的失蹤兒童之一。此後，無論是手提包或屍體，都從未被發現。大約三十六年後，五十四歲的佩卓・赫南德茲（Pedro Hernandez）因為涉及伊坦的誘拐與謀殺案，出庭受審。後來該次審理以法院裁定無效審判作收，其後在二〇一六年十月該案再次進行審理，赫南德茲在四個月後遭到定罪。本案涉及許多與司法心理學家工作相關的議題。

當年伊坦失蹤時，赫南德茲還只是一個十八的高中輟學生。當時他在伊坦住家附近的一家賣酒小舖打工，正好位於伊坦上學必經之途。通常這段路會有大人陪伴，但案發當天，男童拜託母親讓他自己走去搭校車，這對當時的孩子而言並沒有什麼不尋常之處。警方後來對上百人進行了詢問會談（包括赫南德茲），甚至鎖定某位間接透過保母與男童家人認識的嫌犯。那位嫌犯喬斯・羅莫斯（Jose Ramos）後來則是在他案中因為性侵兒童而遭定罪並入獄服刑。不過當時警方並未把他與伊坦的失蹤加以連結。伊坦後來在二〇〇一年被宣告（法律上）死亡[10]。

赫南德茲在伊坦失蹤後不久就搬到紐澤西州。過去這麼多年來，他曾經跟少數人，包括他的未婚妻以及教堂小組成員講過，當他還住在紐約的時候殺了那個男童。不過他跟這些人的說法都有差異。後來他經歷結婚、離婚又再婚，看起來過著相當簡單的生活，也從未惹出違法犯紀的麻煩。不過，他確實有精神方面的問題，包括智能障礙，也被診斷出有人格疾患。

大約在二〇一二年，赫南德茲的姊夫與警方聯繫，說他認為赫南德茲就是三十多年前幹下這宗案件的人。警探們對赫南德茲進行了為時數小時的會談與審訊。赫南德茲告訴警方，他當年是用汽水把男童誘騙到小店內，帶他到店內的地下室，掐了他之後把他裝在塑膠袋和箱子內，最後把箱子拿去丟棄在垃圾堆。他否認曾對男童性侵，也說伊坦在被他放進袋子內的時候還活著。此外，赫南德茲也提到他把伊坦當天帶的手提包藏在一個冰箱後面。不過，無論是男童的屍體或者隨身物品，後來都未見天日。根據赫南德茲的自白，以及他對親屬與熟人所為的陳述，他在二〇一三年遭起訴。

辯護律師以自白不具備任意性為由，試圖排除其證據能力，結果未獲成功。辯方也將答辯聚焦在被告本人的智能障礙及精神疾患。辯方主張，由於被告罹患人格疾患，使他無力區分現實與虛幻，因此才會以為自己下手殺害了伊坦。此外，辯方律師也提出一個相對的理論：羅莫斯，那位先前已遭定罪的兒童性侵犯，至今仍在獄中，他才是真正犯下本案的凶手。此人等同已經自白下手殺害的那個男童，事實上可能就是伊坦。辯方在審理中傳喚羅莫斯到庭作證的聲請雖然遭到駁回，但是有關羅莫斯可能才是真凶的理論則是受到法院許可，可向陪

10. 譯按：一種在民事法律上為避免某人在長久失蹤後造成與其相關的法律關係難以安定的狀況，因而准許利害關係人聲請在法律上認定某人已經死亡的程序。

審團提出說明。

陪審團經過為期十八天的評議，仍未能做出判決。其中一位陪審員認為，他的同儕陪審員拒絕考量被告脆弱的心智狀態，或者可能有其他人犯案的事實。這位陪審員也認為警方確實對於脆弱易受影響的智能障礙被告施用了不正的強制手段，取得自白，而本案其他親身聽聞被告自述犯罪的證人，可信度不足。最後，法官裁定本案為無效審判。

赫南德茲於二〇一六年十月再次受審。二〇一七年二月初，第二次的事實審程序開始四個月後，陪審團才開始評議。經過九天，陪審團認定赫南德茲犯下綁票與謀殺的罪行。二〇一七年四月，他被科處二十五年到無期徒刑的自由刑。辯方律師表示他們將會對此判決提出上訴。

問題與討論：

一、回顧第三章有關於虛假自白的內容。赫南德茲在本案的自白，是否有可能是虛假自白？可能性高嗎？理由為何？

二、你認為為什麼那些初次聽到赫南德茲宣稱犯罪的人，當年都沒有站出來通報或作證？

三、赫南德茲一度以心神喪失為由主張無罪答辯。失蹤事件發生在一九七九年，但是第一次的事實審理是超過三十年後才開始進行。這種狀況會對於以心神喪失為由的無罪答辯造成什麼問題？時間會如何影響刑事責任的鑑定評估？

一位精神障礙者侵入目前無人居住的民宅，只為求得遮風避雨的處所度過一夜（可能構成入侵住居罪）。由於他對自己或他人並無造成危害之風險，也未達嚴重失能、不能自理的程度，因此他無法符合強制住院治療的資格。不過，因為他被控刑事罪名，因此可能可以透過審判程序進行就審能力鑑定評估。鑑定程序至少可以讓他暫時住院一段期間，可能足以穩

[181]

定他的精障症狀。結束鑑定程序，回到審判中，他被判定欠缺就審能力，不過他的辯護人尋思是否有足夠的證據可以支持辯方提出心神喪失責任抗辯。因此，被告再次回到醫院進行另一次鑑定評估，而鑑定意見認為臨床上確有證據可支持被告提出此一抗辯。檢辯雙方針對該鑑定報告（的結論與意見）合意予以接受，不做爭執，因此法院直接判被告無罪。該被告獲判無罪之後，就可以依據判決內容回到醫療機構繼續接受治療。像上述這個例子所創造的「後門」住院程序，一般咸認在較欠缺社區精神衛生服務與資源的區域，其實頗為常見。

在美國大概有二十州允許做成**有罪但有精神疾病**（guilty but mentally ill, GBMI）或**有罪且有精神疾病**（guilty and mentally ill）的替代性判決。這種有意思卻也令人感到困擾的判決形式，允許法官與陪審員可以做成一種中間地帶的判決類型，理論上應該是希望藉此調和這些司法決策者認為被告「確實有做」，但被告也「真的需要幫助」的矛盾理念。無論名稱如何，對於受判決的被告來說，其實差別不大。遭判有罪但有精神疾病的被告，還是要被送到監獄去服刑，而且整體而言並不會因此比其他受刑人更可能就其精神疾病取得專業的精神衛生處遇或治療（Borum and Fulero, 1999; Bumby, 1993; Zapf, Golding & Roesch, 2006）。然而，某些州（如賓州）比較願意對於那些有罪但有精神疾病的被告提供治療。話雖然此，「對於有罪但有精神疾病的判決，幾乎所有評論都呈現一面倒的負面批判，理由在於，這種判決方式跟刑事責任能力的判斷沒有關係，也未能保證帶給精障被告任何專門的精神處遇或治療。」（A. M. Goldstein et al., 2013, P.458）

刑事責任能力之鑑定評估

臨床精神心理實務工作者普遍認為，被告在犯罪時刑事責任能力狀態的鑑定極端複雜。羅傑斯（Rogers, 2016）曾寫道，刑事責任能力的鑑定評估，「代表著刑事司法領域中最具有挑戰性的一種司法精神心理鑑定。」

（P.112）其次，願意接受囑託進行這類鑑定的司法心理學家，必須「嚴格本於相關的案例法、法律程式及專業方法」（P.97）。值得注意的是，這類任務就其定義的本質，必定是回溯性的。臨床精神心理實務工作者必須要回顧案件事實，試著對被告在過去犯罪關鍵時點的心智狀態取得至少某種程度的理解。問題是，鑑定評估的時間點有可能已經是在事件發生之後數週，甚至是數個月以後。根據高汀等人（Golding et al., 1999）的研究，他們必須判斷在行為、決策能力、認知功能等層面有無干擾因素存在，以及若有的話是何者，從而釐清這些因素跟犯罪行為有何關聯。莫頓等人（Melton et al., 2007）把前述臨床工作者的角色與調查報導記者做類比，這兩種工作都需要從諸多資訊源蒐集資料與相關文獻。同樣的，夏普洛（Shapiro, 1999）也指出，除了臨床會談，鑑定人在可行的範圍內，應該盡量取得警方的卷宗資料、醫院的紀錄、目擊證人的供述、過往所有的心理衡鑑資訊、就業紀錄等。

本書討論就審能力鑑定時提及的注意事項（還有重點提示5.2所列原則），在此同樣適用。不過，臨床工作者目前仍未能達成共識的一點是：在單一的鑑定評估程序中，同時進行**雙重目的**（dual-purpose）的鑑定是否合適？事實上，臨床精神與心理工作者同時針對被告的就審能力及刑事責任能力進行鑑定評估，絕非少見之事。許多州的成文法令甚至明文鼓勵這樣的作法。許多法官常常會在一個程序中，同時囑託就審能力與刑事責任能力的鑑定，「用以判斷究竟有無證據可支持被告的心神喪失責任抗辯。」有項研究（Waren, Fitch, Dietz & rosenfeld, 1001）顯示，47%的就審能力鑑定同時涉及刑事責任能力的問題。雖然這種作法表面上看起來似乎是有效率又節省勞費，其實有其問題所在，而且正如前文所提到，有些研究學者對於這樣的程序多所批評（如Melton et al., 2007; Roesch et al., 1999; Zapf, Roesch, et al., 2014）。他們強調，就審能力與刑事責任能力，兩者性質互殊、議題各別，在進行判斷的時候當然必須劃分開來。根據羅斯等人的前述研究，對法官而言，一旦這兩種鑑定被寫在同一份評估報告內，那麼要加以區分判斷，「認知上幾乎絕無可能」。其次，針對刑事責任能力

[182]

的鑑定很可能會包含很多背景資訊，但這些資訊對於「被告究竟是否具備就審能力」如此限縮的議題並無關聯。

上述這些由研究學者所提出的批判，加上越來越易於取得的就審能力衡鑑工具，雖然有可能可以降低以單一鑑定程序評估複數鑑定命題的頻率，不過相當有限。研究指出，這類以單一鑑定評估複數命題的作法，目前仍然蔚為主流（Kois, Wellbeloved-Stone, Chauhan & Warren, 2017）。但前述改革的呼聲很可能已經漸漸傳入司法社群，特別是事涉重大矚目案件的狀況。舉例來說，下令對賈里德·勞納進行就審能力鑑定的法官就清楚表示，法院囑託鑑定的範圍，僅限於被告的就審能力，而不涉及其有無心神喪失狀態的評估。

鑑定的衡鑑工具

如同就審能力的鑑定程序，被囑託鑑定刑事責任能力的臨床精神與心理工作者，可取得類似的衡鑑工具完成鑑定。這些工具並非僅限於單一用途或目的，它們也會被用於範圍較廣的刑事責任能力鑑定。研究學者建議鑑定人使用多重來源的資料，例如來自第三人的資訊、與被告的會談，以及更多樣的傳統心理衡鑑測驗（Goldstein et al., 2013; Zapf, Golding, et al., 2014）。

截至目前，與心神喪失抗辯相關的最主流司法衡鑑工具，是由里察·羅傑斯（Richard Rogers, 1984）開發的**羅傑斯刑事責任能力衡鑑量尺**（Rogers Criminal Responsibility Assessment Scales, R-CRAS）。被告會依據一系列的傾向特質受到評分，包括精神病理學層面、被告對犯罪自陳的可信度、生理器質面、認知控制面，以及行為控制面等。羅傑斯使用的是量化方法，並指出R-CRAS的效度已經通過一系列實證研究的檢證（Packer, 2009; Rogers & Sewell, 1999; Rogers & Shuman, 1999）。

另一項工具是**犯罪行為時心智狀態快篩評估**（Mental State at the Time of the Offense Screening Evaluation, MSE）（Slobogin, Melton & Showalter,

1984），正如其名，可用來快速剔除顯然心智正常者，篩檢出「明顯心神喪失」者（Zapf, Golding, et al., 2014）。此評估法鼓勵施測者「觀察個案的外觀表現，並且對於個案的定向感依據人別、地點、時間與情境等進行評估」（Foote, 2016, P.417）。司法心理學家也要注意個案在鑑定過程中出現的心理驅動活動（psychomotor activities）、行為、態度、情緒反應，或許也可以測試其短期與長期記憶。個案的過往歷史同樣應包含在鑑定裡。

與R-CRAS相比，MSE比較少受到研究。察普夫和高汀等人（Zapf, Golding, et al., 2014）的報告指出，雖然 MSE 的效度已經通過斯洛博金等人（Slobogin et al.）的檢證，但是在已發表的文獻中，並未看到針對其信度進行研究。「由於欠缺信度相關研究，以及與效度相關的可得資料有限，MSE應該被視為是提供給鑑定人以確保應探問的所有領域都受到落實的一份指南。」（Zapf, Golding, et al., 2014, P.327）而且僅適合列為多重資料來源之一。

上述這些衡鑑工具可運用的範圍，相關研究還非常稀少。絕大多數的專家們都同意這類評估相當複雜，而且必須回顧陳年檔案資料、警方的報告、與被告以及相關熟識人的會談紀錄，還有其他諸多的資訊來源（Melton et al., 2007; Zapf, Golding, et al., 2014）。由於這樣的複雜性，它們往往只會由單一的臨床工作者提出需求。以典型的心神喪失責任能力抗辯案件來說，法院會指定一名鑑定人，再由檢辯雙方針對該鑑定人所提出的報告結果行使同意權。但是在重大矚目案件當中，無論是檢方或辯方都傾向尋求各自的鑑定。雖然說這類鑑定的品質一般而言不是大問題，但最近一項研究（Gowensmith, Murrie & Boccaccini, 2013）發現，有相當的理由可以質疑心神喪失鑑定評估的可信度。上述研究者針對許多心理學家與精神專科醫師個別就同一實際案例所製作的鑑定報告進行研究，結果發現這些鑑定報告所做成的意見結論，只有55.1%的一致性。

涉及心神喪失抗辯的審判

[183]

一旦辯護人收到臨床工作者的鑑定報告，認為可能有證據可支持心神喪失的責任能力抗辯時，律師會希望為其當事人取得本於心神喪失的無罪判決。至於就審能力，同樣是一個司法決策，而非臨床決策，是以被告有無就審能力必須由法官或陪審團做成。研究顯示，法官比起陪審團更能同理心神喪失抗辯，因此由職業法官審判這類案件得到無罪判決的可能性比陪審團審判更高（Callahan, Steadman, McGreevy & Robbins, 1991），正如安德魯・葉茨的第二次事實審。此外，研究也發現陪審團對於心神喪失責任抗辯抱持許多的負面態度及嚴重誤解（Golding et al., 1999; Perlin, 1994; Skeem, Eno Louden & Evans, 2004）。舉例來說，陪審員通常並不理解，就算被告取得心神喪失無罪判決，不代表就得還自由之身，事實上這類被告往往必須面對後續的強制住院與治療程序。

美國聯邦最高法院在一九九四年的判決中指出，在聯邦法院體系中主張心神喪失責任抗辯的被告，並沒有權利主張法院必須對陪審團做出指示，說明被告縱使獲判無罪，仍必須面對後續的處遇（*Shannon v. United States*, 1994）。有重罪前科的夏儂遭到警察攔停，並被警方要求同行回警察局。在告知警察他不想再活下去了之後，夏儂穿越街道並對自己的胸口開了一槍。他幸而存活，但隨後遭到起訴，罪名是重罪前科犯非法持有武器。夏儂則是提出本於心神喪失的無罪答辯。

根據聯邦《心神喪失抗辯改革法》，陪審團有三個判決選項：有罪，無罪，或者僅因心神喪失而無罪（not guilty only by reason of insanity）。同樣依據聯邦法律，做成心神喪失無罪判決後十四日內，必須要對被告進行強制住院治療的聽證程序，判斷被告究竟是否需要強制住院治療。從判決做成到舉行聽證程序的這十四天內，被告則是依法被暫時拘禁在看守所。夏儂的辯護人向法院提出聲請，要求法院在陪審團進行評議前必須給予指示，說明做成心神喪失無罪判決後被告所會面對的後果；辯方這個聲請應該是為了避免陪審員誤解被告一旦獲得無罪判決就能自由脫身。不過，法院駁回了前述聲請，案經辯方上訴後，上訴法院仍維持地方法院駁回聲請的決定。針對此案，最高法院的判決認定，主張心神喪失無罪抗辯者，並沒有聲請法院對陪審團就此提出指示說明之權利；雖然該判決也肯認在某些狀況下，對陪審團做出指示可能有其必要，但此部分仍屬法院職權，依其裁量為斷。

另有一個重要議題，涉及遭到強制施用藥物的被告。正如本文先前提到，被認定欠缺就審能力的被告，一般都會施用藥物以回復其就審能力。可是為了維持被告在審判中的就審能力，可能需要持續性施用藥物。在這樣的狀況下進行審理，陪審團看見的被告很可能會是冷靜，而且經常無情緒反應，與被告所主張在犯罪時受到影響的心智狀態相去甚遠。在「里金斯訴內華達州」（*Riggins v. Navada*, 1992）一案中，最高法院判決主張心神喪失責任抗辯的被告，有權以其自然、未受到藥物施用影響的狀態，出現在法官與陪審團的面前。不過，正如本章先前提到有關回復被告就審能力的討論，目前的主流作法仍然是施用藥物，而為了維持被告在審判程序中的穩定性，持續用藥可能有其需求。

被判心神喪失無罪判決的被告處遇

就算被判因心神喪失而無罪，被告極少有可能脫身獲得自由。無論是美國各州或聯邦政府，都許可在這類判決後，讓被告進入精神醫療機構接受一段期間的強制住院，或（比較不常見的）在外進行社區治療。有些州與聯邦政府要求被判心神喪失無罪的被告必須在判決後兩週內接受鑑定評估，決定有無強制住院之必要；此鑑定評估會在安全的環境中進行。實務上，在這類案件中，被告遭強制住院治療往往是最常見的結果，諸多被判心神喪失無罪的被告，實際上被強制住院治療的期間往往超過原本若遭定罪判刑所需服的刑期（Golding et al., 1999）。約翰．辛克利在槍擊美國總統隆納．雷根並重傷白宮新聞祕書詹姆斯．布雷迪（James Brady）與另外兩名執法人員後，雖因心神喪失獲判無罪，但接下來超過三十年的時間，他持續被強制住院，儘管最終他還是被許可探視住在維吉尼亞州附近的母親。二〇一六年，辛克利終於被許可出院。槍擊案發當時重傷並因而腦損的布雷迪，與其太太莎拉終身成為槍枝管制立法的堅強倡議者；他本人在二〇一四年八月逝世，享齡七十三歲；莎拉·布雷迪則是在其後不到一年，二〇一五年四月亦告去世。 [184]

然而，因心神喪失而獲判無罪者，並不會自動進入強制住院治療的處遇，必須先進行一場聽證，正式確認該個案持續處於精神疾患影響的狀態，有接受治療之需求，而且對自己或他人造成一定程度的風險。其次，強制住院治療不能以不定期限或欠缺定期評估強制住院需求的方式為之。大多數州都要求這類個案必須自證他們已不再受精神疾病影響且無危險性，才能出院，但這個標準並不容易達到，尤其是以暴力犯罪的罪名遭訴的個案。然而，也不得只因為個案有危險性，就在沒有臨床證據顯示其有任何精神疾患的狀況下，將之強制住院（*Foucha v. Louisiana*, 1992）。此一原則的例外可能是高危險連續性罪犯，本章稍後會再加以討論。

被認定欠缺就審能力者的住院治療，目的在於回復就審能力，以便審判程序可以繼續下去。尤其在指涉及受害者死亡的重大案件中，對政府而言，讓這些被告接受審判與公眾利益密切關聯。至於最終獲得心神喪失無罪判決者，政府依法不得使其再度受審，否則違反雙重危險禁止原則（double jeopardy），並因此違憲。所以，一旦這些被告被送入精神醫療機構，他們所得到的治療通常與其他住院病人的治療沒有區別。近年來，已經有些州特別為這類獲得心神喪失無罪判決的精障被告，量身訂製精神醫療機構與社區環境的相關處遇計畫。除此之外，由於意識到許多嚴重精神障礙的無罪釋放者有「嚴重的終身精神病理問題」（Golding et al., 1999, P.397），因此某些州也會附條件釋放一些個案，並在社區中提供追蹤與照護服務。

對於**附條件釋放**（conditional release）的問題有許多研究（如Callahan and Silver, 1998; Dirks- Linhorst and Kondrat, 2012; Manguno-Mire et al., 2007; Stredny, Parker & Dibble, 2012; Wilson, Nicholls, Charette, Seto & Crocker, 2016）。近來有兩項分別針對康乃狄克州和奧瑞岡州的心神喪失無

罪判決者的縱貫研究發現，附條件釋放是有效的方法，而且再犯率低，也能為社區提供充分的監督（Norko et al., 2016; Novosad, Banfe, Britton & Bloom, 2016）。上述研究成果適足說明，犯罪性質確實會影響心神喪失無罪判決者獲釋的可能性。舉例來說，相較其他類型犯罪，犯下殺人罪而獲判心神喪失無罪判決者更難以獲釋（Dirks-Linhorst and Kondrat, 2012）。一項研究（Callahan and Silver, 1998）分析四個州的附條件釋放，發現他們在罪行嚴重程度、臨床診斷及人口統計學等變因，都存有差異。總體而言，附條件釋放者比遭定罪者更不會犯下新的罪行；而其中若有犯下新罪行的個案，比起受到監禁，這些人更可能被撤銷附條件釋放的處分，重新入院接受治療（A. M. Goldstein et al., 2013）。

與犯罪行為相關的其他心理抗辯

儘管前文已經詳細針對有關心神喪失的抗辯進行討論，在此我們必須強調，刑事被告可能會提出與司法心理學相關的其他抗辯或主張。舉例來說，特別是在那些已經廢除心神喪失抗辯的州，被告有可能主張某些精神障礙剝奪了他們原本對其罪行負責所必需的犯意（犯罪主觀構成要件）（A. M. Goldstein et al., 2013）。在某些狀況，被告可能主張自己僅能承擔部分刑事責任；換言之，由於精神障礙的影響，導致其心智能力顯著減損。一些已經被提出過的具體精神心理抗辯，包括創傷後壓力疾患、自動行為（automatism，如夢遊）、藥物濫用疾患、解離性疾患（dissociative disorders）、外力脅迫、極端情緒障礙等。

就法官和陪審團的立場，他們如何看待或接受上述抗辯或主張，因司法管轄區域而有所不同。近年來，創傷後壓力疾患作為一種辯護主張，特別是在涉及退伍軍人的案件當中，越來越為人們所接受，社會整體逐漸意識到與服役及多次派遣執行任務相關的問題（Gates et al., 2012; J. K. Wilson, Brodsky, Neal & Cramer, 2011）。[185] 前述任何狀況都可能必須囑託司法心理學家進行鑑定評估，並可能導致在案件相當前期就從法院審判予以轉向分流（例如移轉到精神衛生或其他專門法院）、判決無罪釋放，或在量刑階段時納入對被告有利的考量。

量刑鑑定評估

二十世紀的最後二十五年間，美國的刑事司法量刑系統經歷了一段改革期。在此之前，量刑主要是以相對不定期刑的方式進行，將加害者監禁一定範圍的年限（如五到十年）。相對不定期刑的量刑方式，是以復歸類型的矯治為基礎，假定受刑人在監獄中可以得到足以使其日後復歸社會的相關服務，然後在其取得足夠進展後予以釋放。相對於此，犯罪者也可能接受緩刑處遇，在社區中服刑，但這仍是以犯罪者會接受到復歸處遇作為假設前提。心理學家或精神專科醫師可能會被要求針對犯罪者進行鑑定評估，建議適合個案的治療處遇方式；此一鑑定評估的建議會被呈交給矯治官員。

時至今日，雖然復歸仍然是一個重要的因素，而且大多數州的罪犯仍然會被判一定範圍內的相對不定期刑，不過復歸已不再是聯邦政府與十五個州的量刑計畫中的主要考量。上述這些法域多已改採定期量刑，冀望藉此使罪刑相當，並讓犯罪者服完其應服之刑，而不論個人特質或復歸矯治進行到何種程度。上述這些州給予法官的量刑裁量權通常相當有限，法官所依據的量刑準則，主要考量集中在犯罪的嚴重性和個人的前科，藉此以量處適切的刑期。對（本於量刑基準）定期量刑的主要批評，主要是對於毒品罪犯的嚴厲懲罰，導致美國許多監獄人滿為患。近年來，美國有部分州的監獄體系面臨收容人口過度擁擠的問題，甚至到了法院必須介入並命令各州減少監獄人口的程度（如*Brown v. Plata*, 2011）。本書第十二章將再次討論此議題。在採取定期量刑制的國家，法院仍可將心智能力降低或極端情緒困擾的證據納入考量，並可能因此減輕所量處的刑罰。此外，法院也可能囑託心理學家進行風險評估，或者針對個人是否可能受益於特定類型治療（如藥物濫用、憤怒管理、性犯罪者的治療）提出專家意見。簡言之，量刑評估可能側重於治療需求、罪犯的可責性，或其未來危險性（Melton et al., 2007）。

無論司法管轄區是採取定期或相對不定期的量刑制度，司法心理學家都可能會受囑託針對犯罪者的受量刑能力進行鑑定。以受刑能力作為獨立的鑑定命題而言，相關文獻極少，事實上我們對於這類鑑定發生的頻率也幾乎無資訊可稽。

在採取（相對）不定期量刑制度的州，心理學家很可能會扮演關鍵角色。辯護律師是最有可能聯繫臨床精神醫學或心理專家的司法從業人員。就此而言，辯護人自然會試圖為其當事人取得最佳的量刑方案。有鑑於此，律師可能會為了盡量讓當事人留在社區（而非入監服刑），而向法院提出司法心理學家的鑑定報告，內容建議該被告可能會因物質濫用的治療而獲益，而這樣的療法在州立監獄體系則時有時無。

風險評估

臨床精神醫師與心理學家經常會受囑託評估犯罪者對社會可能造成的風險，包括在刑事案件的量刑程序。不過，正如本書第四章所提到，當今許多臨床醫師與心理學家都認為他們的任務是風險評估，而不是危險性的預測。之所以如此主張，無非是要強調人類的行為，包括暴力行為在內，是不能任意加以預測的。臨床工作者最佳的處理方式，是根據個人在其獨特情境中的各種因素，針對發生機率加以評估。對於法院體系而言，風險評估有助於決定是否個案應留在社區中。 [186]

海爾布倫等人（Heilbrun et al., 2002）再三強調釐清風險評估目的的重要性，不論是任何司法心理與精神鑑定。他們指出，臨床工作者必須確定「是否目的……是預測未來行為（如提供風險分類或未來暴力可能性的機率），識別風險因子，包含降低風險的建議，或兩者兼而有之」（P.461）。他們提到，如果風險評估的目的僅限於上述兩者之一，那麼對其他目的進行評估就是不適當的。以下例子可用以說明：辯護人在代表當事人參加量刑程序之前聲請進行風險評估，有可能只會對識別風險因子和降低風險的策略感興趣，諸如將其當事人轉介到憤怒管理計畫，並希望法官可以因此同意給予被定罪的被告緩刑。如果在上述的風險評估中，提出了超越原始評估目的之意見，例如提到被告的再犯機率極高，這對聲請風險評估的一方可能會造成相當的問題。

死刑量刑

目前美國約有過半數的州及聯邦政府仍可授權執行死刑判決，但支持死刑的公共意見則是不斷下降，儘管下降速度相對緩慢。（參見照片5.2）單就過去十年而言，大約有八個州在殺人重罪的量刑選項中移除死刑制度。馬里蘭州也在二〇一三年正式成為廢除死刑的第十八州；二〇一四年二月，華盛頓州長則是暫停該州所有死刑的執行。廢除或暫停死刑可能是本於各式理由，無論從認知到冤案被告遭死刑執行的無可回復性，乃至於執行極刑的高成本。此外，許多州執行死刑時所使用的藥物注射標準程序也開始受到質疑，並因而導致某些死刑案件的執行遭到延後，直到法院全面權衡藥物注射死刑的利弊。（見第十二章重點提示12.5，對於死刑有更多深入討論。）在還有死刑的州，犯罪者未來的危險性則有可能（但非必然）成為一項考慮因素。而當未來危險性被列入考量時，心理學家會針對犯罪者日後對社會構成危險的概率提出意見。

在犯罪者可能面臨死刑的狀況下，司法心理學家和其他司法科學專業人員也可能與辯護團隊合作，提出死刑量刑減免的主張；這個程序被稱為**死刑減免**（death penalty mitigation）。所謂減免就是透過減輕刑罰以避免死刑。在聯邦最高法院的一起案件（*Cone v. Bell*, 2009）中，一名越戰退伍軍人殺害了一對老年夫婦，並因此遭判死刑定讞。本案最高法院撤銷原死刑判決，並說明該退伍軍人的藥物成癮及其創傷後壓力疾患的診斷，必須在量刑陪審團評議犯罪者減刑事由的過程中被納入考量。

死刑減免的調查程序是相當全面的心生理評估衡鑑，至少涵蓋了潛在

照片5.2
二〇一三年馬里蘭州公民倡議廢除死刑
資料來源：©iStockphoto.com/Eyejoy

的神經心理缺損、心智缺陷、精神障礙，以及其他可能影響被告犯罪行為[187]的相關情狀。心理學家可能會被囑託針對犯罪者的心理功能提出更全面的評估意見，藉以調查究竟有沒有任何因素可用以減輕犯罪者的罪責。

不過，一些臨床工作者也會與檢方合作，找出免予減免刑責的證據，甚至是與**加重罪責因子**（aggravating factor）相關的證據。因此，如果心理學家或精神專科醫師認為犯罪者並沒有精神障礙或心智缺陷，或者有可能日後犯下嚴重暴力行為，那麼這類意見將會支持檢方反對減免刑事責任的主張。就死刑判決而言，前述狀況尤具爭議性，事實上它可能會給心理學家或精神專科醫師帶來相當的倫理問題。有些研究者主張，所謂「精神病態」（psychopath）這類稱呼根本不應在刑事訴訟的量刑階段使用，因為人們普遍認為精神病態者乃是冷酷、無情、對治療無反應的人，因而理所當然是危險的。問題是近期的研究指出，前述這類假設並不必然正確，本書後續章節會再進行討論。

美國在一九七六年恢復死刑之後，第一個將死刑減免證據納入考量的案件是「洛克特訴俄亥俄州」（*Lockett v. Ohio*, 1978）（R. King and Norgard, 1999）。珊卓拉·洛克特（Sandra Lockett）是一宗當鋪強盜案的共犯，犯案過程中當鋪老闆被殺。（洛克特則是鼓勵該強盜案的實施並負責開車載犯罪團伙逃逸。）最後她以強盜重罪結合殺人的罪名遭到定罪。一九七八年，俄亥俄州通過了一項法律，規定所有最終以加重殺人的結合重罪遭到定罪者，都必須量處死刑。本案辯方則是以該法剝奪了死刑案件中量刑法官將刑責減輕因子納入考量的權限為由，主張此法律違反憲法第八與第十四修正案。在該案量刑階段，洛克特曾提出心理學家的評估鑑定報告作為證據，認為她日後復歸社會的預後相當良好。此外，在犯行發生當時她年僅二十一歲，也沒有任何重大犯罪的前科紀錄。美國聯邦最高法院採納了辯方的主張，並說明：

> 本院認為，自憲法第八與第十四修正案的誡命觀之，量刑者在所有涉及死刑的案件中，將被告品行或前科紀錄，或被告為受較死刑為輕之量刑的利益而提出一切有關犯行情境之證據，作為減刑因子予以納入酌量之權限，均不得受到剝奪。（P.604-605）

最高法院推翻洛克特案原審判決，一併指明本案撤銷發回之理由在於，一旦法律禁止量刑者將減刑情狀納入考量，就會違反論理法則，同時構成違憲。雖然減輕刑罰的考量會因為各個司法轄區而有不同，但大多數刑罰減輕的情狀或因子出現在實定立法中時，其措辭都會要求司法心理學或精神醫學的專業從業人員參與（Melton et al., 2007）。舉例而言，許多司法轄區會將智力失能、精神障礙或重大情緒痛苦納入減刑情狀。無論是遭到諸多凌虐所銘刻的童年、神經心理方面的缺損，以及上述的創傷後壓力疾患，皆屬在量刑時必須納入考量的減刑因子範疇（*Ring v. Arizona*, 2002）。

最高法院也在其他幾個案件中做成裁判，指出針對以下兩類已經遭到定罪的犯罪者，不得量處死刑：嚴重精神障礙者（*Ford v. Wainwright*, 1986），以及嚴重智能障礙者（*Atkins v. Virginia*, 2002）。這些案例及其後續案例都值得我們深入討論，因為判斷精神疾患或智能障礙的狀態，需要司法心理學家與其他精神衛生專業人士的參與。

在阿特金斯一案中，針對足使被告免遭量處死刑（或者不得執行死刑）的智能障礙標準究竟應該如何判斷，最高法院在判決中提出可供各州參考的說明有限。有關被告智能障礙的問題，經常都是於其已在死刑牢房中虛耗多年後，才因上訴而被提出作為理由的一部分。二〇一四年，聯邦最高法院判決指出，不得僅以智力商數的分數作為判斷是否罹患智能障礙的唯一依據（*Hall v. Florida*, 2014）。二〇一七年，最高法院透過判決進一步探究此議題，指出各州據以判定被告是否罹患智能障礙所使用的方法，必須要與現時的專業標準合致（*Moore v. Texas*, 2017）。在該案中，德州政[188]府據以判斷被告是否罹患智能障礙的標準，同時檢視了智商分數的標準線以及其他標準，諸如當地社群是否認定被告確實具有心智缺陷。就被告摩爾的狀況而言，雖然他的智商分數低於七十分而略高於德州判斷智能障礙的切截線，但他能打撞球，也有工作收入。因此，縱使依據現時的專業標準來判斷，被告確實已經符合智能障礙標準，但德州法院仍認定被告的智力狀態已達到可以執行死刑的程度。最終，美國最高法院不同意德州法院的判斷，針對本案予以撤銷發回。

美國聯邦最高法院在「湯普森訴奧克拉荷馬州」（*Thomson v. Oklahoma*, 1988）一案，直接認定所有在犯罪行為時未滿十六歲者，一律不得量處死刑。二〇〇五年，在「羅珀訴西蒙斯」（*Roper v. Simmons*, 2005）一案，最高法院進一步認為所有未滿十八歲的少年犯罪者，一律不得量處死刑。因此，如果一位十六或十七歲的少年犯下死罪，無論在審判時他的年齡多大，都不得量處死刑。（有關少年涉及死刑的犯罪及其他少年事件的量刑問題，會在第十三章再加討論。）最後，犯下強制性交罪之人（*Coker v. Georgia*, 1977），包括對兒童犯下本罪者（*Kennedy v. Louisiana*, 2008），只要其被害人並未死亡，法院即不得對被告量處死刑。換句話說，無論犯罪本質多麼凶殘可厭，死刑僅得嚴格侷限在犯罪致被害人於死的狀況，方能列入考慮。

依據海爾布倫等人（Heilbrun et al., 2002）的主張，「在所有現行司法評估鑑定項目中，死刑量刑評估鑑定是要求最細緻也最嚴格的鑑定之一。」（P.116）臨床精神或心理工作者也會被要求提出完整的鑑定報告，日後可能用來協助決定遭涉犯死刑罪名的被告是否應該量處極刑。部分心理學家基於道德因素而不願涉入死刑案件的任何階段，尤其是死刑量刑階段的鑑定或評估。許多心理學家或臨床工作者拒絕參與任何有關死刑受刑能力的鑑定，這類鑑定會在刑事司法程序的後期階段，隨著執刑日期接近而出現需求。有關死刑受刑能力的鑑定或評估，本書將會在第十二章進行討論。

有鑑於臨床上有許多研究指出針對被告危險性進行預測的缺失，因此大多數司法心理工作者往往不願僅依靠臨床印象就做出判斷（Heilbrun et al., 2002）。然而，正如本章和前幾章所指出，縱使以精算或統計資料作為判斷依據，也絕非萬無一失。在死刑案件中，根據精算資料進行判斷尤其值得懷疑。康寧翰與瑞笛（Cunningham and Reidy, 1998, 1999）曾經提出有關基準率的問題。在風險評估過程中，所謂的基準率指的是特定人口族群中的個人被預期可能從事危險或暴力行為的百分比。康寧翰與瑞笛主張，依據犯下殺人罪者的基準率來看，在死刑案件中所進行的風險預測根本就不適當。事實上，若以一個群體的角度來看，犯下殺人罪定讞者無論在監所中的行為或假釋出獄後的行為，根本上並無暴力傾向（Bohm, 1999；Cunningham, Sorensen, Vigen & Woods, 2011）。

總而言之，以司法心理學家在死刑案件的量刑階段所扮演的角色而言，對於量刑減輕因子的相關證據的獲取極為重要，但若是希望他們為陪審團或法院提供危險預測，在科學上則有相當的爭議性。就美國而言，至少在兩個有死刑的州，進行量刑的陪審團會被要求在決策過程中必須把被告未來危險性的風險因素納入判斷。這些最終可能以死刑判決作結的案件本質上原就相當特殊。正如聯邦最高法院在死刑案件中經常評述道，死刑與其他刑罰的性質迥然相殊，死刑案件與非死刑案件也有明顯的區別。「弗曼訴喬治亞州」（*Furman v. Georgia*, 1972）一案，上述「死刑案件性質殊異」的法律見解第一次出現在最高法院的判決中，法院認為死刑乃是「一種不尋常的極端嚴厲刑罰，不尋常之處在於其所帶來的痛苦，其無可回復性，以及其至鉅性。」區別死刑案件與非死刑案件的這條明顯界線，是眾多心理學家在職業生涯中所不希望觸及的。然而，仍有其他心理學家衷心相信他們能夠針對減刑因子的存在提供證據予法院，並因此在死刑的深淵之前挽回定罪被告的生命。

性犯罪加害人的量刑

心理學家對性犯罪的性質、原因和治療方式進行廣泛的研究。由於其專業知識，心理學家也經常被要求針對被定罪的性犯罪者進行評估，協助法院進行公正的量刑。在許多司法轄區裡，這類評估被稱為「性心理評估」（psychosexual assessments）。這些評估所蒐集的資訊非常廣泛，可能包含由心理學家提供的豐富背景資訊、衡鑑結果、臨床觀察結論，以及（在某些特殊案例中）風險評估。性心理評估通常還包括對性犯罪者進行治療處遇，以及管理與犯罪者相關風險的方式等建議。舉例來說，如果犯罪者確定會入監執行，那麼評估者就有可能指出該犯罪者適合矯治體系中的特定處遇計畫。相對於此，對於可能獲判緩刑的性犯罪者，評估人就可能建議負責緩刑觀護的人員要密切注意其就業狀況，因為犯罪者在無工作期間特別容易犯罪。

[189]

海爾布倫等人（Heilbrun et al., 2002）提醒實務工作者在向法院提出鑑定報告時，若使用特定的類型論（typologies）對性犯罪者加以分類，必須抱持謹慎的態度。雖然類型論在臨床實務上可能有用，直覺上也頗吸引人，但是這些「類型」少有實證支持。這些類型論的便利性與引人注目的「標籤」，更可能伴隨犯罪者服刑的歷程，但這些標籤並沒有任何效度支持。相較於直觀上比較無害，或被貼上其他「一般性」標籤（如竊賊、殺人犯，甚至強姦犯）的犯罪者，性犯罪者一旦被專業人士標示為「虐待性強姦犯」（sadistic rapist）或「固著性的兒少猥褻犯」（fixated child molester），在監所內更可能出現各種適應困難的問題。除此之外，這些類型論很可能不正當地將犯罪者監禁在比原本更高的安全層級，或限制其參與勞動工作處遇計畫，甚至是提早獲得釋放的權益。

海爾布倫等人認為，比類型論更好的工具，是專門為性犯罪者所開發的風險評估量尺（見表4.2）。不過，如同其他風險評估工具，在選擇適切的工具時必須要相當謹慎，確認這些工具與其他評估或衡鑑的方法結合。特別要強調的是，美國心理學會的倫理守則（ethic code, 1992, 2002）及《司法心理學專業準則》（APA, 2013c）皆明確指出，心理學家應該使用通過效度檢證的衡鑑工具。心理學家們也應該承認各項衡鑑工具的限制。最後，心理學家也應該將其主張以可促進各方理解的方式提出，避免提出誤導性的見解致使量刑的法官對犯罪者做出無根據的結論。

高危險連續性罪犯的強制住院治療

一九八〇與九〇年代，國會和許多州的立法機關通過相關法律，資助旨在解決許多性犯罪相關議題的計畫。多數人都對這些法律或計畫的變體相當熟悉，因為它們多半是以重大犯罪被害者的名字來命名，如《性犯罪加害人登記與通知法案》、《少年性犯罪加害人登記與通知法案》、《梅根法案》、《亞當瓦許兒童保護安全法》、《失蹤兒童案件當中的安珀警示》。整體來說，這些立法提供更多資源給警察預防性犯罪，以及為被害人暨其親屬提供相關服務。其中許多法律要求性犯罪者在出獄後必須進行登記，在某些狀況下甚至必須通報當地社群。時至今日，登記在案的性犯罪者及其住所地址也散見於網路。

二十一世紀初，美國政府放寬授權予各州，得以修訂與性犯罪者分類相關的制度，一般認為這個作法促使全美各地有關性犯罪者登記與通報的法規更具一致性（A. J. Harris, Lobanov-Rostovsky & Levenson, 2010）。不過，有關前述授權所產生的影響，研究者才剛開始加以評估（如Freeman and Sandler, 2009; A. J. Harris et al., 2010），其中有些人也針對這類登記與通知程序的效率提出質疑，並根據有關性犯罪加害人的研究結果（如Hanson and Morton-Bourgon, 2005）指出，上開這類登記通知程序，反而有可能難以促成再犯率降低（更完整的文獻，參見A. J. Harris and Lurigio, 2010）。除此之外，對居住在社區內的性犯罪加害人進行監控的各種作為，諸如社區通報與住居限制，一般咸認會與治療目標產生衝突或干擾，[190] 尤其是對那些罹患精神疾患者（A. J. Harris, Fisher, Veysey, Ragusa & Lurigio, 2010）。將上述法令延伸適用於少年性侵害加害人的效能，引發了諸多質疑。一項研究發現，並無證據顯示針對少年性侵害犯罪加害人予以登記通報的司法轄區，再犯率會比未實施的司法轄區來得低（Sandler, Letourneau, Vandiver, Shields & Chaffin, 2017）。

儘管如此，公眾整體上仍傾向實施上述這類登記與監控制度，至少是成年加害者，有可能是因為這類制度提供了一種安全感，即便實際上這類措施在社區居民間會造成相當的不安。有意思的是，美國聯邦最高法院的一項判決認定，北卡羅萊納州一項法律明文禁止登記在案的性侵害加害人使用臉書或推特之類的網站（但不禁止其他網站），已經對這些人的憲法第一修正案言論自由保障造成過度限制（*Packingham v. North Carolina*, 2017）。

有關性侵害加害人或有此類前科之人該如何在社區中住居的政策議題相當重要。比較未公諸於眾進行討論的，還有違背其意願讓暴力型性侵害加害人在服完法定刑期之後，仍須不定期限留置於精神衛生機構進行強制治療。目前在美國包括聯邦政府還有其他二十個州在內，都有類似的法律規定，通常這類規定被稱為**高危險連續性罪犯**（sexually violent predator, SVP）條款。「目前全美五十州都有性侵害加害人登記處，不過只有二十一州特別針對性侵加害者設立額外的強制治療法律。」（Phenix and Jackson, 2016, P.162-163）目前基於上述法律而遭到留置拘禁或強制住院治療的人數，初步估計約在1,300人到2,209人之間（La Fond, 2003）。一項研究（Janus and Walbek, 2000）指出，上述這些強制治療方案花費高昂，平均每人每年要花上美金六萬到十八萬，還不包括強制治療程序的程序費用，或者建造所需機構設備的成本。此外，強制治療也衍生出許多法律、倫理及操作上的爭議。美國聯邦最高法院已經透過判決加以肯認，如果加害者確有性暴力犯罪行為前科、正罹患精神障礙或心智異常、有未來從事性暴力加害行為之風險，以及前述精神障礙或心智異常與其性暴力加害犯行有關時，對其施予強制治療並不違憲（*Kansas v. Hendricks*, 1997）。在「堪薩斯州訴亨德里克斯」案中，最高法院判決對於高危險連續性罪犯，縱使其已服刑完畢，必要時仍可在違背其意願的狀況下強制治療。在「堪薩斯州訴克蘭恩」（*Kansas v. Crane*, 2002）一案，最高法院提出補充意見認為，在對被告實施強制治療的狀況，州政府仍必須承擔舉證責任證明被治療人確實已出現某種程度上無法控制行為之狀況。（相對於這個見解，堪薩斯州最高法院則是判決認為被強制治療者必須被舉證判定為已經無法控制自我行為，方可進行強制治療；但聯邦法院認為此一舉證責任對於州政府而言實屬過重。）聯邦最高法院在「美國訴考姆斯托克」（*United States v. Comstock*, 2010）一案中表示，縱使在性暴力犯罪加害者服刑完畢後，在其罹患精神障礙的狀況下，聯邦政府也可以將之留置進行強制治療。聯邦政府可以選擇把性暴力犯罪加害者留置在聯邦機構中，或者在州政府同意下移轉到州立精神機構加以治療。然則這些性暴力犯罪加害者有權接受定期的精神狀態檢查，由司法心理學家或司法精神專科醫師針對其心智狀態進行評估。基於上述發展與其他事態，各式各樣的訓練課程、工作坊和出版品紛紛出現，提供對於性暴力犯罪加害者進行評估或衡鑑的心理學家一些指引（如Heilbrun et al., 2009）。（回顧觀點專欄5.1，穆里博士提到相關概念。）美國精神醫學會已公開反對針對性犯罪加害人進行強制治療的作法，並且拒絕為涉及這類衡鑑的精神專科醫師提供專業指引（Phenix and Jackson, 2016）。相對於此，美國心理學會對於這種強制治療手段及其相估，則未表反對意見也不予以倡導。

雖然從技術面觀之，高危險連續性罪犯的強制住院治療乃是屬於民事法範疇[11]，但實際上此議題與本書第四章所討論的刑事司法程序和暴力風險

11. 譯按：美國法制原則上屬於民事行政一元制，亦即除了特定事件外，原則上把以處理私權紛爭為主的民事事件以及涉及公權利與公部門的行政事件，均列歸廣義的民事法範疇；此與台灣法制針對強制住院治療此一以公權力，本於法定理由侵害人民身體與意思自由之行政處分應納歸行政法系統解決爭端，有所不同。

評估息息相關。本書第十二章會進一步討論到矯治體系中的性侵加害者的治療處遇方式。

無論是在高危險連續性罪犯剛開始進行強制治療初期，或者在持續治療狀態下所進行的評估，司法心理學家可能會面對一連串難題。有關風險評估的常見問題，包括對於性犯罪加害者施用特定的衡鑑工具在內，都必須謹慎納入考量。雖然現行風險評估在幾個不同面向出現一定程度的進展，但整體而言，針對性犯罪者進行評估仍無堅強的實證依據。這一點在所有法律脈絡中都很重要，但論及高危險連續性罪犯時，則有更多的倫理考慮。由於此類犯罪的本質，法院體系有高度可能性會對被告從嚴處理，因而傾向願意接受由臨床工作者所提供的一切不利被告的證據；單看在這類法律規定下遭定罪被告的強制治療比率之高，就足以顯示實務上強制治療極易成立。「針對性犯罪加害者強制治療的基本運作規則似乎是，只要可以拿到一位專家主張被治療者有危險性，法院就會依此做出相應對被告不利的處遇判決。」（Janus and Meehl, 1997）無論在聯邦或各州，對於某些司法心理學家而言，針對性犯罪加害人進行風險評估是一項忙碌卻時而獲利可觀的領域。

[191]

要強調的另一點是，強制治療並非總是一定要有可資辨識的精神障礙，即便只是心智精神狀態「異常」也已足夠。研究者發現，縱然大多數的心理精神衛生從業人員認為所有性犯罪加害者都需要某程度的治療，但事實上許多性犯罪加害者並未罹患精神障礙或心智缺陷（W. L. Marshall, Boer and Marshall, 2014）。明尼蘇達州一項針對性侵加害人強制治療所進行的分析研究（Janus and Walbek, 2000），九十九位有辦法取得診斷資訊的男性個案中，過半數經診斷並未罹患任何性偏差疾患。雖然存有其他診斷（如失智症2%，反社會人格疾患26%，物質濫用或依賴52%），但有10%的個案除了物質濫用或依賴，並無其他精神障礙的診斷。值得一提的是，除了高危險連續性罪犯，其他都需要有精神疾患或心智缺陷的醫學診斷，才能施以強制住院治療。此外，單純的物質濫用或依賴的診斷，並不構成強制治療的依據。根據「美國訴考姆斯托克」案的判決，在聯邦體系中對被告施以強制治療時，需要以被告存有精神疾患的診斷作為前提。而一項針對各不同司法轄區內的研究所進行的回顧研究（McLawsen, Scalora, and Darrow, 2012）發現，基於性暴力犯罪相關法令而被施以強制治療的人，相較於因為其他理由而遭強制治療者，其具有嚴重精神障礙的比例比較低。

明尼蘇達州的性犯罪者計畫（實施至今約二十年）的合憲性在經過下級法院以判決予以否定後，二〇一七年又受到聯邦上訴法院支持。顯然明尼蘇達州的性犯罪者極少能夠從前述計畫中脫身，事實上至今只有一人得以永久脫離此治療計畫，近年來則是只有七人取得有條件釋放。截至二〇一七年為止，該計畫已經留置了共721人。

這些研究所揭示的另一項隱憂是，在對高危險連續性罪犯進行強制住院治療的程序中，實際上的「治療」可能根本就不存在（Janus, 2000; McLawsen et al., 2012; Wood, Grossman & Fichtner, 2000）。雖然這類法律通常會有條件的宣稱若有資源則即予提供治療，問題是絕大多數法律根本無力擔保會提供治療。「儘管如此，有許多州聲稱，對於性犯罪者進行強制住院治療的目標乃是在於治療，而且他們也宣稱正在提供有效，或者至少是能力範圍所及最先進的治療手段。」（Janus and Walbek, 2000, P.347）。上述文獻提到的這些州，明尼蘇達州和佛羅里達州也在其列，這兩州都有許多強制住院治療的病床。不過，對這些法律抱持批判態度的學者認為，它們實際上根本是被用以延續懲罰的一種手段而已，其意並非真正在於提供治療（La Fond, 2000）。換句話說，治療根本不是主要目的。

還有另一個問題是，性犯罪加害者的強制住院治療，最後看起來都導向極長期的監禁。一項研究（Janus and Walbek, 2000）觀察到，遭到強制住院治療的性犯罪者幾乎永遠無法獲釋。他們指出：「就實際面來看，要證明可以釋放的舉證責任，是一道極高的門檻。」（P.346）

上述所論不過是有關性犯罪者強制住院治療的部分議題。無論是對性犯罪者進行的評估鑑定，或者是處遇治療（如果有的話），心理學家都有可能參與。有些評估者或鑑定人可能會在進行風險評估的時候假設：一旦被評估者遭到強制住院後，立刻就會有治療處遇措施提供給他。然而，正如我們所知，這個假設未必屬實。此外，本書第十二章還會討論到，對於性犯罪者施以治療的這些計畫，其效度恐怕有非常多問題，儘管截至目前在這方面已經有些正向進展。雖然說司法心理學家無法制定社會政策，但是針對上述議題的研究及持續的爭議，仍必須時時覺察。

[192]

摘要與結論

本章回顧了司法心理學家與刑事法院互動時可能執行的各種任務。現有的研究顯示，這些任務主要圍繞在刑事被告參與刑事訴訟所必須具備的各種能力，包括受審能力、放棄律師辯護的能力、提出認罪答辯的能力，以及受科刑的能力等。本章也討論到移民法相關程序能力的問題，儘管這些問題屬於民事法而非刑事法的範疇。無論如何，有鑑於面臨遣返或尋求庇護的移民所面臨的險境，他們參與司法環境的能力同樣有疑慮。而法院也已經認可，縱使是無合法文件的移民，同樣必須享有正當法律程序的保障，只是這些保障與刑事被告的保障尚有不同。舉例來說，儘管律師可以在移民訴訟程序中代理他們，不過這些移民並不能如同刑事被告主張律師強制辯護權。

截至目前為止，對於如何進行能力的鑑定或評估尚無共識。大多數的準則及文獻都指出，單純使用傳統的臨床訪談並不足夠。雖然某些心理學家會使用傳統的心理測驗，不過特別設計來針對上述能力進行篩檢的衡鑑工具，已經普及可得。其中有些是用來針對顯然有受審能力者進行快篩的工具，另一些則是有著更廣泛的目的，用以辨識受測者欠缺哪些特定功能。其中最有可為的是麥克阿瑟基金會的研究人員所開發的MacCAT-CA，以及同時可用於評估受測者是否詐病及有無受審能力的ECST-R。這些有關受審能力的鑑定結果對於法院的裁定具有顯著影響，法官幾乎總是同意鑑定人或評估者所提出的建議。如果有一個以上的鑑定人或評估者，而他們無法達成統一的見解，法官往往傾向判定被告無受審能力。

司法心理學家也會進行與心神喪失相關的鑑定，其更正式的名稱是刑事責任能力的鑑定，或者犯罪行為時心神狀態的評估。相較於參與訴訟程序能力的鑑定，這類有關責任能力的鑑定要來得複雜許多，不過也有例外。對刑事責任的鑑定，需要蒐集大量的背景資料，與被告進行會談，如果有其他人可能針對被告在犯行時的心智狀態提供見解的話，也必須加以聯繫。羅傑斯刑事責任能力量表（R-CRAS）以及犯行時心智狀態快篩評估量表（MSE）是蔚為主流的衡鑑工具，雖然研究顯示上述工具相較於受審能力評估工具更不常被利用。

有關被告在犯罪時是否心智健全（因此可以承擔刑事責任）的判斷，有可能是由法官或陪審團做出；進行前述判斷時，必須適用聯邦法與州法下的一系列法則。在過去的四分之一世紀，各州和聯邦政府都讓被告越來越難提出成功的心神喪失抗辯，例如透過嚴格限縮提出這類抗辯的條件，或者將此一抗辯的舉證責任交由被告負擔，使其必須證明自身的心神喪失狀態已達清楚有力的證據門檻。有四個州在法律上廢止了心神喪失抗辯，而美國聯邦最高法院截至目前仍不願意就憲法是否保障人民有提出此類抗辯的權利提出見解。

與受審能力及心神喪失抗辯息息相關的議題，則是在違背個人意志的狀況下對被告施用精神藥物。對於欠缺受審能力的被告進行治療，以使其恢復受審能力的主流作法仍是使用藥物。然而，被施用藥物的被告可能會經歷各種副作用，而且可能會影響他們參與審判過程的能力。就此，美國聯邦最高法院表示，在違背被告意願對其進行藥物治療以恢復其受審能力之前，必須極為謹慎。不過，當被告遭控犯下嚴重罪刑，而政府就此類案件之追訴具有重大公共利益時，只要法院已經審酌該案件相關主張，認為確有充足理由，則可強制對被告施用藥物。但最高法院同樣曾做出裁判，認為如果被告在審判中主張應受心神喪失無罪之判決，且希望陪審員可以看到被告未經施用藥物的自然狀態時，那麼被告有權在審判期間不服藥。 [193]

心理學家同時為刑事法院的法官在對被告進行量刑之前，提供諮詢與評估。這類與量刑相關的鑑定或評估，主要用於判定犯罪者是否適合接受特定的復歸處遇，像是物質濫用治療或暴力犯罪者處遇計畫。量刑前的鑑定或評估可能涉及風險評估，因為法院往往希望針對遭定罪被告的危險性進行調查。風險評估並非沒有瑕疵，不過為此目的已經出現一系列具有效度的衡鑑工具。在本章中，我們也審視了一些針對特殊類型犯罪者進行風險評估的主要疑慮，例如性犯罪者，或者遭科處死刑定讞而可能面臨死刑執行者。

本章最後則討論高危險連續性罪犯及令其不定期限進入精神醫院強制治療。美國如今大概有半數的州，加上聯邦政府，許可這類的強制住院治療。當然，前提必須是加害人確實具有相當的危險性，且罹患精神障礙或具有某種程度的心智異常（此一詞彙往往因其定義不明確而遭批判）。雖然相關法律看似要求對這類犯罪者提供治療處遇，不過絕大多數學者懷疑其主要目標在於使某些性犯罪者永久處於失能狀態。此外，雖然確實有某些州以及聯邦政府會對依法令接受強制治療的性犯罪者提供密集的治療處遇措施，不過實際上在這類強制治療下的犯罪者幾乎難有獲釋的可能。對於包括司法心理學家在內的諸多精神與心理衛生專業人士而言，對性犯罪者施加刑後強制治療，是一個極具爭議性的主題。

關鍵概念

訴訟（程序）能力 161 Adjudicative competence	加重因子 187 Aggravating factors	超越合理懷疑 171 Beyond a reasonable doubt
明顯且有力的證據 171 Clear and convincing evidence	回復受審能力 172 Competency restoration	受審能力快篩測試 169 Competency Screening Test
受審能力 160 Competency to stand trial	附條件釋放 184 Conditional release	刑事責任能力鑑定評估 181 Criminal responsibility evaluation
死刑減免 186 Death penalty mitigation	雙重目的鑑定評估 181 Dual-purpose evaluations, IDRA	達斯奇法則／基準 161 Dusky standard

司法心理精神衡鑑 159 Forensic mental health assessments	有罪但有精神疾病 181 guilty but mentally ill, GBMI	心神喪失 177 insanity
《心神喪失抗辯改革法》177 Insanity Defense Reform Act, IDRA	跨領域適性會談量表修訂版 169 Interdisciplinary Fitness Interview–Revised, IFI-R	麥克阿瑟受審能力評估工具刑事審判程序 169 MacArthur Competency Assessment Tool–Criminal Adjudication, MacCAT-CA
詐病 170 Malingering	主觀犯意 178 Mens rea	犯行時心智狀態篩檢評估量表 182 Mental State at the Time of the Offense Screening Evaluation, MSE
證據優勢原則 171 Preponderance of the evidence	羅傑斯刑事責任能力評估量表 182 Rogers Criminal Responsibility Assessment Scales, R-CRAS	高危險連續性罪犯 190 Sexually violent predator, SVP

問題與回顧

一、列出至少五種可能必須由司法心理學家對刑事被告或嫌疑人進行鑑定的能力。

二、列出司法心理精神衡鑑共通的五個面向。

三、下列案例為何對於司法心理學具有相當的重要性：*Riggins v. Nevada, Jackson v. Indiana, Foucha v. Louisiana*？列出本章提及的其他三個重要案例？

四、說明聯邦法與州法出現哪些改變，使被告更難提出心神喪失無罪的抗辯。

五、比較受審能力與心神喪失／刑事責任能力的鑑定有何不同。

六、司法心理學家在死刑量刑和高危險連續性罪犯的訴訟程序中扮演的角色？

七、針對「性犯罪者刑後強制治療」此議題，支持與反對的論述各有哪些？

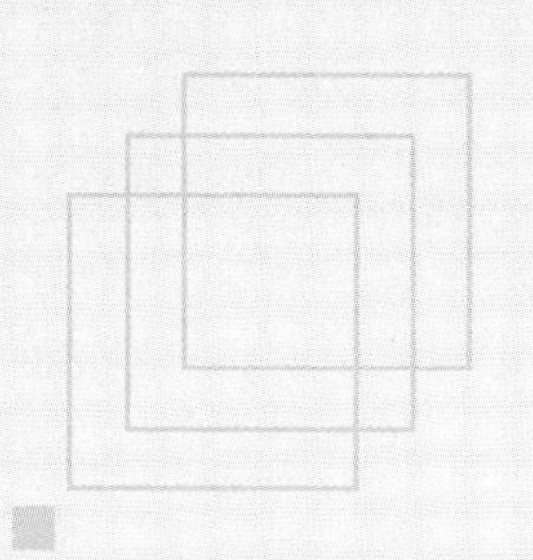

第六章

家事法與其他類型民事訴訟

- 本章目標
- 家庭法院或家事法院
- 未成年子女監護權評估
- 司法心理學與民事訴訟
- 民事行為能力
- 強制住院
- 性騷擾與性別騷擾
- 摘要與結論
- 關鍵概念
- 問題與回顧

[195]

本章目標

- 描述與民事法院協同作業的心理學家之角色與責任。
- 檢視心理學家與其他精神衛生專業人士在家事法院與遺囑認證法院中所扮演的角色，包含未成年子女監護權之評估、會面探視之處置，以及改定住居所之聲請等。
- 描述心理學家及神經心理學家在評估民事能力時所扮演的角色。
- 檢視人身傷害事件索賠的各種面向，尤其與雇傭關係相關者。
- 介紹與同意治療能力相關的議題。
- 檢視有關強制住院治療的問題與挑戰。
- 探索心理學家及其他精神衛生專業人士在評估性傾向與性別騷擾之影響時所面對的各種挑戰。

莫妮卡和伯里斯已經結婚九年，經過多次諮商會談，他們決定結束這段婚姻。這是一個無人可歸責，尚稱平和友好的離婚，只不過兩人都想要三個孩子（分別三歲、六歲和七歲）的單獨監護權。莫妮卡和伯里斯都算得上是好父母，他們積極參與孩子的生活，但他們都強烈認為共同監護不是個好選擇。他們雙方都有職業，也都相信自己可以為子女提供更高的穩定性，雙方也樂於讓對方享有自由探視的權利。於是乎，原本一開始尚稱平和友好的離婚，最終演變成一場激烈的監護權之爭，家事法院不得不透過裁判方式決定監護權歸屬。

任何想成為司法心理學家的人，都有可能會將大部分專業時間用於處理家事和民事法問題；對有些司法心理學家來說，民事法才是他們的主要興趣。舉例來說，在家事法院系統內工作，是一段令人振奮的過程，也充滿智力的挑戰（Kaufman, 2011）。但處理這類案件也可能造成個人情感的耗損，例如司法心理學家被要求在上述狀況中進行監護權評估。心理學家和其他心理健康專業人員在家事法案件中提供各式服務的頻率越來越高，不論是擔任心理學專家、顧問、調解人、審查專家，或者家庭關係教練（S.M. Lee and Nachlis, 2011）。本章將針對這些不同角色提出說明。

對司法心理學家而言，其他類型的民事案件同樣具有挑戰性，但未必如同上述家事案件那般令人心力交瘁。這些案件包括但不限於評估申請失業救濟金的個案、提出職災致殘或不當執行業務賠償的個案，或對雇主與其他個人的歧視（性別偏見或性騷擾）提出訴訟的個案。本章將會進一步討論這些主題和更多其他內容。

本章重點在各州司法體系中的民事法院，這些法院往往會在許多不同的情境下，與心理學家及其他精神心理衛生從業人員合作，尤其是家事法院和遺囑認證法院。至於其他具有一般管轄權的非專門法院，像是縣法院或地方法院，也會審理到與本章有關的案件，例如過失侵權損害訴訟。此外，我們也會討論到可能涉及聯邦法院管轄的領域，像是涉嫌違反聯邦法的歧視案件，如違反《美國身心障礙者保護法》或一九九一年的《民權法》。

[196] 由於各州的系統不盡相同，上述這些法院的結構和程序或多或少有所差異，本章將扼要論述一般是如何運作。**家事法院**（family court）審理涉及家庭法的案件，諸如離婚、子女監護和扶養權、會面探視權、搬遷事件，以及家庭虐待事件，像是禁制令或保護令的聲請。（前述這些命令或裁定也可能由刑事法院做成。）有些州的家事法院亦受理少年非行犯罪事件的訴訟；在另一些州，這類事件則是由具備專業職能的少年法庭負責審理。在某些法域，家事法院也會處理涉及監護權人以及民事行為能力（或無行為能力）的聽審；在其他法域，上述這些事項則是交由遺囑認證法院處理。

遺囑認證法院（probate court）通常處理遺囑或死者的遺產繼承，以及信託和相關的遺產管理人及監護權人資格等法律事務。此外，遺囑認證法院負責對於死者的遺產予以管理並確保妥適分配、評估遺囑有效性，並依照有效的遺囑予以執行。遺囑認證法院執行與法令遵循之責任，「會因司法管轄區域、相關計畫、各種案件及事件之不同而有所差異。」（National College of Probate Judges, 2013, P.14）

如本書第四章所述，具備通常管轄權的一般法院是司法體系的主力，因此許多刑事和民事事件都會在這類法院中處理。然而，各州紛紛設立越來越多的專門法院，處理範圍廣泛的民事和刑事事件。過去被認為可能是「典型」的刑事或民事案件，現在會送進藥物法庭、精神衛生法庭、少女法庭或退伍軍人法庭審理。這些專門法庭可以獨立運作，也可以附屬於更上位的法院體系。例如藥物法院可附屬於刑事法院，少女法庭則可附屬於家事法院。司法心理學家自然必須熟悉因執行業務所接觸到的州級和地方司法轄區的法院結構與程序。

即便在某些州，少年非行犯罪的問題會交由家事法院來審理，不過本章不討論少年犯罪問題；少年非行事件以及一般性的少年司法程序，是第十三章的專題。少年法庭早在進入二十世紀初就已經存在，遠早於家事法庭的出現。雖然在二十世紀初期就有人試圖創建一個獨立於少年法庭的家事法院，不過一直要到一九七〇年代，倡議設立專門處理家庭法問題的家事法院運動才在美國各地展開（Adam and Brady, 2013）。時至今日，家事法院一般不會處理少年犯罪事件（偶有例外）。

家庭法院或家事法院

現代的家庭法院（有時稱為家事法院）是針對離婚和監護權歸屬的爭端進行訴訟的場所，儘管這些訴訟也可能發生在具有普通管轄權的法院，例如高級法院或地方法院，視各州而定。家庭法院有權將遭到忽視和受虐待的兒童從家中帶離，將他們暫時安置在政府監護之下，例如寄養家庭，甚至有權永久剝奪父母的親權。偶爾也會有非行少年自行向家庭法院提出聲請，要求被宣告為獨立的未成年人（emancipated minor）。在某些州，未成年人如果要進行墮胎手術，必須通知父母並取得其同意，但家庭法院可以為了墮胎少女的最佳利益而推翻此要件。如果事涉家庭暴力，家庭法院是受害者聲請對施虐者發出臨時或永久限制令的處所。有關收養的爭端，則會在家庭法院或遺囑認證法院取得最終裁決。同樣的，當遺囑出現爭議，或者是否具備能力做出醫療決定，以及進入精神病院進行強制治療等事件，也屬於某些家庭法院或遺囑認證法院的管轄範圍。有鑑於上述各式各樣的權力，不意外地心理學家和精神心理衛生專業人員會在這類法院的日常運作中發揮重要作用；事實上，家事司法心理學是一門正迅速發展中的專業領域。（參見重點提示6.1）。 [197]

研究者（S.M. Lee and Nachlis, 2011）針對心理學家和精神心理衛生專業人員在家庭法院中所扮演的角色，整理出一份易於理解的摘要。這些角色包括指導教練、鑑定審查人、諮詢顧問和調解人；此外，也包括專家證人、鑑定人與評估人。（摘要參見表 6.1）。這些角色正變得越來越複雜，而熟練的司法心理學家必須深入了解適用於執業領域的法律基準、案例與裁判。他們同樣必須充分了解兒童和青少年發展心理學、司法心理學及家庭權力的研究和臨床文獻。

家庭法院對於審檢辯、法院職員和其他的程序參與者來說，可能是危險的場域，因為訴訟當事人充滿強烈的情緒，偶爾還會展現憤怒和不滿。對於法院程序的陌生，可能會形塑出一個充滿高度壓力的環境，這也是為何指導教練的角色如此重要。除此之外，目前家庭法院的許多訴訟當事人並沒有律師代理（Adam and Brady, 2013）。由於這樣的激烈情緒，家庭法院如刑事法院一般選擇強化保全措施，包括法院出入口的金屬探測器和掃描器。即便如此，言語衝突，甚至是輕微肢體衝突，並不少見。事實上，訴訟雙方，有時甚至是律師之間，都可能存在高度衝突（Ackerman and Gould, 2015）。上述提及的激烈爭論和緊張氣氛，更凸顯精神心理衛生專業人員（有些在家庭法院內或附近設有辦事處）對於法院法官、律師、訴訟當事人，甚至所涉家庭的未成年子女之援助，具有相當價值。

表 6.1　心理學家與精神衛生專業人士在家事法院的角色與任務

角色	任務
專家證人	到庭證述有關心理衡鑑或測驗結果之發現與意見；到庭證述有關案件待證事項的研究，例如父母分居、離婚、住居所遷離對未成年子女的影響。
評估人	透過會談與心理測驗評估個人的狀況。
指導教練	對經歷監護程序的父母或未成年子女提供必要的支持與協助；對訴訟當事人進行相關程序的教育。
鑑定審查人	審查其他精神心理衛生專業人士的工作成果；針對鑑定報告提出品質評估；指出其他專業人士鑑定不完備之處；針對鑑定所引用的資料與研究提出專業意見。
顧問	為代理訴訟的律師針對訴訟爭點或待證事項提出相關的研究；針對訴訟策略提供協助；協助律師準備專家證人的交互詰問。
調解人	為苦惱的當事人提供協助；幫助當事人協商和解以避免費用高昂的審判程序。

來源：改編自Lee and Nachlis, 2011; Kauffman, 2011; Zapf, 2015

重點提示6.1

[198]

家事司法心理學

二〇〇三年六月，《家事心理學期刊》發表了一期特刊，討論家庭心理學與家事法交集的相關議題。據特刊編輯所述，主要目標是「向讀者介紹家庭心理學和家事法重疊的領域中，新興的研究與執業機會」（Grossman and Okun, 2003, P.163）。自那時起，與家事法相關的業務在司法心理學中的執業比例大幅增加。此外，現代法院益趨仔細審查離婚對兒童的影響或監護權鑑定品質等事項的科學證據，從而也提高了專家鑑定或作證的水準（Ackerman and Gould, 2015）。

家庭心理學家，無論是臨床工作者或研究人員，一般而言對人類發展和相關的系統理論具備廣泛理解。至於司法心理學家則必須具備鑑定或評估，以及為審檢辯等專業人員提供諮詢意見的知識與專業。他們必須了解與臨床執業相關的法律理論和程序，並且具備提供鑑定人意見或專家證詞的經驗。而家庭法醫心理學家則是將法醫心理學家和家庭心理學家的知識和技能加以結合。

葛洛斯曼和奧肯（Grossman and Okun, 2003）把家事司法心理學定義為：從家庭系統的角度，對於家庭、家庭成員、相關組織與更宏觀的體系進行研究，據以評估和介入其與法律制度的互動。前述評估和介入的領域，包括預防、教育、評估、各種形式的爭端解決、治療，以及成果評鑑。家事司法心理學家可藉此為法律體系提供知識經驗（P.166）。

家事司法心理學家亦可協助法院與律師進一步了解家庭在本質上與樣貌上的改變。雖然有些家庭法院的法官會承認自己面對改變的準備不足，但他們並非沒有意願去面對（Bridge, 2006）。舉例來說，他們可能會經由學習得知，居住於同一處所的大家族，往往有利於孩子的穩定性；此外，同性伴侶的子女與異性伴侶的子女，原則上在自我調適上並無顯著差別。

總而言之，家事司法心理學確實能在下列領域做出貢獻：收養、離婚、子女監護和會面探視、家事紛爭解決與調解、少年司法事件、評估父母行使親權的適格、終止父母的親權、老年法律與遺產規畫、當父母遭監禁時的親子關係、監護權事件、生殖權利和技術，以及家庭暴力事件。由於上述問題越來越常進入家庭法院和其他專門法院並取得相關裁判，家事司法心理學家應該會持續有其市場需求。

問題與討論：

一、上述提到家庭的本質和樣貌的改變，是什麼意思？請舉例說明。

二、在心理學和社會科學文獻中，對家庭有許多不同的定義。請問下列何者應被視為「家庭」：離婚男子、他的三個孩子，與他年邁的母親；鰥夫、三個孩子，與其年邁母親；鰥夫、其男性伴侶，與鰥夫的三個孩子；一小群關係緊密的年輕街友；三個室友；住在兄弟會會所的成員。家庭的定義是否有界線？如果有，又是什麼？

照片6.1與6.2 同性伴侶與其子女
資料來源：© iStockphoto.com/funky-data; © iStockphoto.com/kali9

[199] 未成年子女監護權評估

在今日的美國，第一次婚姻約有一半會在婚後十五年內以離婚告終（U.S.Census Bureau, 2011）。第二次婚姻的分居或離婚率也會高於初次結婚（U.S. Department of Health and Human Services, 2012）。事實上，美國是工業化國家中離婚率最高的國家之一（Kourlis, 2012），或許與離婚相對容易有關。過去，離婚理由主要是單方有過錯可歸責（如通姦、身體或精神虐待、遺棄），或者無法履行婚姻相關責任（如被監禁）。時至今日，基本上雙方只要達成共識，同意婚姻中已有重大難以調和的歧見，這時不需具備可歸責事項就可以離婚。當離婚事件涉及兒少時，州法律基本上會要求所有未滿十八歲、需依賴父母生活的事件，必須與監護權的歸屬一併予以確定（Symons, 2013）。

律師、法官、心理學家或精神與心理健康專業人員普遍都認同，家庭法院面臨最具爭議的領域是離婚和兒少監護權歸屬，尤其在雙方意見歧異時（儘管比例上而言一般不會如此）。雖然據估計約有四成的離婚涉及兒童監護權（L. S. Horvath, Logan & Walker, 2002; Krauss and Sales,

2000），不過其中大多數其實無需法官做出監護權裁判。之所以沒有爭議，主要是因為父母雙方無論是獨自或在調解人協助之下，針對監護權安排取得滿意的協議成果。研究指出，在所有離婚案件中，大約有6%至20%的案子是由法院做成裁判（Melton et al., 2007）。近來的研究指出，九成以上的離婚監護權事件，在沒有法院正式介入下即可獲得解決（Symons, 2013）。

當行將離婚的父母無法就子女監護權達成合理協議時，法院會以裁定囑託進行**親權評估**（parenting evaluation）或是親職計畫評鑑（assessment of parenting plans）。事實上，在法律與臨床文獻上，「親權／親職」（parenting）一詞逐漸取代監護權（custody），不過以本章目的而言，我們會交互使用兩者。當案件需要親職計畫時，法院通常會請精神心理衛生專業人士進行評估。研究指出，迄今為止，心理學家仍是**兒童監護評估**（child custody evaluations, CCEs）的首選專業（Bow, Gottlieb & Gould-Saltman, 2011; Bow and Quinnell, 2001; Mason & Quirk, 1997）。然而，許多法院也會聘用與法院公共服務機構有關的心理衛生從業人員，像是碩士級的心理師或是臨床社工師（L. S. Horvath et al., 2002）。研究發現（Bow, Gottlieb & Gould-Saltman, 2011），家事律師偏好能夠以客觀中立的立場進行兒童監護權評估的博士級心理學家。他們也傾向選擇具備良好溝通技巧、擁有多年兒童監護評估經驗，而且能在證人席上穩健表達的心理學家。

心理學家往往有相當的資源可取得許多兒童監護權評估的專業文獻與書籍（Stahl, 2014）。此外，美國心理學會（APA, 2010b）的《家庭法程序兒童監護評估準則》（*Guidelines for Child Custody Evaluations in Family Law Proceedings*）也是一項寶貴資源。該準則強調，心理學家必須熟諳其進行評估或評鑑的地區與兒童監護有關的特定法規及法院裁判。此外，上述準則也敦促司法心理學家必須時時理解與掌握有關兒童發展和家庭動態、兒童和家庭心理病理學、離婚對兒童之影響，以及專門針對兒童監護主題進行的研究與文獻。奇博爾和傅爾曼（Zibbell and Fuhrmann, 2016）透過下列文字，對於上述準則與此領域的專業要求做了極佳的摘述：

> 進行兒童監護評估者，必須具備與成人及兒童進行面談的專門技能，了解兒童與青少年的發展和家內動態，熟悉與法院所提問題相關的研究知識，還要熟悉執業法域的家庭法規和判決。（P.401）

然而，鮑威等人（Bow et al., 2011）研究發現，專精家事法的律師認為在兒童監護權評估中，最無足輕重的部分，乃是對父母和孩子的心理衡鑑，即便針對兒童及親職／親權行使進行心理衡鑑已屬常態（Stahl, [200] 2014）。不過，心理衡鑑只是評估過程的一部分，整體評估還必須包括與兒童和家長面談、觀察，以及針對相關資訊的審查（例如與事件有關的在校紀錄或刑事法庭記錄）。一旦進行心理衡鑑，律師預期心理學家清楚心理測試在司法環境中使用的限制，並且將其限於提出可能性，或者用於作為整體評估結果的支援性資料。此外，大多數律師（64%）希望心理學家針對哪一方應該取得監護權提出專業建議；絕大多數律師（79%）也認為心理學家應就離婚後的監護權與會面探視等安排提出建議。相對的，家事法律師對於進行兒童監護評估的司法心理學家亦提出相當的建議。他們希望敦促心理學家們嚴格遵循兒童監護評估準則，並據此得出科學的結論；此外，也必須基於「兒童最佳利益原則」（下文將討論）提出合邏輯且務實的意見。

有時候也會出現兒童的親生父母或養父母以外的個人爭取監護權的狀況。事實上，家庭法院的監護權和會面探視的案件數量出現前所未有的增長，這類請求可能來自繼父母、祖父母、其他親屬、已故親生父母或養父母的同性伴侶、未結婚但同居後來又分居的父母、家庭好友、代理孕母等（Grossman and Okun, 2003; Stahl, 2014）。雖然合法父母當然有憲法和法定的權利參與子女的生活，不過包括祖父母在內的其他個人就此部分的權利，實則沒有明確界定。美國聯邦最高法院在判決中確認，在母親行使親權沒有問題的狀況下，祖父母探視孫輩的權利並不受到憲法保障（*Troxel v.*

Granville, 2000）。不過在美國還是有許多州的法規已經肯認，除非出現極少數特殊事由（如祖父母曾有虐待孫輩之狀況），否則不應該完全禁止其與孫輩的接觸。此外，在上述「特羅塞爾訴格蘭維拉」一案中，母親並沒有完全禁止祖父母的探視權，只是拒絕許可每月超過一次以上的探視。就此以言，雖然該判決不能代表祖父母方的勝利，但若母親拒絕一切探視，最高法院又會如何決定恐怕未定。

有關未成年子女的監護權問題，不只會出現在離婚事件中。舉例而言，父母一方或雙方去世後，兒童的父母一方或其他親屬也可能捲入監護權紛爭。此外，國家機關（如兒童保護或兒童福利機構）如果認為父母有施虐或疏於照護兒童的狀況，也可提出聲請要求該未成年子女的暫時或永久監護權。在此應該指出，兒童福利機構通常擁有廣泛的權力，可以將兒童安置在寄養家庭。事實上，這類機構的決定（通常由兒童福利個案工作管理師做成，過程中有時也會以其主觀標準判定是否出現疏於照護的狀況）極少在法庭遭到挑戰成功。司法心理學家雖然可能會被要求針對未成年子女的情緒與智力功能進行評估，但一般不會涉入這類事件。

在永久剝奪父母親權的案件中，法院會以更高強度的手段進行監督。就程序而言，首先法院會終止父母的親權，繼之則是決定誰應該擁有未成年子女的監護權（如有能力將子女安置在寄養家庭的相關機構，或者其他有收養意願與條件的家庭）。不過，上述這類親權終止事件極少發生，就算有也只能在涉及對未成年子女施加嚴重身體或情感虐待的狀況下做成。此外，當親職父母是藥物濫用者，未成年子女的權益面臨被嚴重忽視的風險，且該父母在藥物戒治與恢復上無進展時，親權也會終止。不過，未成年子女的父母遭監禁時，其親權並不會被剝奪。在這類事件中，如果父母另一方也出現失蹤、被監禁或死亡等狀況，以致實質上無人可以照護孩子時，這時尚有賴父母照護生活的未成年子女會被安置在寄養家庭，尤其如果能安置在父母之親屬或朋友處。

代理孕父母、未婚爸爸、家內伴侶或親友們也可能爭取監護權。在前述每種情況中，法院經常會商請司法心理學家評估兒童的需要，以及爭取監護權的各方是否可滿足這些需要。

[201] 決定未成年子女監護權的標準

過去法院在判斷兒童監護權的歸屬時，往往會適用許多不同的標準，但今日美國所有州及哥倫比亞特區的法院，主要的標準是**兒童最佳利益原則**（the best interest of the child, BIC）。相對於此，一百多年前的主要法律標準則是**年幼從母原則**（the tender years doctrine）[1]。該原則的假設前提是：未成年孩童，尤其是女童或特別年幼的孩子，最好由母親照護。有一個早期的上訴審案例（*People v. Hickey*, 1889）曾指出，儘管父親事實上無可歸責，他還是「無法提供孩子天性所需的溫柔照護，這個特別的領域本就只有母職可以出力。」（Einhorn, 1986, P.128）。時至今日，年幼從母原則已由兒童最佳利益標準所取代，它不假定父母任一方會理所當然優於他方。儘管如此，在絕大多數涉及監護權的事件中，到頭來母親往往還是會取得主要監護權（Gould and Martindale, 2013）。

兒童最佳利益的標準被批評過於模糊，而且有過高的機率會因為決策者的主觀性而受到操弄。是以，各州的立法機關及法院致力於透過立法與司法判決的方式，對此標準的主觀性予以限制。例如亞克曼和顧德（Ackerman and Gould, 2015）指出，全美有四十個州以法規羅列在決定何謂「兒童最佳利益」時，有哪些特定因素需要考量；另外四州則是由法官裁量使用此基準時必須考量哪些因素。總體而言，目前對於兒童最佳利益的定義仍然莫衷一是。共識的欠缺，導致部分評論者和法院主張應該要有額外配套措施，甚至是更詳細的基準，以闡述兒童最佳利益原則，或者完全取代它。克勞茲和夏爾斯（Krauss and Sales, 2000）則提出一項略有不同的標準：**最小傷害替代方案標準**（least detrimental alternative standard）。他們主張，心理學的知識無從確認哪種監護才能做出真正符合兒童最佳利

1. 譯按：一般指四歲以下的幼童最好還是交由母親養育監護的一種假設。

益的安排，充其量只能確定哪種安排對於未成年子女最為無害。根據克勞茲和夏爾斯的主張，運用心理衡鑑工具時，往往會以病理學角度為重點，針對爭取監護權雙方的缺陷而非優勢進行辨識。就此而言，監護權評估在「篩除」對於孩子有害的監護權安排方面更有效率，而不是決定哪一方比較好。家庭司法心理學的代表人士則主張，法律標準應該把兒童最佳利益放在家庭脈絡下檢視（Grossman and Okun，2003年）。

上述監護權的標準，我們也看到一些經過修正後的變形出現在法院判決中，例如**近似法則**（approximation rule）與**友善父母法則**（friendly parent rule）。前者鼓勵法院檢視未成年子女以往從父母雙方所得到的照護，依此決定何種選擇最近似過去子女接受照護的狀況。乍聽之下雖然合理，但沒有考慮到兒童的發展需求不斷改變。而友善父母法則假定父母離婚的未成年子女最好與父母雙方保持聯繫；權衡之下，監護權會判給最有可能鼓勵子女與未取得監護權者接觸的一方，而非試圖限制此類接觸的一方。在某些州，法官因判決先例的拘束（亦即過往的法院裁判）或州法規定而遵守上述或類似的法則。若法官和心理衛生從業人員遵循友善父母標準，一般多是擔憂孩子與無監護權的一方會產生疏離。但這樣的思維可能忽略一個事實，即在某些情況下，未成年子女繼續與無監護權的一方接觸，有可能不符兒童的最佳利益。換言之，越不適任的父母越有可能會為了取得監護權而表現出對他方友好的樣子；相對於此，較適任的一方可能因為理解到與他方接觸對孩子不利的事實，因此不會對他方表現友好的態度。

不過，越來越明顯的趨勢是，未成年子女也希望對監護權的決定提供意見，儘管他們通常不希望是自己做出終局的決定（Parkinson and Cashmore, 2008）。研究指出，即便有關監護權的決定未必盡如未成年子女本人之意，不過如果孩子認為過程公平，他們的意願也被納入考量，那麼他們更有可能對於安置的決定做出更好的調適（Ackerman and Gould, 2015; Parkinson and Cashmore, 2008）。

在決定何者符合兒童最佳利益時，種族、族裔與文化是另一組相關的考量因素。正如馬爾多納朵（Maldonado, 2017）指出，「監護權相關的家 [202]

事法規，一般並未明確授權法院考慮父母的種族、族裔或文化背景。」（P.213）然而，馬爾多納朵強調，法官在做出監護權決定時，往往會考慮上述因素。法院的觀察重點可能包括父母的語言能力或移民身分狀態。「但風險在於，無論是法官、未成年子女監護權評估者，或者是相關的心理衛生從業人員，實際上在就監護權評估父母雙方的態度與行為時，所依憑的基準很可能還是以白人中產階級的常規為主要視角。」（Maldonado, 2017, P.214）。馬爾多納朵進一步指出，儘管諸多的法官與監護權評估人員都致力於做出公正不偏的決定，但他們同時可能受到自己未能覺察的偏見影響。和所有人一樣，這些針對未成年子女最佳利益進行決策與評估建議的專業人員，在檢視與處理資訊的過程中，同樣會依照自己的認知偏好而行。例如當接受評估的父母其中一方具備以下任一因素時，都有可能導致某些評估者做出不利該方的決定：身上有許多紋身和穿孔；無神論者；純素食主義者；希望孩子在家自學；說話用語文法程度不佳；有部分失明；工作要值晚班；雙性戀；教育程度有限。事實上如果沒有進一步證據足以證明未成年子女會因上述這些因素受到傷害（如在父母一方值夜班的狀況下，兒童會被單獨留在家），那麼它們根本不該與監護決定扯上關係。

美國心理學會的《兒童監護評估準則》（2010b）建議心理學家在處理此類事件時，應該要「覺察到自己和他人在種族、性別、性別認同、族裔、原生國籍、宗教、性傾向、障礙狀態、語言、文化、社會經濟地位等面向可能存在的偏見」（P.865）。然而，所謂隱性偏見正是個人無法意識到的偏見，因此除非監護評估者能夠針對自己的內在的標準與信念進行審慎檢視，否則偏見很可能會滲入監護評估中。此外，認識到自己的偏見並不足夠。心理衛生從業人員必須採取具體策略來克服這些偏見，像是參加客觀性之重要性的訓練，或嚴格審查自己的結論（Neal and Brodsky, 2016）。

綜上所述，沒有任何監護權判斷標準是完美無缺的。雖然透過未成年子女最佳利益的標準來決定監護權，聽似相當明智，實則如何達成此一決定的過程仍然非常主觀、模稜兩可，且有相當的爭議存在（Gould and Martindale, 2013）。有些研究者也指出，與其他類型心理服務工作相較，針對監護評估相關倫理議題向各州許可委員會提出投訴的事件，比例高出許多（Bow and Quinnell, 2001; Kirkland and Kirkland, 2001）。亞克曼和普里茨（Ackerman and Pritzl, 2011）發現，在他們研究的樣本群體當中，就兒童監護評估事件而言，就有近六成的心理學家曾經被投訴到相關的州級或倫理委員會，有17%曾因此受到暴力威脅，更有11.1%曾發生財產遭毀損的狀況。

至於法院對心理評估結果的接受度，美國心理學會（2010b）在其《司法心理學專業準則》中曾指出：「若評估者能以遵守倫理守則的方式執行兒童監護評估的司法心理業務，那麼相關評估最終會被法律體系接納，整件效用也會因此更加提升。」（P.863）此外，在家事法院或遺囑認證法院提供上述監護權評估服務的心理學家，必須秉持良好實踐或是最佳實踐的執業原則。所謂的良好實踐執業原則包括取得事件相關各方的必要知情同意；針對評估過程將涉及的內容與被評估者進行有效溝通；釐清付款方式和保密義務的限制；對各方闡明最終產出的報告將會被如何提出與利用。上述事項當中，有許多其實可以在事件一開始，就以書面方式載明並提供給律師與父母雙方（Symons, 2013）。

最終議題之疑慮

正如上一章討論到心理評估（如就審能力、刑事責任能力）的問題，監護權評估也會涉及「終極問題」。對於未成年子女監護權應該判給哪一方，或者是否應該允許有監護權的一方遷居至遙遠的他州等問題，是否應由評估者做出明確建議？《司法心理學專業準則》除了建議心理學家應該要注意終極問題的正反見解，以及提出監護權意見時可能隱含的偏見，並未再就此議題採取任何立場。若考慮到當代有關家庭的定義變化，已經超越了過往本於血緣或婚姻的傳統看法時，前述提醒特別有意義。部分研究者（如Melton et al., 2007; Tippins and Wittmann, 2005）認為，終極問題應該由法官來決定，而非心理學家。其他人（如Rogers and Ewing, 2003）則認為，心理學家某種程度上應該可以針對終極問題提出建議，只要其結論

[203]

是基於周延且可接受的資料。

儘管存在上述爭議，此領域的司法心理學家該如何看待針對兒童監護權終極問題的建議？一項調查（Ackerman and Pritzl, 2011）發現，過半數司法心理學家（59%）傾向贊成就終極問題提出建議。不過同一調查也顯示，與一九九七年進行的調查結果（66%）相比，百分比略有下降。因此，亞克曼和普里茨的結論是：「隨著時間推移，似乎有越來越多心理學家認為應避免對終極問題提出直接意見。」（P.626）然而也有人指出，在許多情況下，法官會要求到庭作證的心理學家回答終極問題，有時甚至會威脅動用藐視法庭處分。在某些司法轄區，司法心理學家則是被預期會針對終極問題提出建議，否則可能招致日後受法院囑託進行兒童監護權評估的件數大為下降（Bow et al., 2011）。由於美國心理學會（2002）的倫理準則建議心理學家提出的意見不應超出評估資料的範圍，因此鮑威及其同儕發現，一旦心理學家試圖答覆終極問題，很可能「對希望遵守職業道德準則，又希望幫助解決家內紛爭的鑑定或評估者，造成嚴重的道德困境」（P.309）。

未成年子女監護權事件的評估方式

囑託心理學家啟動未成年子女監護權鑑定或評估流程的法院命令，往往措辭不清，而且囑託的鑑定命題多屬開放式問題（Zervopoulos, 2010）。「通常這類法院命令的措辭都不具體，頂多提到需要進行鑑定或評估的當事人、被指名囑託執行評估的心理學家，以及此次評估的一般用途，有時甚至連評估目的用途也不會寫明，只有暗示。」（Zervopoulos, 2010, P.480）在這類鑑定過程中，雖然心理學家就如何進行以及可蒐集哪些資訊或資料有相當的自由，但仍建議在需要時應尋求法院或律師的解釋說明，或索取進一步的資訊和相關的檔案卷宗（Zibble and Fuhrmann, 2016）。此外，心理學家提出的報告，通常是法院在決定兒童最佳利益時的最重要文件。然而，在某些情況下，法院確實也會下令囑託心理學家評估一些特別可能引起關切的情狀，例如同案中涉及疑似性虐待、身體虐待、親密伴侶暴力，或父母一方可能罹患精神障礙的指控。在前述這些法律脈絡下，負責鑑定的心理學家還是應該把重心放在法院審理的標的，如此才能做出最符合案件與司法利益的輔助。舉例而言，在疑似涉及性虐待的案件中，作為鑑定或評估流程的最重要第一步，心理學家會對疑似受害人進行會談，然後對被指控的加害嫌疑人進行會談和評估，仔細審查相關紀錄，包括逮捕紀錄、醫療紀錄和兒童福利報告。同樣的，如果案件涉及親密伴侶或其他類型的家庭暴力，那麼鑑定或評估者必須審慎進行會談並仔細檢視相關的官方紀錄，像是警方報告、限制或保護令。

《司法心理學專業準則》（2010b）強調：「若能採用多重蒐集資料的方法，將可大幅提升心理學家依據這些資料做出最終結論、意見及建議的信度與效度。」（P.866）。在進行未成年子女的監護權評估時，心理學家經常使用各種心理量表、訪談問卷、衡鑑工具評估父母、監護人和未成年子女。執行這類業務的標準流程亦需蒐集多種資訊來源，包括電磁紀錄、面對面接觸並觀察家庭互動、與父母和子女會談，以及收集其他人所提供的周邊資訊，以求盡可能對於該家庭有更完整的理解。經常會需要蒐集的檔案和紀錄，還包括諸如醫療、心理衛生、法律訴訟和教育紀錄。前述這些資訊合併起來，構成心理學家在這類事件做出報告、結論和建議的基礎。例如他們可能會得出下列結論：父母一方或他方罹患憂鬱症，其症狀程度嚴重到足以妨礙養育照護子女的能力。對於《司法心理學專業準則》要求心理學家在面對這類事件時應該注意的事項，柴沃普洛斯 [204]（Zervopoulos, 2010）指出，該準則「要求心理學家將親職評估結論聚焦於親職能力、未成年子女的心理與發展需求，以及上述兩者的相互適配性。」（P.482）換言之，心理學家必須將所有因素（當然包括最重要的未成年子女最佳利益）納入考量，才能真正以專業協助被評估的家庭。

一項研究（Eve, Byrne & Gagliardi, 2014）曾對法官、律師、社會工作者、心理學家，以及其他對親職鑑定評估有經驗的專業人士進行調查，詢問他們認為什麼才是「良好的親職」（good parenting）。根據調查結果，研究者得出六大主題用以定義監護、會面探視、遷徙等評估程序中的良好親職力，包括：洞察力；意願和能力；日常與長期需求；將子女利益置於自身之前；培養依附關係；一致性和彈性。洞察力是指能夠理解作為父母角色的能力。意願和能力則是強調良好的親職需要相當的動力和技巧，以充分滿足孩童的基本需要。至於日常與長期需求，指的是在評估時，必須考慮父母是否在日常生活中會試圖滿足孩子身體、情感和認知需求；長遠來看，還必須支援和鼓勵孩子成為一個獨立的人。將子女利益置於自身之前，意味著父母必須能夠為了孩子的整體福利而犧牲個人需求。培養依附關係是指在親子之間持續發展出一種具備互動性的良性依附關係。一致性是表示要在一貫的基礎上為孩童設定健康的限制與界線；彈性則表示父母要能夠彈性因應兒童不斷變化的發展需求。許多專業人士認為，好的父母在一致性和彈性之間可以取得某種平衡。當然，並非所有文獻都同意上述六類就可以完整囊括良好親職能力的基準，但該項論述確實為日後的研究提供了一個基礎。

評估方法

心理衡鑑對心理學家如何得出最終的評估結論和建議有著深遠的影響。這些工具可以針對智力、人格、態度、認知缺損，以及精神心理病理狀況等進行評估。正如艾瑞克森、立林菲德和維塔科（Erickson, Lilienfeld & Vitacco, 2007）所指出，上述這些工具與方法，在評估親職的適任性及子女需求上成效各異。艾瑞克森等人也提出警告，有些衡鑑工具並不適合用於已經涉入家事法訴訟的成人或未成年兒童。

有幾項研究仔細檢視心理學家在進行監護權評估時所使用的方法，以及分配給此程序的執業時間（如Ackerman and Ackerman, 1997; Bow and Quinnell, 2001; Keilin and Bloom, 1986; LaFortune and Carpenter, 1998）。研究顯示，評估者所使用的方法從完全依賴訪談資料（Keilin and Bloom, 1986）一路發展到能夠納入並運用廣泛的評估方法，包括專為監護權評估開發的衡鑑工具（Bow and Quinnell, 2001）。這些衡鑑工具並非沒有受到批評，有些心理學家認為它們在實際被應用前的基礎研究不足（Erickson et al., 2007; Krauss and Sales, 2000; Otto and Heilbrun, 2002）。

幸而，過去十年間，心理學界針對如何進行此類評估已達成某種程度的共識。「在有關如何進行未成年子女監護權評估的文獻中，專業意見有所分歧的領域越來越少。事實上，對於該如何進行此類評估，共識正逐漸形成。」（Ackerman and Gould, 2015, P.427）然而，研究內容在現實生活中未必能轉化為實踐；以現況而言，在監護或父母親職評估的品質方面，仍然存在巨大差異，也導致法官和律師們感到挫折（Ackerman and Gould, 2015）。 [205]

在二〇〇八年的一項研究調查中，亞克曼和普里茨（Ackerman and Pritzl, 2011）發現，與一九九七年亞克曼的研究相較，常用的評估方法在使用程度與範圍上存在些許差異。這項研究指出，在上述兩項研究所涵蓋的期間，實施的主要衡鑑工具是相同的，但近期研究呈現心理學家使用衡鑑工具的比率較高。他們所列出的衡鑑工具包括人格量表（如成人MMPI-2和青少年MMPI-A）、智力測驗、阿肯巴赫兒童行為檢查表（Achenbach Child Behavior Checklist）、完成語句測驗（sentence completion test）、成就測驗（achievement tests）。至於在兩個研究所涵蓋的兩段期間內，使用量顯著增加的衡鑑工具包括專門用於兒童的康納斯評定量表（Conners Rating Scal）[2]、兒童憂鬱症量表（Children's Depression Inventory），以及用於成年人的貝克憂鬱症量表（Beck Depression Inventory）和密西根酒精篩檢量表（Michigan Alcohol Screen Test）。

令人意外的是，自一九九七年以來，**投射型測驗工具**（projective instrument，如投射型繪圖或羅夏克墨漬測驗）的使用率顯著增加，有過半的心理學家會利用這類衡鑑工具。所謂投射型工具，指的是一種特殊類型的心理測驗，其假設是一個人在面對模稜兩可的刺激（如可能有各種不同觀察或詮釋角度的墨水或圖片）而做出反應時，其性格特徵和特質能最大

2. 譯按：此一量表為心理學家康納斯（Carmen Keith Conners）設計，用於針對兒童ADHD病狀的評定。

程度展現出來。不過這類測驗非常有爭議性。有些心理學家認為，進行人格評估時如果欠缺這類投射型測驗的資訊，評估就不完整；另一方面，也有其他心理學家認為，這類投射型工具或測驗未經科學檢證，難以被認為具有信效度。此外，大多數研究心理學家和臨床心理學家都認為，這類測驗根本無法通過道伯法則的科學證據標準，無法被用於司法審判。目前在美國，絕大多數州法院體系對於科學證據是否具備證據能力及可否用於審判，都會遵循道伯法則或類似的基準判斷。

會面探視風險評估

與未成年子女監護權議題密切相關的，還有會面探視的問題；在監護權評估中，都會包括對子女進行會面探視的建議。理想狀況是，未成年子女應該有機會與父母接觸，父母雙方也有權參與子女的生活。然而，監護權人對於無監護權他方的會面探視權提出質疑，或主張加以限制的狀況，並不少見。這類情況通常是發生在無監護權人對未成年子女的情感或生理層面造成傷害，或者存在造成這些傷害的重大風險。在一些引人矚目的案件中，曾出現有監護權或無監護權的一方攜同未成年子女潛逃，並聲稱這樣做是為了保護孩子免受他方虐待。有不少這類案件演變成兒童失蹤案件，相關資訊登載到聯邦失蹤兒童資料庫。

因此，除了監護權評估，有時心理學家和其他心理衛生從業人員也會被要求進行會面探視的風險評估，協助法院裁量是否應考慮對會面探視權做出限制，甚至全面剝奪。舉例來說，根據這類評估，家庭法院的法官可以做成要求所有的會面探視都必須在兒童社會服務個案工作者或法院指定監護人的監督下進行。

進行會面探視風險評估的心理學家，最好能夠與父母雙方會談，並且視情況及孩子年齡，也可以與孩子會談。心理學家的任務是，確認父母與孩子之間有無出現可能導致不適當和潛在有害的親子關係之心理問題或行為模式。不過，如同上文討論，這樣的風險評估並不存在「實踐標準」。

有關監護評估的研究也比會面探視風險評估來得多。此外，在許多會面探視的評估程序中，對於什麼是「良好的親職」存在相當的爭議（Eve et al.,2014）。

父母一方的遷居問題

司法心理學家扮演的另一個重要角色，則涉及父母一方遷居和孩子重新安置的問題。這是所有家事法事件中最困難的類型之一（Atkinson, 2010）。監護權人在與原配偶分居或離婚後，往往會希望和子女一起搬遷 [206] 到新的地點。但是當無監護權的他方對此遷徙的意圖或舉動提出質疑時，一場法庭大戰可能繼之而來。想要搬遷的一方通常都有充分的理由，例如更好的就業機會、接近其所屬的大家庭，或因應新伴侶的需要（Atkinson, 2010）。另一方面，取得監護權人也不無可能透過遷居的方式懲罰他方，藉此讓子女與其疏遠。在大多數兩造對於一方遷居有爭議的事件中，通常沒有監護權的一方仍然會與子女互動，哪怕只是偶爾會面探視。

一般來說，無監護權的一方無論是要遷居或更換工作，基本上都毋須取得法院或監護權人的許可。不過，如果是監護權人想移居到距離他方較遠的地點，事態就完全不同；在這種狀況下，只有取得前配偶（或伴侶）同意及／或法院明確許可時才能這樣做。「在有法令規範監護權人遷居行為的三十七州，其中二十五個州明確要求想搬遷的監護權人應向無監護權的他方發出通知，且這類書面通知通常必須透過附回執的雙掛號郵件寄送。」（Atkinson, 2010, P.565）如果無監護權的一方對遷居提出反對，那麼在監護權人的自主決定及無監護權一方與子女持續互動的利益之間，就會產生相當的衝突。

在共同監護的情況下，日後若出現監護權人一方要遷居時，尤其容易有爭端，因為法院必須決定是否依據現況做出不同的處置。更重要的是，法院必須評估並認定這樣的搬遷行為對於無遷居意願的監護權人與子女之間的關係，將會造成如何的潛在損害（Austin, 2008a）。通常在這類事件中，法院會要求心理學家或精神心理衛生從業人員進行遷居評估。鑑定人或評估者顯然必須熟悉與監護權遷居相關的法令要件，以及適合的判例（Gould and Martindale, 2013; Stahl, 2010）。例如大多數州都有相關法令與判決先例，規範法院在決定子女可否與父母一同遷居之前應考慮哪些因素。（相關案例與說明，參閱重點提示 6.2）。可惜的是，上述法令有許多未慮及一旦未成年子女與另一方相距遙遠時，所可能產生的潛在有害影響（Kreeger, 2003）。

發展心理學家日漸理解，遷居對於未成年子女而言，只是可能對其生命產生顯著影響的一連串事件、體驗與改變之一。兒童的發育年齡、預計遷居的距離、無監護權一方參與兒童日常活動的程度，以及導致父母離婚的衝突性質，都是評估程序中需要予以審慎檢視的關鍵性因素（Austin, 2008a, 2008）。就這類事件進行評估或鑑定工作的心理學家，必須仔細考慮兒童主要居住地一旦改變之後，可能會對兒童的身體、教育和情感發展造成的影響。如果當事孩童有特殊需求時，上述因素就變得更加重要。此外，進行評估的專家們也必須在報告中說明，在同一事件中，監護權與會面探視權在過去受到允許及行使的程度。

進行評估的心理學家也必須關注遷居兒童的發展年齡。年幼的兒童似乎不會受到遷居的負面影響，但隨著年齡增長，他們可能會對遷居的原因感到困惑，而且視他們與監護權人的關係，可能對此狀況產生強烈不滿。八至十二歲的孩子較可能對遷居表現更好的調適能力，主要是因為他們更加具備必要的認知和語言技能，藉以維持與另一方父母的遠距關係，以及理解離婚父母的關係（J. B. Kelly and Lamb, 2003）。另一方面，青少年往往會抗拒遷居，因為他們已經與學校、同儕、運動團隊或其他社團建構出緊密連結。

重點提示6.2

遷移住居所的決定

[207]

如本文先前提到，離婚後常見有一方可能會希望搬遷並遠離他方。無論離婚配偶對於監護權歸屬採取何種形式的安排，因此而被拋下的一方對遷居提出異議時有所聞。萬一雙方無法就遷居議題達成協議，可能就必須交由法院做出裁判。

賓州有個案件（*Gruber v. Gruber*, 1990）使得監護遷居的議題引起討論。在該案中，母親獲得子女的主要監護權，父親則享有自由探視的權利。後來母親希望遷居伊利諾州，主張在該州她能得到來自原生家庭的支援，而父親對此提出質疑。地方法院未准許遷居，但案經上訴後，上訴法院推翻原判決，前提是要考量三個具體條件。這個由上訴法院所建構的判斷基準，稱為格魯伯三段基準（Gruber three-part test）。基本上，三段基準審查的條件包括：遷居能否具體改善母親的生活品質、遷居的動機，以及遷居後無監護一方是否仍可能行使會面探視權及其程度。法院在該案也指出，未成年子女最佳利益原則的標準過於模糊，無法適用於有關監護事件中許可遷居與否的決定。

上述案件也引發一股趨勢，各州法院開始採用類似或由此擴張的基準。許多法院認為格魯伯三段基準失之模糊和簡單化，因此也衍生出其他基準。此外，賓州立法機關也在其制定的《兒童監護法》中，將上述基準擴張修改為包括十項因素：

一、評估未成年子女與有無監護權之父母，以及其生命中重要他人之間的關係。

二、將孩子的年齡、發展階段、相關需求、遷居可能造成的影響審慎予以考量。

三、根據雙方的支援體系與財務情狀，考量保持子女與無監護權方之關 系的可行性。

四、依據未成年子女的年齡與成熟度，將其個人意願納入考慮。

五、確認事件任一方是否有既定的行為模式，會促進或破壞未成年子女與他方之間的關係。

六、評估遷居是否會提升遷居方的總體生活品質。

七、評估遷居是否會提升子女的總體生活品質。

八、評估事件中各方尋求或反對遷居的原因和動機。

九、考慮任一方或其家庭中，過去或現在是否曾出現任何虐待情事，是否存在對兒童或受虐方發生傷害的持續風險。

十、將任何足以影響未成年子女最佳利益的因素納入考量。

顯然當一方提出遷居的請求時，可能會導致複雜的決策過程，需要承審法官以外之人提供相關意見。當離異的雙親已經無法自行商討出合理的計畫，未成年子女也只能由家庭法院加以安排。

問題與討論：

一、格魯伯三段基準與賓州《兒童監護法》的十項法定要素的基本區別是什麼？

二、上列十項因素中的最後一個，明文鼓勵法院把兒童最佳利益的其他因素納入考量。請舉例說明。

三、上述因素中，有哪些可能會需要心理衛生專業人員參與？

四、在你的國家，兒童監護的相關法令中有無類似的格魯伯基準？

總之，要解決監護事件中有關遷居的爭端，需要綜合評估各種因素。雖然有些遷居事件相對容易解決，但許多事件往往困難得多（Atkinson, 2010）。如果法院想根據兒童最佳利益原則來處理案件，就必須詳細權衡每個因素，而對此法院非常倚賴心理學家與其他心理衛生專業人員協助他們做成決定。

有關監護權處置的研究

[208]

監護權的安排方式往往可分為下列四種模式：一、單獨監護；二、分別輪流監護；三、（複數子女的）分割監護；四、共同監護。以上四種安排方式會基於父母或照顧者在法律面與現實面的決策權來決定。**法定親權**（legal parental authority）是指，有關兒童長期福利、教育、醫療、宗教、教養和其他會對其生活產生顯著影響事項的決定權。**現實層面的親權**（physical parental authority）指的是，父母有權做出影響僅及於孩子日常活動的相關決定，例如孩子是否可以在朋友家過夜、打棒球或壘球、參加生日聚會或使用父母的汽車。（參見表 6.2）

單獨監護權是最常見的模式，雙親中只有一方享有法律與現實層面的權利，而另一方除了會面探視交往權，則沒有其他權利。如本章先前所述，在美國，絕大多數取得單獨監護權的是母方。以二〇〇九年的數據為例，82%的監護權人是擁有單獨監護權的母親（U.S. Census Bureau, 2011b）。

分別輪流監護是由父方與母方輪流在一定期間內取得子女在法律與現實面監護權的安排方式。例如在未成年子女無需離開就讀的學校下，讓其輪流與父母生活。當父母雙方居住在不同地理區域時，監護權的時間安排通常就會根據學年或假期的始末。如果父母的生活區域在地理上相近，那麼監護權輪替的時間跨度就可能很短，例如父親是週末，母親則是工作日。至於**分割監護**，則是指一個或多個子女的監護權在父母一方，其他子女的監護權則歸屬另一方。當同一家庭中的複數未成年子女年齡相差甚遠，例如同時有青少年、學齡前與學齡兒童，這種安排最有可能出現。至於**共同監護**，則是父母雙方共享法律和現實決定權，只是實際上子女主要還是與父母一方共同生活，該父或母具有日常事務的實際決定權。在一些共同監護的安排中，父母之間經常可見分歧和衝突，主要是關於現實層面的親權行使。這時法院可以做出**有限共同監護**（limited joint custody）的裁判，由父母雙方共享法律層面的監護權，但只有一方會被授予專屬的現實面親權，而另一方則有無限制的會面探視權。家庭法院通常也會認可共同或分享監護權的某些變形，藉此鼓勵孩子與父母保持頻繁接觸（Connell, 2010）。

表 6.2　四種基本監護權安排的定義與特色*

監護權的安排方式	定義	特徵
單獨監護	由單方父母享有完整的法律面與現實面監護權。	最常見的監護權安排方式，原則上多授予母方。無監護權一方可依其意願享有自由會面探視權。監護權人有意變動住居所時，必須事先徵得法院同意。
共同監護	由雙方父母同等共享現實面與法律面監護權。	未成年子女可以（也可以不）輪流與父母共居；一切決定均共同為之。此模式適於父母雙方衝突最小的狀況，但最重要的還是正向的親子關係。
分別輪流監護	父母雙方均享有現實面與法律面的單獨監護權，但必須定期輪流為之。	一般常見安排方式是依照學年輪替監護權。
有限共同監護	父母雙方分享法律面的監護權利，但僅由一方行使現實層面的監護權安排。	現實面的共同監護不適於雙親或親子之間出現衝突的狀況。或者當父母一方無法承擔現實面的監護權，又希望就未成年子女的法律議題分享權利時。

* 雖然有上述基本類型，不過家庭法院與父母常會據此進行各種調整，盡可能符合未成年子女的需求，尤其是伴隨年齡成長出現的需求。列表未提分割監護，其由父母雙方針對不同的子女做出不同的安排與決定。

[209]　司法心理學家和法律專業人士逐漸認知到讓未成年子女參與直接影響其生活和福祉決策過程的重要性（Lehrmann, 2010）；對於已經能夠做出合理判斷的孩子尤其重要。司法心理學家同樣必須明白，在這類問題上，法

律層面與心理科學層面的觀點確實有所不同。「從法律角度來看，儘管未成年子女的選擇意願在諸多狀況下具備一定程度的法律意義，但他們在大多數相關議題上仍不具決策權。」（Lehrmann, 2010, P.474）。是以，在一些特定的法律狀況下，有可能需要任命律師代理未成年子女，以保障其權利和願望。

進行監護評估的心理學家和其他心理衛生從業人員也必須了解有關離婚和監護權安排所產生之影響的研究（如Bricklin and Elliot, 1995; Johnston, 1995; Maccoby, Buchanan, Mnookin & Dornsbusch, 1993; Wallerstein, 1989）。不可諱言，前述提到的研究許多已然過時；時至今日，有關經濟機會、種族與文化因素、階級流動性，以及各種社會福利的快速變遷在在顯示，依賴過往的研究時要謹慎。此外，檢視上開研究的過程可能令人感到挫折，正如克勞茲和夏爾斯所觀察，許多方法堅實的研究，卻得出截然不同的結論。尤其令人感到不知所從的，是比較共同監護與單獨監護的研究（如Bauserman, 2002, 2012; Gunnoe and Braver, 2001），其結論是，沒有任何一種監護權安排方式明顯優於另一種。

有關未成年子女面對父母離異與監護權爭端應該如何調適，研究發現諸多因素扮演關鍵角色（參見K. D. Hess, 2006），包括但不限於：兒童的年齡和性別、父母之間的敵意、養育子女的親職技能、親子關係的品質、父母雙方的情緒與生理健康狀態。無論是法律或心理衛生專業人士，在進行監護權評估時，尤其應該考慮上述這些因素，同時不應單純依據上述研究報告中所提出的群體資料，就直接針對有待鑑定或評估的特定未成年子女最佳利益做出以偏概全的推論。此外，如上所述，許多有關監護權安排的研究不夠明確。

一篇針對上述研究做深入討論的重要論文（Nielsen, 2017），把焦點放在過去數十年來既存的假設：如果雙親之間存在衝突，應該避免共同監護。在回顧此領域的研究後，作者提出的結論是，除非父母關係的衝突重大，否則原則上親子關係的品質要比雙親是否衝突，更能預測共同監護是否會有正向的成果。換句話說，如果親子關係健康良好的話，就算父母之間的關係不太「友善」，共同監護還是沒有問題。由此觀之，顯然要進行稱職的兒童監護權評估，必須熟練整合科學知識和臨床敏銳度（Gould and Martindale, 2013）。

離婚對兒童的影響

一項研究針對相關文獻進行回顧，做出意料之中的結論：「研究結果基本上指出，當未成年子女可以與父母雙方都建構起強有力且健康的關係時，對未成年子女是最有利的。」（Gould and Martindale, 2013, P.123）正如前文所述，就算雙親分居或離婚，建構良好親子關係的可能性依然存在。有些離婚事件中的子女縱使在心理上感到痛苦，但仍具備高度韌性，也能很快針對父母離異的現實進行調適。不過有些孩子則可能對於父母離婚做出非常負面的反應。一般來說，有大量的研究指出離婚可能會對大多數的子女造成負面影響，至少在短期內是如此（Krauss and Sales, 2000; M. [210] E. Lamb and Malloy, 2013）。還有一些研究則指出，相較於來自婚姻正常家庭的孩子，許多經歷父母離婚的孩子更可能出現較低的課業學術表現水準、心理發展遲緩、認知技能的困難，以及精神心理健康層面的問題（Amato, 2000, 2001, 2010; H. S. Kim, 2011; Uphold-Carrier and Utz, 2012）。此外，前述精神心理健康問題中，尤其是憂鬱症與焦慮疾患，會影響到這些孩子或青少年的成人階段。保羅・阿馬托（Paul Amato, 2010）提到，來自離婚家庭的已成年子女更容易展現出較不佳的心理健康與調適狀況，同時在其自身的婚姻中也更容易出現問題。這些成年子女感覺自己與父母的關係不那麼密切，而且他們自己的婚姻最終以離婚收場的風險也更高。

司法心理學家作為案外顧問

許多司法心理學家在兒童監護和離婚事件中的另一個重要角色，是擔任案外顧問。案外顧問是由法院指定，提供有關家庭成員互動及兒童╱青少年發展研究的最新知識。家庭和發展心理學的研究近年來迅速拓展，是以法官與其他法律專業工作者認知到他們確實有必要在就監護權個案做出決定前，經常針對上開領域更新知識。一般而言，法院可能會對某個具體議題或主題感興趣（如具特殊需求的兒童，或患有精神障礙的個人），因而請求心理學家就此提供資訊以協助決策。當然，案外顧問必須對具體個案細節知之甚少，或一無所知。他們在提供研究知識時，可以在法庭內以鑑定人或專家證人的身分為之，也可以在法官辦公室進行。

司法心理學與民事訴訟

一般認為我們身處一個好訟的社會，人們透過法院對於各式各樣據稱造成侵害的他人行為尋求賠償救濟。有各種不同的方式可以訴諸民事法院，包括但不限於：侵害人權事件、違約事件、侵害智慧財產權事件（如專利侵權）、冤獄賠償事件、勞動法事件（如不當勞動約款）。此外，被指稱涉及損害名譽、侵犯隱私等人格權事件，還有毒物品的環境損害事件，乃至於人身傷害事件，同樣會進到民事法院審理。本節將說明上開各類民事事件的損害賠償請求，基本上會以經濟賠償的方式為之。

在民事案件中，提起訴訟的人稱為原告，其聲稱造成損害的個人或組織則稱為相對人或被告。原告之所以提起民事訴訟，是為了獲取某種形式的救濟。如果原告聲稱受到精神層面的嚴重痛苦，這時他不僅要接受原告律師聯繫的專業人士做評估，也要接受被告方所聘任的人士進行評估。在一般狀況下，原告通常會聘任心理學家就此進行評估。

最常見的民事訴訟類型是**侵權行為**（tort），這個法律用詞意指原告主張被告因過失或故意，導致原告民事權益遭受侵害。侵權行為的法定要件在法庭內一旦經過證明即告成立。就此而言，侵權行為可解釋為，在民事訴訟中經舉證證明成立，並且可能因此須負損害賠償責任的加害行為（Foote and Larau，2013）。正如德羅金等人（Drogin, Hagan, Guilmette &

Piechowski, 2015）所概述，在侵權行為之訴，原告必須舉證證明四個要件：

一、義務（duty）：被告有為某行為或避免為某行為的積極義務。
二、義務之違反（breach）：被告未能遵守上述義務。
[211] 三、損害之結果（harm）：原告遭受某種可識別的權益侵害或傷害。
四、因果關係（causality）：被告違背義務的加害行為是原告損害的原因。

在大多數民事案件中，由律師聘任的司法心理學家應該審慎評估以下狀況：一、原告是否受到被告加害；二、如果原告受到傷害，傷害的類型和程度為何（Foote and Lareau, 2013）。在大多數情況下，司法心理學家往往側重於評估原告所受的功能性損害（functional impairment）的類型和程度。相較於取得精神醫師依《精神疾病診斷和統計手冊》（*DSM-5*）做成的診斷（如泛焦慮症或重鬱症），上述這種方法往往被認為是更具成效的策略；因為精神疾病的診斷在建構原告所受損害此一要件上，通常不具備法律效力。此外，正如德羅金等人（Drogin et al., 2015, P.496）指出，《精神疾病診斷和統計手冊》再三強調，依據手冊做成的診斷是為了臨床醫師、公共衛生專業人員、研究人員所提供，並告誡不要利用這些診斷去符合法院的需求。另一方面，所謂的功能性損害與一個人有沒有能力達成日常居家與職業的基本需求有關。更重要的是，功能性損害不僅會影響原告的生活品質，還可能妨礙原告執行其在受害前所從事的工作。

原告可以請求的救濟一般可分為三類：一、禁制令；二、命原告為特定作為；三、金錢賠償（Foote and Lareau, 2013）。原告若聲請禁制令，一般是因為希望制止被告持續對原告造成損害的行為。在聲請法院命被告為特定作為的狀況，則是原告希望被告履行其應為或有義務為之的事情，例如在勞動場所為持有證明的身心障礙者提供合理的便利措施。在大多數民事案件中，原告會主張被告應就原告所受之損害支付某種形式的經濟賠償。

至於損害賠償，原則上分為兩個主要類別：補償性和懲罰性賠償。**補償性賠償**（compensatory damages）旨在彌補原告遭受的損害。**懲罰性賠償**（punitive damages）則是當所造成的損害嚴重到法官或陪審團認為被告應受到額外懲罰時，才會依法進行評估。懲罰性賠償的主要目的在於遏止被告持續其加害行為，並嚇阻其他人犯下類似的加害行為（Lenton, 2007）。原告若要獲判損害賠償金，首先必須舉證證明因被告行為所造成的身體、情感或精神傷害。其次，原告必須證明被告是出於故意或過失實施加害行為。與家庭法和其他監護權案件一樣，大多數這類案件會在審判前就於庭外達成和解。受到被告爭執的原告請求當中，有許多主張因被告之行為造成認知功能受損或情感傷害（Foote and Lareau, 2013），這時就會聘任司法心理學家進行相關評估。

司法心理學家參與民事訴訟案件前期程序的方式，包括引導雙方調解程序的進行、對原告和被告進行評估，或為兩造律師提供諮詢。其後，如果案件進入審理階段，司法心理學家也可能擔任專家證人作證。

在民事訴訟案件中，心理學家可能被以鑑定人或專家證人的身分傳喚到庭，在未曾先行對原告進行評估的前提下，針對本案所主張的損害造成的影響做出比較通盤性質的專業意見。舉例來說，在一件涉及原告主張基於性別而歧視（本質上屬於一種基本權侵害）的民事訴訟中，一位針對性別刻板印象之形成具研究專長的心理學家，可能以鑑定人或專家證人的身分被傳喚到法庭作證。如同本書第四章提到，研究者持續關注道伯基準對專家意見在法庭內的證據能力之影響。到目前為止，實務上律師們持續對專家意見的證詞提出質疑，而法官們則是對於專家意見證詞的審查有益發謹慎之勢，且相較於道伯案判決做成之前，法院拒斥專家意見證詞的狀況也更多（McAuliff and Groscup, 2009）。然而，法官們履行在道伯基準下的證據能力把關職能，其績效如何尚難以斷言（Dixon and Gill, 2002）。此外，正如麥考奧里福和格魯斯卡帕指出： [212]

單就法官們在後道伯案時代對於專家意見證詞的審查日趨審慎，予以排除證據能力的案例有增無減此一事實觀之，並不能得出法院的審查結果必然正確的結論。我們所回顧的所有文獻，都未能提供任何證據證明法官已經做到准許有信效度的科學證據進入法庭，同時排除垃圾（偽）科學。（P.28）

本章接下來的部分，將介紹司法心理學在其他民事法領域可能扮演的重要角色：涉及心理因素的個人傷害訴訟；民事法律行為能力，包含遺囑能力或自理能力；評估對治療予以同意或拒絕的能力；評估強制住院治療。我們也將討論到關於（尤其是職場）性騷擾與性別騷擾此一日趨重要之議題的評估工作。以下從人身傷害的損害賠償請求開始討論。

有關就業補償、失能及人身傷害之求償

就業補償法的立法，主要是為了避免在工作中受傷的受雇者採取大量的侵權訴訟。人身傷害案件的法律架構，則是由侵權法（tort law）加以界定。「侵權法肯認，如果一個人違背了對他人的注意義務，並因此造成損害，則可以主張金錢損害賠償。」（Greenberg, Otto & Long, 2003, P.412）通過就業補償法時，國會和州立法機構理解，受傷的勞工將面臨與對抗實力強大的雇主。因為根據侵權法，受雇人必須證明雇主的故意或過失，而這是一個漫長且費力的過程，且實際上損害賠償請求的成功案例不多，甚至最後往往使勞工及其家庭陷入貧困狀態（Melton et al., 2007）。

雖然與就業補償法相關的損賠請求會涉及人身傷害，不過通常勞工也會一併提出心理傷害或精神痛苦的主張。假設傑森受雇於某家屋頂維修公司，常態性的業務是修理因惡劣氣候狀況而損壞的屋頂。某日傑森在更換三樓屋頂的瓦片時，被一陣狂風吹落，造成他的背部嚴重受傷。除了前述的生理傷害，傑森同時主張嚴重的精神痛苦，包括出現懼高症狀，臨床表現為無法爬梯或乘坐自動扶梯，或陪同十歲兒子在滑雪時乘坐升降椅。值得注意的是，傑森並未主張其雇主派他在惡劣天氣下修理屋頂有何過失，

他只是主張雇主應該補償其工資損失，以及因為墜落所導致的生理面與神經面影響（例如造成他日漸衰弱的背痛、反覆出現的頭痛症狀），以及因為懼高對生活造成的改變。

另一方面，雇主可能需要為受雇人所受的傷害負責，因此可能遭到民事追訴。回到上述案例，如果傑森穿戴的安全裝備不足，而且是在強風下被派去修理屋頂，這時傑森便可以主張其雇主已經違反保護員工的積極義務，而這也是造成其痛苦傷害的成因。在這種情況下，上述主張可能會進入侵權法，而非單純以就業補償事件的方式來解決。

精神傷害（包括心理和神經層面傷害）的評估，也會出現在其他未必與雇傭關係相關的人身傷害訴訟中。當律師和法官面對原告主張遭受職場外精神或情感層面的傷害時，他們越來越傾向尋求心理學家和其他心理精神衛生從業人員的協助，以對這類主張有更好的了解（Greenberg et al., 2003）。舉例而言，如果某人主張在車禍中或因為在鄰居家草皮上跌倒而受到「痛苦與傷害」及「精神損害」，這類主張就包含了心理精神健康狀態。此外，在環境污染或瑕疵產品的損賠事件，原告經常會主張心理與神經損傷。在這些案例中，「法院會尋求心理與精神衛生專業人士給予協助，因為法院認為有關原告的心理功能與適應性是個複雜的問題，超出律師、法官、陪審員所能理解的範圍。」（Greenberg et al., 2003, P.411）[213]

無論上述評估是否涉及心理或神經層面的傷害（通常兩者兼有），司法心理學家在這類事件當中進行的失能評估往往至關重要且相形複雜（Drogin, Hagan, Guilmette & Piechowski, 2015; Piechowski, 2011）。

觀點專欄6.1

專精於民事訴訟：一項常被忽略的職涯選擇

麗莎．皮耶霍夫斯基 Lisa Drago Piechowski, PhD，美國專業心理學認證委員會

週末早上我最喜歡的放鬆方式，是喝杯咖啡和玩《紐約時報》的週日

字謎。我一直很喜歡解謎，它始於發現片段資訊，而後匯聚思緒，最終將它們拼湊出一種模式，形成解答。問題乍看難以理解，然後漸漸在不斷的試誤過程中浮現意義，此一歷程尤其讓人感到心滿意足。解決最具挑戰性的問題最讓人開心。

我擔任司法心理學家已經二十多年。正如解決難題，司法心理學也涉及收集四散的資料，辨識出某種有意義的模式。這個領域讓我持續發現驚喜與無窮的挑戰。不過走到今天這一步，遠非一蹴而就。

剛上大學時我並不清楚自己想做什麼。我想過念法學院，但不喜歡當時別人建議我選修的政治學課程。大學生涯中我念過三個不同的主修。畢業後，我先去當特教老師；雖然我喜歡這項工作的許多面向，但最終我理解到它並不適合我。我仍然對法律感興趣，但我對理解人們的想法和思考方式也很感興趣。我花了幾年時間探索不同的職涯選擇。之後，我取得諮商心理學碩士學位，並擔任過家庭治療師，後來則是在大學的諮商輔導中心工作。這時我才開始覺得自己走上正確的軌道，但同時也意識到，如果沒有博士學位，我的職業選擇會很有限。因此，我決定回到學校深造，成為一名心理學家。我申請了麻州大學的博士班，並在我三十三歲生日時收到錄取通知書。當下我知道自己做了正確的選擇。

獲得博士學位後，最初幾年是在不同的私人診療所擔任臨床心理學家。由於我的指導教授之一是一位司法心理學家，我也漸漸對探索此領域生出興趣。我透過繼續教育課程和閱讀來學習司法心理學。後來我有機會為一家失能保險公司擔任顧問，協助心理健康失能索賠給付。

全心投入工作之後，我才發現有關失能的司法心理學評估相關著作非常稀少。為了填補這個空白，我開始思考如何將我所學的司法心理學原理與實務經驗應用於工作上。我受到格林索（Grisso）所提出的法律能力門檻概念模型與其下五大要件（功能、因果關係、互動、判斷、傾向）的影響，思考如何將該模型應用於失能的評估。我開始寫下這些想法，最終出版了一本書論及司法心理學失能評估的最佳實踐（Piechowski, 2011）。我的職業興趣也從原本的失能評估擴大到其他類型的勞動就業事件，例如適任評估以及有關《美國身心障礙者保護法》的案件，同時還有其他一般的民事訴訟。雖然我也會承接一些刑事和家事案件，不過我是少數專門在民事訴訟領域執行心理業務的司法心理學家。 [214]

我在二〇〇四年獲得美國司法心理學委員會的認證。從那時起，我就一直積極參與該委員會的運作，並在理事會和考試委員會中任職。同時我活躍於美國心理學會，曾擔任專業實踐和標準委員會及法律議題委員會的主席。我也為美國司法心理學院提供關於失能和就業評估的推廣教育課程。這些都讓我有機會可以結識聰明又學識豐富的司法心理學家，並與他們合作。

時至今日，我的心理業務已經相當多元，案件類型包括民事、家事和刑事。此外，我也在一個臨床心理學的博士課程教授司法心理學、心理衡鑑，還有倫理課程。我也從事寫作與研究。有時候我可能會開車去看守所評估被告是否具備就審能力、在人身傷亡案件中作為鑑定人／專家證人出庭、針對即將開始的訴訟為律師提供諮詢，或與學生會面討論研究內容。我花很多時間在辦公桌前寫報告、查看紀錄、回覆電話。當然，由於私人執業，因此我也要花時間做些看起來不那麼光鮮亮麗的行政庶務，如寄送請款單和採購辦公用品。

執行心理業務的過程中，我有許多機會評估民事訴訟的個案。這個過程往往需要就案件的具體爭點諮詢律師或其他轉介來源、決定評估與衡鑑策略、選擇適當的心理衡鑑工具、取得相關紀錄並予以檢視、與受測者進行評估。其後，則是進行衡鑑結果的評分和解釋，審查收集的所有資料，並將資訊統整後回答我試圖回答的問題。通常我會提出一份書面報告，總結相關資料和我的意見。如果案件進入審理，我會與律師碰面討論專家意見與證詞範圍。為了準備出庭作證，我會複習所有收集到的資料，讓自己對於結論極度熟稔，能在法庭中解釋我進行鑑定的結果與過程。一旦進入法庭審理，我會在詰問程序中的主詰問詳盡描述與講解我的鑑定結果與經過（這是比較輕鬆的部分），然後在反詰問中回應對造律師的挑戰（這部分就沒有那麼輕鬆）。

坦白說，我無法想像有哪個職業會比司法心理學更適合我。我的工作從不枯燥。執業歷程中，每天的工作都不相同，每個案件都帶來新的挑戰。就如同填字遊戲，我的工作涉及收集各種資訊、形成假設、推論結果。這個工作讓我有機會面對並解決最具挑戰性的問題，而這對我而言是最有價值的。

皮耶霍夫斯基博士是北維吉尼亞州阿格西大學美國專業心理學學院的臨床心理學副教授，在馬里蘭州銀泉市從事私人法醫心理學實踐。她也是《司法心理健康評估最佳實踐：職場失能之評估與衡鑑》（*Best Practices in Forensic Mental Health Assessment: Evaluation of Workplace Disability*）一書的作者，曾任二〇一六年美國司法心理學委員會的主席。

神經心理性的損傷

如果在案件中有人主張遭受特定類型的神經心理損害，可能就需要聘請神經心理學家或專門研究神經心理學的司法心理學家參與。事實上，在臨床神經心理學的領域，成長幅度最大的正是**司法神經心理學**（forensic neuropsychology）（Bush, 2017; Otero, Podell, DeFina & Goldberg, 2013），主要是因為司法體系對於能夠識別神經心理缺陷的專家證詞，需求顯著增加。在民事訴訟中，這類需求增加最多的是涉及創傷性腦損（traumatic brain injuries, TbIs）的案件，例如動力交通工具事故（Otero et al., 2013），以及在體育活動中發生腦震盪的事件。在上述案件中，原告往往會請求可觀的金錢損害賠償。根據《美國醫學會雜誌》一項研究指出，在202名已故美式足球運動員中，有87%的人出現腦損傷，包括111名職業美式足球運動員中的110名（Mez et al., 2017）。該研究認為，個人參與美式足球賽的程度越專業化，腦損的狀況也越嚴重。 [215]

當事件進入民事司法程序後，神經心理學家可由律師、法院，或其他公共或私人單位（如保險公司）聘任（Leonard，2015）。在刑事案件中，則是由檢方或辯護律師囑託聘任。司法神經心理學家在執行業務時應該要保持客觀中立，不得效力於任一方或任何個人。不同於臨床執業環境，「在大多數涉及司法的心理業務中，原則上並不推定存在治療者與患者的關係。」（Leonard, 2015, P.178）（讀者可回顧穆里博士在上一章的觀點專欄5.1中，關於司法對抗制與忠誠關係的討論。）實務上，所有心理與精神衛生專業從業人員，無論是精神專科醫師、心理學家、臨床或諮商心理師，都必須防範隱性偏見和認知偏誤的影響（Neal and Brodsky, 2016）。在民事訴訟中，司法神經心理學家必須對不同年齡的人士進行評估，對象從學齡前兒童至老年人都有。而這類評估任務所包含的議題範圍甚廣，包括評估未成年子女監護事件中的親職能力，甚至是警務人員的適勤能力評估。在某些情況下，司法神經生理學家甚是會被要求評估民事侵權案件所涉及的嬰幼兒腦損傷狀況（Leonard, 2015）。

司法神經心理學家會使用一系列的標準化測驗和量表，蒐集大腦和行為之間關係的資訊，並據此進行推論。這種全面性的評估通常會在有創傷性腦損或其他神經性損傷，且狀況嚴重而範圍複雜時進行。這樣的評估需要納入「由具有適格神經心理學評估能力的臨床工作者，透過足以客觀認知功能表現的工具，搭配諸如病史、神經學、精神醫學、醫學，以及其他診斷的資訊」（APA, 2014d, P.48）。不過在某些情況下，進行檢查時可能不需要進行全面評估。「檢查的性質從相對簡短的臨床面談，到包括施作廣泛心理測驗在內的全面檢查。」（Otero et al., 2013, P.507）奧特羅等人進一步指出，現代技術如核磁共振造影、功能性磁振造影、正子斷層掃描、電腦斷層掃描和擴散張量影像的利用，已經減少許多過去用於判定腦損傷的標準化測試。然而，涉及識別神經認知歷程或能力時，標準化的神經心理測驗仍會被大量使用，因為在評估過程中所採用的測驗和評估技術，使司法心理學家得以提出支持其論述的證據，或是反駁那些宣稱罹患腦部或其他神經系統損傷的主張。

然而，在心理學家或神經心理學家開始執行司法評估之前，必須充分理解相關法律，才能在法庭審理過程中了解哪些案件爭點或事項在本質上與心理學相關，而且是在其能力範圍內可以提供專家意見（Greenberg et al., 2003; Grisso, 2003）。此外，對精神和神經損傷的司法評估以及附隨的報告，通常必須是具有回顧性（retrospective）和展望性（prospective）的。回顧性是因為評估者必須確認造成多少損害（如果有的話）及其具體原因；前瞻性則在於評估者必須對原告在未來功能性的運作方面做出判斷，例如原告的功能能否回復到起訴之前的程度；如果是在就業補償請求的案件，則必須評估原告在收入能力方面所受到的損失程；如果傷害與工作有關，那麼與工作場所相關的資訊可能都會落入調查範圍。

用於人身傷害求償的心理測驗

正如葛林博格等人（Greenberg et al., 2003）所強調，並非所有人身傷害的檢查都需要使用相同的評估或衡鑑工具。神經心理學家通常會使用神經心理學方法，但他們也可能會依賴其他標準化測驗。莫頓等人（Melton et al., 1997, 2007）指出，使用人格量表對此目的會有幫助，尤其是如果有辦法可以與傷害發生前所做過的量表進行比較的話。再者，他們也提醒心理學家除了精神或心理層面的損害，應該調查生理傷害的狀況，必要時使用神經學的測驗。除此之外，評估者也要考慮是否有出現創傷後壓力疾患的可能性。

重點提示6.3

[216]

司法神經心理學

司法神經心理學一詞，是指將神經心理學的專業知識應用於法律事務。至於神經心理學，則是在研究大腦和神經損傷以及行為失能，對於心理層面的影響。臨床神經心理學是此領域的應用分支，專注於神經損傷的評估、診斷及治療建議，它是一九九六年美國心理學會正式認可的第一個專業心理學領域。事實上，無論是民事或刑事案件，常見司法神經心理學的證詞提出（Quickel and Demakis, 2017）。

司法神經心理學家會在法律案件中提供有關失智、腦損傷和智力功能等相關資訊。此外，他們也經常在涉及失能（包括原告主張被告的作為或不作為造成其損害）的事件中，被徵求提出專業意見。神經心理學家有可能會被請去證明某人所受的損傷程度，並被期待答覆有關就業能力、有無指定監護人或健康照護者之需求、完全康復的機會，或者是所需復健的範圍等問題。在刑事案件中，神經心理學家則會被問到與下列議題相關的神經學問題：就審能力、刑事責任能力、放棄米蘭達權利的能力，以及被執行死刑的受刑能力等（Quickel and Demakis, 2017）。

許多從伊拉克和阿富汗軍事任務退伍的軍人，曾經在執行任務過程中遇上簡易爆炸裝置並因而受到腦部外傷。與此相似，受虐兒童或家庭暴力的成年受害者也可能遭受創傷性腦損。隨著我們對這些傷害的認識與覺察日益增加，退伍軍人和犯罪受害者顯然也越來越常需要神經心理學家的評估。時至今日，神經心理學家也常接受諮詢或評估與衝擊性運動（concussive sports）有關的傷害（即便只是輕度或中度損傷），尤其是多重腦震盪的狀況。神經心理學評估的程序和測驗，包括針對一般智力、語言、記憶、注意力、思維歷程、感知運動功能、情緒狀態、詐病可能性的評估。此領域正逐漸發展擴及有關決策、衝動、判斷與攻擊性（Leonard, 2015）。

相對於不與法院或法律制度往來互動的臨床神經心理學家，司法神經心理學家面對全然不同的專業挑戰（Leonard, 2015）。他們必須在本質屬於兩造對抗的司法體系中，為法律決策提供資訊：「在對抗制司法系統中，對審理案件的事實認定者就其認為重要的司法心理議題提供相關資訊，會優先於診斷和治療的考量。」（P.178）司法神經心理學家在這些案件中所秉持的實踐與原理原則，與傳統神經心理學領域並無二致，亦可執行臨床神經心理學的業務。然而，單就能力適格性而言，司法神經心理學家顯然必須了解法律制度如何運作，以及如何根據證據做出判斷。

問題與討論：

一、神經心理學的評估與民事或刑事案件都有關。請舉例說明，在刑事案件中，哪些狀況可以諮詢司法神經心理學家。

二、在成為神經心理學家之前，是否必須取得醫師資格？請就此問題進行研究，並提出你的解釋。

正如本書第五章指出，不少研究文獻關注詐病及誇飾症狀的問題（參考Gothard, Rogers & Sewell, 1995; Mossman, 2003; Rogers, 1997）。在精神損害的評估中，心理學家和其他臨床專業人士往往需要考慮被評估者是否可能「偽裝」其所聲稱的症狀，或是提出比真實症狀更加嚴重的誇飾說法。更完整的說，所謂詐病是指，「因金錢補償等外部誘因，而故意製造出虛假或嚴重誇飾的身心症狀。」（Drogin et al., 2015, P.477）簡單來說，提出人身傷亡損賠請求的原告，有可能會誇大症狀以贏得對雇主、企業、鄰居或據稱對他們造成傷害的醫生的訴訟。在失能的損害事件中，當自稱受害的人主張受到與工作或職務相關的傷害，並因而請求賠償時，詐病與欺騙的現象尤其普遍（Piechowski and Drukteinis, 2011）；許多關於詐病檢

[217]

查的研究是由神經心理學家所完成（Drogin et al., 2015）。讀者可回顧本書第五章有關就審能力與刑事責任能力評估與鑑定的討論，特別提及此一主題，尤其是羅傑斯與其同僚的相關研究。

因此，檢測有無詐病儼然成為司法心理學家的一項重要任務。布希爾和米勒（Butcher and Miller, 1999）強調，雖然 MMPI-2 似乎具備某些有效檢測詐病的指標，但事實上並不存在萬無一失的方法。許多評論者也指出，單靠臨床判斷並無法完全偵測出詐病，還必須考慮其他措施（Carone and Bush 2013; Guilmette, 2013; Heilbronner, Sweet, Morgan, Larrabee & Millis, 2009）。

布希爾和米勒也建議評估者要注意原告律師的角色：「在司法衡鑑與評估中，最麻煩的因素之一，正是許多律師會利用其屬意的策略去引導當事人對心理測驗的內容題幹做出回應。」因此他們建議臨床工作者可以確認被評估者是否曾接受律師「教導」（coached），以及教導的範圍和性質。基本上，評估者應該詢問被評估者別人跟他講了什麼。最終的書面報告則應該反映出此教導對於評估結果可能產生的影響。此外，律師經常會希望與他們的當事人一起待在檢查室裡。「無論在實踐面或政策面，這種策略往往會給評估人帶來相當的疑慮，還有個人不安及後續相關問題。」（Drogin et al., 2015, P.499）。不過，正如德羅金等人所指出，前述這個議題的討論其實有正反兩面。舉例來說，容許檢查過程有觀察者同室，一面可能對評估過程造成干擾，另一方面也可能保護評估者免於受到濫行投訴。

針對精神損害的評估進行綜合討論後，莫頓等人（Melton et al., 1997）針對該如何與法院就前述評估進行溝通提出三個要點。第一，正如前文所述，他們敦促臨床專業人士不要過分依賴診斷，因為這些診斷無法解釋為何特定的個人會對特定事件出現特定的反應。第二，強調精神損傷的垂直歷史、相關治療，乃至於復健方面的努力，都有其必要。第三，應當避免提供封閉式結論的資訊（意即針對法院提出的法律問題直接給予是或否的回答）。臨床工作者應該就其調查結果提供描述性報告（descriptive report），把關鍵的法律問題（原告是否應獲損害賠償）交由法律決策者決定。

並非所有類型的民事案件都會涉及民事上的加害或侵權行為。訴訟當事人經常向法院提出各種就業福利、健康福利、保險或退伍軍人福利的請求主張，是因為他們相信自己的相關權益受到不當的侵害。針對前述的民事加害行為進行過多論述，恐怕會使本章的討論離題過遠。接下來，我們要討論的是民事法律能力的心理評估與鑑定。

民事行為能力

包括神經心理學家在內的許多心理學家，他們的臨床工作之一是評估民事行為能力（civil capacity），有時稱為民事能力（civil competency）。一項針對執業神經心理學家的問卷調查顯示，在他們處理的個案中，75%的病例出現民事能力問題（Demakis and Mart, 2017）。一般專業文獻常常會把「能力」（competency）一詞用於法院的法律決定；「行為能力」（capacity）則用於心理學家針對一個人決策能力的評估（Lichtenberg, Qualls & Smyer, 2015）。不過，在大部分的研究及實踐中，上述兩個詞語實際上交互使用，沒有太大區別。雖然說不只有年長者才需要進行民事能力的評估，但隨著人口高齡化的趨勢，這類評估的頻率必然會增加（Demakis, 2012; Mossman and Farrell, 2015; Quickel and Demakis, 2013）。心理與精神衛生專業人員往往會被要求評估某個人在過去或現[218]在，是否有能力根據自己的最佳利益做出決定。一般認為成年人有能力做出這樣的決定，因此他們被期待要為造成災難性後果的決定負起責任。前述這類決策的自主性議題，也會延伸進入其他領域，例如同意醫療手段、加入邪教、簽訂商業合約、自願從軍、起草遺囑、拒絕服藥或延命治療，或同意參加心理或醫學研究。

如果能夠在法院舉證證明某個人在做出決定（或考慮作決定）時是處於心理或生理層面的民事能力減損或喪失，就有可能推翻成年人具備民事法律能力的假設。在大多數的司法轄區，主張某個人不具備民事能力的該方當事人，必須以超越證據優勢的舉證來證明此事；但有些司法轄區則是依法要求主張的一方必須舉證超越明確且令人信服的證據門檻，也就是更高的舉證標準。換句話說，如果你想挑戰大衛叔叔的遺囑能力，你就必須證明在起草遺囑時，他並不具備把他的財產盡數交給六個月前才認識的人的決策能力。一旦法院最終判斷某個人在過去或現在做成某個法律行為時並不具備該行為所需的特定民事法律能力，便會做出該法律行為的決定（如遺囑內容的條款或自願放棄醫療）無效之裁判。此時如果這個人還活著，法院通常會指定一名監護人來決定什麼才符合此人的最佳利益。接下來就要討論遺囑能力。

遺囑能力

在諸多民事法律行為能力中，經常被質疑（儘管多半以失敗作收）的一種決策能力，是製作遺囑的能力，也稱為**遺囑能力**（testamentary capacity）。在大多數州，此一議題屬於遺囑認證法院的管轄範圍。對此議題，斯洛文科（Slovenko, 1999）認為，製作一份遺囑實際上只需要最低限度的能力，可說是一項輕而易舉的任務。此外，莫頓等人（Melton et al., 2007）也認為製作遺囑並不需要高度的認知技能。其他人（例如Shulman, Cohen & Hull, 2005）則持不同意見，認為這是一種需要較高認知功能的高階行為。

時至今日，人們往往會被鼓勵盡量在相對年輕的狀態下預立遺囑，然後定期隨著資產或生活情況的變化加以更新，尤其是在有子女的狀況下。如果立遺囑人（遺囑自書人）是老年人，無論是初次自書遺囑還是已經進行過遺囑的修訂，通常其遺囑能力會受到質疑。很少人會反對，當涉及遺囑能力的議題時，老年人口確實是一個高風險的群體，也給鑑定人帶來了許多獨特的挑戰（Regan and Gordon, 1997）。有些老年人（六十五歲或以上之人）可能會出現一系列潛在的能力障礙，像是精神疾患、失智、判斷力低落，以及各種併存的醫學疾患或障礙。幸而法律並不要求人們在完成遺囑製作的時候，必須要處於精神或心理功能的最高水準。事實上，法律只要求一個人在立下遺囑時「心智健全」。此法定標準的具體要件是，立遺囑人必須：一、知道自己正在製作一份遺囑；二、知道自己不動產的性質和範圍；三、知道自己動產的物件有哪些；四、知道自己的不動產要如何進行分配（Melton et al., 2007）。正如莫頓等人指出，一個人可能有健忘症狀、藥物或酒精成癮、遭受精神疾患之苦，或者認知功能低下，但同時仍可以立下遺囑。

因此，法律上是推定立遺囑人（包括老年人）在製作遺囑之時，具備遺囑能力。研究指出，下列四種狀況會讓人質疑一個人是否具備遺囑能力：一、當立遺囑人的遺囑內容與其先前曾經明示表達的想法有重大差異；二、當立遺囑人罹有可能損害其思維和判斷能力的心理或神經疾患；三、當立遺囑人依賴他人維生且特別脆弱時；四、當立遺囑人顯然為了控制與其福祉具密切關聯者的行為，而多次變更遺囑內容（Mossman and Farrell2015, P.541）。

遺囑能力的評估通常是回顧性的，因此會要求評估者與認識立遺囑者的人進行會談，檢視一切可用的紀錄，據以推斷立遺囑人在立下遺囑時的[219]精神與心理狀態。就許多層面而言，這種評估與心理剖驗頗為相似（本書第三章有討論），只是細緻度遠遠不及（Drogin and Barrett, 2013）。同樣的，司法心理學家也應該在律師的指導和支援下，詳細檢視與理解受託案件所屬司法轄區的相關成文法令與判例（Drogin and Barrett, 2013）。在某些情況下，律師也會建議當事人在遺囑上正式簽名使之生效之前，先接受遺囑能力評估。萬一立遺囑人出現失智跡象或是罹患精神疾患，其症狀包含一定期間內出現認知失能，或者出現某種程度的智力障礙，尤其需要進行心理鑑定。民事法律能力量表（Legal Capacity Questionnaire; LCQ：Walsh, Brown, Kaye & Grigsby, 1994），可以用來評估一個人是否有相當的行為能力以製作遺囑。前述量表原本設計給律師（而非心理學家）使用，是一種相對容易評分的衡鑑工具。從事評估與鑑定工作的司法心理學家，無論受託評估的標的是精神障礙、失智，還是神經學的問題，都可以使用各式有關心智能力評估的心理衡鑑工具。除了選擇使用前述各種心理測驗或方法，評估者或鑑定人也會針對既存的紀錄進行檢視，對立遺囑人的周邊成員（如家庭成員）進行會談，當然也包括立遺囑人本人（如果還活著）。可能提出的問題如：「能否描述你的金融資產，告訴我這些資產的價值？」「你與家庭親屬相處的狀況如何？」「就現在而言，誰是你生命中重要的人？」「請告訴我，你如何選擇哪些人可以作為你的遺產繼承人？」（Mossman and Farrell, 2015, P.546）。萬一立遺囑人已經過世，而遺囑的效力仍然受到質疑，就需要進行類似心理剖驗的程序。

美國心理學會已經在二〇一四年發布了《年長者心理業務執行指南》（*Guideline for Psychological Practice with Older Adults*）。由於衰老心理學（psychology and aging）領域中的心理科學與臨床實踐快速擴張，因此這份指南確有其必要性。「隨著老年心理學相關文獻的急速成長，臨床工作者與研究者在找出特定知識有助對老年人進行有效治療與精準心理衡鑑上，已經取得很大進展。」（APA, 2014d, P.34-35）隨著嬰兒潮世代逐漸老去，老年心理服務的需求在未來二十年將越來越高。其中最明顯的需求會是認知缺陷和功能障礙的司法評估，因為它們與遺囑能力和其他決策能力息息相關。

少部分老年人口會出現足以嚴重影響其功能運作的明顯認知損傷，例如失智症。「失智症的盛行率隨著年齡增長而急劇上升，在七十一歲至七十九歲人口中約占5%，九十歲以上人口則約37%。」（APA, 2014d, P.43）出現失智症早期症狀或嚴重精神障礙的週期性發作時，心理學家或心理精神衛生專業人士可能會被要求對患者進行評估，理由不單是為了理解患者的遺囑能力，也為了判斷有無指定監護的需要。

選任法定監護人

監護宣告（guardianship）的本質是一項法定權利，被賦予監護權的人需要承擔起對於被認定完全或部分無行為能力者的照護。最需要受到監護的人往往是未成年人，以及有認知損傷或精神障礙的成年人。本節重點則是老年人，他們在特定狀況下會出現認知和決策能力下降，影響執行某些日常生活功能的能力。認知損傷經常會導致患者更容易因為金融欺詐和詐騙而受害、明顯無法做出合理決定，以及嚴重倚賴他人（可能導致患者受到剝削與利用）。

另一方面，許多高齡人士完全有能力針對可能影響其健康和經濟狀況的事務做出決定，至於這些決定是否受到他們周遭人士的青睞或認同，又是另外一回事。個人保健和財務決定是最可能在法庭上受到質疑的決策類型，需要心理精神衛生專業人員就此進行評估。當一個人缺乏做出上述決策的能力時，就是導致任命監護人的成因。

有些人會預立長期的委託書以及預立醫療指示，以對應萬一在日後出現認知能力受損時所必須面對的狀況。在委託書當中，委託人會指定單數或複數代理人（通常是家庭成員）處理財務事宜、針對健康照護問題進行決策，以及在委託人的認知、計畫與決策能力出現明顯衰退時，處理一切相關事宜。本章將針對預立醫療指示的部分進行討論。

當年邁父母或其他親屬開始出現心智狀態衰退的跡象時，在沒有任何委託書的狀況下，家人可以聲請監護宣告。若要做為法定監護人，第一步需要對法院提出聲請，要求法院根據心理學專家的意見，宣告當事人欠缺法定的行為能力。「在大多數司法轄區內，任何利害關係人都可以向法院提出聲請，要求宣告某人為無行為能力，並受到監護人之監護。」（Melton et al., 2007, P.371）唯有在聽審過程中發現有充分證據足資證明一個人在生活中的某部分或所有領域均欠缺行為所必要的心智能力時，法院才能依法指定監護人。至於前開證據的舉證責任，通常都會落在監護宣告聲請人一方。換言之，聲請方必須證明被聲請人的心智能力有所欠缺，而此一舉證門檻通常是必須超過明確且令人信服的證據標準。如果證據足以讓法院產生心證，則法院可下有限監護或完全監護的宣告裁定[3]。有限監護允許在個

[220]

3. 譯按：這兩種監護的型態，約當台灣民法中「輔助宣告」與「監護宣告」。

人日常生活的特定方面具有某種程度的自決，但對被認為風險太大的其他層面施加限制。相對於此，如果法院做出完全監護的裁定，將會把財務管理、日常生活安排、醫療決定等責任移交給監護人。監護宣告的裁定有可能立即生效，或是在未來某個時點生效。在大多數的情況下，監護人需要按年向法院陳報監護狀況，以確保監護人依法履行法院裁定所要求的監護職責。然而，不意料的，與監護宣告相關的法規，在各司法轄區間的適用往往有很大的差異。例如有些州的法規要求在法院裁定監護宣告之前，必須有相當足資證明被聲請人欠缺能力的證據存在；相對於此，另一些州則沒有這樣的要求（Meltonet al., 2007）。事實上，有些州甚至不要求必須在監護宣告的聽審程序前，對聲請人進行心理評估或鑑定。如果各州都要求的話，可預見對於行為能力是否欠缺的相關心理評估或鑑定的需求將會十分巨大（Meltonet al., 2007）。

至於在依法要求或期望在監護宣告審理程序中進行心理評估的州，法院通常會要求對被聲請人進行心理評估，以確定其心智能力衰退程度，同時作為後續程序的參考。心理學家進行這些評估鑑定，或到庭擔任鑑定人或專家證人，應該要清楚說明被聲請人目前的能力狀態，並推測其日後心智功能的衰退狀況。相關的臨床評估或鑑定，重點應該放在於被聲請人可執行的功能範圍，而非只是說明有無精神障礙或診斷的性質。「儘管任務艱難，臨床實務工作者應盡可能精確地查明據稱無行為能力而被聲請監護的人，究竟能與不能完成哪些功能與事務。」（Melton et al., 2007, P.373）

在監護宣告與其他民事能力評估中，往往會採取各種功能和心理衡鑑工具（Quickel and Demakis, 2013）。莫頓等人（Melton et al., 2007）指出，單就評估獨立進行日常活動的能力，至少就有五種衡鑑工具可用：一、成人功能自我調整行為量表（the Adult Functional Adaptive Behavior Scale）；二、多維功能評估問卷（the Multidimensional Functional Assessment Questionnaire）；三、費城老年中心多級評估量表（the Philadelphia Geriatric Center Multilevel Assessment Inventory）；四、功能

狀態直接評估表（the Direct Assessment of Functional Status）；五、日常功能問題測驗（the Everyday Problems Test）。還有一項有用的工具是獨立生活量表（the Independent Living Scales）。值得注意的是，正如莫斯曼和法瑞爾（Mossman and Farrell, 2015）在討論行為能力的評估工具時所強調，目前已被提出據稱可用於監護宣告程序的許多衡鑑工具，其實多數未經廣泛研究檢證，也未被同儕普遍接受。

此外，參與這類司法程序的心理學家應該要確切指出，被聲請人在獨自執行特定功能時，有可能透過哪些方式給予協助。這些監護宣告的決定很重要，它們「要在維護個人自由和自主權，以及保護個人免受傷害和剝削之間，保持微妙的平衡」（Quickel and Demakis, 2013, P.155）。「人們往往很容易忘記，監護宣告在本質上可能會剝奪個人原本受到國家透過基本法所保障或促進的選擇權、遷徙移動權、結社權，甚至生死的決定。」（Reinert, 2006, P.40）在監護宣告的法令下，德羅金和巴瑞特（Drogin and Barrett, 2013）認為，從司法心理學家的角度觀之，「所涉的利害關係可能不亞於刑法事務中的利害關係。」（P.301）他們表示，在監護宣告程序中進行評估鑑定的心理學家會發現美國心理學會的《失智症以及與年齡相關的認知功能衰退評估指南》（*Guidelines for the Evaluation of Dementia and Age-Related Cognitive Decline*）對他們的任務有所助益。司法心理學家必須密切注意這類評估鑑定應如何執行的最新策略，因為未來將會持續更新（Meltonet al., 2007）。

[221]

綜上所述，在監護宣告的程序中，司法心理學家可以為受行為能力評估的被聲請人的福祉和生活品質做出重大貢獻。至於行為能力評估的另外一項挑戰，則是同意治療的能力。

同意治療之能力

相較於遺囑能力和監護權歸屬，更常出現的是針對接受醫療和心理治療的同意能力進行評估。這類決定都需要知情同意，意味著必須對接受治療者告知其治療的可能後果（資訊揭露），而接受治療者本人也必須有足夠的心理能力理解其同意的是什麼；前述的同意決策還必須是在自由意志下做成，不得受到外力壓迫。一旦知情同意的問題被提出時，法院必須審查前述三個要件。研究指出，資訊揭露尤其容易出問題。「如果要針對健康與心理衛生環境中的資訊揭露做出普遍性描述，可以說知情同意的精神很少受到遵守。」（Meltonet al., 1997, P.352）莫頓等人指出，知情同意的書面往往很長，涵蓋範圍超出治療所需，而且患者往往缺乏替代性療法的資訊；此外，負面資訊（如副作用）也經常被省略。對於何以出現未能遵守資訊揭露本旨的狀況，有許多不同解釋。舉例而言，治療提供者可能是希望不要讓患者過度擔憂，又或者擔心會因為不知道患者對治療的確切反應而顯得自己專業不足。顯然資訊揭露的品質，是後續對同意治療能力進行評估的重要一環。換言之，如果個人未獲取有關替代性療法或治療風險的充足資訊，那麼就算患者給予同意，仍非知情同意。

評估同意治療能力的方法

麥克阿瑟基金會的研究人員對精神障礙者的同意治療能力曾經做過廣泛研究（如Appelbaum and Grisso, 1995; Grisso, Appelbaum, Mulvey & Fletcher, 1995）。這些研究向來受到學術界的高度評價（Winick, 1996）。麥克阿瑟基金會的能力研究報告（The MacArthur Competence Study; Appelbaum and Grisso, 1995）針對三類不同對象的決策能力進行評估和比較：因為嚴重精神疾患而住院者；因疾病住院者；社區志願參與研究者（非病患）。儘管可能存在決策層面的不足，但從決策能力的衡鑑結果可知，精神疾患者一般仍有足夠能力可以做出決定，比較例外的是有嚴重精神病性症狀的思覺失調症患者；但絕大多數思覺失調症患者在此方面仍然表現良好。至於因憂鬱症住院的患者，則是展現出中等的決策能力。麥克亞瑟基金會的研究人員開發出「**麥克阿瑟能力評估工具：治療用途**」（the MacArthur Competence Assessment Tool-Treatment, MacCAT-T）；這種工具與第五章中所提到的 MacCAT-CA 有所不同，乃是供評估同意治療能力的

[222] 臨床工作者專用。此評估工具所使用的會談形式，讓臨床工作者可以針對四個面向的決策能力進行測試：一、陳述選擇的能力；二、理解相關資訊的能力；三、了解自身處境的能力；四、透過現有資訊進行推理的能力。

雖然 MacCAT-T 獲得正面評價（如Lichtenberg, Qualls & Smyer, 2015; Mossman and Farrell, 2015; Winick, 1996），不過部分研究人員和學者仍然提出警示。柯克和伯索夫（Kirk and Bersoff, 1996）認為，由於它聚焦在能力面向更勝於障礙失能，所以對決策能力所設立的標準不無過低之嫌。換言之，使用此工具將會造成過多被評估者被認為有能力做出符合最佳利益的決策，而其決策方面的失能將被忽視。卡帕和莫斯曼（Kapp and Mossman, 1996）則主張，任何希冀建構通用的醫療決策能力評估工具的企圖，先天上就有一定的問題。儘管麥克阿瑟研究小組曾明確指出這類評估工具仍處於實驗階段，但卡帕和莫斯曼仍擔心臨床工作者會急於採用，而法院則太輕易接受由此所做出的結論。他們同時指出，目前還有許多其他工具可用於評估行為能力，其中有許多通過實驗檢證其效度（例如簡式心智狀態評估表MMSE、老年憂鬱症量表、阿茲罕默症評估量表）。他們認為，就評估同意治療能力而言，開發一個**程序**遠比製作一套通用測驗工具來得有用：「真正需要的……是一套可靠的程序，用以從過往的廣泛研究與實踐經驗中蒐集資訊，據以批判性審查並起草一套可用準則。」（P.95）無論如何，MacCAT-T至今所取得的評價確實絕大多數屬於正面，但也沒有人會建議僅依據此工具（或任何其他單一工具）便可排除其他。

一項研究指出，所有旨在評估老年人行為能力的工具，都未將他們所秉持的價值納入調查（Lichtenberg, Qualls & Smyer, 2015）。「透過檢視足以引導健康決策的法律文件、直接與年長者討論及與相關人溝通等方式，理解他們長久以來秉持並珍視的價值，至關緊要；因為這些價值可能會影響與其健康相關的決策。」（P.561）相同道理也可以用在足以影響個人財務決策的重要價值觀。

針對年長者進行評估時，必須要認識到他們對於自主性的需求。雖然保護老年人很重要，卻不應以此作為唯一的考慮因素。

無行為能力與特殊情狀

另一個有爭議的決策能力領域，則涉及陷入昏迷或喪失認知能力且處於永久性植物人狀態。顯然這些人無法做出符合其最佳利益的決定。然而，如果他們的心願已經為其他人所知，一般而言其意願還是會受到尊重（雖然未必總是如此）。

這類問題會受到公眾注意，主要是因為曾經出現一些悲慘的事件。舉例來說，在一九七〇年代，卡倫．安．昆蘭（Karen Ann Quinlan）陷入昏迷，僅能仰賴生命支持系統維生，醫師們也無法給予其雙親她有朝一日可能甦醒的希望。後來她的父母向法院聲請許可，希望能移除女兒的維生系統。州最高法院在該案中（*In re Quinlan*, 1976）做成裁判：如果昏迷者曾明確表示出其在永久失能狀況下，希望受到如何處置的意願，那麼就應該依照其意願處置。於是昆蘭的雙親必須說服法院，她本人有移除維生系統的意願。一九七六年，他們終於取得法院許可，移除女兒身上的維生呼吸器，最後昆蘭在一九八五年死於肺炎。

一九八三年，一名年輕女子南希．克魯贊（Nancy Cruzan）在車禍中受到重傷，陷入永久植物人狀態。在此案例中，聯邦最高法院做出裁判，維持密蘇里州法律的規定：提出證據證明克魯贊本人會希望移除維生設備時，必須達到明確且令人信服的證據門檻（*Cruzan v. Director, Missouri Department of Health*, 1990）。最後她父母設法提出合乎此標準的證據，於是她的維生設備被移除，不久後便謝世。 [223]

此外，特麗．夏沃（Terri Schiavo）的案件也引發全國關注。她是佛羅里達州的一位年輕女子，一九九〇年因心臟休克而造成腦損傷。事發兩個月後，她陷入永久植物人狀態，她的丈夫和醫生仍不斷嘗試各種不同的醫療手段想要使她甦醒，但都沒有成功。事發八年之後，她的丈夫向法院起訴要求移除她賴以維生的餵食管，而她的父母和佛羅里達州政府則表示反對。夏沃並未留下遺囑表明其意願，於是本案的爭點便在於其他人認為她會怎麼想，而顯然她丈夫與雙親的觀點分歧。此案件經歷無數次的法庭審理，甚至四次遭到美國聯邦最高法院拒絕上訴。她賴以維生的餵食管幾經移了又裝回。最後，夏沃的丈夫終於勝訴，其餵食管遭到移除，她在二〇〇五年三月去世，距離事發當時已過了十五年。

上述這些案例（還有其他州的類似情況）促使許多人會預立醫療指示，以防自己喪失行為能力。在某些情況下，家庭成員或其他利害關係人可能會對這些預立醫療指示提出質疑，主張該無行為能力人在預立指示時，並不具備必要的心理能力。遇到這類情況，司法心理或精神醫學臨床工作者就會被囑託進行類似遺囑能力的鑑定評估。

儘管聯邦最高法院已經明確表示，在個人具備行為能力的前提下，其拒絕延命治療的決定受到憲法保障，不過迄今最高法院仍未支持積極加速死亡（即輔助自殺）的概念。有關此議題，至今仍由各州自行制定相關法令加以規範。本文撰寫之際，美國有五個州（奧瑞岡州、佛蒙特州、華盛頓州、加州和科羅拉多州）加上哥倫比亞特區，允許身罹絕症且有行為能力的個人得請求結束生命，而醫生得依此請求處方藥物以協助其結束生命。在蒙大拿州，法院則是判決醫生不得因處方致命藥物而遭起訴，其他許多州也提出了類似法案（參閱重點提示 6.4）。加拿大也允許為死亡提供醫療援助，但對象僅限於加拿大公民；其他西方國家也有類似政策（如瑞士、比利時）。至於荷蘭在這方面的政策則非常寬鬆，提出請求的個人甚至毋須證明身患絕症。

輔助自殺的法律以及有利的法院裁判，催生了一種新型態心理鑑定的需求：一個人是否具備加速結束自己生命的決策能力？進入二十一世紀，司法心理學文獻開始探討輔助自殺能力的評估，以及如何進行這類評估的指導方針（如Allen and Shuster, 2002; Werth, Benjamin & Farrenkopf, 2000）。然而到目前為止，少有證據可證明司法心理學家認為此領域會是未來的志業。有可能是因為願意（許多人並不願意）協助自殺的醫療專業人士，往往不會質疑請求協助的患者的能力。儘管這類法律的反對者主張其戕害了生命的價值，但支持者則認為在死亡已無可避免之際，我們需要承認面對死亡者選擇不延長生命的個人尊嚴與隱私。

強制住院

與同意治療能力密切相關的另一個問題，則是違背個人意願使其住院進行心理或精神治療的狀況。原則上美國各州皆允許此類強制住院，包含緊急與延長強制住院。一般而言，法令均許可緊急強制住院三至十天的時間，並得視情形依照程序予以延長三至六個月。當患者遭再次強制住院時，必須每隔一段固定期間重新檢查其狀態，以判斷有無強制住院的必要。近年來，機構內可用於強制住院的床位數減少，許多心理精神衛生倡議者對於伴隨而來的問題感到憂心，諸如精神病院的病床候補名單過長，或患有嚴重精神疾病的患者被迫在公立醫院急診室接受治療。（參見第十章的觀點專欄10.1）。

[224]

重點提示6.4

悲憫與抉擇：人有受他人協助求死的權利嗎？

布列塔尼．梅納德（Brittany Maynard）是一位罹患腦癌末期的二十九歲婦女，她與丈夫一起搬到奧瑞岡州，以便取得輔助自殺的醫療協助。她在二〇一四年十一月，於攝入一種合法處方的致命藥物之後死亡。梅納德是做出此選擇的極少數人之一，但這麼做是她的權利。

奧瑞岡州在一九九七年率先全美通過了「尊嚴死」（Death with Dignity）法案。自此以後，加州、科羅拉多州、佛蒙特州、華盛頓州、蒙大拿州和華盛頓特區等都開始許可輔助自殺。在蒙大拿州，企圖將此權利納入州憲法的努力並未成功，不過該州最高法院則是以裁判表示：應有行為能力的絕症患者之要求而處方致命藥物的醫師，不得遭到起訴。包括馬里蘭州、夏威夷州和紐約州在內的其他州，紛紛提出類似的法案。就全美國而言，輔助自殺的法律原則上均要求患者必須具備完整心理情感的能力，同時已遭醫囑判定預後生命在六個月以下的疾病末期。通常這類程序會要求兩位，有時則是三位醫師必須都同意患者此一輔助請求（包括一位處方醫師和一或兩位諮詢醫師）。如果懷疑提出輔助自殺請求的患者之精神或心理狀態可能不穩定，因而無法作此請求之決定，就必須取得心理衛生專業工作者的諮詢意見。此外，法令也允許醫師選擇不涉入此類程序；換言之，醫師可以拒絕處方。最後，法令明文要求提出請求的個人，必須自己攝入經開立的處方藥物。

除此之外，患者必須充分了解自身的病情進程，還必須有防護措施以避免患者草率做出這類決定，同時提高臨終安寧關懷的品質。一般來說，患者若有意提出輔助自殺的請求，必須在不同場合提出不只一次以上。

幾乎所有關於此議題的研究均指出，即便在許可輔助自殺的州，也只有極少數人（1%的絕症患者）能取得處方開立藥物以結束生命；而只有大約三分之一的患者在取得藥物後真的會服用。此外，許多醫師根本反對處方終命藥物，因此患者還必須設法找到願意合作的醫師。以最近而言，生產這類輔助自殺程序中最常被處方的藥物（速可眠Seconal）的製藥公司，已經將藥價提到極為昂貴的水準。按估計，在輔助自殺屬於合法的州，提前結束生命的代價可能高達三千至四千美元。

如本文先前所述，雖然受輔助自殺的能力評估多少引發關注，不過目前它還不是司法心理學家活躍的領域。無論如何，隨著輔助自殺的醫療協助更廣為被接受，心理衛生從業人士也可能會有更多的參與。

問題與討論：

一、檢視反對輔助自殺立法的論點主張。

二、美國醫學會已公開表示反對在輔助自殺法令中提供醫療協助的立場，但該協會也委託研究團隊針對此議題進行深入調查。這項報告在二〇一七年提出，如果你讀到本書時該報告已公布，請摘要報告結果並進行討論。
三、若贊成輔助自殺的立法，那麼是否該把患有不治之症但經判斷尚有六個月以上餘命的人，納入適用範圍？例如患有肌萎縮側索硬化症或早期阿茲罕默症的確診者，是否應能夠獲得藥物以加速其死亡？
四、針對一個人是否具備做出終命決策的能力進行評估時，在何種的狀況下其會進入法院審理。

雖然實際狀況因州而異，不過主張應強制住院的一方必須至少以超越明確和令人信服的證據標準，證明受強制住院處分人患有精神疾病且需要治療（*Addington v. Texas*, 1979）。然而，如果涉及智能障礙，主張應使患者強制住院照護的一方，就毋需受到前述的嚴格舉證標準拘束，而只要舉證超越證據優勢原則的門檻（*Heller v. Doe*, 1993）。無論是精神障礙還是智能障礙，遭到強制住院的個人都必須符合具備自傷傷人風險，或者重度失能以至於喪失自理基本需求之能力。在此必須一併指出，被主張應強制住院治療的個人固然有權在強制住院聽證程序中受法律代理，不過證據指出，律師執行這類職務的方式是以家父長或家母長式（paternalistically or maternalistically）的方式運作，而非為其當事人力主法律上權益（Perlin and Dorfman, 1996）。這與在刑事訴訟中代表青少年被告的律師相同；他們有時會認為認罪獲得處遇比較符合青少年的利益，而不積極使國家在超越合理懷疑的標準下舉證證明少年有罪。 [225]

強制住院治療中有個極具爭議的問題，是關於高危險連續性罪犯的強制治療。爭議較少但仍引發關注的，則是經判定欠缺就審能力且無法回復之人，以及那些因為心神喪失而獲判無罪之人的強制住院治療。後者的爭議之所以較小，是因為在許多司法轄區，與此相關的強制住院期間正逐步縮短，而附條件的假釋個案也有所增加。相對於此，高危險連續性罪犯被認定有資格附條件假釋的機率小得多。本書第五章已經討論過這些主題，在此不再贅述。

美國聯邦最高法院曾以判決認定，罹患嚴重精神障礙者不具備「自願」同意入院治療的能力（*Zinermon v. Burch,* 1990）。本案案情大致如下：布查是一位罹患精神障礙者，他被發現在高速公路上徘徊，陷入嚴重缺乏定向感的混亂狀態。後來他簽署相關文件，自願進入精神病院住院治療，並且在那裡待了約五個月。後來他對該州起訴，主張自己欠缺簽署入院治療同意書的能力。最高法院最後認同他的主張，並在判決中宣示其原先簽署的入院治療文件無效，因為在嚴重精神障礙下，他不可能做出有效的同意。據此，對於自願住院治療不具備同意能力的人，必須透過上述強制住院治療的管道才能進入精神病院（Slovenko, 1999）。問題是，儘管有此判決先例，精神病院是否會仔細審查自願住院治療的相關資料，以確認其人是否有能力做出決定，仍相當令人懷疑（Melton et al., 2007）。

強制門診治療

強制治療也可以透過門診的方式達成；事實上，只要能夠合理地提供這種限制最小的替代性方案，法規往往會要求以此為優先。法院有權核發**門診治療**（outpatient treatment, OT）令，亦稱社區治療令（Community Treatment Orders, CTOs）。此外，法院也會核發院外治療令（Orders of Non-Hospitalization）。上述這些命令要求個人必須住居在自己的家庭，或替代團體處所，或寄養家庭，並且必須遵守藥物治療方案。這些命令對於個人所產生的影響效果，一般被稱為**輔助門診治療**（assisted outpatient treatment, AOT）。如果收受治療令核發者未能遵守命令，將會被送進精神醫療院所。[4]

強制門診治療在諸多研究中向來是熱門話題，更勝於機構內監禁措施

4. 譯按：上述各種命令合併起來的概念，在台灣類似於精神衛生法當中的「強制社區治療」制度；不過最大差異在於，在台灣無論是強制住院或強制社區治療等措施，都是本於行政單位而非法院的判斷為之。也因為這些本質上的差異，譯者在此並不將上述的院外治療命令制度翻譯為台灣的強制社區治療。

（Lareau, 2013; Winick and Kress, 2003b）。類此的立法之所以出現，往往是受到某個悲劇事件所激發。例如發生在一九九九年，記者肯德拉・韋伯代爾（Kendra Webdale）的死亡事件，最終造成紐約有了「肯德拉法案」（Kendra's Law）。韋伯代爾被一名確診思覺失調症且有暴力史的男子推落地鐵軌道，事發時這名男子並未服藥。肯德拉法案允許法官命令個人在社區中接受最長可達六個月的精神疾病治療；二〇一三年，前揭期間的上限被延展為一年。在前述指定治療期間結束時，法院可以決定是否進行重新評估。直到近期，大多數州的法令都會要求法院在核發強制門診治療命令時，必須以該患者經證明罹患精神障礙，同時存在自傷傷人之風險。然而，近來有些州也開始許可法院在不具前述的自傷傷人風險要件下，仍可核發強制門診治療令。這種措施被稱為**預防性強制門診治療**，允許各州在個人病情惡化之前即進行干預（Larau, 2013）。「範圍放寬之後的命令核發基準，仍然要求必須有精神疾患的要件存在，但相較於自傷傷人的危險要件，新的基準則是本於患者個人病史，預防日後病情惡化致生危險之虞的治療需求。」（Hiday, 2003, P.11）豪德也補充道，前述擴張基準的適 [226] 用，必須是以患者經判定為無能力自願尋求或遵守治療為前提。此外，與基於危險標準的強制門診令一樣，擴張後的基準仍必須確認患者個人在現有的監督下，可以在社區內安全生存。監督或照管是強制門診治療的重要元素。雖然有些研究質疑此作法的有效性（Pfeffer, 2008），不過其他研究則是強調執行適當監督可以取得正面的成果（Swanson et al., 2013）。

朔普（Schopp, 2003）和拉羅（Lareau, 2013）分別提出論述，以釐清強制門診治療可能發生的背景。大體上，強制門診治療可能以下列三種型態之一出現：一，原本依強制住院治療法令的精神障礙與危險性雙重要件入院者，在特定條件下被釋放回社區，而一旦遭釋的患者未能符合釋放條件，就必須立刻回到機構內。第二，根據強制治療法令已達機構內監禁標準者，也可能被賦予替代性的社區內強制治療處遇，而非機構內的收容處遇。此作法一般認為是最小限制的替代性方案。第三，那些不符合自傷傷人風險要件，但被判定為需要接受治療以防免日後病情惡化的人，則會被送去接受預防性強制治療。最後一種選項（目前在美國約有十個州採為選項之一）就自由與人權而言最具爭議性，因為預防性強制治療的基準不如一般性強制治療的基準那樣嚴謹（Lareau, 2013）。

隨著強制門診治療逐漸廣受利用，研究者持續針對其有效性進行評估。主要的問題還是在於：我們能否「強制」某個人去恢復到比較好的狀態？換句話說，如果某個人是「被迫」接受治療，這個治療還會「有效」嗎？

回顧相關文獻時，豪德（Hiday, 2003）指出：早期的研究發現有些因素對於正面效果有所貢獻。舉例而言，相較於對照組的患者（如那些未受到強制門診治療令拘束就放回社區者），接受強制門診治療的患者，其再住院率較低，遵守藥物和其他治療醫囑的狀況更好，在社區內調適的狀況一般也比較好。豪德的研究也指出，在北卡羅來納州（Swartz, Swanson & Hiday, 2001）和紐約市（Steadman, Gounis & Dennis, 2001）進行的第二代研究，其本質上更本於實證基礎，包含隨機分配到強制門診治療與強制非門診治療的兩組研究對象。這兩組在社區內都接受了心理精神衛生以及社會服務。而該研究再次發現，受到強制門診治療命令的患者，比起未受強至門診治療令的患者，得到更多正面的治療成果。但紐約市的研究則未發現上述的顯著差異，就此豪德認為應可歸因於研究的技術問題。她並指出，儘管該紐約市的研究得出無顯著差異的結論，但紐約州的心理精神衛生部門仍然支持強制門診治療，也就這類治療下的患者持續得出正向的結果，包括傷害行為和無家可歸人數的下降，並且對於服藥的醫囑遵循度也有所提升。

如上所述，近期的研究指出，強制門診治療具有成本效益，也能產生正面的成果，但是有效的監管是至為重要的一個元素（Swanson et al., 2013; Swartz, Swanson, Steadman, Robbins & Monahan, 2009）。問題是，監管具有相當的挑戰性，尤其當患者遷居到另一個社區，甚至是別州，而無法聯繫到原本的心理精神衛生服務提供者。無論如何，當可以進行有效監管時，強制門診治療不僅具有成本效益，而且在社區內接受治療的患者也恢復得更快且復發次數更少，病情也比較不會因住院治療所造成的依賴而惡化。此外，維持受雇工作的狀況也比在醫院內接受類似治療的患者來得好（Swartz et al., 2009）。

然而，並非所有人都支持強制門診治療，尤其當此制度並非奠基於自傷傷人的危險性要件。預防性強制治療衍生出許多法律問題，而且無法確保能對患者提供有效治療（Pfeffer, 2008; Winick, 2003）。在此制度下，實際上並不符合強制治療資格的人會被迫服用藥物，違背自己意願遵守其他治療方案，而且經常感受到壓力。近來一項研究（Pridham et al., 2016）針對此議題分析了二十三篇文章和十四項實證研究，發現在這類案例中普遍存在對患者自由意志的威脅與壓制。自由主義派的人權倡議者將此視為國家權力的再次擴張。前述提到來自紐約的研究（Steadman, Gounis, et al., 2001）指出，在接受強制治療和未接受強制治療者之間並沒有顯著差別，此結果為上述人權主義者的觀點提供支持——如果強制治療並沒有比自願治療更好，為什麼要強制治療？只要回顧有關強制治療的文獻，就會知道這樣的爭議已存在相當時間，不太可能在近期內得出共識或解方。 [227]

此外，我們必須指出一個重點，支持強制門診治療（無論是什麼型態）的相關研究，一般都會指出這類治療手段只有持續至少六個月以上，並伴隨提供密集服務的情況下才會有效（Winick and Kress, 2003a）。甚至有些學者主張這類治療的時間維度應該是幾年而非幾個月（Durham and La Fond, 1990）。因此，根據這類命令為患者提供治療的心理學家，必須意識到密集維持這些服務的必要性。再者，如前所述，如果患者有遷居的打算，應該設法協助其轉診到移居地的心理精神健康服務中心。

司法心理學家所扮演的角色

無論強制治療的性質如何（住院或門診治療及其變形），在判定個人是否符合強制治療基準的過程中，都會需要司法心理學家的評估技能。此外，如果需要證明自傷傷人的危險性要件時，心理學家必須再次參與前幾章曾討論過的風險評估工作。莫頓等人（Melton et al., 1997, 2007）曾就此議題提出警告，有鑑於如此多人並未受到充分的法律代理或協助，以及他們可能面臨人身自由被剝奪，臨床工作者在進行此類工作時必須極度謹慎。就此任務而言，證明有無精神疾患存在，以及確認個人治療需求，是比較簡單的；伴隨而來的風險評估程序，則更令臨床工作者感到戒慎恐懼。在此不妨回顧本書討論過有關風險評估的所有注意事項。

評估個人對自身的危險性（亦即自傷風險），也會納入自殺風險的評估。此時心理學家應該要設法取得有關自殺人口統計數據的一般研究資料（如男性風險較高、已婚者風險較低），以及個人的臨床病史。在與個人進行會談時也可能發現自殺意念，或與自殺相關的幻想。此時臨床工作者應該把這類想法的頻率和強度都納入考量。不過，正如莫頓等人指出，心理精神衛生專業工作者預測自殺的紀錄很差。因此他們敦促在進行這類評估時，要具體指出個案相較於其同類群體的風險差異，而非只是提出有無自傷風險的結論。

行文至此，我們要把焦點轉向另一個日益重要的議題：性騷擾和性別騷擾。以近期而言，性別騷擾尤其引發民事法院系統的關注。

性騷擾與性別騷擾

性騷擾一詞可以廣義地加以定義為：不受對方意願接納的性舉動、性服務的要求，以及其他當事人所不欲，以言語或肢體進行的性相關行為（Hellkamp and Lewis, 1995; Till, 1980）。性騷擾的民事訴訟在職場和教育場域最常出現，因為在民事法體系性騷擾被歸類為一種歧視行為，因而違反一九七一年修訂的《民權法》第七章。在此要強調的是，騷擾是一種歧視形式，而聯邦法禁止在勞動、聘雇、教育、公共設施等許多情況與場合下的歧視。對於《民權法》第七章禁止在勞動場合出現的就業歧視規定，[228] 是否適用於LGBT個人，各法院意見不一。二〇一七年四月，第七巡迴上訴法院以八比三的票數，判決LGBT個人在勞動場合確實同受該法保護，不得予以歧視。不過，二〇一七年七月，美國司法部長傑夫·塞申斯（Jeff

Sessions）轄下的司法部在紐約一個歧視案件中提交了一份書狀，主張LGBT個人並不適用該法。此一案件後續發展還有待觀察，至今美國聯邦最高法院尚未就此議題做出判決。

近年來有越來越多的法院和評論者指出，**性別騷擾**（gender harassment）也應列入性騷擾的廣泛定義（Kabat-Farr and Cortina, 2014; Leskinen, Cortina & Kabat, 2011）。這類行為針對的是那些看似不符合其性別角色（gender roles）的個人，例如在全男性環境中工作的女性；自信、有能力、心性強韌的女性；被認為軟弱或情緒化的男性。性別騷擾固然毋須以對方無意願接納的性舉動或性要求為前提，然而這種行為也傳達了一種對於被攻擊的個人人格加以貶損的態度。性別騷擾的例子包括：以攻擊女性或男性為主的笑話、關於女性不適任管理職或者男性在兒童照護方面使不上力等說法，還有與性別有關的粗俗稱呼，例如以「蕩婦」（hussy）或「男妓」（man whore）等詞語詆毀同事（Kabat-Farr and Cortina, 2014, P.60）。是以，對於女性工作能力的嘲諷評論，如「妳不是該在家為丈夫做飯嗎？」也是性別騷擾的例子。在本質上，性別騷擾與敵意環境騷擾（hostile environment harassment）的法律概念類似（Kabat-Farr and Cortina, 2014）。

許多人身處在常態性充斥著「下流笑話」、含沙射影的傳聞、性戲謔，或者是評論同事衣著的工作環境。這類行為既不適當也無可接受，不過有些人顯然並不介意。相對於此，許多人確實介意，但會試圖加以忽略，或者以還施彼身的方式回應。如果做出這類行為的人是同事，相對比較容易處理；如果是主管或上司時，問題就會被放大。近年來，隨著針對公眾人物（包括藝人、商業人士、影視高階主管和名人、公職人員）的性騷擾訴訟被不斷提起（最後往往庭外和解），許多例子也引發公眾關注。

當騷擾行為已經過度，以及／或者個人升遷因為不遂騷擾者之意而遭否決時，就必須考慮透過法律手段解決；但正如前述，為數眾多的訴訟最後都在庭外和解，伴隨著被告不承認有錯的結果。雖然被控性騷擾的公眾人物經常宣稱他們會以訴訟反擊（例如起訴誹謗），實際上這種情況很少發生。相反的，這類事件往往會悄悄和解，原告會得到一些金錢賠償，經常伴隨著保密協議的簽署，意即原告日後將不再追究此事，也不得揭露相關資訊。

要構成勞動場合的非法騷擾，該行為必須超越僅僅是令人惱火或輕微冒犯的程度。它必須到達嚴重和相當普遍的程度，以至於被害者的就業條件已因此變動。諸多性騷擾案件的主張往往涉及雇主或主管提出以性換取升遷，或者若不配合將予降職的行為。此外，這類行為必須在客觀上具有冒犯性（一般理智之人均會認為受冒犯），而不僅僅是原告在主觀上覺得受到冒犯（*Harris v. Forklift Systems, Inc*., 1993）。在實際訴訟案件中，此類行為的例子包括一名同事在女性置物櫃上張貼男性性器官勃起照片；主管命令職員把手伸進主管的口袋中拿取零錢；即便明白要求停止之後仍不斷重複極其低俗的笑話；對他人身體的持續性、明顯性窺視，尤其針對女性的乳房或他人生殖器部位；透過辦公室電腦發送有關暴力色情或貶損女性的圖像。如果再加上性別騷擾的話，可能還有持續對於擔任女子籃球隊教練的男師予以評斷；告訴女性其工作表現不可能與男性並駕齊驅；將團隊中唯一的女性或男性排除於重要的專案或工作外。 [229]

再三強調，性騷擾的本質乃是「性別中立」的，女性或男性都可能成為受害者（*Oncale v. Sundowner Offshore Services,* 1998）。一項回顧研究（Stockdale, Sliter & Ashburn-Nardo, 2015）指出，雖然女性比男性經歷這種遭遇的機率來得高，但「男性遭遇騷擾的機率絕非低微」（P.522）。雖然原告通常會尋求精神損害賠償（如感到憤怒、焦慮、喪失自尊、恐懼或屈辱感），但原告毋須證明自己遭受廣泛的心理傷害才能勝訴（*Harris v. Forklift Systems, Inc*., 1993）。換言之，最高法院已經認識到有些性騷擾受害者即便未曾出現足以令人失能的心理惡化症狀，仍可能身受其負面影響。

在性騷擾案件中，心理學家可以從事一系列不同任務。他們可能會提供相關諮詢予針對此議題設計教育課程的雇主；可能提供雇主相關準則，或者對員工進行教育訓練，防免性騷擾事件（Stockdale, Sliter & Ashburn-Nardo, 2015）。諸如此類的諮詢涵括與歧視相關的法令教育，以及足以解釋此類行為的心理學理論，像是刻板印象行為的研究。

心理學家也可為性騷擾受害者提供諮詢服務。本章討論了心理學家在這類民事訴訟中所扮演的角色。當事人任一方（原告或被告）都可能聘請心理學家對於原告主張為賠償基礎的精神痛苦進行評估。心理學家還可能被要求答覆下列問題：被告的騷擾行為若有證據證明其確曾發生，是否可能合理導致原告遭受其所主張的精神傷害？在這些評估程序中，評估者不僅要記錄具體出現的精神或心理障礙，同時必須排除與案件中被指稱性騷擾行為無關的其他可能原因。臨床心理學家和研究心理學家也可擔任鑑定人或專家證人，針對性別刻板印象之形成，或性騷擾或性別騷擾所造成的一般心理影響提出意見。

迄今為止，與傳統定義的性騷擾相較，心理學和法律可說是相當程度忽視了性別騷擾；但在未來的民事訴訟中，它可能成為一個關鍵議題（Kabat-Farr and Cortina, 2014）。當我們慮及女性身處以男性為主的職場與其他環境的經驗，性別騷擾的重要性尤其明顯。性別騷擾「會對女性造成隔絕與孤立，降低她們對於相關資訊和機會的接近可能性……同時涉及人際關係的貶損、蔑視和拒斥」（Kabat-Farr and Cortina, 2014）。

在性騷擾訴訟中，主張受害的一方可能要應被告的要求而接受心理或精神評估。如果原告主張因為性騷擾致生一般損害以外的損害時，無可避免必須進行強制鑑定或評估。例如原告主張被告的行為不僅令人感到冒犯，而且已經造成其精神障礙，如重鬱症（Kovera and Cass, 2002）或創傷後壓力疾患。在這種程序中，被告會聲請法院裁定命原告接受被告方所聘請的心理學家進行評估或鑑定，並且釋明原告應接受評估之理由。前述研究指出，如果此精神障礙發生的時間點在過去而非現在，法院一般傾向駁回聲請。此外，「單純主張心理情感面的損害，並不會因此就對主張者的精神狀態有所爭議，自無強制原告接受心理或精神評估之必要。」（P.99）反過來說，如果原告的狀況符合若干基準，例如其主張罹患嚴重精神或心理障礙，且表明打算提出自己的專家來支持損害賠償主張，則法院會更傾向許可被告的聲請。這種強制評估有可能會使心理學家有機會取得原告性史的資訊（包括性虐待），並將這些資訊提供給對造。因此，與其他所有評估鑑定程序一樣，臨床工作者必須告知被評估人此報告的潛在用途。

性騷擾的心理評估方法

以目前而言，從據稱受害者的角度針對性騷擾進行評估的主要衡鑑工具，是**性體驗量表**（Sexual Experiences Questionnaire, SEQ）（Fitzgerald and Shullman, 1985）；此量表也已經開發出更新版本（如Fitzgerald, Magley, Drasgow & Waldo, 1999）。有學者認為 SEQ 是一種「就評估性騷擾的發生率與盛行率而言，無論從理論或心理衡鑑角度來看，都屬最成熟的工具」（Cortina, 2001, P.165）。雖然有上述觀點存在，但我們必須強調，就法律目的而言，精神心理衛生從業人員並不能（也不應）去判斷特定個案中是否確曾發生性騷擾行為。此外，不少研究人員在操作 SEQ 時會更加謹慎，因為它動輒涉及法律問題：「就性騷擾在心理學層面的定義而言，SEQ 作為一種衡鑑工具，針對個人所不欲的職場與社會等層面的性待遇，其信效度可以說已經得到驗證。而前述個人所不欲的職場與社會的性待遇，大致上與性騷擾的構念相當，但不必然構成法律上的性騷擾。」（Stockdale, Logan & Weston, 2009）

[230]

SEQ 共列出二十九種具體行為，並詢問作答者是否曾親身經歷過（頻率量尺從「從來沒有」到「經常」）。這份量表用以進行衡鑑的騷擾類型有五種：性別騷擾、引誘行為（seductive behavior）、性賄賂（sexual bribery）、性脅迫（sexual coercion）、性強制（sexual imposition）。

正如本書所描述的許多衡鑑工具，SEQ 的發展源於僅關注白人參與者的研究。儘管承認 SEQ 的可用性，但部分研究者指出，關於性騷擾的研究可能沒有充分考慮到對於非白人受害者的影響，以及在族裔和文化規範層面的差異。亞當斯（J. H. Adams, 1997）則主張，對黑人族裔的性騷擾行為，同時反映了性別和種族歧視的現象，且深化性別和種族的刻板印象流毒。柯蒂納（Cortina, 2001）指出，由於其文化規範強調群體中的尊重、尊嚴與和諧，因此相較於非拉丁裔女性，拉丁裔女性更可能會對工作場所中不必要的性相關行為感到冒犯。另一方面，移民自性騷擾更常見之國家的拉丁裔女性，在面對 SEQ 所列舉的行為時，相對較可能將之解讀為不屬於性騷擾。在與拉丁裔女性受雇者進行焦點小組訪談後，柯蒂納在 SEQ 中加入了新的題組項目（SEQ-L），以反映拉丁裔女性親身經歷的行為態樣。舉例來說，上述訪談指出，拉丁裔女性在期待會得到正式稱謂但實際上沒有，以及被以寵物名稱呼的時候，感到受冒犯。此外，當他人站得離她們太近，或者因為族裔而期待她們有特定的行為表現（如期待她們必須穿著性感），也會令她們感到被冒犯。上述這些行為態樣，在原始 SEQ 當中都未被囊括在內。

截至目前為止，本書對於性騷擾的態度與反應在族裔與種族間呈現的差異，只論及日益蓬勃研究的皮毛。即便如此，會接觸到文化多元群體的司法心理學家，應該對於上開議題的研究與發現保持覺察，同時對於群體差異具有敏銳感知。

摘要與結論

正如本書先前章節指出，司法心理學家在各種特定脈絡下所需要執行的任務類型很多。對民事法院提供各式各樣的諮詢，自然也在此列。本章想要提供各位一個具代表性的抽樣成果，可惜還是有些領域與議題實在無暇觸及，或是只能約略提及。舉例而言，除了有關勞動雇傭關係的補償請求，本章特別指出司法心理學家會參與各種人身傷害訴訟及失能評估程序。幸而，皮耶霍夫斯基博士所提出的觀點提到了上述領域。同樣的，司法心理學家也會參與性騷擾以外的各類歧視訴訟，諸如有關種族、年齡、失能、性別歧視的訴訟，無論是否與就業雇傭相關。他們也會就未成年兒少的福祉進行評估鑑定，例如在有關兒少權益保護的程序中，針對身處險境的兒少與其家庭進行評估。他們也會對遭受性虐待的兒少，在其父母因此對據稱的加害者所提起的民事求償訴訟中進行評估。無論是上述或其他眾多領域，都讓司法心理學成為一門持續成長的專業。

[231] 家庭法在過去四分之一世紀已然出現劇變，特別是因為家庭定義的演變，以及衍生而出的許多當代議題。無論家庭的組成型態如何，基本上家庭法院的法官必須做出的決定大致相同：哪方父母或哪位照護人取得子女監護權、會面探視如何安排、是否允許監護權人帶同兒童遷居其他地理區域。無論如何，必須強調的是，在絕大多數離婚事件中，父母在前述議題多能達成共識，毋須向法院提起訴訟。

當需要法院介入時，心理學家（有時又稱為家事司法心理學家）會透過監護評估（又稱親職評估）提供協助。許多心理學家認為這些是最困難也最具爭議的鑑定類型。承擔此任務的心理學家往往必須面對沉重的情緒負擔與倫理爭議，最後也會對適用於此類案件的判斷基準提出諸多疑慮。未成年子女最佳利益原則固然看似合乎邏輯也值得推薦，問題是此基準同時頗為主觀而模糊不清。在有關監護權的爭執中，還有一個主要的爭議在於，被用於評估親職能力的衡鑑工具少有效度檢證。除此之外，由於在各種監護安排類型中並沒有明確可資辨識的最佳選擇，因此心理學家必須對主張「某類型監護安排優於其他」的研究採取格外審慎的立場。

本章也討論到心理學家可能參與其他民事法律事件的情況，例如評估各種狀況下的民事行為能力，包括遺囑能力與個人做出醫療決定的能力（如同意治療、拒絕治療，甚至加速死亡的決定）。隨著人口漸趨高齡化，個人是否具備為自身利益做出決定的能力，在日後將會出現更多的評估需求。

本章的討論內容也涵蓋強制治療，尤其是針對強制門診治療。這類型的強制治療在各州的出現頻率都在上升中，但此議題也觸及基本人權的問題。對這種強制門診治療採取支持立場的司法心理學家為數不少，主要是因為此方式允許個人在社區環境中接受必要的治療。迄今，有關強制門診治療效能的相關研究已呈現正面結果，尤其是如果強制門診治療持續超過六個月以上，且伴有密集照護服務。然而，在許多狀況下，要維持治療與照護處遇的持續性及適足的監測，實在相當困難。

本章最後則是討論到性騷擾和性別騷擾。針對提出性騷擾訴訟或賠償請求者進行評估鑑定時，應該保持審慎的立場，尤其是聲請對提出請求者進行強制評估或鑑定。雖然目前確實有包括 SEQ 在內的衡鑑工具可使用，不過這類工具面對相異文化群體的認知觀點與經驗，也才剛開始做出相應的調整。

關鍵概念

預立醫療指示；生前預囑 223 Advance directives	近似法則 201 Approximation rule	輔助門診治療 225 Assisted outpatient treatment
未成年子女最佳利益原則 201 Best interest of the child standard	案情中立顧問 210 Case-blind consultant	未成年子女監護權評估 199 Child custody evaluations, CCEs
損失補償 211 Compensatory damages	雇傭補償請求之主張 212 Employment compensation claims	家庭法院 196 Family courts
司法神經心理學 214 Forensic neuropsychology	友善父母原則 201 Friendly-parent rule	性別騷擾 228 Gender harassment
加速死亡評估 223 Hastened death evaluations	禁制令 211 Injunction	最小傷害替代方案標準 201 Least detrimental alternative standard
法律面親權 208 Legal parental authority	麥克阿瑟能力評估工具：治療用途 221 MacArthur Competence Assessment Tool–Treatment, MacCAT-T	強制門診治療令 225 Outpatient treatment orders
親職遷徙 205 Parental relocation	親職評估 199 Parenting evaluation	現實面親權 208 Physical parental authority

原告 210 Plaintiff	預防性強制門診治療（或住院治療）225 Preventive outpatient treatment (or commitment)	遺囑認證法院 196 Probate courts
投射型工具 205 Projective instruments	懲罰性賠償 211 Punitive damages	被告；相對人 210 Respondent
性經驗量表 229 Sexual Experiences Questionnaire, SEQ	性騷擾 227 Sexual harassment	年幼從母原則 201 Tender years doctrine
終止親權 200 Termination of parental rights	遺囑能力 218 Testamentary capacity Tort	會面探視風險評估 205 Visitation risk assessments

[232]

問題與回顧

一、針對監護權評估以及監護權安排方式對未成年子女的影響，列舉三項研究文獻的主張。

二、定義以下詞彙：未成年子女最佳利益原則；年幼從母原則；最小傷害替代方案標準；友善父母法則。

三、為何監護權或親職評估會被認為是司法心理評估中最困難者？請概述理由。

四、列出司法心理學家可進行評估衡鑑的五種民事行為能力類型。

五、舉例說明司法心理學家在什麼狀況下會被要求針對個人同意或拒絕接受治療的能力進行評估。

六、何謂加速死亡評估？

七、什麼是輔助門診治療？研究證明它在哪些方面有成效？

八、性騷擾和性別騷擾都是歧視的形式。雖然性別騷擾被視為是性騷擾的一種，但兩者的區別為何？

重要名詞彙編

Abusive head trauma, AHT **虐待性頭部創傷**	兒少因第三人（通常是父母一方或照護者）的行為，如搖晃、拋撞牆壁，造成頭部傷害而導致的嚴重腦部損傷。
Accusatorial approach **控訴式手法（偵訊）**	警方在偵訊過程中所使用的一種具侵略性的詢問流程，其預先假設特定嫌疑人已犯下特定刑事罪行，並以取得嫌犯自白為目的。參見與比較「資訊蒐集取向」。
Actuarial predictions **精算式預測**	這類預測使用統計方法，以具備類似特徵的個人過去的行為模式為基礎，用以辨識關於特定人之背景資訊與已知行為等與預測行為相關的特定事實。
Acute dynamic factors **急性動態因子**	可能快速（數日、數小時，甚至數分鐘內）變動的心理特徵，包含情緒波動、情緒激躁，以及酒精或藥物誘發的效應。
Adjudicative competence **訴訟能力**	參與各式法定程序的能力，包含認罪協商與刑事審判。
Administrative segregation **行政隔離**	由監獄管理者所實施的一種隔離拘禁手段，藉以將特定被收容人在物理上與其他人分隔開來，其理由不一而足，包括保護特定被收容人。
Adolescent-limited offenders, ALs **青少年期限定犯罪者**	通常只在青少年時期出現偏差或反社會行為，一旦進入成人初期後便停止犯行的人。
Advance directives **預立醫囑**	讓個人能夠針對來日萬一出現臨終狀況或永久植物人狀態時的生命維持措施，或任何其他後續醫療照護決策做出預先決定之文書。

Aftercare **後續照護**	在美國少年刑事司法體系中，此一名詞相當於普通刑法中的假釋。
Aggravating factors **加重因子**	與特定犯罪相關的情境因素，足以在量刑目的上據以認定嚴重性更高者。舉例來說，在實施犯罪時採用過度殘酷或令人髮指的手段，諸如殘虐式謀殺者。
Aggression **攻擊、侵略**	以造成他人人身或財物損害為目的之行為。
Aggression replacement training, ART **攻擊替代訓練**	針對具有攻擊性的兒少所提供的一種處遇計畫，包含結構化社交技巧教學（教導廣泛的社交行為）、憤怒控制訓練，以及道德推理。
Allocution **最終陳述權**	在法庭審判程序（如決定具保與否的強制處分庭、量刑程序，或假釋委員會的聽證程序）中公開發言的權利。舉例而言，在美國各州，被害者均被容許在被告的量刑程序發言。
Amenability to rehabilitation **社會復歸可能性**	特定罪犯（尤其是非行少年）受益於機構或社區環境處遇計畫或服務的可能性。
American Psychological Association, APA **美國心理學會**	全世界最大的心理學家專業協會，截至二〇一二年為止共有134,000名成員。
Americans with Disabilities Act, ADA **《美國身心障礙者保護法》**	一部保障身心障礙者在聯邦或州級政府服務、公共場域之合理調整、雇傭、運輸交通，以及通訊措施等面向均能獲得平等機會的聯邦法律。
Amicus curiae briefs **法庭之友狀**	由外部人士或團體提出於上級（一般是法律審）法院的文書，藉以提醒法院關注特定目光可能未及之議題。
Anger rape **憤怒型強暴**	由葛羅斯（A. N. Groth） 所提出，指一種特定的強制性交犯罪，過程中加害者會施用過度強制力以壓制被害者，且會實施一系列特別以貶抑或羞辱被害者為目的的性行為。
Antisocial behavior **反社會行為**	任何被公認違犯社會群體內社交常規的行為，不一定會構成（或被定義成）刑事犯罪。
Antisocial personality disorder, APD/ASP **反社會人格障礙**	一種以長期持續不斷侵害他人權益為特徵的人格障礙。

Appellate jurisdiction 上訴管轄（權）	法院能夠審理對下級審法院裁判所提出之上訴或抗告的管轄權。
Approximation rule 近似法則	法院在對於未成年子女監護權進行裁判前，對親職任一方所為的照護進行評估。
Arraignment 傳訊	一種刑事法庭程序，刑事被告正式被告知起訴罪名、個人的法定權利，並被要求提出認罪與否之答辯。
Assisted outpatient treatment, AOT 輔助門診治療	由法院命令所指定，在社區中進行的一種精神衛生處遇或治療方式；受處遇人若出現拒不與治療提供者合作的狀況，會遭強制住院治療或再次強制住院治療。
Association for Psychological Science, APS 美國心理科學協會	由心理學家所組成，致力於推動心理科學的一個組織。在美國為僅次於美國心理學會的第二大心理專業組織。
Attention-deficit /hyperactivity disorder, ADHD 注意力缺乏╱過動障礙	傳統上被認為是一種長期的神經性疾患，特徵是發展層面出現注意力嚴重不足、衝動行為，以及過動行為。越來越多當代觀點將此類行為模式視為一種人際關係技巧的缺乏。
Availability heuristic 可得性捷思（偏誤）	個人用以對世界進行推論的認知捷徑。是心理層面最易於取得或接觸到的資訊，往往源於最近從新聞或媒體中所得到的資料。
Battered woman syndrome, BWS 受虐婦女症候群	一組行為與心理特徵的集合，咸信常見於在親密關係中曾受虐的婦女身上。
Battering 毆打	描述親密關係（如約會、婚姻或伴侶關係，或者分居與離婚）中出現的肢體暴力。
Behavioral model 行為模式	一種治療方法，基礎前提在治療或處遇對象（如受刑人或被收容的非行少年）出現「良好行為」時加以酬償，出現難以接受的行為時則剝奪其特權，藉此促成行為的正向改變。
Bench trial/court trial 職業法官╱法院審判	由職業法官而非陪審團負責進行事實認定、審查證據並做出判決的民事或刑事審判程序。
Best interest of the child standard 未成年子女最佳利益原則	一項法律原則或基準，指對未成年子女最有利的狀況應優先於親職父母之權益。
Beyond a reasonable doubt 超越合理懷疑	國家或政府在所有刑事案件中依法必須負擔且滿足的舉證責任門檻。

Bias crimes **偏見犯罪**	也稱為仇恨犯罪（hate crimes），犯罪的動機是加害人對被害人所屬（或經認定所屬）之特定群體的偏見。
Biological/neurological perspective **生物／神經觀點**	一種認為生物、遺傳或神經生理因子對於攻擊行為有顯著影響的研究取向。雖然其並未做出上述因子「導致」暴力犯罪或少年暴力非行的推論，但確實指出某些個人有可能在生理或神經面向上先天傾向暴力行為。
Blended sentencing **混合量刑**	在少年司法體系內，對少年施以同時混合了少年非行與成人處罰方式的處遇手段，例如特定的少年處遇計畫會在涉案者進入成人期後轉由專責成人假釋觀護工作者進行監督。
Boldness factor **膽識因子**	一種人際關係的風格，特徵是在面對危機或壓力狀況時，仍能展現出無畏、冷靜，以及低壓力反應。有學者認為這是精神病質（psychopathy）的核心因子。
Bullying **霸凌**	一種同儕攻擊行為，由一或多人透過肢體、言語或心理手段侵擾被認定為是弱者的被害人。雖然主要用於指稱兒少與青少年的狀況，不過也可能被用於成人同儕之間的關係。
California Psychological Inventory, CPI **加州心理量表**	一種人格量表，經常用於篩選執法人員。此量表聚焦在符合常規或具適應性的個人特質，而非異常特質。據估計約有25%的警察機關會用此進行篩選。
Callous-unemotional traits **冷酷無情特質**	一群被認為與精神病質有關的人格特質，例如自我中心與欠缺同理心。請參照「四因素觀點」。
Case-blind consultant **案情中立顧問**	為律師或法官就案件相關特定議題提供諮詢，而不與訴訟當事人直接接觸的專業人士，工作方式可能包括審查其他專業人士的工作成果，或提供法律專業人士相關研究資料。
Challenge for cause **有因拒卻**	在可以證明即將接受選任的陪審員人選不符法定資格或有其他不符陪審員條件的狀況下，由律師或法官提出。
Child abduction **誘拐未成年人**	意圖保留、藏匿未滿特定年齡未成年人，而以非法手段引導、挾帶、誘迫或限制其人身自由，使其無法接觸父母、監護人，或其他具有法定監護權之人。

Child custody evaluations, CCEs **未成年人監護評估**	也被稱為親職評估或評量（parenting evaluations or assessments），往往由心理精神衛生專業工作者為法院備製提出，用以協助法院在監護權爭端中進行決策。
Child sexual abuse accommodation syndrome, CSAAS **兒童性侵害順應症候群**	專用於指稱曾為家內（或信賴者）性虐待受害者的兒少身上會出現的特定行為。此症候群本身頗富爭議，且少有實證支持。
Child sex trafficking **兒少性販運**	與兒少遭到誘拐的犯行相關，被誘拐的兒少遭到性目的相關的剝削，例如被迫參與兒少色情影片或性交易。
Clear and convincing evidence **明確而有力的證據**	一種法律證據上的基準門檻，指被提出或主張的事實已足作為判斷真相存在高度可能的依據，但尚未達到超越合理懷疑門檻。
Clinical predictions **臨床預測**	對於特定行為（如暴力）的預測主要基於臨床所得的知識，而非統計或精算數據。參閱與比較「精算式預測」及「結構式專業判斷」。
Coerced-compliant false confessions **外力強制順從型虛假自白**	這類自認罪行的行為最可能出現在長時間、激烈的偵訊後，例如睡眠剝奪的狀況。犯罪嫌疑人往往會因亟欲避免自身的不適，而在明知自己無辜的狀態下仍承認犯下被控罪行。
Coerced-internalized false confessions **外力強制內化型虛假自白**	當無辜者感到疲憊、困惑，且在心理層面高度脆弱之時，會相信自己確實曾犯下被指控的罪行，因而做出這類虛假自白。
Cognitive factors **認知因子**	人類得以進行想像、獲取知識、推理、評估等行為的內在歷程。每個人都有其自身對於這個世界的認知版本。
Cognitive-behavioral approach **認知行為療法**	旨在改變使得反社會或其他問題行為得以被正當化並存續的信念、幻想、態度與合理化思維。咸認是對於成人與兒少犯罪者最有效的治療處遇方式。
Cognitive-behavioral viewpoint **認知行為觀點**	與催眠有關，此一觀點認為催眠的參與者其實並非處於一種經過改變的意識狀態下，而是在扮演由催眠者所暗示的角色。
Cognitive interview **認知會談**	利用記憶提取與其他溝通技巧，增加從證人與被害者身上所獲得的正確資訊量。其目標是讓被會談者覺察到在單一狀況中所發生的一切事件。

Cognitive lie detection **認知謊言偵測法**	透過提出犯罪嫌疑人預期之外的問題進行會談與偵訊的方法。
Cognitive load **認知負擔**	在警方會談與偵訊的過程中，為了讓被會談人難以欺騙，施加於其身上的認知需求。例如要求依事件發生的時序倒敘事件經過。
Commitment bias **承諾偏誤**	一旦證人選擇了特定觀點，例如對某人的長相進行指認，往後就難以變更看法。
Community corrections **社區矯治**	泛稱容許刑事犯行遭定罪者在社區環境內接受監督的眾多類型處遇方式。假釋，即前受刑人在社區內接受監督的處遇方式，亦屬於之。
Community-based facilities **以社區為本的設施**	非機構式，容許少年或成人犯罪者在自己的居家環境或在特殊社區設施（例如中途之家）內進行的矯治設施。
Compensatory damages **損害賠償**	在民事案件中因原告所受損害而判給原告的金錢數額。
Competency restoration **能力回復**	對於經認定為欠缺就審能力者提供的治療，藉以使其回復能力以接受審判。
Competency Screening Test, CST **能力篩檢測驗**	一種語句完成測驗，用以對被告的就審能力進行快速評量。此測驗會探測被告對律師所扮演角色及法庭程序的基礎等知識。
Competency to be executed **受（執行死）刑能力**	一項法律能力的基準，指某個人一旦經定罪遭判死刑，於死刑執行時必須在情緒面足夠穩定，或在智力面足以理解被執行死刑的意義。
Competency to stand trial **就審能力**	一種法律能力基準，要求刑事被告必須要具備理解刑事罪名，以及協助其辯護人準備與進行答辯的能力。
Complicated bereavement **複雜性哀慟**	所愛之人謝世後出現的一系列悲痛歷程，比起一般的悲痛，對心理層面的負面影響更加深遠，可透過心理治療改善。
Composition bias **組成偏誤**	警方進行列隊指認的一種特徵，以不公正的方式（例如同一列隊伍中無人與嫌犯年齡相近）鼓勵證人對拘留中的嫌犯做出指認。
Concurrent validity **同時效度**	在心理衡鑑中，透過將某個測驗與其他既經建構效度的測驗進行比較，藉以量測效度的做法。

Conditional release **有條件釋放**	在個人已證明在社區內可展現良好行為或主動參與精神衛生治療的條件下，將其從司法或行政的機構環境（看守所、監獄、精神醫院）中釋放出來。
Conduct disorder, CD **行為規範障礙症**	一種用於診斷的名詞標籤，指稱那些持續出現習慣性不當行為的兒少。
Confirmation bias **確認偏誤**	持續搜尋可以確認自己既存信念或期待事項之證據的一種傾向。
Conflict Tactics Scale, CTS **衝突策略量表**	一種研究者與臨床工作者會使用的量表，用以量測人際關係中出現侵擾與暴力的程度。
Control question technique, CQT **控制問題法**	使用多圖譜儀的專業測謊者在需要針對特定事件進行調查（如犯罪行為）時最常用的一種程序。參閱與比較「犯罪知識測試法」。
Correctional psychology **矯治心理學**	司法心理學的次領域，專門針對監獄、看守所，以及其他機構式或社區環境內的矯治設施與計畫。矯治心理學家經常偏好這個用詞勝於司法心理學。
Co-victims **共同被害者**	在嚴重犯罪（例如致人於死）中因為與被害者親近，而必須面對諸如法醫、犯罪人、少年司法體系，甚或在犯罪結束後仍須面對媒體的人。常被用來強調殺人事件對於被害者的倖存近親所造成的深遠影響。
Crime scene profiling **犯罪現場剖繪**	一種根據犯罪現場所找出的線索而對於加害者的行為或心理發展出的概略描繪手法。
Criminal homicide **刑事致死事件**	不法且蓄意地殺害他人，包含蓄意殺人與非過失致死等兩種態樣。
Criminal investigative analysis **犯罪調查分析**	泛指犯罪調查，可能但未必包含犯罪現場剖繪。
Criminal responsibility evaluations **刑事責任評估**	判斷欠缺責任能力的精神抗辯是否成立的心理評估。也稱為「犯行當時的精神狀態」評估，或者「心神喪失」評估。
Criminogenic needs **致犯罪需求**	指那些經過實證研究證實與犯罪行為相關的動態風險因子，例如物質濫用或厭女態度。
Crisis intervention **危機介入**	精神衛生實務工作者對於緊急或危機狀況（如在人身自由遭限制期間出現自殺舉動、情緒激躁，或精神病性的行為）所進行的介入行動。

Critical incidents **危急事件**	不尋常且難以預測的緊急狀況與災難。
Cyberstalking **網路跟騷**	對使用網路或以其他方式進行網路通訊的他人所做出的威脅或不受歡迎的接觸行為。
Date or acquaintance rape **約會或熟人強暴**	一種發生在約會狀態或社交關係中的性侵害行為。
Daubert standard **道伯基準**	協助法院據以判斷專家的科學意見是否符合美國聯邦最高法院所建構關於可信度與關聯性的法律指引。
Death notification **死亡通知**	用以通知死者家屬關於因暴力犯罪、意外，或其他事故所致死亡事件的程序。
Death penalty mitigation **死刑減輕因子**	在死刑案件中，由辯方所主張或提出據以降低加害人可責性的因子，目的在減輕或免除死刑判決。死刑減輕因子的例子包括加害者的年紀，以及未成年時曾遭受家暴的歷史等。
Decisional competency **決策能力**	依自己最佳利益進行決策的能力。研究顯示，未成年的犯罪者由於其發展歷程，往往不太可能在面對刑事司法程序時具備進行決策所需的情緒複雜度與成熟度。
Deinstitutionalization of status offenders, DSO **身分犯非機構化處遇**	依《少年司法和預防犯罪法》而受資金補助其少年事件計畫的各州，均有義務將所有未成年犯罪者移出收容成年人的看守所，同時必須將未成年身分犯從戒護機構中移出。
Delinquency hearing (or adjudicatory hearing) **少年事件審理庭（或少年事件裁判庭）**	等同成年人的刑事審判庭。非行少年的憲法基本權與成人犯罪者一樣受到保護，包含受律師協助、與指控者對質詰問，以及不自證己罪。不過他們並不享有憲法所保障的受陪審團審理或公開審判之權，除非特定州法授予。
Delinquency petition **少年事件起訴／移送書**	在少年法庭的程序中，由檢察官所提出以指控特定未成年被告特定犯罪行為，一旦該指控經證明成立，將使涉案少年遭定罪而成為非行少年。
Deposition **取證**	證人在宣誓具結後，在法院書記官面前接受對造律師詢問的法院程序。不過此程序往往會在法院外進行。
Detention centers **拘留中心**	受拘留者在審前被監禁之設施。看守所同時具備拘留中心及監禁收容短期（一般在一年以下）受刑人的功能。

Developmental dual systems model **發展雙元系統模型（理論）**	由史坦伯格（Laurence Steinberg）所提出，指青少年期的腦部發展會在認知與情緒功能面出現落差，因此青少年傾向尋求感官滿足與冒險的行為。
Differential experience hypothesis **差別體驗假說**	個人對於其相同種族者會更加熟悉、有更多相處經驗，也因此在指認程序中，更能夠區辨其同種族成員間的差異。
Digital investigative analysis **數位（偵）調查分析**	鑑識電磁紀錄與資料回復，一般是為了司法目的所進行。
Diplomate **專業證明**	一種專業認證，代表某個人已被認證為在某一特定領域中，具備高階的知識、技術與能力。
Disciplinary segregation **懲戒性隔離**	在監獄或看守所內，對於違犯規定者以物理孤立方式所進行的懲戒措施，也稱為單獨監禁。
Discovery process **證據開示程序**	一種審前程序，指在民事或刑事案件中，由一方對他方開示或揭露對該方主張或抗辯具有重要性之資訊。
Disposition **案件終結**	法律事件之解決或終結。在刑法中，例如被告遭判罪定刑。在民法，例如原告勝訴判決也是特定案件的終結。在少年事件法，案件終結等同於刑案中的定罪量刑。
Disproportionate minority confinement, DMC **比例過高的少數族裔監禁現象**	少數種族與族裔遭到拘留與監禁的人數不成比例地過高的一種現象。
Diversion **轉向／分流**	用以使某個人得以避開正式或傳統法庭程序的計畫，例如少年刑事案件中的非行少年被導向物質濫用計畫進行處遇，或者某些刑事被告被導向精神衛生法庭進行處遇。
Domestic Violence Risk Appraisal Guide, DVRAG **家庭暴力風險評估指引**	一種心理衡鑑量表，用以評量在一段關係中的暴力程度，以及預測未來發生暴力行為的可能性。
Double-blind lineup **雙盲列隊指認**	一種列隊指認程序，無論是指認者或者安排列隊指認者，都不知道犯罪嫌疑人的實際身分。

Dual-purpose evaluations **雙重目的評估（衡鑑）**	在同一評估程序中，同時對被告的就審能力以及刑事責任能力進行評量。無論法學或心理科學文獻，對於這種評估皆採取高度不鼓勵的立場；不過在某些司法轄區仍然會出現。
Dual-court system **雙重法院體系**	美國同時存在聯邦等級以及州等級的法院，且彼此間互不隸屬，有時甚至會在同一地理位置。
Dusky standard **達斯奇標準**	與兒少或成年人的就審能力與決策能力相關的法律標準。此一基準認為被告必須要至少能夠理解並評估對其不利的刑事程序，並且要能夠協助其辯護人進行辯護。
Duty to warn and protect **警告與保護義務**	衍生自「塔拉索夫」（Tarasoff）一案的法律標準。當心理或精神衛生臨床工作者發現自己負責的個案或當事人對第三人構成威脅時，必須採取具體行動以警告或保護潛在受害者免於受到嚴重的人身傷害。
Dynamic risk factors **動態風險因子**	個人在發展歷程中會隨著時間而變動的面向，例如態度、意見、知識。
Dysphoric/borderline batterers **煩躁／邊緣型施暴者**	罹患精神障礙，在心理層面飽受困擾，情緒易怒的虐待配偶者。這類人通常會涉入中度到嚴重的伴侶虐待，包括心理與性虐待。
Early intervention system, EIS **早期介入系統**	也稱為早期警告系統，旨在協助執法人員在早期找出心理與在職表現問題，以及協助他們取得後續的支持性服務。
Early warning systems **早期警告系統**	見「早期介入系統」。
Elder abuse **虐待年長者**	在肢體、經濟、情緒、心理層面對於年長者（通常定義為六十五或以上）造成傷害。
Emotional intelligence **情緒商數**	能夠知道自己與他人的感受的能力，進而能使用此資訊以導引意念與行動。
Employment compensation claims **雇傭補償請求（索賠）**	因個人受雇勞動的結果所致的生理傷害、心理損害，或情緒困擾而提出的求償或索賠。雇主依法必須保障受雇者在職期間免於上述損傷。
Equivocal death analysis, EDA **不明死因分析**	當死因不明時，對死者生前的人格輪廓與認知特徵（尤其是行為意圖）進行重建。也被稱為心理剖驗（psychological autopsy）。

Erotomania stalkers 情愛妄想跟蹤者	這類的跟追騷擾者通常患有嚴重的精神障礙，也常常被認定有妄想症狀。公眾人物是這類跟騷行為的典型目標。
Ethical Principles of Psychologists and Code of Conduct, EPPCC 心理學家倫理規範與行為準則	為心理學家在進行臨床與研究實務工作時的妥適行為，提供倫理標準與指引。
Ethnocentrism 民族優越感／族裔中心主義	個人依照自身文化脈絡而對事件進行解讀與詮釋的傾向。
Excessive force 過度（強制）武力	執法人員執行勤務的過程中，施用逾越在該情境下的正當範圍或限度之強制力。
Executive functions 執行功能	處理目標導向行為的高階心理功能，包括組織行為、記憶、抑制歷程、策略籌畫能力等。
External stress 外部壓力	來自個人日常事務以外的壓力。在執法情境中，這類壓力包含對於法院、檢察署、刑事司法程序、矯治體系、媒體的挫折感，以及公眾對於警察勤務的態度。
Face (or content) validity 表面（或內容）效度	並非指一項心理衡鑑實際上量測的對象，而是該衡鑑表面上看似在量測的對象。
Facial composites 面容合成圖	使用由目擊證人所提供的資訊，透過電腦化或藝術家繪製所得的臉孔。
Factor analysis 因素分析	一種統計方法，用以找出隱含的模式與人格特質。
False confessions 虛假自白	與事實不符的自認罪行的行為，經常是（但非必然）由強制性的偵訊程序所誘發。
Family courts 家庭（事）法院（庭）	專責處理與家事相關事務（如離婚、未成年子女監護權、保護令、少年事件、監護人程序等）的法院。
Family forensic psychology 家事司法心理學	司法心理學下的專門領域，實務工作者對於人類發展、家庭關係及相關的法院體系具有廣泛的知識。
Family preservation models 家庭保存模式	試圖防免僅具輕微行為問題的未成年人及其家庭淪於更加功能失調的方法。其主要目的在於盡可能保存家庭單位，認為家庭完整性是所有家庭成員的最佳利益。

Family violence **家庭暴力**	由家庭成員之一對其他同居（或曾經同居）的家庭成員所為的任何形式侵害（包括性侵害），或其他足以造成人身傷害或死亡結果的行為。
Family-only batterers **家內施暴者**	這類施虐者通常不會在家庭之外涉入暴力行為。他們的暴力傾向屬於週期發作型，特別是在遭遇壓力與挫折到達高峰狀態。
Federal Bureau of Prisons, BOP **聯邦監獄局**	協調所有由聯邦收容設施（如拘留中心、監獄、醫院）所提供的服務，支持有關矯治的諸多研究，提供有志矯治職涯的博士研究生實習機會。
Filicide **殺害子女**	指殺害自己年齡大於一歲的孩子。
Firesetting **縱火**	對於火有異常迷戀，且伴隨著曾縱火致人死傷或財損的過往行為（無論成功與否）。常用於兒童精神病理學的文獻。
Fitness-for-duty evaluations, FFDEs **適勤評估／勤務適性評估**	這類心理衡鑑用以判斷執法人員執行核心職務功能的心理能力（尤其經歷重大壓力事件後），是否合於一定水準。
Flashbulb memory **閃光燈記憶效應**	在高衝擊事件（如車禍或大型槍擊事件）下的記憶狀態，這種記憶通常有一定程度的準確性。
Forcible rape **強制性交**	美國聯邦調查局以此指稱違背當事人意願的性交。另有準強制性交（statutory rape），其並非因為被害人遭受強制力或違背意願性交而成罪，而是因為被害人性交時低於法定年齡而被視為沒有對於性交的同意能力。
Forensic entomology **司法昆蟲學**	將昆蟲（以及其節肢動物近親）的研究應用於司法相關議題。
Forensic mental health assessments, FMHAs **司法心理精神衛生評量**	由受刑事法院囑託、提供諮詢意見的心理學家與精神專科醫師所施作的評量。常見的例子包括就審能力評量，以及刑事責任能力評估。
Forensic neuropsychology **司法神經心理學**	將神經心理學專業研究的知識應用於法律議題。神經心理學是研究腦部與神經損害及功能失調，對人類行為造成心理影響的學科。
Forensic psychiatrists **司法精神專科醫師**	具有精神醫師資格者接受相關訓練以對法院提供評估或鑑定服務，法院藉此取得案件相關人在情緒、認知或行為等層面的證據資料。

Forensic psychology **司法心理學**	將理論與研究產出的心理學知識應用於民事、刑事等司法體系。
Forensic school psychology **司法校園心理學**	心理學的次領域，主要處理在教育環境內的法律相關議題。
Forensic social workers **司法社會工作師**	社工師（一般具備相關碩士學位），提供法律問題服務，如未成年人監護權訪視評估，或者民事監護人評估。
Four-factor perspective **四因素觀點**	將精神病質狀態視為包含四大核心因素的理論模型：人際關係、衝動控制、情感面向、反社會。相關文獻對於第四因子（反社會因子）應否獨立作為個別因子進行判斷，至今爭論未休。
Friendly parent rule **友善父母標準**	在未成年子女監護權的案件中，最可能促使子女與他方親職父母滋養良好關係的一方，應該取得監護權優勢（前提是他方親職尚無任何虐待子女行為）。
Functional family therapy, FFT **功能性家庭治療**	一九七〇年代，為了出現行為問題且父母也無力控制其行為的青少年，所開發出來的療法。結合社交學習、認知行為、人際關係、家庭系統理論。
Gender harassment **性別騷擾**	本質上是一種歧視行為，有時在性騷擾法律中會受到承認。指基於性別，持續做出當事人不歡迎的言論或行為。性別騷擾與性騷擾不同之處在於，前者指騷擾者對於被騷擾者並無任何性接觸的興趣。
Gendered pathways approach **性別途徑方法**	指少女、少男或者女性、男性會循不同路徑發展出犯罪行為的相關研究。
General acceptance rule **普遍接受法則**	科學證據在法院審理程序中得否被認定為有證據能力的法律基準；依此基準，只要某項科學證據受到科學社群普遍接受為具效度，即有證據能力。又稱佛萊法則（Frye standard），直到二十世紀晚期之前均主導法院的判斷。
General jurisdiction **普遍管轄**	法院具有廣泛聽取各式案情簡繁訴訟的法定權力，包括民事與刑事案件。
Generally violent/antisocial batterers **廣泛暴力／反社會型施暴者**	除了在家庭之外會涉入暴力行為，也很可能使用武器，且更傾向對配偶、伴侶、其他家庭成員造成嚴重傷害的虐待者。

Geographical jurisdiction **土地（地理區域）管轄**	以一個國家特定的地理區域作為決定法院審判案件效力所及的區分方式。
Geographical mapping **犯罪地理圖譜**	分析多數加害者在一段時間內進行犯罪的地理空間模式。
Geographical profiling **地緣剖繪**	在犯罪發生地，以及此地點與加害者操作犯罪行為的基地或居所之間的關聯性。此技術假設連續加害者較傾向在自己居處附近實施犯行。
Grand jury **大陪審團**	由檢察官帶領的一群公民（一般是二十三名），權衡證據後決定是否已達起訴犯罪的門檻。
Grooming **誘騙**	性犯罪者的犯罪策略，用以贏取被害目標（通常是兒童或青少年）歡心的各式方法。
Groth child molester typology **葛羅斯兒童性侵者分類法**	一種臨床開發用以分類戀童犯的系統。
Groth rape typology **葛羅斯強暴類型學**	分類強暴犯的臨床發展方法。
Guilty but mentally ill, GBMI **有罪但有精神疾患**	在美國某些州所使用的一種判決名稱；此一判決使被告在因精神障礙而可接受治療的前提下，被判有罪。
Guilty Knowledge Test, GKT **犯罪知識測試法**	一種搭配多圖譜測謊儀使用的測驗法，用以評估受測者對於特定犯罪相關事實知悉的程度與範圍。參照「控制問題法」。研究者一般偏好犯罪知識測試法；不過對實際使用多圖譜測謊儀施測的實務人員，此法的使用率不如控制問題法。
Hastened death evaluations **加速死亡之評估**	某些州許可個人在利用醫師處方藥物的協助下加速自己的死亡，而若對於病人是否有能力做出這方面決策有疑慮時，可進行此一評估。
Hate crimes **仇恨犯罪**	亦稱為偏見犯罪，動機係加害人對被害人所屬（或經認定所屬）之特定群體的偏見。
Hate Crime Statistics Act **《仇恨犯罪統計法》**	一項聯邦法律，規範執法人員受理犯罪舉報時，若據稱其動機係與對特定人所屬或經認定所屬特定群體的仇恨或偏見有關，受理人員應廣泛蒐集相關資訊。
Hedonistic type **享樂主義型（連續殺人者）**	為了愉悅與尋求刺激而不斷犯案的連續殺人者。對於這類犯罪者，其他人不過是供其取樂的物品。

Homebuilders model **造家者模式**	屬於家庭保存模式的一種，嘗試將反社會的未成年人留在家庭內，並對該家庭提供短期高強度的服務。
Hostile attribution bias **敵意歸因偏見**	在他人實際上無敵意的狀態下感覺到敵意的一種傾向。
Houses of Refuge **庇護所／庇護之家**	十九世紀中葉出現，以保護、養護、教育受忽略或出現偏差的未成年人為目的之機構化環境。
Human trafficking **人口販運**	對人（包括未成年人）施以誘拐或綁架，隨後加以剝削，以取得金錢報酬之行為。通常包含（但未必一定有）性剝削行為。
HUMINT interrogation **HUMINT偵訊法**	一種有效的偵訊方法，用以在攸關國家安全目的的狀態下，取得個人所知的情報。
Hypnotic hypermnesia **催眠性記憶增強狀態**	透過催眠以強化或重新回復記憶。
Hypnotic trance theory **催眠恍惚態理論**	催眠代表的是一種意識的特殊狀態，此時會造成個體對於暗示的高度接納與回應性，也會造成肢體感覺的改變。
Iatrogenic effect **醫源效應**	醫師、臨床實務工作者或心理治療師在無意間誘發或造成其患者或個案的心理或生理疾患的一種歷程。
Idiographic approach **個殊性取向／個體特徵研究法**	透過對單一個體進行高強度研究，藉此找出得以應用於大型群體的普遍原則的研究取向。對於特定個人進行詳細案例研究的方法正是一例。參見與比較「整體特徵研究法」。
Immature or fixated child molester **不成熟或固著型猥褻兒童者**	這類兒童性侵犯從來未能與其他成人發展出滿足的性關係。
Incarceration rate **監禁率**	特定人口中遭到監禁於監獄與看守所的人數比率，美國統計通常是以每十萬人的監禁率為單位。
Incest **亂倫**	由家庭近親或親屬對於未成年兒少所為的性虐待或性侵害。
Infanticide **殺嬰**	直觀上指殺害嬰兒的行為，亦可泛指親職父母殺害未成年兒少的狀況，並依受害對象而區分為殺害新生兒（neonaticide）與殺害子女（filicide）。

Infantile amnesia **嬰兒期失憶現象**	對於幼年（一般是四歲之前，但非必然如此）事件失去記憶的一種常見現象。
Information-gathering approach **資訊蒐集取向**	一種警方會談、偵訊的手法，並不假定接受會談或偵訊者必然有罪，而是以取得關於特定犯罪的資訊為目的。參見與比較「控訴式手法」。
Initial appearance **（逮捕後）初次出庭**	指某人被逮捕並遭拘留／羈押於看守所，而非以自由之身候傳出庭的狀態。目的往往在於審查是否有續行羈押的必要。亦可泛指在法院面前的第一次程序，無論被告是否遭羈押。
Injunction **禁制令**	一種法院命令，以此阻止或排除受命令人對某人或某地從事某行為，或者命其保持一定距離。此類命令通常基於聲請方宣稱其因相對人的特定行為或活動而受傷害。
Insanity **心神喪失**	在司法脈絡下，用以描述認定某特定人的精神障礙已足使其不因其違法行為而負擔刑事責任的司法決策。
Insanity Defense Reform Act, IDRA **《心神喪失抗辯改革法》**	美國在一九八四年通過的聯邦法案，改變了聯邦法院認定心神喪失而免於刑責的標準，也使刑事被告自此更難以主張此一抗辯。
Institutional correction **機構式矯治**	用來形容監禁受刑人的設施的廣義詞彙，也可用於指稱此類設施的規則、政策與實際作法。
Instrumental violence **工具型暴力**	對加害者而言，對被害者施暴造成傷害的重要性，次於其達成其他特定外部目標之意圖。
Intake **（少年）同行**	在少年事件法，此一詞彙是指兒少與少年法庭的第一次正式接觸；對少年實施同行（亦即逮捕）的調查官可依職權裁量對少年做出警告、將少年交給檢察系統，或者轉向進行社區服務。
Intensive rehabilitation supervision, IRS **密集復歸監督**	將加害者風險層級與其致犯罪需求與非致犯罪需求適配的社區監督計畫。
Intensive supervision programs, ISPs **密集監督方案**	對於緩刑或假釋中，但被要求須接受密集監督或其他服務處遇的加害者所進行的矯治監督計畫。
Interdisciplinary Fitness Interview-Revised, IFI-R **跨領域適性會談量表修訂版**	一種用來評量就審能力（適性）的量表。

Intermediate sanctions **中度懲戒**	相較於居家監禁較不具拘束性，但比起一般緩刑較有拘束性的一種監督措施；在此計畫之下，少年或成人犯罪者可以依照計畫的條件而留在自己家中。此一措施有時也被稱為高強度緩刑或高強度假釋。諸如強力監督計畫、每日報到的要求、電子監督措施，都是適例。
Intimate partner violence, IPV **親密伴侶暴力**	對現任或前任配偶、男女朋友所實施的暴力犯罪。
Investigative psychology **偵（調）查心理學**	一個涵義甚廣的詞彙，旨在增進我們對於犯罪行為暨其偵查、調查程序的理解之科學方法。
Inwald Personality Inventory, IPI **英瓦德人格量表**	原本是被開發用於矯治人員，後來被部分臨床工作者使用於評量執法人員的人格。
Jails **看守所**	由各地方政府所營運的設施，用以暫時性留置等待開庭審判，或者監禁因輕罪而最終定罪遭判短期自由刑（一般在一年以下）的人。
Job analysis **工作分析**	針對特定工作所需要的技術、能力、知識、心理特質進行辨識與分析。
Judicial waivers **司法移轉管轄；逕付（刑事）審判**	指少年法庭法官將少年事件逕行移轉予刑事法庭進行審判。
Juvenile delinquency **少年事件**	指由未成年的兒少所犯下的各式反社會行為，其中有部分屬於刑事犯罪，部分則否。
Juvenile delinquent **非行少年**	做出違犯刑事法典所明定罪行之行為的未成年兒少，且經有權法院裁判為少年非行（犯罪）者。
Juvenile detention **少年收容**	在少年法庭就事件為終局裁判之前，無論在程序前或程序進行中，對少年所為之暫時性戒護或無戒護安置措施。
Juvenile Justice and Delinquency Prevention Act, JJDPA **《少年司法和預防犯罪法》**	美國於一九七四年通過的聯邦法典，意在針對涉入少年事件審理體系的少年，以及被認定為出現偏差行為風險的少年的需求給予特別關注。
Leakage **洩漏**	被會談人在會談中可能顯露出欺騙跡象的行為線索。
Least detrimental alternative standard **最小傷害替代方案標準**	在進行有關未成年人監護權的決策時，此一標準認為應在各個選項中選擇對未成年人負面影響最小的安排方式。

Legal parental authority **（法律上）監護權**	享有為未成年人做出法律上決策的權力，諸如醫療需求以及教育體系的選擇。
Legal psychology **法律心理學**	一個廣泛的名詞概念，指對一系列反映心理學與法庭間緊密關係的廣泛議題進行科學研究。
Legislative waiver, statutory exclusion, or waiver by statute **立法移轉管轄，法定排除管轄，或者法定移轉管轄**	指依法將涉嫌犯罪（一般都是重大犯罪）的未成年兒少自動（無待法院裁定）移轉管轄予刑事法院的程序。例如美國有許多州在立法上都規範年滿十四歲的未成年人一旦以殺人罪遭到起訴，就必須在普通刑事法院接受審判。在某些司法轄區，刑事法院的法官也享有將少年事件移轉管轄予少年法院的權力。
Level of Service Inventory-Revised, LSI-R **服務層級量表修訂版**	針對動態與靜態風險因子進行評量，判斷加害者對各式服務的需求，以及其再次遭到定罪的風險（包括暴力犯罪）。
Level of Service/Case Management Inventory, LS/CMI **服務層級／案件管理量表**	服務層級量表的調整版，聚焦於判斷個人應該接受哪些臨床與社會服務最為理想。
Life course-persistent offenders, LCPs **終生持續型犯罪者**	指終其一生持續展現出反社會行為模式，而且經常抗拒治療或復歸處遇的犯罪者。
Limited jurisdiction **有限管轄**	下級法院可以選擇僅就小型爭端事件，或大型案件中的前提爭點加以處理之權力。
Linkage analysis **關聯性分析**	一種偵查方法，針對犯罪間的相似處進行觀察並將其與相同犯罪者進行連結。
Love obsession stalkers **愛戀執迷跟追者**	出於追求與陌生人或初識者之間的愛情關係之強迫性或執迷意圖，而從事跟騷行為之加害人。
MacArthur Competence Assessment Tool Treatment, MacCAT-T **麥克阿瑟能力評估工具：治療用途**	由臨床工作者使用，評估受測者接受治療或處遇得以獲益改善之能力的量表。
MacArthur Competency Assessment Tool Criminal Adjudication **麥克阿瑟能力評量工具：刑事審判**	由臨床工作者使用，評估受測者就審能力的量表。
MacArthur Juvenile Competence Study **麥克阿瑟少年事件能力研究**	由麥克阿瑟基金會對於涉入少年事件的未成年人，就其審判中的能力所進行的多地研究。
Malingering **偽病；詐病**	個體有意識地捏造、偽裝，或者極度誇大症狀的一種表現方式。

Manslaughter **致人於死**	欠缺正當合法抗辯，在未預謀的狀態下殺害其他人的行為。致人於死的行為有可能是因過失或非因過失所致，也無需具備殺人之意圖。
Mass murder **大規模殺人**	涉及在單一地點殺害三人或以上的行為，且在殺人行為之間並無冷卻期。
Mans rea **（主觀）犯意**	在刑法上指的是具備犯罪可責性的心理狀態。亦即在刑事犯罪上被判斷為有罪所必備的主觀犯意要素。
Mental State at the Time of the Offense Screening Evaluation, MSE **犯罪時心智狀態快篩評估**	臨床工作者用以評量刑事責任能力的數項工具之一，尤其用以判斷「心神喪失」抗辯有無依據。
Minnesota Multiphasic Personality Inventory-Revised, MMPI-2 **明尼蘇達多相人格量表修訂版**	一種自行施測的人格量表，可用於多種用途，有時也包括執法人員的篩選。
Minnesota Multiphasic Personality Inventory-Revised-Restructured Form **明尼蘇達多相人格量表修訂重構版**	一種用於臨床實務的自陳式人格量表，尤其適用於篩選執法與公共安全人員。雖然此測驗使用了來自MMPI-2的許多問題，不過研究者也為此量表開發出專屬的常模與臨床量尺。
Mission-oriented type **任務導向型（連環殺手）**	指相信特定群體或類型的人不值得存活於世間，因此必須將之摧毀或抹除的連續殺人者。
Modus operandi, MO **犯罪手法**	犯罪加害者成功用於犯行的行為與程序。
MTC: CM3	一種實證依據的戀童癖分類系統，尤其強調將戀童癖視為以多重行為模式與意圖為特性的行為。
MTC: R3	強制性交行為的分類法，由九種相異的強暴者類型所組成，以六種不同的變因為基準進行區分。
Multiculturalism **多元文化主義**	指在種族、族裔、性別、性傾向及障礙等面向的差異。
Multidimensional Treatment Foster Care, MTFC **多維治療寄養照護**	一種處遇模式，專為身處兒福體系內的長期犯罪加害者（偏差行為兒少）所開發。
Multisystemic therapy, MST **多系統治療**	對於犯下嚴重犯行的少年加害者進行的社區治療方式，聚焦於家庭的同時，也回應諸多其他環境脈絡，如同儕團體、鄰居環境、學校。

Munchausen syndrome by proxy, MSBP **孟喬森代理症候群**	一種不尋常的兒少虐待行為，親職者其中一人（通常是母親）或雙親持續以兒少罹患病症（由親職者偽裝或直接造成）為由，進行就醫。此一詞彙正漸漸由「兒少醫療虐待」一詞取代。
Murder **殺人**	具備犯意與預謀殺害他人，而欠缺正當化事由或緊急避難等法定抗辯理由的行為。
National Crime Victimization Survey, NCVS **〈全國犯罪與被害調查〉**	政府主導的統計調查，以曾因重大犯罪而受害的家戶、個人及商業主體為範圍。
National Survey of Children's Exposure to Violence, NatSCEV **〈國家兒童暴力曝險調查〉**	一項由政府資助的研究調查，設計以取得曾受暴力加害的未成年人相關數據。
NEO Personality Inventory-Revised, NEO PI-R **NEO人格量表修訂版**	一種以五因子人格特質模型為依據的人格量表。
Neonaticide **殺害新生兒**	殺害新生兒（一般是指出生後未滿四十八小時，也有出生未滿二十四小時者）的行為。
Nomothetic approach **整體特徵研究法／通則式取向**	透過從諸多個案中進行資料的檢視與整併，進而尋找共通的法則、關係、模式的研究方法。參閱與比較「個體特徵研究法」。
Noncriminogenic needs **非致犯罪需求**	有可能改變，但已經被證實與犯罪加害者的犯罪行為少有關聯的需求。心理狀態諸如憂鬱、焦慮、低自尊，都是研究者曾引用的例子。
Non-hypnotic hypermnesia **非催眠性記憶增強狀態**	透過非催眠手段以強化或重新回復記憶，例如自由聯想、幻想、記憶提取技巧。
Non-sadistic rapists **非施虐型強暴犯**	加害人因感受到來自被害人的特定刺激，因此產生強烈性興奮並因而實施性侵害。雖然強制性交行為本身始終是一種暴行，但是加害者的攻擊傾向在這類型的性侵害過程並非顯著特徵。
Notification **（被害者）通知**	被害者在法律上的權利，指被害者依法在刑事司法進行的各個階段，獲通知加害者狀況的權利。
Observational learning **觀察式學習**	個體透過觀察其他人從事特定行為，藉此習得行為模式的歷程。
Office of Juvenile Justice and Delinquency Prevention, OJJDP **少年事件與偏差行為預防辦公室**	美國聯邦機關，專責監督全國少年事件、資助少年事件的研究與計畫，以及在有關少年事務的全國性政策制定過程中擔任領航者的角色。

Ontario Domestic Assault Risk Assessment, ODARA **安大略省家庭攻擊風險評估**	一種心理衡鑑工具，被推薦供執法人員等使用，以判斷個人在家庭內做出暴力行為的未來風險。
Opportunistic rapist **投機型強暴犯**	指某人犯下性侵害行為的原因，單純是因為發現有機會可以犯罪。
Oppositional defiant disorder, ODD **對立反抗症**	一般出現於兒少，一種以持續與成人爭論、拒絕成人要求、故意激怒他人、將自己的過錯歸因他人、表現出特別惡意或報復的行為症狀。
Organizational stress **組織性壓力**	指因為警務單位的內部政策或實務措施而對個別警務人員所造成的情緒面與壓力面影響。
Outpatient treatment orders **強制門診治療令**	由法院裁定命個人得以在自家或替代性的團體或安置之家居住，條件是必須接受心理精神衛生治療或處遇，且必須遵從醫囑之命令。有時也被稱為社區治療命令，或輔助門診治療。
Own-race bias, ORB **族內（同族）偏誤**	指相較於相異種族的面孔，人們更能辨識與自己同種族面孔的傾向。
Paraphilia **性偏好**	一種對各種心理狀態的臨床用詞，展現為個體透過對於非人類物件的幻想、強烈想望或行為，或者對自我或伴侶、未成年人，甚或其他非合意者所施加的痛苦或羞辱。各種性偏好行為基本上只要不對自己或他人造成傷害，就不會被認定為精神障礙。
Parens patriae **國家監護（親權）原則**	一項法律原則，由此建構出國家有權以其被推定為善意的決策，取代那些被認定為無能力或無意願自行決策者的決策。尤其適用於未成年人、少年事件涉案者、精神障礙者、心智缺陷者等弱勢族群。
Parental relocation **親職遷徙**	一項在現代家事法院中越來越常見的議題，法院必須決定是否應許可親職監護方偕同被監護子女遷徙到距離非監護方遙遠的地理區域。
Parenting evaluation **親職評估**	在某些司法轄區中被用來取代監護權評估的用語，也常常被稱為親職計畫評量。
Parole **假釋**	遭定罪的受刑人在服完一定的刑期後，予以有條件釋放。
Pedophilia **戀童症（癖）**	一種臨床用語，指對於未成年人感受到性吸引力。不過此狀況未必一定會造成後續實際上對未成年人實施性侵害或其他性虐待的結果。

Peremptory challenge **不附理由拒卻（不選任）**	法定程序的規則，允許檢辯任一方的律師在不提出具體理由的狀況下，要求撤換或不選任潛在的候選陪審員。
Personal stress **個人壓力**	與個人議題如婚姻關係、健康問題、成癮、同儕壓力、無助感或憂鬱，以及欠缺成就感等相關的壓力。
Personality Assessment Inventory, PAI **人格評估量表**	一種由受測者自行施策填寫的客觀心理量表，用以取得成人人格在重要臨床變因上的相關資訊。
Pervasively angry rapist **廣泛憤怒型強暴犯**	這類強暴犯會呈現出相當顯著的廣泛、無差別憤怒，且在其人生的各個階段和領域均明顯易見。
Physical parental authority **現實面親權**	在判斷監護權的事件中，此一詞彙指可以針對足以影響未成年子女的日常事務做出決定的權力，諸如宵禁時段或得否與朋友出遊。參閱比較「法律上監護權」。
Plaintiff **原告**	提起民事訴訟的一方當事人。
Police and public safety psychology **警務與公共安全心理學**	心理學的一個次領域，聚焦於提供執法人員的各種心理服務，包括進行評量、臨床治療、對於行政相關事項提供諮詢。
Police culture **警務文化**	一組行為與態度，包含執法工作者被預設會有的特質，如疑心重、強勢，以及保護其他執法人員。
Polyvictimization **多重被害**	被害者重複暴露於直接遭受加害的狀態，包括單一犯罪類型或者多種犯罪類型。
Post-shooting traumatic reaction, PSTR **槍擊後創傷反應**	執法人員在執勤時開槍射擊他人後，可能出現的一系列情緒與心理反應。
Posttraumatic stress disorder, PTSD **創傷後壓力疾患**	由於特定事件在心理層面造成超出一般人體驗範圍的困擾，所致的一系列行為模式。
Power-control killer **權力控制型殺手**	連續殺人犯的一類，會經由對被害者做出攸關生死的絕對控制權力而獲取滿足。
Power rape **權力型強暴**	強制性交的一種態樣，由Groth提出，在這類性侵害的過程中，加害者會試圖對其受害者建立權力與控制，所施用的強制力往往繫於被害者所展現的順服程度。

Predictive validity **預測效度**	單一心理測驗是否足以有效預測受測者後續在該測驗被設計用以量測的面向與作業的表現。
Preemployment psychological screening **雇傭前心理篩檢**	在提出雇傭要約的條件前所進行的心理評估。
Preponderance of the evidence **證據優勢原則**	判決的證據門檻之一，指在法律爭端中，相較於他方，有一方具有更多對其主張有利的證據。此一證據基準乃是絕大多數民事訴訟所要求的最低證據門檻，有時也可能與刑事訴訟有關（但不適用於證明被告罪責，認定有罪必須以超越合理懷疑的門檻）。
Presentence investigation, PSI **量刑前調查**	一由觀護人或緩刑官蒐集的被告社會史資料，包括家庭背景、就業史、教育程度、物質濫用史、犯罪前科、醫療需求、心理精神衛生史等，而後由法院用於量刑目的。
Pretrial detainees **審前受拘禁者**	在審理程序前遭拘禁／羈押於看守所者，這些人遭到人身自由的限制往往是因為無力具保，或者法院考量其危險性而駁回保釋聲請。
Preventive detention **預防性拘禁／羈押**	指被告在審前就已經因為逃亡之虞或危險性過高等特定理由，遭到拘禁或羈押。預防性質的人身自由限制，對於少年事件涉案者而言，會用在若有證據認定其可能再次犯罪（不以暴力犯罪為主）的狀況。
Preventive outpatient treatment (or commitment) **預防性強制門診治療（或入院）**	由法院裁定命被告接受的社區治療，藉以防免被告的危險性持續升高。不過此措施本質上具有爭議性，因為它並不要求在其他強制治療（無論是入院或社區治療）案件所需具備的高度危險性。
Prison Rape Elimination Act, PREA **《消除監獄強暴法》**	一項美國聯邦法案，要求各監獄、看守所面對並處理發生在機構設施內的性侵害問題。
Prison transfer **移監**	被收容人或受刑人由一設施被遷移到另一設施的程序（有時並不事先通知）。
Prisons **監獄**	由聯邦與各州政府所營運管理的矯治設施，收容因犯重罪遭定罪，量刑多半在一年以上之被告。
Probation **緩刑**	在社區服刑，但需由法院或緩刑官裁定監督或其他條件。

Probate courts **遺囑認證法院**	對於諸如遺囑、遺產暨其相關之財產關係與移轉等民事事件（某些州甚至會納入包括離婚與未成年子女監護），具有管轄權的法院。
Projective instruments **投射性測驗**	要求受測者解讀涵義模糊的刺激（如照片或墨跡）的心理測驗類型。
Prosecutorial waiver **公訴定管轄**	賦予檢方權力，可以由其裁量決定某特定案件要向少年法院或普通刑事法院起訴，藉以繫屬管轄的立法。
Protective custody **保護性拘留／羈押**	一種監所內的人身自由限制與隔離措施，用以保護被收容人或受刑人的人身安全不受侵害。
P-Scan: Research Version **P-Scan量表：研究版**	主要針對精神病質程度加以量測以進行研究的心理量表，目前有某些心理精神衛生實務工作者會用於臨床上。
Psychological assessment **心理評估／評量／鑑定**	針對個體過去、現在或者未來的心理狀態加以量測及評估所使用的一切技術，通常包括會談、觀察、各種可能但未必涉及心理測驗的評量程序。
Psychological autopsy **心理剖驗**	實施此一技術的目的，主要是為了對死者在生前直到死亡發生時的心理狀態進行合理的判斷，尤其如果該死亡事件外觀上可能為自殺。
Psychological profiling **心理剖繪**	對於已知個體（一般是造成威脅或被認定具有危險性者）進行資訊蒐集而推斷其行為模式。心理剖繪也可能針對公眾人物進行，例如歷任總統或者歷史人物。
Psychology of crime and delinquency **成人與少年犯罪心理學**	對於成年與少年犯罪加害人的行為與心理歷程進行研究的科學。
Psychopath **精神病質者；心理病態者**	一個人展現出一種與一般人特異的行為模式，且欠缺敏感度、共感能力、同情心、罪咎感等特質。這類人有可能較常出現反社會（有時甚至是犯罪）行為。與社會病質者（sociopath）的主要區別在於，一般認為精神病質狀態不斷尋求刺激，與生物學的原因有關。
Psychopathy Checklist: Screening Version, PCL:SV **心理病態檢核表：篩檢版**	精神病質量表的相對快速篩檢版。
Psychopathy Checklist: Youth Version, PCL-YV **心理病態檢核表：青年版**	用以量測青少年的精神病質特質的量表。

Psychopathy Checklist-Revised, PCL-R **心理病態檢核表修訂版**	由海爾（Robert Hare）所開發的量表；在刑事精神病質研究領域中，是最為人知也最多相關研究的量表。
Psychosexual evaluations **性心理評估**	對於性犯罪加害者所進行的一種評量，不僅針對應如何決定治療處遇對策，同時針對加害者日後的再犯可能性進行估計。
Punitive damages **懲罰性賠償**	民事案件的一種判決賠償類型，目的主要在透過懲罰被告或相對人，使其對於原告或聲請人所造成的傷害予以警惕。參閱及比較「（補償性）損害賠償」。
Racial profiling **種族剖繪**	單純僅因為某人的種族或族裔，就非法認定（一般是由執法人員）其犯罪或偏差行為。
Rape **強暴；強制性交**	一種性侵害暴行，透過強制力的施用或威脅，而對加害人施以生殖器或法定部位的插入或接合。參照「準強制性交」與「性侵害」。
Rape by fraud **詐術性交**	透過施用詐術，使人陷於錯誤而與他人合意發生性關係，例如醫師或治療師誆騙患者，以有效療法作為偽裝，取得患者同意而與其性交。
Rape myths **強暴迷思**	有關強制性交犯罪暨其被害者的一系列錯誤信念，無論男女都可能有強暴迷思。
Reactive or expressive violence **反應性或表達性的暴力**	因為感知到威脅或危險的情狀，因而出現敵意與憤怒反應，並因此對他人施加肢體暴力。
Recidivism **再犯；復發**	因刑事犯行遭到定罪之後，再次出現犯罪行為（通常以逮捕作為判斷標準）。
Reconstructive psychological evaluation, RPE **重構式心理評估**	在某人去世後，就其人格輪廓以及認知特徵（尤其是生前意圖）加以重新建構。也被稱為「心理剖驗」。
Reconstructive theory of memory **記憶重構理論**	認為記憶易於受到影響而修正或改變的一種觀點。
Regressed child molester **退行型猥褻兒童者**	經歷過與成人的性關係後，轉而感受到未成年人的性吸引力，並因而加害於未成年人的性侵犯。參照與比較「固著型猥褻兒童者」。
Rehabilitation **復歸；修復**	指任何試圖讓行為或思想模式產生改變的努力。

Reid method **里德偵訊法**	美國執法人員最常用以詢問與偵訊刑事犯罪嫌疑人的手法。參照「控訴式手法」。
Relapse prevention, RP **復發預防**	主要用於預防不希望出現的行為模式再次復發的治療方法，通常用於性犯罪加害人的治療。
Release decisions **釋放決定**	由法官在審前做成是否監禁或給予緩刑，或者予以釋放之決定。
Repressed memory **潛抑記憶**	一種未察覺自身曾經歷過創傷事件的狀態。
Repression **潛抑**	與某種創傷的效應相關，而將某物排除於覺察狀態之外的心理歷程。
Respondent **相對人**	民事訴訟中被告的另一種稱呼方式。
Restitution/compensation **恢復原狀／損失補償**	指被害者由於其所受到的損害，而有權接受加害人的損失補償或回復原狀。
Restorative justice **修復式正義（司法）**	有時也被稱為療復式正義（reparative justice）。一種在犯罪發生後，嘗試療癒被害者及其社群，甚至加害者（尤其是少年事件加害者）的方法。包括被害人和加害人的調解或和解，目的在於使被害人可以再度恢復「完整」。
Right to treatment **受治療權**	一種法定權利，無論是受到監禁或收容於各類設施或機構者，均有依照其需求接受照護與治療之權利。
Risk assessment **風險評量**	臨床工作者基於相關已知事實，而就特定個人未來是否可能涉入暴力或其他類型反社會行為之機率做出評估的一系列作為。
Risk/needs/responsivity, RNR **風險／需求／責任**	由安德魯與邦塔（Andrews and Bonta）所提出，此原理廣為接納並經諸多文獻指出與有效的心理治療相關。
Rogers Criminal Responsibility Assessment Scales, R-CRAS **羅傑斯刑事責任能力衡鑑量尺**	當被告提出心神喪失的無責任能力抗辯時，用以評量被告的刑事責任能力以及偵測詐病情狀的心理衡鑑工具。
Sadistic rape **施虐型強暴（強制性交）**	由葛羅斯所提出的一種強制性交類型；這類性犯罪的加害者會因被害人遭折磨、苦惱、無助及痛苦而感受到性興奮與刺激。此類型的性侵害暴行通常涉及綑綁與折磨行為。

Safe School Initiative, SSI **安全校園倡議**	由聯邦政府所開發的系列計畫，用以強化校園安全，包括暴力預防，乃至於各式對應霸凌與騷擾的方法。
School shootings **校園槍擊**	泛指校園暴力型態的名詞之一，指涉及槍枝與其他武器類型使用的校園暴力事件。
Scientific jury selection **陪審團科學選任方法**	社會科學家應檢辯律師要求提供諮詢，協助挑選對當事人最有利的陪審員，可能包括社區態度問卷調查，或者其他方法，以「預測」潛在陪審員對於案件的最終決定。
Screening-in procedures **選入程序**	為了辨識適切（原則上均屬人格）特質的流程，藉以判斷某申請人是否較其他人更具備成為有效率執法警務人員的潛力。
Screening-out procedures **篩除程序**	汰除特定執法職位申請者的流程，篩出對象為那些展現出顯著心理病態或情緒不穩特質，或者欠缺以安全、負責方式執法的基本能力或心智明晰度的申請人。
Self-regulation **自我規制**	控制自己行為以符合內在認知基準的能力。
Sequential lineup **依序列隊指認**	以真人或照片排列後，由目擊證人依序進行指認的程序，需要證人逐一對列隊者加以判斷是否為其所目擊之人。參見「同時列隊指認」。
Serial murder **連續殺人**	由某（些）人在一段期間內連續殺害他人（通常至少三人以上）的事件。
Sexual assault **性侵害**	用以指稱一系列性犯罪，不限於強制性交行為；此一詞彙目前受到大多數法條與文獻的愛用。
Sexual Experiences Questionnaire, SEQ **性體驗量表**	一種可用於評量性騷擾發生率與盛行率的工具。
Sexual harassment **性騷擾**	一種歧視形式，基於性目的而對他人所為的不受歡迎的性相關評論或行為。此類行為創造出敵意性質的工作環境。參照「性別騷擾」。
Sexual masochism **性被虐癖**	由於遭到羞辱、毆打、鞭笞、綑綁，或者其他足以致生痛苦之行為，而造成性興奮者。
Sexual sadism **性虐待癖**	透過對他人施加真實或模擬的肢體疼痛或心理痛苦，而得到性興奮者。

Sexually motivated rapist **性動機型強暴犯**	指其性侵害行為強烈受到長期性幻想或性施虐幻想所影響者。
Sexually violent predator, SVP **高危險連續性罪犯**	有證據可證明其持續對社會造成危險的性侵害加害人。在相關的法律規範中，這類加害人在服刑完畢後往往必須接受強制治療。
Shadow juries **影子陪審團**	某些訴訟審判顧問所使用的名詞，指依照特定案件的真實陪審團的人口統計與（可能的話）態度特質，選出一群條件相符的人。審判顧問會仔細記錄影子陪審團員對審判進行的反應，藉此提供策略建議給律師。
Shaken baby syndrome, SBS **搖晃嬰兒症候群**	請參見「虐待性頭部創傷」。
Show-up **單一（嫌犯）指認**	指認程序的一種，警察會對目擊證人（們）提出單一嫌疑犯，讓證人指認或否認此人為加害者。
Simple obsession stalkers **單純執迷跟追者**	指加害人在與被害人的關係失敗後，執著追求對被害人的權力支配與控制，通常會涉及過往的家庭暴力事件。
Simultaneous lineup **同時列隊指認**	由真人或照片進行列隊的指認程序，目擊證人會一次看到所有待指認人，例如所有人或照片一字排開供指認。參照與比較「依序列隊指認」。
Situational factors **情境因子**	鼓動或造成暴力行為的社會心理環境特徵因子，例如來自他人的壓力或攻擊。
Sixteen Personality Factor Questionnaire, 16-PF **十六項人格因子問卷**	一種具備良好信效度的心理衡鑑工具，用以量測成人正常或核心的人格特質。不過此工具未必能預測受測者是否勝任執法工作。
Social cognition **社會認知**	人們如何處理、儲存、應用有關他人的社會與人際資訊。
Socialization factors **社會化因子**	一個人經由自身早年的生命經驗以習得思考、行為與感覺模式的歷程。
Sociopath **社會病態**	這類人具有重大且典型的暴力犯罪活動史。此一詞彙應該與心理病態者做出區分；後者未必會犯罪，但具有對刺激毫無節制的生理需求。
Specialized courts **專業法庭**	處理特定類型事件的法院。家事法院、藥物（毒品）法院、精神衛生法院、少女法院、家庭暴力法院都是適例。

Specialty Guidelines for Forensic Psychology **《司法心理學專業準則》**	由美國心理學會與美國心理法律學會所提出的專業指引與行為準則，適用於與司法心理學的研究與臨床實踐相關的一系列議題。
Spousal Assault Risk Assessment, SARA **配偶傷害風險評量**	用於評估特定人對其配偶或親密伴侶犯下暴力行為的風險。
Spree murder **瘋狂謀殺**	係指一次殺害三人或以上，且沒有冷卻期的殺戮行為，通常會在兩到三個不同的地點實施犯行。
Stable dynamic factors **穩定動力因子**	雖然這類因子本質上還是可能變動，不過通常變動速度緩慢，可能要數月或數年才有改變可能。
Stalking **跟追騷擾；跟騷行為**	「針對特定個人所為的一系列行動，包括重複性在物理或視覺距離上接近對方，在欠缺合意的狀態下持續聯繫對方，或者以口頭、文字、暗示等方式對他人為威脅且足以構成理性人之恐懼者。」（Tjaden, 1997, P.2）
State-dependent memory **狀態依賴記憶**	人類在單一情緒或生理狀態下（如快樂、恐懼、酣醉）所經歷的事物，有時當再次處在相同狀態時，會比較容易提取相關記憶。
Static risk factors **靜態風險因子**	個人發展史的歷程中，使其易於暴露在從事反社會活動之風險的因子，這些因子難以改變，像是具有犯罪前科的雙親，或者個人早發性的犯罪行為。也被稱為歷史性因子。
Status offenses **身分犯；狀態犯**	一種類型的非法行為，僅能由具備特定特質、狀態或身分之人才能犯下。此一詞彙幾乎已專門用於指涉未成年人的犯罪或偏差行為，例如逃家、違反宵禁、購買酒類、逃學。
Statutory rape **準強暴；準強制性交**	強制性交犯罪的一種類型，以被害者的年齡為核心成立要素，其前提是假設在特定年齡以下之人欠缺與成年人進行性交的有效同意能力。
Structured professional judgment, SPJ **結構式專業判斷**	與風險評估相關，指由心理精神衛生實務人士透過專業準則的協助，針對暴力風險出現之機率所形成的臨床判斷。有些風險評估工具的開發以結構式專業判斷比起精算式風險評量具有更高（或至少同等）效度此假設為前提。
Subject matter jurisdiction **事物管轄**	法院對於特定議題或者法律事物類型所具有的管轄權限。例如家事法院得管轄離婚、監護權、收養、少年事件等。

Supermax prisons **超重度戒護監獄**	高度戒護的監禁設施（或者是在最高戒護等級監獄中的單位），用於拘禁收容最難處理、最暴力的被收容人。多以單人或雙人囚室為設計。
Suspect-based profiling **犯嫌剖繪**	針對前科犯蒐集行為、人格、認知、人口統計等面向的資料，藉以找出他案的犯罪者。往往用在毒品販運走私以及恐怖主義相關的犯罪活動。
Tarasoff requirement **塔拉索夫義務**	一個概括性的詞彙；用以描述成文法明定或法院判例要求治療師必須在發現其個案或患者可能對第三人造成威脅時，承擔起警告或保護義務。所謂的警告義務代表治療者需直接通知受到威脅之人；保護義務則可能涵蓋通知有權機關或採取措施使其患者住院治療。
Task-related stress **任務相關壓力**	與工作本質相關的壓力。以執法環境而言，這類壓力包括在第一線執勤時殉職的風險。
Teaching-family model **教學家庭模式**	一種特別用於非行少年或曝險兒童的團體家庭模式，包含由受過訓練的成人扮演「親職」角色，藉以鼓勵未成年人在健康的家庭環境中進行社會化。
Tender years doctrine **年幼從母原則**	一種法律上的推定，源自於傳統上認為母親對於「幼年」的子女會是更理想、先天上也最適切的照護者。雖然在許多監護權事件中，監護權似乎有判給母親的傾向，但此法律面的推定原則目前在美國各州幾乎已經沒有被採納。
Termination of parental rights **終止親權**	一種較為少見的司法決策，由法院判定單一或雙方親職不適合擔任未成年子女的照護者。親職者對於未成年子女的法定權限遭到剝奪。對於未成年子女的遺棄或嚴重的兒童虐待行為，都可能是法院做出此判斷的主因。
Testamentary capacity **遺囑能力**	製作遺囑所需的心智能力。
Threat assessment **威脅評估**	一系列被設計來辨識、評量、因應可能對特定可辨識標的造成暴力威脅的調查與行動。
Tort **侵權行為；侵權法**	一種民事法律關係上的違法行為，原告或聲請人據此主張被告或相對人因故意或過失而侵害其權益，造成損害。
Trans-situational consistency **跨情境一致性**	人在各種不同情境狀態下仍能展現相同的行為與取向的一種傾向。

Trans-temporal consistency **跨時間一致性**	人在不同時間狀態下仍能展現相同的行為與取向的一種傾向。
Trial consultants **審判顧問**	也稱為訴訟顧問，這類專業人士（經常但未必是心理學家）可以協助律師進行各種與審判有關的事務，如擇定陪審員、協助證人準備作證、協助找出交互詰問的有效策略。
Triarchic Psychopathology Measure, TriPM **三元心理病態測量**	由某些學者所主張，認為最能描述心理病態者的三大特質：膽識；卑劣度；失抑制。
Ultimate issue **終極議題**	必須由法院加以決策或裁判的最終問題。舉例來說，專家證人是否應該就被告在犯罪行為當時是否確實處於「心神喪失」狀態（因而刑事免責）此一法律問題提出判斷意見？
Unconscious transference **無意識移轉**	指人們會把在甲情境下看見的某甲與在乙情境下看見的某乙混淆的狀況。
Uniform Crime Reports, UCR **〈統一犯罪報告〉**	由美國聯邦調查局所運作的計畫，是美國政府在全國各地蒐集向警方舉報及遭受逮捕的犯罪資料的主要方法。
Vengeance stalkers **報復型跟追者**	這類跟追騷擾者的目的不在尋求與被害者之間的關係，而是試圖誘發被害者的反應（如恐懼），或者造成其行為改變（如搬到新的地理區域）。
Vicarious traumatization **替代性創傷**	當臨床實務工作者接觸到一系列的創傷被害者時可能會發生的創傷，此狀況經常會導致專業耗竭的高發率。
Victimless crimes **無被害者犯罪**	除了犯罪者本身，並無其他被害者的犯罪。例如賭博、毒品相關罪行、性交易等。
Victimology **被害者學**	從心理學與犯罪學角度針對犯罪被害現象進行研究；此領域的研究包括但不限於被害者的特徵、被害者權利，以及被害者協助計畫。
Vindictive rapist **報復型強暴犯**	指透過強制性交行為對其被害人施以傷害、羞辱、貶抑的性犯罪加害者。
Violence **暴力**	使用肢體武力或對事物做出破壞毀損行為。
Violence Against Women Act **《反婦女暴力法》**	一項美國聯邦法案，包含了諸多預防或因應對成年或未成年女性犯罪的法律，尤以家內暴力與性侵害犯罪為重點。

Violent Criminal Apprehension Program, ViCAP **暴力犯罪逮捕計畫**	目的在提供美國執法機關相互溝通與協助的管道，以跨轄區資訊共享的方式促進對於暴力型連續犯罪者的調查、辨識、追蹤、逮捕、公訴。
Visionary type **幻想型連續殺人者**	受到妄想或幻覺的強力驅動，因而以特定族群之成員作為殺害對象的連續殺人犯。
Visitation risk assessments **會面探視風險評估**	提供給家事法院以協助其判斷是否應許可未成年子女探視其非監護方的親職者或他人，以及其頻率的評估報告。
Voir dire **（陪審員）預先篩選**	法官與檢辯雙方律師詢問陪審員候選人，並在必要時依法將之排除於陪審義務外的法律程序。在某些司法轄區中，只有檢辯雙方的律師可以進行詢問。
Voluntary false confessions **自願性虛假自白**	在未受到第三方（如警察或家屬）的壓迫下，承認自己並未犯下的犯行。
Voyeurism **窺淫癖**	透過觀看他人在不知情狀態下裸身、褪衣、進行性行為，藉此獲得性興奮與性滿足的傾向。
Waiver petition **移轉管轄聲請**	一種請求法院將少年事件移轉到普通刑事法院或反之的正式聲請。
Workplace violence **職場暴力**	發生在職場環境中的攻擊行為（包括致死的狀況），不一定由職場內的工作者所為。

參考書目

Aamodt, M. G. (2008). Reducing misconceptions and false beliefs in police and criminal psychology. *Criminal Justice and Behavior, 35*, 1231–1240.

Aamodt, M. G., & Stalnaker, H. (2001). Police officer suicide: Frequency and officer profiles. In D. C. Sheehan & J. I. Warren (Eds.), *Suicide and law enforcement* (pp. 383–398). Washington, DC: FBI Academy.

Aamodt, M. G., Stalnaker, H., & Smith, M. (2015, October). *Law enforcement suicide: Updated profiles and the quest for accurate suicide rate.* Paper presented at the Annual Meeting of the Society for Police and Criminal Psychology, Atlanta, GA.

Abbey, A., Zawacki, T., Buck, P. O., Clinton, A. M., & McAuslan, P. (2004). Sexual assault and alcohol consumption: What do we know about their relationship and what types of research are still needed? *Aggression and Violent Behavior, 9*, 271–305.

Abbey, A., Zawacki, T., & McAuslan, P. (2000). Alcohol's effects on sexual perception. *Journal of Studies on Alcohol, 61*, 688–697.

Abel, G. G., Lawry, S. S., Karlstrom, E., Osborn, C. A., & Gillespie, C. E. (1994). Screening tests for pedophilia. *Criminal Justice and Behavior, 21*, 115–131.

Abram, K. M., Teplin, L. A., King, D. C., Longworth, S. L., Emanuel, K. M., Romero, E. G., . . . & Olson, N. D. (2013, June). *PTSD, trauma, and comorbid psychiatric disorders in detained youth.* Washington, DC: U.S. Department of Justice, Office of Juvenile Justice and Delinquency Prevention.

Abrams, D. E. (2013). A primer on criminal child abuse and neglect law. *Juvenile and Family Court, 64*, 1–27.

Abrams, K. M., & Robinson, G. E. (2002). Occupational effects of stalking. *Canadian Journal of Psychiatry, 47*, 468–472.

Acierno, R. H., Hernandez, M. A., Arnstadter, A. B., Resnick, H. S., Steve, K., Muzzy, W., & Kilpatrick, D. G. (2010). Prevalence and correlates of emotional, physical, sexual, and financial abuse and potential neglect in the United States: The National Elder Mistreatment Study. *American Journal of Public Health, 100*, 292–297.

Acierno, R. H., Resnick, H., & Kilpatrick, D. G. (1997, Summer). Health impact of interpersonal violence 1: Prevalence rates, case identification, and risk factors for sexual assault, physical assault, and domestic violence in men and women. *Behavioral Medicine, 23*, 53–67.

Ackerman, M. J., & Ackerman, M. C. (1997). Custody evaluation practices: A survey of experienced professionals (revisited). *Professional Psychology: Research and Practice, 28*, 137–145.

Ackerman, M. J., & Gould, J. W. (2015). Child custody and access. In B. L. Cutler & P. A. Zapf (Eds.), *APA handbook of forensic psychology, Vol. 1. Individual and situational influences in criminal and civil courts* (pp. 425–469). Washington, DC: American Psychological Association.

Ackerman, M. J., & Pritzl, T. B. (2011). Child custody evaluation practices: A 20-year follow up. *Family Court Review, 49*, 618–628.

Adam, K. S., & Brady, S. N. (2013). Fifty years of judging family law: The Cleavers have left the building. *Family Court Review, 51*, 28–33.

Adams, G. A., & Buck, J. (2010). Social stressors and strain among police officers: It's not just the bad guys. *Criminal Justice and Behavior, 37*, 1030–1040.

Adams, J. H. (1997). Sexual harassment and Black women: A historical perspective. In W. O'Donahue (Ed.), *Sexual harassment: Theory, research, and treatment* (pp. 213–224). Boston, MA: Allyn & Bacon.

Adams, K., Alpert, G. P., Dunham, R. G., Garner, J. H., Greenfield, L. A., Henriquez, M. A., . . . & Smith, S. K. (1999, October). *Use of force by police: Overview of national and local data series: Research report.* Washington, DC: National Institute of Justice and Bureau of Justice Statistics.

Adams, W., Owens, C., & Small, K. (2010). *Effects of federal legislation on the commercial sexual exploitation of children.* Washington, DC: U.S. Department of Justice, Office of Juvenile Justice and Delinquency Prevention.

Adler, R., Nunn, R., Northam, E., Lebnan, V., & Ross, R. (1994). Secondary prevention of childhood firesetting. *Journal of the American Academy of Child and Adolescent Psychiatry, 33*, 1194–1202.

Administration on Aging. (1998, September). *The National Elder Abuse Incidence Study: Final report.* Washington, DC: U.S. Department of Health and Human Services, Administration on Aging.

Adolphs, R. (2009). The social brain: Neural basis of social knowledge. *Annual Review of Psychology, 60*, 693–716.

Agopian, M. W. (1984). The impact on children of abduction by parents. *Child Welfare, 63*, 511–519.

Ahlers, C. J., Schaefer, G. S., Mundt, I. A., Roll, S., Englert, H., Willich, S. N., & Beier, K. M. (2011). How unusual are the contents of paraphilias? Paraphilia-associated sexual arousal patterns in a community-based sample of men. *Journal of Sexual Medicine, 8*, 1362–1370.

Alexander, J. F., Waldron, H. B., Robbins, M. S., & Neeb, A. A. (2013). *Functional family therapy for adolescent behavior problems*. Washington, DC: American Psychological Association.

Alexander, M. A. (1999). Sexual offender treatment efficacy revisited. *Sexual Abuse: A Journal of Research and Treatment, 11*, 101–116.

Alexander, R. A., Smith, W., & Stevenson, R. (1990). Serial Munchausen syndrome by proxy. *Pediatrics, 8*, 581–585.

Alison, L. J., Bennell, C., Ormerod, D., & Mokros, A. (2002). The personality paradox in offender profiling: A theoretical review of the processes involved in deriving background characteristics from crime scene actions. *Psychology, Public Policy, and Law, 8*, 115–135.

Alison, L. J., & Canter, D. V. (1999). Professional, legal and ethical issues in offender profiling. In D. V. Canter & L. J. Alison (Eds.), *Profiling in policy and practice* (pp. 21–54). Aldershot, England: Ashgate.

Alison, L. J., Kebbell, M., & Lewis, P. (2006). Considerations for experts in assessing the credibility of recovered memories of child sexual abuse: The importance of maintaining a case-specific focus. *Psychology, Public Policy, and Law, 4*, 419–441.

Alison, L. J., Smith, M. D., Eastman, O., & Rainbow, L. (2003). Toulmin's philosophy of argument and its relevance to offender profiling. *Psychology, Crime & Law, 9*, 173–183.

Alison, L. J., Smith, M. D., & Morgan, K. (2003). Interpreting the accuracy of offender profiles. *Psychology, Crime & Law, 9*, 185–195.

Allen, R. S., & Shuster, J. L. (2002). The role of proxies in treatment decisions: Evaluating functional capacity to consent to end-of-life treatments within a family context. *Behavioral Sciences & the Law, 20*, 235–252.

Alpert, J., Brown, L. S., & Courtois, C. A. (1998). Symptomatic clients and memories of childhood abuse: What the trauma and sexual abuse literature tells us. *Psychology, Public Policy, and Law, 4*, 941–945.

Althouse, R. (2010). Standards for psychology services in jails, prisons, correctional facilities, and agencies. *Criminal Justice and Behavior, 37*, 749–808.

Amato, P. R. (2000). The consequences of divorce for adults and children. *Journal of Marriage and the Family, 62*, 1269–1287.

Amato, P. R. (2001). Children of divorce in the 1990s: An update of the Amato and Keith (1991) meta-analysis. *Journal of Family Psychology, 15*, 355–370.

Amato, P. R. (2010). Research on divorce: Continuing trends and new developments. *Journal of Marriage and the Family, 72*, 650–666.

American Bar Association (2009). Due process for people with mental disabilities in immigration removal proceedings. *Mental and Physical Disability Law Reporter, 33*, 882–900.

American Civil Liberties Union. (2014). *Alone and afraid: Children held in solitary confinement and isolation in juvenile detention and correctional facilities*. New York, NY: Author.

American Psychiatric Association. (2013). *Diagnostic and statistical manual of mental disorders* (5th ed.). Washington, DC: Author.

American Psychological Association. (1992). Ethical principles of psychologists and code of conduct. *American Psychologist, 47*, 1597–1611.

American Psychological Association. (1996). *Reducing violence: A research agenda*. Washington, DC: Author.

American Psychological Association. (1998). Guidelines for the evaluation of dementia and age-related cognitive decline. *American Psychologist, 53*, 1298–1303.

American Psychological Association. (2002). Ethical principles of psychologists and code of conduct. *American Psychologist, 57*, 1060–1073.

American Psychological Association. (2003a). *Family-like environment better for troubled children and teens*. Retrieved from http://www.apa.org/research/action/family.aspx

American Psychological Association. (2003b). Guidelines on multicultural education, training, research, practice, and organizational change for psychologists. *American Psychologist, 58*, 377–402.

American Psychological Association. (2003c). Is youth violence just another fact of life? In *APA Online: Public Interest Initiatives*. Washington, DC: Author. Retrieved from http://www.APA.org

American Psychological Association. (2010a). Amendments to the 2002 "Ethical Principles of Psychologists and Code of Conduct." *American Psychologist, 65*, 493.

American Psychological Association. (2010b). Guidelines for child custody evaluations in family law proceedings. *American Psychologist, 65*, 863–867.

American Psychological Association. (2012). Guidelines for psychological practice with lesbian, gay, and bisexual clients. *American Psychologist, 67*, 10–42.

American Psychological Association. (2013a). *Gun violence: Prediction, prevention, and policy*. APA Panel of Experts Report. Washington, DC: Author. Retrieved from http://www.apa.org/pubs/info/reports/gun-violence-prevention.aspx

American Psychological Association. (2013b). Guidelines for psychological evaluations in child protection matters. *American Psychologist, 68*, 20–31.

American Psychological Association. (2013c). Specialty guidelines for forensic psychology. *American Psychologist, 68*, 7–19.

American Psychological Association. (2014a). *Pursuing a career in forensic and public service psychology*. Washington, DC: Author. Retrieved from www.apa.org/action/science/forensic/education-training.aspx

American Psychological Association. (2014b). *2012 APA state licensing board list (unpublished special analysis)*. Washington, DC: Author.

American Psychological Association. (2014c). *Report of the Task Force on Trafficking of Women and Girls*. Washington, DC: Author.

American Psychological Association. (2014d). Guidelines for psychological practice with older adults. *American Psychologist, 69*, 34–65.

American Psychological Association. (2016a). *APA practice central.org*. Retrieved from www.apapracticecenter.org/advocacy/prescriptive authority/retrieved 1/18/17

American Psychological Association. (2016b). *APA membership statistics*. Washington, DC: Author.

American Psychological Association Center for Workforce Studies. (2015). Retrieved from http://www.apa.org/workforce/about/index.aspx

American Psychological Association's Task Force on Television in Society. (1992). *Big world, small screen: The role of television in American society*. Lincoln: University of Nebraska Press.

Amick-McMullan, A., Kilpatrick, D. G., & Resnick, H. S. (1991). Homicide as a risk factor for PTSD among surviving family members. *Behavioral Modification, 15*, 545–559.

Amick-McMullen, A., Kilpatrick, D. G., Veronen, L. J., & Smith, S. (1989). Family survivors of homicide victims: Theoretical perspectives and an exploratory study. *Journal of Traumatic Stress, 2*, 21–35.

Amnesty International. (1998). *Betraying the young* (Special report). New York, NY: Author.

Andershed, H., Kerr, M., Stattin, H., & Levander, S. (2002). Psychopathic traits in non-referred youths: Initial test of a new assessment tool. In E. Blaauw, J. M. Philippa, K. C. M. P. Ferenschild, & B. van Lodesteijn (Eds.), *Psychopaths: Current international perspectives* (pp. 131–158). The Hague, Netherlands: Elsevier.

Anderson, C. A., & Bushman, B. J. (2001). Effects of violent video games on aggressive behavior, aggressive cognition, aggressive affect, physiological arousal, and prosocial behavior: A meta-analytic review of the scientific literature. *Psychological Science, 12*, 353–359.

Anderson, N. B. (2010). Connecting with our members. *APA Monitor, 41*, 9.

Anderson, S. D., & Hewitt, J. (2002). The effect of competency restoration training on defendants with mental retardation found not competent to proceed. *Law and Human Behavior, 26*, 343–351.

Anderson, S. L. (2016). Commentary on the special issue on the adolescent brain: Adolescence, trajectories, and the importance of prevention. *Neuroscience and Biobehavioral Review, 70*, 329–333.

Andretta, J. R., Woodland, M. H., Watkins, K. M., & Barnes, M. E., (2016). Towards the discreet identification of commercial sexual exploitation of children (CSEC) victims and individualized interventions: Science to practice. *Psychology, Public Policy, and Law, 22*, 260–270.

Andrews, D. A., & Bonta, J. (1994). *The psychology of criminal conduct*. Cincinnati, OH: Anderson.

Andrews, D. A., & Bonta, J. (1995). *The Level of Service Inventory–Revised*. Toronto, Canada: Multi-Health Systems.

Andrews, D. A., & Bonta, J. (1998). *The psychology of criminal conduct* (2nd ed.). Cincinnati, OH: Anderson.

Andrews, D. A., & Bonta, J. (2010). *The psychology of criminal conduct* (4th ed.). New Providence, NJ: Matthew Bender.

Andrews, D. A., Bonta, J., & Hoge, P. D. (1990). Classification for effective rehabilitation: Rediscovering psychology. *Criminal Justice and Behavior, 17*, 19–52.

Andrews, D. A., Bonta, J., & Wormith, J. S. (2004a). *The Level of Service/Case Management Inventory (LS/CMI)*. Toronto, Canada: Multi-Health Systems.

Andrews, D. A., Bonta, J., & Wormith, J. S. (2004b). *Manual for the Level of Service/Case Management Inventory (LS/CMI)*. Toronto, Canada: Multi-Health Systems.

Andrews, D. A., Zinger, I., Hoge, R. D., Bonta, J., Gendreau, P., & Cullen, F. T. (1990). Does correctional treatment work? A psychologically informed meta-analysis. *Criminology, 28*, 369–404.

Appelbaum, P. S., & Grisso, T. (1995). The MacArthur Treatment Competence Study I: Mental illness and competence to consent to treatment. *Law and Human Behavior, 19*, 105–126.

Archer, J. (2002). Sex differences in physically aggressive acts between heterosexual partners: A meta-analytic review. *Aggression and Violence, 7*, 313–351.

Archer, R. P., Buffington-Vollum, J. K., Stredny, R. V., & Handel, R. W. (2006). A survey of psychological tests used among forensic psychologists. *Journal of Personality Assessment, 87*, 84–94.

Ardis, C. (2004). School violence from the classroom teacher's perspective. In W. L. Turk (Ed.), *School crime and policing* (pp. 131–150). Upper Saddle River, NJ: Prentice Hall.

Arkow, P. (1998). The correlations between cruelty to animals and child abuse and the implications for veterinary medicine. In R. Lockwood & F. R. Ascione (Eds.), *Cruelty to animals and interpersonal violence: Readings in research and application* (pp. 409–414). West Lafayette, IN: Purdue University Press.

Ascione, F. R. (1997). *Animal welfare and domestic violence*. Logan: Utah State University.

Asher, R. (1951). Munchausen's syndrome. *The Lancet, 1*, 339–341.

Aspinwall, L. G., Brown, T. R., & Tabery, J. (2012, August 17). The double-edged sword: Does biomechanism increase or decrease judges' sentencing. *Science, 337*, 846–849.

Atakan, Z. (2012). Cannabis, a complex plant: Different compounds and different effects on individuals. *Therapeutic Advances in Psychopharmacology, 2*, 241–254.

Atkinson, J. (2010). The law of relocation of children. *Behavioral Sciences & the Law, 28*, 563–579.

Ault, R., & Reese, J. T. (1980, March). A psychological assessment of crime profiling. *FBI Law Enforcement Bulletin, 49*, 22–25.

Aumiller, G. S., & Corey, D. (2007). Defining the field of police psychology: Core domains and proficiencies. *Journal of Police and Criminal Psychology, 22*, 65–76.

Austin, W. G. (2008a). Relocation, research, and forensic evaluation. Part I: Effects of residential mobility on children of divorce. *Family Court Review, 46*, 136–149.

Austin, W. G. (2008b). Relocation, research, and forensic evaluation. Part II: Research support for the relocation risk assessment model. *Family Court Review, 46*, 347–365.

Aviv, R. (2013, January 14). The science of sex abuse: Is it right to imprison people for heinous crimes they have not yet committed? *The New Yorker*, 36–45.

Ax, R. K., Fagan, T. J., Magaletta, P. R., Morgan, R. D., Nussbaum, D., & White, T. W. (2007). Innovations in correctional assessment and treatment. *Criminal Justice and Behavior, 34*, 893–905.

Babchishin, K. M., Hanson, R. K., & Hermann, C. A. (2011). The characteristics of online sex offenders: A meta-analysis. *Sexual Abuse: A Journal of Research and Treatment, 23*, 92–123.

Bailey, J. M., Bernard, P. A., & Hsu, K. J. (2016). An Internet study of men sexually attracted to children: Correlates of sexual offending against children. *Journal of Abnormal Psychology, 125*, 989–1000.

Baird, K. A. (2007). A survey of clinical psychologists in Illinois regarding prescription privileges. *Professional Psychology, Research and Practice, 38*, 196–202.

Baker, B., & Williams, C. (2017, July). *Immigration enforcement actions, 2015*. Washington, DC: Department of Homeland Security, Office of Immigration Statistics.

Bakker, A. B., & Heuven, E. (2006). Emotional dissonance, burnout, and in-role performance among nurses and police officers. *International Journal of Stress Management, 13*, 423–440.

Baldwin, S. A., Christian, S., Berkeljion, A., & Shadish, W. R. (2012). The effects of family therapies for adolescent delinquency and substance abuse: A meta-analysis. *Journal of Marital and Family Therapy, 38*, 281–304.

Bales, W. D., Bedard, L. E., Quinn, S. T., Ensley, D. T., & Holley, G. P. (2005). Recidivism of public and private state prison inmates in Florida. *Criminology and Public Policy, 4*, 57–82.

Balkin, J. (1988). Why policemen don't like policewomen. *Journal of Police Science and Administration, 16*, 29–37.

Ballie, R. (2001, December). Where are the new psychologists going? *Monitor on Psychology, 32*, 24–25.

Banich, M. T. (2009). Executive function: The search for an integrated account. *Current Directions in Psychological Science, 18*, 89–94.

Banks, C. S., Blake, J. J., & Joslin, A. K. (2013, Fall). Stand up or stay out of it: How do parents teach their children to respond to bullying situations? *The School Psychologist*, 10–15.

Barbaree, H. E., & Marshall, W. L. (Eds.). (2006). *The juvenile sex offender* (2nd ed.). New York, NY: Guilford Press.

Barbaree, H. E., & Serin, R. C. (1993). Role of male sexual arousal during rape in various rapist subtypes. In G. C. Nagayama, G. C. N. Hall, R. Hirchman, J. R. Graham, & M. S. Zaragoza (Eds.), *Sexual aggression: Issues in etiology, assessment, and treatment* (pp. 99–106). Washington, DC: Taylor & Francis.

Barbaree, H. E., Seto, M. C., Serin, R. C., Amos, N. L., & Preston, D. L. (1994). Comparisons between sexual and nonsexual rapist subtypes: Sexual arousals to rape, offense precursors, and offense characteristics. *Criminal Justice and Behavior, 21*, 95–114.

Barber, S. J., & Wright, E. M. (2010). Predictors of completion in a batterer treatment program. *Criminal Justice and Behavior, 37*, 847–858.

Barber, T. X., Spanos, N. R., & Chaves, J. F. (1974). *Hypnosis, imagination, and human potentialities*. New York, NY: Pergamon.

Bardone, A. M., Moffitt, T. E., & Caspi, A. (1996). Adult mental health and social outcomes of adolescent girls with depression and conduct disorder. *Development and Psychopathology, 8*, 811–829.

Barkley, R. (1997). Behavioral inhibition, sustained attention, and executive functions: Constructing a unifying theory of ADHD. *Psychological Bulletin, 121*, 65–94.

Barkley, R. (1998). *Attention-deficit hyperactivity disorder* (2nd ed.). New York, NY: Guilford Press.

Barlett, C., & Coyne, S. M. (2014). A meta-analysis of sex differences in cyber-bullying behavior: The moderating role of age. *Aggressive Behavior, 40*, 474–488.

Barlett, C. P., Gentile, D. A., & Chew, C. (2016). Predicting cyberbullying from anonymity. *Psychology of Popular Media Culture, 5*, 171–180.

Barnard, G. W., Thompson, J. W., Freeman, W. C., Robbins, L., Gies, D., & Hankins, G. (1991). Competency to stand trial: Description and initial evaluation of a new computer-assisted assessment tool (CAD-COMP). *Bulletin of the American Academy of Psychiatry and the Law, 19*, 367–381.

Baron, R. A., & Byrne, D. (2000). *Social psychology* (9th ed.). Boston, MA: Allyn & Bacon.

Barrick, M. R., & Mount, M. K. (1991). The Big Five personality dimensions and job performance: A meta-analysis. *Personnel Psychology, 44*, 1–26.

Barrick, M. R., & Mount, M. K. (2005). Yes, personality matters: Moving on to more important matters. *Human Performance, 18*, 359–372.

Barriga, A. Q., & Gibbs, J. C. (1996). Measuring cognitive distortion in antisocial youth: Development and preliminary evaluation of the How I Think questionnaire. *Aggressive Behavior, 22*, 333–343.

Barry, C. T., Frick, P. J., DeShazo, T. M., McCoy, M. G., Ellis, M., & Loney, B. R. (2000). The importance of callous-unemotional traits for extending the concept of psychopathy to children. *Journal of Abnormal Psychology, 109*, 335–340.

Bartol, C. R. (1980). *Criminal behavior: A psychosocial approach.* Englewood Cliffs, NJ: Prentice Hall.

Bartol, C. R. (1996). Police psychology: Then, now, and beyond. *Criminal Justice and Behavior, 23*, 70–89.

Bartol, C. R. (2002). *Criminal behavior: A psychosocial approach* (6th ed.). Upper Saddle River, NJ: Prentice Hall.

Bartol, C. R., & Bartol, A. M. (1987). History of forensic psychology. In I. B. Weiner & A. K. Hess (Eds.), *Handbook of forensic psychology* (pp. 3–21). New York, NY: Wiley.

Bartol, C. R., & Bartol, A. M. (2004). *Psychology and law: Theory, research, and application* (3rd ed.). Belmont, CA: Wadsworth/Thomson.

Bartol, C. R., & Bartol, A. M. (2011). *Criminal behavior: A psychological approach* (9th ed.). Upper Saddle River, NJ: Prentice Hall.

Bartol, C. R., & Bartol, A. M. (2013). *Criminal and behavioral profiling.* Thousand Oaks, CA: Sage.

Bartol, C. R., & Bartol, A. M. (2014). *Criminal behavior: A psychological approach* (10th ed.). Columbus, OH: Pearson.

Bartol, C. R., & Bartol, A. M. (2015). *Psychology and law: Research and practice.* Thousand Oaks, CA: Sage.

Baskin-Sommers, A. R., Baskin, D. R., Sommers, I., Casados, A. T., Crossman, M. K., & Javdani, S. (2016). The impact of psychopathology, race, and environmental context on violent offending in a male adolescent sample. *Personality Disorders: Theory, Research, and Treatment, 7*, 354–362.

Basow, S. A., & Minieri, A. (2010). "You owe me": Effects of date cost, who pays, participant gender, and rape myth beliefs on perceptions of rape. *Journal of Interpersonal Violence, 26*, 479–497.

Batastini, A. B., & Morgan, R. D. (2016). Connecting the disconnected: Preliminary results and lessons learned from a telepsychology initiative with special management inmates. *Psychological Services, 13*, 283–291.

Bauer, P. J. (1996). What do infants recall of their lives? Memories for specific events by one- to two-year-olds. *American Psychologist, 51*, 29–41.

Baum, K., Catalano, S., Rand, M., & Rose, K. (2009, January). *Stalking victimization in the United States.* Washington, DC: U.S. Department of Justice, Bureau of Justice Statistics.

Bauserman, R. (2002). Child adjustment in joint-custody versus sole-custody arrangements: A meta-analytic review. *Journal of Family Psychology, 16*, 38–53.

Bauserman, R. (2012). A meta-analysis of parental satisfaction, adjustment, and conflict in joint custody and sole custody following divorce. *Journal of Divorce & Remarriage, 53*, 464–488.

Bayer, P., & Pozen, D. E. (2003). *The effectiveness of juvenile correctional facilities: Public versus private management.* New Haven, CT: Economic Growth Center, Yale University.

Beasley, J. D., Hayne, A. S., Beyer, K., Cramer, G. L., Benson, S. B., Muirhead, Y., & Warren, J. L. (2009). Patterns of prior offending by child abductors: A comparison of fatal and nonfatal outcomes. *International Journal of Law and Psychiatry, 32*, 273–280.

Beatty, D., Hickey, E., & Sigmon, J. (2002). Stalking. In A. Seymour, M. Murray, J. Sigmon, M. Hook, C. Edwards, M. Gaboury, & G. Coleman (Eds.), *2002 National Victim Assistance Academy textbook.* Washington, DC: U.S. Department of Justice, Office of Victims of Crime.

Beauchaine, T. P., Katkin, E. S., Strassberg, Z., & Snarr, J. (2001). Disinhibitory psychopathology in male adolescents: Discriminating conduct disorder from attention-deficit/hyperactivity disorder through concurrent assessment of multiple autonomic states. *Journal of Abnormal Psychology, 110*, 610–624.

Beck, A. J. (2015). *Use of restrictive housing in U.S. prisons and jails, 2011–2012.* Washington, DC: U.S. Department of Justice.

Beck, A. J., Cantor, D., Hartge, J., & Smith, T. (2013). *Sexual victimization in juvenile facilities reported by youth, 2012.* Washington, DC: U.S. Department of Justice, Bureau of Justice Statistics.

Beck, A. J., Guerino, P., & Harrison, P. M. (2010). *Sexual victimization in juvenile facilities reported by youth, 2008–2009.* Washington, DC: U.S. Department of Justice, Bureau of Justice Statistics.

Becker, J. V. (1990). Treating adolescent sexual offenders. *Professional Psychology: Research and Practice, 21*, 362–365.

Becker, J. V., Hall, S. R., & Stinson, J. D. (2001). Female sexual offenders: Clinical, legal and policy issues. *Journal of Forensic Psychology Practice, 1*, 29–50.

Becker, J. V., & Johnson, B. R. (2001). Treating juvenile sex offenders. In J. B. Ashford, B. D. Sales, & W. H. Reid (Eds.), *Treating adult and juvenile offenders with special needs* (pp. 273–289). Washington, DC: American Psychological Association.

Becker, K. (2014). *Importance of factors associated with competence for immigration proceedings: A survey of immigration attorneys.* Retrieved from ProQuest Dissertations and Theses Global (Order No. 3581895).

Bedi, G., & Goddard, C. (2007). Intimate partner violence: What are the impacts on children? *Australian Psychologist, 42*, 66–77.

Beech, A. R., & Craig, L. A. (2012). The current status of static and dynamic factors in sexual offender risk assessment. *Journal of Aggression, Conflict and Peace Research, 4*, 169–185.

Belenko, S., & Peugh, J. (2005). Estimating drug treatment needs among prison inmates. *Drug and Alcohol Dependence, 77*, 269–281.

Belfrage, H., Strand, S., Storey, J. E., Gibas, A. L., Kropp, P. R., & Hart, S. D. (2012). Assessment and management of risk for intimate partner violence by police officers using the Spousal Assault Risk Assessment Guide. *Law and Human Behavior, 36*, 60–67.

Bell, M. E., Goodman, L. A., & Dutton, M. A. (2007). The dynamics of staying and leaving: Implications for battered women's emotional well-being and experiences of violence at the end of a year. *Journal of Family Violence, 22*, 413–428.

Bemak, F., & Chi-Ying Chung, R. (2014). Immigrants and refugees. In F. T. L. Leong (Ed.), *APA handbook of multicultural psychology: Vol. 1. Theory and Research* (pp. 503–517). Washington, DC: American Psychological Association.

Ben-Porath, Y. S., Corey, D. M., & Tarescavage, A. M. (2017). Using the MMPI-2-RF in preemployment evaluations of police officer candidates. In C. L. Mitchell & E. H. Dorian (Eds.), *Police psychology and its growing impact on modern law enforcement* (pp. 51–78). Hershey, PA: IGI Global.

Ben-Porath, Y. S., Fico, J. M., Hibler, N. S., Inwald, R., Kruml, J., & Roberts, M. R. (2011, August). Assessing the psychological suitability of candidates for law enforcement positions. *The Police Chief, 78*, 64–70.

Ben-Porath, Y. S., & Tellegen, A. (2008). Minnesota Multiphasic Personality Inventory-2-Restructured Form: Manual for Administration, Scoring, and Interpretation. Minneapolis: University of Minnesota Press.

Ben-Shakhar, G. (2002). A critical review of the Control Question Test (CQT). In M. Kleiner (Ed.), *Handbook of polygraph testing* (pp. 103–126). San Diego, CA: Academic Press.

Ben-Shakhar, G. (2008). The case against the use of polygraph examinations to monitor post-conviction sex offenders. *Legal and Criminological Psychology, 13*, 191–207.

Benson, E. (2002, November). The perils of going solo. *Monitor on Psychology, 33*, 25.

Bergman, M. E., Walker, J. M., & Jean, V. A. (2016). A simple solution to policing problems: Women! *Industrial and Organizational Psychology, 9*, 590–597.

Bergseth, K. J., & Bouffard, J. A. (2012). Examining the effectiveness of a restorative justice program for various types of juvenile offenders. *International Journal of Offender Therapy and Comparative Criminology, 57*, 1054–1075.

Berliner, L. (1998). The use of expert testimony in child sexual abuse cases. In S. J. Ceci & H. Hembrooke (Eds.), *Expert witnesses in child abuse cases* (pp. 11–27). Washington, DC: American Psychological Association.

Bernal, G., & Sharrón-Del-Río, M. R. (2001). Are empirically supported treatments valid for ethnic minorities? Toward an alternative approach for treatment research. *Cultural Diversity and Ethnic Minority Psychology, 7*, 328–342.

Bernard, T. (1992). *The cycle of juvenile justice.* New York, NY: Oxford University Press.

Bernfeld, G. A. (2001). The struggle for treatment integrity in a "dis-integrated" service delivery system. In G. A. Bernfeld, D. P. Farrington, & A. W. Leschied (Eds.), *Offender rehabilitation in practice* (pp. 167–188). Chichester, England: Wiley.

Berson, S. B. (2010, June). Prosecuting elder abuse cases. *NIJ Journal, 265*, 8–9.

Beune, K., Giebels, E., & Taylor, P. J. (2010). Patterns of interaction in police interviews: The role of cultural dependency. *Criminal Justice and Behavior, 37*, 904–925.

Biederman, J. (2005). Attention-deficit/hyperactivity disorder: A selective overview. *Biological Psychiatry, 57*, 1215–1220.

Bingham, R. P., Porché-Burke, L., James, S., Sue, D. W., & Vasquez, M. J. T. (2002). Introduction: A report on the National Multicultural Conference and Summit II. *Cultural Diversity and Ethnic Minority Psychology, 8*, 75–87.

Bishop, D. M. (2000). Juvenile offenders in the adult criminal justice system. *Crime and Justice: A Review of Research, 27*, 81–167.

Black, H. C. (1990). *Black's law dictionary* (6th ed.). St. Paul, MN: West.

Black, J. (2000). Personality testing and police selection: Utility of the "Big Five." *New Zealand Journal of Psychology, 29*, 2–9.

Black, K. A., & McCloskey, K. A. (2013). Predicting date rape perceptions: The effects of gender, gender role attitudes, and victim resistance. *Violence Against Women, 19*, 949–967.

Black, M. C., Basile, K. C., Breiding, M. J., Smith, S. G., Walters, M. L., Merrick, M. T., . . . & Stevens, M. R. (2011). *The National Intimate Partner and Sexual Violence Survey (NISVS): 2010 summary report.* Atlanta, GA: National Center for Injury Prevention and Control, Centers for Disease Control and Prevention.

Blackburn, R. (1993). *The psychology of criminal conduct.* Chichester, England: Wiley.

Blair, J. P. (2005). What do we know about interrogation in the United States? *Journal of Police and Criminal Psychology, 20*, 44–57.

Blakemore, S. I., & Mills, K. L. (2014). Is adolescence a sensitive period for sociocultural processing? *Annual Review of Psychology, 65*, 187–207.

Blanchette, K., & Brown, S. L. (2006). *The assessment and treatment of women offenders: An integrated perspective.* Chichester, England: Wiley.

Blau, T. (1994). *Psychological services for law enforcement.* New York, NY: Wiley.

Blum, J., Ireland, M., & Blum, R. W. (2003). Gender differences in juvenile violence: A report from Add Health. *Journal of Adolescent Health, 32*, 234–240.

Blumberg, M. (1997). Controlling police use of deadly force: Assessing two decades of progress. In R. G. Dunham & G. P. Alpert (Eds.), *Critical issues in policing: Contemporary readings* (3rd ed., pp. 442–464). Prospect Heights, IL: Waveland.

Bobo, L. D., & Kluegel, J. (1997). The color line, the dilemma, and the dream: Racial attitudes and relations in American at the close of the twentieth century. In J. Higham (Ed.), *Civil rights and social wrongs: Black–White relations since World War II* (pp. 31–35). University Park: Pennsylvania State University Press.

Boccaccini, M. T. (2002). What do we really know about witness preparation? *Behavioral Sciences & the Law, 20*, 161–189.

Boccaccini, M. T., & Brodsky, S. L. (2002). Believability of expert and lay witnesses: Implications for trial consultation. *Professional Psychology: Research and Practice, 33*, 384–388.

Böckler, N., Seeger, T., Sitzer, P., & Heitmeyer, W. (2013). School shootings: Conceptual framework and international empirical trends. In N. Böckler, T. Seeger, P. Sitzer, & W. Heitmeyer (Eds.), *School shootings: International research, case studies, and concepts for prevention* (pp. 1–26). New York, NY: Springer.

Boer, D., Hart, S., Kropp, P., & Webster, C. (1997). *Manual for the Sexual Violence Risk–20 (SVR-20)*. Vancouver, Canada: Family Violence Institute.

Boes, J. O., Chandler, C. J., & Timm, H. W. (2001, December). *Police integrity: Use of personality measures to identify corruption-prone officers*. Monterey, CA: Defense Personnel Security Research Center.

Bohm, R. M. (1999). *Deathquest: An introduction to the theory and practice of capital punishment in the United States*. Cincinnati, OH: Anderson.

Bohner, G., Jarvis, C. I., Eyssel, F., & Siebler, F. (2005). The causal impact of rape myth acceptance on men's rape proclivity: Comparing sexually coercive and noncoercive men. *European Journal of Social Psychology, 35*, 819–828.

Boney-McCoy, S., & Finkelhor, D. (1995). Psychosocial sequelae of violent victimization in a national youth sample. *Journal of Consulting and Clinical Psychology, 63*, 726–736.

Bonnie, R. J. (1990). Dilemmas in administering the death penalty: Conscientious abstentions, professional ethics, and the needs of the legal system. *Law and Human Behavior, 14*, 67–90.

Bonnie, R. J. (1992). The competence of criminal defendants: A theoretical reformulation. *Behavioral Sciences & the Law, 10*, 291–316.

Bonnie, R. J., & Grisso, T. (2000). Adjudicative competence and youthful offenders. In T. Grisso & R. Schwartz (Eds.), *Youth on trial: A developmental perspective on juvenile justice* (pp. 73–103). Chicago, IL: University of Chicago Press.

Bonta, J. (1996). Risk-needs assessment and treatment. In A. T. Harland (Ed.), *Choosing correctional options that work: Defining the demand and evaluating the supply* (pp. 18–32). Thousand Oaks, CA: Sage.

Bonta, J. (2002). Offender risk assessment: Guidelines for selection and use. *Criminal Justice and Behavior, 29*, 355–379.

Boothby, J. L., & Clements, C. B. (2000). A national survey of correctional psychologists. *Criminal Justice and Behavior, 27*, 716–732.

Boothby, J. L., & Clements, C. B. (2002). Job satisfaction of correctional psychologists: Implications for recruitment and retention. *Professional Psychology: Research and Practice, 33*, 310–315.

Borduin, C. M., Schaeffer, C. M., & Heiblum, N. (2009). A randomized clinical trial of multisystemic therapy with juvenile sexual offenders: Effects on youth social ecology and criminal activity. *Journal of Consulting and Clinical Psychology, 77*, 26–37.

Borum, R., Bartel, P., & Forth, A. (2006). *Manual for the Structured Assessment of Violence Risk in Youth (SAVRY)*. Odessa, FL: Psychological Assessment Resources.

Borum, R., Cornell, D. G., Modzeleski, W., & Jimerson, S. R. (2010). What can be done about school shootings? A review of the evidence. *Educational Researcher, 39*, 27–37.

Borum, R., Fein, R., Vossekuil, B., & Berglund, J. (1999). Threat assessment: Defining an approach for evaluating risk of targeted violence. *Behavioral Sciences & the Law, 17*, 323–337.

Borum, R., & Fulero, S. M. (1999). Empirical research on the insanity defense and attempted reforms: Evidence toward informed policy. *Law and Human Behavior, 23*, 375–394.

Borum, R., & Grisso, T. (1995). Psychological tests used in criminal forensic evaluations. *Professional Psychology: Research and Practice, 26*, 465–473.

Borum, R., & Philpot, C. (1993). Therapy with law enforcement couples: Clinical management of the "high-risk lifestyle." *American Journal of Family Therapy, 21*, 122–135.

Borum, R., & Strentz, T. (1993, April). The borderline personality: Negotiation strategies. *FBI Law Enforcement Bulletin, 61*, 6–10.

Bosco, D., Zappalà, A., & Santtila, P. (2010). The admissibility of offender profiling in the courtroom: A review of legal issues and court opinions. *International Journal of Law and Psychiatry, 33*, 184–191.

Bosenman, M. F. (1988). Serendipity and scientific discovery. *The Journal of Creative Behavior, 22*, 132–138.

Bourke, M., & Hernandez, A. E. (2009). The "Butner Study" redux: A report of the incidence of hands-on child victimization by child pornography offenders. *Journal of Family Violence, 24*, 182–191.

Bow, J. N., Gottlieb, M. C., & Gould-Saltman, D. (2011). Attorney's beliefs and opinions about child custody evaluations. *Family Court Review, 49*, 301–312.

Bow, J. N., & Quinnell, F. A. (2001). Psychologists' current practices and procedures in child custody evaluations: Five years post American Psychological Association guidelines. *Professional Psychology: Research and Practice, 32*, 261–268.

Bradshaw, J. (2008, July/August). Behavioral detectives patrol airports. *The National Psychologist*, p. 10.

Braffman, W., & Kirsch, I. (1999). Imaginative suggestibility and hypnotizability: An empirical analysis. *Journal of Personality and Social Psychology, 77*, 578–587.

Bobo, L. D., & Kluegel, J. (1997). The color line, the dilemma, and the dream: Racial attitudes and relations in American at the close of the twentieth century. In J. Higham (Ed.), *Civil rights and social wrongs: Black–White relations since World War II* (pp. 31–35). University Park: Pennsylvania State University Press.

Boccaccini, M. T. (2002). What do we really know about witness preparation? *Behavioral Sciences & the Law, 20*, 161–189.

Boccaccini, M. T., & Brodsky, S. L. (2002). Believability of expert and lay witnesses: Implications for trial consultation. *Professional Psychology: Research and Practice, 33*, 384–388.

Böckler, N., Seeger, T., Sitzer, P., & Heitmeyer, W. (2013). School shootings: Conceptual framework and international empirical trends. In N. Böckler, T. Seeger, P. Sitzer, & W. Heitmeyer (Eds.), *School shootings: International research, case studies, and concepts for prevention* (pp. 1-26). New York, NY: Springer.

Boer, D., Hart, S., Kropp, P., & Webster, C. (1997). *Manual for the Sexual Violence Risk–20 (SVR-20)*. Vancouver, Canada: Family Violence Institute.

Boes, J. O., Chandler, C. J., & Timm, H. W. (2001, December). *Police integrity: Use of personality measures to identify corruption-prone officers.* Monterey, CA: Defense Personnel Security Research Center.

Bohm, R. M. (1999). *Deathquest: An introduction to the theory and practice of capital punishment in the United States*. Cincinnati, OH: Anderson.

Bohner, G., Jarvis, C. I., Eyssel, F., & Siebler, F. (2005). The causal impact of rape myth acceptance on men's rape proclivity: Comparing sexually coercive and noncoercive men. *European Journal of Social Psychology, 35*, 819–828.

Boney-McCoy, S., & Finkelhor, D. (1995). Psychosocial sequelae of violent victimization in a national youth sample. *Journal of Consulting and Clinical Psychology, 63*, 726–736.

Bonnie, R. J. (1990). Dilemmas in administering the death penalty: Conscientious abstentions, professional ethics, and the needs of the legal system. *Law and Human Behavior, 14*, 67–90.

Bonnie, R. J. (1992). The competence of criminal defendants: A theoretical reformulation. *Behavioral Sciences & the Law, 10*, 291–316.

Bonnie, R. J., & Grisso, T. (2000). Adjudicative competence and youthful offenders. In T. Grisso & R. Schwartz (Eds.), *Youth on trial: A developmental perspective on juvenile justice* (pp. 73–103). Chicago, IL: University of Chicago Press.

Bonta, J. (1996). Risk-needs assessment and treatment. In A. T. Harland (Ed.), *Choosing correctional options that work: Defining the demand and evaluating the supply* (pp. 18–32). Thousand Oaks, CA: Sage.

Bonta, J. (2002). Offender risk assessment: Guidelines for selection and use. *Criminal Justice and Behavior, 29*, 355–379.

Boothby, J. L., & Clements, C. B. (2000). A national survey of correctional psychologists. *Criminal Justice and Behavior, 27*, 716–732.

Boothby, J. L., & Clements, C. B. (2002). Job satisfaction of correctional psychologists: Implications for recruitment and retention. *Professional Psychology: Research and Practice, 33*, 310–315.

Borduin, C. M., Schaeffer, C. M., & Heiblum, N. (2009). A randomized clinical trial of multisystemic therapy with juvenile sexual offenders: Effects on youth social ecology and criminal activity. *Journal of Consulting and Clinical Psychology, 77*, 26–37.

Borum, R., Bartel, P., & Forth, A. (2006). *Manual for the Structured Assessment of Violence Risk in Youth (SAVRY)*. Odessa, FL: Psychological Assessment Resources.

Borum, R., Cornell, D. G., Modzeleski, W., & Jimerson, S. R. (2010). What can be done about school shootings? A review of the evidence. *Educational Researcher, 39*, 27–37.

Borum, R., Fein, R., Vossekuil, B., & Berglund, J. (1999). Threat assessment: Defining an approach for evaluating risk of targeted violence. *Behavioral Sciences & the Law, 17*, 323–337.

Borum, R., & Fulero, S. M. (1999). Empirical research on the insanity defense and attempted reforms: Evidence toward informed policy. *Law and Human Behavior, 23*, 375–394.

Borum, R., & Grisso, T. (1995). Psychological tests used in criminal forensic evaluations. *Professional Psychology: Research and Practice, 26*, 465–473.

Borum, R., & Philpot, C. (1993). Therapy with law enforcement couples: Clinical management of the "high-risk lifestyle." *American Journal of Family Therapy, 21*, 122–135.

Borum, R., & Strentz, T. (1993, April). The borderline personality: Negotiation strategies. *FBI Law Enforcement Bulletin, 61*, 6–10.

Bosco, D., Zappalà, A., & Santtila, P. (2010). The admissibility of offender profiling in the courtroom: A review of legal issues and court opinions. *International Journal of Law and Psychiatry, 33*, 184–191.

Bosenman, M. F. (1988). Serendipity and scientific discovery. *The Journal of Creative Behavior, 22*, 132–138.

Bourke, M., & Hernandez, A. E. (2009). The "Butner Study" redux: A report of the incidence of hands-on child victimization by child pornography offenders. *Journal of Family Violence, 24*, 182–191.

Bow, J. N., Gottlieb, M. C., & Gould-Saltman, D. (2011). Attorney's beliefs and opinions about child custody evaluations. *Family Court Review, 49*, 301–312.

Bow, J. N., & Quinnell, F. A. (2001). Psychologists' current practices and procedures in child custody evaluations: Five years post American Psychological Association guidelines. *Professional Psychology: Research and Practice, 32*, 261–268.

Bradshaw, J. (2008, July/August). Behavioral detectives patrol airports. *The National Psychologist*, p. 10.

Braffman, W., & Kirsch, I. (1999). Imaginative suggestibility and hypnotizability: An empirical analysis. *Journal of Personality and Social Psychology, 77*, 578–587.

Brakel, S. J. (2003). Competency to stand trial: Rationalism, "contextualism" and other modest theories. *Behavioral Sciences & the Law, 21*, 285–295.

Brandon, S. E. (2014). Towards a science of interrogation. *Applied Cognitive Psychology, 28*, 945–946.

Brent, D. A. (1989). The psychological autopsy: Methodological issues for the study of adolescent suicide. *Suicide and Life-Threatening Behavior, 19*, 43–57.

Breslau, N. (2002). Epidemiologic studies of trauma, posttraumatic stress disorder, and other psychiatric disorders. *Canadian Journal of Psychiatry, 47*, 923–929.

Bresler, S. A. (2010, Summer). The fitness for duty assessment: An evaluation well-suited for the forensic psychologist. *American Psychology-Law Society News, 30*(2), 1, 4.

Brewster, J., Stoloff, M. L., Corey, D. M., Greene, L. W., Gupton, H. M., & Roland, J. E. (2016). Education and training guidelines for the specialty of Police and Public Safety Psychology. *Training and Education in Professional Psychology, 10*, 171–178.

Bricklin, B., & Elliot, G. (1995). Postdivorce issues and relevant research. In B. Bricklin (Ed.), *The child custody evaluation handbook: Research-based solutions and applications* (pp. 27–62). New York, NY: Bruner/Mazel.

Bridge, B. J. (2006). Solving the family court puzzle: Integrating research, police, and practice. *Family Court Review, 44*, 190–199.

Briere, J., Malamuth, N., & Ceniti, J. (1981). *Self-assessed rape proclivity: Attitudinal and sexual correlates.* Paper presented at the American Psychological Association meeting, Los Angeles, CA.

Briere, J., & Runtz, M. (1989). University males' sexual interest in children: Predicting potential indices of "pedophilia" in a non-forensic sample. *Child Abuse & Neglect, 13*, 65–75.

Briggs, P., Simon, W. T., & Simonsen, S. (2011). An exploratory study of Internet-initiated sexual offenses and the chat room sex offender. Has the Internet enabled a new typology of sex offender? *Sexual Abuse: A Journal of Research and Treatment, 23*, 72–91.

Brigham, J. C. (1999). What is forensic psychology, anyway? *Law and Human Behavior, 23*, 273–298.

Briones-Robinson, R., Powers, R., & Socia, K. M. (2016). Sexual orientation bias crimes: Examination of reporting, perception of police bias, and differential police response. *Criminal Justice and Behavior, 43*, 1688–1709.

British Psychological Society. (1995). Recovered memories: The report of the Working Party of the British Psychological Society. Leicester, England: Author.

Brocki, K. C., Eninger, L., Thorell, L. B., & Bohlin, G. (2010). Interrelations between executive function and symptoms of hyperactivity/impulsivity and inattention in preschoolers: A two-year longitudinal study. *Journal of Abnormal Child Psychology, 38*, 163–171.

Brodsky, S. L. (1980). Ethical issues for psychologists in corrections. In J. Monahan (Ed.), *Who is the client? The ethics of psychological intervention in the criminal justice system* (pp. 63–92). Washington, DC: American Psychological Association.

Brodsky, S. L. (1999). *The expert expert witness: More maxims and guidelines for testifying in court.* Washington, DC: American Psychological Association.

Brodsky, S. L. (2004). *Coping with cross-examination and other pathways to effective testimony.* Washington, DC: American Psychological Association.

Brodsky, S. L. (2012). On the witness stand [Perspective essay]. In C. R. Bartol & A. M. Bartol, *Introduction to Forensic Psychology* (3rd ed., pp. 138–140). Thousand Oaks, CA: Sage.

Bronfenbrenner, U. (1979). *The ecology of human development: Experiment by nature and design.* Cambridge, MA: Harvard University Press.

Brook, M., & Kosson, D. S. (2013). Impaired cognitive empathy in criminal psychopathy: Evidence from a laboratory measure of empathic accuracy. *Journal of Abnormal Psychology, 122*, 156–166.

Brown, M. L. (1997). Dilemmas facing nurses who care for Munchausen syndrome by proxy. *Pediatric Nursing, 23*, 416–418.

Brown, P. L. (2014, January 28). A court's all-hands approach aids girls most at risk. *New York Times*, p. A11.

Brown, R., & Kulik, J. (1977). Flashbulb memories. *Cognition, 5*, 73–99.

Brown, S. L., & Forth, A. E. (1997). Psychopathy and sexual assault: Static risk factors, emotional precursors, and rapists subtypes. *Journal of Consulting and Clinical Psychology, 65*, 848–857.

Brown, T. L., Borduin, C. M., & Henggeler, S. W. (2001). Treating juvenile offenders in community settings. In J. B. Ashford, B. D. Sales, & W. H. Reid (Eds.), *Treating adult and juvenile offenders with special needs* (pp. 445–464). Washington, DC: American Psychological Association.

Browne, A., & Finkelhor, D. (1986). Impact of child sexual abuse: A review of the research. *Psychological Bulletin, 99*, 66–77.

Brucia, E., Cordova, M. J., & Ruzek, J. I. (2017). Critical incident interventions: Crisis response and debriefing. In C. L. Mitchell & E. H. Dorian (Eds.), *Police psychology and its growing impact on modern law enforcement* (pp. 119–142). Hershey, PA: IGI Global.

Bruck, M., & Ceci, S. J. (2004). Forensic developmental psychology: Unveiling four common misconceptions. *Current Directions in Psychological Science, 13*, 229–232.

Bruck, M., & Ceci, S. J. (2009). Reliability of child witnesses' reports. In J. L. Skeem, K. S. Douglas, & S. O. Lilienfeld (Eds.), *Psychological science in the courtroom: Consensus and controversy* (pp. 149–174). New York, NY: Guilford Press.

Bruck, M., & Ceci, S. J. (2012). Forensic developmental psychology in the courtroom. In D. Faust (Ed.), *Coping with psychiatric and psychological testimony* (pp. 723–737). New York, NY: Oxford University Press.

Bruck, M., Ceci, S. J., & Francoeur, E. (2000). Children's use of anatomically detailed dolls to report genital touching in a medical examination. *Journal of Experimental Psychology: Applied, 6*, 74–83.

Buckner, J. C., Mezzacappa, E., & Beardslee, W. R. (2003). Characteristics of resilient youths living in poverty: The role of self-regulatory processes. *Development and Psychopathology, 15*, 139–162.

Budd, K. S., Felix, E. D., Poindexter, L. M., Naik-Polan, A. T., & Sloss, C. F. (2002). Clinical assessment of children in child protection cases: An empirical analysis. *Professional Psychology: Research and Practice, 33*, 3–12.

Budnick, K. J., & Shields-Fletcher, E. (1998). *What about girls?* Washington, DC: U.S. Department of Justice, Office of Juvenile Justice and Delinquency Prevention.

Buh, E. S., & Ladd, G. W. (2001). Peer rejection as an antecedent of young children's school adjustment: An examination of mediating processes. *Developmental Psychology, 37*, 550–560.

Bull, R., & Milne, R. (2004). Attempts to improve the police interviewing of suspects. In D. Lassiter (Ed.), *Interrogations, confessions, and entrapment* (pp. 182–196). New York, NY: Kluwer Academic.

Bull, R., & Soukara, S. (2010). Four studies of what really happens in police interviews. In G. D. Lassiter & C. A. Meissner (Eds.), *Police interrogations and false confessions: Current research, practice, and policy recommendations* (pp. 81–95). Washington, DC: American Psychological Association.

Bumby, K. M. (1993). Reviewing the guilty but mentally ill alternative: A case of the blind "pleading" the blind. *Journal of Psychiatry and Law, 21*, 191–220.

Bumby, K. M., & Bumby, N. H. (1997). Adolescent female sexual offenders. In H. R. Cellini & B. Schwartz (Eds.), *The sex offender: New insights, treatment innovations and legal developments* (Vol. 2, pp. 10.1–10.16). Kingston, NJ: Civil Research Institute.

Burcham, A. M. (2016, June). *Sheriffs' officer personnel, 1993–2013*. Washington, DC: U.S. Department of Justice, Bureau of Justice Statistics.

Burdon, W. M., & Gallagher, C. A. (2002). Coercion and sex offenders: Controlling sex-offending behavior through incapacitation and treatment. *Criminal Justice and Behavior, 29*, 87–109.

Bureau of Justice Assistance. (2001, June). *Recruiting & retaining women: A self-assessment guide for law enforcement*. Washington, DC: U.S. Department of Justice.

Bureau of Justice Statistics. (2001a). *Prisoners in 2000*. Washington, DC: U.S. Department of Justice.

Bureau of Justice Statistics. (2015, May). *Local police departments, 2013: Personnel, policies, and practices*. Washington, DC: U.S. Department of Justice.

Bureau of Justice Statistics. (2016, November). *Publicly funded forensic crime laboratories: Quality assurance practices, 2014*. Washington, DC: U.S. Department of Justice.

Bureau of Labor Statistics. (2010, July). *Workplace shootings*. Washington, DC: U.S. Department of Labor.

Bureau of Labor Statistics. (2013, August). *National census of fatal occupational injuries in 2012*. Washington, DC: U.S. Department of Labor.

Burgess, A. W., Hartman, C. R., & Ressler, R. K. (1986). Sexual homicide: A motivational model. *Journal of Interpersonal Violence, 1*, 251–272.

Burgoon, J. K., Blair, J. P., & Strom, R. E. (2008). Cognitive biases and nonverbal cues availability in detecting deception. *Human Communication Research, 34*, 572–599.

Burl, J., Shah, S., Filone, S., Foster, E., & DeMatteo, D. (2012). A survey of graduate training programs and coursework in forensic psychology. *Teaching of Psychology, 39*, 48–53.

Burns, B. J., Schoenwald, S. K., Burchard, J. D., Faw, L., & Santos, A. B. (2000). Comprehensive community-based interventions for youth with severe emotional disorders: Multisystemic therapy and the wraparound process. *Journal of Child and Family Studies, 9*, 283–314.

Bush, S. S. (2017). Introduction. In S. S. Bush (Ed.), *APA handbook of forensic neuropsychology* (pp. xvii-xxii). Washington, DC: American Psychological Association.

Bushman, B. J., & Huesmann, L. R. (2012). Effects of violent media on aggression. In D. Singer & J. L. Singer (Eds.), *Handbook of children and the media* (2nd ed., pp. 231–248). Thousand Oaks, CA: Sage.

Butcher, J. N., Bubany, S., & Mason, S. N. (2013). Assessment of personality and psychopathology with self-report inventories. In K. F. Geisinger (Ed.), *APA handbook of testing and assessment in psychology: Vol. 2. Testing and assessment in clinical and counseling psychology* (pp. 171–192). Washington, DC: American Psychological Association.

Butcher, J. N., Hass, G. A., Greene, R. L., & Nelson, L. D. (2015). *Using the MMPI-2 in forensic assessment*. Washington, DC: American Psychological Association.

Butcher, J. N., & Miller, K. B. (1999). Personality assessment in personal injury litigation. In A. K. Hess & I. B. Weiner (Eds.), *The handbook of forensic psychology* (2nd ed., pp. 104–126). New York, NY: Wiley.

Butler, A. C. (2013). Child sexual assault: Risk factors for girls. *Child Abuse & Neglect, 37*, 643–652.

Butler, W. M., Leitenberg, H., & Fuselier, G. D. (1993). The use of mental health professional consultants to police hostage negotiation teams. *Behavioral Sciences & the Law, 11*, 213–221.

Cahill, B. S., Coolidge, F. L., Segal, D. L., Klebe, K. J., Marle, P. D., & Overmann, K. A. (2012). Prevalence of ADHD in subtypes in male and female adult prison inmates. *Behavioral Sciences & the Law, 30*, 154–166.

Caillouet, B. A., Boccaccini, M., Varela, J. G., Davis, R. D., & Rostow, C. D. (2010). Predictive validity of the MMPI-2 Psy 5 scales and facets for law enforcement employment outcomes. *Criminal Justice and Behavior, 37*, 217–238.

California Occupational Safety and Health Administration. (1995). *Guidelines for workplace security*. Sacramento, CA: Author.

Call, J. A. (2008). Psychological consultation in hostage/barricade crisis negotiation. In H. V. Hall (Ed.), *Forensic psychology and neuropsychology for criminal and civil cases* (pp. 263–288). Boca Raton, FL: CRC Press.

Callahan, L. A., & Silver, E. (1998). Factors associated with the conditional release of persons acquitted by reason of insanity: A decision tree approach. *Law and Human Behavior, 22*, 147–163.

Callahan, L. A., Steadman, H. J., McGreevy, M. A., & Robbins, P. C. (1991). The volume and characteristics of insanity defense pleas: An eight-state study. *Bulletin of Psychiatry and the Law, 19*, 331–338.

Calvert, S. L., Appelbaum, M., Dodge, K. A., Graham, S., Hall, G. C. N., Hamby, S., . . . & Hedges, L. V. (2017). The American Psychological Association task force assessment of violent video games: Science in the service of public interest. *American Psychologist, 72*, 126–158.

Cameron, B. W. (2013, March). *The Federal Bureau of Prison's sexual offender treatment and management programs*. Dallas, TX: U.S. Department of Justice, Federal Bureau of Prisons.

Camp, J. P., Skeem, J. L., Barchard, K., Lilienfeld, S. O., & Poythress, N. G. (2013). Psychopathic predators? Getting specific about the relation between psychopathy and violence. *Journal of Consulting and Clinical Psychology, 81*, 467–480.

Campbell, J. C. (1995). Prediction of homicide of and by battered women. In J. C. Campbell (Ed.), *Assessing dangerousness: Violence by sexual offenders, batterers, and child abusers* (pp. 96–113). Thousand Oaks, CA: Sage.

Campbell, R. (2008). The psychological impact of rape victims' experiences with the legal, medical, and mental health systems. *American Psychologist, 63*, 702–717.

Campbell, R., Bybee, D., Townsend, S. M., Shaw, J., Karin, N., & Makowitz, J. (2014). The impact of Sexual Assault Nurse Examiners (SANE) programs in criminal justice outcomes: A multisite replication study. *Violence Against Women, 20*, 607–625.

Campbell, T. W. (2003). Sex offenders and actuarial risk assessments: Ethical considerations. *Behavioral Sciences & the Law, 21*, 269–279.

Canter, D. V. (1999). Equivocal death. In D. Canter & L. J. Alison (Eds.), *Profiling in policy and practice* (pp. 123–156). Burlington, VT: Ashgate.

Canter, D. V., & Alison, L. (2000). Profiling property crimes. In D. V. Canter & L. J. Alison (Eds.), *Profiling property crimes* (pp. 1–30). Burlington, VT: Ashgate.

Canter, D. V. & Wentink, N. (2004). An empirical test of Holmes and Holmes' serial murder typology. *Criminal Justice and Behavior, 31*, 489–515.

Canter, D. V., & Youngs, D. (2009). *Investigative psychology: Offender profiling and the analysis of criminal action*. West Sussex, England: Wiley.

Cantón-Cortés, D., Cortés, M. R., & Cantón, I. (2015). Child sexual abuse, attachment style, and depression: The role of the characteristics of abuse. *Journal of Interpersonal Violence, 30*, 420–436.

Carlson, E. H., & Dutton, M. A. (2003). Assessing experiences and responses of crime victims. *Journal of Traumatic Stress, 16*, 133–148.

Carone, D. A., & Bush, S. S. (Eds.). (2013). *Mild traumatic brain injury: Symptom validity assessment and malingering*. New York, NY: Springer.

Carpentier, J., Leclerc, B., & Proulx, J. (2011). Juvenile sexual offenders: Correlates of onset, variety, and desistance of criminal behavior. *Criminal Justice and Behavior, 38*, 854–873.

Carrión, R. E., Keenan, J. P., & Sebanz, N. (2010). A truth that's told with bad intent: An ERP study of deception. *Cognition, 114*, 105–110.

Carroll, O. (2017). Challenges in modern digital investigative analysis. *U.S. Attorneys' Bulletin, 65*, 25–28.

Carson, E. A., & Golinelli, D. (2013, December). *Prisoners in 2012: Trends in admissions and releases, 1991–2012*. Washington, DC: U.S. Department of Justice, Bureau of Justice Statistics.

Casey, B. J., & Caudle, K. (2013). The teenage brain: Self-control. *Current Directions in Psychological Science, 22*, 82–87.

Casey, B. J., Getz, S., & Galvan, A. (2008). The adolescent brain. *Developmental Review, 28*, 62–77.

Catalano, S. (2012, September). *Stalking victims in the United States—revised*. Washington, DC: U.S. Department of Justice, Bureau of Justice Statistics.

Catchpole, R. E. H., & Gretton, H. M. (2003). The predictive validity of risk assessment with violent young offenders: A 1-year examination of criminal outcome. *Criminal Justice and Behavior, 30*, 688–708.

Cattaneo, L. B., & Chapman, A. R. (2011). Risk assessment with victims of intimate partner violence: Investigating the gap between research and practice. *Violence Against Women, 17*, 1286–1298.

Cattaneo, L. B., & Goodman, L. A. (2005). Risk factors for reabuse in intimate partner violence: A cross-disciplinary critical review. *Trauma, Violence, and Abuse, 6*, 141–175.

Cecchet, S. J., & Thoburn, J. (2014). The psychological experience of child and adolescent sex trafficking in the United States: Trauma and resilience in survivors. *Psychological Trauma: Theory, Research Practice, and Policy, 6*, 482–491.

Ceci, S. J., & Bruck, M. (1993). The suggestibility of the child witness: A historical review and synthesis. *Psychological Bulletin, 113*, 403–439.

Ceci, S. J., Ross, D. F., & Toglia, M. P. (1987). Suggestibility of children's memory: Psychologal implications. *Journal of Experimental Psychology: General, 116*, 38–49.

Cellini, H. R. (1995). Assessment and treatment of the adolescent sexual offender. In B. Schwartz & H. R. Cellini (Eds.), *The sex offender: Corrections, treatment and legal practice* (Vol. 1). Kingston, NJ: Civil Research Institute.

Cellini, H. R., Schwartz, B., & Readio, S. (1993, December). *Child sexual abuse: An administrator's nightmare*. Washington, DC: National School Safety Center.

Centers for Disease Control and Prevention. (2013, August 23). *Injury prevention and control: Data and statistics (WISQARS™)*. Retrieved from http://www.cdc.gov/injury/wisqars/index.html

Chaiken, M. R. (2000, March). *Violent neighborhoods, violent kids. Juvenile Justice Bulletin, 6–18*. Washington, DC: U.S. Department of Justice.

Chamberlain, P. (2003). *Treating chronic juvenile offenders: Advances made through the Oregon multidimensional treatment foster care model*. Washington, DC: American Psychological Association.

Chamberlain, P., Leve, L. D., & DeGarmo, D. S. (2007). Multidimensional treatment foster care for girls in the juvenile justice system: 2-year follow-up of a randomized clinical trial. *Journal of Consulting and Clinical Psychology, 66*, 624–633.

Chan, H. C., & Frie, A. (2013). Female sexual homicide offenders: An examination of an underresearched offender population. *Homicide Studies, 17*, 96–118.

Chan, H. C., Heide, K. M., & Myers, W. C. (2013). Juvenile and adult offenders arrested for sexual homicide: An analysis of victim–offender relationship and weapon used by race. *Journal of Forensic Sciences, 58*, 85–89.

Chan, H. C., Myers, W. C., & Heide, K. M. (2010). An empirical analysis of 30 years of U.S. juvenile and adult sexual homicide offender data: Race and age differences in the victim–offender relationship. *Journal of Forensic Sciences, 55*, 1282–1290.

Chapleau, K. M., & Oswald, D. L. (2010). Power, sex, and rape myth acceptance: Testing two models of rape proclivity. *Journal of Sex Research, 47*, 66–78.

Chappelle, W., & Rosengren, K. (2001). Maintaining composure and credibility as an expert witness during cross-examination. *Journal of Forensic Psychology Practice, 1*, 51–67.

Chauhan, P. (2015). There's more to it than the individual. In C. R. Bartol & A. M. Bartol, *Introduction to forensic psychology: Research and application* (4th ed., pp. 225–227). Thousand Oaks, CA: Sage.

Chen, Y.-H., Arria, A., & Anthony, J. C. (2003). Firesetting in adolescents and being aggressive, shy, and rejected by peers: New epidemiologic evidence from a national sample survey. *Journal of the American Academy of Psychiatry and Law, 31*, 44–52.

Cheng, W., Ickes, W., & Kenworthy, J. B. (2013). The phenomenon of hate crimes in the United States. *Journal of Applied Social Psychology, 43*, 761–794.

Chesney-Lind, M., & Shelden, R. G. (1998). *Girls, delinquency, and juvenile justice* (2nd ed.). Belmont, CA: West/Wadsworth.

Chiancone, J. (2001, December). Parental abduction: Review of the literature. *Juvenile Justice Bulletin* (pp. 14–18). Washington, DC: U.S. Department of Justice, Office of Juvenile Justice and Delinquency Prevention.

Child Abuse Prevention Center. (1998). *Shaken baby syndrome fatalities in the United States*. Ogden, UT: Author.

Child Welfare Information Gateway. (2012, May). *Child abuse and neglect fatalities 2010: Statistics and interventions*. Washington, DC: Children's Bureau.

Chiroro, P., & Valentine, T. (1995). An investigation of the contact hypothesis of the own-race bias in face recognition. *Quarterly Journal of Experimental Psychology, 48A*, 979–894.

Choe, I. (2005). The debate over psychological debriefing for PTSD. *The New School Psychology Bulletin, 3*, 71–82.

Churcher, F. P., Mills, J. F., & Forth, A. E. (2016). The predictive validity of the Two-Tiered Violence Risk Estimates Scale (TTV) in a long-term follow-up of violent offenders. *Psychological Services, 13*(3), 232–245.

Cirincione, C., Steadman, H., & McGreevy, M. (1995). Rates of insanity acquittals and the factors associated with successful insanity pleas. *Bulletin of the American Academy of Psychiatry and Law, 23*, 399–409.

Clark, D. W., & White, E. K. (2017). Law officer suicide. In C. L. Mitchell & E. H. Dorian (Eds.), *Police psychology and its growing impact on modern law enforcement* (pp. 176–197). Hershey, PA: IGI Global.

Clark, D. W., White, E. K., & Violanti, J. M. (2012, May). Law enforcement suicide: Current knowledge and future directions. *The Police Chief, 79*, 48–51.

Clark, S. E. (2012). Costs and benefits of eyewitness identification reform: Psychological science and public policy. *Perspectives on Psychological Science*, 7, 238–259.

Clay, R. A. (2017, April). Islamophobia. *APA Monitor, 48*, 34.

Clear, T. R., & Cole, G. F. (2000). *American corrections* (5th ed.). Belmont, CA: West/Wadsworth.

Cleary, H. M. D. (2017). Applying the lessons of developmental psychology to the study of juvenile interrogations: New directions for research, policy, and practice. *Psychology, Public Policy, and Law, 23*, 118–130.

Cleary, H. M. D., & Warner, T. C. (2016). Police training in interviewing and interrogation methods: A comparison of techniques used with adult and juvenile suspects. *Law and Human Behavior, 40*, 270–284.

Cleckley, H. (1941). *The mask of sanity*. St. Louis, MO: C.V. Mosby.

Cochrane, R. E., Grisso, T., & Frederick, R. I. (2001). The relationship between criminal charges, diagnoses, and psycholegal opinions among federal defendants. *Behavioral Sciences & the Law, 19*, 565–582.

Cochrane, R. E., Herbel, B. L., Reardon, M. L., & Lloyd, K. P. (2013). The Sell effect: Involuntary medication treatment is a "clear and convincing" success. *Law and Human Behavior, 37*. doi 10.1037/lhb0000003.

Cochrane, R. E., Tett, R. P., & Vandecreek, L. (2003). Psychological testing and the selection of police officers: A national survey. *Criminal Justice and Behavior, 30*, 511–527.

Cohen, F. (1998). *The mentally disordered inmate and the law*. Kingston, NJ: Civic Research Institute.

Cohen, F. (2000). *The mentally disordered inmate and the law, 2000–2001 supplement*. Kingston, NJ: Civic Research Institute.

Cohen, F. (2003). *The mentally disordered inmate and the law, 2003 cumulative supplement*. Kingston, NJ: Civic Research Institute.

Cohen, F. (2008). *The mentally disordered inmate and the law* (2nd ed.). Kingston, NJ: Civic Research Institute.

Cohen, M. E., & Carr, W. J. (1975). Facial recognition and the von Restorff effect. *Bulletin of the Psychonomic Society, 6*, 383–384.

Cohen, M. L., Garafalo, R., Boucher, R., & Seghorn, T. (1971). The psychology of rapists. *Seminars in Psychiatry, 3*, 307–327.

Cohen, M. L., Seghorn, T., & Calmas, W. (1969). Sociometric study of the sex offender. *Journal of Abnormal Psychology, 74*, 249–255.

Cohen, N. J. (2001). *Language development and psychopathology in infants, children, and adolescents*. Thousand Oaks, CA: Sage.

Cohn, Y. (1974). Crisis intervention and the victim of robbery. In I. Drapkin & E. Viano (Eds.), *Victimology: A new focus* (pp. 17–28). Lexington, MA: Lexington Books.

Coid, J. W. (2003). Formulating strategies for the primary prevention of adult antisocial behaviour: "High risk" or "population" strategies. In D. F. Farrington & J. W. Coid (Eds.), *Early prevention of adult antisocial behaviour* (pp. 32–78). Cambridge, England: Cambridge University Press.

Coie, J. D., Belding, M., & Underwood, M. (1988). Aggression and peer rejection in childhood. In B. Lahey & A. Kazdin (Eds.), *Advances in clinical child psychology* (Vol. 2, pp. 125–158). New York, NY: Plenum.

Coie, J. D., Dodge, K., & Kupersmith, J. (1990). Peer group behavior and social status. In S. R. Asher & J. D. Coie (Eds.), *Peer rejection in childhood* (pp. 17–57). Cambridge, England: Cambridge University Press.

Coie, J. D., & Miller-Johnson, S. (2001). Peer factors and interventions. In R. Loeber & D. P. Farrington (Eds.), *Child delinquents: Development, intervention, and service needs* (pp. 191–209). Thousand Oaks, CA: Sage.

Cole, G. F., & Smith, C. E. (2001). *The American system of criminal justice* (9th ed.). Belmont, CA: Wadsworth/Thompson.

Collins, W. C. (2004). *Supermax prisons and the Constitution: Liability concerns in the extended control unit*. Washington, DC: U.S. Department of Justice, National Institute of Corrections.

Colwell, L. H., & Gianesini, J. (2011). Demographic, criminogenic, and psychiatry factors that predict competency restoration. *Journal of the American Academy of Psychiatry and Law, 39*, 297–306.

Compo, N. S., Carol, R. N., Evans, J. R., Pimentel, P., Holness, H., Nichols-Lopez, K., . . . & Furton, K. G. (2017). Witness memory and alcohol: The effects of state-dependent recall. *Law and Human Behavior, 41*, 202–215.

Condie, L. O. (2014). Conducting child abuse and neglect evaluations. In I. B. Weiner & R. K. Otto (Eds.), *The handbook of forensic psychology* (4th ed., pp. 237–278). Hoboken, NJ: Wiley.

Conley, J. M. (2000). Epilogue: A legal and cultural commentary on the psychology of jury instructions. *Psychology, Public Policy, and Law, 6*, 822–831.

Conn, S. M., & Butterfield, L. D. (2013). Coping with secondary traumatic stress by general duty police officers: Practical implications. *Canadian Journal of Counselling and Psychotherapy, 47*, 272–298.

Connell, M. (2010). Parenting plan evaluation standards and guidelines for psychologists: Setting the frame. *Behavioral Sciences & the Law, 28*, 492–510.

Connor, D. F., Steeber, J., & McBurnett, K. (2010). A review of attention-deficit/hyperactivity disorder complicated by symptoms of oppositional defiant disorder or conduct disorder. *Journal of Developmental & Behavioral Pediatrics, 31*, 427–440.

Cooke, D. J., & Michie, C. (1997). An item response theory analysis of the Hare Psychopathy Checklist–Revised. *Psychological Assessment, 9*, 3–14.

Cooke, D. J., & Michie, C. (2001). Refining the construct of psychopathy: Toward a hierarchical model. *Psychological Assessment, 13*, 171–188.

Cooke, D. J., Michie, C., Hart, S. D., & Hare, R. D. (1999). Evaluation of the screening version of the Hare Psychopathy Checklist–Revised (PCL–SV): An item response theory analysis. *Psychological Assessment, 11*, 3–13.

Cooley, C. M. (2012). Criminal profiling on trial: The admissibility of criminal profiling evidence. In B. E. Turvey (Ed.), *Criminal profiling: An introduction to behavioral evidence analysis* (4th ed., pp. 627–654). Amsterdam, Netherlands: Elsevier/Academic Press.

Cooper, A., & Smith, E. L. (2011, November). *Homicide trends in the United States, 1980–2008*. Washington, DC: U.S. Department of Justice, Bureau of Justice Statistics.

Copestake, S., Gray, N. S., & Snowden, R. J. (2013). Emotional intelligence and psychopathy: A comparison of trait and ability measures. *Emotion, 13*, 691–702.

Copson, G. (1995). *Coals to Newcastle? Part I: A study of offender profiling*. London, England: Home Office, Police Research Group.

Corey, D. M. (2013, September 27). An update on specialty milestones. *Police Psychological Services Section Newsletter, 10*, 4.

Corey, D. M. (2017). Police and public safety psychologists. In R. J. Sternberg (Ed.), *Career paths in psychology* (3rd ed., pp. 409–420). Washington, DC: American Psychological Association.

Corey, D. M., & Borum, R. (2013). Forensic assessment for high-risk occupations. In I. B. Weiner & R. K. Otto (Eds.), *Handbook of psychology. Vol. 11. Forensic psychology* (2nd ed., pp. 246–270). Hoboken, NJ: Wiley.

Corey, D. M., Cuttler, M. J., Cox, D. R., & Brower, J. (2011, August). Board certification in police psychology: What it means for public safety. *Police Chief, 78*, 100–104.

Cornell, D. G., & Allen, K. (2011). Development, evaluation, and future direction in the Virginia Student Threat Assessment Guidelines. *Journal of School Violence, 10*, 88–106.

Cornell, D. G., Gregory, A., & Fan, X. (2011). Reductions in long-term suspensions following adoption of the Virginia Student Threat Assessment Guidelines. *NASSP Bulletin, 95*, 175–194.

Cornell, D. G., Gregory, A., Huang, F., & Fan, X. (2013). Perceived prevalence of teasing and bullying predicts high school dropout rates. *Journal of Educational Psychology, 105*, 138–149.

Cornell, D. G., & Sheras, P. L. (2006). *Guidelines for responding to student threats of violence*. Dallas, TX: Sopris West Educational Services.

Correctional Services of Canada. (1990). *Forum on corrections research*. 2(1) [Entire issue]. Ottawa, Canada: Author.

Correll, J., Park, B., Judd, C. M., Wittenbrink, B., Sadler, M. S., & Keesee, T. (2007). Across the thin blue line: Police officers and racial bias in the decision to shoot. *Journal of Personality and Social Psychology, 92*, 1006–1023.

Cortina, L. M. (2001). Assessing sexual harassment among Latinas: Development of an instrument. *Cultural Diversity and Ethnic Minority Psychology, 7*, 164–181.

Cortoni, F., Hanson, R. K., & Coache, M.-É. (2009). Les délinquantes sexuelles: Prévalence et récidive [Female sexual offenders: Prevalence and recidivism]. *Revue international de criminologie et de police technique et scientifique, LXII*, 319–336.

Cortoni, F., Hanson, R. K., & Coache, M.-É. (2010). The recidivism rates of female sexual offenders are low: A meta-analysis. *Sexual Abuse: A Journal of Research and Treatment, 22*, 387–401.

Costa, P. T., & McCrae, R. R. (1992). *NEO PI-R: The Revised NEO Personality Inventory*. Odessa, FL: Psychological Assessment Resources.

Cowan, P. A., & Cowan, C. P. (2004). From family relationships to peer rejection to antisocial behavior in middle childhood. In J. B. Kupersmidt & K. A. Dodge (Eds.), *Children's peer relations: From development to intervention* (pp. 159–178). Washington, DC: American Psychological Association.

Cox, J., Clark, J. C., Edens, J. F., Smith, S. T., & Magyar, M. S. (2013). Jury panel member perceptions of interpersonal-affective traits in psychopathy predict support for execution in a capital murder trial simulation. *Behavioral Sciences & the Law, 31*, 411–428.

Cox, J. F., Landsberg, G., & Paravati, M. P. (1989). A practical guide for mental health providers in local jails. In H. J. Steadman, D. W. McCarty, & J. P. Morrissey (Eds.), *The mentally ill in jail: Planning for essential services*. New York, NY: Guilford Press.

Cox, W. T. L., Devine, P. G., Plant, E. A., & Schwartz, L. L. (2014). Toward a comprehensive understanding of officers' shooting decisions: No simple answers to this complex problem. *Basic and Applied Social Psychology, 36*, 356–364.

Cramer, R. J., Kehn, A., Pennington, C. R., Wechsler, H. J., Clark, J. W., & Nagle, J. (2013). An examination of sexual orientation- and transgender-based hate crimes in the post-Matthew Shepard era. *Psychology, Public Policy, and Law, 3*, 355–368.

Crawford, M. (2017). International sex trafficking. *Women & Therapy, 40*, 101–122.

Crawford, N. (2002, November). Science-based program curbs violence in kids. *Monitor on Psychology, 33*, 38–39.

Crespi, T. D. (1990). School psychologists in forensic psychology: Converging and diverging issues. *Professional Psychology: Research and Practice, 21*, 83–87.

Cromwell, P. F., Killinger, G. C., Kerper, H. B., & Walker, C. (1985). *Probation and parole in the criminal justice system* (2nd ed.). St. Paul, MN: West.

Cromwell, P. F., Olson, J. F., & Avary, D. W. (1991). *Breaking and entering: An ethnographic analysis of burglary*. Newbury Park, CA: Sage.

Crozier, W. E., Strange, D., & Loftus, E. F. (2017). Memory errors in alibi generation: How an alibi can turn against us. *Behavioral Sciences & the Law, 35*, 6–17.

Cruise, K. R., Morin, S. L., & Affleck, K. (2016). Residential interventions with justice-involved youths. In K. Heilbrun (Ed.), *APA handbook of psychology and juvenile justice* (pp. 611–639). Washington, DC: American Psychological Association.

Cruise, K., & Rogers, R. (1998). An analysis of competency to stand trial: An integration of case law and clinical knowledge. *Behavioral Sciences & the Law, 16*, 35–50.

Cummings, E. M., El-Sheikh, M., Kouros, C. D., & Buckhalt, J. A. (2009). Children and violence: The role of children's regulation in the marital aggression–child adjustment link. *Clinical Child and Family Psychological Review, 12*, 3–15.

Cunningham, M. D., & Reidy, T. J. (1998). Integrating base rate data in violence risk assessments at capital sentencing. *Behavioral Sciences & the Law, 16*, 71–96.

Cunningham, M. D., & Reidy, T. J. (1999). Don't confuse me with the facts: Common errors in violence risk assessment at capital sentencing. *Criminal Justice and Behavior, 26*, 20–43.

Cunningham, M. D., Sorensen, J. R., Vigen, M. P., & Woods, S. O. (2011). Correlates and actuarial models of assaultive prison misconduct among violence-predicted capital offenders. *Criminal Justice and Behavior, 38*, 5–25.

Curtis, N. M., Ronan, K. R., Heiblum, N., & Crellin, K. (2009). Dissemination and effectiveness of multisystemic treatment in New Zealand: A benchmarking study. *Journal of Family Psychology, 23*, 119–129.

Cutler, B. (2015). Reality is more exciting than fiction [Perspective essay]. In C. R. Bartol & A. M. Bartol, *Introduction to forensic psychology: Research and application* (4th ed., pp. 127–128). Thousand Oaks, CA: Sage.

Cutler, B. L., & Penrod, S. D. (1995). *Mistaken identification: The eyewitness, psychology, and law*. New York, NY: Cambridge University Press.

Cutler, B. L., Penrod, S. D., & Dexter, H. R. (1989). The eyewitness, the expert psychologist, and the jury. *Law and Human Behavior, 13*, 311–322.

Cutler, B. L., Penrod, S. D., & Martens, T. K. (1987). Improving the reliability of eyewitness identification: Putting content with context. *Journal of Applied Psychology, 72*, 629–637.

D'Unger, A. V., Land, K. C., McCall, P. L., & Nagin, D. S. (1998). How many latent classes of delinquent/criminal careers? Results from mixed Poisson regression analysis. *American Journal of Sociology, 103*, 1593–1630.

Dahlberg, L. L., & Potter, L. B. (2001). Youth violence: Developmental pathways and prevention challenges. *American Journal of Preventive Medicine, 20*(1s), 3–14.

Daire, A. P., Carlson, R. G., Barden, S. M., & Jacobson, L. (2014). An intimate partner violence (IPV) protocol readiness model. *The Family Journal: Counseling and Therapy for Families, 22*, 170–178.

Daley, K. (2002). Restorative justice: The real story. *Punishment & Society, 4*, 55–79.

Daniels, J. A., & Bradley, M. C. (2011). *Preventing lethal school violence*. New York, NY: Springer.

Daniels, J. A., Buck, I., Croxall, S., Gruber, J., Kime, P., & Govert, H. (2007). A content analysis of news reports of averted school rampages. *Journal of School Violence, 6*, 83–99.

Daniels, J. A., & Page, J. W. (2013). Averted school shootings. In N. Böckler, T. Seeger, & P. Sitzer (Eds.), *School shootings: International research, case studies, and concepts for prevention* (pp. 421–440). New York, NY: Springer.

Daniels, J. A., Royster, T. E., Vecchi, G. M., & Pshenishny, E. E. (2010). Barricaded captive events in schools: Mitigation and response. *Journal of Family Violence, 25*, 587–594.

Dansie, E. J., & Fargo, J. D. (2009). Individual and community predictors of fear of criminal victimization: Results from a national sample of urban US citizens. *Crime Prevention and Community Safety, 11*, 124–140.

Dargis, M., & Koenigs, M. (2017). Witnessing domestic violence during childhood is associated with psychopathic traits in adult male criminal offenders. *Law and Human Behavior, 41*, 173–179.

Davies, G., Morton, J., Mollon, P., & Robertson, N. (1998). Recovered memories in theory and practice. *Psychology, Public Policy, and Law, 4*, 1079–1090.

Davis, R. D., & Rostow, C. D. (2008, December). M-PULSE: Matrix-psychological uniform law enforcement selection evaluation. *Forensic Examiner*, 19–24.

Day, A., & Casey, S. (2009). Values in forensic and correctional psychology. *Aggression and Violent Behavior, 14*, 232–238.

Day, K., & Berney, T. (2001). Treatment and care for offenders with mental retardation. In J. B. Ashford, B. D. Sales, & W. H. Reid (Eds.), *Treating adult and juvenile offenders with special needs* (pp. 199–220). Washington, DC: American Psychological Association.

De Leon, G., Hawke, J., Jainchill, N., & Melnick, G. (2000). Therapeutic communities: Enhancing retention in treatment using "senior professor" staff. *Journal of Substance Abuse Treatment, 19*, 375–382.

Dean, K. E., & Malamuth, N. M. (1997). Characteristics of men who aggress sexually and of men who imagine aggressing: Risk and moderating variables. *Journal of Personality and Social Psychology, 72*, 449–455.

Deault, L. C. (2010). A systematic review of parenting in relation to the development of comorbidities and functional impairments in children with attention-deficit/hyperactivity disorder (ADHD). *Child Psychiatry and Human Development, 41*, 168–192.

DeClue, G., & Rogers, C. (2012). Interrogations 2013: Safeguarding against false confessions. *The Police Chief, 79*, 42–46.

DeGloria, P. (2015, March 5). Recognizing sexual abuse in animals. *VINS News Service*.

del Carmen, R. V., Parker, M., & Reddington, F. P. (1998). *Briefs of leading cases in juvenile justice*. Cincinnati, OH: Anderson.

Delprino, R. P., & Bahn, C. (1988). National survey of the extent and nature of psychological services in police departments. *Professional Psychology: Research and Practice, 19*, 421–425.

Demakis, G. J. (2012). Introduction to basic issues in civil capacity. In G. J. Demakis (Ed.), *Civil capacities in clinical neuropsychology: Research findings and practical applications* (pp. 1–16). New York, NY: Oxford University Press.

Demakis, G. J., & Mart, E. G. (2017). Civil capacities. In S. S. Bush (Ed.). *APA handbook of forensic neuropsychology* (pp. 309–339). Washington, DC: American Psychological Association.

DeMatteo, D. (2005a, Winter). Legal update: An expansion of *Tarasoff*'s duty to protect. *American Psychology–Law News, 25*, 2–3, 20.

DeMatteo, D. (2005b, Fall). Legal update: "Supermax" prison: Constitutional challenges and mental health concerns. *American Psychology-Law News, 25*, 8–9.

DeMatteo, D., Burl, J., Filone, S., & Heilbrun, K. (2016). *Training in forensic assessment and intervention: Implications for principle-based models. Learning forensic assessment: Research and practice* (2nd ed., pp. 3–31). New York, NY: Routledge.

DeMatteo, D., & Edens, J. F. (2006). The role and relevance of the Psychopathy Checklist–Revised in courts: A case law survey of U.S. courts (1991–2004). *Psychology, Public Policy, and Law, 12*, 214–241.

DeMatteo, D., Edens, J. F., Galloway, M., Cox, J., Smith, S. T., & Formon, D. (2014a). The role and reliability of the Psychopathy Checklist–Revised in U.S. sexually violent predator evaluations: A case law survey. *Law and Human Behavior, 38*, 248–255.

DeMatteo, D., Edens, J. F., Galloway, M., Cox, J., Smith, S. T., Koller, J. P., & Bersoff, B. (2014b). Investigating the role of the psychopathy checklist–revised in United States case law. *Psychology, Public Policy, and Law, 20*, 96–107.

DeMatteo, D., Marczyk, G., Krauss, D. A., & Burl, J. (2009). Educational and training models in forensic psychology. *Training and Education in Professional Psychology, 3*, 184–191.

Dennison, S., & Leclerc, B. (2011). Developmental factors in adolescent child sexual offenders: A comparison of nonrepeat and repeat sexual offenders. *Criminal Justice and Behavior, 38*, 1089–1102.

Dern, H., Dern, C., Horn, A., & Horn, U. (2009). The fire behind the smoke: A reply to Snook and colleagues. *Criminal Justice and Behavior, 36*, 1085–1090.

Desari, R. A., Falzer, P. R., Chapman, J., & Borum, R. (2012). Mental illness, violence risk, and race in juvenile detention: Implications for disproportionate minority contact. *American Journal of Orthopsychiatry, 82*, 32–40.

Detrick, P., & Chibnall, J. T. (2006). NEO PI-R personality characteristics of high-performance entry-level police officers. *Psychological Services, 3*, 274–285.

Detrick, P., & Chibnall, J. T. (2013). Revised NEO personality inventory normative data for police officer selection. *Psychological Services, 10*, 372–377.

Detrick, P., & Chibnall, J. T. (2017). A five-factor model inventory for use in screening police officer applicants: The Revised NEO Personality Inventory (NEO PIO-R). In C. L. Mitchell & E. H. Dorian (Eds.), *Police psychology and its growing impact on modern law enforcement* (pp. 79–92). Hershey, PA: IGI-Global.

Detrick, P., Chibnall, J. T., & Luebbert, M. C. (2004). The NEO PI–R as predictor of police academy performance. *Criminal Justice and Behavior, 31*, 676–694.

Detrick, P., Chibnall, J. T., & Rosso, M. (2001). Minnesota Multiphasic Personality Inventory–2 in police officer selection: Normative data and relation to the Inwald Personality Inventory. *Professional Psychology: Research and Practice, 32*, 481–490.

Dietz, A. S. (2000). Toward the development of a roles framework for police psychology. *Journal of Police and Criminal Psychology, 15*, 1–4.

Dinos, S., Burrowes, N., Hammond, K., & Cunliffe, C. (2015). A systematic review of juries' assessment of rape victims: Do rape myths impact juror decision-making? *International Journal of Law, Crime, and Justice, 43*, 36–49.

Dionne, G. (2005). Language development and aggressive behavior. In R. E. Tremblay, W. W. Hartup, & J. Archer (Eds.), *Developmental origins of aggression* (pp. 330–352). New York, NY: Guilford Press.

Dionne, G., Tremblay, R., Boivin, M., Laplante, D., & Pérusse, D. (2003). Physical aggression and expressive vocabulary in 19-month-old twins. *Developmental Psychology, 39*, 261–273.

Dirks-Linhorst, P. A., & Kondrat, D. (2012). Tough on crime or beating the system: An evaluation of Missouri Department of Mental Health's not guilty by reason of insanity murder acquittees. *Homicide Studies, 16*, 129–150.

Dishion, T. J., & Bullock, B. M. (2002). Parenting and adolescent problem behavior: An ecological analysis of the nurturance hypothesis. In J. G. Borkowski, S. L. Ramey, & M. Bristol-Power (Eds.), *Parenting and the child's world: Influences on academic, intellectual, and social-emotional development* (pp. 231–249). Mahwah, NJ: Erlbaum.

Dixon, L., & Gill, B. (2002). Changes in the standards for admitting expert evidence in federal civil cases since the *Daubert* decision. *Psychology, Public Policy, and Law, 8*, 251–308.

Dobash, R. P., & Dobash, R. E. (2000). Feminist perspectives on victimization. In N. H. Rafter (Ed.), *Encyclopedia of women and crime* (pp. 179–205). Phoenix, AZ: Oryx.

Dobolyi, D. G., & Dodson, C. S. (2013). Eyewitness confidence in simultaneous and sequential lineups: A criterion shift account for sequential mistaken identification overconfidence. *Journal of Experimental Psychology: Applied, 19*, 345–357.

Dobson, V., & Sales, B. (2000). The science of infanticide and mental illness. *Psychology, Public Policy, and Law, 4*, 1098–1112.

Dodge, K. A. (2003). Do social information-processing patterns mediate aggressive behavior? In B. B. Lahey, T. E. Moffitt, & A. Caspi (Eds.), *Causes of conduct disorder and juvenile delinquency* (pp. 254–274). New York, NY: Guilford Press.

Dodge, K. A., & Pettit, G. S. (2003). A biopsychological model of the development of chronic conduct problems in adolescence. *Developmental Psychology, 39*, 349–371.

Domhardt, M., Münzer, A., Fegert, J. M., & Goldbeck, L. (2015). Resilience in survivors of child sexual abuse: A systematic review of literature. *Trauma, Violence, & Abuse, 16*, 476–493.

Donn, J. E., Routh, D. K., & Lunt, I. (2000). From Leipzig to Luxembourg (via Boulder and Vail): A history of clinical training in Europe and the United States. *Professional Psychology: Research and Practice, 31*, 423–428.

Donnellan, M. B., Ge, X., & Wenk, E. (2000). Cognitive abilities in adolescent-limited and life-course–persistent criminal offenders. *Journal of Abnormal Psychology, 109*, 396–402.

Dougher, M. J. (1995). Clinical assessment of sex offenders. In B. K. Schwartz & H. R. Cellini (Eds.), *The sex offender: Corrections, treatment and legal practice* (pp. 182–224). Kingston, NJ: Civic Research Institute.

Douglas, A.-J. (2011, August). Child abductions: Known relationships are the greater danger. *FBI Law Enforcement Bulletin, 80*, 8–9.

Douglas, K. S., Hart, S. D., Groscup, J. L., & Litwack, T. R. (2014). Assessing violence risk. In I. B. Weiner & R. K. Otto (Eds.), *The handbook of forensic psychology* (4th ed., pp. 385–441). Hoboken, NJ: Wiley.

Douglas, K. S., Nikolova, N. L., Kelley, S. E., & Edens, J. E. (2015). Psychopathy. In B. L. Cutler & P. A. Zapf (Eds.), *APA handbook in forensic psychology: Vol. 1. Individual and situational influences in criminal and civil contexts* (pp. 257–323). Washington, DC: American Psychological Association.

Douglas, K. S., & Ogloff, J. R. P. (2003). The impact of confidence on the accuracy of structured professional and actuarial violence risk judgments in a sample of forensic psychiatric patients. *Law and Human Behavior, 27*, 573–587.

Dowdell, E. B., & Foster, K. L. (2000). Munchausen syndrome by proxy: Recognizing a form of child abuse. *Nursing Spectrum*. Retrieved from http://nsweb.nursingspectrum.com/ce/ce209.hum

Dowling, F. G., Moynihan, G., Genet, B., & Lewis, J. (2006). A peer-based assistance program for officers with the New York City Police Department: Report of the effects of September 11, 2001. *American Journal of Psychiatry, 163*, 151–153.

Drislane, L. E., Patrick, C. J., & Arsal, G. (2014, June). Clarifying the content coverage of differing psychopathy inventories through reference to the triarchic psychopathy measure. *Psychological Assessment, 26*, 350–362.

Drizin, S. A., & Leo, R. A. (2004). The problem of false confessions in the post-DNA world. *North Carolina Law Review, 82*, 891–1007.

Drogin, E. Y., & Barrett, C. L. (2013). Civil competencies. In R. K. Otto & I. B. Weiner (Eds.), *Handbook of psychology, Vol. 11. Forensic psychology* (2nd ed., pp. 648–663). Hoboken, NJ: Wiley.

Drogin, E. Y., Hagan, L. D., Guilmette, T. J., & Piechowski, L. D. (2015). Personal injury and other tort matters. In B. L. Cutler & P. A. Zapf (Eds.), *APA handbook of forensic psychology: Vol. 1. Individual and situational influences in criminal and civil contexts* (pp. 471–509). Washington, DC: American Psychological Association.

Dubowitz, H., Christian, C. W., Hymel, K., & Kellogg, N. D. (2014). Forensic medical evaluations of child maltreatment: A proposed research agenda. *Child Abuse & Neglect, 38*, 1734–1746.

Dudycha, G. J., & Dudycha, M. M. (1941). Childhood memories: A review of the literature. *Psychological Bulletin, 38*, 668–682.

Duhaime, A., Christian, C. W., Rorke, L. B., & Zimmerman, R. A. (1998). Nonaccidental head injury in infants: The "shaken-baby syndrome." *New England Journal of Medicine, 338*, 1822–1829.

Durand, V. M., & Barlow, D. H. (2000). *Abnormal psychology: An introduction*. Belmont, CA: Wadsworth.

Durham, M. L., & La Fond, J. Q. (1990). A search for the missing premise of involuntary therapeutic commitment: Effective treatment of the mentally ill. In D. B. Wexler (Ed.), *Therapeutic jurisprudence* (pp. 133–163). Durham, NC: Carolina Academic Press.

Dutton, D., & Golant, S. K. (1995). *The batterer: A psychological profile*. New York, NY: Basic Books.

Dutton, M. A. (1992). *Empowering and healing the battered woman*. New York, NY: Springer.

Dutton, M. A. (1996, May). *Validity and use of evidence concerning battering and its effects in criminal trials: NIJ Report to Congress*. Washington, DC: U.S. Department of Justice, National Institute of Justice and U.S. Department of Health and Human Services, National Institute of Mental Health.

Duwe, G. (2000). Body-count journalism: The presentation of mass murder in the news media. *Homicide Studies, 4*, 364–399.

Eastwood, J., & Snook, B. (2010). Comprehending Canadian police cautions: Are the rights to silence and legal counsel understandable? *Behavioral Sciences & the Law, 28*, 366–377.

Eastwood, J., & Snook, B. (2012). The effect of listenability factors on the comprehension of police cautions. *Law and Human Behavior, 36*, 177–183.

Eastwood, J., Snook, B., & Au, D. (2016). Safety in numbers: A policy capturing study of the alibi assessment process. *Applied Cognitive Psychology, 30*, 260–269.

Eastwood, J., Snook, B., & Luther, K. (in preparation). Measuring the effectiveness of the sketch procedure in investigative interviews.

Eastwood, J., Snook, B., Luther, K., & Freedman, S. (2016). Engineering comprehensible youth interrogation rights. *New Criminal Law Review, 91*, 42–62.

Ebert, B. W. (1987). Guide to conducting a psychological autopsy. *Professional Psychology: Research and Practice, 18*, 52–56.

Eckstein, J. J. (2011). Reasons for staying in intimately violent relationships: Comparisons of men and women and messages communicated to self and others. *Journal of Family Violence, 26*, 21–30.

Eddy, D., & Edmunds, C. (2002). Compensation. In A. Seymour, M. Murray, J. Sigmon, M. Hook, C. Edmunds, M. Gaboury, & G. Coleman (Eds.), *National Victim Assistance Academy textbook*. Washington, DC: U.S. Department of Justice, Office of Victims of Crime.

Edens, J. F., Campbell, J., & Weir, J. (2007). Youth psychopathy and criminal recidivism: A meta-analysis of the psychopathy checklist measures. *Law and Human Behavior, 31*, 53–75.

Edens, J. F., & Cox, J. (2012). Examining the prevalence, role and impact of evidence regarding antisocial personality, sociopathy and psychopathy in capital cases: A survey of defense team members. *Behavioral Sciences & the Law, 30*, 239–255.

Edens, J. F., Davis, K. M., Fernandez Smith, K., & Guy, L. S. (2013). No sympathy for the devil: Attributing psychopathic traits to capital murderers also predicts support for executing them. *Personality Disorders: Theory, Research and Treatment, 4*, 175–181.

Edens, J. F., Petrila, J., & Buffington-Vollum, J. K. (2001). Psychopathy and the death penalty: Can the psychopathy checklist-revised identify offenders who represent "a continuing threat to society?" *Journal of Psychiatry and Law, 29*, 433–481.

Edens, J. F., Skeem, J. L., Cruise, K. R., & Cauffman, E. (2001). Assessment of "juvenile psychopathy" and its association with violence: A critical review. *Behavioral Sciences & the Law, 19*, 53–80.

Edens, J. F., & Vincent, G. M. (2008). Juvenile psychopathy: A clinical construct in need of restraint. *Journal of Forensic Psychology Practice, 8*, 186–197.

Edwards, D. L., Schoenwald, S. K., Henggeler, S. W., & Strother, K. B. (2001). A multi-level perspective on the implementation of multisystemic therapy (MST): Attempting dissemination with fidelity. In G. A. Bernfeld, D. P. Farrington, & A. W. Leschied (Eds.), *Offender rehabilitation in practice* (pp. 97–120). Chichester, England: Wiley.

Ehrlichman, H., & Halpern, J. N. (1988). Affect and memory: Effects of pleasant and unpleasant odors on retrieval of happy and unhappy memories. *Journal of Personality and Social Psychology, 55*, 769–779.

Einhorn, J. (1986). Child custody in historical perspective: A study of changing social perceptions of divorce and child custody in Anglo-American law. *Behavioral Sciences & the Law, 4*, 119–135.

Eisenberg, N., Spinrad, T. L., Fabes, R. A., Reiser, M., Cumberland, A., Shepard, S. A., . . . & Murphy, B. (2004). The relations of effortful control and impulsivity to children's resiliency and adjustment. *Child Development, 75*, 25–46.

Eke, A. W., Hilton, N. Z., Meloy, J. R., Mohandie, K., & Williams, J. (2011). Predictors of recidivism by stalkers: A nine-year follow-up of police contacts. *Behavioral Sciences & the Law, 29*, 271–283.

Ekman, P. (2009). *Telling lies: Clues to deceit in the marketplace, politics, and marriage*. New York, NY: Norton.

Elklit, A., & Christiansen, D. M. (2013). Risk factors for posttraumatic stress disorder in female help-seeking victims of sexual assault. *Violence and Victims, 28*, 552–568.

Elliott, D. S., Ageton, S. S., & Huizinga, D. (1980). *The National Youth Survey*. Boulder, CO: Behavioral Research Institute.

Elliott, D. S., Dunford, T. W., & Huizinga, D. (1987). The identification and prediction of career offenders utilizing self-reported and official data. In J. D. Burchard & S. N. Burchard (Eds.), *Prevention of delinquent behavior*. Newbury Park, CA: Sage.

Ellis, C. A., & Lord, J. (2002). Homicide. In A. Seymour, M. Murray, J. Sigmon, M. Hook, C. Edmunds, M. Gaboury, & G. Coleman (Eds.), *National Victim Assistance Academy textbook*. Washington, DC: U.S. Department of Justice, Office of Victims of Crime.

Ellsworth, P. C., & Reifman, A. (2000). Juror comprehension and public policy: Perceived problems and proposed solutions. *Psychology, Public Policy, and Law, 6*, 788–821.

Emerson, R. M., Ferris, K. O., & Gardner, C. B. (1998). On being stalked. *Social Problems, 45*, 289–314.

Emery, R. E., & Laumann-Billings, L. (1998). An overview of the nature, causes, and consequences of abusive family relationships. *American Psychologist, 53*, 121–135.

Epperson, D. L., Kaul, J. D., Goldman, R., Huot, S., Hesselton, D., & Alexander, W. (2004). *Minnesota sex offender screening tool–revised (MnSOST-R)*. St. Paul: Minnesota Department of Corrections.

Epperson, D., Ralston, C., Fowers, D., DeWitt, J., & Gore, K. (2006). Juvenile Sexual Offense Recidivism Rate Assessment Tool–II (JSOR-RAT-II). In D. Prescott (Ed.), *Risk assessment of youth who have sexually abused*. Oklahoma City, OK: Wood N' Barnes.

Erickson, C. D., & Al-Timini, N. R. (2001). Providing mental health services to Arab Americans: Recommendations and considerations. *Cultural Diversity and Ethnic Minority Psychology*, 7, 308–327.

Erickson, K., Crosnoe, R., & Dornbusch, S. M. (2000). A social process model of adolescent deviance: Combining social control and differential association perspectives. *Journal of Youth and Adolescence, 29*, 395–425.

Erickson, S. K., Lilienfeld, S. O., & Vitacco, M. J. (2007). A critical examination of the suitability and limitations of psychological testing in family court. *Family Court Review, 45*, 157–174.

Eron, L., Gentry, J. H., & Schlegel, P. (Eds.). (1994). *Reason to hope: A psychosocial perspective on violence and youth*. Washington, DC: American Psychological Association.

Eron, L., & Slaby, R. G. (1994). Introduction. In L. D. Eron, J. H. Gentry, & P. Schlegel (Eds.), *Reason to hope: A psychosocial perspective on violence and youth* (pp. 1–22). Washington, DC: American Psychological Association.

Erskine, H. E., Norman, R. E., Ferrar, A. J., Chan, G. C. K., Copeland, W. E. N., Whiteford, H. A., . . . & Scott, J. G. (2016). Long-term outcomes of attention-deficit/hyperactivity disorder and conduct disorder: A systematic review and data analysis. *Journal of the American Academy of Child & Adolescent Psychiatry, 55*, 602–609.

Eshelman, L., & Levendosky, A. A. (2012). Dating violence: Mental health consequences based on type of abuse. *Violence and Victims, 27*, 215–228.

Evans, G. D., & Rey, J. (2001). In the echoes of gunfire: Practicing psychologists' responses to school violence. *Professional Psychology: Research and Practice, 32*, 157–164.

Evans, J. R. Houston, K. A., Meissner, C. A., Ross, A. M., Labianca, J. R., Woestehoff, S. A., & Kleinman, S. M. (2014). An empirical evaluation of intelligence-gathering interrogation techniques from the United States Army Field Manual. *Applied Cognitive Psychology, 28*, 867–875.

Evans, J. R., Meissner, C. A., Brandon, S. E., Russano, M. B., & Kleinman, S. M. (2010). Criminal versus HUMINT interrogations: The importance of psychological science to improving interrogation practice. *Journal of Psychiatry & Law, 38*, 215–249.

Evans, J. R., Meissner, C. A., Ross, A. B., Houston, K. A., Russano, M. B., & Hogan, A. J. (2013). Obtaining guilty knowledge in human intelligence interrogations: Comparing accusatorial and information gathering approaches with a novel experimental paradigm. *Journal of Applied Research in Memory and Cognition, 2*, 83–88.

Eve, P. M., Byrne, M. K., & Gagliardi, C. R. (2014). What is good parenting? The perspectives of different professionals. *Family Court Review, 52*, 114–127.

Everly, G., Flannery, R., Eyler, V., & Mitchell, J. (2001). Sufficiency analysis of an integrated multicomponent approach to crisis intervention. *Advances in Mind–Body Medicine, 17*, 174.

Farabee, D. (Ed.). (2002). Making people change [Special issue]. *Criminal Justice and Behavior, 29*(1).

Farabee, D., Calhoun, S., & Veliz, R. (2016). An experimental comparison of telepsychiatry and conventional psychiatry for parolees. *Psychiatric Services, 67*, 562–565.

Faravelli, C., Giugni, A., Salvatori, S., & Ricca, V. (2004). Psychopathology after rape. *American Journal of Psychiatry, 161*, 1483–1485.

Faris, R., & Felmlee, D. (2011b). Status struggles: Network centrality and gender segregation in same- and cross-gender aggression. *American Sociological Review, 76*, 48–73.

Farrington, D. P. (1991). Childhood aggression and adult violence: Early precursors and later life outcomes. In D. J. Pepler & K. H. Rubin (Eds.), *The development and treatment of childhood aggression* (pp. 5–29). Hillsdale, NJ: Erlbaum.

Farrington, D. P. (2005). The importance of child and adolescent psychopathy. *Journal of Abnormal Child Psychology, 33*, 489–497.

Farrington, D. P., Ohlin, L. E., & Wilson, J. Q. (1986). *Understanding and controlling crime*. New York, NY: Springer.

Faust, E., & Magaletta, P. R. (2010). Factors predicting levels of female inmates' use of psychological services. *Psychological Services, 7*, 1–10.

Fay, J. (2015). Police officer to police and public safety psychologist: A valuable journey. In C. R. Bartol & A. M. Bartol, *Introduction to Forensic Psychology* (4th ed., pp. 37–38). Thousand Oaks, CA: Sage.

Fazel, S., Doll, H., & Långström, N. (2008). Mental disorders among adolescents in juvenile detention and correctional facilities: A systematic review and metaregression analysis of 25 surveys. *Journal of American Academy of Child and Adolescent Psychiatry, 47*, 1010–1019.

Federal Bureau of Investigation. (2008). *Expanded homicide data—Crime in the United States, 2007*. Washington, DC: U.S. Department of Justice.

Federal Bureau of Investigation. (2010). *Crime in the United States—2009*. Washington, DC: U.S. Department of Justice.

Federal Bureau of Investigation. (2013a). *Crime in the United States—2013*. Washington, DC: U.S. Department of Justice.

Federal Bureau of Investigation. (2013b). *Hate crime statistics, 2012*. Washington, DC: U.S. Department of Justice.

Federal Bureau of Investigation. (2016a). *Crime in the United States—2015*. Washington, DC: U.S. Department of Justice.

Federal Bureau of Investigation. (2016b). *Hate crime statistics, 2015*. Washington, DC: U.S. Department of Justice.

Federal Bureau of Investigation. (2016c, October 18). *FBI releases 2015 on law enforcement officers killed and assaulted*. Washington, DC: FBI National Press Office.

Federle, K. H., & Chesney-Lind, M. (1992). Special issues in juvenile justice: Gender, race and ethnicity. In I. M. Schwartz (Ed.), *Juvenile justice and public policy: Toward a national agenda* (pp. 165–195). New York, NY: Maxwell-Macmillan.

Fehrenbach, P. A., & Monasterky, C. (1988). Characteristics of female sexual offenders. *American Journal of Orthopsychiatry, 58*, 148–151.

Feindler, E. L., Rathus, J. H., & Silver, L. B. (2003). *Assessment of family violence: A handbook for researchers and practitioners*. Washington, DC: American Psychological Association.

Feld, B. C. (1988). In re Gault revisited: A cross-state comparison of the right to counsel in juvenile court. *Crime & Delinquency, 34*, 393–424.

Feld, B. C. (Ed.). (1999). *Readings in juvenile justice administration*. New York, NY: Oxford University Press.

Feld, B. C. (2013). *Kids, cops, and confessions: Inside the interrogation room*. New York, NY: New York University Press.

Felson, R. B. (2002). *Violence and gender reexamined*. Washington, DC: American Psychological Association.

Ferrara, P., Vitelli, O., Bottaro, G., Gatto, A., Liberatore, P., Binetti, P., . . . & Stabile, A. (2013). Factitious disorders and Münchausen syndrome: The tip of the iceberg. *Journal of Child Health Care, 17*, 366–374.

Filone, S., & King, C. M. (2015). The emerging standard of competence in immigration removal proceedings: A review for forensic mental health professionals. *Psychology, Public Policy, and Law, 21*, 60–71.

Final conclusions of the American Psychological Association Working Group on Investigation of Memories of Childhood Abuse. (1998). *Psychology, Public Policy, and Law, 4*, 931–940.

Fineran, S., & Gruber, J. E. (2009). Youth at work: Adolescent employment and sexual harassment. *Child Abuse & Neglect, 33*, 550–559.

Finkelhor, D. (2011). Prevalence of child victimization, abuse, crime, and violence exposure. In J. W. White, M. P. Koss, & A. E. Kazdin (Eds.), *Violence against women and children, Vol. 1. Mapping the terrain* (pp. 9–29). Washington, DC: American Psychological Association.

Finkelhor, D., Hotaling, G., & Sedlak, A. (1990). *Missing, abducted, runaway, and thrownaway children in America: First report.* Washington, DC: Juvenile Justice Clearinghouse.

Finkelhor, D., & Jones, L. (2012, November). *Have sexual abuse and physical abuse declined since the 1990s?* Durham: University of New Hampshire, Crimes Against Children Research Center.

Finkelhor, D., & Ormrod, R. (2000, June). *Kidnapping of juveniles: Patterns from NIBRS.* Washington, DC: U.S. Department of Justice, Office of Juvenile Justice and Delinquency Prevention.

Finkelhor, D., & Ormrod, R. (2001a, September). *Crimes against children by babysitters.* Washington, DC: U.S. Department of Justice, Office of Juvenile Justice and Delinquency Prevention.

Finkelhor, D., & Ormrod, R. (2001b, October). *Homicides of children and youth.* Washington, DC: U.S. Department of Justice, Office of Juvenile Justice and Delinquency Prevention.

Finkelhor, D., Shattuck, A., Turner, H. A., & Hamby, S. L. (2014). The lifetime prevalence of child sexual abuse and sexual assault in late adolescence. *Journal of Adolescent Health, 55*, 329–333.

Finkelhor, D., Turner, H., & Hamby, S. (2011). *National Survey of Children's Exposure to Violence: Questions and answers about the National Survey of Children's Exposure to Violence.* Washington, DC: U.S. Department of Justice, Office of Justice Programs.

Finkelhor, D., Turner, H., Hamby, S., & Ormrod, R. (2011, October). *Polyvictimization: Children's exposure to multiple types of violence, crime, and abuse.* Washington, DC: U.S. Department of Justice, Office of Juvenile Justice and Delinquency Prevention.

Finkelhor, D., Turner, H., Ormrod, R., Hamby, S., & Kracke, K. (2009, October). *Children's exposure to violence: A comprehensive survey.* Washington, DC: U.S. Department of Justice, Office of Juvenile Justice and Delinquency Prevention.

Finkelman, J. M. (2010). Litigation consulting: Expanding beyond jury selection to trial strategy and tactics. *Consulting Psychology Journal: Practice and Research, 62*, 12–20.

Finn, P., & Tomz, J. E. (1997, March). *Developing a law enforcement stress program for officers and their families.* Washington, DC: U.S. Department of Justice.

Fishbein, D. (2000). Neuropsychological function, drug abuse, and violence: A conceptual framework. *Criminal Justice and Behavior, 27*, 139–159.

Fisher, B. S., Cullen, F. T., & Turner, M. G. (2000). *Sexual victimization of college women.* Washington, DC: U.S. Department of Justice, National Institute of Justice.

Fisher, J. C. (1997). *Killer among us: Public reactions to serial murder.* Westport, CT: Praeger.

Fisher, R. P., & Geiselman, R. E. (1992). *Memory-Enhancing techniques for investigative interviewing: The cognitive interview* (NCJ 140158). Washington, DC: U.S. Department of Justice, National Criminal Justice Reference Service.

Fisher, R. P., & Geiselman, R. E. (2010). The cognitive interview method of conducting police interviews: Eliciting extensive information and promoting therapeutic jurisprudence. *International Journal of Law and Psychiatry, 33*, 321–328.

Fitzgerald, L. F., Magley, V. J., Drasgow, F., & Waldo, C. R. (1999). Measuring sexual harassment in the military: The sexual experiences questionnaire (SEQ-DoD). *Military Psychology, 11*, 243–263.

Fitzgerald, L. F., & Shullman, S. L. (1985). *Sexual experiences questionnaire.* Kent, OH: Kent State University.

Fixsen, D. L., Blasé, K. A., Timbers, G. D., & Wolf, M. M. (2001). In search of program implementation: 792 replications of the teaching-family model. In G. A. Bernfeld, D. P. Farrington, & A. W. Leschied (Eds.), *Offender rehabilitation in practice* (pp. 149–166). Chichester, England: Wiley.

Fixsen, D. L., Blasé, K. A., Timbers, G. D., & Wolf, M. M. (2007). In search of program implementation: 792 replications of the teaching-family model. *The Behavior Analyst Today, 8*, 96–110.

Flory, K., Milich, R., Lynam, D. R., Leukefeld, C., & Clayton, R. (2003). Relation between childhood disruptive behavior disorders and substance use and dependence symptoms in young adulthood: Individuals with symptoms of attention-deficit/hyperactivity disorder and conduct disorder are uniquely at risk. *Psychology of Addictive Behaviors, 17*, 151–158.

Foa, E. B., Cashman, L., Jaycox, L., & Perry, K. (1997). The validation of a self-report measure of posttraumatic stress disorder: The Posttraumatic Diagnostic Scale. *Psychological Assessment, 9*, 445–451.

Foa, E. B., Riggs, D. S., Dancu, C. V., & Rothbaum, B. O. (1993). Reliability and validity of a brief instrument for assessing posttraumatic stress disorder. *Journal of Traumatic Stress, 6*, 459–474.

Foa, E. B., Rothbaum, B. O., Riggs, D. S., & Murdock, T. B. (1991). Treatment of posttraumatic stress disorder in rape victims: A comparison between cognitive-behavioral procedures and counseling. *Journal of Consulting and Clinical Psychology, 59*, 715–723.

Fogel, M. H., Schiffman, W., Mumley, D., Tillbrook, C., & Grisso, T. (2013). Ten year research update (2001–2010): Evaluations for competence to stand trial (Adjudicative competence). *Behavioral Sciences & the Law, 31*, 165–191.

Folsom, J., & Atkinson, J. L. (2007). The generalizability of the LSI-R and the CAT to the prediction of recidivism in women offenders. *Criminal Justice and Behavior, 34*, 1044–1056.

Fontaine, N., Carbonneau, R., Vitaro, F., Barker, E. D., & Tremblay, R. E. (2009). Research review: A critical review of studies on the developmental trajectories of antisocial behavior in females. *Journal of Child Psychology and Psychiatry, 50*, 363–385.

Foote, W. E. (2013). Forensic evaluations in Americans with Disabilities Act cases. In R. K. Otto & I. B. Weiner (Eds.), *Handbook of psychology: Vol. 11. Forensic psychology* (2nd ed., pp. 271–294). Hoboken, NJ: Wiley.

Foote, W. E. (2016). Evaluations of individuals for disability in insurance and social security contexts. In R. Jackson & R. Roesch (Eds.), *Learning forensic assessment: Research and practice* (2nd ed., pp. 413–433). New York, NY: Routledge.

Foote, W. E., & Lareau, C. R. (2013). Psychological evaluation of emotional damages in tort cases. In R. K. Otto & I. B. Weiner (Eds.), *Handbook of psychology: Vol. 11. Forensic psychology* (2nd ed., pp. 172–200). Hoboken, NJ: Wiley.

Forehand, R., Wierson, M., Frame, C. L., Kempton, T., & Armistead, L. (1991). Juvenile firesetting: A unique syndrome or an advanced level of antisocial behavior? *Behavioral Research and Therapy, 29*, 125–128.

Forsman, M., Lichtenstein, P., Andershed, H., & Larsson, H. (2010). A longitudinal twin study of the direction of effects between psychopathic personality and antisocial behavior. *Journal of Child Psychology and Psychiatry, 51*, 39–47.

Forth, A. E., Kosson, D. S., & Hare, R. D. (1997). *Hare Psychopathy Checklist: Youth Version*. Toronto, Canada: Multi-Health Systems.

Fournier, L. R. (2016). The *Daubert* guidelines: Usefulness, utilization, and suggestions for improving quality control. *Journal of Applied Research in Memory and Cognition, 5*, 308–313.

Fox, J. A., & Levin, J. (1998). Multiple homicide: Patterns of serial and mass murder. In M. Tonry (Ed.), *Crime and justice: A review of research* (Vol. 23, pp. 407–455). Chicago, IL: University of Chicago Press.

Fox, J. A., & Levin, J. (2003). Mass murder: An analysis of extreme violence. *Journal of Applied Psychoanalytic Studies, 5*, 47–64.

Fox, J. A., & Zawitz, M. A. (2001). *Homicide trends in the United States*. Washington, DC: U.S. Department of Justice, Bureau of Justice Statistics.

Francis, A. (2012, December 8). *In distress: The DSM's impact on mental health practice and research*. Retrieved from http://www.psychologytoday.com.blog/dsm5-in-distress/201212/misleading-medical-illness-mental disorder

Francis, A. (2013). *DSM-5 is guide not bible–ignore its ten worst changes*. Retrieved from http://www.psychologytoday.com/blog/dsm5-in-distress/201212

Franklin, C. L., Sheeran, T., & Zimmerman, M. (2002). Screening for trauma histories, posttraumatic stress disorder (PTSD), and subthreshold PTSD in psychiatric outpatients. *Psychological Assessment, 14*, 467–471.

Freedman, S., Eastwood, J., Snook, B., & Luther, K. (2014). Safeguarding youth interrogation rights: The effect of grade level and reading complexity of youth waiver forms on the comprehension of legal rights. *Applied Cognitive Psychology, 28*, 427–431.

Freeman, N., & Sandler, J. (2009). Female sex offender recidivism: A large-scale empirical analysis. *Sexual Abuse: Journal of Research and Treatment, 21*, 455–473.

Frenda, S. J., Nichols, R. M., & Loftus, E. F. (2011). Current issues and advances in misinformation research. *Current Directions in Psychological Science, 20*, 20–23.

Freud, S. (1957). Repression. In J. Strachey (Ed. & Trans.), *The standard edition of the complete psychological works of Sigmund Freud* (Vol. 14, pp. 147–156). London, England: Hogarth. (Original work published 1915)

Frick, P. J., Barry, C. T., & Bodin, S. D. (2000). Applying the concept of psychopathy in children: Implications for the assessment of antisocial youth. In C. B. Gacono (Ed.), *The clinical and forensic assessment of psychopathy* (pp. 3–24). Mahwah, NJ: Erlbaum.

Frick, P. J., Bodin, S. D., & Barry, C. T. (2000). Psychopathic traits and conduct problems in community and clinic-referred samples of children: Further development of the psychopathy screening device. *Psychological Assessment, 12*, 382–393.

Frick, P. J., Cornell, A. H., Bodin, S. D., Dane, H. E., Barry, C. T., & Loney, B. R. (2003). Callous-unemotional traits and developmental pathways to severe conduct problems. *Developmental Psychology, 39*, 246–260.

Frick, P. J., O'Brien, B. S., Wootton, J., & McBurnett, K. (1994). Psychopathy and conduct problems in children. *Journal of Abnormal Psychology, 103*, 700–707.

Frick, P. J., Ray, J. V., Thornton, L. C., & Kahn, R. E. (2014). Can callous-unemotional traits enhance the understanding, diagnosis, and treatment of serious conduct problems in children and adolescents? A comprehensive review. *Psychological Bulletin, 140*, 1–57.

Frick, P. J., & Viding, E. M. (2009). Antisocial behavior from a developmental psychopathology perspective. *Development and Psychopathology, 21*, 1111–1131.

Friedman, T. L. (2016). *Thank you for being late: An optimist's guide to thriving in the age of accelerations*. New York, NY: Farrar, Straus, and Giroux.

Furby, L., Weinroth, M. R., & Blackshaw, L. (1989). Sex offender recidivism: A review. *Psychological Bulletin, 105*, 3–30.

Fuselier, G. D. (1988). Hostage negotiation consultant: Emerging role for the clinical psychologist. *Professional Psychology: Research and Practice, 19*, 175–179.

Fuselier, G. D., & Noesner, G. W. (1990, July). Confronting the terrorist hostage taker. *FBI Law Enforcement Bulletin*, pp. 9–12.

Fyfe, J. J. (1988). Police use of deadly force: Research and reform. *Justice Quarterly, 5*, 165–205.

Gaboury, M., & Edmunds, C. (2002). Civil remedies. In A. Seymour, M. Murray, J. Sigmon, M. Hook, C. Edwards, M. Gaboury, & G. Coleman.

(Eds.), *National Victim Assistance Academy textbook*. Washington, DC: U.S. Department of Justice, Office of Victims of Crime.

Gacono, C. B., Nieberding, R. J., Owen, A., Rubel, J., & Bodholdt, R. (2001). Treating conduct disorder, antisocial, and psychopathic personalities. In J. B. Ashford, B. D. Sales, & W. H. Reid (Eds.), *Treating adult and juvenile offenders with special needs* (pp. 99–129). Washington, DC: American Psychological Association.

Gallagher, R. W., Somwaru, D. P., & Ben-Porath, Y. S. (1999). Current usage of psychological tests in state correctional settings. *Corrections Compendium, 24*, 1–3, 20.

Galler, J. R., Bryce, C. P., Aber, D. P., Hock, R. S., Harrison, R., Eaglesfield, G. D., & Fitzmaurice, G. (2012). Infant malnutrition predicts conduct problems in adolescents. *Nutritional Neuroscience, 15*, 186–192.

Gallo, F. J., & Halgin, R. P. (2011). A guide for establishing a practice in police preemployment postoffer psychological evaluations. *Professional Practice: Research and Practice, 42*, 269–275.

Gannon, T. A., & Pina, A. (2010). Firesetting: Psychopathology, theory and treatment. *Aggression and Violent Behavior, 15*, 224–238.

Gannon, T. A., & Rose, M. R. (2008). Female child sexual offenders: Toward integrating theory and practice. *Aggression and Violent Behavior, 13*, 442–461.

Garcia-Moreno, C., Guedes, A., & Knerr, W. (2012). *Sexual violence*. Geneva, Switzerland: World Health Organization.

Gardner, B. O., Boccaccini, M. T., Bitting, B. S., & Edens, J. F. (2015). Personality Assessment Inventory scores as predictors of misconduct, recidivism, and violence: A meta-analytic review. *Psychological Assessment, 27*, 534–544.

Gardner, H. (1983). *Frames of mind: The theory of multiple intelligences*. New York, NY: Basic Books.

Gardner, H. (1998). Are there additional intelligences? The case for naturalist, spiritual, and existential intelligence. In K. Kane (Ed.), *Education, information, and transformation* (pp. 111–131). Englewood Cliffs, NJ: Prentice Hall.

Gardner, H. (2000). *Intelligence reframed: Multiple intelligences for the 21st century*. New York, NY: Basic Books.

Gardner, M., & Brooks-Gunn, J. (2009). Adolescents' exposure to community violence: Are neighborhood youth organizations protective? *Journal of Community Psychology, 37*, 505–525.

Gardner, M., & Steinberg, L. (2005). Peer influence on risk taking, risk preference, and risky decision making in adolescence and adulthood: An experimental study. *Developmental Psychology, 41*, 625–635.

Garland, B. E., McCarty, W. P., & Zhao, R. (2009). Job satisfaction and organizational commitment in prisons: An examination of psychological staff, teachers, and unit management staff. *Criminal Justice and Behavior, 36*, 163–183.

Garrett, B. L. (2011). *Convicting the innocent: Where criminal prosecutors go wrong*. Cambridge, MA: Harvard University Press.

Garthe, R. C., Sullivan, T. N., & McDaniel, M. A. (2017). A meta-analytic review of peer risk factors and adolescent dating violence. *Psychology of Violence, 7*, 45–57.

Gates, M. A., Holowka, D. W., Vasterling, J. J., Keane, T. M., Marx, B. P., & Rosen, R. C. (2012). Posttraumatic stress disorder in veterans and military personnel: Epidemiology, screening, and case recognition. *Psychological Services, 9*, 361–382.

Gay, J. G., Vitacco, M. J., & Ragatz, L. (2017, March 1). Mental health symptoms predict competency to stand trial and competency restoration success. *Legal and Criminological Psychology*. Advance online publication. doi:10.1111/lcrp.12100

Gaynor, J. (1996). Firesetting. In M. Lewis (Ed.), *Child and adolescent psychiatry: A comprehensive textbook* (pp. 591–603). Baltimore, MD: Williams & Wilkins.

Gelles, M. G., & Palarea, R. (2011). Ethics in crisis negotiation: A law enforcement and public safety perspective. In C. H. Kennedy & T. J. Williams (Eds.), *Ethical practice in operational psychology: Military and national intelligence operations* (pp. 107–123). Washington, DC: American Psychological Association.

Gelles, R. J., & Cavanaugh, M. M. (2005). Violence, abuse, and neglect in families and intimate relationships. In P. C. McHenry & S. J. Price (Eds.), *Families & change: Coping with stressful events and transitions* (3rd ed., pp. 129–154). Thousand Oaks, CA: Sage.

Gendreau, P., Cullen, F. T., & Bonta, J. (1994). Intensive rehabilitation supervision: The next generation in community corrections? *Federal Probation, 58*, 72–78.

Gendreau, P., & Goggin, C. (2014). Practicing psychology in correctional settings. In I. B. Weiner & R. K. Otto (Eds.), *Handbook of forensic psychology* (4th ed., pp. 759–793). Hoboken, NJ: Wiley.

Gendreau, P., Little, T., & Goggin, C. (1996). A meta-analysis of the predictors of adult recidivism: What works! *Criminology, 34*, 401–433.

Gendreau, P., Paparozzi, M., Little, T., & Goddard, M. (1993). Punishing smarter: The effectiveness of the new generation of alternative sanctions. *Forum on Correctional Research, 5*, 31–34.

Gendreau, P., & Ross, R. R. (1984). Correctional treatment: Some recommendations for effective intervention. *Juvenile and Family Court Journal, 34*, 31–39.

Gentile, S. R., Asamen, J. K., Harmell, P. H., & Weathers, R. (2002). The stalking of psychologists by their clients. *Professional Psychology: Research and Practice, 33*, 490–494.

George, J. A. (2008). Offender profiling and expert testimony: Scientifically valid or glorified results? *Vanderbilt Law Review, 61*, 221–260.

George, M. J., & Odgers, C. L. (2015). Seven fears and the science of how mobile technologies may be influencing adolescents in the digital age. *Perspectives in Psychological Science, 10*, 821–851.

George, W. H., & Marlatt, G. A. (1989). Introduction. In D. R. Laws (Ed.), *Relapse prevention with sex offenders* (pp. 1–31). New York, NY: Guilford Press.

Gershon, R. R. M., Lin, S., & Li, X. (2002). Work stress in aging police officers. *Journal of Occupational and Environmental Medicine, 44*, 160–167.

Giebels, E., & Noelanders, S. (2004). *Crisis negotiations: A multiparty perspective*. Veenendall, Netherlands: Universal Press.

Giebels, E., & Taylor, P. J. (2009). Interaction patterns in crisis negotiations: Persuasive arguments and cultural differences. *Journal of Applied Psychology, 94*, 5–19.

Gill, C. J., Kewman, D. G., & Brannon, R. W. (2003). Transforming psychological practice and society: Policies that reflect the new paradigm. *American Psychologist, 58*, 305–312.

Gillis, J. W. (2001). *First response to victims of crime 2001*. Washington, DC: U.S. Department of Justice, Office for Victims of Crime.

Glaze, L. E., & Herberman, E. J. (2013, December). *Correctional populations in the United States, 2012*. Washington, DC: U.S. Department of Justice, Bureau of Justice Statistics.

Glew, G. M., Fan, M.-Y., Katon, W., & Rivara, F. P. (2008). Bullying and school safety. *Journal of Pediatrics, 152*, 123–128.

Glisson, C., Schoenwald, S. K., Hemmelgarn, A., Green, P., Dukes, D., Armstrong, K. S., . . . & Chapman, J. E. (2010). Randomized trial of MST and ARC in a two-level evidence-based treatment implementation strategy. *Journal of Consulting and Clinical Psychology, 78*, 537–550.

Goddard, C., & Bedi, G. (2010). Intimate partner violence and child abuse: A child-centered perspective. *Child Abuse Review, 19*, 5–20.

Goff, P. A., Jackson, M. C., DiLeone, B. A., Culotta, M. C., & DiTomasso, N. D. (2014). The essence of innocence: Consequences of dehumanizing black children. *Journal of Personality and Social Psychology, 106*, 526–545.

Goff, P. A., & Kahn, K. B. (2012). Racial bias in policing: Why we know less than we should. *Social Issues and Policy Review, 6*, 177–210.

Golding, S. L. (1993). *Interdisciplinary Fitness Interview–Revised: A training manual*. Salt Lake City: University of Utah, Department of Psychology.

Golding, S. L. (2016). Learning forensic examinations of adjudicative competency. In R. Jackson & R. Roesch (Eds.), *Learning forensic assessment: Research and practice* (2nd ed., pp. 65–96). New York, NY: Routledge.

Golding, S. L., & Roesch, R. (1987). The assessment of criminal responsibility: A historical approach to a current controversy. In I. B. Weiner & A. K. Hess (Eds.), *Handbook of forensic psychology* (pp. 395–436). New York, NY: Wiley.

Golding, S. L., Skeem, J. L., Roesch, R., & Zapf, P. A. (1999). The assessment of criminal responsibility: Current controversies. In A. K. Hess & I. B. Weiner (Eds.), *The handbook of forensic psychology* (2nd ed., pp. 379–408). New York, NY: Wiley.

Goldkamp, J. S., & Irons-Guynn, C. (2000). *Emerging judicial strategies for the mentally ill in the criminal caseload: Mental health courts in Fort Lauderdale, Seattle, San Bernardino, and Anchorage*. Washington, DC: U.S. Department of Justice, Bureau of Justice Statistics.

Goldstein, A. M. (2002a). Low-level aggression: Definition, escalation, intervention. In J. McGuire (Ed.), *Offender rehabilitation and treatment* (pp. 169–192). Chichester, England: Wiley.

Goldstein, A. M., Morse, S. J., & Packer, I. K. (2013). Evaluation of criminal responsibility. In I. B. Weiner (Ed.), *Handbook of psychology* (2nd ed., pp. 440–472). Hoboken, NJ: Wiley.

Goldstein, A. P., & Glick, B. (1987). *Aggression replacement training*. Champaign, IL: Research Press.

Goldstein, A. P., & Glick, B. (2001). Aggression replacement training: Application and evaluation management. In G. A. Bernfeld, D. P. Farrington, & A. W. Leschied (Eds.), *Offender rehabilitation in practice* (pp. 121–148). Chichester, England: Wiley.

Goldstein, N. E. S., Goldstein, A. M., Zelle, H., & Condie, L. O. (2013). Capacity to waive Miranda rights and the assessment of susceptibility to police coercion. In R. K. Otto & I. B. Weiner (Eds.), *Handbook of psychology: Forensic psychology, Vol. 11*, (2nd ed., pp. 381–411). Hoboken, NJ: Wiley.

Gongola, J., Scurich, N., & Quas, J. A. (2017). Detecting deception in children: A meta-analysis. *Law and Human Behavior, 41*, 44–54.

Good, G.E., Heppner, M.J., Hillenbrand-Gunn, T.L., & Wang, L.F. (1995). Sexual and psychological violence: An exploratory study of predictors in college men. *The Journal of Men's Studies, 4*(1), 59–71.

Goodman-Delahunty, J. (2000). Psychological impairment under the Americans with Disabilities Act: Legal guidelines. *Professional Psychology: Research and Practice, 31*, 197–205.

Goodwill, A. M., Alison, L. J., & Beech, A. R. (2009). What works in offender profiling? A comparison of typological, thematic, and multivariate models. *Behavioral Sciences & the Law, 27*, 507–529.

Goodwill, A. M., Lehmann, R. J. B., Beauregard, E., & Andrei, A. (2016). An action phase approach to offender profiling. *Legal and Criminological Psychology, 21*, 229–250.

Gordon, D. A. (2002). Intervening with families of troubled youth: Functional family therapy and parenting wisely. In J. McGuire (Ed.), *Offender rehabilitation and treatment* (pp. 193–220). Chichester, England: Wiley.

Gorman, W. (2001). Refugee survivors of torture: Trauma and treatment. *Professional Psychology: Research and Practice, 32*, 443–451.

Gospodarevskaya, E. (2013). Post-traumatic stress disorder and quality of life in sexually abused Australian children. *Journal of Child Sexual Abuse, 22*, 277–296.

Gothard, S., Rogers, R., & Sewell, K. W. (1995). Feigning incompetency to stand trial: An investigation of the Georgia Court Competency Test. *Law and Human Behavior, 19*, 363–373.

Gough, H. G. (1987). *California Psychological Inventory administrator's guide*. Palo Alto, CA: Consulting Psychologists Press.

Gould, J. W., & Martindale, D. A. (2013). Child custody evaluations: Current literature and practical applications. In R. K. Otto & I. B. Weiner (Eds.), *Handbook of Psychology, Vol. 11. Forensic psychology* (2nd ed., pp. 101–138). Hoboken, NJ: Wiley.

Gowensmith, W. N., Frost, L. E., Speelman, D. W., & Therson, D. E. (2016). Lookin' for beds in all the wrong places: Outpatient competency restoration as a promising approach to modern challenges. *Psychology, Public Policy, and Law, 22*, 293–305.

Gowensmith, W. N., Murrie, D. C., & Boccaccini, M. T. (2012). Field reliability of competence to stand trial opinions: How often do evaluators agree, and what do judges decide when evaluators disagree? *Law and Human Behavior, 36*, 130–139.

Gowensmith, W. N., Murrie, D. C., & Boccaccini, M. T. (2013). How reliable are forensic evaluations of legal sanity? *Law and Human Behavior, 37*, 98–106.

Gragg, F., Petta, I., Bernstein, H., Eisen, K., & Quinn, L. (2007). *New York prevalence study of commercially exploited children*. Renssaelaer: New York State Office of Children and Family Services.

Grandey, A. A. (2000). Emotion regulation in the workplace: A new way to conceptualize emotional labor. *Journal of Occupational Health Psychology, 5*, 95–110.

Granhag, P. A., & Strömwall, L. A. (2002). Repeated interrogations: Verbal and nonverbal cues to deception. *Applied Cognitive Psychology, 16*, 243–257.

Granhag, P. A., Vrij, A., & Meissner, C. A. (2014). Information gathering in law enforcement and intelligence settings: Advancing theory and practice. *Applied Cognitive Psychology, 28*, 815–816.

Grassian, S., (1983). Psychopathological effects of solitary confinement. *American Journal of Psychiatry*, 140, 1450–1454.

Gray, A. S., Pithers, W., Busconi, A. J., & Houchens, P. (1997). Children with sexual behavior problems: An empirically derived taxonomy. *Association for the Treatment of Sexual Abusers, 3*, 10–11.

Greenberg, S. A., Otto, R. K., & Long, A. C. (2003). The utility of psychological testing in assessing emotional damages in personal injury litigation. *Assessment, 10*, 411–419.

Greenburg, M. M. (2011). *The mad bomber of New York: The extraordinary true story of the manhunt that paralyzed a city*. New York, NY: Union Square Press.

Greenfeld, L. A. (1997). *Sex offenses and offenders: An analysis of data on rape and sexual assault*. Washington, DC: U.S. Department of Justice, Bureau of Justice Statistics.

Gregorie, T. (2000). *Cyberstalking: Dangers on the information highway*. Arlington, VA: National Center for Victims of Crime.

Gregorie, T., & Wallace, H. (2000). Workplace violence. In A. Seymour, M. Murray, J. Sigmon, M. Hook, C. Edmonds, M. Gaboury, & G. Coleman. (Eds.), *National Victim Assistance Academy textbook*. Washington, DC: U.S. Department of Justice, Office for Victims of Crime.

Gregory, N. (2005). Offender profiling: A review of the literature. *British Journal of Forensic Practice, 7*, 29–34.

Greif, G. L., & Hegar, R. L. (1993). *When parents kidnap: The families behind the headlines*. New York, NY: Free Press.

Gretton, H. M., McBride, M., Hare, R. D., O'Shaughnessy, R., & Kumka, G. (2001). Psychopathy and recidivism in adolescent sex offenders. *Criminal Justice and Behavior, 28*, 427–449.

Griffin, H. L., Beech, A., Print, B., Bradshaw, H., & Quayle, J. (2008). The development and initial testing of the AIM2 framework to assess risk and strengths in young people who sexually offend. *Journal of Sexual Aggression, 14*, 211–225.

Griffin, P. (2011, Winter). Presidential column. *AP-LS News, 31*, 2.

Griffith, J. D., Hart, C. L., Kessler, J., & Goodling, M. M. (2007). Trial consultants: Perceptions of eligible jurors. *Consulting Psychology Journal: Practice and Research, 59*, 148–153.

Grisso, T. (1981). *Juveniles' waiver of rights: Legal and psychological competence*. New York, NY: Plenum.

Grisso, T. (1986). *Evaluating competencies: Forensic assessments and instruments*. New York, NY: Plenum.

Grisso, T. (1988). *Competency to stand trial evaluations: A manual for practice*. Sarasota, FL: Professional Resource Exchange.

Grisso, T. (1998). *Forensic evaluation of juveniles*. Sarasota, FL: Professional Resource Press.

Grisso, T. (2003). *Evaluating competencies: Forensic assessments and instruments* (2nd ed.). New York, NY: Kluwer/Plenum.

Grisso, T. (2008). Adolescent offenders with mental disorders. *The Future of Children, 18*, 143–164.

Grisso, T., Appelbaum, P., Mulvey, E., & Fletcher, K. (1995). The MacArthur treatment competence study: II. Measures of abilities related to competence to consent to treatment. *Law and Human Behavior, 19*, 127–148.

Grisso, T., & Schwartz, R. G. (Eds.). (2000). *Youth on trial: A developmental perspective on juvenile justice*. Chicago, IL: University of Chicago Press.

Grisso, T., Steinberg, L., Woolard, J., Cauffman, E., Scott, E., Graham, S., . . . & Schwarz, R. (2003). Juveniles' competence to stand trial: A comparison of adolescents' and adults' capacities as trial defendants. *Law and Human Behavior, 27*, 333–364.

Gross, A. M., Bennett, T., Sloan, L., Marx, B. P., & Jurgens, J. (2001). The impact of alcohol and alcohol expectancies on male perceptions of female sexual arousal in a date rape analog. *Experimental and Clinical Psychopharmacology, 9*, 380–388.

Gross, A. M., Winslett, A., Roberts, M., & Gohm, C. L. (2006). An examination of sexual violence against women. *Violence Against Women, 12*, 288–300.

Grossman, N. S., & Okun, B. F. (2003). Family psychology and family law: Introduction to the special issue. *Journal of Family Psychology, 17*, 163–168.

Groth, A. N. (1979). *Men who rape: The psychology of the offender*. New York, NY: Plenum.

Groth, A. N., & Burgess, A. W. (1977). Motivational intent in the sexual assault of children. *Criminal Justice and Behavior, 4*, 253–271.

Groth, A. N., Burgess, A. W., & Holmstrom, L. (1977). Rape: Power, anger, and sexuality. *American Journal of Psychiatry, 134*, 1239–1243.

Grubb, A. (2010). Modern day hostage (crisis) negotiation: The evolution of an art form within the policing arena. *Aggression and Violent Behavior, 15*, 341–348.

Grubin, D. (2002). The potential use of polygraph in forensic psychiatry. *Criminal Behaviour and Mental Health, 12*, 45–55.

Grubin, D. (2008). The case for polygraph testing of sex offenders. *Legal and Criminological Psychology, 13*, 177–189.

Gudjonsson, G. H. (1992). *The psychology of interrogations, confessions and testimony*. London, England: Wiley.

Gudjonsson, G. H. (2003). *The science of interrogations and confessions: A handbook*. Chichester, England: Wiley.

Guerette, R. T. (2002). Geographical profiling. In D. Levinson (Ed.), *Encyclopedia of crime and punishment* (Vol. 2, pp. 780–784). Thousand Oaks, CA: Sage.

Guerra, N. G., Tolan, P. H., & Hammond, W. R. (1994). Prevention and treatment of adolescent violence. In L. D. Eron, J. H. Gentry, & P. Schlegel (Eds.), *Reason to hope: A psychosocial perspective on violence and youth* (pp. 383–403). Washington, DC: American Psychological Association.

Guilmette, T. J. (2013). The role of clinical judgement in symptom validity assessment. In D. A. Carone & S. S. Bush (Eds.), *Mild traumatic brain injury: Symptom validity assessment and malingering* (pp. 31–43). New York, NY: Springer.

Gunnoe, M. L., & Braver, S. L. (2001). The effects of joint legal custody on mothers, fathers, and children: Controlling for factors that predispose a sole maternal versus joint legal award. *Law and Human Behavior, 25*, 25–43.

Gur, R. E., & Gur, R. C. (2016). Sex differences in brain and behavior in adolescence: Findings from the Philadelphia neurodevelopmental cohort. *Neuroscience and Biobehavioral Reviews, 70*, 159–170.

Haapala, D. A., & Kinney, J. M. (1988). Avoiding out-of-home placement of high-risk status offenders through the use of intensive home-based family preservation services. *Criminal Justice and Behavior, 15*, 334–348.

Haber, R. N., & Haber, L. (2000). Experiencing, remembering, and reporting events. *Psychology, Public Policy, and Law, 6*, 1057–1097.

Hall, C. I. (1997). Cultural malpractice: The growing obsolescence of psychology with the changing U.S. population. *American Psychologist, 52*, 642–651.

Hall, N. G. C. (1995). Sexual offender recidivism revisited: A meta-analysis of recent treatment studies. *Journal of Consulting and Clinical Psychology, 63*, 802–809.

Halligan, S. L., Michael, T., Clark, D. M., & Ehlers, A. (2003). Post-traumatic stress disorder following assault: The role of cognitive processing, trauma memory, and appraisals. *Journal of Consulting and Clinical Psychology, 71*, 410–431.

Hammer, H., Finkelhor, D., Ormrod, R., Sedlak, A. J., & Bruce, C. (2008, August). Caretaker satisfaction with law enforcement response to missing children. (NCJ217090). *National Incidence Studies of Missing, Abducted, Runaway, and Thrownaway Children*. Washington, DC: U.S. Department of Justice, Office of Juvenile Justice and Delinquency Prevention.

Hammer, H., Finkelhor, D., & Sedlak, A. J. (2002, October). Runaway/throwaway children: National estimates and characteristics. In *National Incidence Studies of Missing, Abducted, Runaway, and Throwaway Children (NISMART)* (pp. 1–12). Washington, DC: U.S. Department of Justice, Office of Juvenile Justice and Delinquency Prevention.

Hancock, K. J., & Rhodes, G. (2008). Contact, configural coding, and the other-race effect in face recognition. *British Journal of Psychology, 99*, 45–56.

Haney, C. (2008). A culture of harm: Taming the dynamics of cruelty in supermax prisons. *Criminal Justice and Behavior, 35*, 956–984.

Hanson, R. K. (2001). *Age and sexual recidivism: A comparison of rapists and child molesters*. Ottawa, Canada: Department of Solicitor General Canada.

Hanson, R. K. (2005). Twenty years of progress in violence risk assessment. *Journal of Interpersonal Violence, 20*, 212–217.

Hanson, R. K. (2009). The psychological assessment of risk for crime and violence. *Canadian Psychology, 50*, 172–182.

Hanson, R. K., Babchishin, K. M., Helmus, L., & Thornton, D. (2012). Quantifying the relative risk of sex offenders: Risk ratios for Static-99R. *Sexual Abuse: A Journal of Research and Treatment, 25*, 482–515.

Hanson, R. K., Bourgon, G., Helmus, L., & Hodgson, S. (2009). *A meta-analysis of the effectiveness of treatment for sexual offenders: Risk, need, and responsivity*. (User Report 2009–01). Ottawa, Canada: Public Safety Canada.

Hanson, R. K., & Bussière, M. T. (1998). Predicting relapse: A meta-analysis of sexual offender recidivism studies. *Journal of Consulting and Clinical Psychology, 66*, 348–362.

Hanson, R. K., & Harris, A. J. R. (2000). Where should we intervene? Dynamic predictors of sexual offense recidivism. *Criminal Justice and Behavior, 27*, 6–35.

Hanson, R. K., Helmus, L., & Thornton, D. (2010). Predicting recidivism amongst sexual offenders: A multi-site study of Static-2002. *Law and Human Behavior, 34*, 198–211.

Hanson, R. K., & Morton-Bourgon, K. E. (2004). *Predictors of sexual recidivism: An updated meta-analysis* (User Report 2004-02). Ottawa, Canada: Public Safety and Emergency Preparedness Canada.

Hanson, R. K., & Morton-Bourgon, K. E. (2005). The characteristics of persistent sexual offenders: A meta-analysis of recidivism studies. *Journal of Consulting and Clinical Psychology, 73*, 1154–1163.

Hanson, R. K., & Morton-Bourgon, K. E. (2009). The accuracy of recidivism risk assessment for sexual offenders: A meta-analysis of 118 prediction studies. *Psychological Assessment, 21*, 1–21.

Hanson, R. K., & Thornton, D. (1999). *Static-99: Improving actuarial risk assessments for sex offenders.* User Report 99–02. Ottawa, Canada: Department of the Solicitor General.

Hanson, R. K., & Thornton, D. (2000). Improving risk assessment for sex offenders: A comparison of three actuarial scales. *Law and Human Behavior, 24*, 119–136.

Hanson, R. K., & Thornton, D. (2003). *Notes on the development of Static-2002.* (Corrections Research User Report No. 2003–01). Ottawa, Canada: Department of the Solicitor General of Canada.

Haqanee, Z., Peterson-Badali, M., & Skilling, T. (2015). Making "what works" work: Examining probation officers' experiences addressing the criminogenic needs of juvenile offenders. *Journal of Offender Rehabilitation, 54*(1), 37–59.

Hare, R. D. (1965). A conflict and learning theory analysis of psychopathic behavior. *Journal of Research in Crime and Delinquency, 2*, 12–19.

Hare, R. D. (1970). *Psychopathy: Theory and research*. New York, NY: Wiley.

Hare, R. D. (1991). *The Hare Psychopathy Checklist–Revised.* Toronto, Canada: Multi-Health Systems.

Hare, R. D. (1996). Psychopathy: A clinical construct whose time has come. *Criminal Justice and Behavior, 23*, 25–54.

Hare, R. D. (1998). Psychopathy, affect, and behavior. In D. Cooke, A. Forth, & R. Hare (Eds.), *Psychopathy: Theory, research, and implications for society* (pp. 105–137). Dordrecht, Netherlands: Kluwer.

Hare, R. D. (2003). *The Hare Psychopathy Checklist–Revised (PCL-R).* Toronto, Canada: Multi-Health Systems.

Hare, R. D., Clark, D., Grann, M., & Thornton, D. (2000). Psychopathy and the predictive validity of the PCL-R: An international perspective. *Behavioral Sciences & the Law, 18*, 623–645.

Hare, R. D., Forth, A. E., & Strachan, K. E. (1992). Psychopathy and crime across the life span. In R. D. Peters, R. J. McMahon, & V. L. Quinsey (Eds.), *Aggression and violence throughout the life span* (pp. 285–300). Newbury Park, CA: Sage.

Hare, R. D., Hart, S. D., & Harpur, T. J. (1991). Psychopathy and the DSM-IV criteria for antisocial personality disorder. *Journal of Abnormal Psychology, 100*, 391–398.

Hare, R. D., & Neumann, C. S. (2008). Psychopathy as a clinical and empirical construct. *Annual Review of Clinical Psychology, 4*, 217–246.

Harkins, L., Howard, P., Barnett, G., Wakeling, H., & Miles, C. (2015, January). Relationships between denial, risk, and recidivism in sexual offenders. *Archives of Sexual Behavior, 44*, 157–166.

Harley, K., & Reese, E. (1999). Origins of autobiographical memory. *Developmental Psychology, 35*, 1338–1348.

Harpur, T. J., Hakstian, A., & Hare, R. D. (1988). Factor structure of the Psychopathy Checklist. *Journal of Consulting and Clinical Psychology, 56*, 741–747.

Harrell, E. (2011, March). *Workplace violence, 1993–2009.* Washington, DC: U.S. Department of Justice, Bureau of Justice Statistics.

Harrell, E. (2012a, December). *Crime against persons with disabilities, 2009–2011—statistical tables.* Washington, DC: U.S. Department of Justice, Bureau of Justice Statistics.

Harris, A. J., Fisher, W., Veysey, B. M., Ragusa, L. M., & Lurigio, A. J. (2010). Sex offending and serious mental illness: Directions for policy and research. *Criminal Justice and Behavior, 37*, 596–612.

Harris, A. J., Lobanov-Rostovsky, C., & Levenson, J. S. (2010). Widening the net: The effects of transitioning to the Adam Walsh Act's federally mandated sex offender classification system. *Criminal Justice and Behavior, 37*, 503–519.

Harris, A. J., & Lurigio, A. J. (2010). Special Issue: Sex offenses and offenders: Toward evidence-based public policy. *Criminal Justice and Behavior, 37*, 477–481.

Harris, D. A. (2013). Review of clinical work with traumatized young children. *Infant Mental Health Journal, 34*, 173–174.

Harris, G. T., Rice, M. E., & Quinsey, V. L. (1993). Violent recidivism of mentally disordered offenders: The development of a statistical prediction instrument. *Criminal Justice and Behavior, 20*, 315–325.

Harris, G. T., Rice, M. E., & Quinsey, V. L. (1994). Psychopathy as a taxon: Evidence that psychopaths are a discrete class. *Journal of Consulting and Clinical Psychology, 62*, 387–397.

Harrison, M. A., Murphy, E. A., Ho, L. Y., Bowers, T. G., & Flaherty, C. V. (2015). Female serial killers in the United States: Means, motives, and makings. *The Journal of Forensic Psychiatry & Psychology, 26*, 383–406).

Hart, S. D., Boer, D. P., Otto, R. K., & Douglas, K. S. (2010). Structured professional judgement guidelines for sexual violence risk assessment: The Sexual Violence Risk-20 (SVR-20) and Risk For Sexual Violence Protocol (RSVP). In R. K. Otto & K. S. Douglas

(Eds.), *Handbook of violence risk assessment: International perspectives on forensic mental health* (pp. 269–294). New York, NY: Routledge/Taylor & Francis.

Hart, S. D., Cox, D. N., & Hare, R. D. (1995). *The Hare Psychopathy Checklist: Screening Version.* Toronto, Canada: Multi-Health Systems.

Hart, S. D., & Dempster, R. J. (1997). Impulsivity and psychopathy. In C. D. Webster & M. A. Jackson (Eds.), *Impulsivity: Theory, assessment, and treatment*. New York, NY: Guilford Press.

Hart, S. D., Hare, R. D., & Forth, A. E. (1993). Psychopathy as a risk marker for violence: Development and validation of a screening version of the Revised Psychopathy Checklist. In J. Monahan & H. Steadman (Eds.), *Violence and mental disorder: Developments in risk assessment* (pp. 81–98). Chicago, IL: University of Chicago Press.

Hart, S. D., Watt, K. A., & Vincent, G. M. (2002). Commentary on Seagrave and Grisso: Impressions of the state of the art. *Law and Human Behavior, 26*, 241–245.

Hartup, W. W. (2005). The development of aggression: Where do you stand? In R. E. Tremblay, W. W. Hartup, & J. Archer (Eds.), *Developmental origins of aggression* (pp. 3–24). New York, NY: Guilford Press.

Hasselbrack, A. M. (2001). Opting in to mental health courts. *Corrections Compendium*, Sample Issue, 4–5.

Hatcher, C., Mohandie, K., Turner, J., & Gelles, M. G. (1998). The role of the psychologist in crisis/hostage negotiations. *Behavioral Sciences & the Law, 16*, 455–472.

Haugaard, J. J., & Reppucci, N. D. (1988). *The sexual abuse of children.* San Francisco, CA: Jossey-Bass.

Haugen, P. T., Evces, M., & Weiss, D. S. (2012). Treating posttraumatic stress disorder in first responders: A systematic review. *Clinical Psychology Review, 32*, 370–380.

Hawes, S. W., Boccaccini, M. T., & Murrie, D. C. (2013). Psychopathy and the combination of psychopathy and sexual deviance as predictors of sexual recidivism: Meta-analytic findings using the Psychopathy Checklist-Revised. *Psychological Assessment, 25*, 233–243.

Hawkins, D. F. (2003). Editor's introduction. In D. F. Hawkins (Ed.), *Violent crime: Assessing race and ethnic differences* (pp. xiii–xxv). Cambridge, England: Cambridge University Press.

Hazelwood, R., & Burgess, A. (1987). *Practical aspects of rape investigation: A multidisciplinary approach*. New York, NY: Elsevier.

Hébert, M., Langevin, R., & Bernier, M. J. (2013). Self-reported symptoms and parents' evaluation of behavior problems in preschoolers disclosing sexual abuse. *International Journal of Child, Youth, and Family Studies, 4*, 467–483.

Hecker, T., & Steinberg, L. (2002). Psychological evaluation at juvenile court disposition. *Professional Psychology: Research and Practice, 33*, 300–306.

Heilbronner, R. L., Sweet, J. J., Morgan, J. E., Larrabee, G. J., & Millis, S. (2009). American Academy of Clinical Neuropsychology consensus conference statement on the neuropsychological assessment of effort, response bias, and malingering. *Clinical Neuropsychologist, 23*, 1093–1129.

Heilbrun, K. (1987). The assessment of competency for execution: An overview. *Behavioral Sciences & the Law, 5*, 383–396.

Heilbrun, K. (2001). *Principles of forensic mental health assessment.* New York, NY: Kluwer Academic/Plenum.

Heilbrun, K., & Brooks, S. (2010). Forensic psychology and forensic sciences: A proposed agenda for the next decade. *Psychology, Public Policy, and Law, 16*, 219–253.

Heilbrun, K., DeMatteo, D., & Goldstein, N. E. S. (Eds.). (2016). *APA handbook of juvenile justice*. Washington, DC: American Psychological Association.

Heilbrun, K., DeMatteo, D., Goldstein, N. E. S., Locklair, B., Murphy, M., & Giallella, C. (2016). Psychology and juvenile justice: Human development, law, science, and practice. In K. Heilbrun (Ed.), *APA handbook of psychology and juvenile justice* (pp. 3–20). Washington, DC: American Psychology Association.

Heilbrun, K., DeMatteo, D., Yashuhara, K., Brooks-Holliday, S., Shah, S., King, C., . . . & Laduke, C. (2012). Community-based alternatives for justice-involved individuals with severe mental illness: Review of the relevant research. *Criminal Justice and Behavior, 39*, 351–419.

Heilbrun, K., & Griffin, P. (1999). Forensic treatment: A review of programs and research. In R. Roesch, S. D. Hart, & J. R. P. Ogloff (Eds.), *Psychology and law: The state of the discipline* (pp. 241–274). New York, NY: Kluwer Academic/Plenum.

Heilbrun, K., Grisso, T., & Goldstein, A. M. (2009). *Foundations of forensic mental health assessment.* New York, NY: Oxford University Press.

Heilbrun, K., Marczyk, G. R., & DeMatteo, D. (2002). *Forensic mental health assessment: A casebook.* New York, NY: Oxford University Press.

Hellemans, S., Loeys, T., Buysse, A., Dewaele, A., & DeSmet, O. (2015). Intimate partner violence victimization among non-heterosexuals: Prevalence and associations with mental and sexual well-being. *Journal of Family Violence, 30*, 71–88.

Hellkamp, D. T., & Lewis, J. E. (1995). The consulting psychologist as an expert witness in sexual harassment and retaliation cases. *Consulting Psychology Journal: Practice and Research, 47*, 150–159.

Helmus, L., Babchishin, K. M., Camilleri, I. A., & Olver, M. E. (2011). Forensic psychology opportunities in Canadian graduate programs: An update of Simourd and Wormith's (1995) survey. *Canadian Psychology, 52*, 122–127.

Helmus, L., & Bourgon, G. (2011). Taking stock of 15 years of research on Spousal Assault Risk Assessment Guide: A critical review. *International Journal of Forensic Mental Health, 10*, 64–75.

Henderson, N. D. (1979). Criterion-related validity of personality and aptitude scales. In C. D. Spielberger (Ed.), *Police selection and evaluation: Issues and techniques* (pp. 36–44). Washington, DC: Hemisphere.

Henggeler, S. W. (1996). Treatment of violent juvenile offenders—we have the knowledge. *Journal of Family Psychology, 10*, 137–141.

Henggeler, S. W. (2001). Multisystemic therapy. *Residential Treatment for Children and Youth, 18*, 75–85.

Henggeler, S. W. (2016). Community-based intervention for juvenile offenders. In K. Heilbrun (Ed.), *APA handbook of psychology and juvenile justice* (pp. 575–595). Washington, DC: American Psychology Association.

Henggeler, S. W., & Borduin, C. M. (1990). *Family therapy and beyond: A multisystemic approach to treating the behavior problems of children and adolescents*. Pacific Grove, CA: Brooks/Cole.

Henker, B., & Whalen, C. K. (1989). Hyperactivity and attention deficits. *American Psychologist, 44*, 216–244.

Henry, M., & Greenfield, B. J. (2009). Therapeutic effects of psychological autopsies: The impact of investigating suicides on interviewees. *Crisis, 30*, 20–24.

Herman, J. L. (1992). Complex PTSD: A syndrome in survivors of prolonged and repeated trauma. *Journal of Traumatic Stress, 5*, 377–391.

Herndon, J. S. (2001). Law enforcement suicide: Psychological autopsies and psychometric traces. In D. C. Sheehan & J. I. Warren (Eds.), *Suicide and law enforcement* (pp. 223–234). Washington, DC: FBI Academy.

Herpers, P. C. M., Rommelse, N. N. J., Bons, D. M. A., Buitelaar, J. K., & Scheepers, F. E. (2012). Callous-unemotional traits as a cross-disorders construct. *Social Psychiatry and Psychiatric Epidemiology, 47*, 2045–2064.

Hess, A. K. (2006). Serving as an expert witness. In I. B. Weiner & A. K. Hess (Eds.), *The handbook of forensic psychology* (3rd ed., pp. 652–700). Hoboken, NJ: Wiley.

Hess, K. D. (2006). Understanding child domestic law issues: Custody, adoption, and abuse. In I. B. Weinter & A. K. Hess (Eds.), *The handbook of forensic psychology* (3rd ed., pp. 98–123). Hoboken, NJ: Wiley.

Heuven, E., & Bakker, A. B. (2003). Emotional dissonance and burnout among cabin attendants. *European Journal of Work and Organizational Psychology, 12*, 81–100.

Hickey, E. W. (1997). *Serial murderers and their victims*. Belmont, CA: Wadsworth.

Hickey, E. W. (2010). *Serial murderers and their victims* (5th ed.). Belmont, CA: Thomson/Wadsworth.

Hickle, K. E., & Roe-Sepowitz, D. E. (2010). Female juvenile arsonists: An exploratory look at characteristics and solo and group arson offences. *Legal and Criminological Psychology, 15*, 385–399.

Hickman, M. J. (2006, June). *Citizen complaints about police use of force*. Washington, DC: U.S. Department of Justice, Office of Justice Programs.

Hicks, B. M., Carlson, M. D., Blonigen, D. M., Patrick, C. J., Iacono, W. G., & MGue, M. (2012). Psychopathic personality traits and environmental contexts: Differential correlates, gender differences, and genetic mediation. *Personality Disorders: Theory, Research, and Treatment, 3*, 209–227.

Hiday, V. A. (2003). Outpatient commitment: The state of empirical research on its outcomes. *Psychology, Public Policy, and Law, 9*, 8–32.

Hilgard, E. R. (1986). *Divided consciousness: Multiple controls in human thought and action* (Expanded ed.). New York, NY: Wiley.

Hill, A., Haberman, N., Klussman, D., Berner, W., & Briken, P. (2008). Criminal recidivism in sexual homicide perpetrators. *International Journal of Offender Therapy and Comparative Criminology, 52*, 5–20.

Hill, J. (2000). The effects of sexual orientation in the courtroom: A double standard. *Journal of Homosexuality, 39*, 93–111.

Hill, M. S., & Fischer, A. R. (2001). Does entitlement mediate the link between masculinity and rape-related variables? *Journal of Counseling Psychology, 48*, 39–50.

Hillberg, T., Hamilton-Giachrisis, C., & Dixon, L. (2011). Review of meta-analysis on the association between child sexual abuse and adult mental health difficulties: A systematic approach. *Trauma, Violence, & Abuse, 12*, 38–49.

Hillbrand, M. (2001). Homicide-suicide and other forms of co-occurring aggression against self and against others. *Professional Psychology: Research and Practice, 32*, 626–635.

Hiller, M., Belenko, S., Taxman, F., Young, D., Perdoni, M., & Saum, C. (2010). Measuring drug court structure and operations: Key components and beyond. *Criminal Justice and Behavior, 37*, 933–950.

Hilton, N. Z., & Eke, A. W. (2016). Non-specialization of criminal careers among intimate partner violence offenders. *Criminal Justice and Behavior, 43*, 1347–1363.

Hilton, N. Z., Harris, G. T., & Rice, M. E. (2010a). Assessing the risk of future violent behavior. In N. Z. Hilton, G. T. Harris, & M. E. Rice (Eds.). *Risk assessment for domestically violent men: Tools for criminal justice, offender intervention, and victim services* (pp. 25–45). Washington, DC: American Psychological Association.

Hilton, N. Z., Harris, G. T., & Rice, M. E. (2010b). In-depth risk assessment and theoretical explanation. In N. Z. Hilton, G. T. Harris, & M. E. Rice (Eds.), *Risk assessment for domestically violent men: Tools for criminal justice, offender intervention, and victim services* (pp. 67–88). Washington, DC: American Psychological Association.

Hilton, N. Z., Harris, G. T., Rice, M. E., Houghton, R. E., & Eke, A. W. (2008). An in-depth actuarial assessment for wife assault recidivism: The Domestic Violence Risk Appraisal Guide. *Law and Human Behavior, 32*, 150–163.

Hilton, N. Z., Harris, G. T., Rice, M. E., Lang, C., Cormier, C. A., & Lines, K. J. (2004). A brief actuarial assessment for the prediction of wife assault recidivism: The Ontario Domestic Assault Risk Assessment. *Psychological Assessment, 16*, 267–275.

Hinduja, S., & Patchin, J. W. (2009). *Bullying beyond the schoolyard: Preventing and responding to cyberbullying*. Thousand Oaks, CA: Corwin Press.

Hinduja, S., & Patchin, J. W. (2016a). *2016 Cyberbullying Data*. Retrieved from https://cyberbullying.org/2016-cyberbullying-data

Hinduja, S., & Patchin, J. W. (2016b, January). *State cyberbullying laws*. Cyberbullying Research Center.

Hockenberry, S. (2013, June). *Juveniles in residential placement, 2010*. Washington, DC: U.S. Department of Justice, Office of Juvenile Justice and Delinquency Prevention.

Hockenberry, S. (2016). *Juveniles in residential placement, 2013*. Washington, DC: U.S. Department of Justice, Office of Juvenile Justice and Delinquency Prevention.

Hockenberry, S., & Puzzanchera, C. (2017). *Juvenile court statistics 2014*. Pittsburgh, PA: National Center for Juvenile Justice.

Hockenberry, S., Wachter, A., & Stadky, A. (2016). *Juvenile residential facility census, 2014: Selected findings*. Washington, DC: U.S. Department of Justice, Office of Juvenile Justice and Delinquency Prevention.

Hoge, R. D., & Andrews, D. A. (2002). *The Youth Level of Service/Case Management Inventory manual and scoring key*. Toronto, Canada: Multi-Health Systems.

Hoge, S. (2010). Commentary: Resistance to Jackson v. Indiana—Civil commitment of defendants who cannot be restored to competence. *Journal of the American Academy of Psychiatry and the Law, 38*, 359–364.

Hoge, S. K., Bonnie, R. G., Poythress, N., & Monahan, J. (1992). Attorney–client decision-making in criminal cases: Client competence and participation as perceived by their attorneys. *Behavioral Sciences & the Law, 10*, 385–394.

Hoge, S. K., Bonnie, R. G., Poythress, N., Monahan, J., Eisenberg, M., & Feucht-Haviar, T. (1997). The MacArthur Adjudicative Competence Study: Development and validation of a research instrument. *Law and Human Behavior, 21*, 141–179.

Hollin, C. R., Palmer, E. J., & Clark, D. (2003). Level of Service Inventory–Revised profile of English prisoners: A needs analysis. *Criminal Justice and Behavior, 30*, 422–440.

Holmes, R. M., & DeBurger, J. (1985). Profiles in terror: The serial murderer. *Federal Probation, 39*, 29–34.

Holmes, R. M., & DeBurger, J. (1988). *Serial murder*. Newbury Park, CA: Sage.

Holmes, R. M., & Holmes, S. T. (1998). *Serial murder* (2nd ed.). Thousand Oaks, CA: Sage.

Holmes, S. T., Hickey, E., & Holmes, R. M. (1991). Female serial murderesses: Constructing differentiating typologies. *Contemporary Journal of Criminal Justice, 7*, 245–256.

Holmes, S. T., & Holmes, R. M. (2002). *Sex crimes: Patterns and behavior* (2nd ed.). Thousand Oaks, CA: Sage.

Holtzworth-Munroe, A., & Stuart, G. L. (1994). Typologies of male batterers: Three subtypes and the differences among them. *Psychological Bulletin, 116*, 476–497.

Homant, R. J., & Kennedy, D. B. (1998). Psychological aspects of crime scene profiling: Validity research. *Criminal Justice and Behavior, 25*, 319–343.

Hopper, E. K. (2017). Trauma-informed psychological assessment of human trafficking survivors. *Women & Therapy, 40*, 12–30.

Horry, R., Memon, A., Wright, D. B., & Milne, R. (2012). Predictors of eyewitness identification decisions from video lineups in England: A field study. *Law and Human Behavior, 36*, 257–265.

Horvath, L. S., Logan, T. K., & Walker, R. (2002). Child custody cases: A content analysis of evaluations in practice. *Professional Psychology: Research and Practice, 33*, 557–565.

Howard, A. M., Landau, S., & Pryor, J. B. (2014). Peer bystanders to bullying: Who wants to play with the victim? *Journal of Abnormal Child Psychology, 42*, 265–276.

Howe, M. L., & Courage, M. L. (1997). The emergence and early development of autobiographical memory. *Psychological Review, 104*, 499–523.

Hubbard, D. J., & Pratt, T. C. (2002). A meta-analysis of the predictors of delinquency among girls. *Journal of Offender Rehabilitation, 34*, 1–13.

Hubbs-Tait, L., Nation, J. R., & Krebs, N. F., & Bellinger, D. C. (2005). Neurotoxins, micronutrients, and social environments. *Psychological Science in the Public Interest, 6*, 57–121.

Huesmann, L. R., Moise-Titus, J., Podolski, C. L., & Eron, L. D. (2003). Longitudinal relations between children's exposure to TV violence and their aggressive and violent behavior in young adulthood: 1977–1992. *Developmental Psychology, 39*, 201–221.

Hugenberg, K., Young, S. G., Bernstein, M. J., & Sacco, D. F. (2010). The categorization-individuation model: An integrative account of the other-race recognition deficit. *Psychological Review, 117*, 1168–1187.

Hume, D. L., & Sidun, N. M. (2017). Human trafficking of women and girls: Characteristics, commonalities, and complexities. *Women & Therapy, 40*, 7–11.

Hunt, J. W. (2010). *Admissibility of expert testimony in state courts*. Minneapolis, MN: Aircraft Builders Council.

Hunter, J. A., & Becker, J. V. (1999). Motivators of adolescent sex offenders and treatment perspectives. In J. Shaw (Ed.), *Sexual aggression* (pp. 211–234). Washington, DC: American Psychiatric Press.

Hunter, J. A., & Figueredo, A. J. (2000). The influence of personality and history of sexual victimization in the prediction of juvenile perpetrated child molestation. *Behavior Modification, 24*, 241–263.

Hyland, S., Langton, L., & Davis, E. (2015, November). *Police use of nonfatal force, 2002–11.* Washington, DC: U.S. Department of Justice, Bureau of Justice Statistics.

Iacono, W. G. (2008). Effective policing: Understanding how polygraph tests work and are used. *Criminal Justice and Behavior, 35,* 1295–1308.

Iacono, W. G. (2009). Psychophysiological detection of deception and guilty knowledge. In J. L. Skeem, K. S. Douglas, & S. O. Lilienfeld (Eds.), *Psychological science in the courtroom: Consensus and controversy* (pp. 224–241). New York, NY: Guilford Press.

Iacono, W. G., & Patrick, C. J. (1999). Polygraph ("lie detector") testing: The state of the art. In A. K. Hess & I. B. Weiner (Eds.), *The handbook of forensic psychology* (2nd ed., pp. 440–473). New York, NY: Wiley.

Iacono, W. G., & Patrick, C. J. (2014). Employing polygraph assessment. In I. B Weiner & R. K. Otto (Eds.), *Handbook of forensic psychology* (4th ed., pp. 613–658). New York, NY: Wiley.

IACP Police Psychological Services Section. (2010, February 5). FFDE guidelines adopted by IACP Board in January, 2010. *Police Psychological Services Section Newsletter, 9,* 1.

Icove, D. J., & Estepp, M. H. (1987, April). Motive-based offender profiles of arson and fire–related crime. *FBI Law Enforcement Bulletin,* 17–23.

Immarigeon, R. (Ed.). (2011). *Women and girls in the criminal justice system Policy issues and practice strategies.* Kingston, NJ: Civic Research Institute.

In re M-A-M-, 25 I. & N. Dec. 474 (2011).

Inbau, F. E., Reid, J. E., Buckley, J. P., & Jayne, B. C. (2004). *Criminal interrogation and confessions* (4th ed.). Boston, MA: Jones & Bartlett.

Inbau, F. E., Reid, J. E., Buckley, J. P., & Jayne, B. C. (2013). *Criminal interrogation and confessions* (5th ed.). Burlington, MA: Jones & Bartlett Learning.

Innocence Project. (2010, December 14). *Fact sheet: Eyewitness identification reform.* Retrieved from www.innocenceproject.org

Innocence Project. (2014, January 8). *Home page.* Retrieved from http://www.innocenceproject.org

Institute of Medicine & National Research Council. (2013). *Confronting commercial sexual exploitation and sex trafficking of minors in the United States.* Washington, DC: National Academic Press.

International Association of Chiefs of Police (IACP). (2002). *Fitness for duty evaluation guidelines.* Alexandria, VA: Author.

Inwald, R. E. (1992). *Inwald Personality Inventory technical manual* (Rev. ed.). Kew Gardens, NY: Hilson Research.

Inwald, R. E., & Brobst, K. E. (1988). *Hilson Personnel Profile/Success Quotient manual.* Kew Gardens, NY: Hilson Research.

Jackson, H. F., Glass, C., & Hope, S. (1987). A functional analysis of recidivistic arson. *British Journal of Clinical Psychology, 26,* 175–185.

Jackson, J. L., van Koppen, P. J., & Herbrink, J. C. M. (1993). Does the service meet the needs? An evaluation of consumer satisfaction profile analysis and investigative advice offered by the Scientific Research Advisory Unit of the National Criminal Intelligence Division (CRI)—The Netherlands (NISCALE Report NSCR, 93-05). Leiden, Netherlands: Netherlands Institute for the Study of Criminality and Law Enforcement.

Jackson, M. S., & Springer, D. W. (1997). Social work practice with African-American juvenile gangs: Professional challenge. In C. A. McNeece & A. R. Roberts (Eds.), *Policy and practice in the justice system* (pp. 231–248). Chicago, IL: Nelson-Hall.

Jackson, T. L., Petretic-Jackson, P. A., & Witte, T. H. (2002). Mental health assessment tools and techniques for working with battered women. In A. R. Roberts (Ed.), *Handbook of domestic violence intervention strategies* (pp. 278–297). New York, NY: Oxford University Press.

Jaffe, P. G., Johnston, J. R., Crooks, C. V., & Bala, N. (2008). Custody disputes involving allegations of domestic violence: The need for differentiated approaches to parenting plans. *Family Court Review, 46,* 500–522.

James, D. J., & Glaze, L. E. (2006). *Mental health problems in prison and jail inmates.* Washington, DC: U.S. Department of Justice.

Janus, E. S. (2000). Sexual predator commitment laws: Lessons for law and the behavioral sciences. *Behavioral Sciences & the Law, 18,* 5–21.

Janus, E. S., & Meehl, P. E. (1997). Assessing the legal standard for predictions of dangerousness in sex offender commitment proceedings. *Psychology, Public Policy, and Law, 3,* 33–64.

Janus, E. S., & Walbek, N. H. (2000). Sex offender commitments in Minnesota: A descriptive study of second-generation commitments. *Behavioral Sciences & the Law, 18,* 343–374.

Javdani, S., Sadeh, N., & Verona, E. (2011). Expanding our lens: Female pathways to antisocial behavior in adolescence and adulthood. *Clinical Psychology Review, 31,* 1324–1348.

Jenkins, P. (1988). Serial murder in England, 1940–1985. *Journal of Criminal Justice, 16,* 1–15.

Jenkins, P. (1993). Chance or choice: The selection of serial murder victims. In A. V. Wilson (Ed.), *Homicide: The victim/offender connection* (pp. 461–477). Cincinnati, OH: Anderson.

Johnson, C. C., & Chanhatasilpa, C. (2003). The race/ethnicity and poverty nexus of violent crime: Reconciling differences in Chicago's community area homicide rates. In D. F. Hawkins (Ed.), *Violent crime: Assessing race and ethnic differences.* Cambridge, England: Cambridge University Press.

Johnson, L. B., Todd, M., & Subramanian, G. (2005). Violence in police families: Work–family spillover. *Journal of Family Violence, 20,* 3–12.

Johnson, L. G., & Beech, A. (2017, May). Rape myth acceptance in convicted rapists: A systematic review of the literature. *Aggression and Violent Behavior, 34,* 20–34.

Johnson, M. P. (2006). Conflict and control: Gender symmetry and asymmetry in domestic violence. *Violence Against Women, 12*, 1003–1018.

Johnson, R. (1996). *Hard time: Understanding and reforming the prison* (2nd ed.). Belmont, CA: Wadsworth.

Johnston, J. R. (1995). Research update: Children's adjustment in sole custody compared to joint custody families and principles for custody decision making. *Family and Conciliation Courts Review, 33*, 415–425.

Johnston, J. R., & Girdner, L. K. (2001, January). Family abductors: Descriptive profiles and prevention interventions. *Juvenile Justice Bulletin*. Washington, DC: U.S. Department of Justice, Office of Juvenile Justice and Delinquency.

Jones, L., Hughes, M., & Unterstaller, U. (2001). Post-traumatic stress disorder (PTSD) in victims of domestic violence: A review of the research. *Trauma, Violence, & Abuse, 2*, 99–119.

Jouriles, E. N., McDonald, R., Norwood, W. D., Ware, H. S., Spiller, L. C., & Swank, P. R. (1998). Knives, guns, and interparent violence: Relations with child behavior problems. *Journal of Family Psychology, 12*, 178–194.

Kabat-Farr, D., & Cortina, L. M. (2014). Sex-based harassment in employment: New insights into gender and context. *Law and Human Behavior*, 38, 58–72.

Kaeble, D., & Glaze, L. (2016). *Correctional populations in the United States*, 2015. Washington, DC: U.S. Department of Justice, Bureau of Justice Statistics.

Kafrey, D. (1980). Playing with matches: Children and fire. In D. Canter (Ed.), *Fires and human behaviour* (pp. 47–62). Chichester, England: Wiley.

Kahn, K. B., & McMahon, J. M. (2015). Shooting deaths of unarmed racial minorities: Understanding the role of racial stereotypes on decisions to shoot. *Translational Issues in Psychological Science, 1*, 310–320.

Kahn, K. B., Steele, J. S., McMahon, J. M., & Stewart, G. (2017). How suspect race affects police use of force in an interaction over time. *Law and Human Behavior, 41*, 117–126.

Kahn, R. E., Frick, P. J., Youngstrom, E., Findling, R. L., & Youngstrom, J. K. (2012). The effects of including a callous-unemotional specifier for the diagnosis of conduct disorder. *Journal of Child Psychology and Psychiatry, 53*, 271–282.

Kamena, M. D., Gentz, D., Hays, V., Bohl-Penrod, N., & Greene, L. W. (2011). Peer support teams fill an emotional void in law enforcement agencies. *Police Chief, 78*, 80–84.

Kapp, M. B., & Mossman, D. (1996). Measuring decisional capacity: Cautions on the construction of a "Capacimeter." *Psychology, Public Policy, and Law, 2*, 45–95.

Karmen, A. (2001). *Crime victims: An introduction to victimology* (4th ed.). Belmont, CA: Wadsworth.

Karmen, A. (2009). *Crime victims: An introduction to victimology* (7th ed.). Florence, KY: Cengage Learning.

Karmen, A. (2013). *Crime victims: An introduction to victimology* (8th ed.). Belmont, CA: Wadsworth/Cengage Learning.

Karon, B. P., & Widener, A. J. (1999). Repressed memories: Just the facts. *Professional Psychology: Research and Practice, 30*, 625–626.

Kassin, S. M. (1997). The psychology of confession evidence. *American Psychologist, 52*, 221–233.

Kassin, S. M. (2008). Confession evidence: Commonsense myths and misconceptions. *Criminal Justice and Behavior, 35*, 1309–1322.

Kassin, S. M., Drizin, S., Grisso, T., Gudjonsson, G. H., Leo, R. A., & Redlich, A. D. (2010). Police-induced confessions: Risk factors and recommendations. *Law and Human Behavior, 34*, 3–38.

Kassin, S. M., Goldstein, C. G., & Savitsky, K. (2003). Behavior confirmation in the interrogation room: On the dangers of presuming guilt. *Law and Human Behavior*, 27, 187–203.

Kassin, S. M., & Gudjonsson, G. H. (2004). The psychology of confessions: A review of the literature and issues. *Psychological Science in the Public Interest, 5*, 33–67.

Kassin, S. M., & Kiechel, K. L. (1996). The social psychology of false confessions: Compliance, internalization, and confabulation. *Psychological Science*, 7, 125–128.

Kassin, S. M., Leo, R. A., Meissner, C. A., Richman, K. D., Colwell, L. H., Leach, A.-M., . . . & Fon, D. L. (2007). Police interviewing and interrogation: A self-report survey of police practices and beliefs. *Law and Human Behavior, 31*, 381–400.

Kassin, S. M., Perillo, J. T., Appleby, S. C., & Kukucka, J. (2015). Confessions. In B. L. Cutler & P. A. Zapf (Eds.), *APA handbook of forensic psychology: Vol. 2. Criminal investigation, adjudication, and sentencing outcomes* (pp. 245–270). Washington, DC: American Psychological Association.

Kassin, S. M., & Wrightsman, L. S. (1985). Confession evidence. In S. M. Kassin & L. S. Wrightsman (Eds.), *The psychology of evidence and trial procedure* (pp. 67–94). Beverly Hills, CA: Sage.

Katz, L. S., Cojucar, G., Beheshti, S., Nakamura, E., & Murray, M. (2012). Military sexual trauma during deployment to Iraq and Afghanistan: Prevalence, readjustment, and gender differences. *Violence and Victims*, 27, 487–499.

Kaufer, S., & Mattman, J. W. (2002). *Workplace violence: An employer's guide*. Palm Springs, CA: Workplace Violence Research Institute.

Kaufman, R. L. (2011). Forensic mental health consulting in family law: Where have we come from? Where are we going? *Journal of Child Custody, 8*, 5–31.

Kebbell, M. R., & Wagstaff, G. G. (1998). Hypnotic interviewing: The best way to interview eyewitnesses. *Behavioral Sciences & the Law, 16*, 115–129.

Keelan, C. M., & Fremouw, W. J. (2013). Child versus peer/adult offenders: A critical review of the juvenile sex offender literature. *Aggression and Violent Behavior, 18*, 732–744.

Keenan, K., & Shaw, D. (2003). Starting at the beginning: Exploring the etiology of antisocial behavior in the first years of life. In B. B. Lahey, T. E. Moffitt, & A. Caspi (Eds.), *Causes of conduct disorder and juvenile delinquency* (pp. 153–181). New York, NY: Guilford Press.

Kehoe, E. G., & Tandy, K. B. (2006, April). *An assessment of access to counsel and quality of representation in delinquency proceedings*. Washington, DC: National Juvenile Defender Center.

Keilin, W. G., & Bloom, L. J. (1986). Child custody evaluation practices: A survey of experienced professionals. *Professional Psychology: Research and Practice, 17*, 338–346.

Keita, G. P. (2014, September 9). *Testimony on militarization of police forces* [Transcript]. Presented at the U.S. Senate Committee on Homeland Security and Governmental Affairs, Washington, DC. Retrieved from http://www.apa.org/about/gr/pi/news/2014/militarization-testimony.aspx

Kelly, C. E., Miller, J. C., Redlich, A. D., & Kleinman, S. M. (2013). A taxonomy of interrogation methods. *Psychology, Public Policy, and Law, 19*, 165–178.

Kelly, J. B., & Johnson, M. P. (2008). Differentiation among types of intimate partner violence: Research update and implications for interventions. *Family Court Review, 46*, 476–499.

Kelly, J. B., & Lamb, M. E. (2003). Developmental issues in relocation cases involving young children: When, whether, and how? *Journal of Family Psychology, 17*, 193–205.

Kelman, H. (1958). Compliance, identification, and internalization. *Journal of Conflict Resolution, 2*, 51–60.

Kendall, P. C., & Hammen, C. (1995). *Abnormal psychology*. Boston, MA: Houghton Mifflin.

Kessler, R. C., Berglund, P., Demler, O., Jin, R., Merikangas, K. R., & Walter, E. E. (2005). Lifetime prevalence and age-of-onset distributions of DSM-IV disorders in the National Comorbidity Survey Replication. *Archives of General Psychiatry, 62*, 593–602.

Kessler, R. C., Sonnega, A., Bromet, E., Hughes, M., & Nelson, C. B. (1995). Posttraumatic stress disorder in the National Comorbidity Survey. *Archives of General Psychiatry, 52*, 1048–1060.

Kihlstrom, J. F. (2001). Martin T. Orne (1927–2000). *American Psychologist, 56*, 754–755.

Kilford, E. J., Garrett, E., & Blakemore, S. J. (2016). The development of social cognition in adolescence: An integrated perspective. *Neuroscience and Biobehavioral Reviews, 70*, 106–120.

Kilmann, P. R., Sabalis, R. F., Gearing, M. L., Bukstel, L. H., & Scovern, A. W. (1982). The treatment of sexual paraphilias: A review of the outcome research. *Journal of Sex Research, 18*, 193–252.

Kilpatrick, D. G., Edmunds, C., & Seymour, A. (1992). *Rape in America: A report to the nation*. Arlington, VA: National Center for Victims of Crime.

Kilpatrick, D. G., Resnick, H. S., Ruggerio, K., Conoscent, L. M., & McCauley, J. (2007, February). *Drug-facilitated, incapacitated, and forcible rape: A national study*. Charlestown: Medical University of South Carolina.

Kilpatrick, D. G., & Saunders, B. E. (1997, November). *Prevalence and consequences of child victimization: Results from the National Survey of Adolescents: Final report*. Washington, DC: U.S. Department of Justice, National Institute of Justice.

Kilpatrick, D. G., Saunders, B. E., Veronen, L. J., Best, C. L., & Von, J. M. (1987). Criminal victimization: Lifetime prevalence, reporting to police, and psychological impact. *Crime and Delinquency, 33*, 479–489.

Kilpatrick, D. G., Whalley, A., & Edmunds, C. (2002). Sexual assault. In A. Seymour, M. Murray, J. Sigmon, M. Hook, C. Edwards, M. Gaboury, & G. Coleman. (Eds.), *National Victim Assistance Academy textbook*. Washington, DC: U.S. Department of Justice, Office for Victims of Crime.

Kim, H. S. (2011). Consequences of parental divorce for child development. *American Sociological Review, 76*, 487–511.

Kim, S., Pendergrass, T., & Zelon, H. (2012). *Boxed in: The true cost of extreme isolation in New York's prisons*. New York: New York Civil Liberties Union.

King, L., & Snook, B. (2009). Peering inside a Canadian interrogation room: An examination of the Reid model of interrogation, influence tactics, and coercive strategies. *Criminal Justice and Behavior, 36*, 674–694.

King, R., & Norgard, K. (1999). What about families? Using the impact on death row defendants' family members as a mitigating factor in death penalty sentencing hearing. *Florida State University Law Review, 26*, 1119–1176.

King, W. R., Holmes, S. T., Henderson, M. L., & Latessa, E. J. (2001). The community corrections partnership: Examining the long-term effects of youth participation in an Afrocentric diversion program. *Crime & Delinquency, 47*, 558–572.

Kinports, K. (2002). Sex offenses. In K. L. Hall (Ed.), *The Oxford companion to American law* (pp. 736–738). New York, NY: Oxford University Press.

Kirby, R., Shakespeare-Finch, J., & Palk, G. (2011). Adaptive and maladaptive coping strategies predict post-trauma outcomes in ambulance personnel. *Traumatology, 17*, 25–34.

Kircher, J. C., & Raskin, D. C. (2002). Computer methods for the psychophysiological detection of deception. In M. Kleiner (Ed.), *Handbook of polygraph testing* (pp. 287–326). San Diego, CA: Academic Press.

Kirk, T., & Bersoff, D. N. (1996). How many procedural safeguards does it take to get a psychiatrist to leave the light bulb unchanged? A due process analysis of the MacArthur Treatment Competence Study. *Psychology, Public Policy, and Law, 2*, 45–72.

Kirkland, K., & Kirkland, K. (2001). Frequency of child custody evaluation complaints and related disciplinary action: A survey of the association of state and provincial psychology boards. *Professional Psychology: Research and Practice, 32*, 171–174.

Kirschman, E. (2007). *I love a cop: What police families need to know* (Rev. ed.). New York, NY: Guilford Press.

Kitaeff, J. (2011). *Handbook of police psychology*. New York, NY: Routledge/Taylor & Francis.

Kleim, B., & Westphal, M. (2011). Mental health in first responders: A review and recommendation for prevention and intervention strategies. *Traumatology, 17*, 17–24.

Kliewer, W., Lepore, S. J., Oskin, D., & Johnson, P. D. (1998). The role of social and cognitive processes in children's adjustment to community violence. *Journal of Consulting and Clinical Psychology, 66*, 199–209.

Kloess, J. A., Beech, A. R., & Harkins, L. (2014). Online child sexual exploitation: Prevalence, Process, Offender Characteristics. *Trauma, Violence & Abuse, 15*, 126–139.

Knapp, S., & VandeCreek, L. (2000). Recovered memories of child abuse: Is there an underlying professional consensus? *Professional Psychology: Research and Practice, 31*, 365–371.

Knight, K., & Simpson, D. D. (2007, September). Special issue: Offender needs and functioning assessments from a national cooperative research program. *Criminal Justice and Behavior, 34*, 1105–1112.

Knight, R. A. (1989). An assessment of the concurrent validity of a child molester typology. *Journal of Interpersonal Violence, 4*, 131–150.

Knight, R. A. (2010). Typologies for rapists—the generation of a new standard model. In A. Schlank (Ed.), *The sexual predator: Legal issues of assessment treatment: Vol. IV* (pp. 17.2–17.24). Kingston, NJ: Civic Research Center.

Knight, R. A., Carter, D. L., & Prentky, R. A. (1989). A system for the classification of child molesters: Reliability and application. *Journal of Interpersonal Violence, 4*(1), 3–23.

Knight, R. A., & King, M. W. (2012). Typologies for child molesters: The generation of a new structured model. In B. K. Schwartz (Ed.), *The sexual offender: Vol. 7* (pp. 5.2–5.7). Kingston, NJ: Civil Research Institute.

Knight, R. A., & Prentky, R. A. (1987). The developmental antecedents and adult adaptations of rapist subtypes. *Criminal Justice and Behavior, 14*, 403–426.

Knight, R. A., & Prentky, R. A. (1990). Classifying sexual offenders: The development and corroboration of taxonomic models. In W. L. Marshall, D. R. Laws, & H. E. Barbaree (Eds.), *The handbook of sexual assault: Issues, theories, and treatment of the offender* (pp. 23–52). New York, NY: Plenum.

Knight, R. A., & Prentky, R. A. (1993). Exploring characteristics for classifying juvenile offenders. In H. E. Barbaree, W. L. Marshall, & S. M. Hudson (Eds.), *The juvenile sex offender* (pp. 45–78). New York, NY: Guilford Press.

Knight, R. A., Rosenberg, R., & Schneider, B. A. (1985). Classification of sexual offenders: Perspectives, methods, and validation. In A. W. Burgess (Ed.), *Rape and sexual assault* (pp. 222–293). New York, NY: Garland.

Knight, R. A., Warren, J. I., Reboussin, R., & Soley, B. J. (1998). Predicting rapist type from crime-scene variables. *Criminal Justice and Behavior, 25*, 46–80.

Knoll, C., & Sickmund, M. (2010, June). *Cases in juvenile court, 2007*. Washington, DC: U.S. Department of Justice, Office of Juvenile Justice and Delinquency Prevention.

Knoll, C., & Sickmund, M. (2012, October). *Cases in juvenile court, 2009*. Washington, DC: U.S. Department of Justice, Office of Juvenile Justice and Delinquency Prevention.

Knoll, J. L. (2008). The psychological autopsy, Part I: Applications and methods. *Journal of Psychiatric Practice, 14*, 393–397.

Knutson, J. F., Lawrence, E., Taber, S. M., Bank, L., & DeGarmo, D. S. (2009). Assessing children's exposure to intimate partner violence. *Clinical Child and Family Psychology Review, 12*, 157–173.

Kochanska, G., Murray, K., & Coy, K. (1997). Inhibitory control as a contributor to conscience in childhood: From toddler to early school age. *Child Development, 68*, 263–277.

Kocsis, R. N. (2009). Criminal profiling: Facts, fictions, and courtroom admissibility. In J. L. Skeem, K. S. Douglas, & S. O. Lilienfeld (Eds.), *Psychological science in the courtroom: Consensus and controversy* (pp. 245–262). New York, NY: Guilford Press.

Kohout, J., & Wicherski, M. (2010). *2011 graduate study in psychology snapshot: Applications, acceptances, enrollments, and degrees awarded to master's- and doctoral-level students in U.S. and Canadian graduate departments of psychology: 2009–1010*. Washington, DC: Center for Workforce Studies, American Psychological Association.

Kois, L., Wellbeloved-Stone, Chauhan, P., & Warren, J. I. (2017). Combined evaluations of competency to stand trial and mental state at the time of the offense: An overlooked methodological consideration? *Law and Human Behavior, 41*, 217–229.

Kolko, D. (Ed). (2002). *Handbook on firesetting in children and youth*. Boston, MA: Academic Press.

Kolko, D. J., & Kazdin, A. E. (1989). The children's firesetting interview with psychiatrically referred and nonreferred children. *Journal of Abnormal Child Psychology, 17*, 609–624.

Koocher, G. P., Goodman, G. S., White, C. S., Friedrich, W. N., Sivan, A. B., & Reynolds, C. R. (1995). Psychological science and the use of anatomically detailed dolls in child-sexual assessments. *Psychological Bulletin, 118*, 199–222.

Koss, M. P., & Dinero, T. E. (1988). Predictors of sexual aggression among a national sample of male college students. In R. A. Prentky & V. L. Quinsey (Eds.), *Human sexual aggression: Current perspectives* (pp. 133–147). New York, NY: New York Academy of Sciences.

Kosson, D. S., Cyterski, T. D. Steuerwald, B. L., Neumann, C. S., & Walker-Matthews, S. (2002). The reliability and validity of the Psychopathy Checklist: Youth Version in non-incarcerated adolescent males. *Psychological Assessment, 14*, 97–109.

Kosson, D. S., Neumann, C. S., Forth, A. E., Salekin, R. T., Hare, R. D., Krischer, M. K., . . . & Sevecke, K. (2013). Factor structure of the Hare Psychopathy Checklist: Youth Version (PCL: YV) in adolescent females. *Psychological Assessment, 25*, 71–83.

Kosson, D. S., Smith, S. S., & Newman, J. P. (1990). Evaluating the construct validity of psychopathy in Black and White male inmates: Three preliminary studies. *Journal of Abnormal Psychology, 99*, 250–259.

Kostelnik, J. O., & Reppucci, N. D. (2009). Reid training and sensitivity to developmental maturity in interrogation: Results from a national survey of police. *Behavioral Sciences and the Law, 27*, 361–379.

Kourlis, R. L. (2012). It is just good business: The case for supporting reform in the divorce court. *Family Court Review, 50*, 549–557.

Kovera, M. B., & Cass, S. A. (2002). Compelled mental health examinations, liability decisions, and damage awards in sexual harassment cases: Issues for jury research. *Psychology, Public Policy, and Law, 8*, 96–114.

Kovera, M. B., Russano, M. B., & McAuliff, B. D. (2002). Assessment of the commonsense psychology underlying *Daubert:* Legal decision makers' abilities to evaluate expert evidence in hostile work environment cases. *Psychology, Public Policy, and Law, 8*, 180–200.

Kowalski, R. W., Giumetti, G. W., Schroeder, A. N., & Lattanner, M. R. (2014). Bullying in the digital age: A critical review and meta-analysis of cyberbullying research among youth. *Psychological Bulletin, 140*, 1073–1137.

Kowalski, R. W., & Limber, S. P. (2007). Electronic bullying among middle school students. *Journal of Adolescent Health, 41*, s22–s30.

Kozu, J. (1999). Domestic violence in Japan. *American Psychologist, 54*, 50–54.

Krapohl, D. J. (2002). The polygraph in personnel selection. In M. Kleiner (Ed.), *Handbook of polygraph testing* (pp. 217–236). San Diego, CA: Academic Press.

Kratcoski, P. C. (1994). *Correctional counseling and treatment* (3rd ed.). Prospect Heights, IL: Waveland.

Krauss, D. A., & Sales, B. D. (2000). Legal standards, expertise, and experts in the resolution of contested child custody cases. *Psychology, Public Policy, and Law, 6*, 843–879.

Krauss, D. A., & Sales, B. D. (2001). The effects of clinical and scientific expert testimony on juror decision making in capital sentencing. *Psychology, Public Police, and Law, 7*, 267–310.

Krauss, D. A., & Sales, B. D. (2014). Training in forensic psychology. In I. B. Weiner & R. K. Otto (Eds.), *The handbook of forensic psychology* (4th ed., pp. 111–134). New York, NY: Wiley.

Kreeger, J. L. (2003). Family psychology and family law—a family court judge's perspective: Comment on the special issue. *Journal of Family Psychology, 17*, 260–262.

Kreis, M. K. F., & Cooke, D. J. (2011). Capturing the psychopathic female: A prototypicality analysis of the assessment of psychopathic personality (CAPP) across gender. *Behavioral Sciences & the Law, 29*, 634–648.

Krogstad, J. M. (2016, September 8). *Key facts about how the U.S. Hispanic population is changing*. Pew Research Center. Retrieved from www.pewresearch.org

Kropp, P. R. (2004). Some questions regarding spousal assault risk assessment. *Violence Against Women, 10*, 676–697.

Kropp, P. R., Hart, S. D., Webster, C. E., & Eaves, D. (1998). *Spousal Assault Risk Assessment: User's guide.* Toronto, Canada: Multi-Health Systems.

Kruh, I., & Grisso, T. (2009). *Evaluation of juveniles' competence to stand trial.* New York, NY: Oxford University Press.

Kubany, E. S., Haynes, S. N., Leisen, M. B., Ownes, J. A., Kaplan, A. S., Watson, S. B., . . . & Burns, K. (2000). Development and preliminary validation of a brief broad-spectrum measure of trauma exposure: the Traumatic Life Events Questionnaire. *Psychological Assessment, 12*, 200–224.

Kubany, E. S., Leisen, M. B., Kaplan, A. S., & Kelly, M. P. (2000). Validation of a brief measure of posttraumatic stress disorder: The Distressing Event Questionnaire (DEQ). *Psychological Assessment, 12*, 197–209.

Kurke, M. I., & Scrivner, E. M. (Eds.). (1995). *Police psychology into the 21st century*. Hillsdale, NJ: Erlbaum.

Kurt, J. L. (1995). Stalking as a variant of domestic violence. *Bulletin of the American Academy of Psychiatry and Law, 23*, 219–230.

Kuther, T. L., & Morgan, R. D. (2013). *Careers in psychology: Opportunities in a changing world* (4th ed.). Belmont, CA: Wadsworth/Cengage Learning.

La Fon, D. S. (2008). The psychological autopsy. In B. E. Turvey (Ed.), *Criminal profiling: An introduction to behavioral evidence analysis* (pp. 419–430). London, England: Academic Press.

La Fond, J. Q. (2000). The future of involuntary civil commitment in the U.S.A. after *Kansas v. Hendricks. Behavioral Sciences & the Law, 18*, 153–167.

La Fond, J. Q. (2002). Criminal law principles. In K. L. Hall (Ed.), *The Oxford companion to American law.* New York, NY: Oxford University Press.

La Fond, J. Q. (2003). Outpatient commitment's next frontier: Sexual predators. *Psychology, Public Policy, and Law, 9*, 159–182.

LaFortune, K. A., & Carpenter, B. N. (1998). Custody evaluations: A survey of mental health professionals. *Behavioral Sciences & the Law, 16*, 207–224.

Lahey, B. B., Loeber, R., Hart, E. L., Frick, P. J., Applegate, B., Zhang, Q., . . . & Russo M. F. (1995). Four-year longitudinal study of conduct disorder in boys: Patterns and predictors of persistence. *Journal of Abnormal Psychology, 104*, 83–93.

Laird, R. D., Jordan, K., Dodge, K. A., Pettit, G. S., & Bates, J. E. (2001). Peer rejection in childhood, involvement with antisocial peers in early adolescence, and the development of externalizing problems. *Development and Psychopathology, 13*, 337–354.

Lamb, H. R., Weinberger, I. E., & Gross, B. H. (2004). Mentally ill persons in the criminal justice system: Some perspectives. *Psychiatric Quarterly, 75*, 107–126.

Lamb, M. E. (2016). Difficulties translating research on forensic interview practices and practitioners: Finding water, leading horses, but can we get them to drink? *American Psychologist, 71*, 710–718.

Lamb, M. E., & Malloy, L. C. (2013). Child development and the law. In R. M. Lerner, M. A. Easterbrook, J. Mistry, & I. B. Weiner (Eds.), *Handbook of psychology: Vol. 6. Developmental psychology* (2nd ed., pp. 571–593). Hoboken, NJ: Wiley.

Lambert, S. F., & Lawson, G. (2013). Resilience of professional counselors following Hurricanes Katrina and Rita. *Journal of Counseling and Development, 91*, 261–268.

Lambie, I., Ioane, J., Randell, I., & Seymour, F. (2013). Offending behaviours of child and adolescent firesetters over a 10-year follow-up. *Journal of Child Psychology and Psychiatry, 54*, 1295–1307.

Lambie, I., McCardle, S., & Coleman, R. (2002). Where there's smoke there's fire: Firesetting behaviour in children and adolescents. *New Zealand Journal of Psychology, 31*, 73–79.

Lambie, I., & Randell, I. (2011). Creating a firestorm: A review of children who deliberately light fires. *Clinical Psychology Review, 31*, 307–327.

Lambie, I., & Randell, I. (2013). The impact of incarceration on juvenile offenders. *Clinical Psychology Review, 33*, 448–459.

Lancaster, G. L. J., Vrij, A., Hope, L., & Waller, B. (2013). Sorting the liars from the truth tellers: The benefits of asking unanticipated questions on lie detection. *Applied Cognitive Psychology, 27*, 107–114.

Langan, P. A., & Levin, D. J. (2002, June). *Recidivism of prisoners released in 1994*. Washington, DC: U.S. Department of Justice, Bureau of Justice Statistics.

Langevin, R. (1983). *Sexual strands*. Hillsdale, NJ: Erlbaum.

Langevin, R., Hébert, M., & Cossette, L. (2015). Emotion regulation as a mediator of the relation between sexual abuse and behavior problems in children. *Child Abuse and Neglect, 46*, 16–26.

Langhinrichsen-Rohling, J. (2005). Top 10 greatest "hits": Important findings and future directions for intimate violence research. *Journal of Interpersonal Violence, 20*, 108–118.

Langman, P. (2013). Thirty-five rampage school shooters: Trends, patterns, and typology. In N. Böckler, T. Seeger, & P. Sitzer (Eds.), *School shootings: International research, case studies, and concepts for prevention* (pp. 131–158). New York, NY: Springer.

Langton, L. (2010, June). *Women in law enforcement, 1987–2008*. Washington, DC: U.S. Department of Justice, Bureau of Justice Statistics.

Langton, L., Berzofsky, M., Krebs, C., & Smiley-McDonald, H. (2012, August). *Victimizations not reported to the police, 2006–2010*. Washington, DC: U.S. Department of Justice, Bureau of Justice Statistics.

Lanyon, R. I. (1986). Theory and treatment in child molestation. *Journal of Consulting and Clinical Psychology, 54*, 176–182.

Lara, C., Fayyad, J., de Graaf, R., Kessler, R. C., Aguilar-Gaxiola, S., Angermeyer, M., . . . & Sampson, N. (2009). Childhood predictors of adult attention-deficit/hyperactivity disorder: Results from the World Health Organization World Mental Health Survey initiative. *Biological Psychiatry, 65*, 46–54.

Lareau, C. R. (2013). Civil commitment and involuntary hospitalization of the mentally ill. In R. K. Otto & I. B. Weiner (Eds.), *Handbook of psychology: Vol. 11. Forensic psychology* (2nd ed., pp. 308–331). Hoboken, NJ: Wiley.

Larkin, R. W. (2007). *Comprehending Columbine*. Philadelphia, PA: Temple University Press.

Larson, K., & Grisso, T. (2012, Summer). Juvenile competence to stand trial: Issues in research, policy, and practice. *American Psychology-Law Society Newsletter*, 18–20.

Lassiter, G. D., & Meissner, C. A. (Eds.). (2010). *Police interrogation and false confessions: Current research, practice, and policy recommendations*. Washington, DC: American Psychological Association.

Lavigne, J. E., McCarthy, M., Chapman, R., Petrilla, A., & Knox, K. L. (2012). Exposure to prescription drugs labeled for risk of adverse effects of suicidal behavior or ideation among 100 Air Force personnel who died by suicide, 2006–2009. *Suicide and Life-Threatening Behavior, 42*, 561–566.

Laws, D. R. (1995). Central elements in relapse prevention procedures with sex offenders. *Psychology, Crime, and Law, 2*, 41–53.

LeBlanc, M. M., & Kelloway, K. E. (2002). Predictors and outcomes of workplace violence and aggression. *Journal of Applied Psychology, 87*, 444–453.

LeCroy, C. W., Stevenson, P., & MacNeil, G. (2001). Systems considerations in treating juvenile offenders with mental disorders. In J. B. Ashford, B. D. Sales, & W. H. Reid (Eds.), *Treating adult and juvenile offenders with special needs* (pp. 403–418). Washington, DC: American Psychological Association.

Lee, H., & Vaughn, M. S. (2010). Organizational factors that contribute to police deadly force liability. *Journal of Criminal Justice, 38*, 193–206.

Lee, M. (2002). Asian battered women: Assessment and treatment. In A. R. Roberts (Ed.), *Handbook of domestic violence: Intervention strategies* (pp. 472–482). New York, NY: Oxford University Press.

Lee, S. M., & Nachlis, L. S. (2011). Consulting with attorneys: An alternative hybrid model. *Journal of Child Custody, 8*, 84–102.

Leech, S. L., Day, N. L., Richardson, G. A., & Goldschmidt, L. (2003). Predictors of self-reported delinquent behavior in a sample of young adolescents. *Journal of Early Adolescence, 23*, 78–106.

Lehrmann, D. H. (2010). Advancing children's rights to be heard and protected: The model representation of Children in Abuse, Neglect, and Custody Proceedings Act. *Behavioral Sciences & the Law, 28*, 463–479.

Leiber, M. J. (2002). Disproportionate minority confinement (DMC) of youth: An analysis of state and federal efforts to address the issue. *Crime & Delinquency, 48*, 3–45.

Leistico, A., Salekin, R., DeCoster, J., & Rogers, R. (2008). A large-scale meta-analysis relating the Hare measures of psychopathy to antisocial conduct. *Law and Human Behavior, 32*, 28–45.

Leitenberg, H., & Henning, K. (1995). Sexual fantasy. *Psychological Bulletin, 117*, 469–496.

Lemley, E. C. (2001). Designing restorative justice policy: An analytical perspective. *Criminal Justice Policy Review, 12*, 43–65.

Lenhart, A. (2015). *Teens, social media and technology overview, 2015*. Washington, DC: The Pew Center Internet & American Life Project.

Lenhart, A., Kahne, J., Middaugh, E., Macquill, A. R., Evans, C., & Vitak, J. (2008). *Teens, video games and civics* (Report No. 202–415–4500). Washington, DC: Pew Internet and American Life Project.

Lenhart, A., Ling, R., Campbell, S., & Purcell, K. (2010). *Teens and mobile phones*. Washington, DC: University of Michigan Department of Communication Studies; The Pew Center Internet & American Life Project.

Lenton, A. P. (2007). Matters of life and death: Justice in judgments of wrongful death. *Journal of Applied Social Psychology, 37*, 1191–1218.

Leo, R. A. (1996). *Miranda's* revenge: Police interrogation as a confidence game. *Law & Society Review, 30*, 259–288.

Leo, R. A., & Ofshe, R. J. (1998). The consequences of false confessions: Deprivations of liberty and miscarriages of justice in the age of psychological interrogation. *Journal of Criminal Law & Criminology, 88*, 429–440.

Leonard, E. L. (2015). Forensic neuropsychology and expert witness testimony: An overview of forensic practice. *International Journal of Law and Psychiatry, 42–43*, 177–182.

Leskinen, E. A., Cortina, L. M., & Kabat, D. B. (2011). Gender harassment: Broadening our understanding of sex-based harassment at work. *Law and Human Behavior, 35*, 25–39.

Lesser, G. E., & Batalova, J. (2017, April 5). Central American immigrants in the United States. *Migration Policy Institute*. Retrieved from www.migrationpolicy.org

Lester, D., Braswell, M., & Van Voorhis, P. (1992). *Correctional counseling* (2nd ed.). Cincinnati, OH: Anderson.

Levensky, E. R., & Fruzzetti, A. E. (2004). Partner violence: Assessment, prediction, and intervention. In W. T. O'Donohue & E. R. Levensky (Eds.), *Handbook of forensic psychology: Resource for mental health and legal professionals* (pp. 714–743). Amsterdam, Netherlands: Elsevier.

Levesque, R. J. R. (2001). *Culture and family violence: Fostering change through human rights law*. Washington, DC: American Psychological Association.

Levitt, L., Hoffer, T. A., & Loper, A. E. (2016). Criminal histories of a subsample of animal cruelty offenders. *Aggression and Violent Behavior, 30*, 48–59.

Lewinsohn, P. M., & Rosenbaum, M. (1987). Recall of parental behavior by acute depressives, remitted depressives, and nondepressives. *Journal of Personality and Social Psychology, 52*, 611–619.

Lewis, J. A., Dana, R. Q., & Blevins, G. A. (1994). *Substance abuse counseling: An individualized approach* (2nd ed.). Pacific Grove, CA: Brooks/Cole.

Li, Q. (2006). Cyberbullying in schools: A research on gender differences. *School Psychology International, 27*, 157–170.

Li, Q. (2010). Cyberbullying in high schools: A study of students' behaviors and beliefs about the new phenomenon. *Journal of Aggression, Maltreatment & Trauma, 19*, 372–292.

Lichtblau, E. (2016, September 7). Hate crimes against American Muslims most since post-9/11 era. Retrieved from https://www.nytimes.com/2016/09/18/us/politics/hate-crimes-american-muslims-rise.html

Lichtenberg, P. A., Qualls, S. H., & Smyer, M. A. (2015). Competency and decision-making capacity: Negotiating health and financial decision making. In P. A. Lichtenberg & P. T. Mast (Eds.), *APA handbook of clinical geropsychology: Vol. 2. Assessment, treatment, and issues of later life* (pp. 553–578). Washington, DC: American Psychological Association.

Lieberman, J. D. (2011). The utility of scientific jury selection. Still murky after 30 years. *Current Directions in Psychological Science, 20*, 48–52.

Lilienfeld, S. O., & Andrews, B. P. (1996). Development and preliminary validation of a self-report measure of psychopathic personality traits in noncriminal population. *Journal of Personality Assessment, 66*, 488–524.

Lilienfeld, S. O., & Loftus, E. F. (1998). Repressed memories and World War II: Some cautionary notes. *Professional Psychology: Research and Practice, 29*, 471–475.

Lilienfeld, S. O., Patrick, C. J., Benning, S. D., Berg, J., Sellbom, M., & Edens, J. F. (2012). The role of fearless dominance in psychopathy: Confusions, controversies, and clarifications. *Personality Disorders: Theory, Research, and Treatment, 3*, 327–340.

Lilienfeld, S. O., Smith, S. F., Savigné, K. C., Patrick, C. J., Drislane, L. E., Latzman, R. D., . . . & Krueger, R. F. (2016). Is boldness relevant to psychopathic personality? Meta-analytic relations with non-psychopathy checklist-based measures of psychopathy. *Psychological Assessment, 28*, 1172–1185.

Lilienfeld, S. O., Smith, S. F., & Watts, A. L. (2016). The perils of unitary models of the etiology of mental disorders: The response modulation hypothesis of psychopathy as a case example. Rejoinder to Newman and Baskin-Sommers (2016). *Psychological Bulletin, 142*, 1394–1403.

Lilienfeld, S. O., Watts, A. L., & Smith, S. F. (2015). Successful psychopathy: A scientific status report. *Current Directions in Psychological Science, 24*, 298–303.

Lilienfeld, S. O., & Widows, M. R. (2005). *Psychopathic Personality Inventory–Revised: Professional manual.* Lutz, FL: Psychological Assessment Resources.

Limm, H., Gündel, H., Heinmüller, M., Martin-Mittage, B., Nater, U., Siegrist, J., . . . & Angerer, P. (2011). Stress management interventions in the workplace to improve stress reactivity: A randomized controlled trial. *Occupational and Environmental Medicine, 68*, 126–133.

Lipsey, M. W. (2009). The primary factors that characterize interventions with juvenile offenders: A meta-analytic overview. *Victims and Offenders, 4*, 124–147.

Lipsitt, P. D., Lelos, D., & McGarry, A. L. (1971). Competency for trial: A screening instrument. *The American Journal of Psychiatry, 128*, 105–109.

Lipton, D. N., McDonel, E. C., & McFall, R. M. (1987). Heterosexual perceptions in rapists. *Journal of Consulting and Clinical Psychology, 55*, 17–21.

Loeber, R. (1990). Development and risk factors of juvenile antisocial behavior and delinquency. *Clinical Psychological Review, 10*, 1–41.

Loeber, R., Burke, J., & Lahey, B. (2002). What are adolescent antecedents to an antisocial personality disorder? *Criminal Behaviour and Mental Health, 12*, 24–36.

Loftus, E. F. (1979). *Eyewitness testimony.* Cambridge, MA: Harvard University Press.

Loftus, E. F. (2004). The devil in confessions. *Psychological Science in the Public Interest, 5*, i–ii.

Loftus, E. F. (2005). Planting misinformation in the human mind: A 30-year investigation of the malleability of memory. *Learning and Memory, 12*, 361–366.

Loftus, E. F. (2013). 25 years of eyewitness science . . . finally pays off. *Perspectives on Psychological Science, 8*, 556–557.

Logue, M., Book, A. S., Frosina, P., Huizinga, T., & Amos, S. (2015). Using reality monitoring to improve deception detection in the context of the cognitive interview for suspects. *Law and Human Behavior, 39*, 360–367.

Loh, W. D. (1981). Perspectives on psychology and law. *Journal of Applied Social Psychology, 11*, 314–355.

Lonsway, K. A., & Archambault, J. (2012). The "justice gap" for sexual assault cases: Future directions for research and reform. *Violence Against Women, 18*, 145–168.

Lonsway, K. A., & Fitzgerald, L. F. (1994). Rape myths: In review. *Psychology of Women Quarterly, 18*, 133–164.

Lonsway, K. A., & Fitzgerald, L. F. (1995). Attitudinal antecedents of rape myth acceptance: A theoretical and empirical reexamination. *Journal of Personality and Social Psychology, 68*, 704–711.

Lord, J. (1997). *Death notification: Breaking the bad news with concern for the professional and compassion for the survivor.* Washington, DC: U.S. Department of Justice, Office for Victims of Crime.

Lord, J. (2001). Death notification training of trainers seminars. *OVC Bulletin.* Washington, DC: U.S. Department of Justice, Office for Victims of Crime.

Lord, W. D., Boudreaux, M. C., & Lanning, K. (2001, April). Investigating potential child abduction cases: A developmental perspective. *FBI Law Enforcement Bulletin*, 1–10.

Luke, T., Crozier, W. E., & Strange, D. (2017, March 23). Memory errors in police interviews: The bait question as a source of misinformation. *Journal of Applied Research in Memory and Cognition.* Advance online publication. doi:10.1016/j.jarmac.2017.01.011

Luna, B., & Wright, C. (2016). Adolescent brain development: Implications for the juvenile criminal justice system. In K. Heilbrun (Ed.), *APA handbook of psychology and juvenile justice* (pp. 91–114). Washington, DC: American Psychological Association.

Luskin, M. L. (2013). More of the same? Treatment in mental health courts. *Law and Human Behavior, 37*, 255–266.

Lykken, D. T. (1957). A study of anxiety in the sociopathic personality. *Journal of Abnormal and Social Psychology, 55*, 6–10.

Lykken, D. T. (1959). The GSR in the detection of guilt. *Journal of Applied Psychology, 43*, 385–388.

Lynam, D. R. (1997). Pursuing the psychopath: Capturing the fledgling psychopath in a nomological net. *Journal of Abnormal Psychology, 106*, 425–438.

Lynam, D. R., & Miller, J. D. (2012). Fearless dominance and psychopathy: A response to Lilienfeld et al. *Personality Disorders: Theory, Research, and Treatment, 3*, 341–353.

Lynn, S. J., Boycheva, E., Deming, A., Lilienfeld, S. O., & Hallquist, M. N. (2009). Forensic hypnosis: The state of the science. In J. L. Skeem, K. S. Douglas, & S. O. Lilienfeld (Eds.), *Psychological science in the courtroom: Consensus and controversy* (pp. 80–99). New York, NY: Guilford Press.

Maccoby, E., Buchanan, C., Mnookin, R., & Dornsbusch, S. (1993). Postdivorce roles of mother and father in the lives of their children. *Journal of Family Psychology, 1*, 24–38.

MacKain, S. J., Myers, B., Ostapiej, L., & Newman, R. A. (2010). Job satisfaction among psychologists working in state prisons: The relative impact of facets assessing economics, management, relationships, and perceived organizational support. *Criminal Justice and Behavior, 37*, 306–318.

MacKain, S. J., Tedeschi, R. G., Durham, T. W., & Goldman, V. J. (2002). So what are master's level psychology practitioners doing? Surveys of employers and recent graduates in North Carolina. *Professional Psychology: Research and Practice*, *33*, 408–412.

MacKay, S., Paglia-Boak, A., Henderson, J., Marton, P., & Adlaf, E. (2009). Epidemiology of firesetting in adolescents: Mental health and substance abuse correlates. *Journal of Child Psychology and Psychiatry*, *50*, 1282–1290.

MacKenzie, D. L. (2000). Evidence-based corrections: Identifying what works. *Crime & Delinquency*, *46*, 457–471.

MacKenzie, D. L., Robinson, J. W., & Campbell, C. S. (1989). Long-term incarceration of female offenders: Prison adjustment and coping. *Criminal Justice and Behavior*, *16*, 223–238.

MacLin, O. H., MacLin, M. K., & Malpass, R. S. (2001). Race, arousal, attention, exposure, and delay: An examination of factors moderating face recognition. *Psychology, Public Policy, and Law*, 7, 134–152.

MacLin, O. H., & Malpass, R. S. (2001). Racial categorization of faces: The ambiguous race face effect. *Psychology, Public Policy, and Law*, 7, 98–118.

Madfis, E., & Levin, J. (2013). School rampage in international perspective: The salience of cumulative strain theory. In N. Böckler, T. Seeger, & P. Sitzer (Eds.), *School shootings: International research, case studies, and concepts for prevention* (pp. 79–104). New York, NY: Springer.

Magaletta, P. R., Diamond, P. M., Faust, E., Daggett, D., & Camp, S. D. (2009). Estimating the mental illness component of service need in corrections: Results from the Mental Health Prevalence Project. *Criminal Justice and Behavior*, *36*, 229–244.

Magaletta, P. R., Dietz, E. F., & Diamond, P. M. (2005). *The prevalence of behavioral and psychological disorders among an admissions cohort of federal inmates* (Bureau of Prisons, Research Review Board 01–038). Washington, DC: U.S. Department of Justice.

Magaletta, P. R., Patry, M. W., Cermak, J., & McLearen, A. M. (2017). Inside the world of corrections practica: Findings from a national survey. *Training and Education in Professional Psychology*, *11*, 10–17.

Magaletta, P. R., Patry, M. W., & Norcross, J. C. (2012). Who is training behind the wall? Twenty-five years of psychology interns in corrections. *Criminal Justice and Behavior*, *39*, 1405–1420.

Magaletta, P. R., Patry, M. W., Patterson, K. L., Gross, N. R., Morgan, R. D., & Norcross, J. C. (2013). Training opportunities for corrections practice: A national survey of doctoral psychology programs. *Training and Education in Professional Psychology*, 7, 291–299.

Magnussen, S., & Melinder, A. (2012). What psychologists know and believe about memory: A survey of practitioners. *Applied Cognitive Psychology*, *26*, 54–60.

Malamuth, N. M. (1981). Rape proclivity among males. *Journal of Social Issues*, *37*, 138–157.

Malamuth, N. M., & Brown, L. M. (1994). Sexually aggressive men's perceptions of women's communications: Testing three explanations. *Journal of Personality and Social Psychology*, *67*, 699–712.

Malamuth, N. M., Heavey, C. L., & Linz, D. (1993). Predicting men's antisocial behavior against women: The "interaction model" of sexual aggression. In N. G. Hall & R. Hirschman (Eds.), *Sexual aggression: Issues in etiology and assessment treatment and policy*. New York, NY: Hemisphere.

Malamuth, N. M., Linz, D., Heavey, C. L., Barnes, G., & Acker, M. (1995). Using the confluence model of sexual aggression to predict men's conflict with women: A 10-year follow-up study. *Journal of Personality and Social Psychology*, *69*, 353–369.

Malamuth, N. M., Sockloskie, R., Koss, M., & Tanaka, J. (1991). The characteristics of aggressors against women: Testing a model using a national sample of college students. *Journal of Consulting and Clinical Psychology*, *59*, 670–681.

Maldonado, S. (2017). Bias in the family: Race, ethnicity, and culture in custody disputes. *Family Court Review*, *55*, 213–242.

Malesky, L. A., Jr. (2007). Predatory online behavior: Modus operandi of convicted sex offenders in identifying potential victims and contacting minors over the Internet. *Journal of Child Sexual Abuse: Research, Treatment & Program Innovations for Victims, Survivors, & Offenders*, *16*, 23–32.

Malloy, L. C., Shulman, E. P., & Cauffman, E. (2014). Interrogations, confessions, and guilty pleas among serious adolescent offenders. *Law and Human Behavior*, *38*, 181–193.

Mandler, J. M. (1988) How to build a baby: On the development of an accessible representational system. *Cognitive Development*, *3*, 113–136.

Mandler, J. M. (1990). Recall of events by preverbal children. In A. Diamond (Ed.), *The development and neural bases of higher cognitive functions* (pp. 485–516) . New York, NY: New York Academy of Science.

Mandracchia, J. T., Morgan, R. D., Gross, S., & Garland, J. T. (2007). Inmate thinking patterns: An empirical investigation. *Criminal Justice and Behavior*, *34*, 1029–1043.

Manguno-Mire, G. M., Thompson, J. W., Shore, J. H., Croy, C. D., Artecona, J. F., & Pickering, J. W. (2007). The use of telemedicine to evaluate competence to stand trial: A preliminary randomized controlled study. *Journal of the American Academy of Psychiatry and the Law*, *35*, 481–489.

Mann, S., Ewens, S., Shaw, D., Vrij, A., Leal, S., & Hillman, J. (2013). Lying eyes: Why liars seek deliberate eye contact. *Psychiatry, Psychology and Law*, *20*, 452–461.

Manning, P. K. (1995). The police occupational culture in Anglo-American societies. In W. Bailey (Ed.), *The encyclopedia of police science*. New York, NY: Garland Publishing.

Mannuzza, S., Klein, R. G., Bessler, A., Malloy, P., & LaPadula, M. (1998). Adult psychiatric status of hyperactive boys grown up. *American Journal of Psychiatry*, *155*, 493–498.

Margolin, G., Vickerman, K. A., Ramos, M. C., Serrano, S. D., Gordis, E. B., Iturralde, M. C., . . . & Spies, L. A. (2009). Youth exposed to violence: Stability, co-occurrence, and context. *Clinical Child and Family Psychology Review, 12*, 39–54.

Markel, H. (2014, September 29). *How the Tylenol murders of 1982 changed the way we consume medication*. Retrieved from http://www.pbs.org/newshour/updates/tylenol-murders-1982

Markesteyn, T. (1992). *The psychological impact of nonsexual criminal offenses on victims*. Ottawa, Canada: Ministry of the Solicitor General of Canada, Corrections Branch.

Marsee, M. A., Silverthorn, P., & Frick, P. J. (2005). The association of psychopathic traits with aggression and delinquency in non-referred boys and girls. *Behavioral Sciences & the Law, 23*, 803–817.

Marshall, C. E., Benton, D., & Brazier, J. M. (2000). Elder abuse: Using clinical tools to identify clues of mistreatment. *Geriatrics, 55*, 42–53.

Marshall, G. N., & Schell, T. L. (2002). Reappraising the link between peritraumatic dissociation and PTSD symptom severity: Evidence from a longitudinal study of community violence survivors. *Journal of Abnormal Psychology, 111*, 626–636.

Marshall, W. B. (1996). Assessment, treatment, and theorizing about sex offenders. *Criminal Justice and Behavior, 23*, 162–199.

Marshall, W. L. (1998). Diagnosing and treating sexual offenders. In A. K. Hess & I. B. Weiner (Eds.), *The handbook of forensic psychology* (2nd ed., pp. 640–670). New York, NY: Wiley.

Marshall, W. L., & Barbaree, H. (1990). Outcome of comprehensive cognitive-behavioral treatment programs. In W. L. Marshall & H. E. Barbaree (Eds.), *Handbook of sexual assault: Issues, theories, and treatment of offenders* (pp. 363–385). New York, NY: Plenum.

Marshall, W. L., Boer, D., & Marshall, L. E. (2014). Assessing and treating sex offenders. In I. B. Weiner & R. K. Otto (Eds.), *The handbook of forensic psychology* (4th ed., pp. 839–866). Hoboken, NJ: Wiley.

Martin, M. S., Dorken, S. K., Wamboldt, A. D., & Wootten, S. E. (2012). Stopping the revolving door: A meta-analysis on the effectiveness of interventions for criminally involved individuals with major mental disorders. *Law and Human Behavior, 36*, 1–12.

Martin, S. E. (1989). Women on the move? A report on the status of women in policing. *Women and Criminal Justice, 1*, 21–40.

Martin, S. E. (1992). The effectiveness of affirmative action: The case of women in policing. *Justice Quarterly, 8*, 489–504.

Mason, C. (2012). *Too good to be true: Private prisons in America*. (NCJ 240782). Washington, DC: Sentencing Project.

Mason, M. A., & Quirk, A. (1997). Are mothers losing custody? Read my lips: Trends in judicial decision-making in custody disputes—1920, 1960, 1990, and 1995. *Family Law Quarterly, 31*, 215–236.

Mathews, J. K., Hunter, J. A., & Vuz, J. (1997). Juvenile female sexual offenders: Clinical characteristics and treatment issues. *Sexual Abuse: A Journal of Research and Treatment, 9*, 187–199.

Matsumoto, D. (Ed.). (2010). *APA Handbook of interpersonal communication*. Washington, DC: American Psychological Association.

Mayer, M. J., & Corey, D. M. (2015). Current issues in psychological fitness-for-duty evaluations of law enforcement officers: Legal and practice implications. In C. L. Mitchell & E. H. Dorian, *Police psychology and its growing impact on modern law enforcement* (pp. 93–118). Hershey, PA: IGI Global.

Mayfield, M. G., & Widom, C. S. (1996). The cycle of violence. *Archives of Pediatric and Adolescent Medicine, 150*, 390–395.

McAuliff. B. D., & Groscup, J. L. (2009). *Daubert* and psychological science in court: Judging validity from the bench, bar, and jury box. In J. L. Skeem, K. S. Douglas, & S. O. Lilienfeld (Eds.), *Psychological science in the courtroom: Consensus and controversy* (pp. 26–52). New York, NY: Guilford Press.

McCann, J. T. (1998). A conceptual framework for identifying various types of confessions. *Behavioral Sciences & the Law, 16*, 441–453.

McCormick, E. J. (1979). *Job analysis: Methods and applications*. New York, NY: Amacom.

McDonald, R., Jouriles, E. N., Ramisetty-Mikler, S., Caetano, R., & Green, C. E. (2006). Estimating the number of American children living in partner-violence families. *Journal of Family Psychology, 20*, 137–142.

McElvain, J. P., & Kposowa, A. J. (2008). Police officer characteristics and the likelihood of using deadly force. *Criminal Justice and Behavior, 35*, 505–521.

McEwan, T. E., Mullen, P. E., MacKenzie, R. D., & Ogloff, J. R. P. (2009). Violence in stalking situations. *Psychological Medicine, 39*, 1469–1478.

McEwan, T. E., Mullen, P. E., & Purcell, R. (2007). Identifying risk factors in stalking: A review of current research. *International Journal of Law and Psychiatry, 30*, 1–9.

McEwan, T. E., Pathé, M., & Ogloff, J. R. P. (2011). Advances in stalking risk assessment. *Behavioral Sciences & the Law, 29*, 180–201.

McGee, C. (2000). *Childhood experiences of domestic violence*. London, England: Jessica Kingsley.

McGee, J., & DeBernardo, C. (1999). The classroom avenger: A behavioral profile of school-based shootings. *Forensic Examiner, 8*, 16–18.

McGlynn, A. H., Hahn, P., & Hagan, M. P. (2012). The effect of a cognitive treatment program for male and female juvenile offenders. *International Journal of Offender Therapy and Comparative Criminology, 57*, 1107–1119.

McGowan, M. R., Horn, R. A., & Mellott, R. N. (2011). The predictive validity of the Structured Assessment of Violence Risk in youth in secondary educational settings. *Psychological Assessment, 23*, 478–486.

McGrath, A., & Thompson, A. P. (2012). The relative predictive validity of the static and dynamic domain scores in risk-need assessment of juvenile offenders. *Criminal Justice and Behavior, 39*, 250–263.

McGrath, R. J., Cumming, G. F., & Burchard, B. L. (2003). *Current practices and trends in sexual abuser management: The Safer Society 2002 Nationwide Survey*. Brandon, VT: Safe Society Press.

McIntyre, B. L. (2014). More than just rescue: Thinking beyond exploitation to creating assessment strategies for child survivors of commercial sexual exploitation. *International Social Work, 57*, 39–63.

McKenzie, J. (2013, May). *Postdoctoral psychology internship 2014–2015*. Rochester, MN: U.S. Bureau of Prisons, Federal Medical Center.

McLawsen, J. E., Scalora, M. J., & Darrow, C. (2012). Civilly committed sex offenders: A description and interstate comparison of populations. *Psychology, Public Policy, and Law, 18*, 453–476.

McMahon, M. (1999). Battered women and bad science: The limited validity and utility of battered women syndrome. *Psychiatry, Psychology, and Law, 6*, 23–49.

McMains, M. J., & Mullins, W. C. (2013). *Crisis negotiations: Managing critical incidents and hostage situations in law enforcement and corrections* (5th ed.). Waltham, MA: Anderson.

McNally, R. J., Bryant, R. A., & Ehlers, A. (2003). Does early psychological intervention promote recovery from posttraumatic stress? *American Psychological Society, 4*, 45–70.

McNally, R. J., & Geraerts, E. (2009). A new solution to the recovered memory debate. *Perspectives on Psychological Science, 4*, 126–134.

McNally, R. J., Perlman, C. A., Ristuccia, C. S., & Clancy, S. A. (2008). Clinical characteristics of adults reporting repressed, recovered, or continuous memories of childhood sexual abuse. *Journal of Consulting and Clinical Psychology, 74*, 237–242.

McNeece, C. A., Springer, D. W., & Arnold, E. M. (2001). Treating substance abuse disorders. In J. B. Ashford, B. D. Sales, & W. H. Reid (Eds.), *Treating adult and juvenile offenders with special needs* (pp. 131–170). Washington, DC: American Psychological Association.

McNeece, C. A., Springer, D. W., Shader, M. A., Malone, R., Smith, M. A., Touchton-Cashwell, S., et al. (1997). *An evaluation of juvenile assessment centers in Florida*. Tallahassee: Florida State University, Institute for Health and Human Services Research.

McWhirter, P. T. (1999). La violencia privada: Domestic violence in Chile. *American Psychologist, 54*, 37–40.

McWilliams, K. (2016, Spring). Best practice guidelines for child forensic interviewing: What we know and where we are going. *Section on Child Maltreatment Insider, 21*, 2–3.

Meehl, P. E. (1954). *Clinical versus statistical prediction: A theoretical analysis and a review of the evidence*. Minneapolis: University of Minnesota Press.

Meesig, R., & Horvath, F. (1995). A national survey of practices, policies and evaluative comments on the use of pre-employment polygraph screening in police agencies in the United States. *Polygraph, 24*, 57–136.

Mehari, K. R., Farrell, A. D., & Le, A.-T. (2014). Cyberbullying among adolescents: Measures in search of a construct. *Psychology of Violence, 4*, 399–415.

Meissner, C. A., & Brigham, J. C. (2001). Thirty years of investigating the own-race bias in memory for faces: A meta-analytic review. *Psychology, Public Policy, and Law, 7*, 3–35.

Meissner, C. A., Hartwig, M., & Russano, M. B. (2010). The need for a positive psychological approach and collaborative effort for improving practice in the interrogation room. *Law & Human Behavior, 34*, 43–45.

Meissner, C. A., & Lassiter, G. D. (2010). Conclusion: What have we learned? Implications for practice, policy, and future research. In G. D. Lassiter & C. A. Meissner (Eds.), *Police interrogations and false confessions: Current research, practice, and policy recommendations* (pp. 225–230). Washington, DC: American Psychological Association.

Meissner, C. A., Redlich, A. D., Bhatt, S., & Brandon, S. E. (2012). Interview and interrogation methods and their effects on true and false confessions. *Campbell Systematic Reviews, 13*, 1–53.

Meissner, C. A., Russano, M. B., & Narchet, F. M. (2010). The importance of a laboratory science for improving the diagnostic value of confession evidence. In G. D. Lassiter & C. A. Meissner (Eds.), *Police interrogations and false confessions: Current research, practice, and policy recommendations* (pp. 111–126). Washington, DC: American Psychological Association.

Meloy, J. R., & Gothard, S. (1995). Demographic and clinical comparison of obsessional followers and offenders with mental disorders. *American Journal of Psychiatry, 152*, 258–263.

Meloy, J. R., & Hoffmann, J. (Eds.). (2013). *The international handbook of threat assessment*. New York, NY: Oxford University Press.

Meloy, M., & Mohandie, K. (2008). Two case studies of corporate-celebrity male victims: The stalking of Steven Spielberg and Stephen Wynn. In J. R. Meloy, L. Sheridan, & J. Hoffman (Eds.), *Stalking, threatening, and attacking public figures: A psychological and behavioral analysis* (pp. 245–270). New York, NY: Oxford University Press.

Meloy, M., Mohandie, K., & Green McGowan, M. (2008). A forensic investigation of those who stalk celebrities. In J. R. Meloy, L. Sheridan, & J. Hoffman (Eds.), *Stalking, threatening, and attacking public figures: A psychological and behavioral analysis* (pp. 37–54). New York, NY: Oxford University Press.

Melton, G. B., Petrila, J., Poythress, N. G., & Slobogin, C. (1997). *Psychological evaluations for the courts: A handbook for mental health professionals and lawyers* (2nd ed.). New York, NY: Guilford Press.

Melton, G. B., Petrila, J., Poythress, N. G., & Slobogin, C. (Eds.). (2007). *Psychological evaluations for the courts: A handbook for mental health professionals and lawyers* (3rd ed.). New York, NY: Guilford Press.

Memon, A., Meissner, C. A., & Fraser, J. (2010). The cognitive interview: A meta-analytic review and study space analysis of the past 25 years. *Psychology, Public Policy, and Law, 16*, 340–372.

Menard, K. S., Anderson, A. L., & Godboldt, S. M. (2009). Gender differences in intimate partner recidivism: A 5-year follow-up. *Criminal Justice and Behavior, 36*, 61–76.

Mental Health Court Showing Gains. (March/April 2017). *The National Psychologist, 26*, 10.

Mercado, C. C., Jeglic, E., Markus, K., Hanson, R. K., & Levenson, J. (2011, January). *Sex offender management, treatment, and civil commitment: An evidence base analysis aimed at reducing sexual violence*. Washington, DC: U.S. Department of Justice, National Institute of Justice.

Merrill, G. S., & Wolfe, V. A. (2000). Battered gay men: An exploration of abuse, help-seeking, and why they stay. *Journal of Homosexuality, 39*, 1–30.

Merry, S., & Harsent, L. (2000). Intruders, pilferers, raiders, and invaders: The interpersonal dimension of burglary. In D. Canter & L. Alison (Eds.), *Profiling property crimes*. Dartmouth, England: Ashgate.

Merz-Perez, L., Heide, K. M., & Silverman, I. J. (2001). Childhood cruelty to animals and subsequent violence against humans. *International Journal of Offender Therapy and Comparative Criminology, 45*, 556–573.

Messina, N., Grella, C., Burdon, W., & Prendergast, M. (2007). Childhood adverse events and current traumatic distress: A comparison of men and women drug-dependent prisoners. *Criminal Justice and Behavior, 34*, 1385–1401.

Messinger, A. M. (2011). Invisible victims: Same-sex IPV in the National Violence Against Women Survey. *Journal of Interpersonal Violence, 26*, 2228–2243.

Metzner, J. L., & O'Keefe, M. L. (2011). Psychological effects of administrative segregation: The Colorado Study. *Corrections Mental Health Report, 13*, 1–2, 13–14.

Meuer, T., Seymour, A., & Wallace, H. (2002, June). Domestic violence. In A. Seymour, M. Murray, J. Sigmon, M. Hook, C. Edwards, M. Gaboury, & G. Coleman (Eds.), *National Victim Assistance Academy textbook*. Washington, DC: U.S. Department of Justice, Office for Victims of Crime.

Meyer, J. R., & Reppucci, N. D. (2007). Police practices and perceptions regarding juvenile interrogation and interrogative suggestibility. *Behavioral Sciences & the Law, 25*, 757–780.

Mez, J., Daneshvar, D. H., Kierman, P. T., Abdolmohammadi, B., Alarez, V. E., Huber, B. R., . . . & McKee, A. C. (2017). Clinicopathological evaluation of traumatic encephalopathy in players of American football. *JAMA, 318*, 360–370.

Miccio-Fonseca, L. C. (2006). *Multiplex Empirically Guarded Inventory of Ecological Aggregates for assessing sexually abusive youth (ages 19 and under) (MEGA)*. San Diego, CA: Author.

Michalski, D., Kohout, J., Wicherski, M., & Hart, B. (2011). *2009 Doctorate Employment Survey*. Washington, DC: American Psychological Association, Center for Workplace Studies.

Mickes, L., Flowe, H. D., & Wixted, J. T. (2012). Receiver operating characteristics analysis of eyewitness memory: Comparing the diagnostic accuracy of simultaneous vs. sequential lineups. *Journal of Experimental Psychology: Applied, 18*, 361–376.

Milan, M. A., Chin, C. E., & Nguyen, Q. X. (1999). Practicing psychology in correctional settings: Assessment, treatment, and substance abuse programs. In A. K. Hess & I. B. Weiner (Eds.), *Handbook of forensic psychology* (2nd ed., pp. 580–602). New York, NY: Wiley.

Miller, A. (2014). Threat assessment in action. *Monitor on Psychology, 45*(2), 37–38, 40.

Miller, G. (2012, August 17). In mock cases, biological evidence reduces sentences. *Science, 337*, 788.

Miller, L. (1995). Tough guys: Psychotherapeutic strategies with law enforcement and emergency services personnel. *Psychotherapy, 32*, 592–600.

Miller, L. (2008). Death notification for families of homicide victims: Healing dimensions of a complex process. *Omega: Journal of Death and Dying, 57*, 367–380.

Miller, L. (2014). Serial killers: I. Subtypes, patterns, and motives. *Aggression and Violent Behavior, 19*, 1–11.

Miller, L. (2015). Why cops kill: The psychology of police deadly force encounters. *Aggression and Violent Behavior, 22*, 97–111.

Miller, L. S., & Lindbergh, C. A. (2017). Neuroimaging techniques in the courtroom. In S. S. Bush (Ed.), *APA handbook of forensic neuropsychology* (pp. 111–144). Washington, DC: American Psychological Association.

Miller, M., & Hinshaw, S. F. (2010). Does childhood executive function predict adolescent functional outcomes in girls with ADHD? *Journal of Abnormal Child Psychology, 38*, 315–326.

Miller, R. D. (2003). Hospitalization of criminal defendants for evaluation of competence to stand trial or for restoration of competence: Clinical and legal issues. *Behavioral Sciences & the Law, 21*, 369–391.

Miller-Perrin, C., & Wurtele, S. K. (2017). Sex trafficking and the commercial sexual exploitation of children. *Women & Therapy, 40*, 123–151.

Millon, T. (1994). *MCMI-III: Manual*. Minneapolis, MN: National Computer Systems.

Miner, M. H., Day, D. M., & Nafpaktitis, M. K. (1989). Assessment of coping skills: Development of situational competency test. In D. R. Laws (Eds.), *Relapse prevention with sex offenders* (pp. 127–136). New York, NY: Guilford Press.

Mischel, W. (1968). *Personality and assessment*. New York, NY: Wiley.

Mischel, W., & Peake, P. K. (1982). Beyond déjà vu in the search for cross-situational consistency. *Psychological Review, 89*, 730–755.

Mitchell, C. L. (2017). Preemployment psychological screening of police officer applicants: Basic considerations and recent advances. In

C. L. Mitchell & E. H. Dorian (Eds.), *Police psychology and its growing impact on modern law enforcement* (pp. 28–50). Hershey, PA: IGI Global.

Mitchell, K., Finkelhor, D., & Wolak, J. (2007). Youth Internet users at risk for the most serious online sexual solicitations. *American Journal of Preventive Medicine, 32*, 532–537.

Mitchell, K., Jones, L. M., Finkelhor, D., & Wolak, J. (2011). Internet-facilitated commercial sexual exploitation of children: Findings from a nationally representative sample of law enforcement agencies in the United States. *Sexual Abuse: A Journal of Research and Treatment, 23*, 43–71.

Mitchell, K., Wolak, J., & Finkelhor, D. (2005). Police posing as juveniles online to catch sex offenders: Is it working? *Sexual Abuse: A Journal of Research and Treatment, 17*, 241–267.

Moffitt, T. E. (1990). The neuropsychology of delinquency: A critical review of theory and research. In M. Tonry & N. Morris (Eds.), *Crime and Justice* (vol. 12, p. 99–169). Chicago, IL: University of Chicago Press.

Moffitt, T. E. (1993a). Adolescent-limited and the life-course persistent antisocial behavior: A developmental taxonomy. *Psychological Review, 100*, 674–701.

Moffitt, T. E. (1993b). The neuropsychology of conduct disorder. *Development and Psychopathology, 5*, 135–151.

Moffitt, T. E., Arseneault, L., Jaffee, S. R., Kim-Cohen, J., Koenen, K. C., Odgers, C. L., . . . & Viding, E. (2008). Research review: DSM-V conduct disorder: Research needs for an evidence base. *Journal of Child Psychology and Psychiatry, 49*, 3–33.

Moffitt, T. E., & Caspi, A. (2001). Childhood predictors differentiate life-course persistent and adolescence limited antisocial pathways among males and females. *Development and Psychopathology, 13*, 355–375.

Moffitt, T. E., Caspi, A., Dickson, N., Silva, P., & Stanton, W. (1996). Childhood-onset versus adolescent-onset antisocial conduct problems in males: Natural history from ages 3 to 18. *Development and Psychopathology, 8*, 399–324.

Mohandie, K., Meloy, J. R., Green McGowan, M., & Williams, J. (2006). The RECON typology of stalking: Reliability and validity based upon a large sample of North American stalkers. *Journal of Forensic Sciences, 51*, 147–155.

Molina, B. S. G., Bukstein, O. G., & Lynch, K. G. (2002). Attention-deficit/hyperactivity disorder and conduct disorder symptomatology in adolescents with alcohol use disorder. *Psychology of Addictive Behaviors, 16*, 161–164.

Monahan, J. (1996). Violence prediction: The past twenty years and the next twenty years. *Criminal Justice and Behavior, 23*, 107–120.

Monahan, J., Steadman, H., Appelbaum, P., Grisso, T., Mulvey, E., Roth, L., . . . & Silver, E. (2005). *The classification of violence risk*. Lutz, FL: Psychological Assessment Resources.

Monahan, J., Steadman, H. J., Silver, E., Appelbaum, P. S., Robbins, P. C., Mulvey, E. P., . . . & Banks, S. M. (2001). *Rethinking risk assessment: The MacArthur Study of Mental Disorder and Violence*. New York, NY: Oxford University Press.

Monahan, K. C., Steinberg, L., & Cauffman, E. (2009). Affiliation with antisocial peers, susceptibility to peer influence, and antisocial behavior during the transition to adulthood. *Developmental Psychology, 45*, 1520–1530.

Morawetz, T. H. (2002). Homicide. In K. L. Hall (Ed.), *The Oxford companion to American law*. (pp. 398–400). New York, NY: Oxford University Press.

Moreland, M. B., & Clark, S. E. (2016). Eyewitness identification: Research, reform, and reversal. *Journal of Applied Research in Memory and Cognition, 5*, 277–283.

Morey, L. C. (1991). *The Personality Assessment Inventory: Professional manual*. Odessa, FL: Psychological Assessment Resources.

Morey, L. C. (2007). *The Personality Assessment Inventory professional manual*. Lutz, FL: Psychological Assessment Resources.

Morgan, A. B., & Lilienfeld, S. O. (2000). A meta-analytic review of the relation between antisocial behavior and neuropsychological measures of executive functions. *Clinical Psychology Review, 20*, 113–136.

Morgan, E., Johnson, I., & Sigler, R. (2006). Public definitions and endorsement of the criminalization of elder abuse. *Journal of Criminal Justice, 34*, 275–283.

Morgan, R. D., Flora, D. B., Kroner, D. C., Mills, J. F., Varghese, F., & Steffan, J. S. (2012). Treating offenders with mental illness: A research synthesis. *Law and Human Behavior, 36*, 37–50.

Morgan, R. D., Gendreau, P., Smith, P., Gray, A. L., Labrecque, R. M., MacLean, N., . . . & Mills, J. F. (2016). Quantitative syntheses of the effects of administrative segregation on inmates' well-being. *Psychology, Public Policy, and Law, 22*, 439–461.

Morgan, R. D., Kroner, D. G., Mills, J. F., & Batastini, A. B. (2014). Treating criminal offenders. In I. B. Weiner & R. K. Otto (Eds.), *The handbook of forensic psychology* (4th ed., pp. 795–837). Hoboken, NJ: Wiley.

Morgan, R. D., Kuther, T. L., & Habben, C. (2005). *Life after graduate school: Insider's advice from new psychologists*. New York, NY: Psychology Press.

Morgan, R. D., Mitchell, S. M., Thoen, M. A., Campion, K., Bolanos, A. D., Sustaita, A. D., & Henderson, S. (2016). Specialty courts: Who's in and are they working? *Psychological Services, 13*, 246–253.

Morgan, R. D., Winterowd, C. L., & Ferrell, S. W. (1999). A national survey of group psychotherapy services in correctional facilities. *Professional Psychology: Research and Practice, 30*, 600–606.

Morris, A. (1996). Gender and ethnic differences in social constraints among a sample of New York City police officers. *Journal of Occupational Health Psychology, 1*, 224–235.

Morris, R. (2000). *Forensic handwriting identification: Fundamental concepts and principles*. San Diego, CA: Academic Press.

Morry, M. M., & Winkler, E. (2001). Student acceptance and expectation of sexual assault. *Canadian Journal of Behavioural Science, 33*, 188–192.

Morse, S. J. (2003). Involuntary competence. *Behavioral Sciences & the Law, 21*, 311–328.

Mosher, D. L., & Anderson, R. D. (1986). Macho personality, sexual aggression, and reactions to guided imagery of realistic rape. *Journal of Research in Personality, 20*, 77–94.

Mossman, D. (1987). Assessing and restoring competency to be executed: Should psychologists participate? *Behavioral Sciences & the Law, 5*, 397–409.

Mossman, D. (2003). *Daubert*, cognitive malingering, and test accuracy. *Law and Human Behavior, 27*, 229–249.

Mossman, D. (2007). Predicting restorability of incompetent criminal defendants. *Journal of the American Academy of Psychiatry and the Law, 35*, 34–43.

Mossman, D., & Farrell, H. M. (2015). Civil competencies. In B. L. Cutler & P. A. Zapf (Eds.), *APA handbook of forensic psychology: Vol. 1. Individual and situational influences in criminal and civil contexts* (pp. 533–558). Washington, DC: American Psychological Association.

Motivans, M., & Snyder, H. (2011). *Summary: Tribal youth in the federal justice system*. Washington, DC: U.S. Department of Justice, Bureau of Justice Statistics.

Mulder, R., T., Wells, J. E., Joyce, P. R., & Bushnell, J. A. (1994). Antisocial women. *Journal of Personality Disorders, 8*, 279–287.

Mullen, P. E., Pathé, M., & Purcell, R. (2001). Stalking: New constructions of human behaviour. *Australian and New Zealand Journal of Psychiatry, 35*, 9–16.

Mulvey, E. P. (2011). *Highlights from pathways to desistance: A longitudinal study of serious adolescent offenders*. Washington, DC: U.S. Department of Justice, Office of Juvenile Justice and Delinquency Prevention.

Mulvey, E. P., Arthur, M. W., & Reppucci, N. D. (1993). The prevention and treatment of juvenile delinquency: A review of the research. *Clinical Psychology Review, 13*, 133–167.

Mumcuoglu, K. Y., Gallili, N., Reshef, A., Brauner, P., & Grant, H. (2004). Use of human lice in forensic entomology. *Journal of Medical Entomology, 41*, 803–806.

Mumley, D. L., Tillbrook, C. E., & Grisso, T. (2003). Five-year research update (1996–2000): Evaluations for competence to stand trial (adjudicative competence). *Behavioral Sciences & the Law, 21*, 329–350.

Muñoz, L. C., Frick, P. J., Kimonis, E. R., & Aucoin, K. J. (2008). Verbal ability and delinquency: Testing the moderating role of psychopathic traits. *Journal of Child Psychology and Psychiatry, 49*, 414–421.

Munsch, C. L., & Willer, R. (2012). The role of gender identity threat in perceptions of date rape and sexual coercion. *Violence Against Women, 18*, 1125–1146.

Muraya, D. N., & Fry, D. (2016). Aftercare services for child victims of sex trafficking: A systematic review of policy and practice. *Trauma, Violence, & Abuse, 17*, 204–220.

Murphy, S. A., Braun, T., Tillery, L., Cain, K. C., Johnson, L. C., & Beaton, R. D. (1999). PTSD among bereaved parents following the violent deaths of their 12- to 28-year-old children: A longitudinal prospective analysis. *Journal of Traumatic Stress, 12*, 273–291.

Murphy, B., Lilienfeld, S., Skeem, J., & Edens, J. F. (2016). Are fearless dominance traits superfluous in operationalizing psychopathy? Incremental validity and sex differences. *Psychological Assessment, 28*, 1597–1607.

Murphy, K. R., & Davidshofer, C. O. (1998). *Psychological testing: Principles and applications* (4th ed.). Upper Saddle River, NJ: Prentice Hall.

Murphy, S. A., Johnson, L. C., & Lohan, J. (2002). The aftermath of the violent death of a child: An integration of the assessments of parents' mental distress and PTSD during first 5 years of bereavement. *Journal of Loss and Trauma, 7*, 202–222.

Murphy, W. D., Coleman, E. M., & Haynes, M. R. (1986). Factors related to coercive sexual behavior in a nonclinical sample of males. *Violence and Victims, 1*, 255–278.

Murray, J. B. (1997). Munchausen syndrome/Munchausen syndrome by proxy. *Journal of Psychology, 131*, 343–350.

Murray, M., & O'Ran, S. (2002). Restitution. In A. Seymour, M. Murray, J. Sigmon, M. Hook, C. Edwards, M. Gaboury, & G. Coleman (Eds.), *National Victim Assistance Academy textbook*. Washington, DC: U.S. Department of Justice, Office of Victims of Crime.

Murrie, D. C., & Boccaccini, M. T. (2015). Adversarial allegiance among expert witnesses. *Annual Review of Law and Social Science, 11*, 37–55.

Murrie, D. C., Boccaccini, M. T., Guarnera, L. A., & Rufino, K. A. (2013). Are forensic experts biased by the side that retained them? *Psychological Science, 24*, 1889–1897.

Murrie, D. C., & Cornell, D. G. (2002). Psychopathy screening of incarcerated juveniles: A comparison of measures. *Psychological Assessment, 14*, 390–396.

Murrie, D. C., & Zelle, H. (2015). Criminal competencies. In B. L. Cutler & P. A. Zapf (Eds.), *APA handbook of forensic psychology: Vol. 1. Individual and situational influences in criminal and civil courts* (pp. 115–157). Washington, DC: American Psychological Association.

Musliner, K. L., & Singer, J. B. (2014). Emotional support and adult depression in survivors of childhood sexual abuse. *Child Abuse & Neglect, 38*, 1331–1340.

Myers, B., & Arena, M. P. (2001). Trial consultation: A new direction in applied psychology. *Professional Psychology: Research and Practice, 32*, 386–391.

Myers, B., Latter, R., & Abdollahi-Arena, M. K. (2006). The court of public opinion: Lay perceptions of polygraph testing. *Law and Human Behavior, 30*, 509–523.

Myers, J. E. B. (1991). Psychologists' involvement in cases of child maltreatment: Limits of role and expertise. *American Psychologist, 46*, 81–82.

Nadal, K., Davidoff, K. C., Davis, L. S., Wong, Y., Marshall, D., & McKenzie, U. (2015). A qualitative approach to intersectional microaggression: Understanding influences of race, ethnicity, gender, sexuality, and religion. *Qualitative Psychology, 2*, 147–163.

Nagayama-Hall, G. (1992, November/December). Inside the mind of the rapist. *Psychology Today, 25*, 12.

Nagin, D. S., Farrington, D. P., & Moffitt, T. (1995). Life-course trajectories of different types of offenders. *Criminology, 33*, 111–139.

Nagin, D. S., & Land, K. C. (1993). Age, criminal careers, and population heterogeneity: Specification and estimation of a nonparametric mixed Poisson model. *Criminology, 31*, 163–189.

Narag, R. E., Pizarro, J., & Gibbs, C. (2009). Lead exposure and its implications for criminological theory. *Criminal Justice and Behavior, 36*, 954–973.

National Center for Victims of Crime. (1999). *The NCVC does not support the current language of the proposed crime victims' rights constitutional amendment*. Arlington, VA: Author.

National Center on Elder Abuse. (1999). *Types of elder abuse in domestic settings*. Washington, DC: Author.

National Center for Women & Policing. (2002). *Equality denied: The status of women in policing: 2001*. Los Angeles: Author.

National Center on Elder Abuse. (2013). *Statistics/data*. Washington, DC: Author.

National College of Probate Judges. (2013). *National Probate Court Standards*. Williamsburg, VA: National Center for State Courts.

National Commission on Correctional Health Care. (2008). *Standards for health services in prisons*. Chicago, IL: Author.

National Council of Juvenile and Family Court Judges. (1993). The revised report from the National Task Force on Juvenile Sexual Offending. *Juvenile and Family Court Journal, 44*, 1–120.

National Council on Crime and Delinquency (2013). *What is restorative justice?* Retrieved from http://www.nnndglobal.org/what-we-do/restorative-justice-project

National Institutes of Mental Health. (1982). *Television and behavior: Ten years of scientific progress and implications for the eighties. Summary report*. Washington, DC: U.S. Government Printing Office.

National Organization for Victim Assistance. (1998). *Community crisis response team training manual* (2nd ed.). Washington, DC: Author.

National Psychologist. (2017, March/April). Little change after Pennsylvania mental health ruling. *The National Psychologist, 26*, 20.

National Research Council. (2003). *The polygraph and lie detection*. Washington, DC: The National Academies Press.

National Resource Center on Child Sexual Abuse (NRC). (1996, March/April). *NRCCSA News*. Huntsville, AL: Author.

National Tactical Officers Association. (2015a). *Tactical response and operations standard in law enforcement agencies*. Doylestown, PA: Author.

National Tactical Officers Association & International Association of Police Chiefs. (2015b). *National special weapons and tactics (SWAT) study: A national assessment of critical trends and issues from 2009 to 2013*. Doylestown, PA: Authors.

Neal, T. M. S., & Brodsky, S. L. (2016). Forensic psychologists' perceptions of bias and potential correction strategies in forensic mental health evaluations. *Psychology, Public Policy, and Law, 22*, 58–76.

Neal, T. M. S., & Clements, C. B. (2010). Prison rape and psychological sequelae: A call for research. *Psychology, Public Policy, and Law, 16*, 284–299.

Neff, J. L., Patterson, M. M., & Johnson, S. (2012). Meeting the training needs of those who meet the needs of victims: Assessing service providers. *Violence and Victims, 27*, 609–631.

Neimeyer, R. A. (2000). Searching the meaning of meaning: Grief therapy and the process of reconstruction. *Death Studies, 24*, 541–558.

Neimeyer, R. A., Prigerson, H. G., & Davies, B. (2002). Mourning and meaning. *American Behavioral Scientist, 46*, 235–251.

Nekvasil, E. K., & Cornell, D. G. (2012). Student reports of peer threats of violence: Prevalence and outcomes. *Journal of School Violence, 11*, 357–375.

Nekvasil, E. K., & Cornell, D. G. (2015). Student threat assessment associated with safety in middle schools. *Journal of Threat Assessment and Management, 2*, 98–113.

Nesca, M., & Dalby, J. T. (2011). Maternal neonaticide following traumatic childbirth: A case study. *International Journal of Offender Therapy and Comparative Criminology, 55*, 1166–1178.

Neubauer, D. W. (1997). *Judicial process* (2nd ed.). Fort Worth, TX: Harcourt Brace.

Neubauer, D. W. (2002). *America's courts and the criminal justice system* (7th ed.). Belmont, CA: Wadsworth.

Neumann, C. S., Schmitt, D. S., Carter, R., Embley, I., & Hare, R. D. (2012). Psychopathic traits in females and males across the globe. *Behavioral Sciences & the Law, 30*, 557–574.

Newirth, K. A. (2016). An eye for the science: Evolving judicial treatment of eyewitness identification evidence. *Journal of Applied Research in Memory and Cognition, 5*, 314–317.

Newman, G. (1979). *Understanding violence*. New York, NY: J. B. Lippincott.

Newman, J. P., Curtin, J. J., Bertsch, J. D., & Baskin-Sommers, A. R. (2010). Attention moderates the fearlessness of psychopathic offenders. *Biological Psychiatry, 67*, 66–70.

Newman, K., Fox, C., Harding, D., Mehta, J., & Roth, W. (2004). *Rampage: The social roots of school shootings.* New York, NY: Basic Books.

Nicholls, T. L., Cruise, K. R., Greig, D., & Hinz, H. (2015). Female offenders. In B. L. Cutler & P. A. Zapf (Eds.), *APA handbook of forensic psychology: Vol. 2. Criminal investigation, adjudication, and sentencing outcomes* (pp. 79–123). Washington, DC: American Psychological Association.

Nicholls, T. L., & Petrila, J. (2005). Gender and psychopathy: An overview of important issues and introduction to the special issue. *Behavioral Sciences & the Law, 23,* 729–741.

Nicholson, R. (1999). Forensic assessment. In R. Roesch, S. D. Hart, & J. R. P. (Eds.), *Psychology and law: The state of the discipline.* New York, NY: Kluwer Academic/Plenum.

Nicholson, R., & Norwood, S. (2000). The quality of forensic psychological assessments, reports, and testimony: Acknowledging the gap between promise and practice. *Law and Human Behavior, 24,* 9–44.

Niederhoffer, A., & Niederhoffer, E. (1977). *The police family: From station house to ranch house.* Lexington, MA: Heath.

Nielsen, L. (2017). Re-examining the research on parental conflict, coparenting, and custody arrangements. *Psychology, Public Policy, and Law, 23,* 211–231.

Nietzel, M. T., McCarthy, D. M., & Kerr, M. J. (1999). Juries: The current state of the empirical literature. In R. Roesch, S. D. Hart, & J. R. P. Ogloff (Eds.), *Psychology and law: The state of the discipline* (pp. 23–52). New York, NY: Kluwer Academic.

Nigg, J. T. (2000). On inhibition/disinhibition in developmental psychopathology: Views from cognitive and personality psychology and a working inhibition taxonomy. *Psychological Bulletin, 126,* 220–246.

Nigg, J. T., Butler, K. M., Huang-Pollock, C. L., & Henderson, J. M. (2002). Inhibitory processes in adults with persistent childhood onset ADHD. *Journal of Consulting and Clinical Psychology, 70,* 153–157.

Nigg, J. T., & Huang-Pollock, C. L. (2003). An early-onset model of the role of executive functions and intelligence in conduct disorder/delinquency. In B. B. Lahey, T. E. Moffitt, & A. Caspi (Eds.), *Causes of conduct disorder and juvenile delinquency* (pp. 227–253). New York, NY: Guilford Press.

Nigg, J. T., John, O. P., Blaskey, L. G., Huang-Pollock, C., Willcutt, E. G., Hinshaw, S. P., . . . & Pennington, B. (2002). Big Five dimensions and ADHD symptoms: Links between personality traits and clinical symptoms. *Journal of Personality and Social Psychology, 83,* 451–469.

Nigg, J. T., Quamma, J. P., Greenberg, M. T., & Kusche, C. A. (1999). A two-year longitudinal study of neuropsychological and cognitive performance in relation to behavioral problems and competencies in elementary school children. *Journal of Abnormal Child Psychology, 27,* 51–63.

Norko, M. A., Wasser, T., Magro, H., Leavitt-Smith, E., Morton, F. J., & Hollis, T. (2016). Assessing insanity acquittee recidivism in Connecticut. *Behavioral Sciences & the Law, 34,* 423–443.

Norris, F. H., & Kaniasty, K. (1994). Psychological distress following criminal victimization in the general population: Cross-sectional, longitudinal, and prospective analysis. *Journal of Consulting and Clinical Psychology, 62,* 111–123.

Norris, F. H., Kaniasty, K., & Scheer, D. A. (1990). Use of mental health services among victims of crime: Frequency, correlates, and subsequent recovery. *Journal of Consulting and Clinical Psychology, 58,* 538–547.

Norris, R. J., & Redlich, A. (2010, Summer). Actual innocence research: Researching compensation policies and other reforms. *American Psychology-Law Society News, 30,* 6–7.

Novosad, D., Banfe, S., Britton, J., & Bloom, J. D. (2016). Conditional release placements of insanity acquittees in Oregon: 2012–2014. *Behavioral Sciences & the Law, 34,* 366–377.

Nunes, K. L., & Jung, S. (2012). Are cognitive distortions associated with denial and minimization among sex offenders? *Sexual Abuse: A Journal of Research and Treatment, 25,* 166–188.

Oberlander, L. B., Goldstein, N. E. S., & Ho, C. N. (2001). Preadolescent adjudicative competence: Methodological considerations and recommendations for standard practice standards. *Behavioral Sciences & the Law, 19,* 545–563.

Ochoa, K. C., Pleasants, G. L., Penn, J. V., & Stone, D. C. (2010). Disparities in justice and care: Persons with severe mental illnesses in the U.S. immigration detention system. *The Journal of the American Academy of Psychiatry and the Law, 38,* 392–399.

O'Connell, P., Pepler, D., & Craig, W. (1999). Peer involvement in bullying: Insights and challenges for intervention. *Journal of Adolescence, 22,* 437–452.

O'Connor, T. P., & Maher, T. M. (2009, October). False confessions. *The Police Chief, 76,* 26–29.

Odgers, C. L., Caspi, A., Russell, M. A., Sampson, R. J., Arseneault, L., & Moffitt, T. E. (2012). Supportive parenting mediates neighborhood socioeconomic disparities in children's antisocial behavior from ages 5 to 12. *Development and Psychopathology, 24,* 705–721.

Odgers, C. L., Moffitt, T. E., Broadbent, J. M., Dickson, N., Hancox, R. J., Harrington, H., . . . & Caspi, A. (2008). Female and male antisocial trajectories: From childhood origins to adult outcomes. *Development and Psychopathology, 20,* 673–716.

Office for Victims of Crime. (2009). *Victims with disabilities: Collaborative, multidisciplinary first response.* Washington, DC: U.S. Author.

Offord, D. R., Boyle, M. C., & Racine, Y. A. (1991). The epidemiology of antisocial behavior in childhood and adolescence. In D. J. Pepler & H. Rubin (Eds.), *The development and treatment of childhood aggression* (pp. 31–54). Hillsdale, NJ: Erlbaum.

Ogawa, B., & Belle, A. S. (2002). Respecting diversity: Responding to underserved victims of crime. In A. Seymour, M. Murray, J. Sigmon, M. Hook, C. Edwards, M. Gaboury, & G. Coleman (Eds.), *National Victim Assistance Academy textbook.* Washington, DC: U.S. Department of Justice, Office of Victims of Crime.

Ogden, D. (2017, January). Mobile device forensics: Beyond call logs and text messages. *U.S. Attorneys' Bulletin, 65*, 11–14.

Ogle, R. S. (2000). Battered women and self-defense, USA. In N. H. Rafter (Ed.), *Encyclopedia of women and crime*. Phoenix, AZ: Oryx.

Ogloff, J. R. P. (1999). Ethical and legal contours of forensic psychology. In R. Roesch, S. D. Hart, & J. R. P. Ogloff (Eds.), *Psychology and law: The state of the discipline* (pp. 405–422). New York, NY: Kluwer Academic.

Ogloff, J. R. P., & Douglas, K. S. (2013). Forensic psychological assessments. In J. R. Graham, J. A. Naglieri, & I. B. Weiner (Eds.), *Handbook of psychology: Vol. 10. Assessment psychology* (2nd ed., pp. 373–393). Hoboken, NJ: Wiley.

O'Hara, A. F., & Violanti, J. (2009). Police suicide—A comprehensive study of 2008 national data. *International Journal of Emergency of Mental Health, 11*, 17–23.

O'Hara, A. F., Violanti, J. M., Levenson, R. L., & Clark, R. G. (2013). National police suicide estimates: Web surveillance study III. *International Journal of Emergency Mental Health and Human Resilience, 15*, 31–38.

O'Keefe, M. L., Klebe, K. J., Stucker, A., Sturm, K., & Leggett, W. (2010). *One year longitudinal study of the psychological effects of administrative segregation*. Colorado Springs: Colorado Department of Corrections.

Olaya, B., Ezpeleta, L., de la Osa, N., Granero, R., & Doménech, J. M. (2010). Mental health needs of children exposed to intimate partner violence seeking help from mental health services. *Children and Youth Services Review, 32*, 1004–1011.

Oliver, M. E., Nicholaichuk, T. P., Gu, D., & Wong, S. C. P. (2012). Sex offender treatment outcome, actuarial risk, and the aging sex offender in Canadian corrections: A long-term follow-up. *Sexual Abuse: A Journal of Research and Treatment, 25*(4), 396–422.

Olkin, R., & Pledger, C. (2003). Can disability studies and psychology join hands? *American Psychologist, 58*, 296–304.

Olver, M. E., Lewis, K., & Wong, S. C. P. (2013). Risk reduction of high-risk psychopathic offender: The relationship of psychopathy and treatment change to violent recidivism. *Personal Disorder, 4*, 160–167.

Olver, M. E., Preston, D. L., Camilleri, J. A., Helmus, L., & Starzomski, A. (2011). A survey of clinical psychology training in Canadian federal corrections: Implications for psychologist recruitment and retention. *Canadian Psychology, 52*, 310–320.

Olver, M. E., Stockdale, K. C., & Wormith, J. S. (2014). Thirty years of research on the level of service sales: A meta-analytic examination of predictive accuracy and sources of variability. *Psychological Assessment, 26*, 156–176.

Olver, M. E., & Wong, S. C. P. (2009). Therapeutic response of psychopathic sexual offenders: Treatment attrition, therapeutic change, and long term recidivism. *Journal of Consulting and Clinical Psychology, 77*, 328–336.

Omestad, T. (1994, Summer). Psychology and the CIA: Leaders on the couch. *Foreign Policy, 94*, 104–122.

Orne, M. T. (1970). Hypnosis, motivation and the ecological validity of the psychological experiment. In W. J. Arnold & M. M. Page (Eds.), *Nebraska Symposium on Motivation*. Lincoln: University of Nebraska Press.

Orne, M. T., Dinges, D. F., & Orne, E. C. (1984). On the differential diagnosis of multiple personality in the forensic context. *International Journal of Clinical and Experimental Hypnosis, 32*, 118–169.

Orne, M. T., Whitehouse, W. G., Dinges, D. F., & Orne, E. C. (1988). Reconstructing memory through hypnosis: Forensic and clinical implications. In H. M. Pettinati (Ed.), *Hypnosis and memory* (pp. 21–63). New York, NY: Guilford Press.

Ornstein, P. A., Ceci, S. J., & Loftus, E. F. (1998a). Adult recollections of childhood abuse: Cognitive and developmental perspectives. *Psychology, Public Policy, and Law, 4*, 1025–1051.

Ornstein, P. A., Ceci, S. J., & Loftus, E. F. (1998b). Comment on Alpert, Brown, and Courtois (1998): The science of memory and the practice of psychotherapy. *Psychology, Public Policy, and Law, 4*, 996–1010.

Ortega, R., Elipe, P., Mora-Merchán, I. A., Genta, M. L., Bright, A., Tippet, N., . . & Tippett, N. (2012). The emotional impact of bullying and cyberbullying on victims: A European cross-national study. *Aggressive Behavior, 38*, 342–356.

Orth, U., Cahill, S. P., Foa, E. B., & Maercker, A. (2008). Anger and posttraumatic stress disorder symptoms in crime victims: A longitudinal analysis. *Journal of Consulting and Clinical Psychology, 76*, 208–218.

Otero, T. M., Podell, K., DeFina, P., & Goldberg, E. (2013). Assessment of neuropsychological functioning. In J. R. Graham, J. A. Naglier, & I. B. Weiner (Eds.), *Handbook of psychology: Vol. 10. Assessment psychology* (2nd ed., pp. 503–533). Hoboken, NJ: Wiley.

O'Toole, M. E. (2000). *The school shooter: A threat assessment perspective*. Quantico, VA: National Center for the Analysis of Violent Crime, Criminal Incident Response Group.

O'Toole, M. E. (2013). Jeffrey Weise and the shooting at Red Lake Minnesota High School: A behavioral perspective. In N. Böckler, P. Sitzer, & W. Heitmeyer (Eds.), *School shootings: International research, case studies, and concepts for prevention* (pp. 177–188). New York, NY: Springer.

Otto, R. K., & Heilbrun, K. (2002). The practice of forensic psychology: A look toward the future in light of the past. *American Psychologist, 57*, 5–18.

Otto, R. K., Kay, S. L., & Hess, A. K. (2014). Testifying in court. In I. B. Weiner & R. K. Otto (Eds.), *The handbook of forensic psychology* (4th ed., pp. 733–756). Hoboken, NJ: Wiley.

Otto, R. K., & Ogloff, J. R. P. (2014). Defining forensic psychology. In I. B. Weiner & R. K. Otto (Eds.), *The handbook of forensic psychology* (4th ed., pp. 35–55). Hoboken, NJ: Wiley.

Otto, R. K., Poythress, N. G., Nicholson, R. A., Edens, J. F., Monahan, J., . . . & Bonnie, R. I. (1998). Psychometric properties of the MacArthur Competence Assessment Tool–Criminal Adjudication. *Psychological Assessment, 10*, 435–443.

Owen, B. (2000). Prison security. In N. H. Rafter (Ed.), *Encyclopedia of women and crime*. Phoenix, AZ: Oryx.

Owens, J. N., Eakin, J. D., Hoffer, T., Muirhead, Y., & Shelton, J. E. (2016). Investigative aspects of crossover offending from a sample of FBI online child sexual exploitation cases. *Aggression and Violent Behavior, 30*, 3–14.

Owhe, J. (2013). Indicated reports of child abuse or maltreatment: When suspects become victims. *Family Court Review, 51*, 316–329.

Ozer, E. J., Best, S. R., Lipsey, T. L., & Weiss, D. S. (2003). Predictors of posttraumatic stress disorder and symptoms in adults: A meta-analysis. *Psychological Bulletin, 129*, 52–73.

Packer, I. K. (2009). *Evaluation of criminal responsibility*. New York, NY: Oxford University Press.

Packer, I. K., & Borum, R. (2013). Forensic training and practice. In R. K. Otto & I. B. Weiner (Eds.), *Handbook of psychology: Vol. 11. Forensic psychology* (2nd ed., pp. 16–36). Hoboken, NJ: Wiley.

Padela, A. I., & Heisler, M. (2010). The association of perceived abuse and discrimination after September 11, 2001, with psychological distress, level of happiness, and health status among Arab Americans. *American Journal of Public Health, 100*, 284–291.

Page, K. S., & Jacobs, S. C. (2011). Surviving the shift: Rural police stress and counseling services. *Psychological Services, 8*, 12–22.

Palarea, R. E., Gelles, M. G., & Rowe, K. L. (2012). Crisis and hostage negotiation. In C. H. Kennedy & E. A. Sillmer (Eds.), *Military psychology: Clinical and operational applications* (2nd ed., pp. 281–305). New York, NY: Guilford Press.

Palarea, R. E., Zona, M. A., Lane, J. C., & Langhinrichsen-Rohling, J. (1999). The dangerous nature of intimate relationship stalking: Threats, violence, and associated risk factors. *Behavioral Sciences & the Law, 17*, 269–283.

Palfrey, J. G., & Gasser, U. (2008). *Born digital: Understanding the first generation of digit natives*. New York, NY: Basic Books.

Palmer, E. J., & Hollin, C. R. (2007). The Level of Service Inventory–Revised with English women prisoners: A needs and reconviction analysis. *Criminal Justice and Behavior, 34*, 91–98.

Palmer, J. W., & Palmer, S. E. (1999). *Constitutional rights of prisoners* (6th ed.). Cincinnati, OH: Anderson.

Paoline, E. A., III. (2003). Taking stock: Toward a richer understanding of police culture. *Journal of Criminal Justice, 31*, 199–214.

Pardini, D., & Byrd, A. L. (2012). Perceptions of aggressive conflicts and other's distress in children with callous-unemotional traits: "I'll show you who's boss, even if you suffer and I get into trouble." *Journal of Child Psychology and Psychiatry, 53*, 283–291.

Parent, D. G., Leiter, V., Kennedy, S., Livens, L., Wentworth, D., & Wilcox, S. (1994). *Conditions of confinement: Juvenile detention and corrections facilities*. Washington, DC: U.S. Department of Justice, Office of Juvenile Justice and Delinquency Prevention.

Parkinson, P., & Cashmore, J. (2008). *The voice of a child in family law disputes*. Oxford, England: Oxford University Press.

Parry, J., & Drogan, E. Y. (2000). *Criminal law handbook on psychiatric and psychological evidence and testimony*. Washington, DC: American Bar Association.

Partlett, D. F., & Nurcombe, B. (1998). Recovered memories of child sexual abuse and liability: Society, science, and the law in a comparative setting. *Psychology, Public Policy, and Law, 4*, 1253–1306.

Patihis, L., Ho, L. Y., Tingern, I. W., Lilienfeld, S. O., & Loftus, E. F. (2014). Are the "memory wars" over? A scientist–practitioner gap in beliefs about repressed memory. *Psychological Science, 25*, 519–530.

Paton, D. (2006). Critical incident stress risk in police officers: Managing resilience and vulnerability. *Traumatology, 12*, 198–206.

Patrick, C. J., Drislane, L. E., & Strickland, C. D. (2012). Conceptualizing psychopathy in triarchic terms: Implications for treatment. *International Journal of Forensic Mental Health, 11*, 253–266.

Patrick, C. J., Fowles, D. C., & Krueger, R. F. (2009). Triarchic conceptualization of psychopathy: Developmental origins of disinhibition, boldness, and meanness. *Development and Psychopathology, 21*, 913–938.

Patterson, D. (2011). The linkage between secondary victimization by law enforcement and rape case outcomes. *Journal of Interpersonal Violence, 26*, 328–347.

Patterson, G. R. (1982). *Coercive family processes*. Eugene, OR: Castalia Press.

Payne, B. K. (2008). Elder physical abuse and failure to report cases: Similarities and differences in case type and the justice system's response. *Crime & Delinquency, 59*, 697–717.

Payscale.com. (2016, October 28).

Pearl, P. T. (1995). Identifying and responding to Munchausen syndrome by proxy. *Early Child Development and Care, 106*, 177–185.

Pearson, F. S., Lipton, D. S., Cleland, C. M., & Yee, D. S. (2002). The effects of behavior/cognitive-behavioral programs on recidivism. *Crime & Delinquency, 48*, 476–496.

Pease, T., & Frantz, B. (1994). *Your safety . . . your rights & personal safety and abuse prevention education program to empower adults with disabilities and train service providers*. Doylestown, PA: Network of Victim Assistance.

Pemment, J. (2013). Psychopathy versus sociopathy: Why the distinction has become crucial. *Aggression and Violent Behavior, 18*, 458–461.

Penrod, S., & Cutler, B. L. (1995). Witness confidence and witness accuracy: Assessing their forensic relation. *Psychology, Public Policy, and Law, 1*, 817–845.

Pepler, D. J., Byrd, W., & King, G. (1991). A social-cognitively based social skills training program for aggressive children. In D. J. Pepler & K. H. Rubin (Eds.), *The development and treatment of childhood aggression* (pp. 361–379). Hillsdale, NJ: Erlbaum.

Perez, S., Johnson, D. M., & Wright, C. V. (2012). The attenuating effect of empowerment of IPV-related PTSD symptoms in battered women in domestic violence shelters. *Violence Against Women, 18*, 102–117.

Pérez-Fuentes, G., Olfson, M., Villegas, L., Morcillo, C., Wang, S., & Blanco, C. (2013). Prevalence and correlates of child sexual abuse: A national study. *Comprehensive Psychiatry, 54*, 16–27.

Perlin, M. L. (1991). Power imbalances in therapeutic and forensic relationships. *Behavioral Sciences & the Law, 9*, 111–128.

Perlin, M. L. (1994). *The jurisprudence of the insanity defense*. Durham, NC: Carolina Academic Press.

Perlin, M. L. (1996). "Dignity was the first to leave": *Godinez v. Moran*, Colin Ferguson, and the trial of mentally disabled criminal defendants. *Behavioral Sciences & the Law, 14*, 61–81.

Perlin, M. L. (2003). Beyond *Dusky* and *Godinez*: Competency before and after trial. *Behavioral Sciences & the Law, 21*, 297–310.

Perlin, M. L., & Dorfman, D. A. (1996). Is it more than "dodging lions and wastin' time"? Adequacy of counsel, questions of competence, and the judicial process in individual right to refuse treatment cases. *Psychology, Public Policy, and Law, 2*, 114–136.

Petersen, I. T., Bates, J. E., D'Onofrio, B. M., Coyne, C. A., Lansford, J. E., Dodge, K. A., . . . &Van Hulle, C. A. (2013). Language ability predicts the development of behavior problems in children. *Journal of Abnormal Psychology, 122*, 542–557.

Peterson, C., Morris, G., Baker-Ward, L., & Flynn, S. (2014). Predicting which childhood memories persist: Contributions of memory characteristics. *Developmental Psychology, 50*, 439–448.

Peterson, D. R. (1968). The doctor of psychology program at the University of Illinois. *American Psychologist, 23*, 511–516.

Peterson-Badali, M., Skilling, T., & Haqanee, Z. (2015). Examining implementation of risk assessment in case management for youth in the justice system. *Criminal Justice and Behavior, 42*, 304–320.

Petretic-Jackson, P. A., Witte, T. H., & Jackson, T. L. (2002). Battered women: Treatment goals and treatment planning. In A. R. Roberts (Ed.), *Handbook of domestic violence intervention strategies: Policies, programs, and legal remedies*.(pp. 298–320) New York, NY: Oxford University Press.

Petrila, J. P. (2009). Finding common ground between scientific psychology and the law. In J. L. Skeem, K. S. Douglas, & S. O. Lilienfeld (Eds.), *Psychological science in the courtroom* (pp. 387–407). New York, NY: Guilford Press.

Pfeffer, A. (2008). Note: "Imminent danger" and inconsistency: The need for national reform of the "imminent danger" standard for involuntary civil commitment in the wake of the Virginia Tech tragedy. *Cardozo Law Review, 30*, 277–318.

Pfiffner, L. J., McBurnett, K., Lahey, B. B., Loeber, R., Green, S., Frick, P. J., . . . & Rathouz, P. J. (1999). Association of parental psychopathology to the comorbid disorders of boys with attention deficit–hyperactivity disorder. *Journal of Consulting and Clinical Psychology, 67*, 881–893.

Phenix, A., & Jackson, R. L. (2016). Evaluations for sexual offender civil commitment. In R. Jackson & R. Roesch (Eds.), *Learning forensic assessment: Research and Practice* (2nd ed., pp. 162–201). New York, NY: Routledge.

Piechowski, L. D. (2011). *Best practices in forensic mental health assessment: Evaluation of workplace disability*. New York, NY: Oxford University Press.

Piechowski, L. D., & Drukteinis, A. M. (2011). Fitness for duty. In E. Drogin, F. Dattilio, R. Sadoff, & T. Gutheil (Eds.), *Handbook of forensic assessment* (pp. 571–592). Hoboken, NJ: Wiley.

Pillemer, K., & Finkelhor, D. (1988). The prevalence of elder abuse: A random sample survey. *Gerontologist, 28*, 51–57.

Pinizzotto, A. J. (1984). Forensic psychology: Criminal personality profiling. *Journal of Police Science and Administration, 12*, 32–40.

Pinizzotto, A. J., & Finkel, N. J. (1990). Criminal personality profiling: An outcome and process study. *Law and Human Behavior, 14*, 215–234.

Piquero, N. L., Piquero, A. R., Craig, J. M., & Clipper, S. J. (2013). Assessing research on workplace violence, 2000–2012. *Aggression and Violent Behavior, 18*, 383–394.

Pirelli, G., Gottdiener, W. H., & Zapf, P. A. (2011). A meta-analytic review of competency to stand trial research. *Psychology, Public Policy, and Law, 17*, 1–53.

Pithers, W. D., Becker, J. V., Kafka, M., Morenz, B., Schlank, A., & Leombruno, P. (1995). Children with sexual behavior problems, adolescent sexual abusers, and adult sexual offenders: Assessment and treatment. *American Psychiatric Press Review of Psychiatry, 14*, 779–819.

Planty, M., Langton, L., Krebs, C., Berzofsky, M., & Smiley-McDonald, H. (2013, March). *Female victims of sexual assault, 1994–2010*. Washington, DC: Department of Justice, Bureau of Justice Statistics.

Planty, M., & Truman, J. L. (2013, May). *Firearm violence, 1993–2011. Special report*. Washington: U.S. Department of Justice, Bureau of Justice Statistics.

Podkopacz, M. R., & Feld, B. C. (1996). The end of the line: An empirical study of judicial waiver. *Journal of Criminal Law and Criminology, 86*, 449–492.

Polanczyk, G., Lima, M. S., Horta, B. L., Biederman, J., & Rohde, L. A. (2007). The worldwide prevalence of ADHD: A systematic review and meta-regression analyses. *American Journal of Psychiatry, 164*, 942–948.

Polaschek, D. L. L., & Daly, T. E (2013). Treatment and psychopathy in forensic settings. *Aggression and Violent Behavior, 18*, 592–603.

Police Executive Research Forum (PERF). (2013). *A national survey of eyewitness identification procedures in law enforcement agencies.* Washington, DC: Author.

Polizzi, D. M., MacKenzie, D. L., & Hickman, L. J. (1999). What works in adult sex offender treatment: A review of prison- and non-prison-based treatment programs. *International Journal of Offender Therapy and Comparative Criminology, 43*, 357–374.

Polusny, M., & Follette, V. (1996). Remembering childhood sexual abuse: A national survey of psychologists' clinical practices, beliefs, and personal experiences. *Professional Psychology: Research and Practice, 27*, 41–52.

Pope, K. S. (2012). Psychological evaluation of torture survivors: Essential steps, avoidable errors, and helpful resources. *International Journal of Law and Psychiatry, 35*, 418–426.

Pornari, C. D., & Wood, J. (2010). Peer and cyber aggression in secondary school students: The role of moral disengagement, hostile attribution bias, and outcome expectancies. *Aggressive Behavior, 36*, 81–94.

Porter, S., Fairweather, D., Drugge, J., Hervé, H., Birt, A., & Boer, D. P. (2000). Profiles of psychopathy in incarcerated sexual offenders. *Criminal Justice and Behavior, 27*, 216–233.

Porter, T., & Gavin, H. (2010). Infanticide and neonaticide: A review of 40 years of research literature on incidence and causes. *Trauma, Violence, & Abuse, 11*, 99–112.

Porter, S., Yuille, J. C., & Lehman, D. R. (1999). The nature of real, implanted, and fabricated memories for emotional childhood events: Implications for the recovered memory debate. *Law and Human Behavior, 23*, 517–537.

Portzky, G., Audenaert, K., & van Heeringen, K. (2009). Psychological and psychiatric factors associated with adolescent suicide: A case–control psychological autopsy study. *Journal of Adolescence, 32*, 849–862.

Post, L. A., Biroscak, B. J., & Barboza, G. (2011). Prevalence of sexual assault. In J. W. White, M. P. Koss, & A. F. Kazdin (Eds.), *Violence against women and children: Vol I. Mapping the terrain* (pp. 101–123). Washington, DC: American Psychological Association.

Potoczniak, M. J., Mourot, J. E., Crosbie-Burnett, M., & Potoczniak, D. J. (2003). Legal and psychological perspectives on same-sex domestic violence: A multisystematic approach. *Journal of Family Violence, 17*, 252–259.

Powers, R. A., & Kaukinen, C. E. (2012). Trends in intimate partner violence: 1980–2008. *Journal of Interpersonal Violence, 27*, 3072–3080.

Poythress, N. G., Otto, R. K., Darnes, J., & Starr, L. (1993). APA's expert panel in congressional review of the *USS Iowa* incident. *American Psychologist, 48*, 8–15.

Poythress, N. G., & Zapf, P. A. (2009). Controversies in evaluating competence to stand trial. In J. L. Skeem, K. S. Douglas, & S. O. Lilienfeld (Eds.), *Psychological science in the courtroom: Consensus and controversy* (pp. 309–329). New York, NY: Guilford Press.

Prendergast, M. L., Farabee, D., Cartier, J., & Henkin, S. (2002). Involuntary treatment within a prison setting. *Criminal Justice and Behavior, 29*, 5–26.

Prentky, R. A., Burgess, A. W., & Carter, D. L. (1986). Victim responses by rapist type: An empirical and clinical analysis. *Journal of Interpersonal Violence, 1*, 73–98.

Prentky, R. A., Burgess, A. W., Rokous, F., Lee, A., Hartman, C., Ressler, R., . . . & Douglas, J. (1989). The presumptive role of fantasy in serial sexual homicide. *American Journal of Psychiatry, 146*, 887–891.

Prentky, R. A., Harris, B., Frizzell, K., & Righthand, S. (2000). An actuarial procedure of assessing risk in juvenile sex offenders. *Sexual Abuse: A Journal of Research and Treatment, 12*, 71–93.

Prentky, R. A., & Knight, R. A. (1986). Impulsivity in the lifestyle and criminal behavior of sexual offenders. *Criminal Justice and Behavior, 13*, 141–164.

Prentky, R. A., & Knight, R. A. (1991). Identifying critical dimensions for discriminating among rapists. *Journal of Consulting and Clinical Psychology, 59*, 643–661.

Prentky, R. A., Knight, R. A., & Lee, A. F. S. (1997, June). *Child sexual molestation: Research issues.* Washington, DC: U.S. Department of Justice, Office of Justice Programs.

Prentky, R. A., & Righthand, S. (2003). *Juvenile Sex Offender Assessment Protocol–II (J-SOAP-II).* Washington, DC: U.S. Department of Justice, Office of Juvenile Justice and Delinquency Prevention.

Presser, L., & Van Voorhis, P. (2002). Values and evaluation: Assessing processes and outcomes of restorative justice programs. *Crime & Delinquency, 48*, 162–188.

Preston, J. (2017, July 30). Migrants in surge fare worse in immigration court than other groups. *The Washington Post.* Retrieved from https://www.washingtonpost.com/national/migrants-in-surge-fare-worse-in-immigration-court-than-other-groups/2017/07/30/e29eeacc-6e51-11e7-9c15-177740635e83_story.html?utm_term=.30738cef8abf

Pridham, K., Francombe Pridham, M., Berntson, A., Simpson, A. I. F., Law, S. F., Stergiopoulos, V., & Nakhost, A. (2016). Perception of coercion among patients with a psychiatric community treatment order: A literature review. *Psychiatric Services, 67*(1), 16–28.

ProCon.org. (2017). *29 Legal medical marijuana states and DC.* Retrieved from http://medicalmarijuana.procon.org/view.resource.php?resourceID=000881

Purcell, R., Moller, B., Flower, T., & Mullen, P. E. (2009). Stalking among juveniles. *British Journal of Psychiatry*, 194, 451–455.

Puritz, P., & Scali, M. A. (1998). *Beyond the walls: Improving conditions of confinement for youth in custody.* Washington, DC: U.S. Department of Justice, Office of Juvenile Justice and Delinquency Prevention.

Putnam, C. T., & Kirkpatrick, J. T. (2005, May). Juvenile firesetting: A research overview. *Juvenile Justice Bulletin* (NCJ 207606). Washington, DC: U.S. Department of Justice, Office of Juvenile Justice and Delinquency Prevention.

Puzzanchera, C. M. (2009, April). *Juvenile arrests 2007.* Washington, DC: U. S. Department of Justice, Office of Juvenile Justice and Delinquency Prevention.

Puzzanchera, C. M. (2013, December). *Juvenile arrests 2011.* Washington, DC: U.S. Department of Justice, Office of Juvenile Justice and Delinquency Prevention.

Puzzanchera, C. M., Adams, B., & Sickmund, M. (2010, March). *Juvenile court statistics, 2006–2007.* Pittsburgh, PA: National Center for Juvenile Justice.

Puzzanchera, C. M., & Addie, S. (2014, February). *Delinquency cases waived to criminal court, 2010.* Washington, DC: U.S. Department of Justice, Office of Juvenile Justice and Delinquency Prevention.

Puzzanchera, C. M., & Robson, C. (2014, February). *Delinquency cases in juvenile court, 2010.* Washington, DC: U.S. Department of Justice, Office of Juvenile Justice and Delinquency Prevention.

Quay, H. C. (1965). Psychopathic personality: Pathological stimulation-seeking. *American Journal of Psychiatry, 122,* 180–183.

Quickel, E. J. W., & Demakis, G. J. (2013). The Independent Living Scales in civil competency evaluation: Initial findings and prediction in competency adjudication. *Law and Human Behavior, 37,* 155–162.

Quickel, E. J. W., & Demakis, G. J. (2017). Forensic neuropsychology and the legal consumer. In S. S. Bush (Ed.), *APA handbook of forensic neuropsychology* (pp. 445–459). Washington, DC: American Psychological Association.

Quinsey, V. L. (1986). Men who have sex with children. In D. N. Weisstub (Ed.), *Law and mental health: International perspectives* (Vol. 2, pp. 140–172). New York, NY: Pergamon.

Quinsey, V. L., Harris, G. T., Rice, M. E., & Cormier, C. A. (1998). *Violent offenders: Appraising and managing risk.* Washington, DC: American Psychological Association

Quinsey, V. L., Harris, G. T., Rice, M. E., & Cormier, C. A. (2006). *Violent offenders: Appraising and managing risk* (2nd ed.). Washington, DC: American Psychological Association.

Quinsey, V. L., Rice, M. E., & Harris, G. T. (1995). Actuarial prediction of sexual recidivism. *Journal of Interpersonal Violence, 10,* 85–105.

Rabe-Hemp, C. E., & Schuck, A. M. (2007). Violence against police officers: Are female officers at greater risk? *Police Quarterly, 10,* 411–428.

Rafferty, Y. (2013). Child trafficking and commercial sexual exploitation: A review of promising prevention policies and programs. *American Journal of Orthopsychiatry, 83,* 559–575.

Rafferty, Y. (2017, April 10). Mental health services as a vital component of psychosocial recovery for victims of child trafficking for commercial sexual exploitation. *American Journal of Orthopsychiatry.* Advance online publication. doi:10.1037/ort0000268

Rainbow, L., & Gregory, A. (2011). What behavioral investigative advisers actually do. In L. Alison & L. Rainbow (Eds.), *Professionalizing offender profiling* (pp. 35–50). London, England: Routledge.

Raine, A. (1993). *The psychopathology of crime: Criminal behavior as a clinical disorder*. San Diego, CA: Academic Press.

Raine, A. (2013). *The anatomy of violence: The biological roots of crime.* New York, NY: Vintage Books.

Ramchand, R., Schell, T. L., Karney, B. R., Osilla, K. C., Burns, R. M., & Caldarone, L. B. (2010). Disparate prevalence estimates of PTSD among service members who served in Iraq and Afghanistan: Possible explanations. *Journal of Traumatic Stress, 23,* 59–68.

Ramirez, D., McDevitt, J., & Farrell, A. (2000, November). *A resource guide on racial profiling data collection systems: Promising practices and lessons learned.* Boston, MA: Northeastern University Press.

Ramos-Gonzalez, N. N., Weiss, R. A., Schweizer, J., & Rosinski, A. (2016). Fitness to stand trial evaluations in immigration proceedings. *Canadian Psychology, 57,* 284–290.

Ramsay, J. R. (2017). The relevance of cognitive distortions in the psychosocial treatment of adult ADHD. *Professional Psychology: Research and Practice, 48,* 62–69.

Rand, M. R. (2009, September). *Criminal victimization, 2008.* Washington, DC: U.S. Department of Justice, Office of Justice Programs.

Rand, M. R., & Harrell, E. (2009, October). *Crime against people with disabilities, 2007.* Washington, DC: U. S. Department of Justice, Office of Justice Programs.

Raney, R. F. (2017, April). Unseen victims of sex trafficking. *APA Monitor, 48,* 32.

Raspe, R. E. (1944). *The surprising adventures of Baron Munchausen.* New York, NY: Peter Pauper.

Reaves, B. A. (2012a). *Federal law enforcement officers, 2008.* Washington, DC: U.S. Department of Justice, Bureau of Justice Statistics.

Reaves, B. A. (2012b, October). *Hiring and retention of state and local law enforcement officers, 2008.* Washington, DC: U.S. Department of Justice, Bureau of Justice Statistics.

Reaves, B. A. (2015, January). *Campus law enforcement, 2011–2012.* Washington, DC: U.S. Department of Justice, Bureau of Justice Statistics.

Redding, R. E. (2010, June). *Juvenile transfer laws: An effective deterrent to delinquency?* Washington, DC: U.S. Department of Justice, Office of Juvenile Justice and Delinquency Prevention.

Redding, R. E., Floyd, M. Y., & Hawk, G. L. (2001). What judges and lawyers think about the testimony of mental health experts: A survey of the courts and bar. *Behavioral Sciences & the Law, 19,* 583–594.

Redlich, A. D. (2010). False confessions, false guilty pleas: Similarities and differences. In G. D. Lassiter & C. A. Meissner (Eds.), *Police interrogation and false confessions: Current research, practice, and policy recommendations* (pp. 49–66). Washington, DC: American Psychological Association.

Redlich, A. D., Bibas, S., Edkins, V. A., & Madon, S. (2017). The psychology of defendant pleas decision making. *American Psychologist, 72*, 339–352.

Redlich, A. D., & Goodman, G. S. (2003). Taking responsibility for an act not committed: The influence of age and suggestibility. *Law and Human Behavior, 27*, 141–156.

Redlich, A. D., Kulich, R., & Steadman, H. J. (2011). Comparing true and false confessions among persons with serious mental illness. *Psychology, Public Policy, and Law, 17*, 394–418.

Redlich, A. D., Silverman, M., & Steiner, H. (2003). Pre-adjudicative and adjudicative competence in juveniles and young adults. *Behavioral Sciences & the Law, 21*, 393–410.

Redlich, A. D., Summers, A., & Hoover, S. (2010). Self-reported false confessions and false guilty pleas among offenders with mental illness. *Law and Human Behavior, 34*, 79–90.

Reed, G. M., Levant, R. F., Stout, C. E., Murphy, M. J., & Phelps, R. (2001). Psychology in the current mental health marketplace. *Professional Psychology: Research and Practice, 32*, 65–70.

Reese, J. T. (1986). Foreword. In J. T. Reese & H. Goldstein (Eds.), *Psychological services for law enforcement*. Washington, DC: U.S. Government Printing Office.

Reese, J. T. (1987). *A history of police psychological services*. Washington, DC: U.S. Government Printing Office.

Regan, W. M., & Gordon, S. M. (1997). Assessing testamentary capacity in elderly people. *Southern Medical Journal, 90*, 13–15.

Reichert, J., Adams, S., & Bostwick, L. (2010, April). *Victimization and help-seeking behaviors among female prisoners in Illinois*. Chicago, IL: Illinois Criminal Justice Information Authority.

Reid, J. A. (2012). Exploratory review of route-specific, gendered, and age-graded dynamics of exploitation: Applying life course theory to victimization in sex trafficking in North America. *Aggression and Violent Behavior, 17*, 257–271.

Reid, J. B. (1993). Prevention of conduct disorders before and after school entry: Relating interventions to developmental findings. *Development and Psychopathology, 5*, 243–262.

Reidy, T. J., Sorensen, J. R., & Davidson, M. (2016). Testing the predictive validity of the Personality Assessment Inventory (PAI) in relation to inmate misconduct and violence. *Psychological Assessment, 28*, 871–884.

Reijntjes, A., Vermande, M., Olthof, T., Goossens, F. A., van de Schoot, R., Aleva, L., & vander Meulen, M. (2013). Costs and benefits of bullying in the context of the peer group: A three wave longitudinal analysis. *Journal of Abnormal Child Psychology, 41*, 1217–1229.

Reinert, J. A. (2006, Summer). Guardianship reform in Vermont. *Vermont Bar Journal*, 40–43.

Reiser, M. (1982). *Police psychology: Collected papers*. Los Angeles, CA: LEHI.

Reisner, R., Slobogin, C., & Rai, A. (2004). *Law and the mental health system: Civil and criminal aspects* (4th ed.). St. Paul, MN: West.

Reitzel, L. R. (2003, January). Sexual offender update: Juvenile sexual offender recidivism and treatment effectiveness. *Correctional Psychologist, 35*, 3–4.

Rennison, C. (2001, March). *Violent victimization and race, 1993–1998*. Washington, DC: U.S. Department of Justice, Bureau of Justice Statistics.

Rennison, C. M. (2002b, August). *Rape and sexual assault: Reporting to police and medical attention, 1992–2000*. Washington, DC: U.S. Department of Justice, Bureau of Justice Statistics.

Reno, J. (1999). Message from the attorney general. In Technical Working Group for Eyewitness Evidence (Ed.), *Eyewitness evidence: A guide for law enforcement*. Washington, DC: National Institute of Justice.

Renzetti, C. M. (1992). *Violent betrayal: Partner abuse in lesbian relationships*. Newbury Park, CA: Sage.

Reppucci, N. D., Meyer, J., & Kostelnik, J. (2010). Custodial interrogation of juveniles: Results of a national survey of police. In G. D. Lassiter & C. A. Meissner (Eds.), *Police interrogations and false confessions: Current research, practice, and police recommendations* (pp. 67–80). Washington, DC: American Psychological Association.

Reppucci, N. D., & Saunders, J. T. (1974). Social psychology of behavior modification: Problems of implementation in natural settings. *American Psychologist, 29*, 649–660.

Ressler, R. K., Burgess, A., & Douglas, J. E. (1988). *Sexual homicide: Patterns and motives*. Lexington, MA: Lexington Books.

Rice, M. E., & Harris, G. T. (2002). Men who molest their sexually immature daughters: Is a special explanation required? *Journal of Abnormal Psychology, 111*, 329–339.

Rice, M. E., Harris, G. T., & Cormier, C. A. (1992). An evaluation of a maximum security therapeutic community for psychopaths and other mentally disordered offenders. *Law and Human Behavior, 16*, 399–412.

Ricks, E. P., Louden, J. E., & Kennealy, P. J. (2016). Probation officer role emphases and use of risk assessment information before and after training. *Behavioral Sciences & the Law, 34*(2/3), 337–351.

Righthand, S., & Welch, C. (2001, March). *Juveniles who have sexually offended: A review of the professional literature*. Washington, DC: U.S. Department of Justice, Office of Juvenile Justice and Delinquency Prevention.

Riser, R. E., & Kosson, D. S. (2013). Criminal behavior and cognitive processing in male offenders with antisocial personality disorder with and without comorbid psychopathy. *Personality Disorders: Theory, Research, and Treatment, 4*, 332–340.

Risinger, D. M., & Loop, J. L. (2002). Three card monte, Monty Hall, modus operandi, and "offender profiling": Some lessons of modern cognitive science for the law of evidence. *Cardozo Law Review, 24*, 193–285.

Ritchie, E. C., & Gelles, M. G. (2002). Psychological autopsies: The current Department of Defense effort to standardize training and quality assurance. *Journal of Forensic Science, 47*, 1370–1372.

Ritvo, E., Shanok, S. S., & Lewis, D. O. (1983). Firesetting and non-firesetting delinquents. *Child Psychiatry and Human Development, 13*, 259–267.

Rivard, J. R., Fisher, R. P., Robertson, B., & Mueller, D. H. (2014). Testing the cognitive interview with professional interviewers: Enhancing recall of specific details of recurring events. *Applied Cognitive Psychology, 28*, 917–925.

Robbennolt, J. K., Groscup, J. L., & Penrod, S. (2014). Evaluating and assisting jury competence in civil cases. In I. B. Weiner & R. K. Otto (Eds.), *The handbook of forensic psychology* (4th ed., pp. 469–512). Hoboken, NJ: Wiley.

Robbins, E., & Robbins, L. (1964). Arson with special reference to pyromania. *New York State Journal of Medicine, 2*, 795–798.

Robers, S., Zhang, J., Truman, J., & Snyder, T. (2012). *Indicators of school crime and safety: 2011.* Washington, DC: U.S. Department of Education, National Center for Educational Statistics.

Robins, P. M., & Sesan, R. (1991). Munchausen syndrome by proxy: Another women's disorder. *Professional Psychology: Research and Practice, 22*, 285–290.

Robinson, R., & Acklin, M. W. (2010). Fitness in paradise: Quality of forensic reports submitted to the Hawaii judiciary. *International Journal of Law and Psychiatry, 33*, 131–137.

Rodriguez, N. (2007). Restorative justice at work: Examining the impact of restorative justice resolutions on juvenile recidivism. *Crime & Delinquency, 33*, 355–379.

Roediger, H. L. (2016). Varieties of fame in psychology. *Perspectives on Psychological Science, 11*, 882–887.

Roediger, H. L., & Bergman, E. T. (1998). The controversy over recovered memories. *Psychology, Public Policy, and Law, 4*, 1091–1109.

Roesch, R., Zapf, P. A., & Eaves, D. (2006). *Fitness Interview Test: A structured interview for assessing competency to stand trial.* Sarasota, FL: Professional Resource Press.

Roesch, R., Zapf, P. A., Golding, S. L., & Skeem, J. L. (1999). Defining and assessing competency to stand trial. In A. K. Hess & I. B. Weiner (Eds.), *The handbook of forensic psychology* (2nd ed., pp. 327–349). New York, NY: Wiley.

Rogers, R. (1984). *Rogers Criminal Responsibility Assessment Scales (R-CRAS) and test manual.* Odessa, FL: Psychological Assessment Resources.

Rogers, R. (1992). *Structured Interview of Reported Symptoms.* Odessa, FL: Psychological Assessment Resources.

Rogers, R. (1997). *Clinical assessment of malingering and deception* (2nd ed.). New York, NY: Guilford Press.

Rogers, R. (2011). Getting it wrong about *Miranda* rights: False beliefs, impaired reasoning, and professional neglect. *American Psychologist, 66*, 728–736.

Rogers, R. (Ed.). (2012). *Clinical assessment of malingering and deception* (3rd ed.). New York, NY: Guilford Press.

Rogers, R. (2016). An introduction to insanity evaluation. In R. Jackson & R. Roesch (Eds.), *Learning forensic assessment: Research and Practice* (2nd ed., pp. 97–115). New York, NY: Routledge.

Rogers, R., & Ewing, C. P. (1989). Ultimate issue proscriptions: A cosmetic fix and plea for empiricism. *Law and Human Behavior, 13*, 357–374.

Rogers, R., & Ewing, C. P. (2003). The prohibition of ultimate opinions: A misguided enterprise. *Journal of Forensic Psychology Practice, 3*, 65–75.

Rogers, R., Harrison, K. S., Shuman, D. W., Sewell, K. W., & Hazelwood, L. L. (2007). An analysis of *Miranda* warning and waivers: Comprehension and coverage. *Law and Human Behavior, 31*, 177–192,

Rogers, R., Hazelwood, L. L., Sewell, K. W., Blackwood, H. L., Rogstad, J. E., & Harrison, K. S. (2009). Development and initial validation of the Miranda Vocabulary Scale. *Law and Human Behavior, 33*, 381–392.

Rogers, R., Rogstad, J. E., Gillard, N. D., Drogin, E. Y., Blackwood, H. L., & Shuman, D. W. (2010). "Everyone knows their Miranda rights"; Implicit assumptions and countervailing evidence. *Psychology, Public Policy, and Law, 16*, 300–318.

Rogers, R., & Sewell, K. W. (1999). The R-CRAS and insanity evaluations: A re-examination of construct validity. *Behavioral Sciences & the Law, 17*, 181–194.

Rogers, R., & Shuman, D. W. (1999). *Conducting insanity evaluations* (2nd ed.). New York, NY: Guilford Press.

Rogers, R., Tillbrook, C. E., & Sewell, K. W. (2004). *Evaluation of Competency to Stand Trial–Revised (ECST-R) and professional manual.* Odessa, FL: Psychological Assessment Resources.

Rohde, L. A., Barbosa, G., Polanczyk, G., Eizirik, M., Rasmussen, R. R., Neuman, R. J., . . . & Todd, R. D. (2001). Factor and latent class analysis of DSM-IV ADHD symptoms in a school sample of Brazilian adolescents. *Journal of the American Academy of Child and Adolescent Psychiatry, 40*, 711–718.

Romani, C. J., Morgan, R. D., Gross, N. R., & McDonald B. R. (2012). Treating criminal behavior: Is the bang worth the buck? *Psychology, Public Policy, and Law, 18*, 144–165.

Romans, J. S. C., Hays, J. R., & White, T. K. (1996). Stalking and related behaviors experienced by counseling center staff members from current and former clients. *Professional Psychology: Research and Practice, 27*, 595–599.

Root, C., MacKay, S., Henderson, J., Del Bove, G., & Warling, D. (2008). The link between maltreatment and juvenile firesetting: Correlates and underlying mechanisms. *Child Abuse & Neglect, 32*, 161–176.

Root, R. W., & Resnick, R. J. (2003). An update on the diagnosis and treatment of attention deficit/hyperactivity disorder in children. *Professional Psychology: Research and Practice, 34*, 34–41.

Rosenfeld, B., & Harmon, R. (2002). Factors associated with violence in stalking and obsessional harassment cases. *Criminal Justice and Behavior, 29*, 671–691.

Rosenfeld, B., Howe, J., Pierson, A., & Foellmi, M. (2015). Mental health treatment of criminal offenders. In B. L. Cutler & P. A. Zapf, *APA handbook of forensic psychology: Vol. 1. Individual and situational influences in criminal and civil contexts* (pp. 159–190). Washington, DC: American Psychological Association.

Rosin, H. (2014, April 29). *When men are raped*. NPR's Doublex. Retrieved from www. Slate.com

Rossmo, D. K. (1997). Geographical profiling. In J. T. Jackson & D. A. Bekerain (Eds.), *Offender profiling: Theory, research and practice* (pp. 159–176). Chichester, England: Wiley.

Rothman, D. (1980). *Conscience and convenience*. Boston, MA: Little, Brown.

Rozalski, M., Katsiyannis, A., Ryan, J., Collins, T., & Stewart, A. (2010). Americans with Disabilities Act Amendments of 2008. *Journal of Disability Policy Studies, 21*, 22–28.

Rubin, K. H., Bukowski, W., & Parker, J. G. (1998). Peer interactions, relationships, and groups. In N. Eisenberg (Ed.), *Handbook of child psychology: Vol. 3. Social, emotional, and personality development* (5th ed., pp. 619–700). New York, NY: Wiley.

Rubinstein, M., Yeager, C. A., Goodstein, C., & Lewis, D. O. (1993). Sexually assaultive male juveniles: A follow-up. *American Journal of Psychiatry, 150*, 262–265.

Ruiz, M. A., Cox, J., Magyar, M. S., & Edens, J. F. (2014). Predictive validity of the Personality Assessment Inventory (PAI) for identifying criminal reoffending following completion of an in-jail addiction treatment program. *Psychological Assessment, 26*, 673–678.

Russano, M. B., Narchet, F. M., & Kleinmann, S. M. (2014). Analysts, interpreters, and intelligence interrogations: Perceptions and insights. *Applied Cognitive Psychology, 28*, 829–846.

Russell, B. S. (2010). Revisiting the measurement of shaken baby syndrome awareness. *Child Abuse & Neglect, 34*, 671–676.

Sadeh, N., Javdani, S., & Verona, E. (2013). Analysis of monoaminergic genes, childhood abuse, and dimensions of psychopathy. *Journal of Abnormal Psychology, 122*, 167–179.

Saks, M. J. (1993). Improving APA science translation amicus briefs. *Law and Human Behavior, 17*, 235–247.

Salekin, R. T. (2002). Psychopathy and therapeutic pessimism: Clinical lore or clinical reality? *Clinical Psychology Review, 22*, 79–112.

Salekin, R. T., Brannen, D. N., Zalot, A. A., Leistico, A.-M., & Neumann, C. S. (2006). Factor structure of psychopathy in youth: Testing the applicability of the new four-factor model. *Criminal Justice and Behavior, 33*, 135–157.

Salekin, R. T., Lee, Z., Schrum Dillard, C. L., & Kubak, F. A. (2010). Child psychopathy and protective factors: IQ and motivation to change. *Psychology, Public Policy, and Law, 16*, 158–176.

Salekin, R. T., Leistico, A.-M. R., Trobst, K. K., Schrum, C. L., & Lochman, J. E. (2005). Adolescent psychopathy and personality theory—the interpersonal circumplex: Expanding evidence of a nomological net. *Journal of Abnormal Child Psychology, 33*, 445–460.

Salekin, R. T., & Lochman, J. (Eds.). (2008). Child and adolescent psychopathy: The search for protective factors [Special issue]. *Criminal Justice and Behavior, 35*, 159–172.

Salekin, R. T., Rogers, R., & Sewell, K. W. (1997). Construct validity of psychopathy in a female offender sample: A multitrait-multimethod evaluation. *Journal of Abnormal Psychology, 106*, 576–585.

Salekin, R. T., Rogers, R., Ustad, K. L., & Sewell, K. W. (1998). Psychopathy and recidivism among female inmates. *Law and Human Behavior, 22*, 109–128.

Salekin, R. T., Rosenbaum, J., & Lee, Z. (2008). Child and adolescent psychopathy: Stability and change. *Psychiatry, Psychology, and Law, 15*, 224–236.

Salisbury, E. J., Dabney, J. D., Russell, K. (2015). Diverting victims of commercial sexual exploitation from juvenile detention: Development of the InterCSECt Screening Protocol. *Journal of Interpersonal Violence, 30*(7), 1247–1276.

Salmivalli, C., Voeten, M., & Poskiparta, E. (2011). Bystanders matter: Association between reinforcing, defending, and the frequency of bullying behavior in classrooms. *Journal of Clinical Child & Adolescent Psychology, 40*, 668–676.

Salter, D., McMillan, D., Richards, M., Talbot, T., Hodges, J., Arnon, B., . . . & Skuse, D. (2003). Development of sexually abusive behaviour in sexually victimised males: A longitudinal study. *The Lancet, 361*, 108–115.

Sammons, M. T., Gorny, S. W., Zinner, E. S., & Allen, R. P. (2000). Prescriptive authority of psychologists: A consensus of support. *Professional Psychology: Research and Practice, 31*, 604–609.

Sanders, M. J., & Bursch, B. (2002). Forensic assessment of illness falsification, Munchausen by proxy, and factitious disorder, NOS. *Child Maltreatment, 7*, 112–124.

Sandler, J. C., & Freeman, N. J. (2007). Typology of female sex offenders: A test of Vandiver and Kercher. *Sexual Abuse: Journal of Research and Treatment, 19*, 73–89.

Sandler, J., C., Letourneau, E. J., Vandiver, D. M., Shields, R. T., & Chaffin, M. (2017). Juvenile sexual crime reporting rates are not influenced by juvenile sex offender registration policies. *Psychology, Public Policy, and Law, 23*, 131–140.

Sangrigoli, S., Pallier, C., Argenti, A.-M., Ventureyra, V. A. G., & de Schonen, S. (2005). Reversibility of the other-race effect in face recognition during childhood. *Psychological Science, 16*, 440–444.

Saum, C. A., O'Connell, D. J., Martin, S. S., Hiller, M. L., Bacon, G. A., & Simpson, D. W. (2007). Tempest in a TC: Changing treatment providers for in-prison therapeutic communities. *Criminal Justice and Behavior, 34*, 1168–1178.

Saunders, B. E., Arata, C., & Kilpatrick, D. (1990). Development of a crime-related posttraumatic stress disorder scale for women within the Symptom Checklist-90–Revised. *Journal of Traumatic Stress, 3*, 439–448.

Schafer, J. A., Huebner, B. M., & Bynum, T. S. (2006). Fear of crime and criminal victimization: Gender-based contrasts. *Journal of Criminal Justice, 34*, 285–301.

Scheflin, A. W. (2014). Applying hypnosis in forensic contexts. In I. B. Weiner & R. K. Otto (Eds.), *Handbook of forensic psychology* (4th ed., pp. 659–708). New York, NY: Wiley.

Scheflin, A. W., Spiegel, H., & Spiegel, D. (1999). Forensic uses of hypnosis. In A. K. Hess & I. B. Weiner (Eds.), *The handbook of forensic psychology* (2nd ed., pp. 474–500). New York, NY: Wiley.

Schmidt, A. F., Mokros, A., & Banse, R. (2013). Is pedophilic sexual preference continuous? A taxometric analysis based on direct and indirect measures. *Psychological Assessment, 25*, 1146–1153.

Schmucker, M., & Losel, F. (2008). Does sexual offender treatment work? A systematic review of outcome evaluations. *Psichotherma, 20*, 10–19.

Schopp, R. F. (2003). Outpatient civil commitment: A dangerous charade or a component of a comprehensive institution of civil commitment? *Psychology, Public Policy, and Law, 9*, 33–69.

Schramke, C. J., & Bauer, R. M. (1997). State-dependent learning in older and younger adults. *Psychology and Aging, 12*, 255–262.

Schreier, H. (2004). Münchausen by proxy. *Current Problems in Pediatric and Adolescent Health Care, 34*, 126–143.

Schwalbe, C. S., Gearing, R. E., MacKenzie, M. J., Brewer, K. B., & Ibrahim, R. (2012). A meta-analysis of experimental studies of diversion programs for juvenile offenders. *Clinical Psychology Review, 32*, 26–33.

Schwartz, B. K. (1995). Characteristics and typologies of sex offenders. In B. K. Schwartz & H. R. Cellini (Eds.), *The sex offender: Corrections, treatment and legal practice* (Vol. 1, pp. 3-1-3-36). Kingston, NJ: Civic Research Institute.

Schwartz, I. M. (1989). *Justice for juveniles: Rethinking the best interests of the child*. Lexington, MA: Lexington Books.

Scott, E. S., Reppucci, N. D., & Woolard, J. L. (1995). Evaluating adolescent decision-making in legal contexts. *Law and Human Behavior, 19*, 221–244.

Scott, E. S., & Steinberg, L. (2008). Adolescent development and regulation of youth crime. *The Future of Children, 18*, 15–33.

Scrivner, E. M. (1994, April). *The role of police psychology in controlling excessive force*. Washington, DC: National Institute of Justice.

Scrivner, E. M., Corey, D. M., & Greene, L. W. (2014). Psychology and law enforcement. In I. B. Weiner & R. K. Otto (Eds.), *The handbook of forensic psychology* (4th ed., pp. 443–468). Hoboken, NJ: Wiley.

Seagrave, D., & Grisso, T. (2002). Adolescent development and measurement of juvenile psychopathy. *Law and Human Behavior, 26*, 219–239.

Sedlak, A. J., & McPherson, K. S. (2010a, May). *Conditions of confinement: Findings from the survey of youth in residential placement*. Washington, DC: U.S. Department of Justice, Office of Juvenile Justice and Delinquency Prevention.

Sedlak, A. J., & McPherson, K. S. (2010b, April). *Youth's needs and services: Findings from the survey of youth in residential placement*. Washington, DC: U.S. Department of Justice, Office of Juvenile Justice and Delinquency Prevention.

Séguin, J. R., & Zelazo, P. D. (2005). Executive function in early physical aggression. In R. E. Tremblay, W. W. Hartup, & J. Archer (Eds.), *Developmental origins of aggression* (pp. 307–329). New York, NY: Guilford Press.

Seklecki, R., & Paynich, R. (2007). A national survey of female police officers: An overview of findings. *Police Practice and Research, 8*, 17–30.

Seligman, M. E. (1975). *Helplessness: On depression, development, and death*. San Francisco, CA: W. H. Freeman.

Selkie, E. M., Fales, J. L., & Moreno, M. A. (2016). Cyberbullying prevalence among United States middle and high school aged adolescents: A systematic review and quality assessment. *Journal of Adolescent Health, 58*, 125–133.

Selkin, J. (1975). Rape. *Psychology Today, 8*, 70–73.

Selkin, J. (1987). *Psychological autopsy in the courtroom*. Denver, CO: Author.

Sellbom, M., Fischler, G. L., & Ben-Porath, Y. S. (2007). Identifying MMPI-2 predictors of police officer integrity and misconduct. *Criminal Justice and Behavior, 34*, 985–1004.

Semmler, C., Brewer, N., & Douglass, A. B. (2012). Jurors believe eyewitnesses. In B. L. Cutler (Ed.), *Conviction of the innocent: Lessons from psychological research* (pp. 185–209). Washington, DC: American Psychological Association.

Senter, A., Morgan, R. D., Serna-McDonald, C., & Bewley, M. (2010). Correctional psychologist burnout, job satisfaction, and life satisfaction. *Psychological Services, 7*, 190–201.

Serin, R. C., & Amos, N. L. (1995). The role of psychopathy in the assessment of dangerousness. *International Journal of Law & Psychiatry, 18*, 231–238.

Serin, R. C., Peters, R. D., & Barbaree, H. E. (1990). Predictors of psychopathy and release outcome in a criminal population. *Psychological Assessment, 2*, 419–422.

Serin, R. C., & Preston, D. L. (2001). Managing and treating violent offenders. In J. B. Ashford, B. D. Sales, & W. H. Reid (Eds.), *Treating adult and juvenile offenders with special needs* (pp. 249–271). Washington, DC: American Psychological Association.

Seto, M. C., Hanson, R. K., & Babchishin, K. M. (2011). Contact sexual offending with online sexual offenses. *Sexual Abuse: A Journal of Research and Treatment, 23*, 124–145.

Sevecke, K., Kosson, D. S., & Krischer, M. K. (2009). The relationship between attention deficit hyperactivity disorder, conduct disorder, and psychopathy in adolescent male and female detainees. *Behavioral Sciences & the Law, 27*, 577–598.

Sexton, T., & Turner, C. W. (2010). The effectiveness of functional family therapy for youth with behavior problems in a community practice setting. *Journal of Family Psychology, 24*, 339–348.

Shahinfar, A., Kupersmidt, J. B., & Matza, L. S. (2001). The relation between exposure to violence and social information processing among incarcerated adolescents. *Journal of Abnormal Psychology, 110*, 136–141.

Shannon, L. M., Jones, A. J., Perkins, E., Newell, J., & Neal, C. (2016). Examining individual factors and during-program performance to understand drug court completion. *Journal of Offender Rehabilitation, 55*, 271–292.

Shapiro, D. (2011). *Banking on bondage: Private prisons and mass incarceration* (American Civil Liberties Union Report). Retrieved from https://www.aclu.org/files/assets/bankingonbondage_20111102.pdf

Shapiro, D. L. (1999). *Criminal responsibility evaluations: A manual for practice.* Sarasota, FL: Professional Resource Press.

Sharif, I. (2004). Münchausen syndrome by proxy. *Pediatrics in Review, 25*, 215–216.

Shaw, J., Campbell, R., Cain, D., & Feeney, H. (2016, August). Beyond surveys and scales: How rape myths manifest in sexual assault police records. *Psychology of Violence*. Advance online publication. doi: 10.1037/vio0000072

Shaw, T., Dooley, J. J., Cross, D., Zubrick, S. R., & Waters, S. (2013). The Forms of Bullying Scale (FBS): Validity and reliability estimates for a measure of bullying victimization and perpetration in adolescence. *Psychological Assessment, 25*, 1045–1057.

Shelton, J., Eakin, J., Hoffer, T., Muirhead, Y., & Owens, J. (2016). Online child sexual exploitation: An investigative analysis of offender characteristics and offending behavior. *Aggression and Violent Behavior, 30*, 15–23.

Shelton, J., Hilts, M., & MacKizer, M. (2016). An exploratory study of residential child abduction: An examination of offender, victim and offense characteristics. *Aggression and Violent Behavior, 30*, 24–31.

Shepherd, J. W., & Ellis, H. D. (1973). The effect of attractiveness on recognition memory for faces. *American Journal of Psychology, 86*, 627–633.

Sheridan, L. P., North, A., & Scott, A. J. (2015). Experiences of stalking in same-sex and opposite-sex contexts. In R. D. Mairuo (Ed.), *Perspectives on stalking: Victims, perpetrators, and cyberstalking* (pp.105–119). New York, NY: Springer.

Sheridan, M. S. (2003). The deceit continues: An updated literature review of Münchausen syndrome by proxy. *Child Abuse & Neglect, 27*, 431–451.

Shihadeh, E. S., & Barranco, R. E. (2010). Latino immigration, economic deprivation, and violence: Regional differences in the effect of linguistic isolation. *Homicide Studies, 14*, 336–355.

Shirtcliff, E. A., Vitacco, M. J., Gostisha, A. J., Merz, J. L., & Zahn-Waxler, C. (2009). Neurobiology of empathy and callousness: Implications for the development of antisocial behavior. *Behavioral Sciences & the Law, 27*, 137–171.

Shneidman, E. S. (1981). The psychological autopsy. *Suicide and Life-Threatening Behavior, 11*, 325–340.

Shneidman, E. S. (1994). The psychological autopsy. *American Psychologist, 49*, 75–76.

Showers, J. (1997). *Executive summary: The National Conference on Shaken Baby Syndrome.* Alexandria, VA: National Association of Children's Hospitals and Related Institutions.

Showers, J. (1999). *Never never never shake a baby: The challenges of shaken baby syndrome.* Alexandria, VA: National Association of Children's Hospitals and Related Institutions.

Shulman, K. I., Cohen, C. A., & Hull, I. (2005). Psychiatric issues in retrospective challenges of testamentary capacity. *International Journal of Geriatric Psychiatry, 20*, 63–69.

Shuman, D. W., & Sales, B. D. (2001). *Daubert*'s wager. *Journal of Forensic Psychology Practice, 1*, 69–77.

Sickmund, M. (2003, June). *Juveniles in court (Juvenile Offenders and Victims National Report Series)* (NCJ 195420). Washington, DC: U.S. Department of Justice, Office of Juvenile Justice and Delinquency Prevention.

Sickmund, M. (2004, June). *Juveniles in corrections.* (NCJ 202885). Washington, DC: U.S. Department of Justice, Office of Juvenile Justice and Delinquency Prevention.

Siegel, A. M., & Elwork, A. (1990). Treating incompetence to stand trial. *Law and Human Behavior, 14*, 57–65.

Siegel, L., & Lane, I. M. (1987). *Personnel and organizational psychology* (2nd ed.). Homewood, IL: Irwin.

Silke, M. (2012). Why women stay: A theoretical examination of rational choice and moral reasoning in the context of intimate partner violence. *Australian and New Zealand Journal of Criminology, 45*, 179–193.

Sim, J. J., Correll, J., & Sadler, M. S. (2013). Understanding police and expert performance: When training attenuates (vs. exacerbates) stereotypic bias in the decision to shoot. *Personality and Social Psychology Bulletin, 39*, 291–304.

Simon, T., Mercy, J., & Perkins, C. (2001, June). *Injuries from violent crime, 1992–1998.* Washington, DC: U.S. Department of Justice, Bureau of Justice Statistics.

Simons, D. J., & Chabris, C. F. (2011). What people believe about how memory works: A representative survey of the U.S. population. *PLos One, 6*, e22757.

Simons, D. J., & Chabris, C. F. (2012). Common (mis)beliefs about memory: A replication and comparison of telephone and mechanical Turk survey methods. *PloS One*, 7, e51876.

Simourd, D. J., & Hoge, R. D. (2000). Criminal psychopathy: A risk–and–need perspective. *Criminal Justice and Behavior, 27*, 256–272.

Simourd, D. J., & Malcolm, P. B. (1998). Reliability and validity of the Level of Service Inventory–Revised among federally incarcerated offenders. *Journal of Interpersonal Violence, 13*, 261–274.

Simpson, D. W., & Knight, K. (Eds.). (2007). Offender needs and functioning assessments from a national cooperative research program. *Criminal Justice and Behavior, 34*, 1105–1112.

Sinclair, J. J., Pettit, G. S., Harrist, A. W., & Bates, J. E. (1994). Encounters with aggressive peers in early childhood: Frequency, age differences, and correlates of risk for behaviour problems. *International Journal of Behavioural Development, 17*, 675–696.

Singer, M. T., & Nievod, A. (1987). Consulting and testifying in court. In I. B. Weiner & A. K. Hess (Eds.), *Handbook of forensic psychology* (pp. 529–556). New York, NY: Wiley.

Sinozich, S., & Langton, L. (2014, December). *Rape and sexual assault victimization among college-age females, 1995–2013*. Washington, DC: U.S. Department of Justice, Bureau of Justice Statistics.

Sipe, R., Jensen, E. L., & Everett, R. S. (1998). Adolescent sexual offenders grown up: Recidivism in young adulthood. *Criminal Justice and Behavior, 25*, 109–124.

Skeem, J. L., Edens, J. F., & Colwell, L. H. (2003, April). *Are there racial differences in levels of psychopathy? A meta-analysis.* Paper presented at the third annual conference of the International Association of Forensic Mental Health Services, Miami, FL.

Skeem, J. L., Edens, J. F., Sanford, G. M., & Colwell, L. H. (2003). Psychopathic personality and racial/ethnic differences reconsidered: A reply to Lynn (2002). *Personality and Individual Differences, 34*, 1–24.

Skeem, J. L., Eno Louden, J., & Evans, J. (2004). Venireperson's attitudes toward the insanity defense: Developing, refining, and validating a scale. *Law and Human Behavior, 28*, 623–648.

Skeem, J. L., Golding, S. L., Berge, G., & Cohn, N. B. (1998). Logic and reliability of evaluations of competence to stand trial. *Law and Human Behavior, 22*, 519–547.

Skeem, J. L., & Monahan, J. (2011). Current directions in violence risk assessment. *Current Directions in Psychological Science, 20*, 38–42.

Skeem, J. L., Monahan, J., & Mulvey, E. P. (2002). Psychopathy, treatment involvement, and subsequent violence among civil psychiatric patients. *Law and Human Behavior, 26*, 577–603.

Skeem, J. L., Polaschek, D. L. L., & Manchak, S. (2009). Appropriate treatment works, but how? Rehabilitating general, psychopathic, and high-risk offenders. In J. L. Skeem, K. S. Douglas, & S. O. Lilienfeld, (Eds.), *Psychological science in the courtroom* (pp. 358–384). New York, NY: Guilford Press.

Skeem, J. L., Polaschek, D. L. L., Patrick, C. J., & Lilienfeld, S. O. (2011). Psychopathic personality: Bridging the gap between scientific evidence and public policy. *Psychological Science in the Public Interest, 12*, 95–162.

Skeem, J. L., Poythress, N., Edens, J., Lilienfeld, S., & Cale, E. (2003). Psychopathic personality or personalities? Exploring potential variants of psychopathy and their implications for risk assessment. *Aggression and Violent Behavior, 8*, 513–546.

Skilling, T. A., Quinsey, V. L., & Craig, W. M. (2001). Evidence of a taxon underlying serious antisocial behavior in boys. *Criminal Justice and Behavior, 28*, 450–470.

Skrapec, C. A. (1996). The sexual component of serial murder. In T. O'Reilly-Fleming (Ed.), *Serial and mass murder: Theory, research and policy* (pp. 155–179). Toronto, Canada: Canadian Scholars' Press.

Skrapec, C. A. (2001). Phenomenology and serial murder: Asking different questions. *Homicide Studies, 5*, 46–63.

Slavkin, M. L. (2001). Enuresis, firesetting, and cruelty to animals: Does the ego triad show predictive validity? *Adolescence, 36*, 461–467.

Slobogin, C. (1999). The admissibility of behavioral science information in criminal trials: From primitivism to *Daubert* to voice. *Psychology, Public Policy, and Law, 5*, 100–119.

Slobogin, C., & Mashburn, A. (2000). The criminal defense lawyer's fiduciary duty to clients with mental disability. *Fordham Law Review, 68*, 1581–1642.

Slobogin, C., Melton, G. B., & Showalter, C. C. (1984). The feasibility of a brief evaluation of mental state at the time of the offense. *Law and Human Behavior, 8*, 305–320.

Slot, L. A. B., & Colpaert, F. C. (1999). Recall rendered dependent on an opiate state. *Behavioral Neuroscience, 113*, 337–344.

Slovenko, R. (1999). Civil competency. In A. K. Hess & I. B. Weiner (Eds.), *Handbook of forensic psychology* (2nd ed., pp. 151–167). New York, NY: Wiley.

Small, M. H., & Otto, R. K. (1991). Evaluations of competency to be executed: Legal contours and implication for assessment. *Criminal Justice and Behavior, 18*, 146–158.

Smith, D. (2002, June). Where are recent grads getting jobs? *Monitor on Psychology, 33*, 28–29.

Smith, E. L., & Cooper, A. (2013, December). *Homicide in the U.S. known to law enforcement, 2011.* Washington, DC: U.S. Department of Justice, Bureau of Justice Statistics.

Smith, M., Wilkes, N., & Bouffard, L. A. (2016). Rape myth adherence among campus law enforcement officers. *Criminal Justice and Behavior, 43*, 539–556.

Smith, S. F., Watts, A. L., & Lilienfeld, S. O. (2014). On the trail of the elusive successful psychopath. *The Psychologist, 15*, 340–350.

Smithey, M. (1998). Infant homicide: Victim–offender relationship and causes of death. *Journal of Family Violence, 13*, 285–287.

Snider, J. F., Hane, S., & Berman, A. L. (2006). Standardizing the psychological autopsy: Addressing the *Daubert* standard. *Suicide and Life-Threatening Behavior, 36*, 511–518.

Snook, B., Cullen, R. M., Bennell, C., Taylor, P. J., & Gendreau, P. (2008). The criminal profiling illusion: What's behind the smoke and mirrors? *Criminal Justice and Behavior, 35*, 1257–1276.

Snyder, H. N. (2000, June). *Sexual assault of young children as reported to law enforcement: Victim, incident, and offender characteristics*. Washington, DC: U.S. Department of Justice, Bureau of Justice Statistics.

Snyder, H. N. (2008, August). *Juvenile arrests 2005*. Washington, DC: U.S. Department of Justice, Office of Juvenile Justice and Delinquency Prevention.

Snyder, H. N., & Sickmund, M. (1995). *Juvenile offenders and victims: A national report*. Washington, DC: Office of Juvenile Justice and Delinquency Prevention.

Snyder, H. N., & Sickmund, M. (1999). *Juvenile offenders and victims: 1999 national report*. Washington, DC: Office of Juvenile Justice and Delinquency Prevention.

Snyder, H. N., & Sickmund, M. (2006, March). *Juvenile offenders and victims: 2006 national report*. Pittsburgh, PA: National Center for Juvenile Justice.

Sorensen, S. B., & Bowie, P. (1994). Girls and young women. In L. D. Eron, J. H. Gentry, & P. Schlegel (Eds.), *Reason to hope: A psychosocial perspective on violence and youth* (pp. 167–176). Washington, DC: American Psychological Association.

Spaccarelli, S., Bowden, B., Coatsworth, J. D., & Kim, S. (1997). Psychosocial correlates of male sexual aggression in a chronic delinquent sample. *Criminal Justice and Behavior, 24*, 71–95.

Spiegel, D., & Spiegel, H. (1987). Forensic uses of hypnosis. In I. B. Weiner & A. K. Hess (Eds.), *Handbook of forensic psychology* (pp. 490–510). New York, NY: Wiley.

Spielberger, C. D. (Ed.). (1979). *Police selection and evaluation*. Washington, DC: Hemisphere.

Spielberger, C. D., Ward, J. C., & Spaulding, H. C. (1979). A model for the selection of law enforcement officers. In C. D. Spielberger (Ed.), *Police selection and evaluation: Issues and techniques* (pp. 11–29). Washington, DC: Hemisphere.

Sporer, S. L. (2001). The cross-race effect: Beyond recognition of faces in the laboratory. *Psychology, Public Policy, and Law, 7*, 170–200.

Sprang, M. V., McNeil, J. S., & Wright, R. (1989). Psychological changes after the murder of a significant other. *Social Casework: The Journal of Contemporary Social Work, 70*, 159–164.

Stahl, P. M. (2010). *Conducting child custody evaluations: From basic to complex issues*. Thousand Oaks, CA: Sage.

Stahl, P. M. (2014). Conducting child custody and parenting evaluations. In I. B. Weiner & R. K. Otto (Eds.), *The handbook of forensic psychology* (4th ed., pp. 137–169). Hoboken, NJ: Wiley.

Standards Committee, American Association for Correctional Psychology. (2000). Standards for psychology services in jails, prisons, correctional facilities, and agencies. *Criminal Justice and Behavior, 27*, 433–494.

Stark, E. (2002). Preparing for expert testimony in domestic violence cases. In A. R. Roberts (Ed.), *Handbook of domestic violence intervention strategies: Policies, programs, and legal remedies* (pp. 216–252). New York, NY: Oxford University Press.

Starr, D. (2013, December 9). The interview: Do police interrogation techniques produce false confessions? *The New Yorker*, 42–49.

Stattin, H., & Klackenberg-Larsson, I. (1993). Early language and intelligence development and their relationship to future criminal behavior. *Journal of Abnormal Psychology, 102*, 369–378.

Steadman, H. J., Davidson, S., & Brown, C. (2001). Mental health courts: Their promise and unanswered questions. *Psychiatric Services, 54*, 457–458.

Steadman, H. J., Gounis, K., & Dennis, D. (2001). Assessing the New York City involuntary outpatient commitment pilot program. *Psychiatric Services, 52*, 330–336.

Steadman, H. J., McCarty, D. W., & Morrissey, J. P. (1989). *The mentally ill in jail: Planning for essential services*. New York, NY: Guilford Press.

Steadman, H. J., Osher, F. C., Robbins, P. C., Case, B., & Samuels, S. (2009). Prevalence of serious mental illness among jail inmates. *Psychiatric Services, 60*, 761–765.

Steadman, H. J., & Veysey, B. M. (1997). *Providing services for jail inmates with mental disorders*. Washington, DC: U.S. Department of Justice, National Institute of Justice.

Steblay, N. K., Dietrich, H. L., Ryan, S. L., Raczynski, J. L., & James, K. A. (2011). Sequential lineup laps and eyewitness accuracy. *Law and Human Behavior, 35*, 262–274.

Steblay, N. K., Dysart, J. E., & Wells, G. L. (2011). Seventy-two test of the sequential lineup superiority effect: A meta-analysis and policy discussion. *Psychology, Public Policy, and Law, 17*, 99–139.

Stehlin, I. B. (1995, July/August). FDA's forensic center: Speedy, sophisticated sleuthing. *FDA Consumer Magazine*, 17–28.

Stein, B. D., Jaycox, L. H., Kataoka, S., Rhodes, H. J., & Vestal, K. D. (2003). Prevalence of child and adolescent exposure to community violence. *Clinical Child and Family Psychology Review, 6*, 247–264.

Steinberg, L. (2007). Risk taking in adolescence: New perspectives from brain and behavioral science. *Current Directions in Psychological Science, 16*, 55–59.

Steinberg, L. (2008). A social neuroscience perspective on adolescent risk taking. *Developmental Review, 28*, 78–106.

Steinberg, L. (2010a). A behavioral scientist looks at the science of adolescent brain development. *Brain and Cognition, 72*, 160–164.

Steinberg, L. (2010b). A dual systems model of adolescent risk-taking. *Developmental Psychobiology*, 216–224.

Steinberg, L. (2014a). *Age of opportunity: Lessons from the new science of adolescence*. New York, NY: Houghton Mifflin Harcourt.

Steinberg, L. (2014b). *Adolescence* (10th ed.). New York, NY: McGraw-Hill Higher Education.

Steinberg, L. (2016). Commentary on special issue on the adolescent brain: Redefining adolescence. *Neuroscience and Biobehavioral Reviews, 70*, 343–346.

Steinberg, L., Albert, D., Cauffman, E., Banich, M., Graham, S., & Woolard, J. (2008). Age differences in sensation seeking and impulsivity as indexed by behaviour and self-report: Evidence for a dual systems model. *Developmental Psychology, 44*, 1764–1778.

Steinberg, L., & Cauffman, E. (1996). Maturity of judgment in adolescence: Psychosocial factors in adolescent decision making. *Law and Human Behavior, 20*, 249–272.

Steinberg, L., Cauffman, E., Woolard, J., Graham, S., & Banich, M. (2009). Are adolescents less mature than adults? Minors' access to abortion, the juvenile death penalty, and the alleged APA "flip-flop." *American Psychologist, 64*, 583–594.

Steinberg, L., Graham, S., O'Brien, L., Woolard, J., Cauffman, E., & Banich, M. (2009). Age differences in future orientation and delay discounting. *Child Development, 80*, 28–44.

Steinberg, L., & Monahan, K. (2007). Age differences in resistance to peer influence. *Developmental Psychology, 43*, 1531–1543.

Steiner, C. (2017, January/February). Pre-employment evaluation for police and public safety. *The National Psychologist, 26*, 10.

Stemple, L., & Meyer, I. H. (2014, June). The sexual victimization of men in America: New data challenge old assumptions. *American Journal of Public Health, 104*, e19–e26.

Stewart, A. E., Lord, J. H., & Mercer, D. L. (2001). Death notification education: A needs assessment study. *Journal of Traumatic Stress, 14*, 221–227.

Stickle, T., & Blechman, E. (2002). Aggression and fire: Antisocial behavior in firesetting and nonfiresetting juvenile offenders. *Journal of Psychopathology and Behavioral Assessment, 24*, 177–193.

Stockdale, M. S., Logan, T. K., & Weston, R. (2009). Sexual harassment and posttraumatic stress disorder: Damages beyond prior abuse. *Law and Human Behavior, 33*, 405–418.

Stockdale, M. S., Sliter, K. A., & Ashburn-Nardo, L. (2015). Employment discrimination. In B. L. Cutler & P. A. Zapf (Eds.), *APA handbook of forensic psychology: Vol. 1. Individual and situational influences in criminal and civil contexts* (pp. 511–532). Washington, DC: American Psychological Association.

Stone, A. V. (1995). Law enforcement psychological fitness for duty: Clinical issues. In M. Kurke & E. Scrivner (Eds.), *Police psychology into the 21st century* (pp. 109–131). Hillsdale, NJ: Erlbaum.

Stone, M. H. (1998). Sadistic personality in murders. In T. Millon, E. Simonsen, M. Burket-Smith, & R. Davis (Eds.), *Psychopathy: Antisocial, criminal, and violent behavior.* New York, NY: Guilford Press.

Stotzer, R. L. (2010). Sexual orientation-based hate crimes on campus: The impact of policy on reporting rates. *Sexuality Research and Social Policy*, 7, 147–154.

Stowe, R. M., Arnold, D. H., & Ortiz, C. (2000). Gender differences in the relationship of language development to disruptive behavior and peer relationships in preschoolers. *Journal of Applied Developmental Psychology, 20*, 521–536.

Strange, D., & Takarangi, M. K. T. (2012). False memories for missing aspects of traumatic events. *Acta Psychologica, 141*, 322–326.

Strange, D., & Takarangi, M. K. T. (2015). Investigating the variability of memory distortion for an analogue trauma. *Memory, 23*, 991–1000.

Straus, M. A. (1979). Measuring intra family conflict and violence: The Conflict Tactics Scale. *Journal of Marriage and the Family, 41*, 75–88.

Straus, M. A., & Gelles, R. (1990). *Physical violence in American families*. New Brunswick, NJ: Transaction Press.

Stredny, R. V., Parker, A. L. S., & Dibble, A. E. (2012). Evaluator agreement in placement recommendations for insanity acquittees. *Behavioral Sciences & the Law, 30*, 297–307.

Strier, F. (1999). Whither trial consulting? Issues and projections. *Law and Human Behavior, 23*, 93–115.

Strom, K. J. (2001, September). *Hate crimes reported in NIBRS, 1997–1999.* Washington, DC: U.S. Department of Justice, Bureau of Justice Statistics.

Sue, D. W., Bingham, R. P., Porché-Burke, L., & Vasquez, M. (1999). The diversification of psychology: A multicultural revolution. *American Psychologist, 54*, 1061–1069.

Sullivan, M. L., & Guerette, R. T. (2003). The copycat factor: Mental illness, guns, and the shooting incident at Heritage High School, Rockdale County, Georgia. In H. M. Moore, C. V. Petrie, A. A. Braga, & B. L. McLaughlin (Eds.), *Deadly lessons: Understanding lethal school violence* (pp. 25–69). Washington, DC: National Academies Press.

Sullivan, T. N., Helms, S. W., Bettencourt, A. F., Sutherland, K., Lotze, G. M., Mays, S., . . . & Farrell, A. D. (2012). A qualitative study of individual and peer factors related to effective nonviolent versus aggressive responses in problem situations among adolescents with high incident disabilities. *Behavioral Disorders, 37*, 163–178.

Summit, R. C. (1983). The child sexual abuse accommodation syndrome. *Child Abuse & Neglect*, 7, 177–193.

Super, J. T. (1999). Forensic psychology and law enforcement. In A. K. Hess & I. B. Weiner (Eds.), *The handbook of forensic psychology* (2nd ed., pp. 409–439). New York, NY: Wiley.

Surgeon General's Scientific Advisory Committee on Television and Social Behavior. (1972). *Television and growing up: The impact of television violence.* Washington, DC: U.S. Government Printing Office.

Sutton, J. (2011). Influences on memory. *Memory Studies, 4,* 355–359.

Swanner, J. K., Meissner, C. A., Atkinson, D. J., & Dianiska, R. E. (2016). Developing diagnostic, evidence-based approaches to interrogation. *Journal of Applied Research in Memory and Cognition, 5,* 295–301.

Swanson, J. W., Van Dorn, R. A., Swartz, M. S., Robbins, P. C., Steadman, H. J., McGuire, T. G., . . . & Monahan, J. (2013, July). The cost of assisted outpatient treatment: Can it save states money? *American Journal of Psychiatry.* doi:10.1176/appi.ajp.2013.12091152

Swartz, M. S., Swanson, J. W., & Hiday, V. A. (2001). Randomized controlled trial of outpatient commitment in North Carolina. *Psychiatric Services, 52,* 325–329.

Swartz, M. S., Swanson, J. W., Steadman, H. J., Robbins, P. C., & Monahan, J. (2009). *New York State Assisted Outpatient Treatment Program evaluation.* Durham, NC: Duke University School of Medicine.

Swearer, S. M., Espelage, D. L., Vaillancourt, T., & Hymel, S. (2010). What can be done about school bullying? Linking research to educational practice. *Educational Researcher, 39,* 38–47.

Symons, D. K. (2013). A review of the practice and science of child custody and access assessment in the United States and Canada. *Professional Psychology: Research and Practice, 41,* 267–273.

Taft, C. T., Resick, P. A., Watkins, L. E., & Panuzio, J. (2009). An investigation of posttraumatic stress disorder and depressive symptomatology among female victims of interpersonal trauma. *Journal of Family Violence, 24,* 407–415.

Takarangi, M. K. T., Strange, D., & Lindsay, D. S. (2014). Self-report underestimates trauma intrusions. *Consciousness & Cognition, 27,* 297–305.

Tanaka, J. W., & Pierce, L. J. (2009). The neural plasticity of other-race face recognition. *Cognitive, Affective, and Behavioral Neuroscience, 9,* 122–131.

Tappan, P. W. (1947). Who is criminal? *American Sociological Review, 12,* 100–110.

Tarescavage, A. M., Corey, D. M., Ben-Porath, Y. F. (2015). Minnesota Multiphasic Personality-2-Restructured Form (MMPI-2-RF) predictors of police officer problem behavior. *Assessment, 22,* 116–132.

Tarescavage, A. M., Corey, D. M., & Ben-Porath, Y. F. (2016). A prorating method for estimating MMPI-2-RF scores from MMPI responses: Examination of score fidelity and illustration of empirical utility in the PERSEREC police integrity study sample. *Assessment, 23,* 173–190.

Tate, D. C., & Redding, R. E. (2005). Mental health and rehabilitative services in juvenile justice: System reforms and innovative approaches. In K. Heilbrun, N. E. S. Goldstein, & R. E. Reddings (Eds.), *Juvenile delinquency: Prevention, assessment, and intervention* (pp. 134–160). New York, NY: Oxford University Press.

Tate, D. C., Reppucci, N. D., & Mulvey, E. P. (1995). Violent juvenile delinquents: Treatment effectiveness and implications for future directions. *American Psychologist, 50,* 777–781.

Taylor, E. A., & Sonuga-Barke, E. J. S. (2008). Disorders of attention and activity. In M. Rutter, D. Bishop, D. Pine, S. Scott, J. S. Stevenson, E. A. Taylor, . . . & A. Thapar (Eds.), *Rutter's child and adolescent psychiatry* (5th ed., pp. 521–542). Oxford, England: Wiley-Blackwell.

Taylor, P. J., Snook, B., Bennell, C., & Porter, L. (2015). Investigative psychology. In B. L. Cutler & P. A. Zapf (Eds.), *Handbook of forensic psychology: Vol. 2. Criminal investigation, adjudication, and sentencing outcomes* (pp. 165–186). Washington, DC: American Psychological Association.

Teaching-Family Association. (1993). *Standards of ethical conduct of the Teaching-Family Association.* Asheville, NC: Author.

Teaching-Family Association. (1994). *Elements of the teaching-family model.* Asheville, NC: Author.

Teplin, L. A., Abram, K. M., McLelland, G. M., Dulcan, M. K., & Mericle, A. A. (2002). Psychiatric disorders in youth in juvenile detention. *Archives of General Psychiatry, 59,* 1133–1143.

Terestre, D. J. (2005, August 1). How to start a crisis negotiation team. *Police: The Law Enforcement Magazine,* 8–10.

Terr, L. (1991). Childhood traumas: An outline and overview. *American Journal of Psychiatry, 148,* 10–20.

Terr, L. (1994). *Unchained memories.* New York, NY: Basic Books.

Terrill, W., & Reisig, M. D. (2003). Neighborhood context and police use of force. *Journal of Research in Crime and Delinquency, 40,* 291–321.

Tiesman, H. M., Gurka, K. K., Konda, S., Coben, J. H., & Amandus, H. E. (2012). Workplace homicides in U.S. women: The role of intimate partner violence. *Annals of Epidemiology, 22,* 277–284.

Till, F. (1980). *Sexual harassment: A report on the sexual harassment of students.* Washington, DC: National Advisory Council on Women's Educational Programs.

Tippins, T. M., & Wittmann, J. P. (2005). Empirical and ethical problems with custody recommendation: A call for clinical humility and judicial vigilance. *Family Court Review, 43,* 193–222.

Tjaden, P. (1997, November). The crime of stalking: How big is the problem? *NIJ Research Preview.* Washington, DC: U.S. Department of Justice.

Tjaden, P., & Thoennes, N. (1998a, November). *Prevalence, incidence, and consequences of violence against women: Findings from the National Violence Against Women Survey* (Research in brief). Washington, DC: U.S. Department of Justice, National Institute of Justice.

Tjaden, P., & Thoennes, N. (1998b). *Stalking in America: Findings from the National Violence Against Women Survey* (NCJ 169592). Washington, DC: U.S. Department of Justice.

Tjaden, P., & Thoennes, N. (2006, January). *Extent, nature, and consequences of rape victimization: Findings from the National Violence*

Against Women Survey. Washington, DC: U.S. Department of Justice, National Institute of Justice.

Toch, H. (Ed.). (1980). *Therapeutic communities in corrections*. New York, NY: Praeger.

Toch, H. (Ed.). (1992). *Mosaic of despair: Human breakdown in prisons*. Washington, DC: American Psychological Association.

Toch, H. (2002). *Stress in policing*. Washington, DC: American Psychological Association.

Toch, H. (Ed.). (2008). Special issue: The disturbed offender in confinement. *Criminal Justice and Behavior, 35*, 1–3.

Toch, H. (2012). *COP WATCH: Spectators, social media, and police reform*. Washington, DC: American Psychological Association.

Toch, H., & Adams, K. (2002). *Acting out: Maladaptive behavior in confinement*. Washington, DC: American Psychological Association.

Tombaugh, T. N. (1997). *TOMM: Test of Memory Malingering manual*. Toronto, Canada: Multi-Health Systems.

Tonry, M. (1990). Stated and latent functions of ISP. *Crime & Delinquency, 36*, 174–190.

Topp, B. W., & Kardash, C. A. (1986). Personality, achievement, and attrition: Validation in a multiple-jurisdiction police academy. *Journal of Police Science and Administration, 14*, 234–241.

Topp-Manriquez, L. D., McQuiston, D., & Malpass, R. S. (2016). Facial composites and the misinformation effect: How composites distort memory. *Legal and Criminological Psychology, 21*, 372–389.

Torres, A. N., Boccaccini, M. T., & Miller, H. A. (2006). Perceptions of the validity and utility of criminal profiling among forensic psychologists and psychiatrists. *Professional Psychology: Research and Practice, 37*, 51–58.

Traube, D. E., Chasse, K. T., McKay, M. M., Bhorade, A. M., Paikoff, R., & Young, S. (2007). Urban African American pre-adolescent social problem solving skills. *Social Work in Mental Health, 5*, 101–119.

Tremblay, R. E. (2003). Why socialization fails: The case of chronic physical aggression. In B. B. Lahey, T. E. Moffitt, & A. Caspi (Eds.), *Causes of conduct disorder and juvenile delinquency* (pp. 182–226). New York, NY: Guilford Press.

Tremblay, R. E., Boulerice, B., Harden, P. W., McDuff, P., Pérusse, D., Pihl, R. O., . . . & Japel, C. (1996). Do children in Canada become more aggressive as they approach adolescence? In Human Resources Development Canada and Statistics Canada (Eds.), *Growing up in Canada: National Longitudinal Survey of Children and Youth*. Ottawa: Statistics Canada.

Tremblay, R. E., & Nagin, D. S. (2005). The developmental origins of physical aggression in humans. In R. E. Tremblay, W. W. Hartup, & J. Archer (Eds.), *Developmental origins of aggression* (pp. 83–106). New York, NY: Guilford Press.

Trompetter, P. S. (2011, August). Police psychologists: Roles and responsibilities in a law enforcement agency. *The Police Chief, 78*, 52.

Trompetter, P. S. (2017). A history of police psychology. In C. L. Mitchell & E. H. Dorian (Eds.), *Police psychology and its growing impact on modern law enforcement* (pp. 1–27). Hershey, PA: IGI Global.

Trompetter, P. S., Corey, D. M., Schmidt, W. W., & Tracy, D. (2011, January). Psychological factors after officer-involved shootings: Addressing officer needs and agency responsibilities. *The Police Chief, 78*, 28–33.

Troup-Leasure, K., & Snyder, H. N. (2005, August). *Statutory rape known to law enforcement*. Washington, DC: U.S. Department of Justice, Office of Juvenile Justice and Delinquency Prevention.

Truman, D. M., Tokar, D. M., & Fischer, A. R. (1996). Dimensions of masculinity: Relations to date-rape supportive attitudes and sexual aggression in dating situations. *Journal of Counseling and Development, 74*, 555–562.

Truman, J. L., & Morgan, R. E. (2016, October). *Criminal victimization, 2015*. Washington, DC: U.S. Department of Justice, Bureau of Justice Statistics.

Truman, J. L., & Planty, M. (2012, October). *Criminal victimization, 2011*. Washington, DC: U.S. Department of Justice, Bureau of Justice Statistics.

Ttofi, M. M., & Farrington, D. P. (2011). Effectiveness of school-based programs to reduce bullying: A systematic and meta-analytic review. *Journal of Experimental Criminology, 7*, 27–56.

Tucillo, J. A., DeFilippis, N. A., Denny, R. L., & Dsurney, J. (2002). Licensure requirements for interjurisdictional forensic evaluations. *Professional Psychology: Research and Practice, 33*, 377–383.

Tucker, H. S. (2002). Some seek attention by making pets sick. *Archives of Disease in Childhood, 87*, 263.

Turrell, S. C. (2000). A descriptive analysis of same-sex relationship violence for a diverse sample. *Journal of Family Violence, 15*, 281–293.

Turtle, J., & Want, S. C. (2008). Logic and research versus intuition and past practice as guides to gathering and evaluating eyewitness evidence. *Criminal Justice and Behavior, 35*, 1241–1256.

Turvey, B. (2002). *Criminal profiling: An introduction to behavioral evidence analysis* (2nd ed.). San Diego, CA: Academic Press.

Tyiska, C. G. (1998). *Working with victims of crime with disabilities*. Washington, DC: U.S. Department of Justice, Office of Victims of Crime.

Tyler, N., & Gannon, T. A. (2012). Explanations of firesetting in mentally disordered offenders: A review of the literature. *Psychiatry, 75*, 150–166.

Tyner, E. (2013, June). *Psychology internship program: United States Medical Center for Federal Prisoners, 2014–2015*. Springfield, MO: Federal Bureau of Prisons.

Ullman, S. E. (2007a). Mental health services seeking in sexual assault victims. *Women & Therapy, 30*, 61–84.

Ullman, S. E. (2007b). A 10-year update of "Review and critique of empirical studies of rape avoidance." *Criminal Justice and Behavior, 34*, 411–429.

Ullman, S. E., Filipas, H. H., Townsend, S. M., & Starzynski, L. L. (2006). The role of victim–offender relationship in women's sexual assault experiences. *Journal of Interpersonal Violence, 21*, 798–819.

Ullman, S. E., Karabatsos, G., & Koss, M. P. (1999). Risk recognition and trauma related symptoms among sexually re-victimized women. *Journal of Consulting and Clinical Psychology, 67*, 705–710.

Underwood, M. K., & Ehrenreich, S. E. (2017). The power and pain of adolescents' digit communication: Cyber victimization and the perils of lurking. *American Psychologist, 72*, 144–158.

United Nations Office on Drugs and Crime. (2012). *Global Report on Trafficking in Persons*. Retrieved from http://www.unodc.org/documents/data-and-analysis/glotip/Trafficking_in_Persons_2012_web.pdf

Unnever, J. D., & Cullen, F. T. (2012). White perceptions of whether African Americans and Hispanics are prone to violence and support for the death penalty. *Journal of Research in Crime and Delinquency, 49*, 519–544.

Uphold-Carrier, H., & Utz, R. (2012). Parental divorce among young and adult children: A long-term quantitative analysis of mental health and family solidarity. *Journal of Divorce & Remarriage, 53*, 247–266.

U.S. Advisory Board on Child Abuse and Neglect. (1995). *A national shame: Fatal child abuse and neglect in the U.S.* (5th report). Washington, DC: Government Printing Office.

U.S. Census Bureau. (2011a). *Statistical Abstract of the United States, 2010* (129th ed.) Washington, DC: Author.

U.S. Census Bureau. (2011b, December). *Custodial mothers and fathers and their child support: 2009*. Washington, DC: Author.

U.S. Census Bureau. (2016, June 23). *The Hispanic population*. Washington, DC: Author.

U.S. Department of Health and Human Services. (2010). *Child maltreatment 2008*. Washington, DC: Author, Administration for Children and Family, Childrens' Bureau. Retrieved from http://www.acf.hhs.gov/programs/cb/stats_research/index.htm#can

U.S. Department of Health and Human Services. (2012, March 22). *First marriages in the United States: Data from the 2006–2010 National Survey of Family Growth*. Washington, DC: Author.

U.S. Department of Health and Human Services. (2017). *Administration for Children and Families*. Retrieved from https://www.acf.hhs.gov/media/press/2017/child-abuse-neglect-data-released

U.S. Department of Justice, Civil Rights Division. (2011, October). *Confronting discrimination in the post-9/11 era: Challenges and opportunities ten years later: A report of the Civil Rights Division's Post-9/11 Civil Rights Summit*. Washington, DC: Author.

U.S. Department of Justice. (2010, May). *The crime of family abduction: A child's and parent's perspective*. Washington, DC: Author.

U.S. Department of State. (2010). *Trafficking in persons report* (Annual No. 10). Retrieved from http://www.state.gov/documents/organization/142979.pdf

U.S. Equal Employment Opportunity Commission. (2017, May). *Sexual harassment*. Washington, DC: Author.

U.S. Secret Service. (2002). *Safe School Initiative: An interim report on the prevention of targeted violence in schools*. Washington, DC: National Threat Assessment Center.

Vaillancourt, T. (2005). Indirect aggression among humans: Social construct or evolutionary adaptation? In R. E. Tremblay, W. W. Hartup, & J. Archer (Eds.), *Developmental origins of aggression* (pp. 158–177). New York, NY: Guilford Press.

Vaisman-Tzachor, R. (2012). Psychological evaluations in federal immigration courts: Fifteen years in the making—lessons learned. *Forensic Examiner, 21*, 42–53.

Van der Kolk, B. A., & Fisler, R. E. (1994). Childhood abuse & neglect and loss of self-regulation. *Bulletin of Menninger Clinic, 58*, 145–168.

Van der Kolk, B. A., & Fisler, R. E. (1995). Dissociation and the fragmentary nature of traumatic memories: Overview and exploratory study. *Journal of Traumatic Stress, 8*, 505–525.

van der Stouwe, T., Asscher, J. J., Stams, G. J., Dekovic´, M., & van der Laan, P. H. (2014). The effectiveness of multisystemic therapy (MST): A meta-analysis. *Clinical Psychology Review, 34*, 468–481.

Van Hasselt, V. B., Flood, J. J., Romano, S. J., Vecchi, G. M., de Fabrique, N., & Dalfonzo, V. A. (2005). Hostage-taking in the context of domestic violence: Some case examples. *Journal of Family Violence, 20*, 21–27.

van Koppen, P. J. (2012). Deception detection in police interrogations: Closing in on the context of criminal investigation. *Journal of Applied Research in Memory and Cognition, 1*, 124–125.

Van Maanen, J. (1975). Police socialization: A longitudinal examination of job attitudes in an urban police department. *Administrative Science Quarterly, 20*, 207–228.

Van Voorhis, P., Wright, E. M., Salisbury, E., & Bauman, A. (2010). Women's risk factors and their contributions to existing risk/needs assessment: The current status of a gender-responsive supplement. *Criminal Justice and Behavior, 37*, 261–288.

VandenBos, G. R. (2007). *APA dictionary of psychology*. Washington, DC: American Psychological Association.

Vanderbilt, D., & Augustyn, M. (2010). The effects of bullying. *Pediatrics and Child Health, 20*, 315–320.

Vandiver, D. M., & Kercher, F. (2004). Offender and victim characteristics of registered female sexual offenders in Texas: A proposed typology of female sexual offenders. *Sexual Abuse: Journal of Research and Treatment, 16*, 121–137.

Varela, J. G., Boccaccini, M. T., Scogin, F., Stump, J., & Caputo, A. (2004). Personality testing in law enforcement settings: A meta-analytic review. *Criminal Justice and Behavior, 31*, 649–675.

Vecchi, G. M., Van Hasselt, V. B., & Romano, S. J. (2005). Crisis (hostage) negotiation: Current strategies and issues in high-risk conflict resolution. *Aggression and Violent Behavior, 10*, 533–551.

Vermeiren, R. (2003). Psychopathology and delinquency in adolescents: A descriptive and developmental perspective. *Clinical Psychology Review, 23*, 277–318.

Vermeiren, R., De Clippele, A., Schwab-Stone, M., Ruchkin, V., & Deboutte, D. (2002). Neuropsychological characteristics of three subgroups of Flemish delinquent adolescents. *Neuropsychology, 16*, 49–55.

Vermont Humane Federation. (2017). Retrieved from http://www.vermonthumane.org

Verona, E., Bresin, K., & Patrick, C. J. (2013). Revisiting psychopathy in women: Cleckley/Hare conceptions and affective response. *Journal of Abnormal Psychology, 122*, 1088–1093.

Viding, E., & Larsson, H. (2010).Genetics of childhood and adolescent psychopathy. In A. T. Salekin & O. R. Lyman (Eds.), *Handbook of childhood and adolescent psychopathy* (pp. 113–134). New York, NY: Guilford Press.

Vila, B., & Kenney, D. J. (2002). Tired cops: The prevalence and potential consequences of police fatigue. *National Institute of Justice Journal, 248*, 16–21.

Viljoen, J. L., MacDougall, E. A. M., Gagnon, N. C., & Douglas, K. S. (2010). Psychopathy evidence in legal proceedings involving adolescent offenders. *Psychology, Public Policy, and Law, 16*, 254–283.

Viljoen, J. L., McLachlan, K., Wingrove, T., & Penner, E. (2010). Defense attorneys' concerns about the competence of adolescent defendants. *Behavioral Science & the Law, 28*, 630–646.

Viljoen, J. I., Shaffer, C. S., Gray, A. L., & Douglas, K. S. (2017). Are adolescent risk assessment tools sensitive to change? A framework and examination of the SAVRY and the YLS/CMI. *Law and Human Behavior, 41*, 244–257.

Viljoen, J. L., Zapf, P., & Roesch, R. (2007). Adjudicative competence and comprehension of *Miranda* rights in adolescent defendants: A comparison of legal standards. *Behavioral Sciences & the Law, 25*, 1–19.

Violanti, J. M. (1996). *Police suicide: Epidemic in blue.* Springfield, IL: Charles C Thomas.

Violanti, J. M., Fekedulegn, D., Charles, L. E., Andrew, M. E., Hartley, T. A., Mnatsakanova, A., . . . & Burchfiel, C. M. (2009). Suicide in police work: Exploring potential contributing influences. *American Journal of Criminal Justice, 34*, 41–53.

Vitacco, M. J., Erickson, S. K., Kurus, S., & Apple, B. N. (2012). The role of the Violence Risk Appraisal Guide and Historical, Clinical, Risk-20 in U.S. courts: A case law survey. *Psychology, Public Policy, and Law, 18*, 361–391.

Vitacco, M. J., Neumann, C. S., & Jackson, R. I. (2005). Testing a four-factor model of psychopathy and its association with ethnicity, gender, intelligence, and violence. *Journal of Consulting and Clinical Psychology, 73*, 466–476.

Vitale, J. E., Smith, S. S., Brinkley, C. A., & Newman, J. P. (2002). The reliability and validity of the Psychopathy Checklist–Revised in a sample of female offenders. *Criminal Justice and Behavior, 29*, 202–231.

Voltz, A. G. (1995). Nursing interventions in Munchausen syndrome by proxy. *Journal of Psychosocial Nursing, 10*, 93–97.

von Polier, G. G., Vloet, T. D., & Herpertz-Dahlmann, B. (2012). ADHD and delinquency—a developmental perspective. *Behavioral Sciences & the Law, 30*, 121–139.

Vossekuil, B., Fein, R. A., Reddy, M., Borum, R., & Mozeleski, W. (2002, May). *The final report and findings of the Safe School Initiative.* Washington, DC: U.S. Secret Service and the U.S. Department of Education.

Vrij, A. (2008). Nonverbal dominance versus verbal accuracy in lie detection: A plea to change police practice. *Criminal Justice and Behavior, 35*, 1323–1335.

Vrij, A., Akehurst, L., & Knight, S. (2006). Police officers', social workers', teachers' and the general public's beliefs about deception in children, adolescents, and adults. *Legal and Criminological Psychology, 11*, 297–312.

Vrij, A., & Fisher, R. P. (2016). Which lie detection tools are ready for use in the criminal justice system? *Journal of Applied Research in Memory and Cognition, 5*, 302–307.

Vrij, A., Fisher, R. P., & Blank, H. (2017). A cognitive approach to lie detection: A meta-analysis. *Legal and Criminological Psychology, 22*, 1–21.

Vrij, A., & Granhag, P. A. (2007). Interviewing to detect deception. In S. A. Christianson (Ed.), *Offenders' memories of violent crimes* (pp. 279–304). Chichester, England: Wiley.

Vrij, A., & Granhag, P. A. (2012). Eliciting cues to deception and truth: What matters are the questions asked. *Journal of Applied Research in Memory and Cognition, 1*, 110–117.

Vrij, A., & Granhag, P. A. (2014). Eliciting information and detecting lies in intelligence interviewing: An overview of recent research. *Applied Cognitive Psychology, 28*, 936–944.

Vrij, A., Granhag, P. A., & Mann, S. (2010). Good liars. *Journal of Psychiatry & Law, 38*, 77–98.

Vrij, A., Granhag, P. A., Mann, S., & Leal, S. (2011). Outsmarting the liars: Toward a cognitive lie detection approach. *Current Directions in Psychological Science, 20*, 28 –32.

Vrij, A., Mann, S. A., Fisher, R. P., Leal, S., Milne, R., & Bull, R. (2008). Increasing cognitive load to facilitate lie detection: The benefit of recalling an event in reverse order. *Law and Human Behavior, 32*, 253–265.

Vrij, A., Mann, S., Jundi, S., Hillman, J., & Hope, L. (2014). Detection of concealment in an information-gathering interview. *Applied Cognitive Psychology, 28*, 860–866.

Waasdorp, T. E., & Bradshaw, C. P. (2015). The overlap between cyberbullying and traditional bullying. *Journal of Adolescent Health, 56*, 483–488.

Waber, D. R., Bryce, C. P., Fitzmaurice, G. M., Zichlin, M. L., McGaughy, J., Girard, J. M., . . . & Galler, J. R. (2014). Neuropsychological outcomes at midlife following moderate to severe malnutrition in infancy. *Neuropsychology, 28*, 530–540.

Waschbusch, D. A. (2002). A meta-analytic examination of comorbid hyperactive–impulsive–attention problems and conduct problems. *Psychological Bulletin, 128*, 118–150.

Wagstaff, G. F. (2008). Hypnosis and the law: Examining the stereotypes. *Criminal Justice and Behavior, 35*, 1277–1294.

Waldron, H. B., & Turner, C. W. (2008). Evidence-based psychosocial treatments for adolescent substance abuse. *Journal of Clinical Child & Adolescent Psychology, 37*, 238–261.

Walker, L. E. (1979). *The battered woman.* New York, NY: Harper Colophone Books.

Walker, L. E. (1984). *The battered woman syndrome.* New York, NY: Springer.

Walker, L. E. (1989). *Terrifying love: Why battered women kill and how society responds.* New York, NY: HarperCollins.

Walker, L. E. (1999). Psychology and domestic violence around the world. *American Psychologist, 54*, 21–29.

Walker, L. E. (2009). *The battered woman syndrome* (3rd ed.). New York, NY: Springer.

Walker, S. D., & Kilpatrick, D. G. (2002). Scope of crime/historical review of the victims' rights discipline. In A. Seymour, M. Murray, J. Sigmon, M. Hook, C. Edwards, M. Gaboury, & G. Coleman. (Eds.), *National Victim Assistance Academy textbook.* Washington, DC: U.S. Department of Justice, Office of Victims of Crime.

Walker, S., Alpert, G. P., & Kenney, D. J. (2001, July). *Early warning systems: Responding to the problem police officer.* Washington, DC: U.S. Department of Justice, National Institute of Justice.

Wallerstein, J. S. (1989, January 23). Children after divorce: Wounds that don't heal. *New York Times Magazine*, pp. 19–21, 41–44.

Walsh, A. C., Brown, B., Kaye, K., & Grigsby, J. (1994). *Mental capacity: Legal and medical aspects of assessment and treatment.* Colorado Springs, CO: Shepard's/McGraw-Hill.

Walsh, T., & Walsh, Z. (2006). The evidentiary introduction of Psychopathy Checklist–Revised assessed psychopathy in U.S. courts: Extent and appropriateness. *Law and Human Behavior, 30*, 493–507.

Walters, G. D. (1996). The Psychological Inventory of Criminal Thinking Styles. Part III: Predictive validity. *International Journal of Offender Therapy and Comparative Criminology, 40*, 105–122.

Walters, G. D. (2006). *The Psychological Inventory of Criminal Thinking Styles (PICTS) professional manual.* Allentown, PA: Center for Lifestyles Studies.

Walters, G. D. (2014, March). Predicting self-reported total, aggressive, and income offending with the youth version of the Psychopathy Checklist: Gender- and factor-level interactions. *Psychological Assessment, 26*, 288–296,

Walters, G. D., & Heilbrun, K. (2010). Violence risk assessment and Facet 4 of the Psychopathy Checklist: Predicting institutional and community aggression in two forensic samples. *Assessment, 17*, 259–268.

Waltz, J., Babcock, J. C., Jacobson, N. S., & Gottman, J. M. (2000). Testing a typology of batterers. *Journal of Consulting and Clinical Psychology, 68*, 658–669.

Ward, T., & Birgden, A. (2009). Accountability and dignity: Ethical issues in forensic and correctional practice. *Aggression and Violent Behavior, 14*, 227–231.

Warr, M. (2002). *Companions in crime: The social aspects of criminal conduct.* New York, NY: Cambridge University Press.

Warren, J. I., Fitch, W. L., Dietz, P. E., & Rosenfeld, B. D. (1991). Criminal offense, psychiatric diagnosis, and psycholegal opinion: An analysis of 894 pretrial referrals. *Bulletin of the American Academy of Psychiatry and Law, 19*, 63–69.

Warren, J. I., Hazelwood, R. R., & Reboussin, R. (1991). Serial rape: The offender and his rape career. In A. Burgess (Ed.), *Rape and sexual assault III.* New York, NY: Garland.

Warren, J. I., Reboussin, R., Hazelwood, R. R., & Wright, J. A. (1989). Serial rape: Correlates of increased aggression and relationship of offender pleasure to victim resistance. *Journal of Interpersonal Violence, 4*, 65–78.

Warren, J. I., Wellbeloved-Stone, J. M., Hilts, M. A., Donaldson, W. H., Muirhead, Y. E., Craun, S. W., . . . & Millspaugh, S. B. (2016). An investigative analysis of 463 incidents of simple-victim child abduction identified through federal law enforcement. *Aggression and Violent Behavior, 30*, 59–67.

Wasserman, G. A., McReynolds, L. S., Schwalbe, C. S., Keating, J. M., & Jones, S. A. (2010). Psychiatric disorder, comorbidity, and suicidal behavior in juveniles justice youth. *Criminal Justice and Behavior, 37*, 1361–1376.

Watson, S., Harkins, L., & Palmer, M. (2016). The experience of deniers on a community sex offender group program. *Journal of Forensic Psychology Practice, 16*(5), 374–392.

Webster, C. D., Douglas, K. S., Eaves, D., & Hart, S. D. (1997). *The HCR-20 scheme: The assessment of dangerousness and risk (Version 2).* Burnaby, BC, Canada: Mental Health, Law, and Policy Institute, Simon Fraser University.

Webster, W. C., & Hammond, D. C. (2011). Solving crimes with hypnosis. *American Journal of Clinical Hypnosis, 53*(4), 255–269.

Weekes, J. R., Moser, A. E., & Langevin, C. M. (1999). Assessing substance-abusing offenders for treatment. In E. J. Latessa (Ed.), *Strategic solutions.* Lanham, MD: American Correctional Association.

Weiner, I. B., & Hess, A. K. (2014). Practicing ethical forensic psychology. In I. B. Weiner & R. K. Otto (Eds.), *The handbook of forensic psychology* (4th ed., pp. 85–110). Hoboken, NJ: Wiley.

Weiner, I. B., & Otto, R. (Eds.). (2014). *Handbook of forensic psychology* (4th ed.). Hoboken, NJ: Wiley.

Weingartner, H. J., Putnam, F., George, D. T., & Ragan, P. (1995). Drug state-dependent autobiographical knowledge. *Experimental and Clinical Psychopharmacology, 3*, 304–307.

Weinstock, R., Leong, G. B., & Silva, J. A. (2010). Competence to be executed: An ethical analysis post Panetti. *Behavioral Sciences & the Law, 28*, 690–706.

Weisheit, R., & Mahan, S. (1988). *Women, crime, and criminal justice*. Cincinnati, OH: Anderson.

Weiss, D. S., Marmar, C. R., Schlenger, W. E., Fairbank, J. A., Jordan, B. K., Hough, R. L., . . . & Kulka, R. A. (1992). The prevalence of lifetime and partial post-traumatic stress disorder in Vietnam theater veterans. *Journal of Traumatic Stress, 5*, 365–376.

Weiss, P. A., Vivian, J. E., Weiss, W. U., Davis, R. D., & Rostow, C. D. (2013). The MMPI-2 L scale, reporting uncommon virtue, and predicting police performance. *Psychological Services, 10*, 123–130.

Wells, G. L. (1993). What do we know about eyewitness identification? *American Psychologist, 48*, 553–571.

Wells, G. L. (2001). Police lineups: Data, theory, and policy. *Psychology, Public Policy, and Law, 1*, 791–801.

Wells, G. L., & Loftus, E. F. (2013). Eyewitness memory for people and events. In I. B. Weiner & R. K. Otto (Eds.), *Handbook of psychology. Vol. 11. Forensic psychology* (2nd ed., pp. 617–629). Hoboken, NJ: Wiley.

Wells, G. L., Small, M., Penrod, S., Malpass, R. S., Fulero, S. M., & Brimacombe, C. A. E. (1998). Eyewitness identification procedures: Recommendations for lineups and photospreads. *Law and Human Behavior, 22*, 603–647.

Welsh, W. (2007). A multisite evaluation of prison-based therapeutic community drug treatment. *Criminal Justice and Behavior, 34*, 1481–1498.

Werth, J. L., Benjamin, G. A. H., & Farrenkopf, T. (2000). Requests for physician-assisted death: Guidelines for assessing mental capacity and impaired judgment. *Psychology, Public Policy, and Law, 6*, 348–372.

Wessler, S., & Moss, M. (2001, October). *Hate crimes on campus: The problem and efforts to confront it*. Washington, DC: U.S. Department of Justice, Office of Justice Programs.

West, C. M. (1998). Leaving a second closet: Outing partner violence in same-sex couples. In J. L. Jasinski & L. M. Williams (Eds.), *Partner violence: A comprehensive review of 20 years of research* (pp. 163–183). Thousand Oaks, CA: Sage.

Weyandt, L. L., Oster, D. R., Gudmundsdottir, B. G., DuPaul, G. J., & Anastopoulos, A. D. (2017). Neuropsychological functioning in college students with and without ADHD. *Neuropsychology, 31*, 160–172.

Wherry, J. W., Baldwin, S., Junco, K., & Floyd, B. (2013). Suicidal thoughts/behaviors in sexually abused children. *Journal of Child Sexual Abuse, 26*, 534–551.

Whitcomb, D., Hook, M., & Alexander, E. (2002). Child victimization. In A. Seymour, M. Murray, J. Sigmon, M. Hook, C. Edwards, M. Gaboury, & G. Coleman (Eds.), *National Victim Assistance Academy textbook*. Washington, DC: U.S. Department of Justice, Office for Victims of Crime.

White, H. R., Bates, M. E., & Buyske, S. (2001). Adolescence-limited versus persistent delinquency: Extending Moffitt's hypothesis into adulthood. *Journal of Abnormal Psychology, 110*, 600–609.

White, N., & Lauritsen, J. L. (2012). *Violent crime against youth, 1994–2010*. Washington, DC: U.S. Department of Justice, Bureau of Justice Statistics.

Whitehead, J. T., & Lab, S. P. (1989). A meta-analysis of juvenile correctional treatment. *Journal of Research in Crime & Delinquency, 26*, 276–295.

Whittaker, J. K., Kinney, J., Tracy, E. N., & Booth, C. (1990). *Reaching high-risk families: Intensive family preservation in human services*. New York, NY: Aldine de Gruyter.

Wijkman, M. N., Bijleveld, C., & Hendriks, J. (2010). Women don't do such things! Characteristics of female sex offenders and offender types. *Sexual Abuse: A Journal of Research and Treatment, 22*, 135–156.

Williamson, S., Hare, R. D., & Wong, S. (1987). Violence: Criminal psychopaths and their victims. *Canadian Journal of Behavioral Science, 19*, 454–462.

Willoughby, T., Adachi, P. J. C., & Good, M. (2012). A longitudinal study of association between violent video game play and aggression among adolescents. *Developmental Psychology, 48*, 1044–1057.

Wills, T. A., & Stoolmiller, M. (2002). The role of self-control in early escalation of substance abuse: A time-varying analysis. *Journal of Consulting and Clinical Psychology, 70*, 986–997.

Wills, T. A., Walker, C., Mendoza, D., & Ainette, M. G. (2006). Behavioral and emotional self-control: Relations to substance use in samples of middle and high school students. *Psychology of Addictive Behaviors, 20*, 265–278.

Wilson, A., Prokop, N. H., & Robins, S. (2015). Addressing all heads of the hydra: Reframing safeguards for mentally impaired detainees in immigration removal proceedings. *NYU Review of Law and Social Change, 39*, 313–368.

Wilson, B., & Butler, L. D. (2014). Running a gauntlet: A review of victimization and violence in the pre-entry, post-entry, and peri-/post-exit periods of commercial sexual exploitation. *Psychological Trauma: Theory, Research, Practice, and Policy, 6*, 494–504.

Wilson, C. M., Nicholls, T. L., Charette, Y., Seto, M. C., & Crocker, A. G. (2016). Factors associated with review board dispositions following re-hospitalization among discharged persons found not criminally responsible. *Behavioral Sciences & The Law*, 34, 278–294.

Wilson, J. J. (2001, January). From the administrator. In J. R. Johnson & L. K. Girdner (Eds.), *Family abductors: Descriptive profiles and preventive interventions*. Washington, DC: U.S. Department of Justice, Office of Juvenile Justice and Delinquency.

Wilson, J. K., Brodsky, S. L., Neal, T. M. S., & Cramer, R. J. (2011). Prosecutor pretrial attitudes and plea-bargaining behavior toward veterans with posttraumatic stress disorder. *Psychological Services, 8*, 319–331.

Wilson, M. M. (2014, February). *Hate crime victimization, 2004–2012 statistical tables*. Washington, DC: U.S. Department of Justice, Bureau of Justice Statistics.

Wilson, M., & Daly, M. (1993). Spousal homicide risk and estrangement. *Violence and Victims, 8*, 3–16.

Winick, B. J. (1996). The MacArthur Treatment Competence Study: Legal and therapeutic implications. *Psychology, Public Policy, and Law, 2*, 137–166.

Winick, B. J. (2003). Outpatient commitment: A therapeutic jurisprudence analysis. *Psychology, Public Policy, and Law, 9*, 107–144.

Winick, B. J., & Kress, K. (2003a). Foreword: A symposium on outpatient commitment dedicated to Bruce Ennis, Alexander Brooks, and Stanley Herr. *Psychology, Public Policy, and Law, 9*, 3–7.

Winick, B. J., & Kress, K. (Eds.). (2003b). Preventive outpatient commitment for persons with serious mental illness [Special issue]. *Psychology, Public Policy, and Law, 9*.

Winters, G. M., Kaylor, L. E., & Jeglic, E. L. (2017). Sexual offenders contacting children online: An examination of transcripts of sexual grooming. *Journal of Sexual Aggression, 23*, 62–76.

Wise, R. A., Pawlenko, N. B., Meyer, D., & Safer, M. A. (2007). A survey of defense attorneys' knowledge and beliefs about eyewitness testimony. *The Champion, 33*, 18–27.

Wise, R. A., Pawlenko, N. B., Safer, M. A., & Meyer, D. (2009). What U.S. prosecutors and defense attorneys know and believe about eyewitness testimony. *Applied Cognitive Psychology, 23*, 1266–1281.

Wise, R. A., & Safer, M. A. (2010). A comparison of what U.S. judges and students know and believe about eyewitness testimony. *Journal of Applied Social Psychology, 40*, 1400–1422.

Wolak, J., Finkelhor, D., & Mitchell, K. J. (2004). Internet-initiated sex crimes against minors: Implications for prevention based on findings from a national sample. *Journal of Adolescent Health, 35*, 424.e11–424.e20.

Wolak, J., Finkelhor, D., Mitchell, K. J., & Ybarra, M. L. (2008). Online "predators" and their victims. *American Psychologist, 63*, 111–128.

Wolak, J., Mitchell, K. J., & Finkelhor, D. (2003). *Internet sex crimes against minors: The response of law enforcement* (NCMEC 10–03–022). Alexandria, VA: National Center for Missing & Exploited Children.

Wolf, M. M., Kirigin, K. A., Fixsen, D. L., Blasé, K. A., & Braukmann, C. J. (1995). The teaching-family model: A case study in data-based program development and refinement (and dragon wrestling). *Journal of Organizational Behavior Management, 15*, 11–68.

Wolfe, S. E., & Nix, J. (2016). The alleged "Ferguson effect" and police willingness to engage in community partnership. *Law and Human Behavior, 40*, 1–10.

Wong, S. (2000). Psychopathic offenders. In S. Hodgins & R. Muller-Isberner (Eds.), *Violence, crime and mentally disordered offenders: Concepts and methods for effective treatment and prevention* (pp. 87–112). New York, NY: Wiley.

Wong, S., & Hare, R. D. (2005). *Guidelines for a psychopathy treatment program*. Toronto, Canada: Multi-Health Systems.

Wood, R. M., Grossman, L. S., & Fichtner, C. G. (2000). Psychological assessment, treatment, and outcome with sex offenders. *Behavioral Sciences & the Law, 18*, 23–41.

Woodhams, J., Bull, R., & Hollin, C. R. (2010). Case linkage: Identifying crime committed by the same offender. In R. N. Kocsis (Ed.), *Criminal profiling: International theory, research, and practice* (pp. 177–133). Totowa, NJ: Humana Press.

Woodworth, M., & Porter, S. (2002). In cold blood: Characteristics of criminal homicides as a function of psychopathy. *Journal of Abnormal Psychology, 111*, 436–445.

Woody, R. H. (2005). The police culture: Research implications for psychological services. *Professional Psychology: Research and Practice, 36*, 525–529.

Worden, A. P. (1993). The attitudes of women and men in policing: Testing conventional and contemporary wisdom. *Criminology, 31*, 203–242.

Worling, J. R., & Curwen, T. (2001). Estimate of Risk of Adolescent Sexual Offense Recidivism (ERASOR), Version 2.0. In M. C. Calder (Ed.), *Juveniles and children who sexually abuse: Frameworks for assessment*. Lyme Regis, Dorset, England: Russell House.

Worling, J. R., & Langton, C. M. (2012). Assessment and treatment of adolescents who sexually offend: Clinical issues and implications for secure settings. *Criminal Justice and Behavior, 39*, 814–841.

Wormith, J. S., Althouse, R., Simpson, M., Reitzel, L. R., Fagan, T. J., & Morgan, R. D. (2007). The rehabilitation and reintegration of offenders: The current landscape and some future directions for correctional psychology. *Criminal Justice and Behavior, 34*, 879–892.

Wormith, J. S., & Luong, D. (2007). Legal and psychological contributions to the development of corrections in Canada. In R. K. Ax & T. J. Fagan (Eds.), *Corrections, mental health, and social policy: International perspectives* (pp. 129–173). Springfield, IL: Charles C Thomas.

Wurtele, S. K., Simons, D. A., & Moreno, T. (2014). Sexual interest in children among an online sample of men and women: Prevalence and correlates. *Sexual Abuse: A Journal of Research and Treatment, 26*, 546–548.

Yarmey, A. D. (1979). *The psychology of eyewitness testimony.* New York, NY: Free Press.

Yates, G., & Bass, C. (2017). The perpetrators of medical child abuse (Munchausen Syndrome by Proxy)–A systematic review of 796 cases. *Child Abuse & Neglect, 72,* 45–53.

Ybarra, M. L. E., & Mitchell, K. J. (2007). Prevalence and frequency of Internet harassment instigation: Implications for adolescent health. *Journal of Adolescent Health, 41,* 189–195.

Yeater, E. A., Treat, T. A., Viken, R. J., & McFall, R. M. (2010). Cognitive processes underlying women's risk judgments: Associations with sexual victimization history and rape myth acceptance. *Journal of Consulting and Clinical Psychology, 78,* 375–386.

Yochelson, S., & Samenow, S. E. (1976). *The criminal personality* (Vol. 1). New York, NY: Jason Aronson.

Young, A. T. (2016). Police hostage (crisis) negotiators in the U.S.: A national survey. *Journal of Police and Criminal Psychology, 31,* 310–321.

Young, A. T., Fuller, J., & Riley, B. (2008). On-scene mental health counseling provided through police departments. *Journal of Mental Health Counseling, 30,* 345–361.

Young, S., Gudjonsson, G., Misch, P., Collins, P., Carter, P., Redfern, J., . . . & Goodwin, E. (2010). Prevalence of ADHD symptoms among youth in a secure facility: The consistency and accuracy of self- and informant-report ratings. *Journal of Forensic Psychiatry & Psychology, 21,* 238–246.

Young, T. J. (1992). Procedures and problems in conducting a psychological autopsy. *International Journal of Offender Therapy and Comparative Criminology, 36,* 43–52.

Zajac, R., Dickson, J., Munn, R., & O'Neill, S. (2016). Trussht me, I know what I sshaw: The acceptance of misinformation from an apparently unreliable co-witness. *Legal and Criminological Psychology, 21,* 127–140.

Zapf, P. A. (2015). Competency for execution. In R. Jackson & R. Roesch (Eds.), *Learning forensic assessment: Research and practice* (2nd ed., pp. 229–243). New York, NY: Routledge.

Zapf, P. A., Golding, S. L., & Roesch, R. (2006). Criminal responsibility and the insanity defense. In I. B. Weiner & A. K. Hess (Eds.), *The handbook of forensic psychology* (3rd ed., pp. 332–363). Hoboken, NJ: Wiley.

Zapf, P. A., Golding, S. L., Roesch, R., & Pirelli, G. (2014). Assessing criminal responsibility. In I. B. Weiner & R. K. Otto (Eds.), *The handbook of forensic psychology* (4th ed., pp. 315–351). Hoboken, NJ: Wiley.

Zapf, P. A., Hubbard, K. L., Galloway, V. A., Cox, M., & Ronan, K. A. (2002). *An investigation of discrepancies between forensic examiners and the courts in decisions about competency.* Manuscript submitted for publication.

Zapf, P. A., & Roesch, R. (2006). Competency to stand trial: A guide for evaluators. In I. B. Weiner & A. K. Hess (Eds.), *The handbook of forensic psychology* (3rd ed., pp. 305–331). Hoboken, NJ: Wiley.

Zapf, P. A., & Roesch, R. (2011). Future directions in the restoration of competency to stand trial. *Current Directions in Psychological Science, 20,* 43–47.

Zapf, P. A., Roesch, R., & Pirelli, G. (2014). Assessing competency to stand trial. In I. B. Weiner & R. K. Otto (Eds.), *The handbook of forensic psychology* (4th ed., pp. 281–314). Hoboken, NJ: Wiley.

Zapf, P. A., & Viljoen, J. L. (2003). Issues and considerations regarding the use of assessment instruments in the evaluation of competency to stand trial. *Behavioral Sciences & the Law, 21,* 351–367.

Zeier, J. D., Baskin-Sommers, A. R., Racer, K. D. H., & Newman, J. P. (2012). Cognitive control deficits associated with antisocial personality disorder and psychopathy. *Personality Disorders: Theory, Research, and Treatment, 3,* 283–293.

Zelazo, P. D., Carter, A., Reznick, J. S., & Frye, D. (1997). Early development of executive functions: A problem-solving framework. *Review of General Psychology, 1,* 198–226.

Zervopoulos, J. A. (2010). Drafting the parenting evaluation court order: A conceptual and practical approach. *Behavioral Sciences & the Law, 28,* 480–491.

Zhang, K., Frumkin, L. A., Stedmon, A., & Lawson, G. (2013). Deception in context: Coding nonverbal cues, situational variables and risk of detection. *Journal of Police and Criminal Psychology, 28,* 150–161.

Zibbell, R. A., & Fuhrmann, G. (2016). Child custody evaluations. In R. Jackson & R. Roesch (Eds.), *Learning forensic assessment: Research and practice* (2nd ed., pp. 391–412). New York, NY: Routledge.

Zimring, F. (1998). *American youth violence.* New York, NY: Oxford University Press.

Zipper, P., & Wilcox, D. K. (2005, April). The importance of early intervention. *FBI Law Enforcement Bulletin, 74,* 3–9.

Zona, M. A., Sharma, K. K., & Lane, J. A. (1993). A comparative study of erotomanic and obsessional subjects in a forensic sample. *Journal of Forensic Sciences, 38,* 894–903.

國家圖書館出版品預行編目資料

司法心理學：研究與應用
柯特．巴托爾 Curt R. Bartol、安妮．巴托爾 Anne M. Bartol 著　黃致豪 譯
初版. -- 臺北市：商周出版：家庭傳媒城邦分公司發行
2023.01　面；　公分
譯自：Introduction to Forensic Psychology: Research and Application, 5th Edition
ISBN 978-626-318-486-2 (平裝)
1. CST：司法 2. CST：心理學
589.014　111017965

司法心理學：研究與應用

原書書名／Introduction to Forensic Psychology: Research and Application
作　　者／柯特．巴托爾Curt R. Bartol、安妮．巴托爾Anne M. Bartol
譯　　者／黃致豪
責任編輯／陳玳妮
版　　權／林易萱

行銷業務／周丹蘋、賴正祐
總 編 輯／楊如玉
總 經 理／彭之琬
事業群總經理／黃淑貞
發 行 人／何飛鵬
法律顧問／元禾法律事務所　王子文律師
出　　版／商周出版
台北市 104 民生東路二段 141 號 9 樓
電話：(02) 25007008　傳真：(02)25007759
E-mail：bwp.service@cite.com.tw
Blog：http://bwp25007008.pixnet.net/blog
發　　行／英屬蓋曼群島商家庭傳媒股份有限公司 城邦分公司
台北市中山區民生東路二段 141 號 2 樓
書虫客服服務專線：02-25007718；25007719
服務時間：週一至週五上午 09:30-12:00；下午 13:30-17:00
24 小時傳真專線：02-25001990；25001991
劃撥帳號：19863813；戶名：書虫股份有限公司
讀者服務信箱：service@readingclub.com.tw
城邦讀書花園：www.cite.com.tw
香港發行所／城邦（香港）出版集團有限公司
香港灣仔駱克道 193 號東超商業中心 1 樓；E-mail：hkcite@biznetvigator.com
電話：(852) 25086231　傳真：(852) 25789337
馬新發行所／城邦（馬新）出版集團 Cite (M) Sdn. Bhd.
41, Jalan Radin Anum, Bandar Baru Sri Petaling, 57000 Kuala Lumpur, Malaysia.
Tel: (603) 90563833　Fax: (603) 90576622　Email: service@cite.my

封面設計／李東記
排　　版／邵麗如
印　　刷／卡樂彩色製版印刷有限公司
總 經 銷／聯合發行股份有限公司
電話：(02)2917-8022　傳真：(02)2911-0053
地址：新北市 231 新店區寶橋路 235 巷 6 弄 6 號 2 樓

■ 2023 年 01 月 05 日初版　Printed in Taiwan
定價 2000 元（一套雙冊，不分售）

廣　告　回　函
北區郵政管理登記證
北臺字第000791號
郵資已付，免貼郵票

104　台北市民生東路二段141號2樓

英屬蓋曼群島商家庭傳媒股份有限公司城邦分公司　收

請沿虛線對摺，謝謝！

書號：BJ0088　　書名：司法心理學：研究與應用　　編碼：

請於此處用膠水黏貼

讀者回函卡

感謝您購買我們出版的書籍！請費心填寫此回函卡，我們將不定期寄上城邦集團最新的出版訊息。

姓名：＿＿＿＿＿＿＿＿　性別：□男　□女

生日：西元＿＿＿＿年＿＿＿＿月＿＿＿＿日

地址：＿＿＿＿＿＿＿＿

聯絡電話：＿＿＿＿＿＿＿＿　傳真：＿＿＿＿＿＿＿＿

E-mail：

學歷：□ 1. 小學 □ 2. 國中 □ 3. 高中 □ 4. 大學 □ 5. 研究所以上

職業：□ 1. 學生 □ 2. 軍公教 □ 3. 服務 □ 4. 金融 □ 5. 製造 □ 6. 資訊
□ 7. 傳播 □ 8. 自由業 □ 9. 農漁牧 □ 10. 家管 □ 11. 退休
□ 12. 其他＿＿＿＿＿＿＿＿

您從何種方式得知本書消息？

□ 1. 書店 □ 2. 網路 □ 3. 報紙 □ 4. 雜誌 □ 5. 廣播 □ 6. 電視
□ 7. 親友推薦 □ 8. 其他＿＿＿＿＿＿＿＿

您通常以何種方式購書？

□ 1. 書店 □ 2. 網路 □ 3. 傳真訂購 □ 4. 郵局劃撥 □ 5. 其他＿＿＿＿

您喜歡閱讀那些類別的書籍？

□ 1. 財經商業 □ 2. 自然科學 □ 3. 歷史 □ 4. 法律 □ 5. 文學
□ 6. 休閒旅遊 □ 7. 小說 □ 8. 人物傳記 □ 9. 生活、勵志 □ 10. 其他

對我們的建議：＿＿＿＿＿＿＿＿
＿＿＿＿＿＿＿＿
＿＿＿＿＿＿＿＿

請於此處用膠水黏貼